LULA E A POLÍTICA DA ASTÚCIA:
de metalúrgico a presidente do Brasil

John D. French

LULA E A POLÍTICA DA ASTÚCIA:
de metalúrgico a presidente do Brasil

Tradução: Lia Machado Fortes

1ª EDIÇÃO
EXPRESSÃO POPULAR
FUNDAÇÃO PERSEU ABRAMO
SÃO PAULO – 2022

Lula and His Politics of Cunning: From Metalworker to President of Brazil by John D. French. Copyright © 2020 by the University of North Carolina Press.

Published in the Portuguese language in Brazil by arrangement with the University of North Carolina Press, Chapel Hill, North Carolina, 27514 USA www.uncpress.org

FUNDAÇÃO PERSEU ABRAMO
Instituída pelo Diretório Nacional do Partido dos Trabalhadores em maio de 1996
Presidente: Aloizio Mercadante
Vice-presidenta: Vívian Farias
Elen Coutinho, Jéssica Italoema, Alberto Cantalice, Artur Henrique, Carlos Henrique Árabe, Jorge Bittar, Márcio Jardim, Valter Pomar
Conselho editorial: Albino Rubim, Alice Ruiz, André Singer, Clarisse Paradis, Conceição Evaristo, Dainis Karepovs, Emir Sader, Hamilton Pereira, Laís Abramo, Luiz Dulci, Macaé Evaristo, Marcio Meira, Maria Rita Kehl, Marisa Midori, Rita Sipahi, Silvio Almeida, Tassia Rabelo, Valter Silvério
Coordenador editorial: Rogério Chaves
Assistente editorial: Raquel Costa

Tradução: Lia Machado Fortes
Produção editorial: Miguel Yoshida
Revisão técnica: Alexandre Fortes
Revisão de tradução: Aline Piva
Preparação: Miguel Yoshida
Diagramação: Mariana Vieira de Andrade
Capa: Rafael Stédile
Foto da capa: Lula, sindicalistas e militantes. manifestação dos metalúrgicos em greve durante o 1º de Maio nas ruas da cidade de São Bernardo do Campo, SP. Brasil. Jesus Carlos/Imagens
Foto da contracapa: Ricardo Stuckert
Impressão e acabamento: Grafica Paym

Dados Internacionais de Catalogação-na-Publicação (CIP)

F874L

French, John D.
  Lula e a política da astúcia : de metalúrgico a presidente do Brasil / John D. French ; tradução: Lia Fortes -- 1.ed.— São Paulo : Expressão Popular : Fundação Perseu Abramo, 2022.
  687 p.

  Traduzido de: Lula and his politics of cunning: from metalworker to president of Brazil
  ISBN 978-65-5891-069-5
  ISBN 978-65-5626-071-6 Fundação Perseu Abramo.

  1. Luiz Inácio Lula da Silva – Político – Brasil. 2. Brasil - Política. 3. Movimento operário. 4. Sindicalismo. I. Título.

CDU 32(091)(81)

Catalogação na Publicação: Eliane M. S. Jovanovich - CRB 9/1250

Agradecemos o apoio do Center for Latin American and Caribbean Studies de Duke University para a publicação do livro e das fotos.

Todos os direitos reservados.
Nenhuma parte desse livro pode ser utilizada ou reproduzida sem a autorização da editora.

1ª edição: agosto de 2022

EDITORA EXPRESSÃO POPULAR
Rua Abolição, 197 – Bela Vista
CEP 01319-010 – São Paulo – SP
Tel: (11) 3112-0941 / 3105-9500
livraria@expressaopopular.com.br
www.expressaopopular.com.br
◼ ed.expressaopopular
◻ editoraexpressaopopular

FUNDAÇÃO PERSEU ABRAMO
Rua Francisco Cruz, 234 – Vila Mariana
04117-091 São Paulo – SP
Telefone: (11) 5571-4299
editora@fpabramo.org.br
www.fpabramo.org.br

SUMÁRIO

AGRADECIMENTOS 11

INTRODUÇÃO: VISÃO A LONGO PRAZO 27

Por que biografia e a sua escrita 35

Compreendendo o sucesso de Lula 39

1. A APOTEOSE DE LULA 45

As mentiras biográficas e tentações emblemáticas 54

ORIGENS E RAÍZES

2. ALÉM DO PAU DE ARARA 71

Um mundo em movimento 75

Vencendo na vida: o progresso dos Silvas 88

Educação, autoridade e cultura 98

Os intrépidos em um mundo de oportunidades 104

3. SONHANDO COM A MOBILIDADE 107

Braços para a indústria 109

Um estado de "otimismo coletivo" 115

Um cidadão-torneiro mecânico em formação 125

4. UM CONTO DE DOIS IRMÃOS 135

Aprendizado na luta de classe 137

"Rebeldes" e "revolucionários" 149

Vanguardas e massas? 158

5. A TATURANA E A MÁQUINA 177

O sindicalista como um vencedor na vida 181

O espectro da oportunidade 187

Jovem, bem de vida e preparado para os negócios da vida 197

O sindicato: uma coisa complicada, uma aventura 203

6. O IMEDIATISMO DA VIDA COTIDIANA 211

Sociabilidade, personalidade e consciência 215

"Fatos da vida": expectativas e etiqueta 219

Como a "política" afeta a vida cotidiana 223

7. ANOS PERIGOSOS 231
Os rebeldes de 1968: corajosos, porém divididos 241

DE LUIZ INÁCIO A LULA

8. CONSTRUINDO A MODERNIDADE PÓS-GUERRA 257
ABC como Marco Zero 259
Sempre Lutando 266
Máquinas de aprender 274
Astúcia e a arte subalterna de driblar as dificuldades 278

9. O APRENDIZ 287
O solteiro viúvo 290
O realizador: compreendendo Paulo Vidal 299
O "bom moço" como aprendiz 309
Um homem feliz 323

10. PEIXE PEQUENO EM UM MUNDO DE TUBARÕES 333
Inércia e Inquietude no Brasil em movimento 340
O arrastão 351
Sequestrado 361

11. FILHOS DO MEDO 375
No Chão 376
Reverberações 381

12. TORNANDO-SE LULA 393
Alcançando o Topo 395
Sem o rabo preso 404
O governador e o sindicalista 411
1968 revisitado? 421

LULA, OS PEÕES DO ABC E A BUSCA PELA PRESIDÊNCIA

13. O DESPERTAR DOS PEÕES 431
Rasgando o véu: um exercício de alta astúcia 433
Peões como heróis da classe trabalhadora?
Uma palavra ambivalente 439
"Fomos Roubados!" 447
"Soltando os cachorros" 455

14. O NASCIMENTO DO CARISMA DE LULA.........459

Tornando-se carismático.........463

1978: "Um recado aos grandões" 469

Efervescência coletiva e formação de grupo.........474

Lidando com o carisma de Lula.........480

Vila Euclides: o homem ao microfone 487

"Somos homens. Somos família".........496

15. SEM MEDO DE SER FELIZ 505

"O PT é uma coisa muito prática".........511

A Nova República e a eleição presidencial de 1989 516

Como o Lula do PT finalmente alcançou a presidência 530

O que a vitória significava para a esquerda e para o povo.........539

16. TREINADOR, JOGADOR E ESTADISTA 543

Resistindo à onda neoliberal: do Foro de
São Paulo ao Fórum Social Mundial 545

Chávez, Lula e a origem política das guinadas
à esquerda da América Latina.........554

Chávez e Lula: comparando os homens e suas palavras 559

17. O PRESIDENTE, UM HOMEM QUE CUMPRE SUA PROMESSA......571

"Ortodoxia" econômica, vontade política e vidas melhoradas.........576

Redistribuição, reconhecimento e expansão de oportunidades 581

O professor, o trabalhador e o ogro 596

Retrocesso: o golpe de 2016 603

CONCLUSÃO: VÍTIMA DE SEUS SUCESSOS.........611

De Vargas e Kubitschek até Lula e Dilma 619

EPÍLOGO: RUMO A UMA VIRADA BIOGRÁFICA.........633

REFERÊNCIAS 645

Dedicado a

Marcos Andreotti (1910-1984)
Morgan James (1917-2006)
Philadelpho Braz (1926-2009)
David Montgomery (1927-2011)
Emília Viotti da Costa (1928-2017)
Jan Hoffman French
Johnnetta Betsch Cole

AGRADECIMENTOS

Passei 40 anos estudando profundamente a vida e as lutas do povo trabalhador de São Paulo, Brasil, durante o século XX, focando sobretudo nos metalúrgicos do ABC, que atraíram minha atenção em 1979, quando eu entrei para o programa de doutorado em Yale. Na época, eu pretendia escrever uma tese sobre Benito Juárez, a Guerra da Reforma e a intervenção da França no México do século XIX, mas minha orientadora Emília Viotti da Costa (1928-2017) me perguntou, em nossa primeira reunião, se eu achava algum outro tema interessante, porque uma vez que você escolhe seu assunto de tese, você nunca escapa dele. Ao responder, mencionei as manchetes internacionais sobre as greves dramáticas no subúrbio industrial da Grande São Paulo conhecido como o ABC paulista. De todas minhas muitas dívidas à Emília, eu admito livremente que devo minha carreira à sua sabedoria naquela ocasião: me matriculei para estudar português e, seis semanas depois, escrevi minha primeira proposta pedindo uma bolsa de estudos para uma viagem de pesquisa.

Quando cheguei no Brasil, com 27 anos de idade, em 1980, uma greve ainda mais titânica de metalúrgicos, liderada por um Lula então com 35 anos de idade, tinha acabado de ser derrotada. Meus 18 meses de pesquisa para o meu doutorado, em 1981-1982, foram dedicados à relação entre o sistema de relações industriais e trabalhistas e as transformações eleitorais e políticas que surgiram no ABC entre 1900 e 1964. No mesmo período, dezenas de cientistas sociais, artistas e militantes brasileiros – incluindo estrangeiros importantes, como John Humphrey – estavam profundamente engajados com o estudo sobre a impressionante escalada da confrontação do ABC ao regime militar. Na época, evitei cuidadosamente essa literatura emergente, ciente demais da tentação de ler o passado à luz do presente. Foi apenas depois de apresentar a minha tese, em 1985, que comecei a ler o que havia sido publicado sobre Lula, sobre os metalúrgicos de São Paulo e sobre o Novo Sindicalismo brasileiro. Quando fiz essa imersão, eu estava morando em Logan, Utah, com minha esposa, Jan, e nosso primeiro filho, Paul, que estava prestes a receber a companhia de sua irmã, Elizabeth. A interseção entre o passado do ABC, que eu conhecia tão bem, e o clima industrial, político e ideológico da região nos anos 1970 e 1980 era emocionante. Depois da chegada da Nova República, em 1985, as polêmicas geradas pela busca por hegemonia dentro da esquerda se dissipariam à medida que Lula, seu Partido dos Trabalhadores (PT) e a Central Única dos Trabalhadores (CUT) consolidavam suas posições enquanto líderes da esquerda e como pontos de referência centrais na busca mais ampla pela democracia.

Com apoio do Social Science Research Council, American Council of Learned Societies, and the National Endowment for the Humanities, comecei a me empenhar, em 1991, em mais pesquisa de campo, ao mesmo tempo em que estudava a literatura ainda em expansão sobre o ABC, a CUT e o PT. Durante esse período, tive a sorte de ter Jody Pavilack como assistente de pesquisa, enquanto mergulhávamos nas moitas teóricas sartreanas que definiriam meu projeto até hoje. Eu também me beneficiei particularmente do interesse, engajamento e do *feedback* contínuo de meu amigo Charles Bergquist, um historiador social e do trabalho latino-americanista, e do Centro Harry Bridges para Estudos do trabalho que ele ajudou a fundar na Universidade de Washington.

Continuei a me beneficiar imensuravelmente dos acervos do cada vez mais impressionante Arquivo Edgard Leuenroth (AEL) da Universidade Estadual de Campinas (Unicamp), além do Centro Pastoral Vergueiro, posteriormente renomeado Centro de Pesquisa Vergueiro e agora incorporado ao AEL. Também construí amizades profundas com uma geração de jovens historiadores do trabalho fazendo o curso de mestrado na Unicamp, incluindo Paulo Fontes, Alexandre Fortes, Antonio Negro, Hélio da Costa e Fernando Teixeira da Silva. Um projeto sobre trabalho, Mercosul e o Nafta, do início e meados dos anos 1990, codirigido com o economista Russ Smith, permitiu que eu estabelecesse vínculos contínuos com a intelectual ativista Maria Silvia Portela de Castro, da CUT, tendo me beneficiado posteriormente dos acervos do Centro de Documentação e Memória Sindical da CUT, coordenado por Antonio José Marques. Ao longo das décadas, os sindicatos dos metalúrgicos em Santo André e São Bernardo me foram de uma ajuda inestimável, e São Bernardo assumiu – sob a liderança de Osvaldo Bargas – um programa de pesquisa e de entrevistas que geraram o indispensável website ABC da Luta. Tendo visitado os sindicatos em inúmeras ocasiões, aprecio todos aqueles que vim a conhecer, incluindo a fotógrafa Raquel Camargo, que encontrei pela primeira vez em 1991, e Hélio da Costa, que dedicou parte de seu tempo a mim durante uma visita em dezembro de 2018, assim como o fez o presidente do sindicato, Wagner Santana e o economista Luis Paulo Bresciani. Ademais, devo um agradecimento especial mais uma vez para Helena Weiss Gonçalves pela sua transcrição das 80 horas de entrevistas que conduzi com os metalúrgicos Marcos Andreotti e Philadelpho Braz.

Meu plano original, em meados dos anos 1990, havia sido escrever uma monografia tradicional sobre a história do trabalho intitulada "Os Metalúrgicos do ABC, 1950-1980", projeto que me trouxe ao National Humanities Center em 1995-1996. Durante aquele ano esplêndido e produtivo, meu colaborador de longa data, Daniel James, e eu terminamos nosso livro, editado em 1997, *The Gendered Worlds of Latin American Women Workers*. Meu engajamento teórico e empírico com gênero estava ligado ao meu próprio deslocamento em direção à pesquisa sobre as leis trabalhistas brasileiras. Depois de uma versão preliminar publicada pela Fundação Perseu Abramo em 2001, minha exaustiva monografia de 2004, *Drowning in Laws: Labor Law and Brazilian Political Culture*, apresentou minhas soluções para as insuficiências da história social e do trabalho em efetivamente lidar com as dinâmicas culturais, políticas e jurídicas das lutas dos trabalhadores no caso brasileiro sem uma falsa idealização do sistema trabalhista da época getulista.

Uma mudança ainda mais radical viria no final dos anos 1990, quando deixei os metalúrgicos de São Paulo para trás – em muitos aspectos, da mesma forma que Lula o fez durante suas candidaturas presidenciais, tendo o ABC como seu ponto de referência, mas jamais como seu foco exclusivo. Em paralelo ao trabalho de campo da minha esposa no estado do Sergipe, eu recebi uma bolsa do Fulbright-Hays para um projeto intitulado "Traduzindo o PT para um sotaque nordestino: as dinâmicas sociais, políticas e culturais do crescimento do apoio eleitoral de Lula em quatro estados nordestinos, 1982-1998", sediado em Sergipe, marcado por amizades com Fernando de Araújo Sá, Tânia Elias e Rosemiro Magno da Silva.

Em meu livro de 1992, *The Brazilian Workers' of ABC*, eu havia insistido que os fenômenos das relações eleitorais e sindicais são inextricavelmente associados, e agora havia começado a pesquisar o papel de Lula enquanto uma força eleitoral formidável e uma personalidade histórica de primeira ordem. Para historiadores sociais, o papel do indivíduo na história sempre foi uma questão controversa, conforme discutido no posfácio desse livro, mas a eleição de Lula em 2002 se provaria um momento decisivo para a guinada à esquerda da América Latina que havia sido inaugurada pela eleição venezuelana de Hugo Chávez em 1998. Além do meu trabalho com um projeto de vários anos sobre "guinadas à esquerda", habilmente dirigido por Eric Hershberg, Max Cameron e Jon Beasley-Murray, a ascensão de Lula ao poder levou a duas temporadas de residência acadêmica altamente produtivas ao longo de um ano e meio, em 2005-2007. Meu tempo no Woodrow Wilson International Center for Scholars gerou entusiasmo intelectual, além de assistentes de pesquisa competentes e fácil acesso às maravilhas da Library of Congress e ao US National Archives and Records Administration. Minha estadia em Washington foi seguida por um semestre no Kellogg Institute for International Studies, na Universidade de Notre Dame, que proveu um ambiente interdisciplinar estimulante; um agradecimento especial vai para Scott Mainwaring, Daniel Brinks e Nicanor Dominguez.

Desde que nos conhecemos em 2003, valorizo muito minha amizade com o neurocientista Miguel Nicolelis, um homem de paixão e energia que fez contribuições decisivas para o mundo da ciência e na busca pelo progresso no Brasil. Eu agradeço sua iniciativa em organizar meu encontro com Lula, em junho de 2015. Era apenas a terceira vez que eu me encontrava com Lula desde 1991, embora eu houvesse indubitavelmente consumido mais de suas palavras, e as considerado com mais cuidado, do que qualquer outra pessoa no mundo. Na mesma viagem para São Paulo, também me beneficiei do apoio entusiástico de dirigentes que virariam amigos, em três arquivos essenciais utilizados neste livro: Sonia Maria Troitiño Rodriguez (Centro de Documentação e Memória–Unesp), Carolina Maria Ruy (Centro de Memoria Sindical), e Marcelo Antonio Chaves (Arquivo Público do Estado de São Paulo). Desde a conferência da Associação de Estudos Brasileiros em 1997, em Washington, eu me beneficiei da expansão e da maturação do subcampo da história do trabalho que agora encontra sua casa no vibrante GT-Mundos do Trabalho da Associação Nacional de História (Anpuh).

Depois que Lula se tornou presidente, em 2003, ficou evidente – assim como havia sido para o sindicalista polonês que virou presidente – que sua biografia seria decisivamente impactada pelo balanço dos sucessos e fracassos de sua administração. Eu tive a sorte de que meu inestimável colega Alexandre Fortes estava igualmente interessado nesse desafio, e juntos nós dirigimos um projeto de pesquisa internacional de três anos que uniu 15 acadêmicos para múltiplos painéis nos congressos da Associação de Estudos Latino Americanos em Montreal (2007) e no Rio de Janeiro (2009). O ponto alto do projeto foi uma conferência interdisciplinar internacional em Durham, no dias 27 e 28 de maio de 2008, intitulada "Nurturing Hope, Deepening Democracy, and Combating Inequalities: An Assessment of Lula's Presidency" ["Nutrindo esperança, aprofundando a democracia e combatendo desigualdades: uma avaliação da presidência de Lula"], que recebeu financiamento da Duke e de diversas entidades brasileiras. Em sua execução, o projeto se valeu dos talentos do coordenador da conferência, Bryan Pitts, um pesquisador incansável, que atingiu os altos padrões estabelecidos por meu antigo assistente de pesquisa e colaborador, Tom Rogers.

Analisando os desafios das últimas duas décadas, Alexandre e eu podemos ficar orgulhosos de uma colaboração exemplar movida pelo *companheirismo*, por um forte realismo e por um entendimento diferenciado das dinâmicas políticas e acadêmicas; sua sabedoria e suas palavras estão refletidas neste livro. Como colaborador, coautor e comentarista, ele combina determinação, atenção aos detalhes e equilibrado julgamento com uma profundidade de conhecimento, paixão e percepção derivados de sua própria trajetória política e intelectual como um historiador de primeira qualidade da classe trabalhadora brasileira. Foi um prazer ser seu anfitrião quando ele esteve como Professor Visitante de Estudos Latino-Americanos no programa financiado pela Fundação Mellon, em 2011-2012, um ano no qual nós lecionamos juntos um curso intitulado "Latin American Left Turns" [Guinadas à esquerda na América Latina"], enquanto sua esposa, Cristiani Vieira Machado, nossa querida amiga, estava realizando o pós-doutorado na Universidade da Carolina do Norte, em Chapel Hill, fazendo um estudo comparado de políticas de saúde pública. Meu amigo Leon Fink, o editor da *Labor*, possibilitou que nós publicássemos por duas vezes os resultados preliminares daquele projeto, enquanto minha estimada e enérgica colega, Wendy Wolford, me convidou para coorganizar uma conferência em abril de 2012, em Cornell, sobre as presidências Lula-Dilma, com foco nos movimentos sociais, dinâmicas governamentais internas e vínculos

Estado-sociedade, uma iniciativa que se tornou um dossiê especial da *Latin American Perspectives* com o apoio de seus editores.

Durante as últimas quatro décadas, eu me vali da generosidade de muitos colegas, amigos e colaboradores brasileiros, incluindo Paulo Sérgio Pinheiro, Michael Hall, Leôncio Rodrigues, Laís Abramo, Nadya e Antonio Sérgio Guimarães, Salvador Sandoval, Sonia de Avelar, José Ramalho, Iram Jácome Rodrigues e Patricia Cerqueira e seu marido, Cliff Welch, um velho amigo. Eu também desenvolvi laços com dois historiadores agora veteranos que se especializam no estudo da classe trabalhadora de São Paulo. Paulo Fontes, um paulista enérgico e criativo, foi o primeiro Professor Visitante de Estudos Latino-Americanos no programa financiado pela Fundação Mellon e tem um entendimento rico da migração nordestina que transparece centralmente neste livro. Também devo muito a Antonio Gino Negro, que entrou em contato comigo pela primeira vez em 1991, quando ele estava estudando táticas de greve dentre os metalúrgicos de São Bernardo para o Centro Ecumênico de Documentação e Informação (Cedi). Gino logo me apresentou às riquezas assustadoras do recém-aberto arquivo do Departamento de Ordem Política e Social (Dops), enquanto sua monografia em 2004 apresentou a primeira visão abrangente da trajetória dos metalúrgicos da região, dos anos 1940 até o início dos anos 1970.

No estágio mais inicial deste projeto, recebi apoio da Universidade Internacional da Flórida, em 1991, além do encorajamento da minha colega aficionada por história do trabalho Joyce Shaw Peterson, autora de um estudo sobre os trabalhadores do setor automobilístico de Detroit, e de Bryan Peterson (1942–2019). Desde então, recebi subsídios do American Council of Learned Societies e da American Philosophical Society, embora minha maior dívida constante é ao Center for Latin American and Caribbean Studies (Clacs) de Duke e à sua diretora associada, Natalie Hartman, pelo seu apoio consistente, junto, nessa ocasião, do Arts and Sciences Research Council de Duke e da Trent Foundation. Por 12 anos, sucessivos pró-reitores de Artes e Ciências em Duke também apoiaram a Conferência de História do Trabalho Latino-Americana, realizada anualmente, e cofundada na Yale, em 1983, com Danny James, onde muitas das ideias para este livro foram apresentadas pela primeira vez. A Perkins Library da Duke, chefiada por Deborah Jakubs, apoiou generosamente a aquisição de valiosas coleções de microfilme, enquanto a especialista em América Latina, Holly Ackerman, buscou proativamente os livros que eu precisava ou deveria ter.

Eu lidei por muito tempo com as visões, peculiaridades e quebra-cabeças que marcam o enorme corpo de testemunhos orais dos metalúrgicos do ABC entre o início dos anos 1960 e as transcrições mais recentes de entrevistas encontradas em dissertações de mestrado e teses de doutorado. Ao fazer isso, acumulei uma dívida enorme com Daniel James e Lynne DiPietro. Com suas percepções ricas sobre a vida operária, o populismo e a teoria, Danny foi meu interlocutor central ao longo de 36 anos enquanto uma caixa de ressonância, um crítico, um colaborador e um amigo próximo da família. Danny compartilhou generosamente sua sabedoria sobre a vida da classe trabalhadora, que começou a ter enquanto filho de um metalúrgico comunista de longa data, Morgan James, que eu e Jan pudemos conhecer muito bem, e também entrevistar. Danny estava entre os primeiros a demonstrar o potencial do material de história oral quando tratado com maior sofisticação metodológica. Consistentemente inspiradoras e provocativas, a profundidade de suas análises cristalinas de sucessivos rascunhos fez deste um livro muito melhor.

Ao longo das décadas, me vali do diálogo com colegas profissionais, incluindo Robert Anderson, Reid Andrews, Idelber Avelar, Joan Bak, Rossana Barragán, Dirk Bonker, Dain Borges, Aviva Chomsky, John Collins, Larissa Correia, Jeff Cowie, Jack Draper, Steve Ellner, Brodwyn Fischer, Leon Fink, Stanley Gacek, Jim Green, Jeff Gould, Wesley Hogan, Margaret Keck, Victoria Langland, Aldo Lauria Santiago, Michele Lewis, Joe Love, Bryan McCann, Nancy Maclain, John Martin, Bill Mello, Anthony Pereira, Styliane Philippou, Jocelyn Olcott, Sumathi Ramaswamy, Pete Sigal, Steve Strifler, Emília Viotti da Costa, Maria Herminia Tavares de Almeida, e Barbara Weinstein. Meus avanços também foram moldados por coortes sucessivas de estudantes de pós-graduação de Duke que se tornaram meus colegas, incluindo Mark Healey, Jody Pavilack, Vince Brown, Jeff Cowie, Ivonne Wallace Fuentes, Tom Rogers, Alejandro Velasco, Katharine French-Fuller, Reena Goldthree, Elizabeth Shesko, Danielle Terrazas Williams, Bryan Pitts, Kristin Wintersteen, Carolina Garriott e, mais recentemente, Gray Kidd, Elsa Costa e Travis Knoll. Por materiais de pesquisa, agradeço a Robert J. Alexander, Dick Ginnold, John Humphrey, Margaret Keck, Kenneth Mericle e Cliff Welch, além de Jack Draper, Alexandre Fortes, Gustavo Furtado e Bryan Pitts pela assistência em traduções. Eu devo um agradecimento especial ao professor Renato Delmanto de Votorantim, que gentilmente providenciou a transcrição de uma entrevista essencial de Lula por Rui Mesquita em 1978. Sempre fui grato à autorização dada por Frei Betto para o acesso às 17 horas de entrevistas que ele realizou com Lula no fim da década de 1980 e entregues ao meu colega biógrafo de Lula Fernando Morais; conhecer o mais destacado biógrafo brasileiro foi um prazer, embora nossos planos para compartilhar o material tenham sido prejudicados por eventos posteriores.

Bryan Pitts (com doutorado da Duke, 2013) foi um copesquisador indispensável – compartilhando como fazemos o terreno da política paulista sob o regime militar – sobre o qual aprendi muito e do qual me beneficiei enormemente. Um acadêmico generoso, ele compartilhou livremente seu vasto acervo de materiais de pesquisa e fez leituras rigorosas de meus textos, visto que ele realizou as pesquisas de campo no Rio que permitiram que eu compilasse milhares de páginas de materiais do SNI sobre as greves dos metalúrgicos do ABC. Enérgico e decidido, Bryan assumiu a responsabilidade de alinhar os registros fotográficos do livro com assistência extensa de meu velho amigo e colega pesquisador Ademir Medici e de Cecilia Del Gesso e Evaldo Novelini, redator-chefe do indispensável *Diário do Grande ABC*. Os fotógrafos Juca Martins e Ricardo Stuckert gentilmente providenciaram imagens utilizadas neste livro, assim como fez o cartunista Zé Dassilva. Para obter imagens da família de Lula, nós recebemos assistência de Brian Mier, que providenciou para que Valeska Martins, da equipe legal de Lula, obtivesse a assinatura do ex-presidente na prisão; as imagens em si foram providenciadas por Luana Soncini, à época, coordenadora do Centro Sérgio Buarque de Holanda da Fundação Perseu Abramo.

Não há pensar sem escrever, e escrever requer tempo e demanda de prazos. Durante o ano acadêmico de 2013-2014, o Departamento de História de Duke me dispensou de lecionar uma das minhas duas disciplinas, possibilitando minha participação com a Cátedra de História Douglas Southall Freeman na Universidade de Richmond, na qual recebi boas-vindas calorosas de meus colegas historiadores; a administradora do departamento, Debbie Govoruhk; e seu chefe, Hugh West. Também foi um prazer conhecer a brasilianista do departamento, Manuella Meyer. Uma explosão concentrada de escrita durante meu semestre em Richmond levou a uma oficina de discussão do manuscrito do livro no Primeiro de Maio em 2014 promovida por John Hope Franklin Humanities Institute (FHI) de Duke, dirigido na época por Ian Baucom. Eu não podia ter tido um laboratório melhor para testar o que, na época, estava planejado para ser uma biografia de dois volumes: Fuentes, Rogers, Pitts, Olcott e Wesley Hogan do Center for Documentary Studies de Duke, além de Jan e Danny e do meu editor pessoal, Sean Mannion. Minhas ideias foram compartilhadas nas Universidades de Chicago, Cornell, Stony Brook, Princeton e Washington, além de na Casa Rui Barbosa, na King's College London, na Universidade Federal Fluminense e na Universidade Estadual do Ceará, e em conferências em Liverpool, Leipizig e Linz, Áustria.

Embora essa biografia abrangente de volume único estivesse há muito tempo sendo feita, a escrita ocorreu enquanto uma comunidade focada no Brasil estava surgindo em Duke, uma ideia que se originou com o geólogo Paul Baker; Paul e sua esposa, Catherine Rigsby, se tornaram queridos amigos da nossa família. Com participação vital de Antonio Arce na Clacs, nós obtivemos o apoio de Mike Merson e de Eve Duffy da Office of Global Affairs para criar a Duke Brazil Initiative (DBI) vinculada à administração superior. Sobre esse alicerce, nós adquirimos um apoio suplementar substancial para um Global Brazil Humanities Lab verticalmente integrado, que foi fundado por meio do grande subsídio do Mellon Humanities Writ Large dirigido por

Srinivas Aravamudan (1962-2016) e financiado ao longo de três anos pelo FHI, na época dirigido por Deborah Jenson.

O Global Brazil Lab foi um ambiente esplêndido para pensar com e por meio das realidades brasileiras enquanto trabalhando lado a lado com meus codiretores talentosos, Esther Gabara e Christine Folch. O DBI e o laboratório do Brasil se tornaram o núcleo de uma comunidade marcante que inclui estudantes de pós-graduação brasileiros da Duke, Marcelo Nogueira e Yahn Wagner, além de visitantes do Brasil, incluindo Guilherme Cabral, Carolina Bittencourt Mendonça, Kellen Julio, Júlio Pinto, Cesar Santos, Sales Augusto dos Santos, Marcelo Ramos, Lucas Porto Marchesini Torres, Walter Colton, Lucas Lopes e Silvio Almeida. Um grupo de professores talentosos de Duke fizeram do DBI uma convergência dinâmica, incluindo Gustavo Furtado, Regis Kopper, Marcos Rangel, Gustavo Silva, Magda Silva, Katya Wesolowski, João Ricardo Visocci e o codiretor do DBI, Kenneth Maffitt da CLACS. Desde Rafael Lima e Laura Senna uma década atrás, meu trabalho se valeu de candidatos doutorais inteligentes visitando com bolsas brasileiras, tais como Marcos Queiroz, Leonardo Angelo da Silva e Eduardo Angelo da Silva, este último um historiador em formação brilhante que faleceu em 2018, numa perda trágica para sua família, para sua cidade-natal Barra Mansa, para a academia e para sua esposa e seus muitos amigos. Uma série de estudantes deram vida ao meu trabalho – incluindo Kaley Deal, Ruici Ong e John Victor Alencar – assim como fizeram meus orientandos de mestrado Tiffany Lieu e as brasilianistas Andrea Dinamarco, Katie Soltis, Madeleine Roberts, Chloe Ricks e Courtney Crumpler.

Dirigir um projeto sobre a expansão do ensino superior de 2016 até 2019 serviu como um laboratório para o argumento deste livro sobre o impacto subversivo da ambição subalterna dentre os inteligentes jovens de uma periferia urbana pobre e estigmatizada. Um projeto de pesquisa estudante-docente interdisciplinar, "The Cost of Opportunity" [O custo da oportunidade] focou na Baixada Fluminense, fora da cidade do Rio, com apoio generoso do programa inovador Bass Connections de Duke; devo aqui um agradecimento especial a Tom Nechyba do Social

Science Research Institute que liderou a linha de pesquisa em Educação e Desenvolvimento Humano apoiada pela Bass. Codirigido com Katya Wesolowski (Antropologia Cultural), Marcos Rangel (Políticas Públicas) e Alexandre Fortes, 17 estudantes de Duke trabalharam com seus homólogos no Instituto Multidisciplinar da Universidade Federal Rural do Rio de Janeiro (IM-UFRRJ) para estudar uma geração singular que aproveitou a oportunidade fornecida pela democratização do ensino superior durante os governos Lula-Dilma (https://sites.duke.edu/project_duke_baixada_project/).

Os levantamentos, histórias orais e observações etnográficas executados por aqueles que vim a chamar de "filhos de Lula" aguçaram meu entendimento da tenacidade vigorosa característica de Lula e de sua geração de trabalhadores qualificados. Os participantes estadunidenses e brasileiros se comprometeram completamente: deixo uma saudação para John Victor Alencar, Riley Allen, Joe Beck, Aaron Colston, Mitchell Jacob, Eyram Klu, Jessica Lee, Adair Necalli e Chloe Ricks, além de para, do lado brasileiro, Douglas Almeida, Sandro Aragão, Luiza Braga, Guilherme Cabral, Carla Castanha, Luanna Lima, Debora Luisa, Juliane Marinho, Rodrigo Monteiro, Bruna Navarone, Louise Queiroz, Barbara Santos, Ana Paula Teixeira e Yago Vale. Um agradecimento especial para Renan Arjona e Cláudia de Paula, do IM-UFRRJ, Felipe Ribeiro, Luis Fernando Orleans, Álvaro Pereira do Nascimento, João Márcio Mendes, Sandra Regina Sales e para a inestimável educadora Marcia Pletsch.

O projeto forneceu uma oportunidade única de dialogar com Stephanie Reist, uma carioca-por-adoção vibrante que contribuiu com sua sabedoria ampla, com sua curiosidade insaciável e com sua sensibilidade política aguçada ao longo de dois anos. O rapper e educador popular marcante e de muitos talentos Dudu de Morro Agudo, da organização local denominada Instituto Enraizados, viria a codirigir nosso projeto de filme com Reist, que foi amplamente utilizado com estudantes de ensino médio locais. Depois de trabalhar por dois anos como coordenador de pós-graduação do Laboratório do Brasil, o estudante doutorando em história brasilianista Gray Kidd fez um excelente trabalho ajudando a codirigir nosso trabalho de campo de base no primeiro ano sendo posteriormente substituído com a mesma competência pelo seu colega de história de Duke Travis Knoll, um estudioso astuto sobre a luta negra pela ação afirmativa no Brasil, e pelo doutorando Andrew Guinn da UNC-Chapel Hill.

A sensibilidade informando meu entendimento das classes populares multirraciais e multiculturais do Brasil foi moldada pelo que aprendi da história quintessencialmente "americana" das pessoas afro-estadunidenses e de seu papel nas lutas progressistas em meu país. No espírito de Paul Robeson (1898-1976) e de Elizabeth Gurley Flynn (1890–1964), esse livro é dedicado à antropóloga Johnetta Betsch Cole, uma professora no W. E. B. Du Bois Black Studies Department na Universidade de Massachusetts no início dos anos 1970, quando eu era um estudante de graduação da Amherst College. Seja dentro ou fora das salas de aula e bibliotecas, trabalhar com afro-estadunidenses – incluindo Michael Hanchard – me proporcionou ferramentas indispensáveis para compreender melhor os trabalhadores e pobres brasileiros de todas as cores. Tiro o meu chapéu para os meus colegas de Duke John Hope Franklin (1915-2009) e Raymond Gavins (1942-2016), e estudantes de graduação da Duke, incluindo Gladys Mitchell-Walthour, para quem eu dei aula nos anos 1990; e minhas orientandas de mestrado – Amelia Herbert e Chloe Ricks – também para as estudantes de doutorado Stephanie Reist e Elizabeth Hordge-Freeman.

Tenho aprendido demais com o Dr. Silvio Almeida (Universidade Presbiteriana Mackenzie/FGV) sobre a luta por justiça racial no Brasil desde que ele foi nosso Professor Visitante de Estudos Latino-Americanos no programa financiado pela Fundação Mellon em 2020. Como parte dessa colaboração, Courtney Crumpler, Gray Kidd e Marcelo Ramos conduziram um impressionante projeto de vários anos chamado Vidas Negras Importam Brasil-EUA: http://blacklivesmatter-bra-usa.com/. O impressionante trabalho que Sílvio e eu fizemos com os estudantes de doutorado Travis Knoll, Thais Zapelini e Waleska Miguel Batista, incluindo contribuições de Bryan Pitts, também nos permitiu reconstituir o processo da luta jurídico-política por meio da qual os movimentos negros brasileiros e seus aliados conquistaram uma vitória memorável pelas cotas raciais na decisão da ADPF 186 pelo Supremo Tribunal Federal em 2012, que levou a uma lei de cotas abrangente na educação superior e nos serviço público.

Por quase uma década, trabalhei com Sean Mannion, editor executivo indispensável para a *Hispanic American Historical Review,* que coeditei em Duke durante cinco anos. Desde 2013, ele também foi meu editor pessoal e me ajudou a disciplinar a linha narrativa dispersa enquanto descartava exibições academicistas. Ao mesmo tempo, suas contribuições vão muito além das minúcias editoriais: ele foi um parceiro fundamental na construção desta biografia, pela qual sou profundamente grato. Desde minha segunda monografia em 2004, eu trabalhei com Elaine Maisner, editora executiva da UNC Press, que não só abraçou o projeto deste livro como também me forçou a reconhecer que uma "história total" de mais de um volume era uma distração comparada ao poder analítico e narrativo de uma obra mais sucinta de volume único, porém substancial. Muito bem acompanhado pela UNC Press desde 1992, sou grato aos quatro leitores de fora além de a Christi Stanforth, uma editora de primeiro nível; ao assistente de edição executiva Jay Mazzocchi; e a Paula Durbin-Westby, que elaborou um índice conceitual e analítico para a versão do livro em inglês.

Como autor da primeira biografia abrangente e rigorosamente documentada do ex-presidente do Brasil, entendo que não basta compreender a história de Lula corretamente, mas também é necessário fazer que ela chegue aos brasileiros, que são os maiores interessados e os mais impactados pela contribuição que espero que ela possa trazer para compreender melhor o seu país. Desde o primeiro dia, Alexandre Fortes e eu acreditamos que era imperativo viabilizar uma edição brasileira do livro no tempo certo. Quando os esforços para encontrar uma editora brasileira comercial ou universitária fracassaram, Elaine Maisner convenceu a UNC Press a ceder os direitos de publicação gratuitamente, assim como eu, para facilitar uma edição brasileira. Por meio dos contatos feitos por Alexandre, com o valioso apoio de Valter Pomar, encontramos os parceiros ideais na Editora Expressão Popular e em Miguel

Yoshida. A formidável tarefa de tradução foi assumida por Lia Machado Fortes com energia e entusiasmo. Em quatro meses, emergiu uma tradução elegante que capturou não apenas as nuances da argumentação do livro, mas também o seu sabor. Serei eternamente grato por ter tido uma tradutora de tamanha excelência e o prazer é ainda maior pelo fato de eu conhecer Lia desde que nasceu. Ao lidar com pequenas questões de tradução, tive a assistência de Alexandre, à medida que inseria as citações originais em português no texto. Na editora, Miguel Yoshida trabalhou com incrível velocidade junto com seus colegas Aline Piva, Carlos Bellé e Thais Yamashita, uma equipe que tem sido um exemplo de profissionalismo marcado por uma dedicação extrema e pelo empenho em assegurar uma versão brasileira fidedigna à original. É uma honra ter esse livro publicado pela Expressão Popular, uma editora dedicada à educação popular, em coedição com a Fundação Perseu Abramo, um instrumento de esclarecimento politica e defesa da democracia, e seu coordenador editorial Rogério Chaves.

Minha vida foi enriquecida pela minha família, sobretudo por meus filhos, Paul Joseph e Elizabeth Nora, além de meu irmão, Roger Harquail French; sua esposa, Barbara Brown French; e seus filhos, Henry e Sylvia. Em 2016, o caloroso e formidável Oscar González se casou com Elizabeth, e nossas vidas desde então foram enriquecidas pela chegada de Lorca Marie González-French, no dia 25 de abril de 2019. Ao longo dos últimos 45 anos, minha companheira Jan Hoffman French e eu estamos engajados em uma conversa sem fim que testou cada palpite e todo sussurro de ideia que se encontram nesse livro. Ela é a pessoa com quem eu aprendi tanto e com quem eu vivi tão intensamente e a quem amei tão poderosamente. Ela é uma fonte de inspiração diária – além de humor e de consolo – enquanto confrontamos um mundo do século XXI dilacerado pela fome, por mentiras, sofrimento, injustiças e perdas. À medida que lutamos para melhorar este mundo, nos voltamos com admiração para nossos pais: James Bruce French, um teórico nuclear; a militante feminista pacifista Helen Harquail French; o metalúrgico sindicalizado da Boeing Edward Hoffman; e Phyllis Hoffman, uma duradoura fonte de sabedoria e de um bom senso sempre bem-vindo.

INTRODUÇÃO: VISÃO A LONGO PRAZO

Em *Lula e a política da astúcia*, adoto a abordagem biográfica que acredito ser essencial para compreender como Luiz Inácio Lula da Silva – um homem de origem das mais humildes, com quatro anos de ensino primário – chegou a se tornar o 35º presidente brasileiro em 2003. Como Lula – um homem agora conhecido mundialmente apenas por seu apelido – ascendeu de seu *status* de migrante rural pobre em São Paulo para virar um metalúrgico, um dirigente sindical grevista e um político de esquerda radical antes de finalmente chegar à presidência? Uma figura *sui generis*, Lula tornou-se uma celebridade na vida sindical e política brasileira desde sua estreia como um potente líder grevista mais de 40 anos atrás. Amado, tolerado ou malvisto, Lula é familiar a todos os brasileiros, com sua voz rouca, seu sorriso e seu bom humor expansivo, além de seu amor por metáforas futebolísticas e pelos abraços de uma massa de seguidores que o adora. Um verdadeiro "homem do povo", Lula terminou seu segundo mandato em 2010 com uma aprovação de mais de 80%, e Dilma Rousseff, a sucessora do Partido dos Trabalhadores por ele escolhida, foi subsequentemente eleita duas vezes pelos brasileiros para ser a líder do país. Esse impressionante grau de popularidade levou o presidente Barack

Obama, em abril de 2009, a chamar Lula, quando se encontraram pela primeira vez, de "o político mais popular do planeta".[1]

Sendo o quinto maior país do mundo, com mais de 200 milhões de habitantes, o Brasil governado por Lula e Dilma experienciou um crescimento significativo do Produto Interno Bruto (PIB) de 2005 a 2012, tendo sido afetado apenas brevemente, em 2009, pela crise financeira global que instaurou o caos nos Estados Unidos e na Europa Ocidental. Apesar de o Brasil ser o país mais desigual da América Latina em termos de distribuição de renda, Lula e Dilma foram pioneiros na implantação de políticas de inclusão e de redistribuição que resultaram na queda significativa de 10% na desigualdade de renda, com 40 milhões de pessoas saindo da extrema pobreza. Com a oitava – ou nona – maior economia por PIB, o sucesso do governo em expandir o bem-estar social e as oportunidades por meio de intervenção governamental moderada, porém firme, ampliou substancialmente o acesso a serviços sociais, ao mercado consumidor e à educação no país, cuja população é majoritariamente não branca, tendo o maior número de descendentes africanos fora de seu continente de origem.

Em 2014, quando Lula – um homem de, então, 69 anos, há dois mandatos fora do cargo da presidência – ajudou seu partido político a vencer a quarta eleição presidencial consecutiva, a maioria de seus observadores considerou, equivocadamente, que os seus primeiros 40 anos de vida eram história antiga. O destaque que recebeu parecia distorcer o arco narrativo de sua história pessoal e política, ofuscando o processo de contingência histórica. Eu pretendo, nesse livro, recuperar toda essa rica e negligenciada história política e pessoal, prestando bastante atenção à primeira metade de sua vida, que explica como Lula se tornou tão espetacularmente conhecido no Brasil e no mundo em 1979 como o carismático líder de greves massivas em meio a uma ditadura militar. São esses primeiros anos que permitem a compreensão de como Lula – o presidente mais popular da história do Brasil e, talvez, do mundo – aprendeu a atuar politicamente. Como brilhou nas interações

---

[1] "É porque ele é bonitão", brincou Obama. Como comentou o repórter Jake Tapper, "Lula [...] é praticamente o George Clooney do G20" (Tapper, 2009).

minuciosas de pequenos grupos e, ao mesmo tempo, se tornou um comunicador eficaz e um líder merecedor da confiança de centenas de milhares e, posteriormente, de dezenas de milhões de brasileiros. Sua história será contada para ampliar a visão mundial sobre o trabalhador pobre, sobre como os movimentos sociais radicais surgiram, e como eles puderam se transformar – apesar de todas as dificuldades – em políticas eleitorais transformadoras consistentes e bem-sucedidas.

Presidente Lula na Casa Branca com presidente Barack Obama, 2009
(Foto de Pete Souza; cortesia do acervo presidencial Barack Obama)

Em 2010, no ápice de sua popularidade, Lula parecia por vezes predestinado ao sucesso – apesar do destino, como observado pelo poeta gaúcho Mário Quintana, ser frequentemente "o acaso atacado de mania de grandeza" (Quintana, 2005, p. 66). Ao escrever sobre Lula, deve-se prestar atenção a seu biógrafo menos generoso, que insiste repetidamente que "o destino o havia colocado no lugar certo, na hora correta, e com a pessoa adequada" (Nêumane Pinto, 2011, p. 90). O dilema foi bem abordado pelo crítico literário György Lukács, quando observa que "sem o acaso, toda narração é morta e abstrata. [...] Nenhum escritor [ele insistiu] pode retratar a vida se eliminar o aleatório. Por outro lado, em sua representação da vida ele deve ir além de acidentes grosseiros e elevar a probabilidade ao inevitável" (Lukács, 1970, p. 112). O inevitável, em outras palavras, deve ser contrabalançado por um reconhecimento franco de que a história extraordinária de Lula é a de um homem muito sortudo e talentoso. Assim, como será mostrado, a compreensão de Lula sobre o mundo, sua mensagem e seus estratagemas derivam da sabedoria astuta dos fracos, mas ele os utiliza em prol de uma astúcia política transformadora capaz de mudar uma nação.

A trajetória política *sui generis* de Lula é melhor abordada a partir da análise da cidade de São Paulo e seu entorno de meados do século XX até 1980, especialmente na esfera sindical, na qual sua liderança foi forjada. Essa biografia é a primeira a investigar os aprendizados decisivos que possibilitaram que Lula se tornasse um torneiro mecânico qualificado e um líder sindical não apenas capaz, mas também brilhante. Qual foi a configuração de predisposições, entendimentos e habilidades que caracterizaram esse jovem, e de onde vieram? Como ele vivenciou o mundo que se formava com a industrialização de São Paulo? Para os trabalhadores industriais dessa cidade, como era o relacionamento entre homens e máquinas e entre homens e patrões a quem deviam trabalho e obediência? Quando e como Lula adquiriu o discernimento necessário para manobras políticas bem-sucedidas? E depois que o adquiriu, de onde fluiu seu excepcional dom da palavra, a confiança e facilidade com que ele falava e a ousadia com que ele agia?[2]

Ao adotar o caminho da biografia, este livro rejeita, ao mesmo tempo, uma narrativa excessivamente individualista na qual a história pessoal de Lula é apartada da história de relações com outras pessoas. Analogamente à análise de Charles Payne com relação ao movimento de direitos civis dos Estados Unidos, a atenção excessiva a um único indivíduo, tal como Martin Luther King Jr., não apenas nega a dinâmica ascendente do movimento como também ofusca os ativistas de base e a massa apoiadora cuja energia produziu tal líder e lhe deu sua estatura e força (Payne, 1995). Esse livro falharia se, ao se fixar no mito conhecido como Lula, negligenciasse os seus milhares de amigos, aliados e

---

[2] Esta biografia, portanto, aborda as lacunas e os mistérios do desenvolvimento de Lula identificados com acuidade por Florestan Fernandes (1995, p. 40-41).

admiradores, as dezenas de milhares de trabalhadores de base e suas dezenas de milhões de eleitores. Logo, o livro coloca em primeiro plano os processos sociais, políticos e culturais por meio dos quais Luiz Inácio da Silva se tornou o Lula imaginado, que é agora patrimônio comum de todos os brasileiros.

Como presidente, Lula veio a ser celebrado como o símbolo nacional por excelência da mobilidade social, o que tanto superestima o homem quanto subestima o povo brasileiro. Ignorando problemáticas de narrativa, de representação e de transcendência, tal descrição reflete uma forma na qual Lula pode ser (e é) enxergado, mas ao custo de eliminar o indivíduo biográfico e de reduzir sua ascensão ao seu mínimo denominador comum. Acima de tudo, essa narrativa de mobilidade social individual ignora a contribuição e os sentimentos de milhões que fizeram de Luiz Inácio o Lula que todos viriam a conhecer, amando-o ou detestando-o. Tal abordagem implica a existência indiferenciada de "massas" que respondem acriticamente a favorecimentos ou a presentes baratos, como o programa de bem-estar social Bolsa Família, uma visão há muito tempo sustentada pelas elites letradas do Brasil, tanto à esquerda quanto à direita, com relação às classes populares.

Neste livro, Lula não será tratado isoladamente nem como alguém inteiramente fundido ao seu contexto. O meu estudo está ancorado, sobretudo, nas relações de Lula com outros: com sua família – primeiro e acima de tudo, especialmente com seu irmão José Ferreira de Melo (mais conhecido por seu apelido, Frei Chico) e com as mulheres com as quais ele construiu a sua vida –, com a marcante geração da classe trabalhadora do pós-guerra, seus companheiros operários qualificados e sindicalistas, com os quais ele aprendeu enquanto começava a fazer política. Ao fazê-lo, busco desenvolver um ousado novo argumento: de que Lula e a minoria de trabalhadores de colarinho azul altamente qualificada da qual ele fazia parte foram membros de uma *intelligentsia* da classe trabalhadora análoga aos jovens ambiciosos que frequentavam a Universidade de São Paulo (USP) à época. Ao retratar as relações em evolução entre pessoas letradas e o povo, este livro esclarece de modo inovador como tanto o torneiro-mecânico Lula quanto o sociólogo da

USP Fernando Henrique Cardoso (conhecido como FHC), dois aliados da ala da esquerda no final dos anos 1970, vieram a ocupar a presidência por dois mandatos cada entre 1994 e 2010. Prestando atenção ao capital linguístico e cultural, *Lula e a política da astúcia* explora o diálogo contínuo e frequentemente turbulento entre intelectuais da USP e trabalhadores que frequentaram os corredores do sindicato da indústria metalúrgica no subúrbio industrial de São Paulo, conhecido como ABC Paulista. Isso é fundamental uma vez que a virada democrática no Brasil exigiu um confronto doloroso com uma cultura elitista e profundamente autoritária que exaltava uma minoria rica altamente escolarizada e abastada e depreciava as massas "ignorantes", que não possuíam nem confiança nem conhecimento, controladas, em última instância, pelo medo, assim como aconteceu com o irmão de Lula em 1975.

Deixando de lado a completa improbabilidade da história de Lula, que nasceu pobre numa área rural, tornar-se presidente, o maior mistério a respeito de seu crescimento é por que e como os trabalhadores de São Bernardo do Campo e Diadema, os municípios de São Paulo que constituíam a base de Lula, iniciaram em 1978 três anos de grandes greves, de paralisações bem-organizadas as quais o Brasil nunca tinha visto e não voltou a ver desde então. A militância industrial parecia improvável naquele mundo de produção fabril moderna sob um governo ditatorial, cujos aparatos repressivos trabalhavam de modo próximo com os patrões para aniquilar a oposição. Além disso, a matéria-prima para "consciência de classe" parecia insuficiente, dado que a força de trabalho era composta não pelos clássicos "proletários" da teoria marxista, mas por trabalhadores migrantes do Brasil rural que experimentaram ascensão social e alta rotatividade do trabalho. Até mesmo as estruturas formais da representação sindical que estavam ligadas ao Estado repressivo pareciam obstáculos formidáveis para a mobilização.

Esta biografia oferece novas visões – baseadas em fontes até agora não utilizadas, incluindo agências de inteligência – sobre as ações extraordinárias dos metalúrgicos dos municípios de São Paulo conhecidos conjuntamente como ABC Paulista (nomeado a partir dos municípios de Santo André, São Bernardo do Campo e São Caetano do Sul) e de seus sindicatos durante a década de 1970. Diferentemente de outros que discutiram a vida do presidente Lula, eu abordo a questão analítica essencial de como uma insurgência massiva de trabalhadores emergiu na indústria metalúrgica do ABC, um mundo de homens – e de algumas mulheres, que compunham 10% da mão de obra – que não se identificavam coletivamente como trabalhadores fabris; de fato, 80% deles não pertenciam ao sindicato que Lula viria a liderar. Carecendo de unidade de ação e de consciência coletiva comum, os trabalhadores do ABC não pareciam de forma alguma um terreno fértil nem para organização, muito menos para insurgência massiva e vigorosa. Não obstante, qualquer tentativa séria de explicar a trajetória subsequente de Lula deve abordar a razão pela qual esses homens, nesse lugar, promoveram uma ação de massas, e o que havia de particular em Lula que o levou a desempenhar um papel fundamental – ou vários papéis fundamentais – naqueles acontecimentos.

Eu argumento que a relação de Lula com os metalúrgicos da base, forjada durante seus cinco anos como presidente do sindicato, explica como ele veio a ser conhecido e respeitado em todo o mundo. Movimentando-se em uma sociedade fechada ao diálogo, Lula desenvolveu uma personalidade e abordagem distintas às relações interpessoais que visava alcançar até mesmo aqueles que tinham visões opostas às suas e interesses divergentes dos seus. Entretanto, inicialmente, mesmo entre trabalhadores, a simpatia mútua, a identificação e os laços profundos que emergiram entre Lula e os trabalhadores do ABC eram improváveis e inesperados. Apesar dos sindicatos serem os representantes legalmente designados dos trabalhadores, seus líderes sempre haviam ficado muito aquém de efetivar as vontades coletivas daqueles que eles oficialmente "representavam". Foi no final dos anos 1970 que um novo presidente sindical, ainda tímido, encontrando sua voz, se conectou visceralmente com uma grande parte de seus companheiros trabalhadores. Para a surpresa de Lula, de seus colegas trabalhadores e de seus patrões, as grandes greves de 1978-1980 viram nascer um extraordinário novo ator coletivo: os lendários "metalúrgicos do ABC". Essas centenas de milhares de trabalhadores se tornaram famosos pela energia, coragem e inegável entusiasmo de suas mobilizações sem precedentes, que colocaram seu carismático líder nas manchetes e telas de TV de todo o planeta.

Quando examinadas atentamente, até mesmo as motivações por trás dessas greves parecem misteriosas. Esses trabalhadores no ABC, embora tivessem suas queixas, prezavam seus trabalhos bem remunerados nas montadoras automobilísticas e fábricas metalúrgicas modernas. Ademais, eles anteriormente tinham sido tão indiferentes à política que a maioria havia apoiado passivamente o regime militar pós-1964, com muitos ativamente apoiando o governo militar por ter gerado um crescimento no PIB sem precedentes, durante o "milagre econômico" brasileiro de 1968-1974, que expandiu fortemente as fábricas da região e as oportunidades e, assim, impulsionou novas ambições entre trabalhadores. Como, então, pode ser explicada a subsequente insurgência massiva? O que motivou os envolvidos e qual foi a conjuntura política que propiciou tal atrevimento? E finalmente, o que Lula, o indivíduo biográfico, teve a ver com isso? Que decisões ele tomou, que ações ele levou a cabo, com quem ele interagiu e como? Quais palavras de incitamento, de encorajamento e de desafio ele articulou frente à repressão governamental e empresarial e nos desdobramentos da derrota sofrida pela greve?

Para além do simbólico, essa biografia investiga as ações de Lula durante aqueles anos e o legado delas, em termos tanto do que Lula aprendeu quanto do que ele veio a significar para aqueles que cruzaram seu caminho – seja diretamente, seja pela mídia. O poderoso vínculo que se cristalizou iria muito além do ABC, com a construção feita por Lula de um novo partido político de esquerda, o Partido dos Trabalhadores (PT), e de uma confederação sindical unificada, a Central Única dos Trabalhadores (CUT), que personificou o surgimento do novo sindicalismo. Ambos enfrentaram importantes rivais na esquerda, sendo o mais importante desses, em âmbito nacional, o trabalhismo de esquerda do talentoso político Leonel Brizola. A esquerda comunista, especialmente o Partido Comunista Brasileiro (PCB), historicamente alinhado com o modelo soviético, também manteve uma esfera de influência com alguma força no movimento sindical, incluindo o irmão de Lula, Frei Chico. Até mesmo o pequeno e maoísta Partido Comunista do Brasil (PCdoB) conquistou o apoio de alguns estudantes, ex-estudantes e trabalhadores, obtendo adeptos vindos da Ação Popular (AP), uma nova organização revolucionária de esquerda fundada por católicos.

Se a origem de Lula está indissociavelmente ligada a um momento e lugar específico, seu triunfo no século XXI dependeu do fato de ele vir a se tornar parte integral da rica, porém regionalmente diferenciada, história do movimento operário, da esquerda e da política eleitoral no Brasil. Após ser expulso do sindicato, essa nova celebridade passaria a interagir ainda mais intensamente com as diversas classes, facções, interesses e personalidades que haviam emergido em um país de proporções continentais, transformado economicamente por dois períodos de crescimento industrial sustentado, entre 1957 e 1974; e politicamente por 21 anos de regime militar, de 1964 a 1985. Após um mandato sem destaque como deputado federal (1986-1988), Lula desempenhou um papel singular no período pós-ditadura da Nova República, assombrada por uma hiperinflação impulsionada pelo alto endividamento, estagnação econômica e tumulto político, seguido de um processo profundo de reestruturação neoliberal nos anos 1990. Como líder de um partido e de um movimento, Lula operou por duas décadas sem possuir nenhum cargo eletivo e sem concorrer a qualquer outro cargo que não a presidência da República.

POR QUE BIOGRAFIA E A SUA ESCRITA

Os extraordinários acontecimentos no ABC geraram uma abundância de cobertura jornalística e política e uma riqueza documental na forma de filmes, teatro, ficção e fotografia, além de um grande e diversificado conjunto de pesquisas na área das ciências sociais. Entretanto, apesar de sua enorme riqueza, esse formidável conjunto de pesquisas – que se ampliou para incorporar o novo sindicalismo e o PT – não abarcou uma análise fundamentada do ícone daquelas greves e, subsequentemente, da CUT e PT, cuja quantidade de votos para presidente sempre ia muito além da de todos os outros candidatos do PT somados. Por exemplo, em seu livro de 1987 sobre os extraordinários metalúrgicos de São Paulo, o talentoso sociólogo industrial mexicano Víctor Manuel Durand Ponte, focando na Política Econômica, nas relações Estado-trabalho e no sindicalismo, interpretou Lula como um subproduto de uma crescente identificação entre trabalhadores de base e suas lideranças sindicais em São Bernardo. Uma formulação mais precisa, entretanto, é que os trabalhadores primeiramente se identificaram com Lula e posteriormente transferiram essa identificação, em parte, para o coletivo de líderes sindicais que ele chefiava e apenas mais tarde para o sindicato como instituição (Ponte, 1987).

De modo semelhante, o sociólogo britânico John Humphrey – cujo excelente trabalho analisou os fatos cruciais que ocorreram no Brasil em meados dos anos 1970 em termos da capacidade do sindicato de agir, da sua crescente credibilidade, do recrutamento de militantes de chão-de-fábrica, entre outros – nunca discute Lula, o indivíduo biográfico; mesmo quando cita Lula, como o faz frequentemente, ele retrata o presidente do sindicato como um reflexo das vontades do sindicato (Humphrey, 1982, p. 154-155, 157-159, 192). Humphrey adota essa abordagem para avaliar os desdobramentos das greves do ABC, no momento exato em que os colegas de Lula na direção do sindicato estavam completamente cientes de sua inigualável estatura e influência sobre a massa de trabalhadores, uma influência que ia muito além da que eles próprios exerciam. Entre cientistas sociais, apenas Margaret Keck atribuiu a Lula um lugar de destaque como "a figura essencial" nas greves de 1978-1980, sem o qual os acontecimentos poderiam ter sido bem diferentes. Ela citou seu "indiscutível carisma", o amplo respeito por ele no movimento operário, mesmo por parte dos seus oponentes, e sua estatura como o líder sindical mais conhecido da nação, um homem cujas ações eram sempre objeto de ampla cobertura pela grande mídia (Keck, 1992, p. 77).

Curiosamente, o(s) papel(éis) e a(s) contribuição(ões) específicos(as) de Lula são também menosprezados na vasta bibliografia a respeito do novo sindicalismo, do PT e até mesmo de suas campanhas presidenciais, que enfocam em estratégias e plataformas partidárias, disputas ideológicas internas, pesquisas de opinião pública, propaganda política e padrões de votação.[3] Não fosse por um punhado de livros jornalísticos sobre as diversas candidaturas presidenciais de Lula, saberíamos ainda menos sobre suas forças e fraquezas durante campanhas extenuantes – tanto para ele como para os outros – que envolveram dezenas de milhares de militantes e milhões de votantes. Não argumento que a literatura existente, com sua ênfase em estruturas, instituições e comportamento coletivo esteja errada ou seja irremediavelmente deficiente. O que este livro argumenta, no entanto, é que está na hora de adotar um novo e ambicioso foco de pesquisa: as especificidades biográficas da liderança de Lula como uma ilustração de como amplas estruturas sociais e processos históricos se cruzam com a ação humana e a práxis política.[4]

Quando analisamos sua primeira campanha presidencial, em 1989, ainda é surpreendente que o inexperiente candidato do PT tenha "derrotado nove líderes nacionais dos maiores partidos para chegar ao segundo turno das eleições", mesmo que o sortudo Lula só tenha superado Brizola por um triz no primeiro turno. Como enfatizou corretamente um cientista político, "o sucesso do PT na eleição de 1989 não pode ser subestimado" (Von Mettenheim, 1995, p. 124). Perdendo por pouco no segundo turno de 1989, ele emergiu como o líder das pesquisas em 1994, mas acabou perdendo para FHC no primeiro turno. Apesar de ter perdido novamente em 1998, Lula emergiu como a voz da oposição ao governo Cardoso, tendo consolidado seu apoio eleitoral ao longo da década, inclusive entre a minoria letrada que se identificava como sendo de esquerda e concedia a Lula um "voto consciente", baseado em princípios, para sinalizar seu repúdio ao sistema político e econômico esquálido e venal do país. Porém, a clara posição moral de parte do eleitorado petista – alguns falavam em purismo do partido – viria a se constituir em um formidável obstáculo entre Lula e a presidência.

---

[3] Essa disposição para a análise sistemática e a disputa ideológica – desconectada de atores de carne-e-osso – pode ser vista em um recente estudo institucional da CUT (Sluyter-Beltrão, 2010).

[4] Para reflexões sobre biógrafos e biografias, ver French (2013, p. 122-132).

Famoso na época por seus dedicados militantes, o PT rejeitou durante duas décadas, por princípio, qualquer aliança partidária que não fosse inequivocadamente de esquerda. Como os líderes, facções e membros do partido vieram a ser convencidos da necessidade de abandonar essa postura e abraçar a ambiguidade? Em retrospectiva, essa recalibração da política do PT a respeito de alianças partidárias pode parecer um simples caso de cálculo racional, mas se esse fosse o caso, por que esse cálculo racional não havia ocorrido em 1993-1994, quando teria sido mais útil, ou mesmo na preparação para 1998? E quando essa mudança decisiva de política de fato ocorreu, por que essa "moderação" não levou a acusações de traição dos princípios, e consequentemente, a ameaças à unidade interna do PT, a indignação de seus abnegados militantes e à alienação de suas correntes à esquerda organizadas? Na verdade, o PT nunca foi um partido no qual todos "obedeciam a ordens" de um único indivíduo, nem mesmo de Lula, que, como a ortodoxia partidária costumava insistir – de forma pouco convincente –, era simplesmente um *companheiro* como o "resto de nós", ainda que em posição de liderança.

Quando Lula finalmente chegou à presidência, em 2003, o antigo agitador socialista foi encarregado de liderar um país que enfrentava uma crise econômica e de austeridade. Para a maioria dos observadores, parecia improvável que Lula, e seu partido, em amadurecimento, mas ainda radicalmente imaturo, sobreviveria às deslealdades do poder; a esquerda não controlava nenhum outro braço do governo e quase não tinha experiência de governo. Ademais, a única experiência executiva anterior de Lula havia sido seus breves cinco anos como presidente do sindicato um quarto de século anos antes, o que dificilmente poderia ser visto como uma boa preparação para aprovar leis em um Congresso em que a esquerda era minoria ou para enfrentar as burocracias governamentais diante das quais o presidente frequentemente parecia, na melhor das hipóteses, um testa-de-ferro. Um presidente pode desejar alcançar muitos objetivos, mas como ele ou ela pode converter sequer uma promessa de campanha eleitoral em políticas e legislação efetivamente implementadas? E como o sucesso de Lula em levar isso a cabo mudou as visões a seu respeito, tanto positiva como negativamente, entre diferentes grupos de brasileiros?

Mostrando ser alguém que aprende rápido, Lula foi inquestionavelmente eficaz, e as políticas características de seu governo obtiveram aprovação generalizada, mesmo entre seus concorrentes. Embora realçado por seu apoio eleitoral, seu sucesso dependia sobretudo de seu domínio das bizantinas e frequentemente duvidosas artes de governar o extraordinariamente obscuro jogo político nacional brasileiro. Evidentemente, erros foram de fato cometidos, alguns deles bastante crassos. Quando o escândalo de corrupção do "mensalão" surgiu em 2005, a muito alardeada crise decapitou a liderança petista e levou a um processo sem precedentes de perseguição e eventual prisão (em 2012) de alguns dos principais colaboradores de Lula. Entretanto, mesmo quando a crise explodia e perdurava na mídia, uma conexão suficientemente robusta, embora em transformação, entre Lula e o eleitorado nacional permitiria que ele vencesse a reeleição em 2006 e fizesse com que a sucessora por ele escolhida fosse eleita em 2010 e novamente em 2014. Porém menos de dois anos depois, Dilma Rousseff sofreria um *impeachment*, e o ex-presidente mais popular do Brasil seria bombardeado por promotores, por seus oponentes políticos e pela mídia como um gênio do crime que merecia ser preso por suposta corrupção. Por vezes, tais mudanças e reviravoltas dramáticas podem deixar a impressão de que a rouquidão da voz de Lula é o único fio que unifica suas décadas de vida pública.

COMPREENDENDO O SUCESSO DE LULA

A vida de Lula desde 1978 tem sido, de fato – para citar sua autopromocional retórica presidencial –, um caso de "nunca antes na história do Brasil" e, para ser honesto, praticamente em nenhum outro lugar do mundo. Mas como vamos explicar seu duradouro sucesso, apesar das dificuldades, e suas competentes manobras no governo como presidente, para as quais ele parecia mal preparado dada sua escassa experiência em cargos eletivos? Isso reflete principalmente mudanças sociais, políticas e culturais durante essas décadas? Que papel a sorte desempenhou, ou há algo mais intangível envolvido? E quanto devemos atribuir, por outro lado, ao indivíduo biográfico Lula, à construção de "Lula" como uma personalidade histórica central no Brasil e a seus muitos colaboradores ao longo dos anos? Surpreendentemente, essas perguntas não foram discutidas amplamente pela "opinião pública" no Brasil durante a era Lula e, como vimos, apenas um punhado de competentes jornalistas, comentadores da mídia e acadêmicos abordaram com alguma profundidade o personagem e uma das vozes mais singulares da história política do Brasil. Certamente simpatias políticas pessoais e uma certa familiaridade que inibe a curiosidade desempenham algum papel nessa negligência, mas o fator principal é a influência intelectual formativa do marxismo e do liberalismo. Ambos os esquemas interpretativos evitam o foco no indivíduo como algo mistificador e deixam de lado o "subjetivo", priorizando abstrações objetivas tais como "classe social", "capitalismo", "o mercado" ou "o consumidor". Quando tais acadêmicos se deparam com o fenômeno Lula (que é chamado de *lulismo*), eles também acabam presos no carregado e perene debate sobre o "populismo" que emergiu das batalhas políticas que marcaram o Brasil de meados do século XX, antes do golpe de 1964 (French, 1994).

A inabilidade dos jornalistas do *establishment* de levar Lula a sério contrasta com a respeitosa atenção dada a Fernando Henrique Cardoso, um ex-presidente que permaneceu popular com o público letrado, apesar do seu fraco desempenho com a população em geral, quando comparado a Lula, demonstrado pelas pesquisas de opinião – até mesmo em 2018, após a prisão de Lula. Isso reflete o prestígio que os privilegiados, nas regiões mais ricas do Brasil, atribuem aos intelectuais, com seu jeito de falar erudito, modelado pela palavra escrita, contrastando com a evanescente oralidade da voz vernacular e distintiva de Lula. A forma "popular" de Lula falar, combinada com suas simples analogias futebolísticas e seus exageros retóricos, faz com que sua capacidade intelectual seja amplamente subestimada, mesmo depois de haver ganho eleição após eleição; sendo um homem sem diploma universitário, o presidente Lula nunca poderia realmente ser "um de nós".

Então como a "opinião pública" letrada explicou o seu sucesso após 2002? Isenta de comoção, a classe média e alta letrada atribuiu sua popularidade eleitoral a sua conexão com uma audiência massiva por meio de "carisma", o que eles consideram ser irracional. Ao abordar as suas ações presidenciais, críticos de centro e até mesmo de esquerda fizeram uso do termo "pragmatismo", o que pode ser facilmente entendido como uma falta de princípios, e sugeriram que seu governo oferecia pouco mais que uma nova roupagem para o neoliberalismo das presidências de FHC. Críticos de Lula e do PT também enfatizaram a ausência de uma "ideologia" articulada – algo que não era cobrado regularmente de seus rivais – e frequentemente reiteravam a depreciativa alegação de que o presidente Lula nunca fora "verdadeiramente de esquerda", tendo como critério seus próprios esquemas intelectuais. O "populista" Lula, ao que parece, era no máximo um sindicalista, um tipo inferior inclinado a fazer acordos que ficavam longe de serem ideais políticos. Era um homem que não se perturbava pelas barganhas moralmente duvidosas implicadas em se aliar com políticos que não eram de esquerda e sem princípios, que estavam dispostos a apoiar o governo do PT em troca de acesso a dinheiro e a privilégios de poder; não sem ironia, foi o PT emergente, e não seus aliados inconstantes, que foi condenado como um bando de gângsteres perversamente corruptos por um juiz tendencioso quando a luta para acabar com a era Lula-Dilma se intensificou depois de 2014.

Durante a presidência de Lula, comentadores da grande mídia não levaram a sério alegações da extrema-direita ideológica, reminiscente do anticomunismo dos "bons tempos" do regime militar. Com o fim do governo militar em 1985 e o nascer da Nova República, as regras dominantes do debate davam lugar de destaque para vozes da oposição tais como Fernando Henrique Cardoso, o príncipe da sociologia brasileira, e seus correligionários antes de esquerda como José Serra, o candidato a presidente do Partido da Social-Democracia Brasileira (PSDB) derrotado duas vezes pelo PT. Porém, o PSDB, à medida que se inclinava para a direita, definia o tom da oposição a Lula e ao PT, apesar de vozes mais "ideológicas" serem uma força subterrânea poderosa, particularmente na *Veja*, revista nacional líder de mercado no Brasil, com suas lendárias capas virulentamente atacando o PT e os governos de Lula e de Dilma. Com apoio substancial entre as classes mais altas da sociedade brasileira, essa corrente subterrânea da oposição de extrema-direita denunciava Lula como um perigoso socialista e o PT como um partido de fiéis marxistas-leninistas participando de uma conspiração subversiva diretamente ligada a Cuba comunista, ao chavismo venezuelano e às guerrilhas colombianas das Forças Armadas Revolucionárias da Colômbia (*Fuerzas Armadas Revolucionarias de Colombia*, ou FARC) por meio do Foro de São Paulo (FSP), um encontro periódico dos partidos de esquerda da América Latina fundado por iniciativa de Lula em 1990. Embora por muito tempo subestimada, essa simplista retórica anticomunista ganharia ressonância e uma base maciça durante a polarização política nacional que levou ao *impeachment* da presidenta Dilma em 2016 e à eleição de Jair Bolsonaro, um assumido defensor do regime militar, como presidente na controvertida e confusa eleição de 2018.

Durante a maior parte da era Lula-Dilma, entretanto, jornalistas e observadores acadêmicos hegemônicos – muitos dos quais haviam sido simpáticos ao PT em sua juventude – eram os que invocavam com mais frequência o contraste entre as modestas conquistas de Lula e Dilma e as demandas programáticas iniciais do partido por transformações estruturais profundas, ou até pela implantação do socialismo. Ficando aquém de uma reforma social "real", as políticas redistributivas do governo do PT foram vistas como uma compra de votos clientelista, com uma pitada de demagogia populista. Eles eram rápidos em observar que o forte discurso sobre "trabalhadores" contra "capitalistas" durante os "heroicos" primeiros anos do PT havia sido substituído, durante o século XXI, por uma retórica que confrontava o "povo comum" contra as "elites". Apresentado dessa maneira, Lula seria, então, um homem sem princípios e em constante mutação que havia frustrado todos que algum dia acreditaram que o PT e seu projeto diferiam radicalmente do de outros partidos brasileiros.

Aqueles que elaboraram tal argumento contra Lula procuravam negar ao primeiro presidente da classe trabalhadora seu reconhecimento como um estadista, retratando-o, em vez disso, como um político popular e vulgar que havia simplesmente tido sorte o suficiente para presidir o Brasil durante um *boom* internacional das *commodities*. Do alto de sua torre, esses críticos altamente letrados estavam, por vezes, preparados para atribuir a Lula um certo talento tático (esperteza), nem que fosse apenas para em seguida lamentar a ausência de uma "visão estratégica" ou de um "projeto nacional", miragens grandiosas, embora obscuras, que encantam os intelectuais. Na verdade, porém, um país vasto como o Brasil jamais seria governado por Lula e pela sucessora que ele escolheu sem um conceito de nação ou de cidadania em toda a sua diversidade. Em uma sociedade marcada por desigualdades radicais e interesses fortemente conflitantes, os valores e prioridades mais profundos de um presidente eleito são revelados por suas ações, inações, evasões e discursos no exercício do poder. É nisso que está o cerne do ideal democrático: quem somos nós, onde estamos agora, onde estivemos e em direção a qual horizonte nós, como eleitores, devemos encaminhar o curso de nossa nação?

Este livro oferece uma interpretação biográfica da origem, das raízes e da evolução da visão, dos valores e das práticas de liderança de Lula e de como esses fatores se desenrolaram à medida que Lula obtinha poder e estatura. Eu argumento que seu estilo e prática de liderança singular e duradoura – e o discurso a eles associado – já estavam cristalizados em 1978, o ano das primeiras greves, e continuariam inalterados pelas quatro décadas subsequentes. Aqui estava um líder aberto ao diálogo, mas mais do que disposto a levantar e lutar quando necessário, que praticava uma política da astúcia cumulativa e transformadora, realizada por meio da criação de espaços de convergência que atravessam as diferenças. Eu argumento que a liderança somente pode ser compreendida como um processo e como uma relação de mão dupla (mesmo que assimétrica) que casualmente estabelece uma conexão entre consciência das massas e ação, seja na greve, seja nas urnas.

Ao analisar em profundidade a origem das ações e palavras de Lula (ou seja, atos de fala), *Lula e a política da astúcia* oferece um entendimento muito específico da política enquanto relações e da liderança com um trabalho corporificado realizado pelas palavras. Afinal, Lula não foi autorizado a se erguer até onde se ergueu pela ordem social, política ou cultural que governou o Brasil. Ele chegou à presidência por meio das relações que estabeleceu com a população, tanto acima quanto abaixo dele, por meio da ressonância de suas palavras, de quem ele era e daquilo que ele veio a simbolizar. Ao mergulhar na "mágica" associada ao nascimento do carisma de Lula durante as greves no ABC, o livro constrói uma narrativa fluida do processo de desenvolvimento individual e de grupo que gerou a persona pública que iria alterar decisivamente os 25 anos seguintes da política brasileira. Dando ênfase à sociedade tanto quanto – se não mais que – à esfera política, este livro retrata a origem subalterna do estilo característico da liderança política de Lula, desde o sindicalismo até a presidência e para além dela. Ao fazer isso, também contribuo para nosso entendimento de uma ampla mescla de interesses, valores, lealdades e acomodações que marcaram o caráter dos governos na era Lula-Dilma, quando o Brasil representava o coração do giro à esquerda na América Latina que redefiniu a política da região no início do século XXI. Com o passar do tempo, o que são agora observações preliminares serão sem dúvida seguidas de análises mais robustas do impacto de longa duração da era Lula-Dilma em termos do que mudou, do que não mudou, e do que ela significou para cada um.

1. A APOTEOSE DE LULA

Em outubro de 2002, o Brasil elegeu como presidente, com uma maioria avassaladora, um ex-metalúrgico e fundador de um partido socialista, um homem cuja família havia deixado o miserável sertão nordestino cinco décadas antes, para enfrentar preconceitos e dificuldades em São Paulo, o coração industrial do país. A eleição de Luiz Inácio Lula da Silva, do Partido dos Trabalhadores (PT), era um sinal claro de que mudanças profundas estavam ocorrendo em um país marcado por gigantescas desigualdades sociais e pelo desprezo pelo trabalho braçal engendrado por quase quatro séculos de escravidão. A eleição de Lula, aos seus 57 anos, além de uma conquista pessoal marcante para um homem nascido na pobreza rural foi também um tributo notável à luta dos brasileiros para superar o legado deixado pela ditadura militar que governou o país de 1964 a 1985. A incrível história das quatro décadas que vão do golpe militar em 1964 até a eleição de Lula pode ser sintetizada por duas imagens. A foto de quando Lula foi preso em 1980 mostrava um subversivo detido por liderar uma massiva greve de metalúrgicos; seu retrato presidencial de 2003 apresentava um Lula mais velho e sorridente, que iria comandar pelos próximos oito anos os mesmos militares que haviam o perseguido e o colocado na prisão.

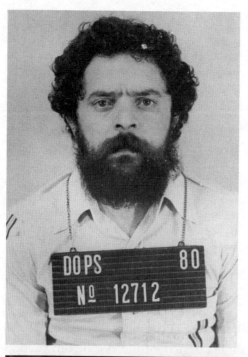

Foto de registro criminal de
Lula no Dops, 1980
(Cortesia do presidente Luiz
Inácio Lula da Silva)

Fotografia oficial de Lula, 2003
(Ricardo Stuckert)

A emergência de Lula como uma personalidade carismática de inquestionável autoridade moral se vincula aos eventos ocorridos entre 1978 e 1980, quando os trabalhadores desencadearam sucessivas greves nas fábricas automobilísticas multinacionais na região do ABC de São Paulo. Essa onda de militância operária, que, na América Latina, havia se originado entre os trabalhadores manuais mais bem pagos, rapidamente se espalhou para milhões de outros trabalhadores ao longo dos três anos seguintes. As paralisações operárias na região do ABC, as primeiras greves massivas desde o golpe militar de 1964 capturavam a imaginação dos brasileiros. Com 1,6 milhões de residentes em 1980, a Detroit latino-americana se destacava como um exemplo extremo de produção industrial em uma escala nunca antes vista. A gigantesca fábrica da Volkswagen em São Bernardo, por exemplo, empregava entre 35 e 40 mil trabalhadores em um único complexo.

No final dos anos 1970, o Brasil estava na fase inicial de uma luta tumultuada pela redemocratização e as greves dos metalúrgicos do ABC não apenas "infundiram uma nova energia extraordinária ao movimento sindical", como escreveu Margaret Keck (1989, p. 266), mas também "alimentaram a imagem de uma oposição crescentemente poderosa no interior da sociedade civil à continuação do regime militar". A escala e a intensidade da mobilização no ABC já causavam espanto por si só. A fim de acomodar a presença massiva – de até 60 mil trabalhadores – as assembleias gerais do sindicato ocorriam em um estádio de futebol local. Em 1980, os trabalhadores permaneceram em greve por 41 dias, apesar de o Exército ter ocupado a região, fechado o sindicato e prendido seus dirigentes.

As greves no ABC também catapultaram o presidente do sindicato dos metalúrgicos de São Bernardo do Campo e da vizinha Diadema à proeminência nacional e internacional. "Luiz Inácio da Silva é para o Brasil", o *New York Times* observou em 1981, "o que Lech Walesa é para a Polônia". À medida que a adesão à greve alcançava os 3 milhões de brasileiros em 1980, o carismático Lula, então com 35 anos de idade, veio a personificar o combativo e popular Novo Sindicalismo que tomaria sua forma institucional em 1983 com a criação da Central Única dos

Trabalhadores (CUT). Nos primeiros cinco anos dessa confederação nacional, o movimento sindical recém-dinamizado conduziu as primeiras greves gerais verdadeiramente nacionais na história do Brasil. No momento em que o Brasil adentrava uma nova era democrática, os trabalhadores tinham surgido, nas palavras do cientista político Alfred Stepan, como o grupo civil com "a maior capacidade organizativa para continuar a militância contra as características ainda repressivas e autoritárias do Estado e da vida social brasileira" (Stepan, 1989, p. XIV).

Metalúrgicos na Vila Euclides com uma faixa comparando Lula a Jesus
(Diário do Grande ABC [Reinaldo Martins])

Além de suas contribuições inovadoras para a mobilização dos trabalhadores, Lula se uniu a outros líderes sindicais, em 1979, na convocatória para o novo Partido dos Trabalhadores, que juntou militantes do movimento operário a militantes de outros movimentos sociais, especialmente da Teologia da Libertação (Keck, 1992). Como contraparte política do Novo Sindicalismo, o PT era uma anomalia, tendo sido construído "de baixo para cima". Apesar de ter ido mal nas eleições de 1982 (seus candidatos receberam apenas 3% dos votos a nível nacional), o PT estava enraizado na sociedade e, na sua primeira década, extraiu seu dinamismo de um movimento voltado à "lógica da diferença", que o distinguia do restante dos partidos políticos brasileiros (Keck, 1992, p. 149).[1] Ideologicamente pluralista, ele surgiu como um partido com grande número de filiados, era surpreendentemente coeso apesar da sua diversidade, que abrangia desde marxistas-leninistas até liberais com preocupações sociais (Kinzo, 1993, p. 139, 148). Dentro do contexto latino-americano, o PT foi rapidamente reconhecido como um experimento político *sui generis* dentro da esquerda – uma singular "experiência mutacional", segundo Torcuato Di Tella. Com a esquerda global em desordem após o fim do bloco soviético, Lula e o PT trabalhariam para unir os dispersos partidos de esquerda no Foro de São Paulo, que adquiriu uma ampla influência muito antes que onda eleitoral regional da esquerda chegasse, na primeira década do século XXI (Di Tella, 1990).[2]

Saindo da liderança de um movimento para a liderança de um partido, Lula, o antes sindicalista, assumiu um papel vital nas insurgências populares que movimentaram o Brasil nos anos 1980. Em 1984, ele esteve presente no congresso de fundação do Movimento dos Trabalhadores Rurais Sem Terra (MST), cujas dramáticas ocupações de terra apareceram nas manchetes do mundo inteiro nos anos 1990. Ele esteve presente no funeral de Chico Mendes, membro do PT, líder dos seringueiros que foi assassinado em 1988 por lutar pela preservação da Amazônia para as populações locais. Servindo um único mandato como deputado federal (1986-1988), Lula, o político, preferiu viajar pelo país espalhando o evangelho da organização popular, do protesto e do voto. Ele contribuiu de forma decisiva, mas de modo algum por si só, para a consolidação do PT como um dos maiores e mais dinâmicos partidos políticos de esquerda nos anos 1990. À medida que iam conquistando prefeituras, os representantes eleitos do PT começaram a ser os pioneiros em mecanismos de base como o "orçamento participativo", que obteve reconhecimento internacional. Com a crise do neoliberalismo

---

[1] Lula recebeu menos de 10% dos votos no estado de São Paulo.
[2] Sobre Foro de São Paulo e a historiografia sobre a guinada à esquerda na América Latina, ver French, 2010.

no fim dos anos 1990, a imaginação de um crescente movimento global por justiça social foi capturada pelo Fórum Social Mundial (FSM), que aconteceu pela primeira vez na cidade de Porto Alegre, então governada pelo PT, em 2001. Contra o mantra pró-globalização "Não há alternativa" (o *"There is no alternive"*, ou *TINA*, de Margaret Thatcher), o lema "Um outro mundo é possível" do FSM sintetizava uma renovada confiança na esquerda em todo o mundo.

O crescimento dinâmico do PT pode ser observado no aumento do sucesso eleitoral de Lula como político. Em 1989, quatro anos depois do retorno ao governo civil no Brasil, Lula conquistou 16,1% dos votos no primeiro turno da eleição presidencial – a primeira desde 1960 – e seu total de votos foi ampliado no segundo turno, atingindo 44,2%; ele perdeu por apenas 5,7% para o candidato de centro-direita, já favorito. A vigorosa popularidade de Lula nas urnas foi confirmada pelas duas eleições presidenciais subsequentes. Em 1994, ele ficou em primeiro lugar por muitos meses nas pesquisas antes de perder para o ex-sociólogo marxista Fernando Henrique Cardoso, que recebeu 54,3% dos votos, enquanto Lula obteve 27%. Quatro anos depois, o total de votos de Lula cresceu para 31,7%, sendo novamente derrotado por Cardoso, que dessa vez recebeu 53,1% dos votos, tendo passado amplamente despercebido que o apoio ao presidente tinha chegado ao seu limite, apesar de ser amplamente aclamado por ter produzido a estabilidade econômica do país ao acabar com a hiperinflação. Em 2002, em contraste, Lula ganhou 46,4% dos votos no primeiro turno e 61,4% no segundo, e em janeiro de 2003, foi empossado como o primeiro presidente da classe trabalhadora do Brasil. Em 2006, Lula foi reeleito por uma margem semelhante, enquanto a sucessora escolhida pessoalmente por ele, Dilma Rousseff, recebeu 56,1% dos votos do segundo turno de 2010 e 51,6% em 2014. O fato de que o maior líder sindical da América Latina havia se tornado também o mais formidável conquistador de votos da região foi amplamente demonstrado em 2018, quando o candidato presidencial escolhido por Lula – que havia tido seu direito de concorrer ao cargo negado e havia sido preso e impedido de conceder entrevistas – recebeu 44,9% dos votos no segundo turno contra o candidato de extrema-direita, Jair Bolsonaro.

A eleição de Lula em 2002 trouxe novos, embora de forma alguma indesejados, desafios para mim, como acadêmico que havia estudado o ABC paulista e seus trabalhadores desde 1980, o décimo sexto ano de regime militar no Brasil. O triunfo de Lula não foi um desdobramento que eu poderia ter antecipado durante minha primeira visita ao país, no inverno brasileiro de 1980, quando os metalúrgicos do ABC haviam acabado de ser derrotados; com seus sindicatos sob intervenção e Lula e outros 12 trabalhadores enfrentando julgamentos militares (Lula foi sentenciado a três anos e meio de prisão em 1981, mas a sentença foi posteriormente anulada). O Brasil havia mudado claramente e de maneira muito profunda desde então, e a eleição de Lula marcou de forma fantástica o apogeu da democracia do país, alcançada após muita luta. Para buscar um equivalente que fizesse sentido na história dos Estados Unidos, teríamos que imaginar Martin Luther King Jr. sendo eleito presidente em 1978, 22 anos depois do boicote aos ônibus de Montgomery que marcou o surgimento do movimento afro-estadunidense pelos direitos civis e contra a segregação racial. Porém, até mesmo essa analogia subestimaria a façanha de Lula que possui apenas quatro anos de ensino primário – e não um doutorado, como King – e seu passado de pobreza o empurrou às ruas com 11 anos de idade para trabalhar como ambulante, engraxate e entregador para, posteriormente, conseguir emprego em uma fábrica na qual, ainda adolescente, ele perdeu o dedo em uma prensa.

Um paralelo mais próximo com a história estadunidense seria se o sindicalista Eugene V. Debs, um quarto de século depois de liderar a dramática greve ferroviária Pullman, de 1894, e de virar socialista, tivesse acabado na Casa Branca em 1920 em vez de na prisão, oito anos depois de ter ganho 6% dos votos nacionais como candidato do Partido Socialista dos Estados Unidos (Ginger, 1949). Apesar de ambos os trabalhadores politizados terem adotado o socialismo após passarem pela prisão, o drama da história de vida de Lula faz parecer pequeno aquele da de Debs, que era, afinal de contas, um típico representante da cultura de cidade pequena do interior de seu país (Salvatore, 1982). A família de Lula, em contraste, tem suas origens no mestiço sertão rural do escravocrata Nordeste brasileiro. Junto de sua mãe e de seis de seus sete irmãos, ele percorreu um trajeto de duas semanas de duração rumo ao sul, na caçamba de um caminhão, em busca da esperança representada por São Paulo, assim como os milhões de negros e brancos sulistas dos Estados Unidos que partiam rumo ao norte, em direção à Chicago, Detroit e Cleveland, na época da Primeira Guerra Mundial. Por último, diferente de Debs, Silva tinha um irmão comunista, ele também um líder sindical, cuja prisão e tortura brutal, em 1975, seriam os primeiros dos muitos acontecimentos decisivos de mudança na vida do jovem de 29 anos de idade que logo viria a ser conhecido por todos simplesmente como Lula.

A habilidade de um trabalhador como Lula de ascender das ruas ao poder por meio das urnas é surpreendente da perspectiva do norte global. Na sua extensa história mundial do século XX, o historiador inglês Eric Hobsbawm observou que mudanças estruturais em países recém-industrializados como a Polônia e o Brasil poderiam "conduzir a política em direções familiares na história do Primeiro Mundo". A greve que deu início ao movimento Solidariedade do sindicato polonês em 1978-1981, afirma Hosbawn, foi liderado por um "proletário autêntico", o eletricista de estaleiro Lech Walesa, que chegou à presidência da Polônia pós-comunista em 1990. As greves lideradas por Lula, um qualificado torneiro mecânico, geraram um "partido político operário-popular" de orientação socialista análogo aos partidos de massas social-democratas da Europa pré-1914 (Hobsbawm, 1994, p. 370). Em 2005, Evo Morales, da Bolívia, outro ex-líder sindicalista nascido na classe trabalhadora, se juntou a Lula nas fileiras dos presidentes latino-americanos. Tais histórias, pode-se dizer, são mais prováveis em sociedades radicalmente desiguais e devastadas, como as da América Latina, do que em "sociedades mais ricas, homogêneas e 'democráticas' do Norte, com suas elites de conhecimentos especializados e avançadas tecnologias de governança".[3]

---

[3] Rossana Barragán (historiadora boliviana), comunicação privada com o autor, 10 de outubro de 2013.

Diferentemente de seu homólogo polonês, Lula não apenas conquistou a reeleição, mas também presidiu um país vasto, com a quinta maior população do mundo. No ápice de seu segundo mandato, a economia brasileira passou de décima a oitava maior do mundo, ultrapassando o Reino Unido em 2009. Um incansável viajante, Lula trabalhou para promover um mundo mais multipolar baseado no respeito pela soberania nacional e na justiça social. Aliado do controverso presidente venezuelano Hugo Chávez, defendeu a integração latino-americana e foi um elemento-chave para o crescente bloco de governos liderados pela esquerda da região. Ao mesmo tempo em que participava ativamente da diplomacia do BRIC (Brasil, Rússia, Índia e China), seu governo também procurou unificar o mundo em desenvolvimento para contestar as desigualdades do comércio internacional e do regime financeiro ancorados na Organização Mundial do Comércio (OMC). Lula estava especialmente comprometido com a causa da África e trabalhou de modo próximo com o governo sul-africano do Congresso Nacional Africano (CNA) e com os líderes dos países de língua portuguesa no continente.

Internamente, os programas que foram a marca registrada do governo Lula envolviam auxílio, em larga escala, destinado aos mais pobres dos pobres, além de um aumento substancial no valor real do salário-mínimo. Ele também democratizou o acesso à educação superior, com um apoio decisivo a ações afirmativas em uma nação onde a maioria da população não é branca. Ao fim de seu segundo mandato, sua estatura se sustentava tanto por sua popularidade doméstica quanto pela estabilidade econômica de seu país durante um momento de crise global. Em 2008, a revista estadunidense *Time* o considerou uma das cem pessoas mais influentes do mundo, enquanto a francesa *Le Monde* o escolheu como a pessoa do ano em 2009. Naquele mesmo ano, a revista *Forbes* o colocou no trigésimo terceiro lugar dentre as pessoas mais poderosas do mundo, e o *Financial Times* inglês o declarou como uma das "50 pessoas que moldaram a década". Tamanho reconhecimento internacional viria a tornar o Brasil país-sede da Copa do Mundo de 2014 e das Olimpíadas de 2016. Que Lula é um homem que vale a pena ser estudado já era evidente para todos, mas como executar tal estudo permanecia incerto.

AS MENTIRAS BIOGRÁFICAS E TENTAÇÕES EMBLEMÁTICAS

Biografias sempre foram baseadas pura e simplesmente em uma mentira: o passado do indivíduo é contado à luz de seu futuro. Apesar de uma biografia ser apresentada como uma narrativa ininterrupta do nascimento à morte, o relato na verdade se inicia onde a vida termina, seja esse fim a fama ou a infâmia. "O fim é aceito como a verdade do começo", observou Jean-Paul Sartre ao escrever as memórias da sua infância; "um jovem advogado carrega sua cabeça embaixo do braço pois ele é o falecido Robespierre" (Sartre, 1964, p. 136). Tal ato de narrar a história de trás para a frente nos leva a Lula-enquanto-ele-se-torna--quem-achamos-que-já-conhecemos: um presidente de dois mandatos, vastamente popular, amplamente amado e muito respeitado, com uma "personalidade demótica e exuberante" (Bourne, 2009, p. 155). Nesse modo de narração tão emblemático, até mesmo icônico, a vida pública de Lula durante quatro décadas é esmagada pelos significados retrospectivos atribuídos à sua ascensão. O contexto socioeconômico, institucional e político cultural de sua vida é ofuscado, restando uma história rasa, desprovida de contingência e de drama.

Conquistar a presidência de qualquer país grande atrai biógrafos, ainda mais considerando que a ascensão de Lula foi da base da sociedade para o topo da superestrutura política. Seja nos perfis pré-moldados de imprensa, revistas em quadrinhos ou mesmo em um filme biográfico comercial, a trajetória de Lula veio a ser narrada como um conto de mobilidade social sem precedentes, carregado de simbolismo. Nascido em um casebre de barro e palha, Lula alcançou o ápice do poder político e veio a residir por oito anos na residência presidencial, em Brasília, denominada Palácio da Alvorada. Sua ascensão de conto de fadas exemplifica a promessa democrática típica do tão valorizado "mito da cabana de lenhador" dos Estados Unidos: que o filho de qualquer um pode desejar e conquistar a presidência, não importa o quão humilde ou desprivilegiada seja sua origem.[4] Ainda que essas ilusões motivacionais

---

[4]   O "mito da cabana de lenhador", é descrito pelo historiador Edward Pessen como a popular e amplamente difundida crença, há muito tempo, de que a Presidência dos Estados Unidos é "acessível a homens nascidos em circunstâncias modestas, e de fato

venham a figurar em nossa história nos momentos apropriados, ao lado de desilusões incapacitantes, elas não nos dizem nada sobre como Lula poderia ter vindo sequer a sonhar em concorrer à Presidência, muito menos conquistá-la.

Lula é "não apenas um homem, mas também um mito", escreveu seu biógrafo britânico Richard Bourne, e sua vida extraordinária é como "um fio percorrendo a história recente do Brasil e, muitos diriam, para o melhor" (Bourne, 2009, p. 230, 210). Ao tratar a vida de Lula como uma fábula – assim como o inteligente jornalista brasileiro Paulo Markun o fez, de forma explícita – biógrafos produziram narrativas improváveis repletas de premonições de um destino futuro (Markun, 2004). Mesmo quando buscaram resistir conscientemente à tentação, eles acabavam se referindo ao "dom de liderança" natural, instintivo ou intuitivo de Lula, que eles parecem encontrar em todo lugar, incluindo em suas partidas de futebol enquanto adolescente. Ideias sobre a sua capacidade comunicativa excepcional, quando não genial ou mesmo como um dom, são compartilhadas até por seus oponentes políticos frustrados, bem como por seus amigos e admiradores. Ao naturalizar os talentos de Lula, abstrações vazias como "carisma" ou "lulismo" são retrospectivamente estabelecidas como causas primordiais para explicar seu sucesso. Porém, sua verdadeira trajetória de vida refuta essas generalizações atemporais que sugerem um dom especial ou uma "essência" estável. Tais abordagens contribuem pouco para avançar no nosso entendimento sobre sua ascensão à proeminência, no fim dos anos 1970, ou sobre o papel que ele veio a exercer ao longo das três décadas seguintes.

Nosso entendimento sobre as origens de Lula foi influenciado decisivamente pela pesquisa da historiadora e jornalista Denise Paraná.

---

tem sido ocupada por eles" que ascenderam "da relativa obscuridade às posições mais altas da nação". Ao longo de dois séculos, "politicos, oradores, escritores de editoriais, pastores e acadêmicos nunca cessaram de nos relembrar de que a corrida presidencial tem sido vencida tipicamente pelos homens ambiciosos e trabalhadores que alcançaram o ápice da política principalmente por seus próprios esforços heroicos". Embora reconhecendo "a onipresença e a durabilidade dessa crença nas origens plebeias de quase todos os presidentes", a pesquisa de Pessen o levou a expressar "sérias dúvidas" sobre a precisão desse "artigo de fé estadunidense" (Pessen, 1984, p. 1-3, 7).

Após fazer parte de sua equipe na campanha presidencial de 1989, ela conversou com Lula em 1992 sobre fazer sua tese de doutorado tratando da vida dele e de sua família (Costa, 2003; Paraná, 2002, p. 36-37). Com o consentimento de Lula, ela conduziu 100 horas de entrevistas de história oral não estruturadas com o candidato e com os membros de sua família que ainda estavam vivos em 1993-1994.[5] Sua tese em história, de 1995, que incluía essas indispensáveis entrevistas, tinha como título "Da cultura da pobreza à cultura da transformação" (Paraná, 1995). No ano seguinte, a tese encontraria não só uma editora, mas também uma audiência, em uma publicação que seria intitulada *O filho do Brasil: de Luiz Inácio a Lula* (Paraná, 1996). Uma segunda edição, com duas entrevistas adicionais, foi publicada em 2002 como *Lula, o filho do Brasil*; reimpressa diversas vezes, ela também apareceu em traduções para o espanhol, italiano, francês e polonês. Paraná atingiu seu público mais amplo em 2009, como roteirista de *Lula, o Filho do Brasil*, um filme biográfico comercial bem financiado, dirigido por Fábio Barreto. Apesar dos planos para uma telenovela não haverem sido concretizados, ela também escreveu um livro de bolso que era um *spin-off* do filme voltado "àqueles com menos recursos financeiros e tempo para ler".

Dois terços da tese publicada como livro de Paraná consistem em entrevistas com os sete irmãos Silva que estavam vivos, com o irmão da primeira mulher de Lula e com a segunda mulher de Lula, Marisa Letícia dos Santos. As entrevistas com seus cinco irmãos não militantes e com seu irmão mais velho, José Ferreira de Melo (conhecido como Frei Chico), oferecem histórias comoventes sobre a migração da família, nos anos 1950, do agreste rural de Pernambuco para a cidade de São Paulo, que estava, à época em processo de industrialização. As longas entrevistas de história oral de Paraná com Frei Chico e Lula – que abrangem suas vidas pessoais, histórias de trabalho e o envolvimento com assuntos do sindicato – se somam consideravelmente às evidências de entrevistas anteriores conduzidas por jornalistas.[6] Os quatro ensaios

---

[5]   Para um relato sobre a realização das entrevistas, ver Paraná, 2002, p. 36-42.

[6]   Uma compilação inicial das entrevistas de Lula a jornais e TVs, junto com alguns discursos, pode ser encontrada em Guizzo *et al.*, 1978. Entrevistas com Lula, Frei

analíticos do livro incluem reflexões a respeito da história oral, uma defesa da utilização do conceito "cultura da pobreza", de Oscar Lewis, o surgimento de uma "cultura de transformação" nos anos 1970 e as dinâmicas psicológicas da família Silva. A ascensão de Lula dentro do sindicato dos metalúrgicos da região a interessa mais pelo que isso simboliza: o pobre se libertando da alienação e da conformidade. Apesar de discutir a paralisação dentro da fábrica em 1978, na qual Lula teve certa importância, as greves dramáticas lideradas diretamente por Lula e pela diretoria do sindicato em 1979 e em 1980 mal são abordadas. Modesta em suas afirmações, ela reconhece que suas interpretações são tentativas e sujeitas a serem revisadas no futuro (Paraná, 2002).

Perpassando diversos públicos, meios de comunicação e conjunturas em mutação, Paraná utilizou estruturas narrativas emblemáticas nas quais Lula personifica uma variedade de coletivos, de processos socioeconômicos e de hierarquias culturais. Ela está muito ciente de que a história da família Silva, que ela documentou com tamanho cuidado, é, "em certos aspectos, totalmente única e singular". Essa história adquire "um caráter coletivo e universal", ela afirma, por causa de "sua 'repetição' das histórias de milhares de famílias nordestinas que migraram em busca de melhores condições de vida" (Paraná, 2002, p. 33). Nesse sentido, Lula e sua família representam os milhões de anônimos nascidos na pobreza rural que se mudaram para a cidade, onde enfrentaram fome, enchentes e outras tribulações na sua luta para sobreviver e para "se tornar alguém na vida". Suas experiências, ela sugere, oferecem um retrato vívido de "um país repleto de contradições, fortunas e misérias", um Brasil cheio de lacunas e ausências, inclusive de cidadania democrática (Paraná, 2002, p. 484-485).

Na representação de Paraná sobre o mundo plebeu, os irmãos não ativistas de Lula são "representativos da cultura da pobreza", apenas ligeiramente conscientes das classes sociais e distantes da elaboração de demandas sociais e políticas. Lula era parte desse mundo até seu

---

Chico e a segunda esposa de Lula (juntamente com alguns colaboradores) podem ser encontradas em Morel, 1981. Para uma entrevista mais ampla apenas com Lula, ver Dantas, 1981.

irmão mais velho, Frei Chico, o envolver no ativismo sindical em 1968-1969. Uma transição decisiva, ela sugere, ocorre quando trabalhadores ultrapassam as barreiras da resignação, da deferência e da alienação. Mesmo tendo "mergulhado na 'cultura da pobreza', os irmãos estavam adentrando aquilo que provaria ser uma emergente 'cultura de transformação' [na São Paulo de meados dos anos 1970] propondo a construção de uma sociedade mais democrática social e economicamente." (Paraná, 2002, p. 380-381, 486, 333). "Levado por seus próprios desejos, capacidades e pelas condições de vida que experimentou, Lula transformou-se de anônimo e 'alienado' operário em um grande e politizado líder de massas" (Paraná, 2002, p. 483). Ao ocupar esse papel, Lula "simboliza e corporifica a classe operária nacional que surgiu com o 'milagre brasileiro', que exige melhores condições de trabalho, de vida, e mobiliza-se em busca de democracia" que acabou com a ditadura brasileira em 1985 (Paraná, 2002, p. 33).

Paraná escreve que o PT, junto de outras conquistas populares, está "encarnado" na figura do Lula (Paraná, 2002, p. 482). Foi durante um período de luta das diversas classes pela democracia que Lula emergiu pela primeira vez e conquistou a admiração e o apoio sólido de um contingente significativo, mesmo que minoritário, de brasileiros letrados, assim como a autora. Ainda que Lula fosse, de muitas maneiras, um "típico peão", ela afirma, pode-se atribuir a ele a capacidade singular de representar, de modo subjetivo, tanto os vencedores quanto os perdedores da sociedade brasileira (Paraná, 2002, p. 33). Na conclusão da primeira edição em 1996, ela se sentia satisfeita por ter trazido vividamente as agruras das classes urbanas populares para leitores que sabiam pouco sobre elas, para além daquilo que poderiam aprender com seus trabalhadores domésticos (duas das irmãs de Lula haviam sido empregadas domésticas, e o primeiro trabalho de sua segunda esposa foi como babá). Nas últimas frases, ela faz um apelo direto à consciência desse público: a história da família de Lula proporciona "um quadro original e verdadeiro da nação brasileira [...] Defrontar-se com este quadro é defrontar-se com o Brasil" (Paraná, 1996, p. 443). Em 2002, uma Paraná mais enfática encerrava com uma observação mais contundente: Lula é uma síntese daquilo que é mais "vivo, complexo, e original da nação brasileira"; ele é, de fato, ela declarou, "filho legítimo do Brasil" (Paraná, 2002, p. 33, 486). Essa imagem com conotações religiosas de Lula como "filho do Brasil" obteve no mínimo uma validação simbólica com sua conquista da presidência em 2002.

Como instrumentos de persuasão, formas emblemáticas de narração sempre foram fundamentais para membros, apoiadores e jornalistas simpatizantes de Lula e do PT. Porém o foco particular de Paraná em Lula como indivíduo não era típico da maioria dos intelectuais de esquerda dos anos 1980 e do início dos anos 1990. Envolvidos de forma mais profunda com o marxismo, muitos escreveram com a grandiosidade retórica mostrada no prefácio da primeira edição do livro de Paraná, escrito pelo seu coorientador de tese, Osvaldo Coggiola, um exilado do terror argentino com doutorado na França (Coggiola, 2012). Citando Leon Trotsky, ele descreveu Lula como um resultado da "velocidade espantosa" de mudança no momento em que o Brasil adentrava "plenamente no sistema capitalista mundial na sua fase monopolística" (Coggiola, 1996, p. 16). Ele denunciava de uma perspectiva olímpica o sistema "de superexploração a serviço do capital estrangeiro e nacional" ao mesmo tempo que destacava as "limitações políticas" de Lula e de sua geração devido à "ausência de uma tradição política revolucionária enraizada na classe operária brasileira" (Coggiola, 1996, p. 19-20).[7] Consequentemente, o potencial revolucionário objetivo do Brasil teria sido obstruído pela influência ideológica de uma "uma burguesia politicamente falida, mas economicamente dominante". Essa "cisão-contradição na própria vida e formação de Lula", concluía ele,

---

[7]   A alegação da novidade histórica absoluta do Novo Sindicalismo e do PT eram um lugar-comum retórico para os petistas durante a luta por hegemonia no interior da esquerda nos anos 1980. Por exemplo, um importante petista brasileiro e seu colaborador estadunidense, em um livro em inglês de 1991, descreveram o Brasil como um país "sem tradição de esquerda", um lugar onde os movimentos populares e operários "tinham pouco peso" ou "importância na vida política" (Sader; Silverstein, 1991, p. 9, 16). Ao fazer isso, eles exorcizavam as ameaças bastante reais enfrentadas pelo PT diante de Leonel Brizola na esfera eleitoral e dos comunistas ortodoxos no movimento operário, no qual eram tradicionalmente dominantes.

produziu uma *"crise de direção"* que seria superada apenas por um "novo salto revolucionário" (Coggiola, 1996, p. 19).[8]

Porém, a liderança do PT, mesmo em seu momento mais ideológico, foi forçada a utilizar "Lula, o Zé Povinho" frente às exigências brutais da disputa eleitoral, mas, inicialmente, eles o fizeram de modo relutante e ineficaz. Em 1982, a sua campanha para governador apresentava Lula aos eleitores como "um trabalhador igualzinho a você", e, de modo improvável, o descreviam como "um brasileiro típico" em um livro de campanha de 1989 intitulado *Lula: biografia política de um operário.* Com uma capa mostrando um Lula sério usando um capacete de obra, o livro foi escrito pelo frade dominicano Frei Betto, amigo pessoal de Lula e de Marisa desde 1980. As prioridades de Betto eram bem diferentes das de Paraná. Apenas três páginas são dedicadas à vida de Lula antes dele se tornar um sindicalista, enquanto 34 tratavam da política sindical e das greves nas quais Lula esteve envolvido; muitas das 22 páginas sobre o PT estavam mais relacionadas ao partido em si do que com Lula. Abordando as preocupações de seus leitores de esquerda, Betto assegurava não existir perigo no que ele denominava de lulismo, pois o PT não giraria em torno de "uma figura carismática ou de clientelismo eleitoral" (Betto, 1989, p. 65; Candido, 2002, p. 16). O mais conhecido membro do PT seria simplesmente mais um companheiro, às vezes derrotado nas discussões do partido, e, portanto, seria o oposto de um caudilho personalista – uma referência velada ao principal concorrente do PT, Leonel Brizola, que havia herdado o manto do getulismo, nome do apoio populista dado ao presidente Getúlio Vargas, que dominou a política brasileira de 1930 a 1954.

Como projeto político, o PT gradualmente abandonou os sonhos revolucionários nutridos por muitos membros durante a luta antiditatorial e a conturbada primeira década da Nova República, depois de 1985. Porém, mesmo à medida que o partido evoluía em direção a um discurso de "radicalização da democracia", o espectro de Lula ainda servia amplamente para simbolizar sua crítica a uma ordem política

---

[8]   O prefácio de Coggiola foi retirado da segunda edição do livro de Denise Paraná (2002).

autoritária permeada por laços clientelistas; participação de baixo para cima, uma cidadania ativa e uma sociedade civil organizada *versus* voto passivo, do clientelismo e do autoritarismo; e uma política de honestidade e princípios, se não de ideologia, em oposição a políticos sem ideias, movidos por imediatismo frequentemente corrupto (conhecido no Brasil como fisiologismo). Em 1989, Lula era visto por muitos como um perigoso radical; sua imagem característica naquela época já foi descrita de modo preciso como a de uma "espécie de antimessias", um "trabalhador fabril de São Paulo com uma gramática acidentada fragmentada e uma aparência inconfundivelmente proletária" (Skidmore, 1999, p. 218).

O equilíbrio entre apelos mais politizados e mais personalistas iria se transformar ao longo das próximas três disputas presidenciais. Enquanto o dinamismo dos movimentos sociais diminuía com o fim da inflação e com os efeitos da reestruturação econômica neoliberal, o ímpeto de avanço do PT dependia cada vez mais de vencer eleições, especialmente se elas conseguissem fazer seu candidato chegar à presidência. As campanhas profissionalizadas de Lula começaram a fazer um uso mais intenso da propaganda política para aumentar e diversificar as formas pelas quais os eleitores poderiam se identificar com ele. Em 2002, a centralidade de "Lula, o *self-made man*" poderia ser percebida em uma história em quadrinhos feita para a campanha, intitulada *Lula: a história de um vencedor* (Sommariva, 2003).

Quando o PT chegou ao poder, o controle de recursos permitiu que o partido ampliasse a base eleitoral massiva de Lula ao mesmo tempo que associava cada vez mais a imagem de Lula à contestação das hierarquias de *status* e importância existentes e de suas respectivas estruturas de sentimentos. O presidente representaria simbolicamente o povo/povão, os fracos e os de baixa escolaridade contra as elites cheias de si, esnobes e privilegiadas. Com o tempo, ele ressoaria como o "representante" da periferia em oposição aos bairros, estados ou regiões mais ricos. Mesmo que crescesse a distância entre suas origens e aquele que ele havia se tornado, Lula projetava-se cada vez mais poderosamente como um símbolo dos negros, dos mestiços, dos pobres, das mulheres e dos trabalhadores contra populações preconceituosas e "superiores", ricos e patrões (em sua maioria, homens e brancos). Um voto em Lula era um recado contra os arrogantes, os poderosos e os "doutores" (com formação universitária) que, como Lula costumava enfatizar, haviam governado o Brasil por 500 anos.

Lula com uma criança na Bahia.
(Ricardo Stuckert)

A apoteose presidencial de Lula atingiu seu clímax com o filme biográfico de 2009 dirigido por Barreto, estruturado como um conto de amor familiar e de perseverança pessoal.[9] Um lugar de destaque foi dado ao autossacrifício da mãe de Lula, iletrada, que criou com sucesso oito filhos, apesar de ter tido que abandonar seu marido agressivo e infiel. Se assim o desejassem, os espectadores do filme estavam livres para desconsiderar o sindicalismo e se identificar com Lula como sendo o bom filho que realizou os sonhos de sua mãe, a personificação de virtudes como moderação, lealdade, abnegação e coragem. Ao fim de seu segundo mandato, a iconicidade de Lula ficou ainda mais explícita

---

[9] Para uma resenha feita por dois historiadores dos trabalhadores do ABC, ver French; Negro, 2011.

na história em quadrinhos feita com fins comerciais *Lula: Luiz Inácio Brasileiro da Silva*, e até mesmo a biografia de 2008, escrita por Richard Bourne, ganhou um novo subtítulo na sua tradução: "Do Nordeste ao Planalto" (Rodrigues; Zalla, 2010; Bourne, 2009). Em 2009, o proeminente jornalista brasileiro Audálio Dantas (2009), que conhecia Lula desde as greves de 1979-1980, publicou um livro infantil curto e intimista chamado *O menino Lula – a história do pequeno retirante que chegou à presidência da república*.[10] Ilustrada com xilogravuras nordestinas, a introdução do livro descrevia uma infância dramática, até mesmo amarga, que, mesmo sendo real, "em certos pontos parece ficção". Se referindo à vida de Lula como "uma bela e magnífica história de superação", o livro termina com a morte de sua mãe em 1980 enquanto ele ainda estava na cadeia; ela nunca viria a saber que seu filho mais novo um dia se tornaria presidente da república (Dantas, 2009, p. 13-14, 99).

A predominância do foco na "impressionante ascensão da pobreza profunda ao palácio presidencial" de Lula era profundamente frustrante para seus oponentes, assim como para alguns daqueles que já haviam sido ou ainda eram apoiadores ou simpatizantes do PT (Hunter, 2010, p. 7). A política parecia ter perdido espaço para apelos sentimentais grosseiros direcionados a uma classe social mais pobre e com baixa escolaridade, que mesmo alguns petistas acreditavam estar presa em uma marginalidade alienadora, ou até em uma "cultura da pobreza". Conscientização, luta de classes e até mesmo o socialismo haviam sido substituídos por uma forma de contar histórias que os estadunidenses podem associar com o conto edificante sobre o filho de um fazendeiro, seu novo machado e uma cerejeira. Mas a infância de Lula se parecia menos com a história escrita por Parson Weems sobre George Washington em 1800 do que com uma versão brasileira das aventuras de Huckleberry Finn; o heroi batalhador era um tanto mais malicioso do que o garotinho que não conseguia mentir, embora não menos virtuoso (Uva, s/d).

---

[10] Ele próprio um migrante nordestino, Dantas se tornou famoso no início da sua carreira por descobrir Carolina Maria de Jesus, uma escritora negra favelada cujo diário se tornou um sucesso literário nacional e internacional.

O autor de uma biografia francesa sobre Lula, de 2005, demonstrava preocupação com tamanha invenção de mitos, que o lembrava de outros emblemáticos presidentes latino-americanos, tais como o argentino Juan Perón, o brasileiro Getúlio Vargas e o cubano Fidel Castro. A inquietação de Christian Dutilleux resultava em parte de seu reconhecimento de que o próprio Lula "havia ele mesmo usado com frequência sua biografia como um instrumento político [...]. Ele conta as histórias que deseja contar, aquelas que servem às suas ambições" (Dutilleux, 2005, p. 19, 10, 289). Apesar dessa observação necessária e cautelosa, esse antigo morador do Rio ainda tentou agendar uma entrevista com o ocupado presidente, mas seus planos não deram em nada. A pretensão à originalidade do livro se baseia nas entrevistas com alguns dos parentes de Lula, com seus companheiros do ABC e com alguns dos colaboradores do presidente em Brasília. Os antigos colegas de sindicato de Lula, ele relatou, tinham receio de alimentar qualquer culto em torno de Lula, minimizando falar sobre seu carisma; em sua percepção, Lula era "um homem simples e simpático que é fiel a si mesmo" e que continuava a viver modestamente em São Bernardo, mesmo depois de haver ficado famoso, vendo seus velhos amigos com a maior frequência possível (Dutilleux, 2005, p. 83). O final do livro de Dutilleux, intitulado simplesmente *Lula*, traz uma descrição simpática de um homem "capaz de encarnar as esperanças da esquerda brasileira", uma "vida simbólica", com grande ressonância para a esquerda internacionalmente (Dutilleux, 2005, p. 19).

Se Dutilleux estava ligeiramente preocupado, o culto do PT à autenticidade biográfica popular se deparou com uma reação muito mais negativa entre alguns dos brasileiros com maior escolaridade. Em um livro de 2005 intitulado *Da Independência a Lula*, o cientista político Bolívar Lamounier denunciou categoricamente a abordagem política de "nós contra eles" estabelecida pelo PT. Para esse apoiador de Fernando Henrique Cardoso, a postura polarizadora do PT pode ter se originado na formação marxista-leninista de muitos de seus líderes, mas seria igualmente condenável em sua nova forma como uma demagogia populista baseada em uma "visão abstrata e maniqueísta de um país dividido "entre a 'elite' e o 'povo'" (Lamounier, 2005, p. 183, 185) O alvo implícito das críticas ia além dos marxistas, e incluía ativistas da Teologia da Libertação como Frei Betto, que tinham uma fixação inversa pelas bases, pelos subalternos e pelos pobres. Nas palavras de FHC, em 1993, havia algo regressivo na "crítica do socialismo católico sobre a ideia de riqueza", na sua "utopia igualitária" menosprezando os "aspectos racionais da acumulação, da produtividade e do investimento (Cardoso, 1993, p. 284-285).

Depois da terceira derrota sucessiva para o partido de FHC nas eleições presidenciais, o primeiro estudo biográfico crítico de Lula foi finalmente publicado. Diferentemente da onda de livros sensacionalistas antiLula e anti-PT, *O que sei de Lula* tem como autor José Nêumanne Pinto, um jornalista brasileiro conservador muito conhecido, com credenciais impecáveis. Como um jovem repórter, ele acompanhou Lula bem no início de sua presidência sindical, em 1975, assim como nas greves; ademais, Nêumanne havia publicado um livro sobre a campanha presidencial de 1989 do "mais famoso operário braçal da história do Brasil" (Nêumanne Pinto, 1989, 2011). Sua obra de 2011 era uma acusação poderosa sobre Lula, o homem, baseada nas recordações pessoais do autor e em suas reflexões sobre afirmações feitas por Lula em suas muitas entrevistas. Como bem observou o autor de uma resenha, o autor buscava "desnudar o homem que está por trás do mito", e Nêumanne era depreciativo, e até mesmo polêmico, ao discutir o mais recente "pai dos pobres" do Brasil, um rótulo que ligava Lula a Vargas (Correia, 2013). Ao duvidar das alegações de Lula sobre ter sido explorado ou maltratado por seus patrões, por exemplo, o autor não conseguiu resistir a se referir a ele como "tosco Karl Marx da Vila Carioca", o bairro operário em que Lula cresceu (Nêumanne Pinto, 2011, p. 111, 83-84).

O objetivo aparente de Nêumanne era invalidar as virtudes pessoais que estavam sendo projetadas sobre Lula por meio da "biografia semioficial" de Paraná, do filme biográfico de Barreto e do livro de bolso associado ao filme (Nêumanne Pinto, 2011, p. 104). Ele retratou Lula, o trabalhador fabril e sindicalista, como autocentrado e egoísta, bem como desleal àqueles que o ajudaram, fossem eles patrões ou colegas trabalhadores. Desqualificando a louvação do fã-clube lulista, ele acusou Lula de trair e dedurar seus colegas de trabalho em troca de ganhos materiais. Na descrição de Nêumanne, as investidas de Lula em sua segunda mulher teriam sido um caso de assédio sexual e Lula teria conduzido um assassinato de reputação no melhor estilo stalinista contra Paulo Vidal, o antigo presidente do Sindicato dos Metalúrgicos de São Bernardo que havia levado Lula para a diretoria e lhe havia ensinado tudo que ele sabia sobre sindicalismo. O livro chega ao ponto de insinuar que Lula não era um entusiasta da abertura política do fim dos anos 1970 e era até mesmo, de certa forma, um colaborador dos militares, apesar de Nêumanne hesitar nessa acusação.[11]

O que sei de Lula oscila abruptamente entre denúncias a plenos pulmões e passagens com percepções úteis e julgamentos equilibrados baseados na experiência do autor. Como um jornalista profissional, Nêumanne sabe o que é necessário ser feito para sustentar uma narrativa: coletar fontes e evidências para defender seu argumento. No entanto, as acusações de Nêumanne derivam única e exclusivamente de interpretações forçadas das falas públicas, das histórias e das opiniões de Lula. A verdade, ele quer fazer os leitores acreditarem, esteve escondida à luz do dia esse tempo todo. Porém, há indicativos de que o autor da denúncia está ciente de sua própria má-fé, já que as citações de Lula que ele interpreta tão negativamente são acompanhadas por palavras como "honestamente", "francamente", "cinicamente" ou "surpreendentemente" (Nêumanne Pinto, 2011, p. 76, 81-82, 85, 98, 104, 123). Em suma, o livro contém menos jornalismo consistente do que uma expressão de ressentimento, uma impressão reforçada pela epígrafe de Arnaldo Jabor, um cineasta do início do Cinema Novo que virou colunista. Escrevendo durante a preparação para as eleições de 2010, Jabor captou a frustração visceral dos antipetistas que lutavam contra um presidente-Teflon, no qual as denúncias não grudam, que escapara ileso do que eles imaginavam que seria um escândalo de corrupção capaz de acabar com sua carreira que atingiu o governo de Lula e seu

---

[11] Ele cita boatos sem fontes de que a perda de um dedo por Lula poderia ter sido uma estratégia deliberada para receber uma indenização; demonstrando cautela, ele não endossa diretamente essa acusação (Nêumanne Pinto, 2011, p. 78).

partido em 2005, ao afirmar que "Lula não é um político – é um fenômeno religioso" (citado em Nêumanne Pinto, 2011).

Não é surpreendente que os triunfos presidenciais sucessivos do PT tenham gerado ressentimentos, até mesmo raiva, entre os perdedores. Também não é inesperado que intelectuais possam direcionar sua ira contra a propensão à criação de mitos daqueles que orbitam em torno do ex-presidente brasileiro. Que seus lamentos apareçam em mídias não lidas pelos próprios analfabetos de quem eles desdenhavam, entretanto, indica uma impotência não diferente da dos *Mugwumps* após a Guerra Civil dos Estados Unidos, que estavam horrorizados com a corrupção das máquinas políticas urbanas durante a Era Dourada.[12] O rancor desses intelectuais brasileiros, ao que tudo indica, era ter que enfrentar a indignidade de viver em um "mundo avesso à consciência crítica" (Nêumanne Pinto, 2011).[13] Ainda que o PT, em 2010, tivesse perdido parte do apoio da intelectualidade brasileira, essas visões elitistas ainda não era unânimes mesmo em São Paulo: o livro de Paraná, por exemplo, incluía uma introdução escrita pelo renomado crítico literário Antônio Candido, um fundador do PT que ainda permanecia um forte partidário mesmo após o escândalo do Mensalão, em 2005 (cf. Candido, 2008).

Para os historiadores, é pouco surpreendente que mitos sobre o presidente Lula sejam elaborados buscando ganhos políticos, dado que os fundadores e líderes de nações conquistaram suas posições no mundo moderno ao lado de "heróis míticos que cativam a imaginação de homens primitivos, os santos e cavaleiros que povoam as baladas e crônicas medievais, os reis e nobres que ocupam um grande espaço

---

[12] Os *Mugwumps* se caracterizavam por seus "traços culturais cosmopolitanos e pela coesão da sua comunidade intelectual, especialmente na área de Boston-Cambridge". Eles eram "geralmente estadunidenses velhos, brancos e protestantes cuja dominância social e política era ameaçada pela imigração, pela industrialização e pela urbanização no final do século XIX – um grupo definido tanto pelos seus laços culturais quanto pela sua política [...] [Eles] sempre dependeram do poder da caneta para ofuscar a sua fraqueza em números, e fizeram isso novamente no relato histórico" (McFarland, 1975, p. 1, 3).

[13] A citação é de um artigo de uma destacada intelectual paulista dos anos 1960, Maria Sylvia de Carvalho Franco, na seção Illustríssima da *Folha de S.Paulo*, 26 de setembro de 2010.

na consciência do Antigo Regime". Como escreveu Emília Viotti da Costa, é precisamente em torno das figuras dos patriarcas nacionais que "a realidade e o herói, o homem e o mito, estão tão misturados e fundidos que é difícil avaliar objetivamente" porque "o mito obscureceu a realidade". Porém, prosseguiu a historiadora brasileira, a história mostra que "toda classe, casta e grupo social tem seus heróis e mitos" e os utiliza para "simbolizar os valores dominantes do seu grupo social". Quando "as estruturas sociais e os valores mudam, os mitos e símbolos mudam", com novos sendo elaborados que, por sua vez, se tornam uma parte de "um novo inventário de instrumentos ideológicos para aqueles que lutam pelo poder" (Costa, 2000, p. 24-25)" Não é de forma alguma inadequado, em outras palavras, que a cidade de São Paulo, tenha sediado um desfile de escola de samba de 3.400 participantes em 2012 com o tema "Verás que um filho teu não foge à luta. Lula, O Retrato de Uma Nação" ("Gaviões da fiel aposta no carisma...", 2012).[14]

Mas não é o dever do historiador de desmascarar, minar ou destruir mitos em defesa da verdade? Costa é categórica ao afirmar que "nem o olhar crédulo da criança pequena nem a cegueira igualmente partidária" daqueles que combatem os mitos são apropriadas para o historiador profissional. Nossa "tarefa não é nem louvar nem aviltar, mas analisar as relações entre um indivíduo histórico real e as estruturas mais amplas que o moldam e que por outro lado, são moldadas por ele". Ao fazer isso, podemos "reduzir os mitos e os heróis às suas proporções reais" examinando os ídolos "como produtos de necessidades sociais e realidades específicas"; caso contrário, o historiador permanecerá preso à sua própria teia (Costa, 2000, p. 25). Mas por onde começar no caso de Luiz Inácio Lula da Silva? E o que deve ser feito para compreender o que tornou a ascensão de Lula possível e para entender melhor o significado mais profundo de suas realizações, assim como do impacto e do legado delas, sejam elas julgadas positiva ou negativamente?

---

[14] O enredo da escola de samba vencedora foi a vida do escritor baiano Jorge Amado, nacional e internacionalmente reconhecido pela sua militância por um quarto de século no PCB.

ORIGENS E RAÍZES

2. ALÉM DO PAU DE ARARA

Quando o segundo mandato de Lula chegava ao fim, as histórias contadas sobre o presidente de 65 anos focavam cada vez mais em sua identidade nordestina, simbolizada pelos caminhões precários que levavam os residentes empobrecidos da região para a terra prometida de São Paulo depois da Segunda Guerra Mundial. Batizados de *pau de arara* devido às tábuas de madeira em que passageiros sentavam como "araras em um poleiro", esses "ônibus" sujos, irregulares e desconfortáveis, ocupados por pessoas pobres, tomavam as estradas não pavimentadas que conectavam o sertão às grandes cidades.[1] O termo se tornou um sinônimo daqueles que realizavam esse percurso e dos nordestinos como um grupo.

Foi uma viagem de 13 dias em um pau de arara, em 1952, que levou Lula, sua mãe e seus seis irmãos – junto de um tio, uma tia e o filho deles já adulto – para o estado de São Paulo para reencontra-

---

[1] Pau de arara é uma expressão comumente utilizada também para se referir a um tipo de tortura (Rejali, 2007, p. 307). Estrela (2003, p. 113) cita duas explicações nordestinas sobre esse termo a partir de um estudo sobre caminhões de 1969: que no sertão era comum se referir a pessoas burras, como os migrantes eram vistos, como araras; e que as tábuas de madeira nas quais eles sentavam no caminhão lembravam os poleiros de araras presos a um pau em casas no sertão.

rem o pai de Lula, Aristides Inácio da Silva, e o irmão mais velho de Lula, Jaime, no porto de Santos (Dantas, 2009, p. 57). Os Silvas eram parte da onda humana de migrantes em direção ao sul que fizeram do pau de arara um símbolo ressonante, num momento em que a população do Brasil, em rápida urbanização, cresceu de 52 para 119 milhões de habitantes entre 1950 e 1980. Em 1950, apenas 21% dos brasileiros viviam em cidades de mais de 20 mil habitantes, enquanto 58% dos empregados trabalhavam com agricultura ou mineração; 30 anos depois, 46% viviam nessas cidades e apenas metade do número citado estavam envolvidos com agricultura ou mineração (Faria, 1989, p. 143-144). Acima de tudo, o número de empregados por atividades não relacionadas à agricultura cresceu de 40% da população economicamente ativa em 1950 para 71% em 1980 (Merrick, 1989, p. 16, 45).

Enquanto o Produto Interno Bruto (PIB) brasileiro crescia a uma taxa média anual de 7,1% entre 1947 e 1980, a atividade manufatureira crescia ainda mais rápido (8,5%), impulsionada pela "expansão marcante da indústria de bens de consumo duráveis, que se expandiu a uma taxa média de 15,3% ao ano, atingindo um ritmo de crescimento acima de 23% ao ano nos momentos expansivos dos ciclos," tais como 1955-1962 e 1967-1973 (Faria, 1989, p. 145). Durante essas décadas extraordinárias, o Brasil se tornou internacionalmente conhecido como um caso clássico de crescimento capitalista acelerado com uma crescente concentração de renda, uma sociedade marcada – assim como a sociedade escravocrata anterior – por grandes desigualdades de terra, de renda e de distribuição de riquezas (Hoffman, 1989). As diferenças regionais agudas foram poderosamente captadas pela famosa metáfora que Edmar Bacha e Herbert Klein desenvolveram sobre o Brasil ser uma "Belíndia" – "uma sociedade definida regionalmente e por classes, comparável em todos os aspectos à Bélgica, mas coexistindo com uma parte mais pobre, mais rural e mais ao nordeste do país, comparável de muitas formas à Índia" (Bacha e Klein, 1989, p. 3).

"Pau de arara" ilustração de Percy Lau. (Tipos e aspectos do Brasil [1966])

O pau de arara, então, veio simbolizar mudanças ocorrendo de maneira tão rápida que seus desdobramentos passaram despercebidos por muitos contemporâneos. A geração mais nova, escreveram Bacha e Klein, se deparou com uma sociedade moderna e urbana, mas seus pais tinham nascido em um mundo muito diferente. Até mesmo quando "viam sua nação da perspectiva de uma sociedade industrial avançada", críticos contemporâneos tinham dificuldade em "compreender as anomalias no interior do seu próprio mundo, que ainda exibe muitos traços dos seus antecedentes rurais e escravistas" (Bacha e Klein, 1989, p. 1). O cenário na velha estação do norte do bairro do Brás, em São Paulo, onde ônibus legais e ilegais desembarcavam seus miseráveis passageiros, era um emblema das divisões extremas e da desigualdade regional da sociedade brasileira (Estrela, 2003, p. 117).

Para alguns dos brasileiros letrados, os insalubres retirantes nordestinos se tornaram uma chamada para ação, fosse para caridade, fosse para reformas sociais, fosse para desenvolvimento nacional, fosse para o socialismo. Porém, até a reação dos pensadores conscientes era marcada por um distanciamento social, assim como a produção acadêmica contemporânea que considerava os migrantes rurais demasiadamente individualistas para exercer adequadamente seu papel enquanto classe trabalhadora. A visão dos de baixo, como esperado, celebrava a saga da migração como um gesto que honrava a resistência, a perseverança e a esperança – em uma palavra, a teimosia. Sem negar a dor e a nostalgia dos migrantes por aquilo que haviam deixado para trás, Luiz Gonzaga, o gigante da música popular nordestina que tomou conta dos rádios brasileiros depois dos anos 1940, retratou esse sentimento em *Pau de arara*:

> Quando eu vim do sertão
> Seu moço, do meu Bodocó
> A maleta era um saco
> E o cadeado era um nó
> Só trazia a coragem e a cara
> Viajando num pau de arara
> Eu penei, mas aqui cheguei. (Gonzaga, s/d)

A dicotomia entre o Nordeste (tradição) e São Paulo (modernidade) tem se mostrado tão duradoura como polivalente no seu apelo tanto aos superiores quanto aos subordinados. O atraso podia ser justaposto negativamente ao progresso, mas uma cultura popular brasileira autêntica também podia ser contrastada com a artificialidade fria de uma metrópole cosmopolita e ocidentalizada. Apesar de culturalmente produtivo, tal dualismo distorce. Por exemplo, mesmo nordestinos não pobres se deslocaram no sentido sul em busca dos centros de poder econômico, político e cultural.[2] Ademais, milhões de não nordestinos, incluindo muitos paulistas das zonas rurais, estavam migrando, frequentemente em "ônibus" clandestinos semelhantes, que complementavam outras formas de transporte dos migrantes, incluindo ônibus regulares, ferrovias (dentre elas, o famoso "trem do sertão", que ligava Minas Gerais a São Paulo) e até mesmo viagens a pé (Narciso, s/d).

---

[2] Quando questionado sobre os primeiros anos de sua infância em Garanhuns, Frei Chico em 1981 fez uma pausa para registrar as diferenças de classe dentro da sua terra natal: Uma "infância miserável, como a de todo nordestino. Todos não, alguns têm vida gostosa. Mas você nunca esquece a infância" (Frei Chico citado em Morel, 1981, p. 63).

Igualar Lula ao Nordeste frequentemente implica considerá-lo como um "filho do sertão," o mítico local de aviltamento do Brasil. Porém, o local de nascimento de Lula, Vargem Comprida, um subdistrito do que era então o município de Garanhuns, Pernambuco, não está localizado no desolado sertão, e sim na área conhecida como Agreste, por vezes chamado de celeiro do nordeste. Também é difícil enxergar Garanhuns como um lugar que represente Pernambuco como um todo, muito menos o Nordeste, com seus 29 milhões de habitantes naquela época. Compreender Lula, sua família e seus colegas de São Paulo requer descartar abstrações emblemáticas e debater-se com as especificidades que ligavam o Nordeste a São Paulo. O próprio termo "nordestino" é um subproduto do preconceito regionalista e do distanciamento social que homogeneíza populações distintas a partir do momento que elas estão fora de sua alegada região "natal". Um pernambucano, certamente, nunca será um baiano, a menos que viva em São Paulo, onde as pessoas se referem aos nordestinos pelo nome do estado da região que possui a maior proporção de negros. O desafio analítico mais amplo é determinar em que grau – e como – a origem nordestina da família de Lula moldou sua personalidade como uma criança e como um jovem adulto.

UM MUNDO EM MOVIMENTO

Em 1957, um sociólogo entrevistou um metalúrgico de São Paulo que tinha migrado de Garanhuns, Pernambuco. O homem forneceu uma concisa avaliação sobre sua vida: "A gente está ruim de vida, está ruim num canto é preciso correr para outro; tatu é que fica na terra." (Brandão Lopes, 1960, p. 31) Quando os últimos membros do núcleo familiar de Lula deixaram Garanhuns, em 1952, o município tinha uma população de 100 mil habitantes, três quartos da qual estavam em regiões rurais, incluindo aqueles no subdistrito ocidental de Vargem Comprida, que viria a se tornar um município no início dos anos 1960. Garanhuns está localizado no agreste, uma região de transição entre a úmida e litorânea Zona da Mata, onde prosperavam as plantações de cana-de-açúcar, e o semiárido Sertão. Com chuvas adequadas, ainda que irregulares, o Agreste nunca foi rico o suficiente para comportar muitos escravos, que constituíam apenas 4% dos 24 mil residentes de Garanhuns em 1872, 60% dos quais eram trabalhadores livres e sem--terra na época que a região estava saindo de um período de expansão do algodão, que perdurava desde a Guerra Civil dos Estados Unidos (Clay, 1979 p. 288, 50, 42, 105-106, 116).

As perspectivas econômicas do município mudaram em 1887, quando ele se tornou um terminal no extremo oeste da ferrovia Recife-São Francisco. As décadas seguintes trouxeram uma produção crescente de cultivos comerciais, especialmente o café (Garanhuns é seu produtor mais importante no Nordeste), gado, leite e produtos alimentícios. Muito associados à posse da terra, esses novos caminhos para a riqueza acabaram com a Grande Depressão, de 1929. Com os preços caindo, a elite local vendeu parcelas de terra para arrendatários e para sem-terras, quadruplicando o número de propriedade rurais entre 1927 e 1950 (Clay, 1979, p. 202, 205, 267, 271-272, 276).

O avô paterno de Lula, João Grande, era dono de terras – uma parcela substancial, pelo menos na memória de seus netos –, assim como o pai de Lula, Aristides (Lula citado em Paraná, 2002, p. 57; citado em Morel, 1981, p. 21; Frei Chico citado em Paraná, 2002, p. 225). Eles estavam entre os milhares de *minifundistas* envolvidos com produção de subsistência que, na ausência de uma base sólida para prosperidade econômica, cada vez mais reduziam os salários locais enquanto submetiam os acordos de arrendamento existentes a mais pressão. O crescimento de pequenas propriedades pós-1930 refletia "uma deterioração perceptível do futuro da agricultura", mesmo com um crescimento, devido à guerra, na produção de produtos alimentícios. Os anos pós-guerra foram marcados por um declínio tanto nas culturais comerciais quanto nas de subsistência, levando a um crescimento na emigração e a uma diminuição da população rural absoluta durante os anos 1950. O total da emigração, como enfatizou Jason Clay, não resultou de "um único acontecimento, mas ocorreu gradualmente", sendo decorrente da orientação para subsistência dos pequenos proprietários em Garanhuns (Clay, 1979, p. 202, 205, 267, 271-272, 276).

As perspectivas precárias para agricultores de subsistência como Aristides levavam à decisão de migrar, mesmo que fosse apenas para tentar a sorte em outro lugar (Lula citado em Morel, 1981, p. 21). Porém, outros motivos podem levar um indivíduo a migrar, incluindo, no caso de Aristides, uma tentativa de fugir de escândalos familiares.[3] Quando Aristides deixou Garanhuns abruptamente, um mês antes do nascimento de Lula, em 27 de outubro de 1945, ele foi embora com uma prima, de 15 anos, de sua esposa Eurídice Ferreira Melo (conhecida como dona Lindu); até então, não se sabia da partida da prima ou mesmo de sua gravidez. Após uma breve estadia no Rio de Janeiro, onde acabou se ferindo, Aristides se mudou para Santos, onde conseguiu um emprego que demandava muito fisicamente, mas que era relativamente bem pago, como estivador carregando sacas de café. O paradeiro de Valdomira Ferreira de Góes, prima de dona Lindu, conhecida como dona Mocinha, foi revelado quando Aristides, se exibindo com roupas novas, voltou à Garanhuns em 1949 com dois filhos bem-vestidos e com dona Mocinha, que estava grávida novamente. Quando a visita chegou ao fim, Aristides deixou aquela com que era legalmente casado grávida – da irmã mais nova de Lula, Ruth Ferreira de Mendes, conhecida como Tiana –, ao mesmo tempo permitindo que seu segundo filho mais velho, Jaime, o acompanhasse de volta a Santos.[4]

---

[3] Durham (1984, p. 139) relatou a descoberta de que haviam seduzido uma jovem local como uma motivação para homens solteiros migrarem. No caso de Aristides, ele evitou o escândalo ao ir embora e minimizou a repreensão ao retornar sob condições que ele mesmo escolheu, como um migrante bem-sucedido exibindo sucesso material.

[4] Cf. Vavá, entrevistada por Paraná, 3 e 7 de setembro de 1993; Maria Baixinha, entrevistada por Paraná, 6 de abril de 1994; Jaime Inácio da Silva, entrevistado por Paraná, 10 de abril de 1994; Lula, entrevistado por Paraná, 30 de junho de 1993; Frei Chico, entrevistado por Paraná, 3 e 7 de setembro de 1993 (Paraná, 2002, p. 194-195; p. 255-257; p. 278-279, 281, 284, 287; p. 46, 49; p. 198-200); Lula, entrevista, 2000 (Silva, 2000, 2-6 [numeração adicionada pelo autor]. Realizada em 17 e 26 de abril de 2000, a transcrição completa da entrevista com as perguntas me foi providenciada por Raquel Camargo, "Depoimento de Luiz Inácio Lula da Silva".

Lula com 3 anos de idade e sua irmã Maria em Pernambuco (primeira foto)
(Cortesia do presidente Luiz Inácio Lula da Silva)

Em uma manobra digna de Dickens, Jaime, então com 14 anos de idade, iria mais tarde ludibriar seu pai analfabeto ao escrever uma carta em seu nome para dona Lindu, dizendo para ela vender suas terras e seus pertences e se juntar a ele em Santos. Depois da viagem de pau de arara com 50 ou 60 outros passageiros, o grupo de dez pessoas pegou um táxi do Brás, onde eles haviam desembarcado em São Paulo, para Vicente de Carvalho, na área metropolitana de Santos. Quando eles chegaram na entrada de sua casa, um surpreendido Aristides repreendeu dona Lindu por não ter trazido seu cachorro. Hospedando-os na casa de um compadre, o infiel Aristides iria demonstrar pelo menos um mínimo de respeito pelos padrões morais de gênero de seu meio ao mudar a família recentemente migrada para a sua casa principal, dando, assim, um *status* superior à sua esposa oficial, enquanto levava sua segunda família para um novo lugar. Ao longo dos três anos seguintes, Aristides dividiria seu tempo entre as duas casas, sustentando ambas as famílias com a ajuda dos três filhos mais velhos, que ganhavam dinheiro trabalhando, respectivamente, em um bar, em um pequeno estaleiro e em uma carvoaria. As duas filhas mais velhas trabalhavam como empregadas domésticas, enquanto os filhos mais novos – à época da chegada a São Paulo, Frei Chico tinha 11 anos e Lula, sete – coletavam madeira e mariscos nos mangues, buscavam água e trabalhavam eventualmente como vendedores nas ruas; eles também tomavam conta do acampamento de Aristides quando ele ia caçar com amigos. Apesar do incômodo que isso causava a seu marido, dona Lindu ganhava uns trocados vendendo grãos de café que caíam no chão de volta para os donos dos armazéns de café.[5]

Obsessivamente controlador, o analfabeto Aristides era cético com relação à educação – especialmente para meninas – e se ressentia cada

---

[5] Jaime, entrevistado por Paraná, 10 de abril de, 1994; Frei Chico, entrevistado por Paraná, 3 e 7 de setembro de 1993; Lula, entrevistado por Paraná, 30 de junho de 1993; Lula, entrevistado por Paraná, julho de 1993; Vavá, entrevistada por Paraná, 3 e 7 de setembro de 1993; Frei Chico e Vavá, entrevistados por Paraná, 3 e 7 de setembro de 1993; Marinete Leite Cerqueira, entrevistada por Paraná, 29 de março de 1994; Maria Baixinha, entrevistada por Paraná, 6 de abril de 1994 (Paraná, 2002, p. 288, 200; p. 48-49, 51, 53-54; p. 70; p. 207,219; p. 206; p. 248, 257, 261; p. 275, 281); Lula, entrevista por Altino Dantas Jr., por volta da primeira metade de janeiro de 1981 (Dantas, 1981, p. 11-12), daqui em diante tal entrevista aparecerá citada como Dantas, 1981; Lula, entrevista, 2000 (Silva, 2000).

vez mais por ter que sustentar duas famílias. Seus filhos só têm lembranças amargas de um homem violento e arbitrário considerado por eles como ignorante, atrasado, ruim e perverso. Frei Chico é o único que declara abertamente odiar seu pai devido às surras que sofria, mas todos criticam severamente Aristides pelos maus-tratos tirânicos e pelo abuso verbal contra sua mulher e seus filhos. Apesar de uma das filhas se dar bem com Aristides, os comentários mais positivos são de Vavá e Lula, que enfatizam que ele era extraordinariamente trabalhador. Porém, mesmo dando crédito a Aristides por "não deixar faltar comida em casa" (Silva, 2000, p. 2-3.) Lula, não obstante, o descrevia como "sangue ruim," o "gangue do mal" e "por demais violento e uma violência [nascida] de ignorância" (Silva, 2000, p. 8).[6]

A ruptura com Aristides veio depois da décima primeira gravidez de dona Lindu; em Garanhuns, ela já tinha perdido dois filhos durante o parto. Ela teve gêmeos que morreram em casa no mês que ela permaneceu hospitalizada por complicações do parto. Os abusos do marido pioraram, e pelo menos uma vez ele bateu em dona Lindu, enquanto tentava bater em Lula ao mesmo tempo que estava batendo em Frei Chico. Sua mãe, Lula recorda, "não admitia apanhar dele" e logo depois ela disse a ele que iria deixá-lo. Quando Aristides chegou em casa naquela noite, a família já havia partido, tendo se mudado para um barraco próximo, tão decrépito que logo em seguida acabou desmoronando. Dona Lindu rejeitou as tentativas de reconciliação de Aristides, mesmo depois dos irmãos dele virem de São Paulo para convencê-la. Em 1955, ela mandou os filhos mais velhos para viver na casa de parentes na cidade de São Paulo, para que eles conseguissem empregos que tornassem possível uma mudança. Deixando Lula, Frei Chico e Marinete para trás, ela se mudou para São Paulo; os dois meninos se juntaram a

---

6   Cf. Lula, entrevista por Paraná, 30 de junho de 1993; Frei Chico, entrevista por Paraná, 3 e 7 de setembro de 1993; Frei Chico e Vavá, entrevista por Paraná, 3 e 7 de setembro de 1993; Jaime, entrevista por Paraná, 10 de abril de 1994; Maria Baixinha, entrevista por Paraná, 6 de abril de 1994; Vavá, entrevista por Paraná, 3 e 7 de setembro de 1993 (Paraná, 2002, p. 50, 52, 56; p. 202, 212; p. 202, 203; p. 275, 256-257; p. 195); Lula, entrevista por Morel, no meio de 1981 (Morel, 1981, p. 24), daqui em diante essa entrevista será citada como Morel, 1981.

ela em 1956, com 11 e 15 anos de idade; Marinete e seu marido fariam o mesmo um ou dois anos depois.[7]

Pai de Lula, Aristides da Silva com 30 anos de idade
(Cortesia do presidente Luiz Inácio Lula da Silva)

Como descrito por Lula, dona Lindu havia deixado Garanhuns com seus filhos "agarrados no rabo da saia" (Morel, 1981, p. 27-28) e ela fez isso novamente ao deixar Santos. Uma mãe solteira de oito filhos, ela enfrentou o imenso desafio de sobreviver e prosperar na grande cidade. A família se estabeleceu na Vila Carioca, um bairro operário com ruas não asfaltadas e serviços públicos precários. No início, eles se hospedaram com um tio, nos fundos de sua casa; a família dividia o banheiro com o bar do familiar, no qual os fregueses às vezes vomitavam. Com os meninos mais velhos trabalhando, as condições de vida melhoraram o suficiente para a família alugar a casa de número 1.156 da Rua Auriverde, onde eles viveram até 1964. Assim como a maioria das mulheres em sua situação, dona Lindu não trabalhava fora de casa em São Paulo; em vez disso, ela lavava, passava e hospedava pensionistas – incluindo

---

[7] Cf. Frei Chico e Vavá, entrevista por Paraná, 3 e 7 de setembro 1993; Marinete, entrevista por Paraná, 29 de março de 1994; Maria Baixinha, entrevista por Paraná, 6 de abril de 1994; Lula, entrevista por Paraná, 30 de junho de 1993; Jaime, entrevista por Paraná, 10 de abril de 1994 (Paraná, 2002, p. 202-203, 225; p. 241-242, 245, 248; p. 258, 51- 53; p. 280); Lula, entrevista por Dantas (1981, p. 12-13).

parentes de Pernambuco, que pagavam pouco, e Rubens, o filho de dona Mocinha, que estava sendo brutalmente espancado pelo pai. Por fim, ela alcançou certo grau de estabilidade para suas crias – derivado da renda de seus filhos que já trabalhavam, aos quais Frei Chico se juntaria pouco tempo depois –, incluindo bens materiais, tais como um fogão a gás de duas bocas, que significou um progresso para a família (antes, eles cozinhavam usando um fogão a querosene ou, quando este quebrava, com alguma alternativa improvisada).[8] Porém, a nova vida urbana traria suas próprias insatisfações, especialmente quando as lembranças dos tempos *muito* ruins se dissipavam e os Silvas percebiam que agora enfrentavam apenas tempos difíceis. Dentre os problemas novos que mais incomodavam durante sua primeira década em São Paulo, estavam as inundações recorrentes da cidade, um subproduto da urbanização caótica que repetidamente virava suas vidas do avesso (incêndios foram o único problema urbano típico do qual eles tiveram a sorte de escapar).

A cidade em que a família de Lula foi morar em meados dos anos 1950 foi o ponto de partida da extraordinária expansão industrial, demográfica e urbana do Brasil, a qual eles haviam vivenciado indiretamente no crescimento acelerado do porto metropolitano de Santos. Com 750 mil habitantes em 1920, São Paulo era há muito o centro industrial da nação majoritariamente agrária; a população da cidade iria dobrar até 1940 e chegar a 2,7 milhões em 1950 (Langenbuch, 1971, p. 170-171). Desde a década de 1920, o desenvolvimento fabril tinha se deslocado ao longa da linha ferroviária em direção a Santos, devido a grandes extensões de terras descampadas e baratas. Isso gerou os primeiros subúrbios industriais de São Paulo, Santo André e São Caetano. São Bernardo do Campo, escassamente habitada e localizada distante da linha ferroviária, surgiu apenas depois da Via Anchieta ligar a capital a Santos, em 1947.

A região do ABC paulista se distinguia por suas fábricas grandes e modernas, muitas fundadas por corporações multinacionais euro-

---

[8] Tiana, entrevista por Paraná, 21 de abril de 1994 (Paraná, 2002, p. 301-303); Lula, entrevista, 2000 (Silva, 2000, p. 3, 10-13).

peias e estadunidenses, especialmente em indústrias de ponta como a metalurgia. Como consequência, a força de trabalho fabril do ABC se concentrava em unidades de produção maiores do que as do município de São Paulo, onde grandes empresas conviviam com numerosas oficinas pequenas. Assim, em 1958, 39% da produção industrial de São Paulo vinha de fábricas com mais de 500 trabalhadores, comparada com 77%, 75% e 60% de Santo André, São Bernardo e São Caetano, respectivamente (Pereira, 1967, p. 118). Impulsionadas por restrições governamentais à importação e por incentivos fiscais, as novas fábricas automotivas e de produção de caminhões de São Bernardo (uma fábrica da General Motors já havia há muito sido instalada em São Caetano) começaram a jorrar veículos. O aumento da geração de empregos chegava a ser surpreendente: a nova fábrica automobilística da Willys-Overland passou de 569 trabalhadores em 1957 para 9.127 em 1962 (Rodrigues, 1970, p. 54). O perfil manufatureiro do estado se tornou evidente no censo industrial de 1960: São Paulo era responsável por 50% da força de trabalho industrial nacional e por 60% da folha salarial do país – mesmo constituindo menos de 1% do território nacional (Kahil, 1973, p. 64). Nos anos 1970, os mil quilômetros quadrados do ABC produziam 10% do PIB do Brasil, e as receitas dos governos locais do ABC – sustentadas por impostos sobre a produção industrial – excediam as de mais da metade dos estados brasileiros (Mercadante Oliva, 1989, p. 3; O ABC arrecada..., 1968).

A metalurgia – tendo como centro o ABC – estava na linha de frente de uma revolução industrial. O Brasil havia produzido 30 mil veículos em 1957; em 1960, a produção havia quase quadruplicado, chegando a 110 mil veículos; oito anos depois, em 1968, a produção havia quase triplicado, alcançando 280 mil veículos.[9] A geração de empregos pela indústria metalúrgica no estado de São Paulo cresceu em 100 mil entre 1960 e 1965, com mais um aumento de 80 mil vagas até 1968, ano em que essas indústrias também empregavam 70 mil engenheiros, técnicos e administradores (Assis, 1972, p. 189, 216). Após uma queda sutil

---

[9]   Os números, arredondados aqui, estão disponíveis em Shapiro, 2006, p. 241, tabela A.6.

durante 1963-1965, a produção de veículos foi de 280 mil, em 1968, para meio milhão, em 1971, atingindo pelo menos 1 milhão por ano de 1978 a 1980, quando culminou com 1.160.000 (Shapiro, 2006, p. 241). São Bernardo estava no centro dessa expansão; as três maiores fábricas atendidas pelo sindicato de Lula em 1978 eram indústrias de montagem de automóveis que empregavam 11 mil (Ford, que havia comprado a Willys-Overland), 15 mil (Mercedes-Benz), e 38 mil (Volkswagen) trabalhadores (Abramo, 1999, p. 91).[10]

De 1950 a 1980 – o apogeu dos presidentes de sindicatos metalúrgicos Marcos Andreotti (1958-1964) e Lula (1975-1980) –, amplas mudanças tiveram lugar na escala de geração de empregos no ABC. Entre 1950 e 1980, o número de trabalhadores de todos os ramos da indústria cresceu em 700%, de 50 para 350 mil, enquanto a população do ABC se expandiu em 800%, de 215 mil para 1,6 milhões. Apesar do desenvolvimento do ABC ter sido particularmente turbulento, essa transformação massiva acometeu toda a região metropolitana de São Paulo, cuja população em 1960 (4,9 milhões) iria mais que dobrar nos 20 anos seguintes, chegando a 12,5 milhões em 1980. As economias e populações dos municípios do ABC e de São Paulo estavam fortemente interligadas, com muitas pessoas morando em um município, mas trabalhando no outro.

A receita para o desenvolvimento de São Paulo durante a maior parte do século XX foi uma urbanização rápida alimentada pelo aprofundamento da industrialização, que atraiu migrantes rurais de perto e de longe. Durante a primeira metade do século, a cidade absorveu principalmente imigrantes, especialmente de origem italiana, vindos diretamente da Europa ou, mais comumente, via emigração das regiões de agricultura e de plantação do estado, onde eles originalmente trabalhavam com café. A migração intraestadual por pessoas nascidas em São Paulo – frequentemente, filhos ou netos de imigrantes – permaneceria predominante, mesmo quando a migração interestadual

---

[10] Assim como já era verdade em 1958, o ABC no fim dos anos 1970 era marcado pela concentração extraordinária de trabalhadores em fábricas muito grandes (Humphrey, 1982, p. 51, 137).

começou a crescer, após a década de 1940, originada primeiramente de Minas Gerais e depois, ainda com mais força, dos estados do Nordeste após 1960. Assim, São Paulo estava se tornando cada vez mais heterogênea – com mais negros, pardos e mestiços – e seus setores populares cada vez mais representativos do país. Em 1950, o estado de São Paulo já estava na casa de mais de 1 milhão de pessoas nascidas em diferentes estados; apesar da ausência de dados adequados e comparáveis com precisão, o censo de 1970 mostrava pelo menos 2,5 milhões de moradores que alegavam haver vivido anteriormente em outro estado (Durham, 1984, p. 32, 35, tabela 6).

São Paulo e seus subúrbios, portanto, emergiam como o espaço geográfico por excelência no qual os brasileiros de outas partes do país viriam a conhecer uns aos outros, e aos paulistas, pela primeira vez. Em retrospectiva, é evidente que um novo Brasil estava surgindo nas fábricas metropolitanas, nos mercados e nas habitações improvisadas. De certa forma, a história da migração rural-urbana não havia mudado desde que Marcos Andreotti, nascido em 1910 em Lindóia, São Paulo, foi levado para a cidade durante a Primeira Guerra Mundial por seus pais analfabetos e italianos, que haviam anteriormente trabalhado no café. Ainda assim, o interior rural de São Paulo era um subproduto da expansão da agricultura comercial que diferia acentuadamente da agricultura de subsistência praticada por tantos que, assim como os Silvas, vieram das áreas do interior rural dos estados do Nordeste e de Minas Gerais, mais pobres e menos desenvolvidos. "A vinda de um sitiante de Pernambuco para São Paulo" a antropóloga Eunice Durham escreveu em sua monografia de 1973, envolve "uma mudança fundamental no tipo de relação de trabalho" que significava praticamente "a passagem de um sistema socioeconômico para outro (Durham, 1984, p. 41).

O processo migratório foi estimulado por uma demanda insaciável por braços em São Paulo para a indústria, serviços urbanos e para a agricultura. A cada familiar ou vizinho que retornava, surgiam novos boatos entre a população rural sobre a promessa de uma vida melhor na cidade – a possibilidade de vencer na vida e de escapar da miséria.

O argumento foi apresentado de forma enfática pelo irmão de Lula, Vavá, em 1993: "na época em que nós chegamos em São Paulo, você não procurava serviço, o patrão procurava você para trabalhar." Frei Chico destacou o contraste com um comentário irônico em 1981 de que ele não havia nascido no Brasil: "Um dia você vem embora pro Brasil, sim, porque aquilo lá [o Nordeste] não é Brasil."[11]

Analistas são frequentemente céticos em relação à crença obstinada que circula entre migrantes de todos os lugares de que as estradas de outros locais são, no linguajar estadunidense, "pavimentadas com ouro". Porém, as evidências vindas de São Paulo naquele período confirmam o otimismo de Vavá, ecoado em muitas entrevistas que jovens cientistas sociais conduziram com a classe trabalhadora de São Paulo durante aquelas décadas. Um estudo inteligente sobre o mercado de trabalho urbano feito por um demógrafo dos Estados Unidos fornece provas estatísticas de que 1970 foi uma "época de ouro" para migrantes vindos de fora do estado. O estado de São Paulo no fim dos anos 1960 atraía muito mais migração interestadual do que qualquer outro lugar no Brasil, com 53% vindo do Nordeste e 36% de Minas Gerais. Migrantes interestaduais constituíam 31% da força de trabalho industrial do estado, divididos entre nordestinos (16%); mineiros (11%) e outros (4%) (Graham, 1977, p. 35).[12]

Migrantes brasileiros de fora do estado, mesmo que muito menos numerosos que os paulistas na indústria como um todo, estavam concentrados em alguns setores. A sua maior fonte de emprego era a crescente, porém mal paga, indústria de construção civil, na qual

---

[11] Cf. Vavá, entrevista por Paraná, 3 e 7 de setembro de 1993; Frei Chico, entrevista por Paraná, 3 e 7 de setembro de 1993 (Paraná, 2002, p. 200-201; 200-219); Frei Chico, entrevista por Morel, meados de 1981 (Morel, 1981, p. 63).

[12] Como explica Graham, é difícil compreender as realidades estatísticas da "migração interestadual em grandes mercados de trabalho no centro-sul do Brasil". Não apenas houve um censo deficiente em 1960 cujos resultados em sua maioria nunca foram publicados, como até mesmo o censo mais elaborado de 1970 definiu os migrantes de forma problemática como qualquer pessoa que morava em um município no qual não havia nascido. Ademais, as tabelas de migração interestadual não são "cruzadas com classificações industriais ou ocupacionais". Graham utiliza como referência dados de 1970 com os dados estatisticamente ricos disponíveis referentes à Lei dos Dois Terços para 1969-1970 (Graham, 1977, p. 30, 32).

eles constituíam 56% da força de trabalho. O mais surpreendente, porém, era que os migrantes interestaduais eram desproporcionalmente empregados no que são geralmente considerados setores industriais modernos, diferentemente da zona metropolitana do Rio, o segundo mais importante polo de migração interestadual. Comparados com os nativos, os migrantes de fora do estado de São Paulo estavam ligeiramente desfavorecidos do ponto de vista educacional, mas estavam poderosamente sobrerrepresentados nos setores industriais "tecnologicamente avançados", que eram "mais bem pagos do que aqueles em que os não migrantes estavam concentrados". Migrantes de fora do estado constituíam 40% do total da mão de obra nas indústrias metalúrgicas em expansão de São Paulo. Eram precisamente esses setores modernos "que vivenciaram a demanda mais significativa por mão de obra em São Paulo, de 1966 até o fim de 1969" e isso levou as remunerações e salários a crescerem de forma muito rápida (Graham, 1977, p. 38-41, 43-44).

Chegando em São Paulo, dona Lindu e seus filhos adentraram um mundo onde nada estava enraizado ou alicerçado, um ambiente urbano e industrial que passava por mudanças agitadas com poucas comunidades enraizadas, identidades duradouras ou estruturas bem estabelecidas de entendimento. Esse turbulento novo mundo urbano era vivenciado por todos, pelos mais ricos e pelos mais pobres, como algo fora de seu controle. Era uma cidade que nunca parava de crescer e mudar, uma cidade na qual pessoas eram levadas para dentro e para fora em ondas; um mundo onde até mesmo estruturas de poder pareciam não permanentes; uma cidade extensa vivenciada como energia fundida. Era um mundo em movimento, cuja condição, composição e substância mudavam continuamente. A São Paulo que rapidamente se industrializava era, logo, uma cidade onde a sorte parecia real e a ambição poderia prosperar nas décadas após 1950, um lugar onde "as diferentes classes sociais eram então ligadas entre si por uma mentalidade semelhante. O espírito de aventura era visível de alto a baixo na escada social" (Queiroz, 1975, p. 747).

VENCENDO NA VIDA: O PROGRESSO DOS SILVAS

À medida que deixavam de ser crianças para se tornarem jovens adultos, Lula e seu irmão mais próximo, Frei Chico, eram moldados decisivamente por estruturas, ritmos e influências que não derivavam de suas identidades como retirantes nordestinos (Tomizaki, 2007). Com idades variando entre 10 e 24 anos, os filhos da família Silva viviam em um mundo de jovens com pais nascidos nas áreas rurais, compartilhando uma experiência comum de trabalho, lazer e educação em um espaço metropolitano que, apesar das frustrações, parecia repleto de possibilidades. O próprio crescimento da cidade por meio da migração produziu uma população excepcionalmente jovem.

O bairro operário no qual os Silvas se instalaram era cosmopolita, ocupado por migrantes de muitas origens. Localizado dentro do distrito paulistano do Ipiranga, a Vila Carioca não era de forma alguma um gueto nordestino.[13] De fato, o primeiro trabalho regular de Lula, ainda que não legalmente registrado, foi fazendo entregas para uma lavanderia próxima cujo dono era um "homem fantástico," ou nascido no Japão ou descendente de japoneses, que tentava ensinar a língua de seu país natal de forma brincalhona a seu jovem funcionário. O primeiro e breve namoro de Lula – perdido devido ao seu entusiasmo excessivo pelo futebol – foi com Mitiko, uma bela garota japonesa, e o descendente de japoneses Olavo foi o primeiro de seus amigos adolescentes a comprar um carro.[14]

Depois de se mudarem da Rua Auriverde para a Vila São José, que fazia divisa com São Caetano, Lula, Frei Chico e Tiana se tornaram inseparáveis das crianças da família vizinha, chefiada pela dona Ermínia Santos. Os membros da família Santos eram agricultores de subsistência que haviam deixado o norte de Minas Gerais para ir morar no

---

[13] Vila Carioca era uma das áreas com maior concentração de moradores nordestinos em São Paulo, junto do distrito periférico de São Miguel Paulista, que cresceu em torno da massiva fábrica Nitroquímica, apesar de sua população também nunca ter sido homogeneamente nordestina. Veja o estudo minucioso e sensível feito por Fontes, 2008.

[14] Cf. Lula, entrevista por Paraná, 30 de junho de 1993; Lambari, entrevista por Paraná, 27 de junho de 1994; Tiana, entrevista por Paraná, 21 de abril de 1994 (Paraná, 2002, p. 64; p. 343; p. 306); Lula, entrevista em 2000 (Silva, 2000, p. 14, 16).

estado de São Paulo no mesmo ano que dona Lindu havia partido de Garanhuns. Antes de chegar à cidade grande, eles tinham trabalhado com agricultura no interior do estado, uma etapa frequente para migrantes que os Silvas escaparam ao se instalar na zona metropolitana de Santos. O melhor amigo de Lula na época de adolescente foi o filho de dona Ermínia, Jacinto Ribeiro dos Santos, um torneiro mecânico, que recebeu o apelido de Lambari quando trabalhou na Volkswagen. A irmã de Jacinto, Lourdes, viria a se tornar a primeira esposa de Lula, em 1969 (Olavo foi o padrinho de casamento).[15]

A família Silva na praia em Santos. Dona Lindu (a esquerda), Tiana com peixe de brinquedo, Lula, Jaime, Zé Graxa na motocicleta e Maria (Cortesia do presidente Luiz Inácio Lula da Silva)

Os pais desses jovens migrantes eram de áreas rurais onde as oportunidades eram escassas; o seu novo universo urbano, embora promissor, poderia parecer estranho, distante e até mesmo intimidador, então

---

[15] Tiana, entrevista por Paraná, 21 de abril de 1994; Lambari, entrevista por Paraná, 27 de junho de 1994; Maria Baixinha, entrevista por Paraná, 27 de junho de 1994 (Paraná, 2002, p. 306; p. 339-340; p. 347-348); Narciso, "Lourdes."

eles frequentemente reagiam com timidez emudecedora.[16] Ademais, homens mais velhos sofriam desvantagens, mesmo em um mercado de trabalho movimentado, dadas as características que os empregadores valorizavam para os empregos mais disputados: no mínimo uma educação primária, facilidade da juventude para aprender, capacidade de trabalhar duro e regularmente e obediência aos comandos do relógio e do patrão (Durham, 1984, p. 160-161, 164-166). Os pais de migrantes, mais propensos a não haver completado a escola primária, eram muito frequentemente contratados como mão de obra não qualificada em empregos que pagavam um salário-mínimo, ou menos, além da ausência de segurança e de benefícios. Isso tendia a diminuir a sua influência na economia doméstica da classe trabalhadora, na qual o valor de um indivíduo se resumia à renda por ele obtida.[17] Isso diferia drasticamente das normas do mundo rural, onde aquilo que o patriarca da família dizia era lei. No caso da família de Lambari, seu pai doente nunca havia trabalhado, o que levaria o filho a descrevê-lo, de forma brincalhona, como "um zero à esquerda, no bom sentido"; em 1994; como chefe da família, Lambari declararia com ousadia ter sido aquele a quem Lula teve que pedir a benção para se casar com Lourdes.[18]

Se o poder dos pais se reduzia nas cidades, os filhos reagiam com entusiasmo às oportunidades que pareciam favorecer jovens apressados e impetuosos, porém habilidosos. No mundo urbano popular, havia uma clara hierarquia de preferências no mercado de trabalho, mas estava longe de ser rigidamente estratificado (histórias de trabalho obtido por meio de blefe são numerosas). Dada a romantização do automóvel na época, ser motorista era o sonho de muitos jovens da classe traba-

---

[16] Paulistas de áreas rurais do estado e outros migrantes que foram para a cidade de São Paulo propriamente dita falam defensivamente sobre sua timidez ("são tímidos"), frequentemente seguido de autodepreciação ("não sabe muito", "somos ignorantes"), em suas interações com pessoas nascidas na cidade no geral, o que é intensificado por outras diferenças de classe social e educacionais (Durham, 1984, p. 140-141).

[17] Para citações e uma breve discussão sobre as descobertas de pesquisa sobre economias domésticas da classe trabalhadora em São Paulo nos anos 1960 e 1970, ver French, 1997 p. 177-179.

[18] Lambari, entrevista por Paraná, 27 de junho de 1994 (Paraná, 2002).

lhadora, incluindo Lula.[19] Mas as formas predominantes de atividades do setor informal eram menos valorizadas do que o trabalho de carteira assinada; ser vendedor ambulante proporcionava independência, a possibilidade de trabalhar por conta própria, mas era instável e gerava relativamente pouca renda. Já no vasto setor de construção civil, a maior parte dos trabalhos eram para "serventes" não qualificados; as contratações eram esporádicas, o salário era baixo e os empregos frequentemente não garantiam direitos trabalhistas.

Embora trabalhar nas fábricas significasse uma perda de liberdades individuais, sua maior atração eram os salários relativamente seguros e a proteção legal que isso teoricamente fornecia (Durham, 1984, p. 180). Em termos de empregos fabris, as maiores empresas que pagavam melhor eram preferidas em relação às numerosas pequenas plantas manufatureiras, mesmo que fosse mais fácil ser contratado por essas últimas e o ritmo de trabalho nelas fosse mais tranquilo. Relembrando seus tempos na Metalúrgica Independência, em 1964, Lula contou a seus companheiros sindicalistas, em 2000, que era um prazer trabalhar com apenas cinco outros colegas no turno da noite e ter o capataz como amigo; eles cozinhavam bacon e ovos e até podiam cochilar por algumas horas, contanto que o trabalho fosse feito.[20] Mesmo as demandas sendo menos intensas, muitas das pequenas firmas que surgiram naqueles anos estavam em condições financeiras precárias, dada a ausência de um sistema bancário equipado para prover o capital de giro necessário. O malabarismo entre despesas e renda frequentemente levava ao corte de gastos, incluindo o não pagamento de salários no dia de pagamento, mesmo que de forma não intencional; com a inflação alta, falências eram comuns, deixando trabalhadores sem receber salários e verbas rescisórias.[21]

---

[19] Lula, entrevista por Paraná, julho de 1993 (Paraná, 2002, p. 69). Durham (1984, p. 166, 169-170) discute o atrativo particular de dirigir, incluindo uma grande vantagem: era uma forma de autoemprego livre do controle rígido típico da vida fabril.

[20] Lula, entrevista, 2000 (Silva, 2000, p. 18-19).

[21] Lambari, entrevista por Paraná, 27 de junho de 1994 (Paraná, 2002, p. 340), fala sobre um trabalho no qual isso aconteceu com ele no início dos anos 1960.

A indústria metalúrgica, 90% masculina, oferecia salários maiores do que outros setores manufatureiros, especialmente se comparada à indústria têxtil, cada vez menos competitiva e a maior empregadora de mão de obra feminina (Colistete, 2001, p. 23). Dentro do ramo metalúrgico, as novas fábricas de montagem de automóveis começaram a se destacar por volta de 1960, como relembra Lula:

> Naquele tempo o pessoal da indústria automobilística recebia uns dez aumentos por ano. Era o pessoal da elite. Tinham casa, era o cara que comprou televisão, o cara que primeiro comprou carro [...] Eu via o pessoal da Vemag passar [...] na época do Natal, cheio de caixas de brinquedos pros filhos. (Morel, 1981, p. 33)

As demandas por trabalho com automóveis eram intensas e o controle sobre sua execução era rigoroso, mas a grande produtividade de fábricas tão altamente mecanizadas permitia que as indústrias automobilísticas oferecessem uma ampla gama de benefícios e compensações, incluindo serviços médicos, cafeterias, programas de assistência e, eventualmente, pelo menos em São Bernardo, transporte para o trabalho. Por fim, como sugere Antonio Negro, a autopromoção das empresas automobilísticas agia paralelamente à propaganda desenvolvimentista do governo – o famoso "50 anos em cinco" do presidente Juscelino Kubitschek (1955-1960) – para fomentar um senso de orgulho e até mesmo dignidade entre aqueles que tinham a sorte de trabalhar nelas (Negro, 2004, p. 309-310).

O perfil dos empregos dos cinco irmãos e das três irmãs Silva nos ajuda a situar a família de Lula dentro da topografia das classes populares de São Paulo. Eles tiveram muitos empregos, alguns bons, outros marginais, alguns de curto prazo e outros que perduraram por anos. De modo bastante significativo, os homens mais jovens da família evitaram ser sugados para dentro da instável, perigosa e mal paga indústria da construção civil, caracterizada por empregos de duração sabidamente curta. Se incluirmos o marido da irmã Marinete, pelo menos quatro homens da família próxima trabalharam por dezenas de anos em algumas das maiores metalúrgicas da região metropolitana de São Paulo, tais como Ford (no Ipiranga), Volkswagen, Mercedes-Benz e as Indústrias Villares. Os dois irmãos que não eram metalúrgicos, José Inácio da Silva (conhecido como Zé Cuia) e Jaime, trabalhavam, respectivamente, como mecânico de caminhões – uma habilidade com alta demanda – e como marceneiro, ramo no qual os paulistas predominavam, mas que pagava menos. As três irmãs trabalharam por alguns anos como empregadas domésticas ou babás, e duas haviam trabalhado, mesmo que brevemente, em uma ou mais das pequenas fábricas que manufaturavam produtos tais como juta e papelão. Maria Fereira Moreno, conhecida como Maria Baixinha, havia trabalhado por seis ou sete anos em uma clínica, onde ela desenvolveu habilidades de enfermeira, ainda que não diplomada. As três pararam de trabalhar quando casaram e tiveram filhos.[22]

Coletivamente, as conquistas individuais dos irmãos Silva – especialmente dos meninos – foram um triunfo para sua mãe, garantindo que a família migrante que ela chefiava estava caminhando bem no sentido de "vencendo na vida" na grande cidade. Seja de fora ou de dentro do estado, nem todos os migrantes rurais seriam tão bem-sucedidos quanto eles. Mesmo no seu ápice, a expansão de São Paulo se provaria um fracasso para centenas de milhares que embarcavam na aventura apenas para vivenciar uma situação desalentadora e, por vezes, claustrofóbica de sobreviver no limite, de sofrimento contínuo e de tragédias pessoais recorrentes. Esse aspecto sombrio da experiência da classe trabalhadora urbana é bem captado nas fichas de uma agência anônima de serviços sociais de São Paulo, registradas entre 1959 e 1964 e estudadas por um artigo de 1967 escrito pelo geógrafo Armando Corrêa da Silva. Ele utilizou uma amostra de 10% das 7.274 fichas da agência, com uma clientela majoritariamente migrante, cujos locais de nascimento incluíam o estado de São Paulo (30%), os estados do Nordeste (30%), Minas Gerais (18%) e outros estados ou locais estrangeiros (6,5%). Por volta de um terço da amostra vivia na zona leste de São Paulo, área adjacente ao ABC onde a família de Lula vivia; em 1960, a região tinha

---

[22] Vavá, entrevista por Paraná, 3 e 7 de setembro de, 1993; Jaime, entrevista por Paraná, 10 de abril de 1994; Lula, entrevista por Paraná, 19 de julho de 1993; Tiana, entrevista por Paraná, 21 de abril de 1994 (Paraná, 2002, p. 206, 233; p. 276, 285, 288; p. 79; p. 300, 305).

aproximadamente 1,9 milhões de pessoas e a maior concentração de indústrias do município (Silva, 1967, p. 63, 73).[23]

Sistematizando a evidência empírica, o autor descreveu criativamente três experiências: aquela dos recém-chegados "pobres do campo", a do "povo trabalhador" mais bem estabelecido e a do grupo menos representativo, a "classe operária", que, estando bem estabelecida, era menos numerosa pois tinha menor probabilidade de precisar dos serviços da agência. Evitando categorias marxistas reificadas e livrescas, Silva associou disposições e configurações socioculturais a determinados campos de atuação. Analisando a migração dinamicamente, ele apresentou a adaptação à cidade como uma aprendizagem forçada com uma acentuada curva de aprendizagem marcada por distinções geracionais (Silva, 1967, p. 73).[24] Ciente das desvantagens dos tipos ideais, ele também observou que a posição dos indivíduos estava sujeita a mudar ao longo do tempo e que diferentes "grupos" e suas respectivas características atitudinais poderiam ser encontradas dentro da mesma família.

Resumindo uma visita domiciliar, uma ficha do estudo de Silva encerrava com a seguinte consideração: "são trabalhadores e desejam vencer na vida". Essa afirmação sintetiza a construção retórica defensiva por meio do qual migrantes se apresentavam para um mundo mais amplo, no qual eles eram subalternos por nascimento, por região e, frequentemente, por cor. Eles sustentavam essa reivindicação com dois fundamentos: que eles trabalhavam muito e, portanto, eram honestos, mesmo que desempregados ou pobres, e que eles não eram diferentes do resto da população da cidade de São Paulo em sua busca pelo sucesso (Silva, 1967, p. 86; Fontes, 2008, p. 198-199). Com essa postura, eles pretendiam refutar o difundido estereótipo de indolência e sofrimento passivo, que ignorava completamente a revolução industrial crescente da qual eles faziam parte.

---

[23] Das fichas, 17% não tinham dados ou estavam ilegíveis. Os dois distritos com mais de 100 mil moradores na zona leste do município incluem o Ipiranga, onde os Silvas moraram, e Saúde, Penha de França, Tatuapé, Alto da Mooca e Vila Prudente.

[24] Silva (1967, p. 65) explica que ele manteve os termos do documento para atividades econômicas e ocupações classificadoras pois elas refletiam a "consciência do modo de produção e dos processos sociais [...] por parte dos entrevistados."

Fossem paulistas, nordestinos ou mineiros, nem todos que migravam para São Paulo iriam se instalar de forma bem-sucedida no novo ambiente. Para um indivíduo, principalmente do interior do estado, falhar poderia significar simplesmente voltar para casa, provavelmente decepcionado, para talvez tentar de novo no futuro. Os riscos eram muito mais altos para núcleos familiares com dependentes que haviam migrado de distâncias maiores. Como Eunice Durham documentou com sensibilidade, a luta para sobreviver e para prosperar era um projeto familiar, e uma rede de parentes poderia prover uma assistência crucial em momentos importantes, como no caso de dona Lindu. Mesmo a família migrante sendo um instrumento flexível, sua coesão e estabilidade estavam constantemente sob ameaça, não apenas ciclicamente, visto que filhos arranjavam suas próprias famílias, mas também quando os laços de interdependência familiar se enfraqueciam de modo significativo (Durham, 1948, p. 67, 131, 184, 208-211).[25]

Os desastres mais pungentes ocorriam quando famílias desmoronavam sob o estresse, frequentemente ocasionado pela doença, acidente, morte ou abandono do provedor do lar, o que era "suficiente para desorganizar uma família em pouco tempo" (Silva, 1967, p. 86). Esse foi o caso de dona Mocinha após ter tido aproximadamente oito filhos que sobreviveram com Aristides. Como relembrou a irmã de Lula, Maria Baixinha, ela suportou anos sendo espancada, para no fim ser abandonada por Aristides; ela "chegou a pedir esmola mesmo para sobreviver. Ninguém sabia se meu pai era doente, era doido, ou era ruindade mesmo," contou Maria. Nas entrevistas de 1993-1994 feitas por Paraná, os irmãos Silva descreviam Mocinha em uníssono como "coitada" ou até mesmo como uma "coitadinha". Isso também foi dito sobre seu filho, Rubens, que havia sido terrivelmente torturado quando jovem por Aristides; "hoje ele é um coitado", Lula disse sobre seu meio-irmão em 1993 (Silva, 2000, p. 3, 12, 13). "Está trabalhando num açougue [hoje], mas ele chegou a ser mendigo" no passado e estava dormindo nas ruas de Santos quando Lula concorreu à presidência pela primeira vez, em 1989.[26]

---

[25] Vavá, entrevista por Paraná, 3 e 7 de setembro de 1993 (Paraná, 2002, p. 206).

[26] Maria Baixinha, entrevista por Paraná, 6 de abril de 1994; Marinete, entrevista por Paraná, 29 de março de 1994; Jaime, entrevista por Paraná, 10 de abril de 1994; Lula, entrevista por Paraná, 30 de junho de 1993 (Paraná, 2002, p. 257; p. 247; p. 283, 293; p. 55).

A mãe de Lula, por outro lado, era uma pessoa corajosa, batalhadora, nas palavras da segunda mulher de Lula, Marisa. Esse era o traço pessoal mais necessário dentre as classes populares de São Paulo, seja para garantir a mera sobrevivência, seja para tirar proveito das oportunidades. Diferentemente de sua antiga rival adolescente, dona Lindu tinha terminado decisivamente com seu provedor agressivo em 1955 e partido para se virar sozinha, apesar dos riscos. Nas palavras de Marinete, sua mãe estava sozinha no mundo com oito crianças sem pai: "Minha mãe não sabia ler, minha mãe não sabia nada e estava no meio dos estranhos".[27] Porém, ao longo da década seguinte, dona Lindu manteve uma grande família unida em circunstâncias que poderiam facilmente ter resultado em desastre. Apesar de seus filhos por vezes a chamarem de santa, ela não era uma super-heroína; ela chorava de vez em quando, como quando o barraco desabou em Santos, e era ansiosa, preocupada e por vezes obsessiva, até mesmo brava – mas ela nunca bateu nos seus filhos.

Mesmo criando seus filhos com severidade (ela não costumava abraçar, beijar ou acariciar), a mãe de Lula demonstrava energia, determinação e capacidades marcantes ao lidar com conflitos e manter a coerência familiar.[28] Recém-chegada à grande cidade, dona Lindu se destacava dos outros migrantes porque ela perseverou ferozmente para alcançar um objetivo difícil para seus dois filhos mais novos, Frei Chico e Lula: obter algum tipo de especialização profissional na indústria, quanto mais especializada e exigente melhor. Não sabemos como ela descobriu sobre essa possibilidade, uma aspiração mais comum entre trabalhadores nascidos na cidade ou entre migrantes mais bem estabelecidos. De fato, era tão raro encontrar um migrante que "conseguiu ascender a operário especializado em indústria metalúrgica" que Durham parou para comentar

---

[27] Marisa, entrevista por Paraná, 6 de maio de 1994; Lula, entrevista por Paraná, 30 de junho de 1993; Marinete, entrevista por Paraná, 29 de março de 1994 (Paraná, 2002, p. 326-327; p. 61; p. 245).

[28] Maria Baixinha, entrevista por Paraná, 6 de abril de 1994; Jaime, entrevista por Paraná, 10 de abril de 1994; Lambari, entrevista por Paraná, 27 de junho de 1994 (Paraná, 2002, p. 269; p. 286; p. 346).

sobre tal tipo de indivíduo em seu estudo, que utilizava entrevistas e investigações de 1959-1960 (Durham, 1984, p. 172).[29]

Tentar uma profissão formal exigia completar, no mínimo, a educação primária. Isso era almejado intensamente por quase todos os migrantes – com exceção daqueles como Aristides –, mas era difícil alcançar tal objetivo, dadas as limitações financeiras familiares. Isso era mais viável para famílias maiores, nas quais os salários dos irmãos mais velhos permitiam dispensar a contribuição de um dos membros da família, mas apenas para os filhos mais novos, e mesmo assim nada era certo (o abandono escolar era onipresente) (Durham, 1984, p. 210). Na família Silva, Lula foi quem completou a escola primária e até mesmo parte da quinta série antes de interromper os estudos para trabalhar em uma lavanderia por seis meses, seguidos de seis meses como assistente de escritório em um depósito perto de sua casa.[30]

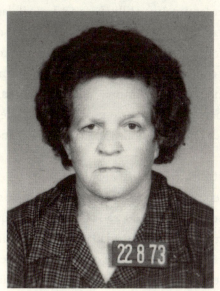

Mãe de Lula, dona Lindu, em 1973.
(Cortesia do presidente Luiz Inácio Lula da Silva)

---

[29] Os sacrifícios feitos para conquistar até mesmo a educação primária para algumas crianças são descritos em Silva, 1967, p. 76; as dinâmicas familiares são abordadas com sensibilidade e visão de conjunto em Durham, 1984, p. 210, 172-173.

[30] Lula, entrevista por Paraná, 30 de junho de 1993 (Paraná, 2002, p. 64-65); Lula, entrevista, 2000 (Silva, 2000, p. 16).

Até mesmo conquistar o ensino primário completo de um filho demandava "manutenção da disciplina que regula as relações infradomésticas" o que era ainda mais difícil para uma mãe solteira; dona Lindu não conseguiu fazê-lo com seu segundo filho mais novo, Frei Chico (Durham, 1984, p. 211).[31] No entanto, ela foi bem-sucedida com o irmão mais novo dele, Lula. Ao ficar sabendo de uma vaga num curso profissional, ela o levou para se matricular em 1960; ele passou no teste e na entrevista, se formando três anos depois, durante os quais alternava entre escola e fábrica. A cerimônia de formatura de Lula em 1963 foi uma conquista para toda a família Silva e uma prova pessoal da liderança e visão de dona Lindu.

Para os padrões de sua época, de seu lugar e das circunstâncias, dona Lindu era um sucesso inquestionável quando morreu de câncer uterino aos 64 anos de idade, em 1980.[32] Ela tinha criado filhos trabalhadores e honestos, sem perder um único filho para a criminalidade ou uma única filha para a prostituição. Ela também tinha colocado seu filho em uma profissão de operário especializado (como um torneiro mecânico), enquanto Frei Chico alcançou uma posição semiqualificada, nas palavras de Durham, como soldador em uma indústria (Durham, 1984, p. 160). Determinação, perseverança, sorte e orações tudo desempenhou um papel no sucesso da família de dona Lindu nos seus 25 anos em São Paulo.

EDUCAÇÃO, AUTORIDADE E CULTURA

Os entendimentos de autoridade e de hierarquias de *status*, arraigados entre os migrantes em São Paulo, são bem ilustrados quando examinamos a escola primária do ABC estudada por Luiz Pereira entre maio de 1958 e março de 1959. O trabalho de campo desse jovem sociólogo em Santo André foi realizado em uma escola pública em Utinga, distrito com grande presença de migrantes, que não ficava longe da escola primária

---

[31] Os consentimentos de Vavá, o irmão mais velho mais leal, e de Frei Chico para priorizar a educação de Lula são evidentes. Vavá, entrevista por Paraná, 3 e 7 de setembro de 1993; Frei Chico, entrevista por Paraná, 3 e 7 de setembro de 1993; Frei Chico, entrevista por Paraná, 5 de outubro de 1993 (Paraná, 2002, p. 201; p. 230, 231; p. 152); Frei Chico, entrevista por Morel, meio de 1981 (Morel, 1981, p. 64).

[32] Tiana, entrevista por Paraná, 21 de abril de 1994 (Paraná, 2002, p. 303).

da Vila Carioca, onde Lula terminou a quarta série em 1959. Pereira, que tinha dado aulas na escola, estava interessado não só nas ações dos docentes, em sua maioria mulheres, mas também no entendimento da autoridade que eles exerciam (Pereira, 1965, p. 12-13; Beisegel, 2013, p. 600).[33] Para esses professores, comparecimento assíduo e trabalho duro não eram o suficiente para atingir seu ideal de um "bom" pupilo. Para as "autoridades" da escola, um "bom" estudante era, sobretudo, "bem disciplinado", e essa submissão derivava dos "padrões de comportamento, valores e atitudes típicos de organizações tradicionalistas: 'respeito' diante dos adultos, acatamento total de suas decisões, tratamento reverencial e mesmo temeroso, inibição da vida social espontânea infantil, [e] reconhecimento da autoridade dos docentes (Pereira, 1976, p. 91).

Os professores estudados por Pereira na verdade moravam em São Paulo e passavam apenas três horas por dia nessa "zona residencial operária periférica" para acumular experiência suficiente para se transferir para escolas melhores em outros locais. Autodenominados "proletários de gravata", a melhor forma de compreendê-los, no entanto, era como "uma espécie de ponta avançada da classe média metropolitana" que carregavam uma porção de queixas, pequenas e grandes (Pereira, 1976, p. 83, 111).[34] Até mesmo o seu deslocamento até Santo André era fonte de queixas, pois uma reorganização recente do serviço dos trens de subúrbio tinha abolido passagens e assentos separados entre primeira e segunda classe. Não é surpreendente que eles enxergassem seus alunos como fora dos apropriados "padrões de submissão do bom aluno". Os professores criticavam aqueles pelos quais eram responsáveis como sendo "malcriados", "sem educação" e incapazes de demonstrar o "respeito" apropriado à sua posição inferior na vida. Para combater a "indisciplina" que eles consideravam ser o maior problema da escola,

---

[33] Eu abordo a lacuna na historiografia no que diz respeito a autoridade e obediência em French, 2006, p. 327-328.

[34] A pesquisa de Pereira com professores demonstrou que a maioria dos maridos de professoras da escola primária eram de "classe média" (isto é, não eram trabalhadores manuais) (70%), com 72% tendo maridos com a mesma origem; até mesmo a distribuição dos dez bairros mais comuns onde as professoras estudadas moravam indicava o seu forte pertencimento à "classe média" (Pereira, L. 1969, p. 141-142, 144-145).

professores não só batiam rotineiramente nas crianças – "para o seu próprio bem", como insistiam os docentes – mas também os humilhavam em sala com insultos injuriosos, pejorativos e grosseiros direcionados à "posição socioeconômica inferior" de suas famílias. Assim como Pereira observou, os professores acreditavam, sobretudo, nas "sanções reprovativas mais diretas e violentas, sobretudo dos castigos físicos." Eles o faziam mesmo o castigo físico tendo sido banido pelo regimento legal do sistema de escolas públicas do estado, que era, pelo menos no papel, pautado por ideais educacionais progressistas (Pereira, 1976, p. 8, 75, 79, 88-91, 111, 114).

Apesar de serem ostensivamente empregados por uma burocracia governamental impessoal, os professores carregavam uma visão patrimonialista da sala de aula como uma esfera de poder pessoal. Como "donos do cargo", eles não toleravam interferências pois, em suas palavras, "aqui mando eu". Alinhados com um ethos senhorial que remontava à escravidão, seu autoritarismo tinha uma face paternalista que ditava uma postura particularmente agressiva e presunçosa diante de inferiores. Eles insistiam, por exemplo, que o que faziam na sala de aula era um favor pessoal a seus alunos, que demandava, como reação apropriada, apreciação ativa, total obediência e "respeito". Logo, Pereira não estava exagerando quando ele considerou que os estudantes estavam sob "a dominação do professor"; esse tratamento se estendia aos pais, como dona Lindu, que eram, em sua maioria, analfabetos, ou que tinham "escolarização nula ou muito baixa", o que era visto como evidência de uma ausência de distinção e de valor (Pereira, 1976, p. 78, 88-89, 113, 116).[35]

A visão de mundo desses professores de classe média baixa – alguns reclamavam sobre o salário ser insuficiente para contratar uma empregada doméstica – estava ancorada no entendimento da sociedade como sendo estruturada em uma hierarquia fixa de categorias supraimpostas, impregnadas com atributos culturais e morais. Assim, eles se distinguiam fortemente dos residentes de classes mais baixas e dos servidores da escola, os quais eram tratados como serviçais do-

---

[35]   Sobre como esse caráter senhorial era decorrente da escravidão, Pereira, L., 1969, p. 157.

mésticos. Seja na sala de aula, seja andando para e da escola, eles expressavam publicamente seus "julgamentos etnocêntricos" derivados de fortes "estereótipos negativos de classe" com toda força possível. Eles rotineiramente contrastavam o seu "'elevado estilo de vida" com as "deficiências" daqueles ao seu redor, fazendo distinções por meio de uma ampla variedade de características, incluindo alimentação, roupa, "bons modos", comportamento civil, "na linguagem, nas diversões, na saúde, na higiene, nas leituras, [e] no comportamento religioso e moral." Embora atribuíssem certa importância aos salários baixos, os problemas da classe inferior eram vistos como fundamentalmente morais: a "falta de dedicação ao trabalho". Alunos malcomportados serviam apenas para confirmar as crenças da "classe média" de que os pais não tinham o interesse adequado no futuro de seus filhos. Os pais só se importavam, reclamavam os professores, em conseguir um trabalho numa fábrica para seus filhos, não em atingir o objetivo mais elevado de uma educação continuada (Pereira, 1976, p. 110-112, 114).[36]

Pereira também investigou a relação entre a escola, seus funcionários e os pais, cujas reações iam desde submissão – de longe, a mais comum – à oposição velada. Todos os pais valorizavam a oportunidade que a escola oferecia aos seus filhos , mas estavam resignados com as características que os deixavam desconfortáveis. Como afirmou um pai de modo sucinto, "Quem paga exige; quem não paga deve". Completamente cientes das visões depreciativas dos professores, eles reagiam chamando-os de "orgulhosas e cheias de si" diferentemente dos professores de um passado idealizado. Quando questionado sobre convidar professores para visitar sua casa, uma moradora respondeu amargamente que "ela não viria, porque a gente é pobre. Nem me atrevo! Tem até nojo das frutas que as crianças levam para ela" como presentes. Ao lidar com pessoas socialmente "superiores" na escola, os

---

[36] A certeza dos professores de que eles cuidariam melhor de uma criança do que seus pais analfabetos explica a história que Lula conta sobre uma professora da escola primária de Vicente de Carvalho, dona Terezinha, "que gostava muito de mim." Como ele relembra, "quando minha mãe foi comunicar a ela que eu ia deixar a escola para vir para São Paulo, ela insinuou para minha mãe que me deixasse lá para ela cuidar. Mas aí minha mãe resolveu me trazer" (Lula, citado em Paraná, 2002, p. 70).

pais adotavam a estratégia que Pereira descrevia como retração: eles tentavam o máximo possível manter os filhos comportados para evitar as complicações que poderiam ocorrer no contato com professores (Pereira, 1976, p. 116).

Alguns pais estavam insatisfeitos a ponto de se opor ao que eles julgavam ser castigos físicos excessivamente agressivos. Como observa Pereira, eles não rejeitavam a punição corporal em si, vista pela comunidade como "direito indiscutível dos seus membros adultos" de uma família, mas eles desejavam estabelecer limites: professores podiam "castigar [...], bater não'" ou poderiam "bater, mas não machucar". Quando as tensões atingiam seu ápice, alguns pais até reclamavam com o diretor da escola, mas a maioria relutava em reclamar devido à retaliação em sala de aula e por acreditarem que os professores não mudariam mesmo se eles reclamassem. Se suficientemente frustrados, os pais se sentiam mais confortáveis abordando o assunto com os servidores, pessoas de classes mais baixas como eles, desabafando sobre os maus-tratos que seus filhos sofriam. Servidores relataram para Pereira que eles – mesmo ocasionalmente alertando os professores sobre os problemas – na maioria das vezes nao faziam nada, pois os professores nao gostavam de interferências e algumas eram "danadas mesmo" (Pereira, 1976, p. 117-119).

Agudamente sensíveis a estigmas, as pessoas da classe trabalhadora de São Paulo tendiam a se retrair diante de situações desconfortáveis. O sentimento de inferioridade e de inutilidade era interiorizado desde cedo, como pode ser observado em um episódio da infância de Lula na Vila Carioca. Um dos irmãos de Lula tinha pneumonia, e um médico local estava agendado para fazer o atendimento domiciliar. Quando o doutor Raúl chegou e pediu uma cadeira, Lula e sua irmã fugiram da casa "com vergonha, saímos correndo" porque a família ainda não tinha uma cadeira; "o médico teve que fazer a consulta em pé"[37].

Tudo isso mostra que, na São Paulo em modernização, todo encontro com "superiores" era potencialmente ameaçador, especialmente para os recém-chegados do interior, e não apenas do Nordeste, local de origem

---

[37] Lula, entrevista, 2000, em (Silva, 2000, p. 11); Lula, entrevista por Paraná, julho de 1993 (Paraná, 2002, p. 71).

da família de Lula. Para os caipiras do interior do estado de São Paulo entrevistados por José de Souza Martins, ler e escrever era "irremediavelmente identificado com concepções e valores urbanos", uma forma de "se defender" da melhor forma possível em um mundo que eles não controlavam. Como um trabalhador negro de 52 anos de idade de uma pequena plantação, membro de um grupo africano de dança moçambicana, concluiu, "A cidade é muito boa pra quem tem leitura. Quem é xucro, tem que vivê na roça". O sentimento de vulnerabilidade gerado pelo analfabetismo foi comoventemente expresso por um agricultor de 50 anos de idade, que frequentou a escola por apenas quatro meses: "Por que muitas veiz vai conversa c'um devogado, um juiz, ele fala quarquê coisa a gente fica indeciso" (Martins, 1974, p. 115, 124-125, 131).

Como figuras de autoridade, professores não apenas rejeitavam peremptoriamente o direito dos estudantes de contestar a disciplina, mas também reagiam de modo severo quando pais "se queixavam do professor, considerado um ato ousado de desaforo de pessoas humildes, desdenhosamente vistas como "pé-rapados", um termo que evocava intensamente as hierarquias do Brasil escravocrata. Ele se referia àqueles tão pobres – principalmente escravos, mas não exclusivamente – que tinham que raspar a lama dos próprios pés, pois não tinham sapatos (Pereira, 1976, p. 91).[38] Quando os pais exaltados reclamavam, professores chamavam seus filhos de fofoqueiros, linguarudos e futriqueiros (Pereira, 1976, p. 114). Porém, havia evidências de que um mundo urbano mais antigo, ancorado na garantia de *status* e hierarquia, estava sob ataque em São Paulo. Como documentado por Pereira, reclamações sobre a escola vindas dos pais estavam sendo recolhidas por uma personalidade de rádio de Santo André que criticava tais injustiças em seu programa local, *Voz Popular* (Pereira, 1976, p. 120, 122). Devido a

---

[38] Em outra parte, Pereira (1976, p. 29) menciona um uso esclarecedor do termo pé-rapado que deixa explícitas suas associações racialmente derivadas. Tentando expressar as oportunidades inigualáveis da vida na cidade, uma dona de casa de Utinga se surpreendeu que "Aqui até os pretos tem casa própria! No interior a gente não vê isso. Lá, preto é sempre pé-rapado". O folclorista Luís da Câmara Cascudo documentou o termo na Bahia do século XVII e aborda sua origem e significado (Cascudo, 1970, p. 228-229).

denúncias fervorosas e apoio oportunista a greves, Osvaldo Gimenez era condenado pelas elites locais, que o consideravam um "demagogo populista", ao mesmo tempo em que obtinha reconhecimento popular como defensor da "gente miúda". Quando isso levou à sua eleição como prefeito, a classe política local liderou um protesto cívico em 1961, culminando no primeiro *impeachment* do Brasil, um evento exaltado pelos jornais de São Paulo como uma vitória da moralidade e da decência (O primeiro impeachment...). Andreotti e o movimento sindical local protestou publicamente contra essa anulação antidemocrática do voto popular, apesar de não terem apoiado a candidatura de Gimenez.[39]

OS INTRÉPIDOS EM UM MUNDO DE OPORTUNIDADES

Bem mais que 2.300 quilômetros e 13 dias em um pau de arara separavam o pouco habitado mundo rural no qual os Silvas nasceram de suas novas vidas em São Paulo um lugar emocionante para esses novos trabalhadores, equilibrando, de um lado, seus riscos e, de outro, suas grandes promessas. A expansão industrial praticamente interrupta – com fábricas ávidas por mão de obra – significava que os migrantes recém-chegados do campo poderiam vivenciar uma ampliação de horizontes. Em um mundo em movimento, trabalhadores cheios de energia aprendiam que tudo era possível com suficiente teimosia, palavra cujo arco de significados vai de persistência a determinação, obstinação e desafio destemido. Para Lula, teimosia descreve o que ele vê como mais admirável nos momentos-chave da vida de sua mãe. Ela demonstrou teimosia em 1952, quando vendeu as terras e a propriedade doméstica da família para ir embora, com seus filhos amarrados à barra da saia, para um mundo que ela desconhecia. Sua decisão subsequente de sair da casa de seu marido contra a vontade dele demonstra o rompimento com normas estabelecidas de comportamento feminino, o enfrentamento da autoridade patriarcal.

Lula narra recorrentemente a história da formidável primeira viagem de sua mãe à cidade de São Paulo. Precisando de documentos para

---

[39] Sobre a controvérsia gerada pela posição tomada pelo Conselho Sindical de Santo André, veja "Comício do Conselho Sindical, 1961"; "'Falsos líderes sindicais'...",1961.

a mudança, a mãe analfabeta de 39 anos de idade – quatro anos depois de deixar Garanhuns – chegou ao terminal de ônibus e passou um dia inteiro perambulando, incapaz de encontrar seu destino. Utilizando uma expressão nordestina, Lula a descreve como estando "aredeada" na cidade, porém, ela persistiu e eventualmente encontrou seu caminho. Lula também descreve sua irmã mais velha, Marinete, como teimosa. Proibida por seu pai de ver seu namorado, um vizinho, a adolescente levou um forte tapa na cara quando Aristides descobriu que ela estava saindo de casa às escondidas; naquela mesma noite, ela escapou mais uma vez, desafiando seu pai.[40] E Lula assim se descreveu em 2003: "A teimosia me fez ser presidente"; "fui eu que briguei muito" por isso durante mais de 30 anos na política (Lula citado em Kamel, 2009, p. 428).

Teimosia é um termo que pode ser aplicado a indivíduos de qualquer posição social, tendo, todavia, uma ressonância especial para aqueles sujeitos a estruturas de dominação que exigem obediência e consentimento, mas que se contentam com deferência ativa à hierarquia; "cada macaco no seu galho", como dizem no Brasil. A teimosia também estimula o conflito com familiares e colegas, nem todos dispostos a romper com a submissão defensiva dos fracos ou a demonstrar persistência pessoal, apesar dos obstáculos. Logo, teimosia também diz respeito a recusar a submissão esperada dos subalternos aos "fatos" da vida que alguns consideram um destino. Diz respeito a se agarrar aos sonhos – pessoais, familiares e até mesmo políticos – por muito tempo nutridos em vez de permitir que as ações de um indivíduo sejam decididas por um cálculo utilitarista de sucesso provável o realismo falso de "tostão esperto, milhão tolo" (um ditado que se refere a economizar um pouco de dinheiro agora e perder muito no futuro). Na sua melhor versão, a teimosia dos fracos diz respeito à busca obstinada e corajosa do impossível e do improvável. É a ambição tornada formidável, mesmo contra todas as probabilidades.

---

[40] Lula, entrevista por Paraná, 30 de junho de 1993 (Paraná, 2002, p. 52). Para a visão de Marinete sobre o romance, ver, Marinete, entrevista por Paraná, 20 de março de 1994, (Paraná, 2002, p. 242-244).

3. SONHANDO COM A MOBILIDADE

Mesmo após se tornar presidente do Brasil, Lula enfatizava que sua profissão era fundamental para sua identidade pessoal. Foi graças ao fato de ser um torneiro mecânico, Lula dizia com orgulho em 2005, que "eu fui para uma empresa, virei dirigente sindical, virei presidente, entrei na política e hoje estou aqui como Presidente da República." (Lula *apud* Kamel, 2009, p. 418) Ele viria a colocar sua profissão no cerne de sua autorrepresentação num jogo político em que às vezes era útil evitar questões complicadas; quando questionado, em 1982, se era um socialista ou um social-democrata, ele respondeu, "Sou torneiro mecânico" (Sambrana, 2002, p. 88).[1] Alguns observadores trataram a autoidentificação de Lula como se ela fosse apenas um sinônimo do trabalho manual fabril. Mas o que podemos concluir da insistência de Lula de que torneiro mecânico é uma profissão análoga à de doutor ou de engenheiro? Seria uma presunção pessoal, ou poderia isso refletir algo mais significativo sobre as hierarquias materiais e de *status* dentro do mundo industrial de São Paulo nos anos 1960? Para compreen-

---

[1] A ocasião foi um debate na TV em 1982. Em outras ocasiões, Lula citou sua profissão para responder se ele era um comunista.

der a profissão de Lula, nós precisamos retornar aos anos 1960-1963, quando Lula, entre os 15 e os 18 anos de idade, foi treinado pelo Serviço Nacional de Aprendizagem Industrial (Senai), assim como para seus empregos nos 12 anos posteriores.

Lula e Frei Chico cresceram na época em que o Brasil emergia da efervescente presidência de Juscelino Kubitschek, com sua promessa extravagante de "50 anos de progresso em cinco". Os caminhos dos irmãos iriam divergir depois de 1960, durante o fermento reformista que marcou as presidências truncadas de Jânio Quadros e João Goulart, "Jango", sendo Jânio o primeiro a governar da nova e modernista capital: Brasília. Enquanto os dois irmãos se estabeleciam como profissionais, outro grupo de jovens talentosos lançava suas carreiras por meio do novo Centro de Estudos Sindicais e de Economia do Trabalho (Cesit), fundado por Florestan Fernandes na Universidade de São Paulo (Fernandes, 1963). O jovem diretor do Cesit, Fernando Henrique Cardoso (FHC), viria a criar um ambicioso programa de pesquisa sistemática em Ciências Sociais sobre o mundo dos negócios e do trabalho, cuja realização completa seria atrasada pelo golpe militar de 31 de março de 1964.

No início dos anos 1960, Lula estava aprendendo a operar as ferramentas universais de maquinaria, algo que o ligava à modernidade industrial do Atlântico Norte que havia forçadamente chegado em São Paulo por meio de investimentos internacionais estrangeiros diretos. Paralelamente, os jovens sociólogos da USP ambicionavam aperfeiçoar seu trabalho adotando técnicas científicas e teorias de ponta das Ciências Sociais internacionais, com fontes estadunidenses e francesas. O futuro parecia promissor para ambos os grupos, ainda mais para os participantes do Cesit, que acreditavam estar situados em uma posição única – como Friedrich Engels na década de 1840, em Manchester, Inglaterra – para estudar uma revolução industrial de significado histórico mundial. Como o autor da primeira monografia do Cesit, publicada em 1965, observou corretamente, São Paulo era um "dos pontos estratégicos para a investigação do capitalismo industrial no 'mundo subdesenvolvido'" (Pereira, 1965, p. 29). Esse encontro inicial entre as juventudes universitária e trabalhadores fabris, mesmo que unilateral, viria a desembocar numa relação mais íntima, mesmo que ainda conflituosa, durante a crescente rebeldia que tomou as escolas, as fábricas e o Congresso Nacional do Brasil em 1968. Justamente no início desse movimento, quando o país deixava de ser um regime civil-militar para ser abertamente uma ditadura militar com o AI-5, em 13 de dezembro de 1968, Lula dava seu primeiro passo na maquinaria institucional do sindicalismo.

BRAÇOS PARA A INDÚSTRIA

Para Lula e sua família, 1963 foi um momento de triunfo: ele obteve seu diploma de meio-oficial de torneiro-mecânico no Senai e iria, após um pouco de experiência prática no trabalho, assumir domínio pleno de um ofício. Lula narra a emoção desse momento decisivo: "O Senai era tudo o que eu sonhava na vida. Aprender uma profissão! [...] Minha mãe ficava toda orgulhosa [...] Eu era o cientista. O pessoal sentia orgulho de quem era torneiro-mecânico". A mesma alegria contagia seu relato sobre voltar para casa para dar para sua mãe seu primeiro pagamento, três anos antes, de meio salário-mínimo, da pequena fábrica de parafusos onde ele foi aceito como aprendiz. Foi, afirma ele, como se a cocada preta fosse só dele; "Eu me sentia o dono do mundo" (Dantas, 1981, p. 16; Paraná, 2002, p. 74-75).

Nessas versões bem-humoradas e retrospectivas, conquistas pessoais e o orgulho familiar se misturam com as motivações materiais imediatas e com ilimitada ingenuidade da juventude (o cientista!). A conexão entre ambição pessoal, progresso familiar e uma preocupação com *status* e contracheques podem parecer não excepcionais, mas exemplificam uma dinâmica mais ampla para migrantes rurais que adentravam o agitado mundo industrial de meados do século em São Paulo.

A forma como os migrantes rurais se tornavam trabalhadores fabris, fossem simples operadores ou torneiros mecânicos especializados, foi o foco da primeira monografia do Cesit, *Trabalho e Desenvolvimento no Brasil*. Defendida como tese de doutorado por Luiz Pereira, em março de 1965, e publicada em dezembro, o livro buscava compreender "a qualificação do trabalho na expansão e consolidação do capitalismo na sociedade brasileira contemporânea" (Pereira, 1965, p. 7, 302).[2] Pereira se questionava: Como o homem "comum" se tornava um trabalhador industrial, um operário distinguido por sua qualificação e quais as consequências disso? Como seus colegas sociólogos, Pereira estava interessado em como o indivíduo, a família e a fábrica operavam dentro de dinâmicas e restrições sistêmicas mais amplas. O que ele via na ordem social competitiva e emergindo em São Paulo era intrigante: empresas competindo por mão de obra qualificada, e indivíduos que possuíam tal qualificação competindo entre si, mesmo que menos acaloradamente, pelos empregos que estavam sendo oferecidos. Ancorada em uma concepção idealizada de ciência, a monografia abordava de uma perspectiva elitista e distanciada o objeto de cima para baixo e de fora para dentro, apesar de conceder espaço, mesmo que limitado, às vozes daqueles estudados, na forma de citações de entrevistas sobre histórias de vida que focavam nas "vivências passadas e presentes" dos sujeitos e em suas aspirações futuras (Pereira, 1965, p. 142, 228).[3]

Em São Paulo, adquirir novas habilidades era uma questão prática urgente devido à densificação tecnológica associada às fábricas metalúrgicas de larga escala na nova fase da industrialização paulista. Gerentes não tinham dificuldade em encontrar "braços para a indústria", como eles diziam, já que o mercado de trabalho de São Paulo estava transbordando com migrantes que aceitavam com orgulho empregos fabris, não importando o quão mal pagos fossem, que exigiam apenas alguns dias (não qualificado) ou semanas (semi-qualificado) de treina-

---

[2] A banca da sua tese de livre docência foi composta por Florestan Fernandes, Octávio Ianni, Cândido Procópio Ferreira de Camargo e Oracy Nogueira. Para dar conta da diversidade, o estudo abrangia nove firmas de dois ramos "tradicionais" da indústria (mobiliário e têxtil) e um mais moderno (mecânicas), além de escolher dentro de cada setor uma fábrica pequena (30 funcionários), uma média (150 funcionários) e uma grande (2.000 funcionários) (Pereira, 1965, p. 26).

[3] Infelizmente, quando eu entrevistei Pereira em 1981, ele me disse que tinha jogado fora o material original de suas pesquisas de 1958 e de 1963 quando ele se mudou para o seu apartamento atual. Talvez uma parte tenha sobrevivido como cópias nas mãos daqueles que trabalharam com ele, que incluem José de Souza Martins, de São Caetano.

mento.⁴ Usando o linguajar do fundador do Senai, Roberto Mange, de 1941, a indústria não enfrentava escassez de "braços anatômicos" ou "atentos". A demanda era por "braços pensantes" para preencher vagas de trabalhos de chão de fábrica que demandavam conhecimentos e habilidades sofisticados, especialmente com o decréscimo da imigração europeia, quando comparada com o início do século XX (Senai, 1991, p. 131).⁵

Lula com dezessete anos na sua graduação da SENAI
(Cortesia do presidente Luiz Inácio Lula da Silva)

---

⁴ Referindo-se genericamente a migrantes rurais como "nordestinos", um trabalhador paulista se queixou para Pereira de que a chegada deles "piorou a situação dos operários, porque eles se oferecem para trabalhar por qualquer preço [...] Não conseguimos ganhar o suficiente", ele prosseguiu, "para viver bem, ter uma vida melhor". Ele também comentou a natureza ambivalente do "progresso técnico [que] facilitou o serviço mas deixa muita gente sem trabalho" (Pereira, 1965, p. 200).

⁵ Os supervisores eram chamados de "braços pensantes e dirigentes" no esquema de 1941 de Mange, uma linguagem hierárquica que ele iria posteriormente rejeitar por considerá-la inútil (Pereira, 1965, p. 141; Bologna, 1980, p. 337).

O crescimento industrial vertiginoso de São Paulo requeria não apenas trabalhadores proporcionalmente mais qualificados, mas também uma porcentagem maior com habilidades mais avançadas, principalmente nas novas indústrias de capital intensivo. O Senai, uma organização de treinamento vocacional, surgiu durante uma expansão industrial dos tempos de guerra marcada pela escassez particularmente severa no setor metalúrgico. Visitando o Senai-SP 14 anos depois de sua fundação, em 1942, o estadunidense Robert Alexander, especialista em relações industriais, ficou impressionado com a pioneira Escola Roberto Simonsen, inaugurada em 1954 no velho distrito industrial do Brás. Servindo como sede regional do Senai, a escola foi nomeada em homenagem ao empresário e intelectual Roberto Simonsen (1889-1948), um dos fundadores da organização, que havia sido um líder visionário dos industriais do estado, senador no pós-guerra e um defensor poderoso do desenvolvimento nacional por meio da industrialização. Alexander descreveu a escola como "um prédio novo e lindo, que parecia ser muito bem equipado", com ênfase na formação para os ofícios metalúrgicos (Alexander, 1956).

Novos investimentos estrangeiros massivos exacerbavam ainda mais a escassez de trabalhadores qualificados em meados dos anos 1950. Novas fábricas de montagem automobilística foram construídas do zero, enquanto a contratação aumentava em fábricas existentes, como a Ford (São Paulo) e a General Motors (São Caetano). Entre 1957 e 1960, os empregos no setor automobilístico dispararam, de 9.653 trabalhadores para 32.576, geograficamente concentrados no ABC. As quatro fábricas automobilísticas de São Bernardo empregavam mais de dois terços desse total, com um acréscimo de 13% nas três fábricas das vizinhas Santo André e São Caetano (São Paulo era responsável por um quinto) (Colistete, 2001, p. 9).[6] Com seu uso intensivo de maquinaria tecnologicamente sofisticada, a indústria de equipamentos de transporte era típica das fábricas metalúrgicas de larga escala que

---

[6] Incluindo-se as indústrias de peças para automóveis, o município de São Paulo é responsável por um pouco mais de metade da contratação na indústria de transporte de equipamento, e o ABC por um terço dela (Colistete, 2001, p. 5).

empregavam uma porcentagem muito maior de trabalhadores qualificados do que a média em setores industriais tradicionais.[7]

Para além da escassez de torneiros mecânicos, de importância vital, havia uma ausência de especializações inteiras no setor manufatureiro paulista, baseado em bens de consumo, sobretudo têxteis. O caso dos ferramenteiros era particularmente dramático, Pois nenhuma fábrica automobilística poderia operar sem essa minúscula porcentagem de trabalhadores com um grau de especialização no manejo de máquinas ainda maior do que as de um "simples" torneiro mecânico. Conversando com a equipe de Pereira em 1963, o mestre de um departamento de ferramenteiros falou sobre sua realidade de muito alta demanda para uma quantidade muito pequena de oficiais. O Senai, reclamava ele, nem tinha um curso de aprendizagem para ferramenteiros, e ele era obrigado a inventar uma solução improvisada: treinar os melhores de um subgrupo menos especializado (ajustadores) para esse trabalho (Pereira, 1965, p. 226).

Como uma agência educacional autônoma, o Senai era financiado por uma contribuição cobrada pelo governo sobre a folha salarial de fábricas, e suas prioridades eram definidas pelos industriais que supervisionavam suas operações. Como Luiz Marcondes Nitsch, chefe do Serviço de Divulgação do Senai-SP, mencionou para Alexander, os funcionários do Senai-SP, em meados da década de 1950, já haviam chegado à conclusão de que a demanda crescente não poderia ser satisfeita apenas com a expansão da sua rede de escolas dedicadas a um curso intensivo de três anos, que formava trabalhadores com qualificação específica certificada (oficiais) (Alexander, 1956). Tendo a indústria automobilística como prioridade nacional estratégica, o governo de Kubitschek trabalhou com sua contraparte estadunidense para amenizar esse gargalo problemático, incluindo um empréstimo

---

[7]   O diretor do Senai-SP apresentou as estimativas a seguir sobre a proporção de trabalhadores qualificados em relação ao total de empregados por grupo industrial: 4% no de vestuário, no químico e no farmacêutica; 7% no de têxteis, no de couro e no de produtos de borracha; 20% no de metalurgia (mecânicas, metalúrgicas e de material elétrico); 30% no de impressão; e 60% no pequeno setor que abrange joias, lapidação e atividades relacionadas a isso (Bologna, 1969, p. 54).

de US$4,5 milhões do Eximbank para o Senai, com US$2 milhões destinados às operações de treinamento da organização em São Paulo, o centro industrial do país.[8]

Logo, a maioria dos ocupantes desses cargos qualificados da indústria paulista continuavam obtendo suas habilidades empiricamente, aprendendo, ao exercê-la, com colegas ou com supervisores.[9] No entanto, para melhor atender às demandas da indústria, o Senai-SP expandiu muito suas ofertas de programas de menor detalhamento prático e curta duração. Entre 1956 e 1960, os matriculados em "treinamento no local de trabalho para menores de idade" decuplicaram, de 1.300, em 1956, para 13.603, em 1960; a prioridade em formar jovens pode ser observada pelo fato de que apenas 1.137 pessoas estavam em programas similares para adultos. O próximo passo foram "cursos rápidos" focados em aperfeiçoar habilidades sem gerar novos profissionais certificados; a metalurgia ampliou sua participação nesse tipo de programa de 50%, em 1956, para 65%, em 1960 (cf. Colistete, 2001, p. 190, gráfico A-8).[10]

O Senai não abandonava, entretanto, seu ideal de produzir profissionais totalmente capacitados para as ocupações mais exigentes e qualificadas, incluindo a de torneiro mecânico. Em 1969, suas normas ainda especificavam 3 mil a 3.500 horas de formação prática e teórica concentrados (Bologna, 1969, 37-38).[11] A prioridade dada para o ramo da metalurgia é confirmada pelas estatísticas de conclusão desses cursos onerosos, intensos e plurianuais (pelos quais os estudantes não pagavam nada). Em 1956, a metalurgia era responsável por metade

---

[8] No que diz respeito à necessidade extrema por ferramenteiros, o Senai enviou um membro da equipe para a França para um estágio de quatro meses e em 1962 realizou o que eles chamaram de primeiro curso para a profissão na América Latina, embora, com dez meses de duração, fosse mais provavelmente um curso para requalificar aqueles com outras especializações para se tornarem ferramenteiros (Weinstein, 1996, p. 258, 392).

[9] Para uma discussão sobre esses assuntos da década de 1930 até o final dos anos 1950, ver French, 2010.

[10] O gráfico é baseado em relatórios do Senai-SP de 1944 a 1960.

[11] Os horários aproximados antes dessa data – e como eles eram contados e divididos – não são mencionados.

dos 1.750 cursos concluídos, mas disparou para 80% em 1960 (1.658), 285 a mais do que no ano anterior (Bologna, 1969, 37-38).[12] A admissão em 1960 de um garoto de 15 anos de idade, filho de uma mãe solteira iletrada, mudaria para sempre a trajetória de um adolescente conhecido na família pelo seu apelido, Lula.

UM ESTADO DE "OTIMISMO COLETIVO"

Enquanto os talentosos educadores do Senai se esforçavam para atingir um alvo em movimento, a mãe de Lula tentava fazer com que seu filho entrasse em um programa de aprendizagem do Senai. As narrativas de seus filhos, em retrospectiva, dão uma grande ênfase para a intensidade dessa empreitada. "Ela fez tudo para ele entrar no Senai", a irmã mais nova de Lula, Tiana, recorda; "ela deu força, foi atrás, para ele conseguir uma profissão que os outros não tinham". Uma das irmãs mais velhas, Maria, enfatizava as inúmeras viagens a pé que sua mãe realizou para a escola do Senai, na Avenida Ipiranga, 1822, para perguntar sobre vagas em cursos de aprendizagem em fábricas. Lula disse que ela lutou por esse objetivo a qualquer custo, caminhando os oito quilômetros de ida e volta até o Senai "todo santo dia". Seus filhos claramente admiram a teimosia da mãe, e a ênfase no número de quilômetros caminhados insinua uma saga que, no fim das contas, valeu a pena. Nessas narrativas familiares, o sucesso flui naturalmente da intensidade da esperança de dona Lindu, da energia que ela dedicava e da determinação que ela demonstrava.[13]

Narrativas sobre menos favorecidos sendo bem-sucedidos são indubitavelmente agradáveis, mas elas limitam o nosso entendimento de um contexto social mais amplo ao se restringir à experiência individual de uma família em particular. Dona Lindu não estava sozinha, nem era excepcionalmente clarividente ao dar atenção para o Senai

---

[12] Em 1969, um conjunto amplo de empregos na metalurgia eram listados como qualificados pelo Senai-SP. Havia uma hierarquia interna, às vezes disputada, entre essas ocupações, portanto o termo "qualificado" é sempre relativo.

[13] Tiana, entrevista por Paraná, 21 de abril de 1994; Maria Baixinha, entrevista por Paraná, 6 de abril de 1994, (Paraná, 2002, p. 311, p. 263); Lula, entrevista por Dantas (1981, p. 15). Dona Lindu caminhava para economizar na passagem de ônibus.

no fim dos anos 1950 em São Paulo. Outra mãe analfabeta, da cidade vizinha de Santo André expressou a mesma percepção, nos seguintes termos: "Hoje em dia é preciso saber ler, escrever, e fazer contas para arrumar emprego nas fábricas", ainda mais para um trabalho qualificado procurado; "quem não tem instrução, não sabe ler e escrever, vive no escuro, não sabe conversar nem se apresentar" (Pereira, 1976, p. 34, 12-13). No Senai, os funcionários estavam acostumados com mães que passavam por lá para pedir uma vaga para seus filhos, às vezes acompanhadas por filhos de 14 anos de idade que ainda não estavam aptos a se tornarem aprendizes.[14] As limitações orçamentárias do Senai implicavam que a chance de sucesso dessas mães era baixa, já que a organização inteira, como Alexander observou em 1956, era "completamente inadequada para as necessidades da cidade" (Alexander, 1956). Em 1960, o Senai concedeu apenas 2 mil diplomas em todas as indústrias, dois terços dos quais eram destinados ao crescente setor metalúrgico, que empregava 250 mil trabalhadores, do quais talvez 40 a 50 mil eram classificados como qualificados (Assis, 1972, p. 189). Era um truísmo, observou Pereira, dizer que muitos "entram na luta pela ascensão mas poucos vencem", mas essa realidade, ele continuava, não era reconhecida pelas famílias que desejavam os cursos de aprendizagem do Senai em Santo André em 1958-1959. Desconsiderando as estatísticas, elas mantinham o que ele denominava de "uma espécie de otimismo coletivo" sobre seu sonho compartilhado.[15]

"A usina moderna tende a 'intelectualizar' a mão-de-obra", observou Italo Bologna, do Senai, e o objetivo da organização era treinar jovens para máquinas que agora "precisa de mais trabalhadores

---

[14] Nitsch menciona isso em sua entrevista de 1956 com Alexander. Tais pedidos referentes a menores de idade, dizia ele, eram acomodados eventualmente, mas era necessário um juiz para dispensar do cumprimento das leis de trabalho infantil.

[15] Em seu estudo sobre Santo André, Pereira (1965, p. 38-39) aponta que as vagas para ingresso no Senai eram "muito abaixo da procura" no início de 1959, sendo apenas 210 para todos os cursos oferecidos no ABC inteiro; como resultado, ele escreve, "raríssimos adolescentes" da escola primária conseguiam ingressar no Senai. Ele indica que talvez se a insuficiência de vagas continuasse, os pais perceberiam suas chances limitadas de alcançar ascensão social através desse caminho (algo que eles já tinham percebido com "profissões intelectuais").

qualificados" (Bologna, 1969, p. 54).[16] Não era mais suficiente simplesmente "saber ler", diziam os trabalhadores para a equipe de pesquisa de Pereira em 1963; muitos cargos qualificados demandavam a interpretação de desenhos (plantas) e de "fichas com que se distribui o serviço e que contêm os dados técnicos" (Pereira, 1965, p. 185). Dada a necessidade de maior capacidade de leitura e raciocínio abstrato, pode parecer surpreendente que o Senai tenha estabelecido requisitos de ingresso notavelmente modestos em termos de educação formal. Para poder se inscrever, o candidato precisava apresentar um diploma certificando a conclusão dos quatro anos de ensino primário antes de passar por um teste de aptidão, um exame físico e uma entrevista pessoal. Porém, esses requisitos mínimos eram, na verdade, bastante elevados, considerando-se o quadro terrível dos indicadores educacionais no Brasil da época, com "apenas cerca de 20% dos que entram na escola primária" conseguindo terminar a quarta série (Castro, 1979, p. 624).[17]

O padrão de educação primária parcial, intermitente e frequentemente incompleta entre famílias migrantes pode ser ilustrado pelos oito filhos da família Silva. O filho mais velho tinha passado algum tempo em uma escola primária próxima em Vargem Comprida, Garanhuns, porém sua vida escolar acabou após a mudança para Vicente de Carvalho, na região metropolitana de Santos. Nas palavras de Vavá, era "ou você trabalha, ou morre de fome". Os mais novos, incluindo Lula, começaram a escola primária no litoral, e os quatro mais novos – Maria, Frei Chico, Lula e Tiana – continuaram a frequentar a escola na Vila Carioca, após a mudança. O Senai se tornou uma opção para Lula aos 13 anos, quando ele recebeu seu diploma da escola primária, e veio a completar uma parte do quinto ano antes de obter seu primeiro emprego regular em uma lavanderia, seguido de seis meses como

---

[16] A questão é abordada em entrevistas com trabalhadores, citações que aparecem em Pereira, 1965, p. 184-185.

[17] Para não falar do subgrupo amplamente invisível, mais provavelmente rural, que nunca frequentou qualquer escola e, logo, não aparecia nas estatísticas de matrículas do governo.

assistente de escritório em um depósito.[18] Antes disso, ele havia se virado, como muitos outros meninos de sua idade, combinando vendas na rua e trabalho de engraxate com bicos ocasionais, tais como ajudar a descarregar caminhões (Pereira, 1976, p. 32).[19]

O Senai utilizava a exigência de ensino primário somente para reduzir o universo de candidatos antes de conduzir a avaliação de aptidão propriamente dita, que envolvia leitura, escrita e matemática.[20] Nessa época, na cidade de São Paulo, o diploma em si não garantia que havia se aprendido muito durante aqueles quatro anos de ensino. Em um período de migração e crescimento populacional estupendos, o sistema de educação pública do estado estava vivenciando uma queda de qualidade sentida mais fortemente pelas periferias urbanas em expansão, habitadas por migrantes como os Silvas. Como visto na etnografia da escola primária que ficava a cerca de dez quilômetros de onde os Silvas moravam, conduzida por Pereira quando Lula recebeu seu diploma, em 1958, os professores de classe média, que moravam longe da fronteira industrial e de seus habitantes, sentiam desprezo e preconceito por seus estudantes, em sua maioria filhos de migrantes. Mas eles sentiam isso principalmente em relação àqueles vindos de Minas Gerais e do Nordeste, mais prováveis de terem origem mestiça (como Lula) e uma cor de pele mais escura (diferentemente de Lula) (Pereira, 1976, p. 110-112, 114, 131).[21] O desempenho dos professores

---

[18] Vavá, entrevista por Paraná, 3 e 7 de setembro, 1993; Jaime, entrevista por Paraná, 10 de abril de 1994; Marinete, entrevista por Paraná, 29 de março de 1994 (Paraná, 2002, p. 210, 212-213, 229; p. 282; p. 240); Lula, entrevista por Dantas (1981, p. 15).

[19] Maria Baixinha, entrevista por Paraná, 6 de abril de 1994, (Paraná, 2002, p. 263).

[20] Quarenta por cento eram eliminados por essa exigência de apresentar o diploma.

[21] O Brasilianista Joe Love afirmou que Lula "é possivelmente – enfatizo isso em conjectura – o presidente menos caucasiano desde Nilo Peçanha (1909-1910)" (Love, 2009, p. 305). Ao discutir o passado da sua família, tanto Lula quanto Vavá usam palavras que abrangem aparência, cor, ruralidade e etnia de formas melhor representadas pela palavra mestiço. Lula descreveu os pais de seu pai como "caboclos mesmo. Acho que deviam ser descendentes de negros ou de índios porque são todos quase negros. Meu pai, inclusive, era um pouco mais moreno do que eu" (Silva, 2000, p. 2). Conversando com Paraná, ele disse, "Meu pai era bugre. Era bugre, bugre. O cara que parece índio. Quer dizer, não tinha muitos traços de índio, tinha traços de caboclo mesmo" Lula, entrevista por Paraná, 30 de junho de 1993 (Paraná, 2002, p. 58). Vavá contou para Paraná em uma entrevista distinta que "meu pai era descendente de índio. Mas o pai

era frequentemente marcado por atrasos, saídas mais cedo da escola e fofocas entre si na hora da aula – isso quando eles apareciam para dar as aulas na escola superlotada e mal equipada. Pereira estimou que as crianças presentes recebiam no máximo três das quatro horas de ensino diário previstas pelo estado (Pereira, 1976, p. 63, 83, 88, 90, 100, 116-198).

Porém, o desafio prático que o Senai enfrentava era muito mais grave que a falta de cumprimento do dever ou a conduta depreciativa dos professores. Os reformadores educacionais do Brasil, dentre os quais estavam pedagogos do Senai, há muito haviam reconhecido que as escolas do país possuíam currículos superambiciosos e aristocráticos que, mesmo quando bem cumprido, refletia um forte preconceito "de classe-média [...] empregando modos de expressão que os filhos da classe trabalhadora não dominam". Esse elitismo fazia muito sentido em uma sociedade previamente escravocrata, na qual a educação tinha sempre servido para marcar distinções, e não para apagá-las. O sistema educacional nunca tinha pretendido empoderar as massas, e seus valores refletiam aqueles das "classes médias que desdenham do trabalho manual", uma atitude compartilhada não apenas pela classe média baixa, mas também pelas próprias classes populares, que estavam muito cientes do julgamento daqueles que estavam acima deles na escala social (Castro, 1979, p. 623, 628).[22]

Visando produzir permanentemente uma elite de trabalhadores fabris qualificados, o fundador do Senai, Roberto Mange, sabia que o

---

do meu pai era claro também. Não era moreno, não. Mas meu pai era parecido com bugre". Vavá, entrevista por Paraná, 3 e 7 de setembro de 1993 (Paraná, 2002, p. 224). Já Lula em si é, sem dúvida, branco dentro das convenções fenotípicas brasileiras, embora ele seja escurecido pelas suas origens, por enfrentar a pobreza desde cedo e pelo seu engajamento no trabalho braçal.

[22] Os professores de Santo André achavam que as famílias de seus alunos não tinham "'vontade de melhorar de vida'" pois esses professores desprezavam até mesmo as profissões braçais qualificadas, valorizando apenas o alcance de "profissões 'intelectuais'" por meio da educação pós-primária. (Pereira, 1976, p. 130). Essa aspiração forte a profissões de escritório e o desdém por empregos braçais super estigmatizados também era sentida entre as classes populares. Uma pesquisa com "estudantes no *primário* vivendo nos subúrbios operários da Guanabara" descobriu que 43% declaravam que seu objetivo era "chegar à universidade" (Mello e Souza, 1975, p. 136).

atendimento às demandas da indústria era dificultado pelo "preconceito muito comum [de] considerar os artífices das profissões mecânicas como simples operários" (Bologna, 1980, p. 386-387). Como observou com pesar um cientista social, frequentemente "aqueles que não compartilham dessa atitude em relação ao trabalho manual [usualmente] não tem educação suficiente para se tornar trabalhadores qualificados". Isso ajuda a explicar porque o Senai evitou uma exigência mais alta por educação formal: havia o risco de gastar dinheiro em pessoas que provavelmente trocariam o ofício por empregos "limpos", de maior *status* e em escritórios.[23] A possibilidade de tal abandono aumentou por causa de uma lei do início dos anos 1950 que tornava o diploma do Senai uma espécie de equivalente ao do ensino secundário (Tomizaki, 2007, p. 126).[24] Para garantir retorno dos investimentos por meio da permanência nas carreiras, o processo de admissão do Senai incluía uma avaliação do interesse "concebida para eliminar os estudantes sem inclinação para se tornar trabalhadores manuais" (Mello e Souza, 1975, p. 131).[25] Ao entrevistar Lula, em meados de 1981, a equipe ficou indubitavelmente satisfeita com as atitudes inculcadas nele por sua mãe, que "nunca falou essas coisas de ser médico, advogado, ela queria que eu fosse pura e simplesmente" um trabalhador fabril com diploma do Senai (Morel, 1981, p. 28).

As perspectivas de mais anos de escolaridade e educação de melhor qualidade estavam dentre os atrativos de São Paulo para migrantes. Uma vez estabelecidos, os novos moradores se mostravam fortemente

---

[23] Isso ocorria apesar do salário para empregos qualificados como o de torneiro mecânico ser superior ao de trabalhos de escritório com mais *status*, como pode ser observado em diversas pesquisas de grande porte feitas por economistas e por estudantes de educação vocacional no fim dos anos 1960 e início dos anos 1970. (Mello e Souza, 1975, p. 136; Castro, 1979, p. 624).

[24] É por isso que Vavá diz de passagem que Lula se formou no colegial, uma alegação que Lula nunca fez. Vavá, entrevista por Paraná, 3 e 7 de setembro de 1993 (Paraná, 2002, p. 212).

[25] As entrevistas de candidatos eram um acréscimo recente ao processo de admissão, que Mange adotou após chegar à conclusão de que estudantes tinham que ser abordados não como um código, uma classe ou um tipo, mas um indivíduo com uma constelação própria de atributos aos quais muitas vezes não se aplicavam os resultados numéricos dos testes" (Bologna, 1980, p. 371).

apegados à ideia do ensino como chave para avanço pessoal e familiar. Suas atitudes, em outras palavras, não coincidiam com a hostilidade de Aristides, que considerava a escola uma perda de tempo para os filhos dele e de dona Lindu. A ironia, segundo seus filhos, era que Aristides fingia ser alfabetizado ao comprar jornais para carregar no bondinho, porém se a página não tivesse imagens, ele às vezes a segurava de cabeça para baixo. Dona Lindu, por outro lado, era totalmente representativa das famílias da classe trabalhadora que rotineiramente faziam sacrifícios em uma tentativa, nem sempre bem-sucedida, de garantir diplomas do ensino primário para seus filhos mais novos, principalmente os do sexo masculino. É aqui que podemos apreciar o verdadeiro tamanho de sua conquista, pois o sucesso demandou cooperação familiar e escolhas potencialmente desagregadoras. Sua mãe, Lula diz, "viu em mim a chance de realizar tudo o que não pôde fazer pelos outros". Seu irmão mais próximo, Frei Chico (*apud* Paraná, 2002, p. 231), quatro anos mais velho que ele, concorda que Lula era o único que realmente teve a chance de estudar; "para nós não dava mesmo".[26]

A economia doméstica de famílias como a dos Silvas dependia de contribuições financeiras de todos seus membros, especialmente dos irmãos mais velhos. É por isso que famílias apenas com filhas enfrentavam dificuldades econômicas, dadas as limitadas opções de mercado de trabalho para mulheres jovens, caso desejassem evitar o serviço doméstico. O apoio mais seguro de Dona Lindu vinha de seu terceiro filho mais velho, Vavá. Quando entrevistado por Paraná, em 1993, que era na época uma estudante de graduação da USP, Vavá fez questão de contradizer qualquer impressão de que sua mãe exercera algum favoritismo relativo a oportunidades educacionais. O caçula era o filho com as melhores chances de estudar, ele explicou, e Lula chegou até a trabalhar no Senai (aprendizes alternavam seis meses na escola e seis meses na fábrica, recebendo metade do salário-mínimo). A ge-

---

[26] Lula, entrevista por Paraná, 30 de junho de 1993; Jaime, entrevista por Paraná, 10 de abril de 1994; Frei Chico e Vavá, entrevista por Paraná, 3 e 7 de setembro de 1993 (Paraná, 2002, p. 56; p. 286, 280-281; p. 213); Lula, entrevista por Morel, meio de 1981 (Morel, 1981, p. 28) (primeira citação).

nerosidade dessa apreciação de Vavá é acentuada pelo fato de que a oportunidade dada a Lula pode ser vista como algo que teve um custo pessoal para ele. Durante os primeiros seis anos da família na cidade, Vavá possuía um emprego mal pago e precário em uma fábrica têxtil, carregando e descarregando uma prensa de algodão. Posteriormente, ele conseguiu um emprego em um armazém; mas foi apenas em 1965 que ele conseguiu trabalho decente, como um metalúrgico não especializado na Ford Ipiranga. Em retrospectiva, sua análise é precisa: simplesmente não havia outra escolha. "Os outros mais velhos tinham que trabalhar, ele tinha que estudar. Alguém tinha que ser alguma coisa na vida. O gosto dela era ter um filho torneiro-mecânico".[27]

A mãe de Lula nunca havia trabalhado fora de casa, com ou sem carteira assinada.[28] Porém, é bastante marcante que seu sonho para o futuro acompanhasse de forma tão próxima aquele dos pais da classe trabalhadora entrevistados por Pereira e seus assistentes em 1963. Os pais coincidiam em desejar um futuro melhor e mais feliz para seus filhos por meio da obtenção de uma profissão. Em um mundo que eles percebiam estar mudando rapidamente, os pais lutavam para que seus filhos mais novos pudessem, nas palavras de Pereira (1965, p. 180), ascender por meio de suas habilidades à vivência mais estável de modalidades 'superiores'" da classe operária; ao fazer isso, os pais afirmavam, "com os filhos, os operários que desejariam ser", mesmo que frequentemente se deixando levar por fantasias efêmeras nas quais seus filhos pudessem se tornar doutores prestigiados, portadores de diplomas superiores, tais como o de médico ou de advogado – antes de reconhecerem que "minhas forças (econômicas) não dão. A gente nem deve pensar nisso" (Pereira, 1976, p. 36).

O fato de as pessoas mais pobres adotarem o emprego em escritórios como um ideal revela uma internalização dos valores dominantes na sociedade, que enxergam aqueles sem educação formal como seres inferiores, condenados ao trabalho manual estigmatizado. Mas não podemos jamais esquecer que sonhos, ainda que indiretos, de mo-

---

[27] Vavá, entrevista por Paraná, 3 e 7 de setembro, 1993 (Paraná, 2002, p. 201, 230-231).
[28] Tiana, entrevista por Paraná, 21 de abril de 1994 (Paraná, 2002, p. 303).

bilidade social também representam a negação da própria condição de classe e uma crítica aos limites das oportunidades que São Paulo inquestionavelmente oferecia para migrantes rurais "sortudos" o suficiente para obter empregos fabris. Independentemente de suas divisões por origem ou por tempo morando na cidade, os trabalhadores em 1963 estavam bastante cientes de sua limitada capacidade para se inserir de modo favorável no mercado de trabalho. Se protegendo contra frustrações, eles expressavam sua insatisfação de forma mais contundente por meio das aspirações que tinham para seus descendentes homens: que eles pudessem evitar o trabalho braçal bruto ao qual pais e irmãos mais velhos estavam condenados (Pereira, 1965, p. 181, 184-185).

Essa negação abrangia tanto seu passado rural – trabalhar com uma enxada na roça – quanto o seu presente urbano – trabalhos que não levavam a lugar algum, tais como levantar e carregar cargas, por meio dos quais Aristides havia ganho seu sustento quando era mais jovem e vigoroso. Ela também se estendia a muitos outros cargos nos quais trabalhadores eram tratados meramente como braços "anatômicos" à disposição do patrão, dos quais o mais humilhante era trabalhar com uma vassoura.[29] Por isso, tornar-se um torneiro mecânico parecia ser uma aspiração utópica durante o crescimento turbulento da indústria automobilística entre as décadas de 1950 e 1970. O *status* elevado dos torneiros mecânicos foi evidenciado em uma entrevista de 1983 com um metalúrgico paulista identificado como Durval. Nascido um ano antes de Lula, ele conseguiu seu diploma de torneiro mecânico pelo Senai em 1962, quando "pela conversa que a gente ouvia falar, torneiro mecânico era um Deus [...] 'Puxa, o cara é um torneiro mecânico'". Todo mundo ficava impressionado, apesar de que " ninguém entendia bem o que era" (Ferretti, 1988, p. 94). Lula fez um comentário irônico semelhante: ele queria muito um emprego como tornei-

---

[29] Como disse um trabalhador para Pereira (1965, p. 185), "Se é um tapado, não sai da vassoura". A mesma análise pessimista foi feita por um trabalhador duas décadas depois: "Se a cara não sabia fazer nada, ele vai ter que varrer, né [...] [mas] 'faixineiro' não é profissão" (Ferretti, 1988, p. 82).

ro mecânico, mas "não sabia nem o que era" um torneiro mecânico (Lula, *apud* Kamel, 2009, p. 422).

Após relatar a saga de sua mãe, Lula conta de forma casual o seu grande momento de inflexão: "um belo dia" (Dantas, 1981, p. 15) surgiu a oportunidade dele ser contratado por uma fábrica que precisava mandar um aprendiz para o Senai (era exigido que os industriais patrocinassem certa quantidade de aprendizes com base no tamanho da sua folha de pagamento). Assim, ele foi contratado pela Fábrica de Parafusos Marte, localizada na Rua Antônio Frederico, 337, na Vila Carioca: fui lá, me inscrevi, fiz a ficha, fui ao Senai, passei no teste" (Lula *apud* Kamel, 2009, p. 422). Lula ficaria no seu primeiro emprego fabril por um pouco mais de quatro anos, de 1960 até 1964. Ao descrever seu primeiro dia de trabalho com 15 anos de idade, Lula ecoa a observação de Durval sobre a ignorância popular: olhando em volta, "pra mim tudo era torno. Eu via rosqueadeira pensava que era torno, eu via serra cortando pensava que era torno [...] só não imaginava que era torno o torno mesmo" (Morel, 1981, p. 29).[30]

A autorrepresentação persuasiva de Lula combina sorte ("um belo dia") com autodepreciação, ao evitar insinuar que ele fosse "especial" em qualquer aspecto ou que ele ou sua família tivessem merecido a oportunidade mais do que outros. Sua humildade envolve mais do que uma lábia de político ou uma peculiaridade pessoal. Proclamar-se abertamente um "vencedor" – e, assim, definir os outros como perdedores – seria visto como fazer pose de superior, uma tentativa indecorosa de se colocar acima dos outros. Em uma sociedade permeada por laços clientelistas, essa ambivalência popular sobre conquistas individuais pode parecer contradizer a expressão "vencer na vida". Uma análise mais minuciosa, no entanto, mostra que os trabalhadores de São Paulo daquela época usavam "vencer na vida" para expressar uma aspiração compartilhada, e não para abraçar de forma acrítica um espírito de competição individualista pelo sucesso. A fala de Tiana (Paraná, 2002, p. 311) sobre a humildade de sua mãe é pertinente em relação a isso: dona Lindu ja-

---

[30] Lula, entrevista, 2000 (Silva, 2000, p. 17). O endereço da fábrica está em Leal (1994).

mais iria "pisar em ninguém para conseguir ser mais que os outros". Como observou Florestan Fernandes, sociólogo e fundador do Cesit, a São Paulo de meados do século constituía uma ordem social competitiva e emergente, e não uma sociedade completamente realizada; esse segundo caso representaria o tipo ideal baseado sobretudo em normas e ideais individualistas.

UM CIDADÃO-TORNEIRO MECÂNICO EM FORMAÇÃO

Como um dos felizardos, Lula passou os próximos três anos alternando entre a Fábrica de Parafusos Marte e o Senai.[31] Os primeiros dois anos se passaram na escola do Senai da Avenida Ipiranga, e os últimos seis meses na Escola Roberto Simonsen.[32] Lula foi contratado não por uma "fábrica boa", como os trabalhadores se referiam às firmas grandes, que pagavam melhor e eram modernas, e sim por uma "fabricazinha" que prosperou durante essa expansão industrial. Lula foi contratado por um empreendimento familiar com 40 a 50 trabalhadores localizado a cerca de 500 metros da casa dos Silva (Ferretti, 1988, p. 79, 94).[33] Lula tinha uma boa relação com o dono, descrevendo Miguel décadas depois como um amigo; na época, Lula jogava futebol com os dois filhos dele, apesar de Luizinho e Miguelito não jogarem muito bem, de acordo com Lula, pois eles não tinham a tenacidade e resistência trazidas pelo futebol turbulento e irregular dos campos de várzea.[34]

Independentemente de suas primeiras impressões, a exposição inicial de Lula ao trabalho fabril não envolvia a intimidação que atingia aqueles que começavam em empresas maiores e mais impessoais. "Moleque esperto", Lula "se dava bem" com todos desse pequeno

---

[31] "Felizardos" é como os informantes de Pereira se referiam àqueles que conseguiam entrar no Senai (Pereira, 1976, p. 38).

[32] Lula, entrevista por Paraná, 6 de outubro de 1993 (Paraná, 2002, p. 88).

[33] A distância da fábrica até a casa de Lula vem de Lula, entrevista por Morel, meados de 1981 (Morel, 1981, p. 29); o número de trabalhadores da fábrica está em (Morel, 1981, p. 33).

[34] Lula, entrevista, 2000 (Silva, 2000, p. 16); Lula entrevista por Morel (Morel, 1981, p. 29, 33). É possível que Lula tenha conseguido entrar no curso pelo fato da sua família conhecer o dono da fábrica, e não pelas divulgações burocráticas ou solicitações especiais junto ao Senai.

mundo de relações pessoais. Único menor de idade empregado pela fábrica, Lula era o seu "caçulinha", que, assim como ele observou sobre sua própria família, "recebe mais cuidado da mãe".[35] O fato da fábrica empregar muitos nordestinos o protegia das tensões regionalistas latentes durante esse período de migração em massa.[36] Paulistas descendentes de europeus, principalmente os que moravam na cidade há muito tempo, e uma boa porção dos trabalhadores qualificados já bem estabelecidos, chamavam os recém-chegados recorrentemente de "baianos", estigmatizando-os com o nome do estado "mais negro" do Nordeste (termo que também era aplicado a mineiros).[37] Tal zombaria preconceituosa era frequente; por exemplo, em uma entrevista de 1993 com Paraná, Lambari, que cresceu no interior paulista, se refere despreocupadamente ao seu melhor amigo da adolescência como "baiano".[38]

A tarefa seguinte do jovem aprendiz era dominar o ofício de torneiro mecânico, pois dentre as máquinas-ferramentas universais mais amplamente utilizadas o torno demanda "flexibilidade e versatilidade" de seus operadores. Manufaturar "lotes e pequenas séries requer que os torneiros que os operam se submetam a treinamento extensivo, que é aperfeiçoado continuamente no curso da sua prática profissional muito depois do seu treinamento formal ter se concluído" (Tauile, 1984, p. 83). Para um jovem de 15 anos de idade recém-contratado, a hipótese de aprender o funcionamento da máquina – suas ferramentas, configurações e peculiaridades – era intimidadora. Para isso, era necessário saber como fixar a matéria-prima e como escolher as partes adequadas para cortar, os ângulos corretos e a velocidade apropriada para gerar um produto que satisfizesse as especificações exatas. Erros no planejamento ou

---

[35] Lula, entrevista por Paraná, 30 de junho de 1993 (Paraná, 2002, p. 51).

[36] Lula, entrevista por Paraná, julho de 1993 (Paraná, 2002, p. 75).

[37] Os trabalhadores qualificados da Metal Leve, em São Paulo, estudados em 1959 se referiam recorrentemente aos nordestinos não qualificados como baianos (Brandão Lopes, 1960, p. 428, 435-436).

[38] Jacinto Ribeiro dos Santos, entrevista por Paraná, 27 de junho de 1994, (Paraná, 2002, p. 340). Estrela (2003) proporciona exemplos de piadas sobre baianos além de outros termos usados como brincadeira entre nordestinos em São Paulo. Ver também Weffort, 1979, p. 16).

o uso indevido do torno poderiam arruinar a matéria-prima cara, causar um acidente grave ou danificar a máquina.

Lula com 15 anos em um time de futebol
(Cortesia presidente Luiz Inácio Lula da Silva)

A importância do torno mecânico – associada a uma visão sobre a missão do Senai – é revelada pela lembrança de José Augusto Bezana sobre a primeira vez que ele encontrou com o reverenciado Roberto Mange. Inquirido pelo chefe do Senai-SP, Bezana foi perguntado se sabia o que era um torno, e respondeu, "Conheço torno de madeira". Insatisfeito, Mange reformulou sua pergunta: "E torno mecânico?" Dessa vez, Bezana confessou sua ignorância, o que levou a um longo comentário de Mange, expondo enfaticamente os grandes desafios de treinar torneiros mecânicos. Ele explicou:

> Olha, o importante no torno é a ferramenta [...] para desbastar o metal e essa ferramenta precisa ser afiada num ângulo determinado. Se isso não acontecer, ela se quebra, entendeu? Ela não dura. Então, precisa saber bem qual é o ângulo certo [...] se o rapaz não for educado, ele pode ser um excelente profissional,

conhecer a máquina, ele pode saber fazer tudo. Mas se ele não for educado, às vezes, pode não entender o comportamento do patrão. [...] o que é que ele faz? Ele pode afiar aquela ferramenta de um ângulo errado [...] Com raiva do patrão, ele vai quebrar a ferramenta, vai gastar a ferramenta. (Senai, 1991, p. 151, 179)[39]

Mange passou abruptamente do torno para a sabotagem operária, comum nos Estados Unidos por volta de 1900 e entre torneiros mecânicos do ABC na década de 1970 (Montgomery, 1987, p. 204; Frederico, 1979). Ele então expôs uma justificativa para a atuação do Senai, que ele indubitavelmente havia ensaiado muitas vezes para convencer industriais a apoiarem sua empreitada (a contribuição cobrada pelo governo sobre a folha salarial sempre despertou alguma resistência):

O que nós queremos é que, quando for ao torno, ele seja uma pessoa educada. Isso faz parte da formação profissional. Porque nós formamos uma elite! E se nós formarmos uma elite e dermos uma boa educação, além da profissão, eles vão adquirir a capacidade de comandar a indústria. (Senai, 1991, p. 151)

Porém, a formação profissional do torneiro mecânico não residia apenas nos professores das salas de aula do Senai e nos trabalhadores habilidosos que se tornavam instrutores. Cada aprendiz também tinha uma figura paterna profissional em sua fábrica. No caso de Lula, esse papel foi exercido por um torneiro mecânico negro mais velho, lembrado carinhosamente pela sua "preocupação toda especial comigo, me ajudava, me ensinava, tratava bem". "O velho Barbosa", diz Lula, agia como um verdadeiro pai e até mesmo dividia sua comida com ele.[40] Como todos os seres humanos, Lula observou, Barbosa ti-

---

[39] Nessa publicação, há uma imagem de Mange observando um menino em um torno.

[40] Diferentemente da atitude de Aristides, em um acontecimento que ainda perturba Lula: tendo chegado em casa com sorvete comprado de um vendedor de rua, Aristides deu um pouco para dois dos meios-irmãos de Lula e para outros que estavam lá mas se recusou a dar um pouco para o seu filho mais novo sob o pretexto de que "você não sabe chupar". Lula, entrevista por Paraná, 30 de junho de 1993, (Paraná, 2002, p. 51-52). Pode até ser que eles não soubessem lamber sorvete, comenta Lula – teria sido sua primeira tentativa – mas nesse caso, isso era problema dele, e o seu pai não tinha o direito de lhe negar o sorvete.

nha seus defeitos, que em seu caso envolviam um amor pela bebida e por jogos de azar que o levava a desperdiçar seu salário apostando em tudo, desde cavalos e brigas de galo até brigas de canários. Mas, no fim das contas, na avaliação de Lula, ele era um homem nobre e um "excelente torneiro-mecânico" (Morel, 1981, p. 33; Paraná, 2002, p. 76).

Tudo que o professor de chão de fábrica de Lula sabia sobre esse ofício tinha sido aprendido empiricamente, e não por meio do ensino formalmente estruturado que viria a ocupar 18 meses da vida de Lula ao longo de três anos. Robert Alexander descreveu a rotina diária desse estudo. Toda manhã, um grupo de estudantes ficava

> nas oficinas mecânicas realizando trabalho prático; enquanto o resto dos alunos se ocupava de estudos teóricos. À tarde, os grupos trocavam de lugar. O trabalho teórico incluía português, aritmética, ciências, história e tecnologia da indústria, bem como desenho mecânico. (Alexander, 1956)

Diferentemente dos professores do ensino médio, que tinham licenciatura para ensinar em "escolas normais", os instrutores das oficinas eram recrutados do chão de fábrica, embora alguns patrões objetassem perder trabalhadores preciosos para essa função.[41]

O ensino de chão de fábrica do Senai é conhecido por ser uma pedagogia de solução de problemas chamada de série metódica, um método indutivo que conscientemente evitava "fórmulas abstratas que podem restringir severamente a compreensão da sua clientela" (Mello e Souza, 1975, p. 131; Bologna, 1980, p. 214-215).[42] Em 1979, um cientista social brasileiro explicou sucintamente a "metodologia distinta baseada numa série progressivamente mais difícil de exercícios práticos" do Senai. Em um curso para operadores de torno, por exemplo,

> o primeiro exercício pode ser criar um parafuso e em cada exercício subsequente novas operações são introduzidas de modo que quando o último tenha sido completado os estudan-

---

[41] Nitsch contou para Alexander que outros viam o benefício a longo prazo desse sacrifício momentâneo. Nitsch, entrevista por Alexander, 1956.

[42] Mello e Souza (1975, p. 157) resume as críticas a serem feitas ao currículo brasileiro em sua relação com "crianças de classes baixas".

> tes terão adquirido domínio sobre todas as principais técnicas
> da ocupação. Os alunos não aprendem *sobre* tornos e seus usos;
> eles simplesmente trabalham com eles na chamada 'série metó-
> dica'. (Castro, 1979, 626)

A experiência no Senai também ia além da sala de aula. Tomando forma após a Segunda Guerra Mundial, o Senai veio a ser definido por uma missão reformista expansiva que Mange chamou de "educação integral". Na sua formulação mais utópica, o engenheiro nascido na Suíça argumentou que "não se trata simplesmente do problema da formação profissional do trabalhador." A missão do Senai

> não pode ser exclusivamente de natureza técnica [que tem que
> ser] muito mais ampla e elevada, visando – acima de tudo –
> formar o cidadão, isto é, fazer do aprendiz um homem integro,
> moral, física e profissionalmente falando, ciosos das prerroga-
> tivas inerentes a sua dignidade de pessoa humana e consciente
> de sua responsabilidade pessoal e professional para com a co-
> letividade.

O objetivo era "tornar a Escola ativa e interessante" por meio de um ensino que leva "o aluno a pensar e resolver por si os problemas de sua vida real" (Bologna, 1980, p. 214-215).

Através da educação integral, os aprendizes do Senai recebiam uma ampla gama de serviços e benefícios. Como vitrine da instituição na região mais rica do país, o Senai-SP demonstra a gama de oportunidades que ela oferecia quando Lula era um aprendiz. Em 1956, a Escola Roberto Simonsen dava para os aprendizes "dois lanches por dia – leite e sanduíche – grátis",[43] além da opção de comprar uma refeição subsidiada no meio do dia por sete cruzeiros, preço que causava ao Senai um prejuízo de três cruzeiros. A escola também provia assistência médica e consultas ao dentista gratuitas para seus estudantes, pagando metade do custo de qualquer prótese dentária; para problemas mais graves, o Senai providenciava o tratamento ou a cirurgia por meio de uma agência aliada financiada pela folha salarial, o Serviço Social da

---

[43] Nitsch, entrevista por Alexander (1956).

Indústria (Sesi) (Bologna, 1980, p. 215). Eles também ofereciam atividades recreativas e uma vida associativa estudantil dinâmica.

Relembrando o passado, Lula afirma categoricamente que o curso de aprendiz foi o melhor período de sua infância. Havia comida, basquete e totó. "A gente tinha alimentação, jogava basquete, jogava futebol de salão, fazia curso professional. Além disso, tinha as aulas normais, de humanas e exatas. A gente participava de shows. Para um menino pobre como eu, o Senai era o que eu sonhava na vida" (Paraná, 2002, p. 75). O impacto do Senai na vida de Lula fica implícito na súbita confissão desse jogador de futebol fanático de que ele até passou a jogar menos enquanto frequentava a escola. Nos quesitos pontualidade, disciplina e desempenho, Lula tinha o apoio de sua mãe que, como observou Frei Chico (citado em Morel, 1981, p. 64), "ficou em cima do Lula e ele conseguiu se formar torneiro". Nitsch, do Senai, viria a dizer para Alexander, em 1956, que os professores e administradores da escola não enfrentavam "muitos problemas disciplinares", já que "na maior parte, os alunos estão ansiosos para aprender [e] se dão conta do quão importante é para as suas futuras carreiras e não criam problemas". Há evidências que sugerem que essa caracterização não se fazia apenas em interesse próprio. Em 1956, Alexander viu alunos "se concentrarem no seu trabalho, e não havia brincadeiras visíveis". (Alexander, 1956). Mas o principal era a atmosfera cultivada nos programas de treinamento do Senai:

> O ambiente de treinamento é altamente estruturado. Se presta atenção minuciosa a cada detalhe, indo dos macacões impecáveis ao reforço dos valores e atitudes que são funcionais às operações cotidianas da fábrica. Não há controle disciplinar aberto [...] mas o monitoramento discreto do tempo dos estudantes e a atmosfera similar à fábrica é ao mesmo tempo relaxada e comprometida. Desde o primeiro dia [...] se diz explicitamente aos alunos quais são as regras do jogo e o que se espera deles. (Castro, 1979, p. 626-627)

Essa combinação de um ambiente de aprendizagem bem estruturado e um mercado de trabalho favorável aos graduados do Senai ajudam a explicar a devoção que a maioria dos alunos tinham pela instituição. Ao mesmo tempo, o mercado de trabalho gerava problemas práticos. Alguns eram menores: em 1956, relembrava Nitsch, muitos meninos não queriam receber menos do que aqueles fazendo o mesmo trabalho em suas fábricas. Após ser explicado o ganho salarial prometido pelo diploma, continua Nitsch, a maioria aceitava a situação.[44] Um problema muito mais grave era a taxa de evasão escolar – que poderia chegar a 40%. Aprendizes geralmente desistiam após o segundo ano, quando habilidades mais avançadas estavam prestes a serem ensinadas; eles já haviam aprendido o suficiente para serem muito requisitados por empregadores desesperados. Embora o imediatismo dos estudantes fosse criticado, os funcionários do Senai tendiam a culpar os empregadores oportunistas por enfraquecer a contribuição a longo prazo da instituição para as indústrias: a criação de profissionais completamente treinados, e não torneiros mecânicos improvisados.

O Senai como instituição era motivado por e responsivo às necessidades e demandas dos industriais que supervisionavam suas atividades. Porém, o funcionamento da agência e a sua elaboração intelectual estavam nas mãos do quadro administrativo e pedagógico responsável pelas suas operações do dia a dia. O seu ideal de educação integral se baseava em tratar a juventude pobre e trabalhadora com um grau incomum de respeito e dignidade. Muitos veteranos do Senai classificaram Mange e a instituição como expressões de humanismo progressista. Após o fim da ditadura do Estado Novo, em 1945, dizem eles, Mange abandonou o utilitarismo estreito implícito em seu esquema anterior de braços anatômicos, diligentes e pensantes e começou a falar sobre o aluno operário (Senai, 1991, p. 141). O aprendiz adolescente não deveria ser visto como uma máquina, como um dependente, simplesmente por causa de suas necessidades, como "um ser isolado, perdido no atomismo social ou confundido na massa da coletividade" (Bologna, 1980, p. 376, 378-379). O Senai rejeitava a rigidez da prática educacional estabelecida e adotava uma nova abordagem de ensino.

---

[44] Nitsch, entrevista por Alexander (1956).

"Não é o professor que deve inculcar a matéria ao aluno", o relatório anual de 1951 do Senai declarava, "mas sim é o aluno que deve desejar adquirir os conhecimentos, o como e por que da prática e teoria do seu ofício". De fato, em seus últimos anos Mange buscava criar "uma Escola aberta, alegre, onde o aluno vive com liberdade e aprende a conduzir-se sob responsabilidade própria e confiante em si" (Bologna, 1980, p. 337).

O Senai pode ser visto como uma tentativa contínua de criar uma *intelligentsia* da classe trabalhadora consciente e colaborativa, que se orgulhasse de suas habilidades arduamente conquistadas. Mange entendia que muitos jovens brasileiros ficavam longe das indústrias pois não compreendiam sua grandiosidade. As profissões mecânicas envolvem "trabalho manual inteligentemente executado, pedem conhecimentos teóricos básicos, pedem raciocínio, desenvolvem o espírito e o caráter". O trabalhador qualificado, por sentir-se apto ao ofício, "coloca-se em vantajosas condições econômicas, tem amor à profissão dela, assumindo a necessária responsabilidade" dele exigida (Mange, *citado em* Bologna, 1980, p. 386-387). O Senai, como um cientista social brasileiro observou, "desenvolve nos aprendizes um gosto pela ocupação bem aprendida, assim como um senso de dignidade e de orgulho profissional" (Castro, 1979, p. 627).

Em uma era na qual o desenvolvimento nacional estava em voga, o Senai apostou em fazer a indústria conquistar o respeito e prestígio merecido por suas contribuições para o futuro do Brasil. No auge de sua expansão, o Senai oferecia uma visão democrática que as elites brasileiras de meados do século – sejam elas econômicas, políticas ou militares – não estavam prontas para valorizar, muito menos para implementar por completo. A instituição havia se consolidado entre 1946 e 1964, durante a era democrática sem precedentes agora chamada de República Populista. Em sua luta pelo futuro, o Senai afirmou a importância, o valor e o respeito que o trabalhador braçal qualificado, seja lá qual for sua origem, merecia da sociedade como um todo. Para Mange, tratava-se de uma classe que beneficiava a "indústria, a sociedade, e o Estado". Escrevendo antes da ditadura que viria a durar

21 anos, Mange argumentou apaixonadamente que o Senai iria prover à sociedade homens de "caráter disciplinado e consciente dos seus deveres". A elite de trabalhadores qualificados, Mange sonhava, teria uma influência saudável nas classes trabalhadoras, enquanto o estado obteria "um cidadão laborioso e ordeiro" (Mange, citado em Bologna, 1980, p. 387). Não é surpreendente que, 36 anos após a cerimônia de graduação de Lula, ele ainda declarasse que seu aprendizado de três anos no Senai foi "o mais importante período na minha vida". Entrevistado por seus colegas metalúrgicos de São Bernardo, Lula explicou porque: em primeiro lugar, ele estava aprendendo uma profissão, e em segundo lugar, "foi a primeira vez que eu tive contato com a cidadania".[45]

---

[45] Lula, entrevista, 2000 (Silva, 2000, p. 16).

4. UM CONTO DE DOIS IRMÃOS

José Ferreira de Melo e Luiz Inácio da Silva, os dois irmãos mais novos da família Silva, são muito citados na história da família. Nascidos em 1941 e 1945, respectivamente, Ziza e Lula eram inseparáveis durante a adolescência; ambos se tornaram metalúrgicos e sindicalistas. Para evitar confusão com seu irmão mais velho, José Inácio da Silva (nascido em 1936), Ziza foi legalmente nomeado José Ferreira de Melo, mas é conhecido por todos pelo apelido Frei Chico, apelido cunhado por seus companheiros sindicalistas por causa de uma área calva prematura que parecia a tonsura de um frei (Medeiros, 1994, p. 90-91). Lula e Frei Chico, já próximos, descobriram que eles tinham ainda mais em comum em 2011, quando o ex-presidente de 66 anos de idade passou por um bem-sucedido tratamento contra um câncer de laringe e perdeu temporariamente seus cabelos. Após muito tempo acreditando ser mais bonito que Frei Chico, Lula descobriu com desgosto que eles eram idênticos (Lula quer voltar a dizer..., 2011).

Frei Chico aparece nas biografias de Lula apenas para explicar que Lula entrou para o sindicalismo por sugestão dele. Teremos um entendimento mais profundo da vida de Lula, entretanto, se abordarmos a relação deles como um conto de dois irmãos, explorando o que eles compartilhavam e no que eles divergiam como jovens da classe trabalhadora nos anos 1960. Comparado com Lula, o "bom moço", Frei Chico era mais independente, até mesmo revoltado, fato exemplificado por sua decisão aos 17 anos de idade de abandonar o curso de formação para se tornar um torneiro mecânico.[1] Analisando o passado quando já estava na meia idade, Frei Chico (citado em Paraná, 2002, p. 152; citado em Morel, 1981, p. 64) afirma que essa decisão de 1958 foi baseada em burrice e vaidade pessoal. Ele tinha "ilusão de ser forte", se exercitando com barras, e "não gostava daquele negócio de ficar desbastando ferro"; ele preferia "trabalhar de ajudante de caminhão", para que ele pudesse ficar nas ruas olhando para meninas. Isso ia contra os conselhos de dona Lindu; apenas a autoridade inquestionável de um "pai ou de alguém responsável", diz ele, poderia ter impedido seu erro. Sua personalidade forte fica também evidente em sua divergência em relação ao catolicismo da família. Apesar de seu apelido, Frei Chico (citado em Morel, 1981, p. 65) era cético desde a infância, como afirmou de forma bem humorada em 1981: "Eu sempre fui meio ateu, desde pequeno. Quando foram me crismar, [...] eu mordi o padre, mordi o padrinho [...] Eu nunca gostei de padre".

Apesar de ter largado o treinamento para se tornar um torneiro mecânico, Frei Chico (*apud* Morel, 1981, p. 64) obteve o certificado em uma profissão qualificada da metalurgia – retificador, como consta nos seus documentos de trabalho. Mas ele deixou essa especialidade para trás para se tornar um soldador que, como ele explicou defensivamente, "é uma profissão", mas um ofício "muito ingrato" que "judia muito do profissional". Diferentemente de Lula, Frei Chico não encontrou autorrealização ou identidade em sua profissão. Sua trajetória vocacional indica o quão ilusório é supor que trabalhadores qualificados formam um grupo coeso simplesmente porque eles podem ser distinguidos daqueles considerados semiqualificados ou não qualificados. De acordo com o Senai, um quinto da mão de obra metalúrgica de São Paulo se enquadrava na grande gama de empregos classificados

---

[1] Ele provavelmente recebeu o treinamento no torno sendo ajudante na fábrica metalúrgica da Vila Carioca onde trabalhou em 1957, já que não menciona o Senai.

como qualificados nos anos de 1960. Porém, o termo "qualificados" oculta uma hierarquia marcada por diferenças evidentes de *status*, salário e de demanda no mercado de trabalho, assim como de níveis de especialização e identidade. Com exceção de algumas profissões estáveis no topo da cadeia, incluindo torneiros mecânicos, as qualificações estavam em constante transformação devido a mudanças nos processos industriais e nas máquinas, isso sem falar das disputas contínuas sobre se determinada tarefa era qualificada o suficiente para ser reconhecida como tal e, se fosse, com quais consequências. O Senai, de fato, classificava soldadores como qualificados nos anos 1960 – mesmo apontando distinções entre seus postos – mas eles estavam bem abaixo dos torneiros mecânicos, que ficavam bem mais próximos do grupo ainda menor, mais qualificado, mais prestigiado e mais bem pago: os ferramenteiros.

Esse capítulo traça as trajetórias distintas de Frei Chico e de Lula para ilustrar contrastes de comportamento que giram em torno de duas figuras estereotipadas do trabalhador: o "bom moço" e o "rebelde". Essas identidades contrastadas, como mostrarei, desempenharam um papel fundamental durante esse momento histórico no Brasil – seja no crescimento da esquerda nos anos finais da República Populista, de 1960 a 1964, quando o sindicalismo nacional fez grandes avanços e partidos políticos de esquerda se organizaram para defender reformas sociais fundamentais, ou na destruição dessa efervescência de esquerda, por meio do golpe de 31 de março de 1964, quando muitos trabalhadores aceitaram passivamente ou até mesmo apoiaram a tomada de poder pelos militares. Porém, ambos os tipos de trabalhadores, como irei relatar, estabeleceram a fundação durante essa época para a explosão de protestos dos trabalhadores do setor automobilístico e dos sindicalistas do ABC que viriam a acontecer em 1978.

APRENDIZADO NA LUTA DE CLASSE

Sendo os mais novos da família Silva, Frei Chico e Lula haviam sido próximos desde a época do pau de arara e da vida na região metropolitana de Santos. Como Lula recorda, eles permaneceriam "inseparáveis" também quando adolescentes, na Vila Carioca. Porém, desde cedo havia sinais de que eles tomariam caminhos divergentes, mesmo antes de Lula entrar para o Senai. Frei Chico era atraído pelos comunistas "realmente militantes" que ele veio a conhecer na Vila Carioca, em 1958. Ele fez esse comentário em 1981, em uma entrevista com Mário Morel, menos de um ano após sua prisão durante a greve dos metalúrgicos do ABC de 1980. O Partido Comunista Brasileiro (PCB), com o qual Frei Chico tinha há muito tempo uma conexão e ao qual veio finalmente se filiar em 1971, ainda era ilegal em 1981, então ele evitava declarar publicamente sua filiação. Porém, ele enfatizou que os comunistas que ele tinha conhecido em 1958 diziam o que os trabalhadores queriam ouvir: "Eles abrem a mente da gente". Em 1993, sete anos após a legalização do PCB, Frei Chico falou do seu respeito pelas "greves, agitação, e campanhas contra a fome, contra a miséria [...] eram os comunistas que encabeçavam isso". Ele e alguns amigos começaram a confraternizar com os comunistas locais em bares e barbearias; ele gostava do papo deles sobre reagir, acabar com a miséria dos trabalhadores e criar um mundo no qual os trabalhadores fossem os patrões, onde uma reforma agrária efetiva faria com que migrantes rurais não inundassem mais o mercado de trabalho urbano.[2]

Frei Chico relaciona seu interesse por política ao entusiasmo de seu pai por Getúlio Vargas, o presidente populista e "pai dos pobres" que suicidou-se frente a um ultimato militar que exigia sua renúncia, em agosto de 1954. Desde 1930, Vargas dominava a política brasileira, criando a legislação trabalhista do país e sindicatos patrocinados pelo governo. Embora longe de ser democrático, Getúlio (como é popularmente conhecido) estabeleceu um poço de simpatia entre as classes populares, que foi passado – pelo menos parcialmente – para o Partido Trabalhista Brasileiro (PTB), de centro-esquerda, criado por

---

[2] Lula, entrevista por Paraná, 30 de junho de 1993; Frei Chico, entrevista por Paraná, 10 de setembro de 1993, (Paraná, 2002, p. 65, p. 151); Frei Chico, entrevista por Morel, meio de 1981 (Morel, 1981, p. 64). Esses itens da argumentação são extraídos de minhas entrevistas com Marcos Andreotti sobre como recrutar trabalhadores para um sindicato ou partido.

Vargas em 1945. Frei Chico (citado em Paraná, 2002, p. 160, 151; citado em Morel, 1981, p. 64) considerava os comunistas interlocutores ideais para canalizar o interesse que começava a sentir pela política.[3] Membros do PCB estavam longe de ser fãs inequívocos de Vargas, que os perseguia, mas a estratégia deles depois de 1954 os colocava em uma posição mais alinhada com a dos trabalhadores que idealizavam Getúlio e com os políticos do PTB que se proclamavam herdeiros de seu legado, tais como o vice-presidente de Juscelino Kubitschek, João Goulart, Jango, e o governador do Rio Grande do Sul, Leonel Brizola. As manobras do dia a dia da política nacional eram geralmente muito distantes das vidas das classes populares – os analfabetos sequer tinham direito a votar – mas a morte dramática de Getúlio, e o tumulto e luto público nacional massivo subsequentes, marcaram fortemente a vida de muitos, incluindo a dos Silvas.

As lembranças mais antigas de Lula sobre política são da política eleitoral populista vibrante de São Paulo. Ele recorda que alguns membros de sua família eram adhemaristas, apoiadores do rechonchudo e três vezes governador Adhemar de Barros, cujo apelo popular e incontestável carisma eram tão fortes quanto sua tendência à corrupção. A sua famosa caixinha levou seus apoiadores a gracejarem com o clássico comentário "ele rouba, mas faz".[4] Ao mesmo tempo, Lula gostava de assistir aos histriônicos discursos públicos do oponente mais visceral de Adhemar, Jânio Quadros, o excêntrico ex-professor cuja ascensão meteórica teve início com sua memorável campanha para prefeito de São Paulo em 1953, "o tostão contra o milhão", seguida de sua eleição para governador em 1954 e para presidente do Brasil, em 1960. As paixões que moviam a política eleitoral de São Paulo são insinuadas em uma história que Lula conta sobre sua entrada em um bonde cheio de janistas (como os apoiadores de Quadros eram conhe-

---

[3] Mesmo sendo um narrador não confiável, seu irmão Jaime nega que o pai soubesse algo sobre política.

[4] Adhemar se aliou duas vezes aos comunistas para uma disputa estadual, porém nos anos 1960 ele se alinhou com os articuladores do golpe de 1964 que acabou com a democracia eleitoral e com a ordem constitucional (French, 1988).

cidos) carregando um panfleto de Adhemar. Lula se lembra como "me fizeram descer do bonde a pontapé, paulada, sem eu saber de porra nenhuma" (citado em Morel, 1981, p. 34, 25). A renúncia de Jânio da presidência, em 1961, no aniversário do suicídio de Vargas, gerou uma crise nacional, e as reações dos pobres, como Lula recorda, iam do sentimento de traição até a crença de que ele foi forçado a deixar o cargo porque tinha desagradado os ricos.[5]

Para o adolescente Lula, Frei Chico estava gastando tempo com bobagens. Ainda assim, o próprio Lula não deixou de se comover com as mobilizações de trabalhadores que emergiram entre os anos de 1957 e 1963. Quando sua família chegou, os distritos industriais da cidade estavam tomados pela "Greve dos 400 mil", envolvendo centenas de milhares de trabalhadores. Com a inflação acelerada que acompanhava o crescimento econômico, o descontentamento permanecia em alta. Lula se deparava rotineiramente com tais protestos de trabalhadores, fosse como participante fosse como espectador passivo. "Minha primeira experiência com greve", ele explicou, veio com a idade de 15 anos. Saindo um dia para ir trabalhar, ele percebeu como "a rua estava toda pichada". Na entrada da fábrica, o chefe apreensivo, o senhor José, falou sobre os boatos de uma paralisação de grandes dimensões; decidindo que era melhor evitar confusão, ele dispensou os trabalhadores. Mas em vez de voltar para casa, Lula subiu em um pequeno caminhão da empresa com outros trabalhadores e saiu por aí para "ver como é que estava a situação". Os trabalhadores mais novos, ele prosseguiu, "fazíamos o que os mais velhos mandavam: passávamos em frente a uma fábrica que estava trabalhando e jogávamos pedras nos vidros". Tudo era novidade: "uma coisa que eu só conhecia de ouvir os mais velhos contar" (Lula citado em Paraná, 2002, p. 79-80).

Lula relata outra experiência de greve por volta da mesma época. Muitos trabalhadores estavam fazendo piquetes em frente à fábrica de juta onde sua irmã Maria Baixinha trabalhava, e Lula foi enviado para levá-la para casa. Os piquetes, segundo ele, seguiam o padrão estabe-

---

[5] Jânio também obtinha apoio e aliados dentre os sindicalistas e os da esquerda, mas nunca do PCB propriamente dito.

lecido de arrastar outras fábricas a aderirem à greve, já que eles "saíam em passeata e iam parando as fábricas" pelas quais passavam. Nessa ocasião, os patrões da fábrica de Maria preferiram testar a correlação de forças, resistindo. Como resposta, o pessoal "derrubou o muro da fábrica. Era um muro alto. Todo mundo pôs a mão no muro e começou a empurrar, empurrar, empurrar [...] e caiu uma parte grande do muro. Diante disso liberaram os funcionários". Os grevistas então formaram um "um corredor polonês, e neguinho que tava furando a greve dentro da fábrica ia tomando tapa na cabeça, na bunda [...] eles ficaram ali azucrinando". A irmã dele passou ilesa (Lula citado em Paraná, 2002, p. 80).

A terceira greve da qual Lula se lembra envolveu uma violência muito maior. Quando os grevistas entraram em uma pequena tecelagem com oito ou nove trabalhadores, eles se depararam com tiros os disparados pelo dono, que atingiram "na bexiga de um companheiro que estava na frente". Em retaliação, os grevistas jogaram o dono pela janela do segundo andar; ele foi levado ao hospital, onde Lula acredita que ele pode ter morrido. "Foi a cena mais violenta que eu já vi [...] fiquei assustado [...] mas ele também tinha dado motivos, porque ele tinha atirado [...] Então eu achava que o pessoal estava fazendo justiça". A última greve que Lula lembra de sua infância inclui outro protagonista recorrente nas relações trabalhistas: as forças de repressão, em todas suas variadas manifestações. Na Via Anchieta, o jovem Lula se deparou com os "piquetes" da polícia militar, a temida Força Pública, montada a cavalo. Lula lembra de ter presenciado a engenhosa reação dos grevistas à cavalaria: os trabalhadores jogavam bolinhas de gude na rua, o que fazia com que os cavalos perdessem seu equilíbrio e impedia os militares de intimidar, bater e prender a multidão. A descoberta de uma arma tão banal ficou na memória do jovem Lula, que lembra do acontecimento como uma incrível aventura (Lula citado em Paraná, 2002, p. 79-80).[6]

---

[6]   O horário e o local do acontecimento violento descrito por Lula não foram identificados. Ao ler milhares de artigos de jornal sobre greves na Grande São Paulo, eu encontrei um artigo que provavelmente soluciona o mistério, mesmo tratando-se de

Porém, esses encontros passageiros com greves antes de 1964 não eram nada se comparados com o percurso de Frei Chico na luta sindical organizada. Lula não pertencia ao sindicato e não frequentava as assembleias, nem participava das intensas reuniões que sempre acompanhavam as grandes greves. O que atraía Lula e muitos outros jovens era a empolgação das ruas: a greve como um tumulto ou uma folga com baderna e farra. Frei Chico, então com 19 anos de idade, por outro lado, estava tomando um caminho já muito percorrido por mais de meio século no centro industrial do Brasil. Gerações sucessivas de trabalhadores indignados, quase sempre jovens e do sexo masculino, tinham sido atraídos pelas "palavras agradáveis" daqueles que confrontavam os patrões, que defendiam os trabalhadores e que não se curvavam diante da repressão. Durante a Primeira Guerra Mundial, esses trabalhadores radicais eram os anarquistas, que ficaram famosos – ou infames, dependendo do ponto de vista – pelas greves gerais que tomaram conta de uma São Paulo muito menor em 1917 e 1919. Após 1930, o ativismo dessa minúscula minoria de trabalhadores radicais era geralmente associado ao PCB, então na ilegalidade, que liderava greves importantes e que havia ganho diversas eleições nos municípios de São Paulo e Santo André depois de 1945, durante o breve período no qual o partido foi legalizado (em 1947, ele foi novamente colocado na ilegalidade e duramente reprimido). Seja por medo, seja por convicção, a grande maioria dos trabalhadores mantinha claramente distância desses rebeldes ou até mesmo se opunha a eles. Porém muitos trabalhadores – mesmo que pontualmente, à distância ou em segredo – sentiam um certo orgulho da reação viril desses homens àqueles que exploravam, oprimiam e humilhavam sua classe.

---

um incidente ocorrido na Vila Carioca em outubro de 1957, durante a famosa "greve dos 400.000", quando Lula, recém-chegado, tinha 12 anos de idade, e não 17 como ele indicou no seu relato. Os piquetes chegaram e o dono da indústria de malhas "Fio-text" de 33 anos de idade, solteiro, Manuel Dias de Carvalho Pereira, pegou um revólver e atirou em dois trabalhadores (de 30 e 15 anos de idade, respectivamente) antes de sequer conversar com a multidão. Não há referência a uma morte associada com o acontecimento, mas o artigo diz que três homens foram acusados de roubar máquinas de escrever da empresa (Aconteceu na indústria de Malhas..., 1957).

A continuidade intergeracional do radicalismo pode ser observada na carreira de Marcos Andreotti (1910-1984), o líder sindical mais importante do ABC antes de Lula. Durante a Primeira Guerra Mundial, ele foi atraído pelos agitadores anarquistas que ele ouviu discursar na Praça de Sé, em São Paulo. Assim como Lula, ele presenciou a engenhosidade dos trabalhadores ao lidar com forças de repressão: ele lembra de trabalhadores amarrando cordas de piano aos postes de luz, atraindo a atenção de policiais montados a cavalo, e comemorando quando a armadilha os derrubava. Ateu desde jovem, Andreotti se filiou ao recém-formado PCB com 14 anos de idade e, nos anos 1970, trabalhou de forma próxima com seu camarada mais novo, Frei Chico. As quatro décadas de trabalho organizativo de Andreotti incluíam realizações como a fundação do sindicato dos metalúrgicos de Santo André, em 1930, e o exercício da sua presidência por três mandatos, de 1958 até 1964, quando foi expulso durante a intervenção militar massiva imposta ao movimento sindical.[7]

Em nossas entrevistas, Andreotti expôs sua perspectiva de veterano sobre o aprendizado no sindicalismo e na política pelo qual Frei Chico passou antes de 1964. Baseado em uma experiência de toda uma vida na organização dos trabalhadores de chão de fábrica, Andreotti rejeitou narrativas que distinguiam trabalhadores "com consciência de classe" dos "sem consciência de classe". Para ele, todos os trabalhadores, até mesmo aqueles que eram leais ao patrão ou que trabalhavam durante uma greve, tinham algum nível de consciência que poderia ser elevado por meio da luta em torno de suas reivindicações, não importa o quão pequenas ou aparentemente mundanas elas pareçam ser. Em suas palavras, alguém como Frei Chico era combativo, sabia que estava sendo explorado, queria lutar mas não sabia como fazê-lo de forma efetiva. A combatividade da classe trabalhadora, Andreotti explicava, era direcionada no sentido de reivindicações econômicas imediatas e contra as condições de trabalho e o tratamento a que eram submetidos. A luta de classes, dizia ele, era mais visível no

---

[7]   Para uma abordagem biográfica mais completa de Andreotti, ver French, 2010.

exercício do trabalho, onde se compartilhava queixas econômicas e contra questões específicas do local de trabalho que ajudavam a sustentar um objetivo comum entre trabalhadores que não necessariamente existia fora dos portões da fábrica.[8]

Na experiência de Andreotti, a melhor abordagem era trabalhar "sindicalmente" com um indivíduo de tamanha combatividade, ajudando-o a organizar seus colegas de trabalho para tratarem dos problemas compartilhados.[9] A primeira lição de Frei Chico sobre o trabalho organizativo veio quando ele tinha 20 anos de idade, em 1960-1961, e trabalhava em uma fábrica pequena no Ipiranga chamada Metalac. Os patrões adotaram um novo sistema de três turnos, o que significava que Frei Chico não trabalharia mais em um turno fixo das 7:00 às 17:30 (expedientes de dez horas e meia não eram incomuns). Em vez disso, ele teria que alternar entre três turnos com horários de trabalho que mudavam toda semana. "Pra nós, solteiros", era fogo trabalhar na noite de sábado até 22:30. Após a sugestão de alguém, ele e os "molecões" foram até o sindicato de metalúrgicos de São Paulo para ver se eles podiam "ganhar o dia no grito". Ele começou a frequentar o sindicato e conhecer seus dirigentes e funcionários, especialmente um grande agitador chamado Cássio, que o orientou. Enquanto o sindicato estudava o contrato e a lei trabalhista, Frei Chico e seus amigos optaram por uma ação direta: eles simplesmente decidiram não aparecer no sábado. Esse ato de afronta juvenil custou a Frei Chico seu primeiro trabalho (Frei Chico citado em Paraná, 2002, p. 151).

Em seu terceiro trabalho no setor da metalurgia, Lula se deparou com uma relutância semelhante, por parte dos patrões, em acomodar a vida social de jovens adultos. Em 1965, ele trabalhava já há 11 meses na Fris Moldu Car, uma fábrica de peças de automóvel com cem trabalhadores no Ipiranga, e foi demitido por não aparecer no sábado para fazer hora extra. Ele tinha pego o dinheiro que o patrão pagava para transporte e almoço e decidiu que, em vez de trabalhar, iria para a praia em Santos com seus amigos, conforme tinha planejado. "Pobre

---

[8]   Marcos Andreotti, entrevista por John D. French, 5, 18 e 27 de novembro de 1982.

[9]   Andreotti, entrevista por French, 5 e 18 de novembro de 1982.

não se bronzeia quando vai pra Santos", ele comentou, ironicamente, e ele não tinha como se defender quando apareceu segunda-feira de manhã vermelho como um camarão. Foi demitido imediatamente.[10] Esses dois incidentes dizem muito sobre os imperativos da sociabilidade entre jovens adultos – ainda que difiram em aspectos fundamentais. Frei Chico estava engajado em uma luta organizada na Metalac, envolvendo o sindicato e um boicote coletivo. A história de Lula, por outro lado, relatava uma decisão individual impulsiva, mais do que uma expressão de revolta. Ademais, suas lições são ambíguas, para dizer o mínimo: se você resolver faltar à hora extra do fim de semana, não vá para a praia, porque a pele queimada vai te impossibilitar de se apresentar segunda-feira de manhã.

Mesmo que a combatividade individual e coletiva no ambiente de trabalho variasse, Andreotti enfatizava que ela era sempre mais comum do que a consciência dos trabalhadores sobre lutas envolvendo o poder política para além dos muros da fábrica.[11] Apenas depois que os trabalhadores tivessem se mobilizado em torno de suas demandas econômicas, ele explicava, que eles poderiam chegar a conclusões políticas mais amplas. Foi assim que Frei Chico progrediu durante as transformações políticas que levaram ao golpe militar em 1964. Mais interessado em política do que a maioria, ele acompanhou ainda mais de perto os acontecimentos nacionais com a crise acerca da renúncia de Jânio da presidência, em 1961. Assim como outros ativistas, Frei Chico ficou entusiasmado quando o veto militar à posse do vice-presidente Goulart foi derrotado. Com o candidato do PTB no poder, ele escutava avidamente o programa de rádio noturno do governo, A Hora do Brasil, à medida que as promessas de reformas de base emergiam (Frei Chico citado em Morel, 1981, p. 64). Com mobilizações e greves crescentes, Frei Chico, então com 22 anos de idade, falava bem de ícones de esquerda como os governadores Miguel Arraes e Leonel Brizola para Lula e para seus colegas de trabalho. Mesmo sendo mais

---

[10]   Lula, entrevista, 2000 (Silva, 2000, p. 20); Lula, entrevista por Morel, meio de 1981 (Morel, 1981, p. 34).

[11]   Andreotti, entrevista por French, 18 e 27 de novembro de 1982.

obcecado por futebol do que por política, Lula adquiriu certa admiração pelos dois governadores após 1964, com base no que ele ouviu do pai de um amigo, que falava sobre eles quando as pessoas se juntavam para bater papo na esquina da rua (Silva, 2000, p. 25).

No início dos anos de 1960, o movimento operário brasileiro atingiu uma sofisticação organizacional e uma capacidade de mobilização de massas sem precedentes, incluindo o estabelecimento da primeira confederação sindical nacional, em 1961-1962. O Comando Geral dos Trabalhadores, posteriormente Confederação Geral dos Trabalhadores (CGT) chegou a vivenciar greves gerais que às vezes envolviam centenas de milhares de trabalhadores, incluindo a primeira greve política em mais de uma cidade, em julho de 1962. Ademais, em 1962 o movimento conquistou, por meio da ação direta e da pressão política, o décimo terceiro salário.

O movimento operário também conquistou uma influência inédita sobre as questões mais relevantes e controversas da vida, economia, política e até mesmo da diplomacia do país. Os principais dirigentes eram eleitos para órgãos legislativos locais, estatais e nacionais, embora aqueles que fossem membros do ilegal PCB fossem frequentemente impedidos de assumir cargos (como ocorreu em 1962, em São Paulo). Os trabalhadores também lutavam ousadamente pelo programa de transformação ampla representado pelas limitadas, porém simbolicamente potentes, Reformas de Base, prometidas durante a malfadada presidência de Goulart (1961-1964). Por fim, o movimento sindical ampliou suas alianças para incluir, pela primeira vez, aliados rurais importantes, tais como ligas camponesas, e o sindicalismo rural se espalhou como fogo no campo. Imbuído por um novo senso de poder, o movimento dos trabalhadores pressionou para renegociar os termos do pacto populista com seus aliados de classe média e da elite.

Para um jovem trabalhador como Frei Chico, tudo isso era excitante, e era fácil embarcar na propaganda de direita de que o CGT era o quarto poder soberano da nação e seu quinto (mesmo que não profissional) exército (Stacchini, 1965, p. 64, 14, 36). Condenando esse "poder sindical-comunista", aqueles que apoiavam um golpe militar retratavam um movimento operário agressivo, até mesmo violento, dominado por uma minoria de politiqueiros, comunistas e pelegos que negligenciavam os interesses legítimos dos trabalhadores (General Castelo Branco *apud* Stacchini, 1965, p. 70).[12] Usando o discurso do fim da corrupção, da subversão e da desordem, esses grupos antioperários criticavam o as "organizações espúrias" de sindicalismo político que recebiam o apoio oficioso do presidente Goulart. (General Mourão Filho, citado em Stacchini, 1965, p. XIX, 19).[13]

Essa retórica apocalíptica de direita pode ser facilmente rebatida, já que seus propagadores tinham claramente outras motivações. Porém, as escolhas retóricas da direita e sua habilidade de mobilizar o eleitorado dependiam da percepção, difundida por todo o espectro político, de que a classe trabalhadora tinha alcançado um novo nível de poder. Como observaram corretamente dois jovens sociólogos em 1962, a "influência política, social e econômica" do proletariado de São Paulo "vem crescendo rapidamente e cuja participação na tomada de decisões – isto é, seu 'poder'– tende a ampliar-se" (Löwy; Chucid, 1962, p. 133). Um entusiasmado jovem rebelde poderia ver o futuro sendo construído diante de seus olhos.

O florescimento da esperança e de uma visível militância social e política entre os trabalhadores no início dos anos de 1960 foi concomitante em meios como o dos estudantes universitários, de setores da igreja católica, de militares de baixo escalão, de camponeses e de trabalhadores rurais. Foi nesse contexto que Frei Chico abraçou um aprendizado desafiador em relação à luta de classes como ativista sindical. A militância sindical viria a definir sua identidade pessoal enquanto ele

---

[12] Veja declarações do Movimento Sindical Democrático, anticomunista, (*Jornal de Santo André*, 14 de junho de 1961) e o conservador e católico Círculos Operários do Estado de São Paulo (*Jornal de Santo André*, 17 de abril de 1963). A alegação de que os sindicatos eram dominados por uma minoria comunista pode ser encontrada na declaração de 30 de março de 1964 do Clube Naval (cf. Victor, 1965, p. 504-505).

[13] Isso era também a acusação formal apresentada contra Goulart pelos três ministros militares durante a crise de 1961 que foi subsequente à renúncia de Jânio Quadros. (Victor, 1965, p. 354, 356). Veja também a declaração do sindicato conservador dos trabalhadores de borracha de São Paulo e de Santo André, *Jornal de Santo André*, 28 de novembro de 1960

construía um senso de autovalorização por meio do engajamento contínuo com – e do combate às – figuras de autoridade que desrespeitavam os de baixo. A militância proporcionava bastante espaço para utilizar a inteligência, a ousadia e a astúcia, uma vez que demandava o domínio de múltiplas habilidades e a aquisição de uma gama ampla de conhecimentos, tanto formais quanto informais. Ela também envolvia uma diversidade de ações, que iam do convencimento individual dos colegas de trabalho até a descoberta de como conseguir entrar em uma fábrica com panfletos ou de como mobilizar o próprio setor de trabalho sem ser descoberto. Nas ruas, ela incluía tudo, desde a agitação até aderir a piquetes de greves e eventualmente liderá-los, além de saber como lidar com guardas, policiais ou mesmo com a milícia enviada para dispersá-los. Dentro do sindicato, ela envolvia participar de assembleias e aprender a falar de modo eficaz com aqueles que frequentavam as reuniões, sempre cheias de aplausos e vaias, na 'casa dos trabalhadores'. Mesmo trabalhadores não ativistas faziam uso da palavra regularmente, um gesto significativo de autoafirmação em um mundo onde se esperava que os trabalhadores andassem com as cabeças baixas. A sede do sindicato era também um lugar para celebrar o carnaval, jogar futebol, buscar algo para aprender ou ver e fazer amigos, se encontrando para beber antes ou depois de uma reunião.

Assim como a profissão de torneiro mecânico, o papel de um militante sindical trazia diariamente novos desafios. Seus ativistas eram centrais nas manobras políticas em torno de eleições sindicais, que ocorriam a cada três anos. Para além das intrigas associadas à composição das chapas, os ativistas decidiam os desdobramentos eleitorais alinhando os votos com seus amigos e colegas de empresa. A maioria das chapas eram composições políticas, elaboradas para acomodar personalidades, ambições pessoais, fábricas e tendências políticas organizadas, fossem clandestinas ou não. Ademais, um indivíduo poderia chegar a servir como um funcionário remunerado do sindicato, e assim escapar do chão de fábrica. Acima de tudo, a militância sindical trazia emoção e sentido para a vida dos trabalhadores, uma oportunidade para forjar laços intensos com outros homens corajosos.

Como dizia Andreotti, um homem tem que "se fazer respeitar", e o ativismo sindical, associado ou não ao comprometimento político radical, permitia a um homem de classe trabalhadora traçar seu próprio caminho, sob suas próprias regras, em um mundo que o rebaixava. É claro que poderia haver um preço a ser pago, mas a vida industrial fornecia poucos indícios de que seria possível alguém evitar de se ferrar simplesmente seguindo o que os patrões queriam; esse tipo de comportamento submisso e indecoroso era típico de "bajuladores" e "puxa-sacos".

"REBELDES" E "REVOLUCIONÁRIOS"

Trabalhadores como Frei Chico eram alvos de intenso monitoramento por parte dos capatazes, dos gerentes de fábricas e da Delegacia de Ordem Política e Social (Dops). Tais militantes sindicais foram mencionados quando, em 1963, a equipe de Luiz Pereira entrevistou mestres e capatazes de fábricas têxtil e de metalúrgica, perguntando quem costumava ser demitido e por quê. Eles apontaram os "agitadores", juntamente com aqueles que cometiam ofensas mais mundanas como atrasos, desempenho ruim ou recusa a trabalhar nas horas extras. Um capataz reclamou sobre trabalhadores que "faziam politicagem dentro da seção, falavam em greves, aumentos etc. e logo juntavam uma turminha em volta deles". Outro se destacou por sua clareza e nuance interpretativa. Nós demitimos pessoas, ele disse, "por incapacidade, por rebeldia, por não corresponder às funções, por influenciar mal outros operários com ideias subversivas, incitação à insubordinação". Mas ele falou mais especificamente sobre trabalhadores como Frei Chico. "Há sindicalizados que acham que o sindicato é tudo", ele disse se apressando em esclarecer que nem todos eram necessariamente comunistas, mas "são revoltados e essa revolta atrapalha e é preciso dispensá-los". Curiosamente, ele também reclamou que alguns trabalhadores usavam as leis trabalhistas e os sindicatos patrocinados pelo governo como armas. Reconhecendo que "a lei é um bem" a princípio, ele enfatizou, "mas mal usada torna-se um perigo" (Pereira, 1965, p. 219).

Os fatores triviais da organização cotidiana são bem ilustrados pela lição seguinte vivida por Frei Chico sobre como dirigir uma luta fabril, que ocorreu sob circunstâncias políticas radicalmente alteradas. Após ser demitido da Metalac, o jovem trabalhador conseguiu um emprego no setor metalúrgico no bairro do Bom Retiro, antes de voltar para a Vila Carioca, no início de 1964, para trabalhar na Pontal, uma firma de implementos agrícolas. Quando ele foi contratado, os trabalhadores da Pontal estavam recebendo bons salários por meio de um sistema complexo de divisão de lucros. Porém, o pagamento foi reduzido em um terço com a severa recessão econômica subsequente às medidas anti-inflacionárias do novo regime militar, que tinha tomado o poder em primeiro de abril de 1964. Os 300 trabalhadores da Pontal estavam zangados porque agora recebiam "uma merda", como Frei Chico (citado em Morel, 1981, p. 65) descreveu sem rodeios em 1981. Como um ativista sindical, Frei Chico teve que transformar esse descontentamento em uma pressão organizada por meio do planejamento de reuniões na sede do sindicato. No maior encontro, o funcionário do sindicato Orlando Malvesi incentivou que o jovem tentasse falar em público. Tremendo terrivelmente, Frei Chico pegou o microfone na frente de 200 trabalhadores, hesitou, e depois a falar: "eu falei para diabo. Aí eu fui revolucionário [...] eu comecei a meter o pau em todo o mundo". Revisitando o passado, ele admite que sua performance foi "uma merda" – quando ele acabou, Malvesi disse "Porra, não é assim rapaz" (Frei Chico citado em Paraná, 2002, p. 152-153) – mas ele aprenderia a fazer melhor.

Greves eram sempre difíceis, mas as circunstâncias políticas em 1965 as tornavam impossíveis; o único caminho para algum avanço era a justiça do Trabalho, encarregada de garantir o cumprimento das normas e provisões da legislação trabalhista. Um processo foi aberto contra a Pontal; o nome de alguém precisava aparecer na petição, e nesse caso, foi o de Frei Chico. Uma comissão de trabalhadores foi escolhida para negociar com a empresa, que retaliou, demitindo Frei Chico por liderar a greve. Ao fazer isso, a Pontal evitou pagar as verbas rescisórias devidas. Em sua narrativa sobre o passado, Frei Chico enfatiza a solidariedade de seus colegas trabalhadores, que organizaram uma arrecadação em seu nome e levantaram o dinheiro necessário para cobrir a perda do seu salário. Porém, sua maior satisfação psicológica veio de seu eventual triunfo nos tribunais, com a vitória no processo que ele havia aberto devido à sua demissão. Já que não havia ocorrido uma greve, a ação da Pontal havia sido ilegal, e a empresa foi forçada a pagar o que devia a Frei Chico, embora ele não tenha sido recontratado (Frei Chico citado em Morel, 1981, p. 64-65; Paraná, 2002, p. 152-153).

Frei Chico estava ciente contra quem ele lutava; ele estava firme em suas convicções e sabia desfrutar de uma pequena, porém significativa vitória quando ela surgia. Eram tempos desencorajadores para o ativismo sindical, dada a profundidade da derrota do movimento organizado de trabalhadores com o golpe militar em 31 de março de 1964. No caso dos metalúrgicos, o golpe trouxe invasões policiais à sede do sindicato de São Paulo, onde Frei Chico era ativo, e dos sindicatos nos crescentes subúrbios industriais do ABC, todos dirigidos por comunistas (o sindicato de Santo André era chefiado por Andreotti). Materiais eram confiscados e dirigentes sindicais eram detidos (e alguns eram até mesmo espancados). Dirigentes eleitos foram substituídos por interventores escolhidos pelo governo, geralmente indivíduos ligados às chapas anticomunistas de eleições sindicais recentes.

Além de enfraquecerem a capacidade dos sindicatos de agir coletivamente, as intervenções levaram à demissão e fuga de muitos ativistas e desorganizaram redes cruciais para a mobilização. O medo desencorajava a organização a nível de empresa, e a ausência de representação institucional dificultava a mobilização dos aliados do movimento que não eram da classe trabalhadora, que tinham sempre desempenhado um papel vital, seja por princípio, seja por interesses eleitorais. Essa contração do espaço para expressão pública de descontentamento enfraquecia cada vez mais a capacidade dos trabalhadores de protestar contra abusos ou de resistirem às imposições dos empregadores. Ao longo dos três anos seguintes, o regime militar iria promulgar uma legislação – que enfrentou oposição unânime dos sindicatos – para restringir ainda mais as greves e eliminar leis consideradas benéficas aos trabalhadores, tais como a legislação que garantia estabilidade laboral, que há muito tempo desagradava os patrões pois tornava as demissões mais caras.

Mesmo antes de 1964, as relações industriais e de trabalho em São Paulo haviam sido marcadas por fluxo e refluxo, com períodos de tolerância diante do movimento operário e da esquerda, seguidos de períodos mais agressivos de combate à "subversão". Mesmo durante a República Populista de 1945-1964, funcionários do governo usavam rotineiramente uma ampla gama de instrumentos repressivos sem remorso algum e geralmente sem enfrentar qualquer objeção pública significativa. Afinal, era fácil estabelecer conexões reais ou imaginárias entre mobilização popular e comunismo ilegal. Isso empurrava as ações da esquerda para a clandestinidade, mesmo quando a luta fosse apenas por reformas ou pelo cumprimento ou expansão de direitos já existentes (que geralmente era o caso).[14]

O que os militares chamavam de revolução após 31 de março de 1964 era uma mudança bruscamente repressiva cuja realidade agressiva pode ser demonstrada por um episódio na fábrica de automóveis Vemag, perto da casa dos Silvas na Vila Carioca. Em janeiro de 1966, a reação à paralisação de meia hora dos ferramenteiros da fábrica foi imediata. Nas palavras de Hércules Corrêa, o dirigente clandestino do PCB do Rio de Janeiro indicado para acompanhar os trabalhadores, "choveu polícia", que vasculhava as fábricas em busca de agitadores; "a justificativa não podia ser mais brutal: se era movimento operário, era subversivo e pronto" (Correa, 1994, p. 100-102). Para a Vemag, uma demissão em massa era impossível, uma vez que os ferramenteiros possuíam uma habilidade valiosa. Porém, uma solução negociada foi obstruída pela recusa justificada dos trabalhadores em identificar publicamente um representante. Almir Pazzianotto, advogado do sindicato, e os trabalhadores eventualmente chegaram a uma solução engenhosa: as demandas dos trabalhadores seriam escritas no centro

---

[14]   Essa formulação foi proposta em French; Fortes, 2005, p. 16.

de um pedaço de papel, com seus nomes dispostos em torno delas, como fatias de pizza.[15] Ao relembrar a história da Vemag em seu livro de memórias, Corrêa não pôde resistir a um comentário depreciativo sobre as condições urbanas da Vila Carioca: "O bairro era uma miséria só. Poeirento nos dias de sol, inundado quando chovia" (Corrêa, 1994, p. 102). Naqueles anos, como descreveu um morador de longa data, a Vila Carioca virava sempre "um brejo cheio de sapos quando chovia" (Leal, 1994).

Em meados da década de 1960, Frei Chico permanecia teimoso em pregar a luta organizada da classe trabalhadora contra a descrença, a retaliação dos patrões e potenciais problemas com a polícia. Mais tarde, já como um líder sindical militante, Lula prestaria recorrentes homenagens a Frei Chico como "o irmão que mais me influenciou porque ele era mais militante, ele tentava fazer a cabeça da gente" (Silva, 2000, p. 24). Mas em meados dos anos 1960, apesar das tentativas de seu irmão mais velho, Lula permanecia "totalmente desligado", nas palavras de Frei Chico, e continuava a menosprezar o envolvimento em assuntos sindicais, supostamente dizendo "'vocês ficam perdendo tempo com essas bostas de sindicato, em vez de namorar" (Frei Chico citado em Morel, 1981, p. 64). Ademais, a trajetória de Frei Chico também gerou um afastamento entre o jovem ativista e sua família. Lula explicou para Altino Dantas, em 1981, que enquanto seu irmão era um "porra louca" envolvido com o sindicato, o tipo de pessoa que comia, dormia e respirava sindicalismo o tempo todo, "o restante da família era anti-sindicato. Achávamos o que muito trabalhador acha ainda hoje: que lá só tinha ladrão [...] [e] que tudo mundo era safado, que meu irmão era bobo de ir ao sindicato". O proselitismo de Frei Chico gerava discussões constantes, como lembra Lula: "A gente fazia uma reunião de família, ou

---

[15] Futuro advogado do sindicato dos metalúrgicos de São Bernardo, Pazzianotto demonstrou coragem ao encontrar com Corrêa, um comunista clandestino procurado pela polícia, em janeiro de 1966; Corrêa seria condenado, *in absentia*, a três anos de prisão em 7 de junho de 1966 (Pena de 14 anos para Prestes..., 1966). A fábrica da Vemag tinha cerca de 12 membros do PCB, Corrêa afirma, e um número menor de outros grupos de esquerda, que colaboraram para a greve (Corrêa, 1994, p. 100-102). Para mais sobre isso e sobre outras lutas na Vemag, ver Negro, 2004, p. 225-227.

estava ali tomando uma cachaça, já vinha ele: 'porque o sindicato [...]' E quando ele começava" – Lula continuou – "já todo mundo era contra [...] [e] dando esporro nele, porque não queríamos ouvir falar de sindicato" (Lula citado em Morel, 1981, p. 64).

O conflito dentro da família Silva se relaciona a uma questão central e ainda muito debatida sobre o golpe de 1964: o que ou quem foi responsável pela derrubada do poder do governo apoiado pela esquerda sem que houvesse resistência? Para compreender o impacto do 31 de março, deve-se entender como a subida ao poder de Goulart, protegido de Vargas, animou trabalhistas, nacionalistas, comunistas e outros grupos da esquerda. O período de 1961 a 1964 foi marcado por uma onda de mobilizações por metas nacionalistas e reformistas dos trabalhadores, dos camponeses e dos estudantes, além de sargentos e oficiais de baixa patente. Cheios de confiança e lutando muito, esses grupos atingiram seu ápice em uma manifestação de 13 de março de 1964, no Rio de Janeiro, na qual Goulart jurou que sua presidência priorizaria as Reformas de Base e apareceu no palco com líderes sindicalistas e de esquerda, incluindo trabalhistas e comunistas. A manifestação contou com a presença de centenas de trabalhadores do ABC mobilizados por sindicatos locais.[16] A resposta da direita veio uma semana depois, no dia 19 de março, quando centenas de milhares se juntaram em São Paulo para a primeira de muitas "Marchas da Família com Deus pela Liberdade". Apoiados pelo governador de São Paulo Adhemar de Barros, aqueles que marchavam para salvar o Brasil do comunismo incluíam William Max Pearce, vindo dos EUA para exercer o cargo de diretor da fábrica Willys-Overland em São Bernardo, e sua mulher brasileira; "orgulhoso à beça de ter estado lá", ele disse a um repórter estadunidense que escrevia um artigo para uma revista de negócios publicado cinco meses depois (Siekman, 1964).

Frei Chico ainda descrevia a marcha anti-Goulart como a sua memória mais triste, mesmo 17 anos depois: "Eu já tinha 23 anos. Aquilo

---

[16] Andreotti, entrevista por French, Santo André, 12 de julho de 1982.

me marcou profundamente. Porque um governo fazendo coisa pró-povo, aí vem a Igreja e fica contra" (Frei Chico citado em Morel, 1981, p. 64-65). Nas semanas seguintes, os militantes de esquerda estavam cientes da ameaça iminente de um golpe, mas eles acreditavam que ela seria derrotada, como ocorrera em 1961, por uma combinação de unidades militares leais a Goulart com a mobilização de massas nas ruas. A CGT até decretou uma convocação por uma greve geral no caso de uma tentativa de golpe. Mas quando as unidades militares rebeldes agiram, como descreveu secamente Andreotti, as tentativas de organizar uma greve pela legalidade constitucional falharam completamente. "Não havia uma base de sustentação [...] Tanto é [...] que apenas uma única fábrica aqui no ABC se declarou em greve que foi a Otis [em Santo André] e mesmo assim por umas duas horas só".[17]

A história não foi diferente em São Bernardo, onde os jovens dirigentes do novo sindicato metalúrgico, legalmente reconhecido em 1961, tinham buscado transformar o sindicato "em um órgão de luta política", diferentemente de suas contrapartes em Santo André e São Paulo. Embora o presidente do sindicato fosse um antigo dirigente do sindicato têxtil e comunista, o sindicato era efetivamente controlado por Orisson Saraiva de Castro (1925-2015), um migrante do Ceará que se filiou ao PCB com 20 anos de idade, em 1945, e trabalhou como um militante profissionalizado pelo partido durante os 15 anos seguintes. Castro foi mandado para o ABC em 1959 para ajudar a construir o sindicato e o PCB. Sem ter uma profissão, ele foi inicialmente contratado na Mercedes-Benz, onde aprendeu o ofício de eletricista de manutenção antes de ser demitido. Contratado na Termomecânica, Castro exerceria o cargo de secretário-geral do sindicato de 1961 até 1964. Aliado do veterano líder do PCB de Santo André, Rolando Fratti, Castro (1986, n/p) acreditava em um radicalismo ousado e intransigente na conduta de assuntos do sindicato e do partido; nas palavras do mais importante historiador da fundação do sindicato, ele era um "um homem transparente em suas ambições" (Negro, 2004, p. 184).

---

[17] Andreotti, entrevista por French, Santo André, 12 de julho de 1982.

Mesmo moderando seu alinhamento político após as revelações de Nikita Khrushchev sobre os crimes de Joseph Stalin, no final dos anos 1950, o PCB de São Paulo viu as tensões e conflitos entre sindicalistas comunistas e funcionários do PCB se tornarem mais evidentes. Eleito como presidente do sindicato em 1958, Andreotti baniu Fratti da sede do sindicato devido à sua tentativa de manter a influência no sindicato mesmo sem ser um membro, apenas porque a maioria de seus dirigentes eram comunistas. O fato de que Andreotti prevaleceu sobre a tentativa de Fratti de instrumentalizar o sindicato reflete um abrandamento da disciplina partidária e um grau incomum de autoridade individual e respeito inspirados por Andreotti, um comunista veterano que já tinha pagado por suas ações com a prisão.[18] Para Fratti e Castro, ambos membros da direção do PCB do estado, a postura de Andreotti demonstrava uma falta de "rigor ideológico"; Andreotti, então com 50 anos de idade, foi posteriormente criticado por Castro e por suas contrapartes de São Paulo como cansado, velho, e "carcomido". Castro, um ex-funcionário do partido com 35 anos de idade em 1960, participou intensamente de greves durante seus três anos no sindicato de São Bernardo enquanto afrontava as restrições antidemocráticas impostas ao seu partido. Ele alugou uma parte dos escritórios do sindicato para o jornal do PCB e para servir como uma sede local do partido, uma ação ousada em um município predominantemente rural e conservador. Em Santo André, uma cidade um pouco maior, os comunistas locais eram mais discretos, operando de uma livraria e evitando a sede local do sindicato. O próprio Castro admitiu os erros ocorridos sob sua liderança, incluindo uma reunião local do PCB com quatro dúzias de pessoas, em 1963, que, sem os cuidados necessários

---

[18] Fratti, como chefe do comitê municipal do PCB, exigia que os não comunistas da diretoria do sindicato também contribuíssem para as finanças do partido, uma proposta defendida pelo tesoureiro comunista do sindicato, Ernesto Corraine. Em uma reunião decisiva entre Fratti e dois representantes do sindicato, Andreotti enfurecido ameaçou acabar com todas as contribuições. De acordo com o informante da polícia presente (o tesoureiro do sindicato), ele declarou, "não estou aqui para dar dinheiro a quem não trabalha", se referindo ao quadro profissionalizado em tempo integral pelo partido (Negro, 2004, p. 172).

à clandestinidade, levou a um ataque policial no qual Castro e outros foram presos (Castro, 1986, n/p).[19]

A masculinidade combativa adotada por Castro e pelos jovens rebeldes que ele recrutava para o seu partido escondia, sem embargo, inseguranças. Em 1986, Castro comentou sobre a razão de ter decidido não se candidatar a presidente do sindicato, colocando, em vez disso, Anacleto Potomati no cargo. Ele disse que se sentia pessoalmente desconfortável falando "com patrão [e] quando vejo um já fico nervoso". Ademais, havia seu particular "jeito de ser também [...] eu não sou um homem diplomático". Por fim, ele falou da discriminação nacional, regional e racial: sendo um nordestino visivelmente não branco, Castro acreditava que um paulista de nome italiano seria melhor como presidente porque "os patrões aqui são todos de origem italiana, alemã. Quando um nordestino fala, eles vêm logo com racismo e superioridade". Com uma ancestralidade respeitável, Potomati, mais elegante, seria ideal como dirigente do sindicato, mesmo não tendo, Castro comentou, a audacidade para "comandar trabalhadores" como ele tinha (Castro, 1986, n/p).

De volta do exílio em 1986, Castro se mostrava orgulhoso de seus três anos dirigindo o sindicato de São Bernardo, que tornou-se mundialmente famoso. Ele deleitou seus entrevistadores petistas com histórias de suas façanhas. Ele foi questionado, em certo momento, se os trabalhadores de São Bernardo tinham lutado em 1964 contra o golpe militar de direita. A resposta dele sem dúvidas os decepcionou: "Não pararam. Eu fiquei ainda dois dias e nenhuma empresa parou. A verdade é isso". Castro conseguiu fugir antes da polícia chegar na sede, onde depredaram as dependências e maltrataram o vigia noturno. A resistência em São Bernardo, entretanto, se limitou a tiros de aviso que o grupo de comunistas de Castro havia disparado em direção à polícia, que estava tentando interceptar o jipe do sindicato do qual eles estavam distribuindo panfletos convocando os trabalhadores a defen-

---

[19] Para uma descrição extensa, sensível e altamente detalhada da luta clandestina para construir a associação de metalúrgicos transformada em um sindicato em São Bernardo, ver Negro, 2004, p. 173-198.

der Jango. Potomati foi preso, espancado e detido por 15 dias. Castro foi para a clandestinidade, condenado *in absentia* a dois anos de prisão, em 1966, e começou uma longa série de aventuras pessoais e políticas que, ao longo das duas décadas seguintes, iriam levá-lo a circular por todo o Brasil, seguindo para a Bolívia, Panamá, Chile, União Soviética e Moçambique. Esse comunista de longa data ainda enfatizava a importância da teoria revolucionária, refletindo, em 2011, que "às vezes me pergunto como poderemos fazer com que todos entendam o marxismo-leninismo".[20]

VANGUARDAS E MASSAS?

O 31 de março revelou os graves erros de cálculo daqueles que acreditavam que o Brasil estava em um caminho irreversível para resolver seus déficits sociais e democráticos. O golpe era chocante precisamente por causa da confiança extraordinária dos apoiadores de Goulart durante os últimos anos da República Populista. Em janeiro de 1964, o jornal do PCB, *Novos Rumos*, escreveu que todos os brasileiros, "deixando de lado uma minoria reacionária, reconheciam a necessidade de reformas profundas" (Vieitez, 1986, p. 4). Além disso, o jornal do sindicato de Santo André, *O metalúrgico*, apregoava a linha política do PCB, em uma manchete de capa de dezembro de 1963 que afirmava que "Os golpistas são fracos". Alarmistas estariam atribuindo a golpistas "uma força que não possuem", o artigo declarava; a ideia de que "um golpe de direita poderia sair vitorioso" estava sendo usada para justificar a imposição, por parte do "governo burguês de Jango", de poderes emergenciais, criticada por uma esquerda que temia que eles pudessem ser usados contra ela (Vieitez, 1986, p. 2-3). Menos de cinco meses depois, um esquadrão comandado pelo chefe da polícia local invadiu a sede dos metalúrgicos de Santo André assim que souberam do golpe. Andreotti e outros oito líderes sindicais foram presos, os telefones da sede destruídos e o prédio ocupado, antes da polícia

---

[20] A conclusão dele é que "só chegando no poder" vai levar todos a entender o marxismo-leninismo. "Quem faz o movimento? (Castro, 2011).

partir para os outros sindicatos da cidade, encontrando os escritórios fechados e os dirigentes já tendo escapado.[21]

Embora os ativistas mobilizados rejeitassem fortemente o golpe, a reação social mais ampla ia da ignorância ou não oposição ao apoio passivo e até mesmo escancarado. O padre e trabalhador francês José Mahon, que havia chegado no ABC em 1961 para ajudar movimentos trabalhistas católicos, relembrou que muitos sentiam que algo de bom poderia vir da mudança do governo. Como sua paróquia ficava no distrito industrial de Utinga, onde Luiz Pereira tinha estudado uma escola primária, Mahon começou a trabalhar em 1964 como um fresador nas Indústrias Villares em São Bernardo, onde Lula seria contratado em janeiro de 1966. Foi de lá que Mahon observou a reação popular ao golpe: "eu já fui contra na primeira hora, nunca acreditei que podia dar alguma coisa boa para o Brasil, mas muita gente deu chance a revolução, ao Castelo Branco" (Mahon citado em Moraes, 2003, p. 165, 178; Faria, 2015, p. 67-82).

Muitos trabalhadores também estavam abertos a simpatizar com o golpe militar, incluindo Lula. Falando em 1990, ele enfatizou que seu irmão rebelde, Frei Chico, se opôs ao 31 de março, chamando a ação de golpe militar desde o início. Mas Lula diz que isso significou algo completamente diferente para ele e para seus colegas trabalhadores, em comparação "para quem fazia política já". Lula observou como na Metalúrgica Independência "o orgulho dos militares terem chegado ao poder era muito grande. As pessoas confiavam no exército brasileiro [...] [e] eu achava que o golpe era uma coisa boa". Até para pessoas da idade dele, "o Exército era uma instituição de muita credibilidade, como se fosse uma coisa sagrada, uma coisa intocável". Os trabalhadores mais velhos na fábrica rapidamente afirmaram que "agora vai dar certo, agora vão consertar o Brasil, agora vão acabar com o comunismo". Do mesmo modo, a mãe dele, escutando o rádio em casa, dizia que "o Exército vai consertar o Brasil. Agora

---

[21] "A situação foi de calma em Santo André," *Folha de Santo André*, 4 de março de 1964 (citado em Moraes, 2003, p. 177); Marcos Andreotti, entrevista por Fátima Murad, (Andreotti, 1982).

nós vamos melhorar". Lula acredita que essa visão era comum, "pelo menos [entre] a parte mais pobre da população, que não tinha consciência política".[22]

O fato de que a retórica de salvação nacional dos militares tinha um apelo que ia além das autodeclaradas "classes conservadoras" não é surpreendente. A reação popular silenciada refletia a distância entre as promessas simbólicas feitas pelo presidente João Goulart no 13 de março, que tinham animado a esquerda, e a ausência de uma ação efetiva para controlar a inflação galopante que afetava a renda e o salário dos trabalhadores, mesmo quando os salários-mínimos eram periodicamente aumentados devido a influência política dos sindicatos. Após permanecer em 20% anuais entre 1955 e 1960, a taxa de inflação subiu para 35% em 1961 e cresceu a partir daí todos os anos, até chegar ao pico de 91% em 1964; ela seria controlada apenas por meio de uma recessão econômica acentuada, após o regime militar contrair bruscamente os gastos governamentais nos primeiros anos da ditadura (Bergsman; Candal, 1969, p. 52). O problema de um "aumento persistente e com frequência violento dos preços" desde 1948 refletia problemas difíceis de inflação, escassez e especulação bem antes da construção dispendiosa de uma nova capital nacional em Brasília. A crise acerca da renúncia de Jânio e a chegada de Goulart à presidência intensificaram ainda mais o desequilíbrio político e econômico, mesmo considerando-se que o país passava pelo que era, de forma geral, um período marcante de acelerado crescimento econômico e industrial (Kahil, 1973, p. 316-317, 329-330).

Os trabalhadores em São Paulo não eram ideológicos, de direita, anticomunistas e nem apoiadores ativos do fim da democracia brasileira. Não há evidência, por exemplo, de que trabalhadores, organizações sindicais ou uma proporção considerável de políticos que se identificavam com as classes populares (como aqueles do PTB) tenham apoiado o golpe ou participado das manifestações que a classe média e elite brasileira organizaram para abrir caminho para ele ou para

---

[22] Lula, entrevista por Ronaldo Costa Couto, 3 de abril de 1997 (Couto, 1999, p. 250); (Silva, 2000, p. 24-25).

celebrar seu sucesso.[23] A indiferença dos trabalhadores ou até mesmo seu apoio passivo, em outras palavras, não refletia visões políticas arraigadas ou sequer oposição a Goulart; a maioria deles era favorável ao getulismo, do qual Jango derivava seu prestígio. A reação dos trabalhadores pode ser mais bem compreendida como uma ausência de conhecimento, o que refletia a internalização das normas de uma sociedade profundamente autoritária e elitista, o que resultava em inibições e limitações pessoais em relação à política e ao governo. Para setores amplos dessa população, a política em âmbito nacional era um mundo distante, onde os "grandões" ou "cartolas", os ricos e os letrados – e não pessoas como eles – exerciam sua influência. Essa disposição apolítica impedia muitos de antecipar as consequências negativas da derrubada do governo democraticamente eleito de Goulart.

Para aqueles que tinham investido suas esperanças na "revolução brasileira", o golpe foi muito menos chocante do que a reação fraca daqueles em nome dos quais eles tinham agido e falado. A desilusão ia muito além dos membros de organizações de esquerda, como o ilegal PCB, o Partido Socialista Brasileiro e a Ação Popular (AP), fundada por estudantes e padres católicos radicalizados, muitos dos quais ligados ao bispo católico progressista do ABC, Dom Jorge Marcos de Oliveira. O impacto psicológico do 31 de março foi comoventemente lembrado em 1980 pelo Monsenhor José Benedito Antunes, o vigário reformista da Igreja do Carmo de Santo André de 1957 até 1966: "A gente tinha muita confiança na massa. [...] mas não apareceu ninguém [em reação ao golpe] [...] Era como se não fosse com eles. Não sei onde erramos (Vietez, 1986, p. 4; Moraes 2003). "As nossa certezas de 1963 se tornaram as nossa incertezas de 1964" (Martins, 1997, p. 137). Foi assim que o sociólogo José de Souza Martins descreveu o impacto

---

[23] A Marcha da Família com Deus pela Liberdade, em Santo André, ocorreu apenas no dia 28 de abril, apoiada por dentistas, engenheiros, médicos, comerciantes, empreiteiros e os Clubes Lions e Rotary. A imprensa local comunicou que o fechamento de lojas locais e de algumas fábricas contribuiu para o sucesso da marcha que dava boas-vindas ao golpe. "Marcha da Família com Deus pela Liberdade", *O Repórter*, 26 de abril de 1964; "Vocação democrática do povo foi amplamente confirmada", *O Repórter*, 3 de maio 1964, ambos citados em Moraes, 2003, p. 181.

emocional do golpe sobre os jovens intelectuais atraídos pelo crescimento do reformismo no período. Em 1964, esse homem de 26 anos de idade recebeu seu diploma de graduação da Universidade de São Paulo, ilustrando as possibilidades que serviam de substância para o otimismo coletivo de São Paulo à época. Enquanto seu padrasto era um migrante rural analfabeto, esse jovem "da periferia, da fábrica, [e] de uma família pobre" teve a sorte de frequentar uma boa escola pública em São Caetano – com professores formados pela USP – quando o sistema educacional do estado estava se deteriorando em outros lugares. Com esforço autodidata, ele passou o exame de ingresso na USP em 1961 e estudou Sociologia à noite, enquanto trabalhava em uma fábrica, algo que ele já fazia desde os 11 anos de idade. Enquanto seu irmão se tornava um ferramenteiro, Martins trabalhava incansavelmente como pesquisador de campo para o estudo inestimável de Luiz Pereira sobre mobilidade da classe trabalhadora publicado em dezembro de 1965.[24]

Na USP, Martins achou "fascinante descobrir que o mundo do qual eu tinha vindo era objeto de estudo" para os sociólogos da universidade, incluindo o dinâmico Fernando Henrique Cardoso. Era um momento de entusiasmo intelectual, ele recorda, no qual eles entravam em contato com trabalhos marxistas como *História e consciência de classe*, de György Lukács, um livro também mencionado por Leôncio Martins Rodrigues, um estudante de graduação da USP com 29 anos de idade à época. Esse filho de um funcionário do governo obteve seu diploma de graduação da USP em 1961 e foi um dos cinco pesquisadores contratados pelo Cesit para uma pesquisa em 300 fábricas de São Paulo. Como Rodrigues explicou em 2010, ele entrou na USP em uma época em que a teoria marxista finalmente "saía do meio operário e sindical" e tinha começado a penetrar na academia de São Paulo. Como um jovem de 17 anos em 1951, ele tinha abandonado o ensino médio para dedicar cinco anos ao minús-

---

[24] Diferentemente dos outros pesquisadores estudantes pagos, Martins ia "todas as noites aos bairros operários da periferia fazer as entrevistas". (Martins, 1997, p. 137-138, 140-141, 160; 2014, p. 2-5, 7, 17-20).

culo movimento Trotskista de São Paulo, cujo ápice de ativismo foi apoiar Jânio Quadros durante sua ascensão explosiva em 1953-1954. Em 1956, Rodrigues havia abandonado o trotskismo, mas sua fase revolucionária de juventude se mostraria fértil na USP: Rodrigues já era um veterano (e desiludido) leitor de literatura marxista-leninista, enquanto a maioria de seus colegas estudantes estavam apenas "descobrindo" a classe trabalhadora a partir dos livros (Ramalho e Rodrigues, 2010, p. 135-137).

Entre março e novembro de 1963, Rodrigues pesquisou os trabalhadores de São Bernardo na maior fábrica automobilística do Brasil. Fundada em 1957, a Willys-Overland empregava 9.172 trabalhadores e produziria o jipe mais vendido no país em 1962. Seu estudo foi conduzido com a autorização da empresa – um professor de sociologia da USP estava trabalhando com a gerência –, mas o golpe interrompeu seus planos de também estudar o sindicato dos metalúrgicos liderado por Castro. Desenvolvido por meio de dez entrevistas abertas, seu instrumento de pesquisa foi aplicado por assistentes, ainda graduandos, com 62 operários não qualificados e 24 ferramenteiros.[25] A tese resultante, defendida em 1967 – e publicada em 1970, *Industrialização e Atitudes Operárias* –, baseou-se na tabulação dos dados das entrevistas, embora os resultados tenham sido relatados de forma assistemática. A tese incluía alguns comentários adicionais feitos pelos trabalhadores, mas não oferecia nada como a abundância de vozes captadas por Pereira para fundamentar suas generalizações não quantitativas. Os dois trabalhos também diferiam em espírito: Pereira ainda era influenciado pelo espírito otimista, ainda que um pouco desgastado, do início dos anos 1960; já a tese de Rodrigues era tão desestimulante que seu orientador, Florestan Fernandes, o incentivou a acrescentar pelo menos uma frase que deixasse espaço para a esperança (Rodrigues, 2010, p. 24).

---

[25] Rodrigues me contou que os materiais originais do estudo estão preservados, mas eles ainda não foram disponibilizados para pesquisadores. Para o engajamento de um historiador com o estudo original, ver Negro, 1994.

O intervalo democrático (1945-1964) não havia sido rica em estudos da vida ou das opiniões da classe trabalhadora contemporânea de São Paulo. O trabalho empírico pioneiro havia sido realizado em 1957-1958 pelo sociólogo Juarez Brandão Lopes (1925-2011), que estudou a fábrica de peças automobilísticas Metal Leve, de médio porte, no município de São Paulo (Cardoso, 2011, p. 185-219; Brandão Lopes, 2006, p. 101-102). O artigo é mais conhecido por sua ênfase nas estratégias individualistas de vida dos trabalhadores de origens rurais e na "ausência de padrões de ação coletiva" dentre eles. Brandão Lopes celebremente os caracterizou por enxergar o sindicato não como algo feito por eles e sim pelos outros *para* eles. Ele destacou que, "quando mencionam o sindicato os operários não usam o pronome '*nós*', mas sim '*eles*'", o que os sociólogos daquela era interpretavam como uma falha dos trabalhadores em se identificar com sua própria condição de classe trabalhadora. O sindicato, Brandão Lopes escreveu, era apenas "um meio de que se utilizam para fins econômicos individuais", principalmente médicos, odontológicos e de assistência jurídica, com o objetivo final de escapar da condição de trabalhador (Brandão Lopes, 1960, p. 397, 400, 398, destaque nosso).[26]

Enquanto Brandão Lopes oferecia uma observação etnográfica matizada, Rodrigues era ousado, até loquaz, em suas generalizações sobre os trabalhadores da Willys-Overland, uma firma que viria a ser comprada e expandida pela Ford em 1967. Rodrigues enfatizou que os operários eram "fortemente estimulado[s] por aspirações de ascensão social ou de melhoria de vida" e que eles não ligavam suas "perspectivas individuais com os processos políticos e sociais mais amplos" (Rodrigues, 1970, p. 39, 52). Dos entrevistados 60%, por exemplo, não viam nada de desagradável no seu emprego, o que levou Rodrigues a argumentar que eles eram guiados principalmente "por um projeto de ascensão social", para o qual o trabalho contribuía (Rodrigues, 1970, p. 62, 126). Alcançar o sucesso individual "lhes parece proporcionar resultados mais concretos e imediatos do que a pressão coleti-

---

[26] Luiz Pereira discordava dessa ênfase, ao menos parcialmente.

va, política e sindical do conjunto da classe" (Rodrigues, 1970, p. 136). Rodrigues destacou que um terço dos 86 trabalhadores entrevistados optavam pela ditadura ao responder "que tipo de governo poderia apressar o desenvolvimento do país e elevar o nível de vida do povo?"; baseado nisso, ele invocou o conceito de autoritarismo da classe trabalhadora, que estava sendo defendido naquela época pelo sociólogo estadunidense Seymour Martin Lipset.

Como esperado, Rodrigues enfatizou que a vasta maioria dos 86 trabalhadores viam a organização sindical como "desnecessária, pelo menos enquanto instrumento de pressão sobre a empresa". Ele relatou que mesmo os trabalhadores sindicalizados estavam em um patamar negativo de sua escala de consciência de classe.[27] E mesmo observando que a maioria dos trabalhadores estava descontente, Rodrigues destacou que eles culpavam o governo, e não os patrões, os chefes ou os proprietários dos meios de produção (Rodrigues, 1970, p. 102, 139-140). Rodrigues enxergava a incorporação dos migrantes rurais ao meio urbano e industrial sobretudo como uma revolução da mobilidade social individual; sob as condições do Brasil, ele concluiu, não se encontraria "movimentos classistas fundados numa repulsa ao capitalismo (como sistema)" (Rodrigues, 1970, p. 90).[28]

Talvez não seja surpreendente constatar que os sociólogos da USP do início dos anos 1960 desenvolviam explicações fortemente estruturalistas baseadas em observações limitadas sobre uma coletividade emergente que era política e socialmente estranha a eles. Tanto as perguntas quanto as respostas pessimistas de Rodrigues refletiam

---

[27] Essa escala de consciência de classe era uma tipologia de quatro partes que abrangia desde aqueles que enxergavam o sindicato meramente com uma "uma instituição de assistência social caritativa" até a pequena minoria que o via como "instrumento de luta e de defesa geral dos interesses sociais, econômicas e profissionais do trabalhador" (Rodrigues, 1970, p. 102, 109-113).

[28] Tanto os estudos de Rodrigues quanto os de Brandão Lopes viriam a ser amplamente criticados por criarem uma imagem negativa da classe trabalhadora (cf. Paoli; Sader; Telles, 1983). A estrutura interpretativa mais ampla derivada do mais antigo desses estudos ganhou grande circulação internacional com a publicação em 1960-1961 de trabalhos do futuro presidente do Brasil, Fernando Henrique Cardoso e do sociólogo francês Alain Touraine, assim como dos primeiros trabalhos de Francisco Weffort (Cardoso, 1961; Touraine, 1961; Weffort, 1965).

imagens da classe trabalhadora geradas e consolidadas durante um momento de tensão política interna para uma geração de intelectuais engajados em uma missão. Independentemente de sua orientação política, um pequeno grupo de jovens letrados de São Paulo tinha sido atraído por uma nova e pouco compreendida "classe trabalhadora", em um período inebriante de expansão reformista. A polarização política e a mobilização social sem precedentes pareciam fornecer as bases para debates sobre uma revolução brasileira, que chegaram ao seu auge com as Reformas de Base propostas por João Goulart. Porém, esses mesmos letrados culpavam a classe trabalhadora pela dissolução dessa revolução. Descrevendo o golpe de 1964 como "uma contrarrevolução a uma pré-revolução senão 'popular' ao menos 'populista'" – Luiz Pereira invocou o pior pesadelo que para os letrados descrevia a política da classe trabalhadora de origem rural. Eles presumiam que essa classe, conhecida apenas superficialmente, alimentava o populismo porque era desprovida de consciência de classe: um grupo manipulado que agia como uma massa, não como uma classe; uma retaguarda, e não a esperada vanguarda (um papel que estudantes tomariam para si nos anos posteriores ao golpe).

Ainda assim, a visão de dentro das fábricas, insiste José de Souza Martins, era muito diferente. Por conta de suas origens sociais, para ele, a classe trabalhadora jamais seria a ficção teórica imaginada por seus colegas estudantes da classe média e da elite (Pereira, 1965, p. 104; Martins, 1997, p. 153-154, 160). Os estudantes brasileiros que pertenciam ao 1% educacional – apenas 11 crianças de cada mil que entravam na escola primária chegavam a obter o diploma universitário – aderiam a uma concepção que pressupunha um vínculo mecanicista entre posição, consciência e mobilização de classe. Alheios à distância social que os separava daqueles que estudavam, esses pesquisadores pioneiros eram continuamente surpreendidos pelo fato de que os seres humanos que eles encontravam, que entravam nas fábricas para ganhar o sustento do jeito que fosse, não estavam à altura das suas ideias livrescas. Esses pesquisadores interpretavam de maneira sistematicamente equivocada a evidência que eles coletavam – moldada em si mesma pela distância social que eles ingenuamente ignoravam – e chegavam a conclusões implausivelmente categóricas que transcendiam tempo, lugar e circunstância. Os trabalhadores recém-chegados que Brandão Lopes estudava não estavam errados, no fim das contas, em descrever os sindicatos que eles encontravam, já criados e fundados pelo governo, como feitos pelos outros para eles. Fazia total sentido que os entrevistados de Rodrigues possivelmente camuflassem suas ações ao repudiar os sindicatos, dado o medo de perderem seus trabalhos e seus meios de subsistência por causa da hostilidade de capatazes, patrões e policiais em relação aos sindicatos. Esses pesquisadores tratavam a trama complexa das respostas dadas pelos trabalhadores com uma literalidade ingênua em vez de abordá-las como textos sobrepostos que demandavam interpretação.

Um excelente exemplo dessas debilidades pode ser observado no depoimento de 84 linhas de um trabalhador de linha de montagem, nordestino não qualificado, então com 24 anos de idade. Para Rodrigues, esse homem dava sua força de trabalho para a produção capitalista, mas sua vida girava em torno apenas de suas redes de bairro e de amizades: "Não lê jornais, não ouve rádio, não assiste televisão. Não acompanha os fatos políticos", e ele valoriza o sindicato apenas como uma agência de serviço social (Rodrigues, 1970, p. 28-31, 33). Porém, a dissimulação é facilmente percebida nos comentários desse trabalhador sobre sindicatos com alguém de uma classe social diferente. Embora ele admita abertamente que participa do sindicato, ele explica que "a gente que tem família precisa; nós temos tudo no sindicato" vinculando a participação à assistência. Destacando que "a companhia não gosta" do sindicato, ele diz que a empresa desconta suas contribuições sindicais enquanto reafirma – em voz passiva – que "escutei dizer que a Companhia não gosta que a gente seja sindicalizado". Ciente de que sua adesão ao sindicato é uma espécie de desafio, ele prossegue com a desculpa de que "só vou ao sindicato quando preciso de passe para ir ao médico. Fora disso não vou", o que indica tanto sua consciência do que acontece nas reuniões de sindicato quanto que o medo que tais atividades possa suscitar não foi suficiente para o dissuadir a não se sindicalizar (Rodrigues, 1970, p. 28-31).

Discutindo suas inclinações políticas, esse trabalhador de linha de montagem manobra com cuidado, mas não esconde bem sua inclinação fundamentalmente favorável ao trabalhismo. Ele inicia dizendo categoricamente que se abstém de votar quando não encontra um bom candidato, mas então acrescenta que apenas Getúlio o agradava porque ele "deu mais atenção aos trabalhadores". Ele alega timidamente não recordar se votou para Jango, do PTB, em 1960 ("Não digo nem que sim nem que não"), para em seguida demonstrar uma consciência das polarizações políticas da época. "Se tivesse que escolher entre o Jango e [o de direta Carlos] Lacerda, aí votava no Jango. Entre ele e o J.K. [ex-Presidente Juscelino Kubitschek], votava no Jango. Acho que o J.K. esculhambou o Brasil com essa tal de Brasília". A força de sua posição pró-Jango é evidente quando se presta a devida atenção ao que é dito (Rodrigues, 1970, p. 28-31).

Porém o erro analítico mais marcante de Rodrigues é um que o Senai vinha há tempos denunciando: a tendência dos letrados "a amontoar todas as ocupações misturadas", ignorando a extensão e os significados das diferenciações internas dentro da classe trabalhadora (Castro, 1979, p. 624). Dos 86 entrevistados por Rodrigues 24 eram ferramenteiros, e eles não se enquadravam nas concepções apriorísticas do pesquisador sobre a classe trabalhadora justamente porque eles eram, como indicam as respostas, intelectuais assim como Rodrigues e os graduandos da USP que os entrevistavam.[29] Por exemplo, ao construir o perfil de um mecânico de motores que havia se tornado inspetor de produção, Rodrigues destaca o nível

---

[29] Por exemplo, seus dados sobre pessoas que alegavam ler jornal – mesmo se considerarmos que esses números podem retratar uma tentativa de alegar um *status* de letrado – sugerem que os ferramenteiros tinham uma probabilidade três vezes maior do que os trabalhadores comuns de responder que liam jornais três vezes ou mais na semana (60% e 20%, respectivamente), enquanto apenas 4% diziam ler raramente ou nunca ler, comparados com 28% dos trabalhadores comuns (Rodrigues, 1970, p. 14). De fato, como observa Rodrigues, o consumo de jornais era notoriamente baixo até mesmo pela classe média, como fica evidente pelas baixas tiragens dos jornais.

de educação e de formação profissional desse trabalhador, veterano e casado – que já havia trabalhado por cinco anos em outra fábrica de automóveis –, mas ele relaciona isso aos anseios consumistas dele e ao seu desejo de "abandono da condição operária e passagem aos estratos médios" (Rodrigues, 1970, p. 31-33, 35). Rodrigues descreve as atitudes desse trabalhador automobilístico qualificado diante da mobilização de classe da seguinte forma: "recusa o sindicato porque 'os dirigentes são semi-analfabetos'. Na realidade, não valoriza a organização sindical nem como um instrumento reivindicativo nem como associação assistencial". Porém, uma análise mais minuciosa do que esse trabalhador efetivamente dizia em 1963 sugere uma postura muito mais matizada, uma que viria a ser ecoada 15 anos depois durante a greve de 1978 em São Bernardo do Campo liderada por um certo jovem líder sindical, Lula da Silva:

> Nunca frequentei o sindicato. Aliás, fui duas vezes para nunca mais voltar, porque os dirigentes são semi-analfabetos; não sabem o que são leis trabalhistas. Os dirigentes sindicais deveriam ter no mínimo ginásio, ter curso de relações humanas, estudos. O sindicato deveria estar a par da situação, evitando greves estúpidas, procurando meios de educar os operários, operários. [...] Acho a greve um recurso estúpido. Seria um recurso bom se fosse bem dirigida, se os operários fossem bem instruídos, não fazendo algazarras. Cada um do nós deveria cruzar os braços dentro da fábrica sem fazer bagunça. (Rodrigues, 1970, p. 32)

Como uma intelectualidade da classe trabalhadora, os trabalhadores qualificados de São Paulo ocupavam uma posição estratégica dentro do processo de industrialização capitalista incompreendido por diversas gerações de sociólogos, que supunham que a classe trabalhadora era um todo indiferenciado. Indispensáveis para o funcionamento das fábricas, trabalhadores qualificados não apenas eram valorizados pelos seus patrões, mas também se beneficiavam da concorrência pelos seus serviços, mesmo quando esses trabalhadores eram politicamente "subversivos". Mesmo que Andreotti e Frei Chico não pudessem impedir que os patrões os demitissem, suas habilidades, engenhosidade e persistência garantiam que não ficassem desempregados por longos períodos. O fato de que a qualidade do trabalho de um indivíduo refletisse diretamente seu domínio profissional produzia uma forte sensação de orgulho e de responsabilidade pessoal entre os trabalhadores qualificados. A gerência o valorizava e não o demitia, Andreotti explicou, porque ele ia para o emprego "para trabalhar e cumprir minha obrigação". Eu perguntei para ele por que um trabalhador não deveria protestar sua exploração sendo menos diligente? Admitindo que alguns poderiam protestar assim, Andreotti explicou objetivamente sua filosofia: "A gente como operário tem direitos e deveres. Eu cumpria meus deveres para ter meus direitos garantidos". Essa invocação da natureza recíproca da relação dos trabalhadores com seus patrões refletia muito mais do que a filosofia pessoal de Andreotti; era fundamental para a sua pedagogia de luta e de mobilização (Andreotti, 1982).

Sabendo plenamente do valor de seu trabalho, os trabalhadores qualificados de São Paulo de meados do século lutavam por seus direitos e faziam demandas frente a seus patrões. Andreotti destaca que, mesmo quando não estavam organizados, os qualificados sempre eram mais combativos do que o trabalhador mal pago que "sente na carne a exploração que o capitalismo faz contra o trabalhador". Os qualificados também tinham maior probabilidade de se sindicalizar e estavam desproporcionalmente representados entre os filiados do PCB (Andreotti, 1982).[30] Apesar de sua descrição preconceituosa, Rodrigues descobriu que a probabilidade dos trabalhadores qualificados da Willys-Overland se sindicalizarem era duas vezes maior do que a dos trabalhadores não qualificados, bem como a probabilidade de frequentar a sede do sindicato (Rodrigues, 1970, p. 103-104). Isso foi confirmado em um estudo de 1970-1971 sobre uma pequena fábrica metalúrgica estabelecida em Santo André (Frederico, 1978, p. 60).

---

[30] Em seu estudo sobre Nova Lima, Yonne de Souza Grossi registrou que 50% de todos os membros locais do PCB em 1954 eram encanadores, outros 45% eram de outros setores qualificados e apenas 5% ocupavam postos de trabalho manual menos qualificados, os carreiros (Grossi, 1981, p. 135).

A trajetória do próprio Lula demonstra a combatividade do trabalhador qualificado. Com 18 anos de idade e recém-formado como torneiro mecânico meio-oficial, Lula pediu um aumento na Fábrica de Parafusos Marte. Invocando lealdade e obrigação, o dono-amigo Miguel respondeu que Lula teria que trabalhar recebendo menos por um tempo para financiar os custos da firma com seus estudos. Lula rebateu apontando para a injustiça de um torneiro mecânico mais velho ganhar duas vezes mais enquanto produzia menos. Quando o patrão permaneceu irredutível, Lula se sentiu indignado: quero aumento, ele reafirmou, e "pediu as contas" (Morel, 1981, p. 33; Silva, 2000, p. 17). Como um capataz relatou a Pereira, "Mas a firma em que se aprende nunca agrada. É preciso mudar de fábrica. A firma quer sempre segurar no mesmo lugar e paga menos" (Pereira, 1965, p. 231).

Os menos qualificados, por outro lado, "se agarrava[m] mais ao trabalho e deixava[m] as outras questões" de lado, nas palavras de Andreotti. Os não qualificados e semiqualificados sabiam perfeitamente bem que seus empregos exigiam pouco ou nada em termos de formação e poderiam, portanto, ser preenchidos por substitutos vindos de fora dos portões da fábrica. Andreotti demonstrou a indispensabilidade dos qualificados contando uma história ocorrida na Indústria Sul-Americana de Metais. O terceiro eletricista da fábrica foi demitido por insistência de um engenheiro boliviano. Incapaz de receber uma justificativa satisfatória para a demissão, Andreotti conseguiu fazer com que o homem fosse recontratado, explicando para o "o chefe da seção de pessoal" que, caso contrário, aquele chefe var ter que "fazer o plantão a noite!" (Andreotti, 1982).

Trabalhadores não qualificados e semiqualificados não tinham o senso de poder e de eficácia pessoal desfrutado pela minoria qualificada mais bem remunerada, ficando totalmente expostos aos riscos de seu *status* de assalariados proletarizados. Alguns, no início da década de 1960 no Brasil, achavam que esse contraste agudo tinha implicações comportamentais claras, o que se evidenciava pelo frequente uso de termos como "aristocracia operária", terminologia tomada de alguns intelectuais dos livros que estavam lendo. Em 1963, um pequeno panfleto intitulado *Como são feitas as greves no Brasil?* afirmava taxativamente que os "altamente qualificados" na indústria – trabalhadores bem remunerados e de confiança dos patrões – tinham uma consciência de classe "quase inexistente". O autor, Jorge Miglioli (1963, p. 36-39), um entusiasmado jovem intelectual marxista próximo, senão membro, do PCB, comparava tais trabalhadores desfavoravelmente aos trabalhadores manuais que recebiam salário-mínimo, a quem ele atribuía não apenas maior "consciência de classe", mas também maior probabilidade de entrarem em greve e de fazê-lo com mais constância e intensidade.

A dialética entre a minoria qualificada e a maioria menos qualificada era de fato fundamental para organizadores do movimento operário como Andreotti, mas as dinâmicas sociais de São Paulo eram totalmente diferentes daquelas imaginadas por Miglioli (assim como por alguns pesquisadores acadêmicos que vieram depois). Quando questionado se o trabalhador qualificado bem pago e mais bem tratado seria mais leal ao seu patrão, Andreotti enfatizou que era justamente porque o trabalhador qualificado "tinha o melhor salário, tinha um padrão de vida melhor [...] e queria conseguir mais porque sabia que podia conseguir conquistar melhores condições". Isso geralmente não resultava em uma política de "vou fazer sozinho" ou em atitudes elitistas de superioridade, acrescentava Andreotti, já que o trabalhador qualificado estava ciente de que ele "ganhava tanto e aquele que dava um duro desgraçado para carregar o material ganhava menos e podia se alimentar menos. A gente considerava tudo isso e não pedia só para si [...] [mas] no sentido geral e nunca no sentido individual" (Andreotti, 1982).

Quando questionado de forma mais direta, Andreotti admitiu que alguns capatazes tentavam se aproveitar do ressentimento de trabalhadores comuns em relação aos salários maiores e às melhores condições dos trabalhadores qualificados. Ainda assim, "dificilmente o trabalhador [comum] embarca nesta canoa", ele explicou, "porque a gente fazia um trabalho de mostrar que o mestre apertava ele na produção". Ele explicou que a pressão para produzir que eles vivenciavam se originava do fato de que capatazes recebiam, além dos salários, uma porcentagem sobre a produção dos seus subordinados. Trabalhadores qualificados como Andreotti argumentavam que a porcentagem do capataz deveria ir para aqueles que de fato faziam o trabalho. Tais argumentos, ele concluiu, serviam como "um para-choque" contra as manobras divisionistas da gerência. Logo, a aliança com os menos qualificados também servia para satisfazer certas necessidades defensivas da minoria qualificada (Andreotti, 1982).

Ao resumir suas conclusões de uma vida de organização de chão de fábrica, Andreotti desenvolveu uma filosofia de mobilização que articula habilmente suas observações sobre qualificados e não qualificados. Os trabalhadores não se mobilizam por denúncias contra o patrão ou por convocatórias moralistas para a luta; ao seu ver, a maior barreira para a mobilização é não acreditarem em sua própria capacidade de mudar aquilo que lhes desagrada. Porém, a mobilização bem-sucedida de trabalhadores em torno de suas demandas imediatas, por si só, não contribuía para os objetivos políticos mais amplos defendidos por Andreotti. Sendo um comunista, Andreotti estava convencido de que as lutas econômicas e políticas dos trabalhadores eram inseparáveis e somente poderia ser resolvida plenamente por meio de uma mudança revolucionária do regime. Entretanto, ele sabia que essa visão não era compartilhada pela maioria dos trabalhadores, que estavam preocupados com seus próprios problemas imediatos (Andreotti, 1982).

Em outras palavras, Andreotti via a luta de classes como um processo educacional de conscientização por meio do qual os trabalhadores ganhavam um senso crescente de poder ao mesmo tempo em que passavam dos objetivos menores para outros mais abrangentes. Eu lhe perguntei se uma ênfase na conquista de melhorias modestas no nível do trabalho e da comunidade não geraria acomodação e reformismo. Vitórias pequenas dentro do sistema capitalista, ao satisfazerem as demandas dos trabalhadores, não tirariam os incentivos para a luta? "Para se marchar para a revolução, Andreotti respondeu, "era necessário conscientizar o povo da sua força. [...] para se conquistar melhorias tanto econômicas e políticas" (Andreotti, 1982).

Essa marcha em frente, Andreotti insistiu, jamais deveria ser enxergada como reformismo, pois "se o povo não tiver conscientizado, não tiver convicto de sua força, ele nunca vai fazer a revolução" (ou qualquer coisa menos ambicioso). Cada vez que uma vitória é obtida, mesmo que pequena, os trabalhadores aprendem que "dispersos eles nunca vão conseguir nada", e são convencidos de que unidos "conquistarão". Essa autoconfiança crescente, por sua vez, facilitaria a organização dos trabalhadores por lutas mais ambiciosas, até mesmo pela revolução socialista (Andreotti, 1982, destaques nossos). O socialismo, ele prosseguiu, dependia do desenvolvimento contínuo da consciência dos trabalhadores tanto durante quanto após a vitória (Andreotti, 1982). Após o socialismo ser estabelecido, a formação política contínua dos trabalhadores seria necessária para que o socialismo pudesse avançar e proporcionar maiores direitos para os trabalhadores (Andreotti, 1982).[31]

***

Desfrutando de sua nova proeminência política, as esquerdas exuberantes e crescentemente plurais dos anos 1960, com sua retórica triunfalista, estavam tão maravilhadas com a inédita onda de jovens ativistas que deixaram passar desapercebido o fato de que a massa da população que eles buscavam mobilizar se assemelhava mais a Lula do que a Frei Chico. Como um trabalhador qualificado bem pago, Lula era ainda menos representativo da classe trabalhadora – dado seu *status*, sua educação e seu salário – do que seu irmão pior remunerado, que estava em uma profissão qualificada, porém menos respeitada e que não havia completado o ensino primário. Mas Lula era mais verdadeiramente representativo da vasta maioria – qualificada ou não – em seu ceticismo frente ao sindicalismo e em sua indiferença diante da política, o que permitiu que ele pensasse que um golpe militar poderia resolver os problemas do país.

Se os Lulas de São Paulo tivessem sido mais como Frei Chico, a turbulência entre 1961 e 1964 poderia ter acabado de modo diferen-

---

[31] Para uma breve discussão que situa o caso discutido aqui em um diálogo internacional comparativo mais amplo com os avanços do início do século XX nas indústrias metalúrgicas do Atlântico Norte, ver French, 2000, p. 294-297.

te. Se Goulart tivesse sido capaz de manter a lealdade de pelo menos um setor do Exército, uma classe trabalhadora fortemente organizada, politizada e preparada poderia ter feito uma diferença crucial. Se trabalhadores em massa tivessem compartilhado as inclinações da minoria politizada, o significado político do 31 de março teria sido extremamente diferente, mesmo que os militares não tivessem se dividido. Protestos urbanos massivos – como os que ocorreram com o suicídio de Getúlio – teriam sinalizado uma clara oposição, e a esquerda poderia ao menos ter sido derrotada lutando em defesa da democracia, um desdobramento bem menos desmoralizante do que a efetiva passividade demonstrada diante do golpe.

As trajetórias distintas de Frei Chico e de Lula ilustram contrastes comportamentais que dão origem a estereótipos compartilhados pelos trabalhadores, pelos industriais e pela sociedade como um todo: o trabalhador seria ou um "bom moço" ou um "rebelde". Vista unilateralmente, essa dicotomia fazia uma justaposição entre colaboradores responsáveis e encrenqueiros perpetuamente insatisfeitos e recalcitrantes. Em uma perspectiva oposta, os bons moços seriam egoístas acomodados, sempre buscando vantagens individuais, diferentemente dos poucos rebeldes, corajosos o suficiente para lutar pelos fracos e dizer umas boas verdades diante dos poderosos. Nossa análise de um "bom moço" e de um "rebelde" de uma mesma família sugere que não precisamos compreender esses comportamentos e autorrepresentações como dicotomias. Lula, o cidadão-torneiro mecânico, e Frei Chico, o cidadão-trabalhador, são parte de uma mesma história de autoafirmação da classe trabalhadora em São Paulo. Ao contemplarmos as implicações dessa diversidade, faríamos bem em primeiro reconhecer que tanto a deferência quanto a afronta são parte de um repertório comportamental e discursivo dos trabalhadores enquanto indivíduos, em seu desempenho diante daqueles que estão acima deles e ao se relacionarem entre si. Ademais, quando pensamos nos trabalhadores em movimento como uma classe social, estamos lidando não com uma perspectiva unitária ou com uma consciência, mas sim com um equilíbrio variável entre – e alinhado por meio de – uma gama de comportamentos e perspectivas em si sujeitas à transformação quando na luta. Como veremos, tanto bons moços quanto rebeldes viriam a desempenhar papéis fundamentais ao fazer história por meio das lutas massivas da década de 1970.

5. A TATURANA E A MÁQUINA

A grande oportunidade de Lula veio menos de três anos após sua graduação no Senai, ao ser contratado, em janeiro de 1966, como torneiro mecânico nas Indústrias Villares (Lula citado em Guizzo *et al.*, 1978, p. 91) O crescimento industrial e econômico estava apenas começando a melhorar e a oferta de emprego era abundante: "Eu vi no jornal que estavam precisando de torneiro mecânico, fui lá, fiz o teste, passei". A vida dele mudou radicalmente: a firma não só pagava bem, mas era também "a primeira empresa que eu trabalhei, realmente organizada" (Silva, 2000, p. 20). A fábrica da Rua Vergueiro, em São Bernardo, era parte de um império industrial em expansão, fundado em 1918, que incluía a famosa Atlas Elevadores, em São Paulo, e a empresa Aços Villares, na vizinha São Caetano. O novo local de trabalho de Lula consistia em um único pavilhão com 530 trabalhadores produzindo motores, escadas rolantes e componentes para metrô, mas ao longo da década seguinte ela vivenciaria um aumento de seis vezes na contratação, alimentado por empréstimos subsidiados pelo governo federal (Silva, 1979, p. 252-253; Kamel, 2009, p. 424).

Os seis anos de Lula como metalúrgico antes de 1966 tinham sido passados em fábricas descuidadas, que pouco tinham em comum com a Villares, com exceção da mão de obra 90% masculina. Esse universo masculino era caracterizado por rituais de provocações, intimidações, e pelas amizades entre homens, incluindo o ato de apelidar os recém--contratados. As escolhas dos apelidos eram frequentemente criativas, bem-humoradas e, geralmente, não arbitrárias (Frei Chico de fato tinha uma área calva) e muito menos genéricas (Baiano nunca colou muito com Lula). Na Villares, Lula foi apelidado de "taturana", uma referência, como ele mesmo explicou para seus antigos companheiros de sindicato, aos seus olhos sempre avermelhados devido a uma alergia, o que levou seus colegas de trabalho da Villares a especularem que ele havia fumado maconha ou bebido demais na noite anterior. Um trabalhador conhecido como Azeitona – que Lula imagina que sabia muito sobre maconha – sugeriu o apelido, uma gíria para o tipo mais forte de erva (Silva, 2000, p. 21).[1] Cravar "Taturana" naquele Lula de olhos avermelhados ilustra o processo competitivo pelo qual os recém-chegados eram humilhados ao mesmo tempo em que eram integrados ao grupo. Qualquer tentativa de resistir, comentou Frei Chico, só deixava as coisas piores.

Vinte meses depois de ser contratado, Lula começou a ser sondado – por sugestão de seu irmão – para compor uma chapa na eleição de 1969 para o Sindicato dos Trabalhadores nas Indústrias Metalúrgicas, Mecânicas e de Material Elétrico de São Bernardo do Campo e Diadema. Biógrafos anteriores de Lula, que inevitavelmente têm que falar sobre esse extraordinário sindicato, focaram nos seus dois mandatos presidenciais e negligenciaram seu aprendizado anterior sobre política sindical ao longo de seis anos, muito antes de liderar as manifestações massivas de 1979-1980 no estádio da Vila Euclides. Eles passam batido por esses anos "silenciosos" do sindicalismo de Lula – a primeira entrevista com ele foi publicada em 1975 – porque a política sindical parece ou inescrutável ou demasiadamente previsível, um movimento sindical controlado pelo governo e altamente policiado, supostamente dominado ou por lacaios e pelegos, ou por sindicalistas autênticos,

---

[1] Colegas trabalhadores da Villares ainda se referiam a Lula como taturana em 2003, após ele ser eleito (Sambrana, 2002, p. 88-89).

com inclinação para a esquerda.[2] Porém, é curioso que aqueles que controlavam o sindicato de São Bernardo em 1968, alguns dos quais tinham sido levados ao poder por meio de intervenção governamental em 1964, concordassem com a sugestão dada por alguém de esquerda como Frei Chico. Como o jovem de 27 anos adquiriu tamanha influência? E por que Lula decidiu aceitar o convite para concorrer, contra a vontade de sua noiva?

A diferença entre Lula e seu irmão traçada no capítulo anterior – o "bom moço" e o "rebelde" – pode nos ajudar a atenuar entendimentos excessivamente politizados da vida sindical. Aqueles que insistem em uma visão inflexível do sindicato como uma estrutura para a dominação do estado capitalista sobre a classe trabalhadora ignoram suas dinâmicas internas e os processos sociais informais – amizade, fofoca, rixas, traição e sectarismo – que permeiam os corredores do sindicato, onde a política com "p" minúsculo corre solta, dada as eleições que ocorrem a cada três anos. Mesmo depois de 1964, o líder sindical brasileiro estava longe de ser um típico burocrata governamental, embora seu salário fosse pago por uma taxação anual sobre o salário dos trabalhadores (imposto sindical). Após entrevistar os funcionários do sindicato dos metalúrgicos de São Paulo em 1979, Heloisa de Souza Martins enfatizou que o sucesso de um dirigente sindical de base dependia de agradar não apenas os seus superiores do Ministério do Trabalho, mas também os associados que lhe elegiam, o que potencialmente mitigava o empenho do regime militar em diminuir a relevância política e o papel econômico dos sindicatos para transformá-los em empreendimentos rigorosamente burocráticos e fornecedores de serviços sociais (Martins, 1979, p. 106, 172, 174).

Quando Lula aceitou concorrer para um cargo sindical, o descontentamento da população urbana com os militares, que haviam tomado

---

[2] A análise detalhada do historiador Negro sobre a política de chão de fábrica e sindical entre metalúrgicos de São Bernardo, da fundação do sindicato em 1959 até 1968, fornece um modelo analítico, porém não suficientemente absorvido pelo universo mais amplo de estudos acadêmicos sobre o trabalho no Brasil. (Negro, 2004; French, 2010). Sobre o desenvolvimento recente do campo de história do trabalho, ver French; Fortes, 2012.

o poder quatro anos antes, estava em seu auge. Os protestos estudantis e operários de 1968 exacerbavam as tensões entre políticos militares e civis, levando ao infame AI-5, que fechou o Congresso Nacional em 13 de dezembro de 1968 e implantou um regime fundamentado em um estado de exceção (Pitts, 2013). A posse de Lula, em abril de 1969, coincide com um momento em que setores radicalizados da esquerda e movimentos estudantis haviam adotado uma estratégia de resistência armada que seria rápida e impiedosamente suprimida por um governo cada vez mais autoritário. Assim, Lula começou sua carreira sindical sob a sombra da repressão patronal e governamental intensificada durante a presidência de linha dura de Emílio Garrastazu Médici (1969-1974). "Quando fui para o Sindicato", Lula explica, "eu não manjava muita coisa de política, mas meu irmão, Frei Chico, frequentava a política"; Lula acreditava na propaganda do governo de que os seus opositores eram terroristas. Mesmo quando seu irmão explicou que esses supostos terroristas tentando derrubar o regime militar eram "gente boa", Lula se sentiu "meio assustado" (Silva, 2000).

O AI-5 aumentou o perigo que os líderes sindicais corriam, enfrentando rotineiramente a vigilância policial, a infiltração por informantes e até a detenção por panfletarem sobre questões sindicais; ademais, eles eram frequentemente convocados pela polícia e por outras autoridades para responder a interrogatórios sobre si mesmos e sobre o sindicato.[3] Centenas de militantes de base do ABC que pertenciam – ou eram suspeitos de pertencer – à esquerda enfrentavam ameaças, demissões e inquéritos policiais; muitos vivenciaram a prisão e os interrogatórios, um número significativo foi torturado e três foram assassinados entre 1969 e 1971. Esse ambiente coercitivo afetava diretamente o sindicato: alguns de seus militantes eram ou já tinham sido associados a grupos clandestinos de esquerda, abertamente ou não. Esse núcleo ativista tinha uma relação frequentemente tensa com os

---

[3] Martins (1979, p. 179-180) discute o assédio humilhante suportado pelos dirigentes sindicais dos metalúrgicos de São Paulo. Mostraram a um presidente sindical a sua ficha do Dops com "tudo que eu falei desde 1965. Tinha até coisa gravada, o que aliás eu já sabia, porque nas assembleias do sindicato sempre tem gente gravando".

diretores sindicais eleitos, com a grande parte dos associados e com a maioria mais ampla da categoria, que não era sindicalizada.[4]

Diferentemente do que ocorria em sindicatos menores em outros ramos, os sindicatos dos metalúrgicos do ABC constituíam uma esfera pública da classe trabalhadora, existindo sob severas restrições econômicas, políticas e jurídicas que não eram inteiramente determinadas por eles. A performance coletiva de necessária submissão coexistia com a opaca ação de cooperação e resistência até mesmo para muitos diretamente envolvidos no movimento operário, nas indústrias e no governo. Esse sindicalismo refletia o colapso das configurações políticas estabelecidas na esquerda tanto em 1964 quanto em 1968, colapso este que abriria espaço nos anos 1970 para uma geração de jovens trabalhadores como Lula, assim como para uma gama mais ampla de influências, incluindo setores progressistas da igreja católica, ex-estudantes, ex-guerrilheiros desiludidos e os desgastados comunistas.

O SINDICALISTA COMO UM VENCEDOR NA VIDA

Um entendimento mais profundo da relação de Lula com o sindicalismo brasileiro escapou aos analistas porque estes focaram em conceitos, processos e abstrações – seja a "luta de classes", a "organização de chão de fábrica" ou o "sindicalismo autêntico – e negligenciaram

---

[4] O termo categoria deriva da definição legal de um sindicato como abrangendo todos os trabalhadores representados em uma atividade legalmente reconhecida em uma dada unidade político-administrativa. Porém, ser parte da categoria dos metalúrgicos de São Bernardo do Campo e de Diadema não equivale a se sindicalizar, pois os membros da categoria têm que entrar no sindicato e pagar contribuições para aproveitar determinados benefícios (assistência) e direitos, incluindo votar em eleições sindicais (Humphrey, 1982, p. 130). Membros da categoria não sindicalizados não são, entretanto, inteiramente ausentes da vida sindical: eles se beneficiam de qualquer acordo salarial e têm dinheiro descontado de seus salários para apoiar as estruturas burocráticas do sindicato. Originalmente chamado de imposto sindical e posteriormente de contribuição sindical, esse apoio financeiro obrigatório é há muito tempo polêmico. É possível, por exemplo, que um pequeno grupo possa controlar um dado sindicato e a arrecadação derivada da categoria, desencorajando a adesão ao sindicato, o que gera não apenas dificuldades em oferecer serviços, mas também a incorporação de membros cujos votos podem ameaçar o grupo de situação. Porém, é errado imaginar, como muitos fizeram, que isso diz respeito a muitos, ou até mesmo à maioria, dos sindicatos: essa atitude era muito menos comum em sindicatos industriais manufatureiros.

as fraquezas, emoções e lógicas de sujeitos atuantes com nomes, personalidades e ambições. O sindicato brasileiro sempre foi mais do que as suas formas institucionais burocráticas e não deve ser reduzido à visão dos advogados que o criaram, dos policiais que o vigiaram ou dos burocratas do Ministério do Trabalho e dos juízes da Justiça do Trabalho que interagiram com ele. Os sindicatos, com suas particularidades, refletem as gerações de trabalhadores que os ocuparam. E não há uma experiência sindical típica, uma vez que o sindicato era necessariamente plural, articulando necessidades, desejos e demandas diversas, sejam individuais ou coletivas. O sindicato era um espaço dinâmico, que se transformava dependendo das características e conflitos políticos de cada momento da disputa nacional, estatal e local pelo controle do governo. Precisamos de um entendimento mais profundo sobre o sindicato como um espaço social de vidas vividas ao máximo, de diversão, de humor e de prazer, assim como de determinação, de sofrimento e de luta. Precisamos de um entendimento diferenciado e individualizado dos agentes humanos que adentraram e contribuíram para o sindicalismo como uma instituição jurídica e burocrática, constituída por um aglomerado de conexões e com o potencial de se tornar um movimento social.

A ficção possui uma força especial para retratar tais nuances da vida da classe trabalhadora – mesmo quando escrita com objetivos políticos – devido à sua capacidade de captar uma humanidade indisciplinada que inevitavelmente escapa a um racionalismo estreito e estéril. *Em além da greve* (1978), Antônio Carlos Felix Nunes (1931-2017) faz um trabalho particularmente bom de utilizar essa capacidade para tratar das atividades sindicais subsequentes ao golpe de 1964. Em 31 de março, o protagonista do romance, Vandelício Mascarenha, era um migrante recém-chegado, de 23 anos de idade, vindo da pequena aldeia de Bitolândia, a 400 quilômetros de São Paulo. Sua vivência do golpe demonstra a indiferença generalizada da classe trabalhadora, lamentada por aqueles de esquerda, da qual Lula fez parte, discutida longamente no capítulo anterior. O primeiro pensamento de Vandelício ao ouvir a notícia foi que "possivelmente a fábrica não funcione amanhã", o que lhe daria tempo para consertar seu barraco alugado, que ele temia que desabasse no próximo temporal. Mesmo considerando brevemente as implicações mais amplas do evento – "mas quem estaria ainda mandando em meio a tal balbúrdia? – ele rapidamente voltou ao normal, como parecia ocorrer com o resto de seu mundo: "as fábricas abriram suas portas, ninguém falou em parar, sequer uma alusão aos acontecimentos" (Nunes, 1978, p. 25-27).

As novas intervenções nos sindicatos do regime militar de 1964 eram bem maiores do que antes, mesmo em um país onde a autonomia dos sindicatos nunca havia sido respeitada. Além dos 54 líderes sindicais que imediatamente perderam seus direitos políticos, 761 sindicatos em todo o país sofreram intervenção; 301 deles eram localizados na região Sudeste, composta pelos estados mais industrializados da nação (São Paulo, Rio de Janeiro e Minas Gerais) (Martins, 1979, p. 99-100).[5] Nesse ambiente político e industrial bem mais hostil, as carreiras dos sindicalistas estavam em risco, assim como o sustento de suas famílias. A maioria deles era forçado à inatividade seja de modo temporário, seja permanentemente, mas para aqueles que teimosamente persistiam, o objetivo principal era claro: evitar que o sindicato, a instituição principal da classe trabalhadora – mesmo com todas suas limitações – caísse em mãos completamente inescrupulosas, assim como acontecera em 1947 durante a última onda de intervenções sindicais, depois das quais o sindicato dos metalúrgicos de Santo André (que abrangia todo o ABC) foi controlado durante nove anos por homens como o famigerado policial Milton Miguéis e o interventor Rafael Martins, que andava armado com uma pistola, e que trabalhava junto com a polícia e com os seguranças da fábrica para perseguir ativistas ao mesmo tempo em que roubavam descaradamente o dinheiro do sindicato (Martins, 1979, p. 99-100). Calejado por experiências anteriores, Marcos Andreotti enfatizou a

---

[5] Embora o ministro do trabalho tenha enfatizado que isso representava apenas 15% de todos os sindicatos, eles tinham a maior adesão e as lideranças mais ativas e ocupavam os setores industriais mais importantes do país. Até os sindicatos que não passaram por intervenções sofreram com o aumento do controle e da vigilância administrativa.

importância de se montar uma chapa sindical sob condições tão repressivas e como fazê-lo

> a gente teria que pegar elemento assim que não tivesse nenhuma [...] que não fosse conhecido como elemento de esquerda. E era difícil naquela época a gente pegar um elemento e às vezes pegava elemento que nem era de esquerda, mas sim um elemento honesto e trabalhador. (Andreotti, 1982)

Incapazes de evitar as intervenções governamentais, os militantes da classe trabalhadora recorreram à calma, à garra e à astúcia que tinham sempre possibilitado a sua sobrevivência a longo prazo. No centro da injustiça sistêmica, a única estratégia viável era contornar aquilo que não poderia, no momento, ser mudado. Assim, os militantes preparariam um retorno a ações mais agressivas uma vez que a atmosfera política se tornasse mais favorável, um objetivo para o qual o seu ativismo também contribuía. A experiência viva dessa estratégia de tão curto prazo sob a ameaça de repressão é o que Nunes aborda em *Além da greve*. A decisão do Ministério do Trabalho de regularizar as intervenções sindicais realizando eleições imediatamente afeta o protagonista do romance, Vandelício, que é convidado para entrar em uma chapa sindical.[6] Pela primeira vez, ele se entusiasma, "algo de sério estava para acontecer em sua vida", marcada até então por trabalho duro com "nenhuma mudança substancial em matéria de salários e de posição social" (Nunes, 1978, 27-29).

Vandelício, um membro inativo do sindicato, pesa os prós e contras de entrar na chapa. Ele se pergunta o que acontecera com os líderes de sindicato que fugiram ou que foram presos e se ele poderia ter o mesmo destino. "Ao mesmo tempo, avaliou o lado positivo: o cargo haveria de proporcionar-lhe alguma vantagem" – mesmo que fosse apenas a garantia de que ele não poderia ser demitido durante seus três anos no cargo. Mas o mais emocionante era a "de fazer carreira, de obter algo melhor para sua família". Enquanto se revirava na cama

---

[6]   Para as considerações do governo ao abrir caminho para as eleições em 1965, ver Martins, 1979, p. 103-106.

naquela noite, ele sentiu a necessidade – mesmo sendo o homem da casa – de ouvir o que sua mulher achava. Refletindo as normas patriarcais, a resposta dela foi imediata: o que você decidir, meu amor (Nunes, 1978, 27-29).

Vandelício mal conhecia o camarada que o tinha convidado para entrar na chapa, seguindo uma sugestão do presidente deposto do sindicato. O nome dele não foi revelado, mas era claramente algum tipo de político, porque Vandelício tinha visto ele junto com trabalhadores no portão da fábrica em "longas conversas, por vezes acirradas, numa linguagem pouco compreensível" – pelo menos para aqueles como ele "que não se interessava por questões políticas". Segundo o chefe de Vandelício, o homem era um agitador que os trabalhadores deveriam evitar. Embora Vandelício obedecesse, ele tinha ouvido por acaso o homem avisando "rodinhas de trabalhadores" sobre o golpe militar que iria "liquidar a liberdade dos sindicatos". Essa previsão convenceu Vandelício que "os caras sabiam de tudo, previram com exatidão os acontecimentos", embora a convocação para uma greve geral dos trabalhadores tivesse fracassado miseravelmente (Nunes, 1978, 29-30).

Quando Vandelício perguntou por que ele havia sido escolhido para concorrer, o camarada explicou que outros eram "politicamente manjados, fichados nos órgãos de segurança, e por isso não poderão disputar as eleições". O homem então afirmou que acreditava que Vandelício se viraria bem, devido a seu conhecimento da vida sindical adquirido por meio de sua presença regular em assembleias – mesmo que, na verdade, Vandelício tivesse frequentado apenas poucas reuniões, após a insistência de outros, e mal tivesse prestado atenção ou participado, simplesmente votando com os demais para aprovar a proposta de aumento salarial defendida pelo sindicato. Vandelício parou por um segundo para pensar sobre os rapazes que de fato falavam com entusiasmo e que até interrompiam os oradores; não seriam eles "os substitutos naturais?" (Nunes, 1978, 30-31).

Após aceitar candidatar-se à eleição, Vandelício entrou na fábrica extático. Com essa demonstração de "confidências políticas daqueles estranhos camaradas", "uma grande mudança [...] se aproximava" em sua vida antes banal: "Conhecia velhos operários, à beira da aposentadoria" cuja vida inteira foi "essa insípida vida que vinha levando há quatro anos. Uma existência sem perspectiva, sem sabor, sem futuro. O sujeito trabalha e morre operário, levantando-se cedo, escravo dos horários" do trabalho. Agora ele poderia escapar "desse destino traçado junto aos seus colegas de trabalho" ao se tornar um líder sindical. Na primeira reunião sobre a eleição, outro candidato, Jonas Anilson, conhecido por todos na fábrica como Baixinho, tentou interromper a apresentação didática do camarada, mas foi cortado. Ao final, porém, o camarada explicou para Vandelício que já que ele não era parte da categoria, os candidatos teriam que lidar eles mesmos com as tarefas burocráticas nas repartições do governo (Nunes, 1978, 31-34).

Vandelício reconheceu esse novo mundo da política sindical como "incompatíveis com a simplicidade de sua existência" de então, mesmo no quesito do discurso: "o próprio vocabulário das pessoas [...] nada tinha que ver com a forma de expressão através da qual os seus se comunicavam [...] [mas as palavras] começavam a imiscuir-se em seu raciocínio [...] como pessoas abelhudas a adentrarem a casa de outro sem ser convidados". Essas "exóticas palavras" tinham um certo poder, ele achou; "mesmo sem conhecer os respectivos significados, ele começava a pronunciá-las. 'Reivindicação', 'consciência de classe', 'arregimentação operária'". O contraste com seu local de nascimento era evidente: "lá tudo é tão simples e sempre igual. Na cabeça das pessoas só umas poucas palavras, as suficientes para se namorar, falar de pescaria, comprar pinga, arroz e feijão" (Nunes, 1978, 31-34).

As atividades do sindicato iriam se mostrar benéficas para Vandelício, que nunca mais voltaria à sua antiga vida de pobreza. Tendo vencido na vida, ele continuou a voltar para a Bitolândia para rever seus companheiros. Os amigos de Vandelício, se aproveitando de sua generosidade, acionavam o puxa-saquismo a esse novo líder sindical e o enalteciam em comparação com "o Bororé, negro pernostico metido a besta, [que] pensa que é gente só porque tem um emprego na fábrica, com salário certo, domingos e feriados ganhos sem trabalhar. Só por isso o nego já se considera importante e se esqueceu da gente". "Eta Vandelício grande!" diziam eles, pedindo que Deus lhes protegesse na sua nova profissão que eles não conseguiam entender muito bem qual era (Nunes, 1978, 20-23).

O ESPECTRO DA OPORTUNIDADE

O autor das aventuras de Vandelício, o repórter Antônio Carlos Felix Nunes, tinha sido contratado em 1971 pelo presidente do sindicato dos metalúrgicos de São Bernardo, Paulo Vidal, para atuar como primeiro editor do jornal do sindicato, *Tribuna Metalúrgica*, uma posição que ele ocupou até a intervenção governamental de 1980. Quando *Além da greve* foi republicado, em 1978, o então presidente do sindicato, Lula – com quem Nunes tinha compartilhado muitas bebedeiras –, fez a sinopse do romance. Nunes, com 47 anos, estava imerso no sindicalismo há 20 anos, desde seu primeiro trabalho, nos anos 1950, no *Notícias de Hoje*, o jornal diário do PCB em São Paulo (Nunes, 1981). No início dos anos 1970, esse brilhante jornalista inventou o personagem-símbolo do sindicato, João Ferrador, um "Zé Ninguém" cujas cartas atrevidas e engraçadas para as autoridades ilustres da nação eram publicadas na *Tribuna Metalúrgica*. Ganhando identidade visual durante a gestão de Lula, o valente metalúrgico iria se tornar o ícone da categoria, com seu ditado característico, "Hoje, eu não tou bom".[7] Um autodeclarado marxista-leninista independente, Nunes usou seu único romance para abordar o espectro de oportunidade que há muito tempo assombrava o movimento operário brasileiro.[8] A preocupação central da obra de denúncia aparecia mais claramente na fala dos amigos aparentemente ingênuos de Vandelício em Bitolândia: O que exatamente é um sindicalista? E, acrescentaria Nunes, o que um sindicalista deve ser?

---

[7]   Para uma seleção dos bilhetes de João Ferrador dirigidos às autoridades, ver Nunes; Canabrava Filho, 1981, inclui uma apresentação feita por Lula.

[8]   Em 1980 ele publicou uma coletânea de contos memorável descrevendo a vida da classe trabalhadora e dos comunistas da zona leste da cidade de São Paulo nos anos 1950 (Nunes, 1981).

O fantasma que assombrava os sindicalistas era o pelego, um termo sugestivo que surgiu após Getúlio Vargas, do Rio Grande do Sul, chegar ao poder em um golpe sem derramamento de sangue conhecido como a Revolução de 1930. Com a sua típica perspicácia mordaz, os cariocas usaram um termo do universo gaúcho de gado e vaqueiros para zombar da inovação mais surpreendente do governo de Vargas, de 1931: o primeiro Ministério do Trabalho do país, o "Ministério da Revolução", acompanhado por leis que facilitavam e financiavam a sindicalização (cf. French, 1992). Se referindo originalmente à manta de pele de ovelha colocada entre o cavalo e a sela, pelego era agora utilizado pelos cariocas como um rótulo para sindicalistas – uma nova variedade de funcionários do governo na capital da nação que, como o termo sugere, "se acotovelavam nos corredores do Ministério do Trabalho na ânsia de bajular" funcionários em busca de favores pessoais (Henriques, 1966).

O objetivo por trás de um sistema de sindicatos obrigatórios e financiados pelo governo, segundo um influente formulador de políticas em 1939, tinha sido criar uma elite da classe trabalhadora que eliminaria a ameaça comunista e acabaria com o "espírito anti-patrão" dos trabalhadores. Francisco José de Oliveira Vianna sugere que, como colaboradores responsáveis do Estado, essa nova elite promoveria a paz social ao facilitar o avanço de trabalhadores capacitados que alcançariam cargos de proeminência por meio da educação e acesso à cultura da elite. (Vianna, 1951, p. 35, 41-43). Assim como com os ideais de Roberto Mange, do Senai, um enorme abismo separava tais aspirações utópicas da realidade prática governamental e industrial, ainda mais em uma sociedade permeada por laços clientelistas que tinham apenas começado a se tornar minimamente democráticos, em termos eleitorais, em 1945. Um sociólogo brilhante e autodidata, Oliveira Vianna era uma pessoa incomum entre formuladores da política trabalhista devido a seu comprometimento profundo e ético com uma visão corporativista inspirada no catolicismo, autoritária, porém de inclinação reformista. A maioria dos arquitetos do sistema sindical, entretanto, eram muito mais cínicos, e eram eles que alcançavam os cargos mais poderosos e neles se mantinham por mais tempo (French, 2004). O advogado José de Segadas Viana, um dos redatores da Consolidação das Leis Trabalhistas (CLT) de 1943, demonstrou isso ao explicar, em 1987, com brutal honestidade, que o pelego poderia amortecer "o calor das reivindicações da massa e por sua vez permitia ao governo dominar" os trabalhadores. Ele descreveu pelegos como puxa-sacos profissionais, homens que "se atiram" ao chão na presença de homens poderosos e cujas demonstrações públicas de subserviência agradavam aqueles que eles cortejavam (Viana, 1987, p. 138-140).[9]

Segadas Viana caracterizou todos os líderes operários brasileiros como pelegos, exceto os comunistas. Ecoando a trajetória de Vandelício, o pelego de Segadas Viana "se torna inteiramente subserviente ao poder, procurando enganar os trabalhadores e diluir a sua vontade" (Viana, 1983, p. 153). Como ex-ministro do Trabalho, esse advogado-político profundamente conservador e anticomunista defendia, ainda assim, que o sistema dependia desses homens movidos apenas pela busca de vantagens pessoais, especialmente de nomeação para os cargos bem pagos na Justiça do Trabalho.[10] Havia alguns "bons pelegos", ele insistia, que ajudavam a combater o comunismo enquanto serviam ao governo como um meio de contato com os trabalhadores (Viana, 1983, p. 180-181). Porém, em contraste com o pelego e com os subversivos, Segadas Viana também imaginava um verdadeiro líder sindical: um homem "que tem coragem, pode não ter cultura", mas "que tem abnegação, que tem desprendimento, tem que ter desembaraço, saber falar. Esse é um líder". (Viana, 1983, p. 153).

Como um termo acusatório polêmico, pelego chegou a ser usado com muita frequência no Brasil, embora os pontos de referência variem amplamente – sobretudo durante a República Populista. Para

---

[9] Essa entrevista foi transcrita em 1987 e integra o acervo do Centro de Pesquisa e Documentação de História Contemporânea do Brasil / Fundação Getúlio Vargas, Rio de Janeiro.

[10] Segadas Viana perdeu poder no PTB para Goulart no início dos anos 1950. A busca dele por vingança o levou, no final dos anos 1960, a se aliar com Carlos Lacerda, motivado por desgosto profundo contra Getúlio, o PTB e a esquerda; ele apoiou o golpe de 1964 que derrubou Goulart.

os industriais, os pelegos eram os sindicalistas que geravam turbulências, especialmente líderes ligados ao PTB durante a década em que Goulart e seu partido controlaram o Ministério do Trabalho (Gasparian, 1973, p. 93). Para os antigetulistas, os pelegos eram "uma nova casta parasitária de falsos líderes trabalhistas" vivendo sob "a sombra do Ministério do Trabalho", instrumentos facilmente manipulados pelos demagogos populistas inescrupulosos (Henriques, 1966). Para os comunistas, pelegos eram traidores que vivem de negócios sujos ajudando os patrões a manter os trabalhadores na miséria em troca de dinheiro arrecadado do imposto sindical (O imposto sindical..., 1951). Dentro do movimento operário, os que estavam fora dos cargos invariavelmente atacavam a liderança sindical como pelega – até um acordo eleitoral ser alcançado com um deles ou mais. Até mesmo os comunistas, distinguidos como um grupo separado, eram às vezes atacados como pelegos devido aos alianças por conveniência que eles por vezes faziam com líderes sindicais não comunistas considerados pelegos.[11] Por fim, comunistas e aqueles de esquerda rotineiramente utilizavam o termo para estigmatizar aqueles que não cooperavam com seus planos nas questões sindicais.

Todos concordavam, entretanto, que o peleguismo era mais típico dos funcionários empregados em tempo integral pelos sindicatos tanto nos níveis de federação estadual quanto de confederação nacional.[12] Distantes pelo menos um nível dos sindicatos locais, esses indivíduos eram indiretamente eleitos por meio de um sistema no qual sindicatos fracos, não representativos ou inexistentes ("sindicatos de carimbo") tinham um voto igual ao de sindicatos mais fortes e maiores, com uma quantidade de filiados verdadeiramente massiva. Esse sistema eleitoral manipulado foi objeto de crítica dos sindicatos de metalúrgi-

---

[11] Como lar político mais ocupado por pelegos durante a República Populista, o setor de direita do PTB e seus colaboradores sindicais, quando questionados frequentemente respondiam de forma defensiva sobre os "pelegos vermelhos", como ocorreu, por exemplo, com um membro paulista do PTB entrevistado em Benevides (1989, p. 47).

[12] Os dois pelegos mais famosos eram Deocleciano de Hollanda Cavalcanti, líder da Confederação Nacional dos Trabalhadores na Indústria (CNTI) de 1946 até 1961 e depois de 1964, e seu colega e por vezes concorrente, Ary Campista.

cos do ABC desde a década de 1940 até o apogeu de Lula; o desejo por mais votos na federação estatal foi um fator que levou ao surgimento de novos sindicatos em São Caetano e em São Bernardo, em 1957 e 1960 (representados antes por um sindicato que abrangia o ABC inteiro sediado em Santo André). Em 1978, Lula descreveu as entidades estaduais e nacionais, utilizando uma expressão tipicamente brasileira sobre sinecuras inúteis, como um "cabide de emprego onde a pelegada toma conta" (Silva, 1978, p. 259).

O termo pelego já foi usado tão promíscua e irrefletidamente que chega a ser inútil como uma construção analítica.[13] Não trabalhadores, incluindo estudantes radicalizados, tinham a tendência de ver todos os líderes sindicais como pelegos inúteis e corruptos, uma expressão do preconceito de classe, da distância social e da falta de conhecimento. Ativistas operários e sindicalistas eram movidos por outras preocupações, criticando rotineiramente os pelegos – como Lula o fez, em 1978 – como um impedimento para a luta, corrompidos pelo poder e moldados para servir a um sistema que se opunha aos interesses dos trabalhadores. Os pelegos, Lula prosseguia, eram os líderes operários que falam, mas que somem na hora da ação, quando o bicho pega (Lula citado em Guizzo *et al.*, 1978, p. 15, 28-30; Silva, 1978, p. 259). Ele descreveu seu conflito de 1978 com Ary Campista, o notório líder da Confederação Nacional dos Trabalhadores na Indústria (CNTI), que foi deposto sob Goulart, mas que, após 1964, ascendeu ao auge do sistema trabalhista como parte do Tribunal Superior do Trabalho. Campista, Lula declarou, era um ministerialista (um seguidor do Ministério do Trabalho) sem princípios, que apoiaria qualquer governo no poder, fosse de esquerda, de direita ou de centro (Silva, 1978, p. 259). Como o maior e mais duradouro pelego brasileiro, Campista era

---

[13] O acadêmico alemão Hans Füchtner foi o primeiro a delimitar o escopo do peleguismo para construir um conceito analítico significativo. Para ele, apenas aqueles líderes sindicais "que se identificavam *totalmente* com um papel intermediário entre os interesses do governo e os dos trabalhadores" eram pelegos. Em termos mais amplos, ele percebia "o típico pelego como um burocrata desconectado da base do sindicato que segue as instruções do governo buscando vantagens pessoais" (Füchtner, 1980, p. 100, ênfase nossa).

um dos poucos que nunca se distanciaram do termo (Campista, 1981). Em seu livro de memórias, um dos seus discípulos do Rio de Janeiro, Romulo Augustus Pereira de Souza, descreveu Campista como uma figura lendária, até mesmo folclórica. Assim como Segadas Viana, Campista divertia-se com seu cinismo vazio, e, avaliando o potencial dos aspirantes, lhes oferecia um sábio conselho de carreira: "você fala bem demais para um dirigente sindical. Junto as autoridades, procure errar no português" ao falar porque "eles gostam, e dá mais autenticidade" (Souza, 1998, p. 187-188, 198).

Porém, tais críticas ignoram porque o pelego amedrontava aqueles envolvidos com sindicalismo. O retrato do editor da *Tribuna Metalúrgica*, em *Além da greve*, sobre como um trabalhador se torna um pelego foca totalmente no que eu chamaria de espectro da oportunidade que assombra o mundo do trabalho. Era dito aos trabalhadores que o sindicato iria representá-los e defenderia seus interesses. Porém, as condições da fábrica e da vida que criavam a necessidade da existência de sindicatos também geram nos trabalhadores, como indivíduos, um desejo intenso de escapar de tais condições. Um caminho de escape é se tornar um líder sindical em tempo integral, liberado das responsabilidades fabris e protegido contra as represálias do patrão, enquanto permanecer no cargo. Todo trabalhador fabril conseguia entender a disposição de Vandelício, com 23 anos de idade, de entrar em uma chapa, na mesma idade em que a mesma oportunidade foi oferecida a Lula – que nem era filiado ao sindicato.

Nas grandes categorias industriais, os sindicatos eram instituições sólidas que possuíam imóveis e tinham financiamento governamental anual garantido. Análoga a um pequeno negócio, mas com maior destaque público, fazer parte da diretoria sindical proporcionava *status*, visibilidade, prestígio e possibilidades futuras, incluindo candidaturas políticas. Líderes tinham acesso aos carros do sindicato e, por vezes, a motoristas; ainda mais importante, eles davam ordens, em vez de recebê-las, até mesmo para indivíduos de *status* muito superior, tais como doutores, advogados e dentistas contratados para oferecer assistência médica e legal aos associados. Havia oportunidades abundantes para projeção pessoal (discursos públicos, cobertura jornalística), e a rotina diária – livres do relógio de ponto – era mais variada e infinitamente menos tediosa que a da vida fabril. Por fim, o trabalho oferecia benefícios bastante valorizados, como viajar para tratar assuntos sindicais, seja para tentar exercer influência na capital nacional ou para frequentar congressos sindicais em outras partes do Brasil ou até mesmo no exterior. Tanto Vandelício quanto Lula foram tomados pela ambição quando contemplaram a liderança sindical. Mas ambição em prol de quem e com que fim? E até que ponto tais motivações seriam evidentes para o indivíduo em questão?

Em São Paulo, um universo urbano repleto de oportunidades, existia um incentivo poderoso para se tornar um dirigente sindical em tempo integral, especialmente dentro de uma grande categoria. Essa aspiração não deveria necessariamente assumir o caminho mais arriscado, como o tomado por Frei Chico, que se tornou não apenas um militante sindical de base como também um organizador de chão de fábrica (diferentemente de seu irmão). Se o incentivo da ambição pessoal poderia levar alguns para diretorias sindicais, ele também poderia impedir a condução bem-sucedida da luta operária. O espectro do pelego, em outras palavras, estava ligado às dúvidas dos trabalhadores sobre sua capacidade de se unir e de agir consequentemente como grupo. Diversos acadêmicos contemporâneos documentaram repetidamente o cinismo generalizado, expresso na observação frequentemente repetida de que os trabalhadores, carentes de unidade, eram fracos, facilmente corrompidos e enganados. Para esses acadêmicos, os indícios de mobilidade ascendente sinalizavam traição e não qualquer avanço simbólico ou indireto para o grupo ao qual eles pertenciam.

Logo, a ambição pessoal era uma faca de dois gumes entre aqueles que chegavam às fábricas paulistas em meados do século XX. Ela levava os trabalhadores a suspeitarem uns dos outros, enquanto insinuava que apenas os matutos confiariam nos tais líderes que, na verdade, cuidavam apenas do próprio interesse, independente de alegarem o contrário. Da perspectiva dos trabalhadores, a inabilidade dos sindicatos de resolver efetivamente os problemas reforçava a ideia de que todos os sindicalistas eram pelegos inúteis e de que não havia esperanças de encontrar um defensor real dos trabalhadores. A inveja, combinada com a suspeita das motivações dos outros, gerava a convicção generalizada de que os dirigentes sindicais eram um bando de corruptos, nas palavras do jovem antissindicalista Lula. Um ativista, citando a ausência de provas de que um dado dirigente sindical estivesse traindo seus membros, não necessariamente convencia: era fácil imaginar que tal pessoa era simplesmente "mais esperta", aguardando pelo momento certo para maximizar seus ganhos em vil metal.

As observações de Andreotti sobre as qualidades necessárias aos candidatos à liderança sindical são reveladoras. Ao ponderar sobre sua carreira, ele inicia com uma declaração anódina de que até mesmo as possíveis filiações partidárias ou simpatias políticas de diretores sindicais deveriam ser secundárias em relação à devoção deles a um ideal: *conscientizar* os operários e organizá-los para lutar pelos seus direitos (Andreotti, 1982). Embora a popularidade de um determinado candidato em sua fábrica de origem pudesse trazer votos para a chapa inteira, Andreotti não acreditava que a popularidade sozinha fizesse o indivíduo merecer a inclusão se lhe faltasse idealismo, integridade e honestidade. A liderança dos metalúrgicos sob o interventor Rafael Martins não tinha nenhuma motivação ou objetivo além daqueles da realidade egoísta e individualista da sociedade capitalista (Andreotti, 1982). Ao mesmo tempo, Martins podia dissimular e até fazer um discurso de denúncia, emprestar seu nome para mobilizações e aparentar apoiar uma convocação de greve enquanto secretamente a sabotava (Andreotti, 1982).[14] Comportamento tão ambíguo – ou a suspeita dele – comprometia profundamente a viabilidade do sindicalismo entre os trabalhadores de base, desmoralizando até mesmo os militantes sindicais mais fiéis.

Andreotti sempre distinguia abruptamente um dirigente sindical real, comunista ou não, que luta "honestamente pelo interesse coletivo", de um "que luta para seu bem-estar próprio", esse último "sempre procura desviar o trabalhador da luta" e serve "às autoridades, aos go-

---

[14] Ver também artigos em *Notícias do Hoje*, 16 de julho de 1953; *Folha do Povo*, 22 de julho de 1953.

vernantes do país". Aqueles que desejavam levar "a sério uma luta pelos interesses da classe trabalhadora", por outro lado, enfrentavam dificuldades justamente porque eles eram sempre vistos como um "elemento perigoso para o patronato e para o governo e então daí a repressão que eles procuram fazer" (Andreotti, 1982). Manter padrões de moralidade e probidade pessoais eram importantes, salientava Andreotti, pois até mesmo um trabalhador bem-intencionado era facilmente tentado a "se projetar a se distanciar da classe trabalhadora". Indivíduos que fossem menos do que totalmente honestos poderiam facilmente manipular o seu salário sindical e as contas das despesas para se beneficiar (até mesmo aceitando abertamente subornos). Os trabalhadores tinham bastante experiência com homens como Rafael Martins, que "quando saíam ou se afastavam do sindicato estavam bem de vida" (Andreotti, 1982).

Até uma ação que apenas parecesse egoísta, argumentava Andreotti, prejudicava a causa do movimento operário. Pouco após a sua própria eleição como presidente, em 1958, alguns membros do sindicato começaram a sugerir maliciosamente uma conexão entre sua nova posição e uma geladeira que foi entregue em sua casa. Embora ele tenha explicado que ela havia sido encomendada numa compra à prestação anterior à sua eleição, Andreotti evitou mais suspeitas ao decidir, enfrentando a oposição vigorosa de sua mulher, não comprar uma casa enquanto ele estivesse em seu cargo sindical – embora, dado o seu salário de trabalhador qualificado, ele pudesse ter facilmente construído uma casa (algo comum mesmo entre os trabalhadores não qualificados da região). Em outra ocasião, ele se negou a aceitar um apartamento concedido a ele em um projeto habitacional local construído com o fundo de pensão dos trabalhadores industriais. Visitando o local com seu colega e líder sindical, Philadelpho Braz, que morava lá, ele encontrou o apartamento ocupado; a família seria despejada se ele o aceitasse. Andreotti e sua mulher pagariam um preço pessoal por essas decisões, na forma de uma vida financeira precária (Braz, 2004).[15]

---

[15] Andreotti perdeu seu emprego nas Indústrias Sul Americana de Metais após o golpe de 1964, e dois anos antes de sua morte ele mal estava conseguindo sobreviver, enfrentando dificuldades em dar conta do pagamento do aluguel (numa pensão minúscula e precária).

Embora ele não exigisse que os seus colegas dirigentes tivessem um comportamento tão rígido, Andreotti estava determinado a servir de exemplo desde o início do seu mandato – ele foi reeleito três vezes entre 1958 e 1964, em cada ocasião com um aumento substantivo no eleitorado total do sindicato – e buscava assegurar que as despesas do sindicato fossem controladas rigidamente para evitar irregularidades financeiras (Andreotti, 1982). À primeira vista, a ênfase de Andreotti em altos padrões morais pode parecer insignificante, óbvia ou estranhamente pré-política. Em termos práticos, entretanto, ele percebeu que qualquer desonestidade confirmaria o cinismo dos trabalhadores de São Paulo, entre os quais a retórica moralizante de Jânio Quadros (simbolizada pela vassoura para varrer a corrupção) tinha sido enormemente popular (Andreotti, 1982). Como descreveu Juarez Brandão Lopes, o caráter individualista dos trabalhadores do "o que eu ganho com isso" – que Andreotti preferia chamar de imediatismo – coexistia desconfortavelmente com um senso fraco, porém real, de solidariedade coletiva (Brandão Lopes, 1960, p. 397, 400, 398). Esforços para construir uma ação coletiva eram todos muito facilmente interrompidos por qualquer indício de que os "assuntos sindicais" fossem apenas mais uma picaretagem em benefício próprio. Daí a importância da honestidade, da dedicação e do autossacrifício, que até mesmo provia, dizia Andreotti, certa barreira em relação ao anticomunismo propagado contra ele e seus aliados. Em suas palavras, a aceitação dos líderes sindicais comunistas muitas vezes tinha pouco a ver com política; os comunistas se beneficiavam da percepção generalizada de que eles eram honestos e, portanto, menos prováveis de fazer "conchavos" com os patrões às custas dos trabalhadores (Andreotti, 1982).

Esse aglomerado de significados, com conotações específicas de classe em torno da palavra pelego e que alimentava a preocupação profunda de Andreotti com a probidade moral da direção sindical, também pode ser observado entre trabalhadores da indústria têxtil do Rio entrevistados nos anos 1970 por Vera Maria Candido Pereira. Para sua surpresa, esses trabalhadores raramente ligavam o pelego diretamente ao governo, usando o termo, em vez disso, para se referir a "indivíduos corruptos que agem apenas em função dos seus interesses pessoais (em geral, acesso à propriedade de bens imóveis ou enriquecimento repentino)", o que provaria que eles eram "comprados pelos patrões" (Pereira, 1979, p. 217).[16] Como afirmou Lula, o sindicato comandado pelo pelego tinha um perfil evidente: é o "Sindicato de Carimbo. O presidente é chamado de João Ladrão. Na parte da manhã trabalha no supermercado do qual ele é o dono. À tarde vai pra Justiça do Trabalho onde é vogal. Aparece no sindicato das seis às sete da noite" (Lula citado em Guizzo *et al.*, p. 28-30). Esses, insistia Lula, não eram sindicalistas de verdade.

Assim como Diógenes de Sinope carregando sua lamparina pelas ruas, o mundo do sindicalismo brasileiro tinha buscado um homem honesto, um "verdadeiro sindicalista". Para um cínico como Segadas Viana, isso era impossível, dada a baixeza da matéria-prima subalterna do Brasil. Mas a busca pelo ideal há muito tempo caracterizava o movimento operário, principalmente nas indústrias de grande porte das grandes cidades. Como se criaria uma ética da honestidade – mesmo reconhecendo as imperfeições humanas – que pudesse servir como uma norma aceita de comportamento? Uma vez alcançada essa ética, acreditavam os líderes sindicais honestos, os trabalhadores seriam imbatíveis, embora todos estivessem cientes de que seus sindicatos locais estavam longe de obter tal confiança daqueles que buscavam representar.

JOVEM, BEM DE VIDA E PREPARADO PARA OS NEGÓCIOS DA VIDA

Estratagemas políticos trouxeram para dentro do sindicalismo tanto o fictício Vandelício Mascarenha, que cresceu no interior de São Paulo, quanto seu equivalente pernambucano, Luiz Inácio da Silva. Nenhum deles era militante sindical, muito menos um organizador

---

[16] "Não observamos" – Pereira prosseguiu – "nenhuma menção a qualquer vínculo como o governo ou o Ministério do Trabalho, que pudesse ser interpretado como sugestão de cooptação; a não ser o próprio fato de os 'pelegos' usarem o cargo de diretores sindicais ou vogais na Justiça do Trabalho de modo particularista".

de chão de fábrica; eles foram abordados porque era improvável que fossem barrados por aqueles que confundiam sindicalismo com subversão política. Ambos tinham 23 anos de idade e eram declaradamente anti-políticos. Lula, diferentemente de Vandelício, não era nem filiado ao sindicato e foi levado para sua primeira reunião em agosto de 1968 por Frei Chico, como parte do processo de seu recrutamento para integrar a chapa de situação.[17]

Ambos os jovens se encaixavam no mundo de classe trabalhadora descrito por Armando Corrêa da Silva em 1967, como visto anteriormente. Chegando aos 19 anos da rural Bitolândia, Vandelício se distanciou dos "pobres do campo" ao conseguir rapidamente um emprego fabril, mesmo como um trabalhador não qualificado de salário-mínimo. Lula, por outro lado, já era uma história de sucesso, completamente socializado na vida industrial e da classe trabalhadora da cidade grande.[18] Três anos depois de se juntar aos torneiros mecânicos da cidade por meio do Senai, Lula conseguiu um trabalho cobiçado na Indústrias Villares, com um salário muito mais alto que o dos seus três empregos anteriores (Silva, 2000, p. 20). Lula exemplificava a trajetória do mercado de trabalho dos graduados do Senai, que geralmente acabavam em "grandes firmas modernas nas quais os salários" estavam acima da média e onde existia o apoio logístico para satisfazer o "gosto pela perfeição técnica" dos graduados (Castro, 1979, p. 627).

Evitando reificações, Corrêa da Silva argumentou que a classe trabalhadora propriamente dita seria mais bem compreendida como "povo trabalhador 'em ascensão'". Contratados em fábricas de médio e grande porte, esse grupo desfrutava de maior estabilidade de empre-

---

[17] Lula em 1976 associou o convite para comparecer à reunião à oferta para entrar na chapa (Rainho; Bargas, 1983, p. 49). Lula (citado em Dantas, 1981, p. 20) confirma que a chapa estava sendo montada em agosto de 1968.

[18] Para Tomizaki (2007, p. 79), crianças criadas na cidade, filhos de migrantes, devem ser analisadas de forma diferente que os migrantes rurais em geral, com base em suas várias entrevistas de história oral no início do século XXI com gerações sucessivas de trabalhadores da fábrica Mercedes-Benz do ABC, 27 dos quais chegaram do campo no fim dos anos 1950.

go e recebia salários ainda maiores e mais seguros, acompanhados por ajustes salariais regulares para compensar a inflação. Ademais, seus patrões tinham mais condições de respeitar as leis trabalhistas e proporcionavam maior acesso à assistência médica ou de qualquer outro tipo. Esses trabalhadores ascendiam de fábricas pequenas e precárias "rumo ao tipo de empresa mais aparelhada tecnicamente e moderna", se encaminhando para uma "especialização de função, o que, com o tempo, pode redundar em melhor qualificação", tal como a alcançada por Frei Chico e por Lula (Silva, 1967, p. 88-89).

Os traços socioculturais desses "trabalhadores modernos" (termo que o próprio Corrêa coloca entre aspas) foram cuidadosamente diferenciados daqueles que caracterizavam "segmentos mais pauperizados" das classes populares da cidade. Essa minoria qualificada era moldada de forma decisiva pela predominante "ideologia do desenvolvimento econômico e industrialização", e a sua "situação de maior segurança" permitia "um grau mais avançado de consciência". Em alguns casos, comentava Corrêa da Silva, eles têm ultrapassado em muito "o plano meramente reivindicatório sindical" para alcançar a consciência politizada que vimos com Frei Chico. Porém o "atraso" de Lula em termos sindicais e políticos indica que até mesmo a minoria qualificada da classe trabalhadora propriamente dita deveria ser enxergada como uma trama complexa de diferentes visões e níveis de consciência. Ao discutir a educação, Corrêa da Silva destacou de forma enfática que o aprendizado, fosse formal ou informal, gerava jovens, incluindo os "bons moços" do Senai como Lula, que popularizavam a ideologia da industrialização em suas famílias e para além delas. Os cursos poderiam transmitir não apenas "a técnica da produção [mas] a consciência sindical" (Silva, 1967, p. 88-90).

Quando Lula aceitou concorrer a um cargo sindical no fim de 1968, ele tinha acabado de completar 20 meses na Indústria Villares, uma oportunidade que ele vinha buscando por seis anos como um aprendiz, um meio-oficial e, por fim, um torneiro mecânico pleno em São Paulo e São Bernardo, incluindo um período de cinco meses de desemprego durante a recessão de 1965. Empossado como suplente do conselho fiscal do sindicato em 1969, Lula estava entre os dois terços dos 24 eleitos que permaneciam ligados à produção na fábrica. Apenas em 1972 ele se tornaria um diretor efetivo, um dos sete diretores em tempo integral que recebiam seu salário regular e ficavam dispensados de trabalhar na fábrica enquanto estavam fora do trabalho fabril. No total, Lula passou 11 anos se formando para se tornar ou para trabalhar como um torneiro mecânico, seguido por 8 anos – entre as idades de 27 e 35 anos – durante os quais ele foi poupado de usar os macacões azuis, uniforme obrigatório dos trabalhadores industriais na época.[19] Lula foi eleito presidente sindical em 1975 e reeleito em 1978, ambas as vezes sem enfrentar chapas de oposição.

Diferentemente do não qualificado Vandelício, o sucesso material de Lula já estava garantido antes dele concorrer ao cargo sindical. Em 1979, como presidente do sindicato, Lula se gabava de que os torneiros mecânicos eram os marajás da classe operária no fim dos anos 1960 e início dos 1970 (Guizzo et al., 1978, p. 182). Já no século XXI, ele continuaria a celebrar esses príncipes da classe trabalhadora, mesmo quando seu ofício já estava sendo progressivamente minado por máquinas-ferramentas operadas por computadores surgidas após 1980 (Tauile, 1984). Antes da Villares, ele explicou, ele já estava sustentando sua mãe e suas duas irmãs, pagando o aluguel e trabalhando de noite para ganhar adicionais de 25% sobre o pagamento das horas de trabalho. Então, após cinco meses de desemprego, ele conseguiu um "um emprego numa fábrica grande, passei logo a ganhar mais que dez salários-mínimos porque, naquele tempo, torneiro mecânico era uma profissão importante, torneiro, fresador, mandrilador". Durante o crescimento econômico, ele explicou, ele fazia 40 horas por mês em horas-extras (Kamel, 2009, p. 424).

Como um trabalhador privilegiado em uma indústria particularmente privilegiada, Lula tinha motivos para se vangloriar como alguém que estava de fato "bem de vida". Claro que "bem de vida" era uma métrica discursiva flexível no vernáculo conceitual dos trabalha-

---

[19] Para uma rica abordagem antropológica dos papéis e disputas multifacetadas associadas aos uniformes obrigatórios na indústria de aço de Minas Gerais, ver Farias, 2010.

dores urbanos de São Paulo. Discutindo sua primeira comunhão em Garanhuns, o irmão de Lula, Vavá (citado em Paraná, 2002, p. 199), lembra de pegar sandálias emprestadas de um vizinho que estava bem de vida. "Tinha posses, tinha sapato, tinha tudo. Nós não tínhamos sapato. Nem chinelo". Após chegar a Santos, lembra Lula (citado em Paraná, 2002, p. 56), sua família recebeu ajuda da avó Jucelina, a mãe de um cunhado. Quando lhe pediram para definir o que era bem de vida, ele disse que a família de sua madrinha era "considerada ricos. Eles tinham casa" e os pais trabalhavam "de *contramestre* de navio, então eles eram bem de vida".

Tirando proveito de um emprego bem pago e profissionalmente satisfatório, Lula exultava seu sucesso e não manifestava nem raiva diante dos chefes nem a submissão ressentida, porém rabugenta, de Vandelício. Os problemas que Lula de fato enfrentava não eram percebidos como derivados de poderosas estruturas de exploração, o que Frei Chico tinha aprendido a chamar de capitalismo. "Os que aprendem na escola [Senai] são mais orgulhosos", um trabalhador qualificado do setor têxtil disse para a equipe de Luiz Pereira, embora o homem tenha insinuado que eles não tinham motivo algum para se sentirem superiores; eles faziam o mesmo trabalho que os demais (Pereira, 1965, p. 260).

Após um período de três meses na fábrica Massari, em São Paulo, Frei Chico entrou para as Indústrias Villares em 1967, apesar de uma política empresarial que barrava a contratação de familiares; a conexão entre os irmãos passou despercebida por causa de seus sobrenomes diferentes. Ele foi demitido após seis meses, mas em seguida foi contratado pela Carraço, uma firma de 200 trabalhadores que fabricava vagões em São Bernardo. Chegando de São Paulo com uma reputação sindical já estabelecida, Frei Chico era o tipo de trabalhador que impressionaria Vandelício pela confiança que ele mostrava em se posicionar, interromper e participar ardentemente de reuniões sindicais (Frei Chico citado em Paraná, 2002, p. 153-154; Morel, 1981, p. 66; Lula citado em Dantas, 1981, p. 19-20). O sindicato de São Bernardo sofreu intervenções durante a turbulência geral de 1967-1968, que incluía confrontos agudos entre grupos da chamada esquerda revolucionária, frequentemente de origem católica, e uma liderança sindical comandada por Afonso Monteiro da Cruz, um ativista católico menos radical apoiado pelo PCB, com o qual Frei Chico estava alinhado.

Frei Chico continuou seu pesado proselitismo em relação ao seu irmão, que permanecia, nas palavras de Frei Chico (citado em Morel, 1981, p. 66), tão "antisindicato e realmente ignorante" como sempre. Frei Chico pegava no pé dele para que frequentasse os eventos sindicais, reclamava Lula, quando ele só queria jogar futebol ou fazer qualquer outra coisa. Como ele disse na época, "eu vou lá encher linguiça? [...] Fico aqui porque é melhor eu ver uma novela" (Lula citado em Paraná, 2002, p. 97-98). Se sindicalizar demandaria autorizar o desconto das contribuições salariais voluntárias, além do imposto sindical obrigatório descontado automaticamente dos salários de todos que trabalhavam dentro de cada categoria (fonte de reclamações para os trabalhadores cientes disso). Trabalhadores não qualificados como Vandelício, principalmente se casados, frequentemente entravam nos sindicatos por causa da assistência médica e odontológica. Os qualificados que entravam eram mais como Frei Chico, que viam o sindicato como um meio de fazer avançar interesses coletivos diante dos patrões e do Estado. Para um solteiro bem de vida como Lula, o sindicato era pouco interessante, embora uma vez, em 1967, ele tenha passado por lá para perguntar sobre o novo Fundo de Garantia por Tempo de Serviço (FGTS) promulgado pelo governo em 13 de setembro de 1966.

O FGTS, que tornava as demissões mais fáceis, substituindo um sistema de estabilidade de emprego mais rígido do qual os patrões reclamavam há muito (Ferrante, 1978; Rosa, 1982; Barros; Corseuil, 2004). Os trabalhadores atuais tinham que escolher entre permanecer sob o velho sistema ou optar pelo novo; o FGTS era fortemente criticado pelos sindicatos, e a pressão dos patrões sobre trabalhadores individuais era intensa. Sua visita para falar sobre o FGTS fez com que Lula conhecesse Afonso Monteiro da Cruz, o que deixou Lula "puto da vida" porque ele deu mais atenção para um cachorro – uma espécie de mascote que tinha sido resgatado pelos líderes sindicais e morava na sede – do que para Lula (Silva, 2000, p. 25).

Os não sindicalizados frequentemente passavam pela sede do sindicato quando tinham um problema ou um questionamento. Pela lei, o sindicato tinha que providenciar assistência legal para os não associados, mas poderia recusar outros serviços, ajudas ou conselhos, como os sindicatos comandados por pelegos faziam, buscando desencorajar a participação. Dirigentes sindicais honestos, por outro lado, ignoravam a distinção, focados no recrutamento de novos membros como forma de aumentar a influência do sindicato. Como explicava Andreotti, o trabalhador que passava no sindicato motivado por um interesse pessoal imediato, sempre enxergava o encontro como um teste: ele esperava, senão a vitória, pelo menos um engajamento sério. Se mal administrada, a interação confirmava a crença generalizada de que sindicatos eram inúteis e de que seus dirigentes eram meros oportunistas fugindo do trabalho honesto (Andreotti, 1982).[20]

O SINDICATO: UMA COISA COMPLICADA, UMA AVENTURA

Trabalhadores braçais eram muito pouco representados nos cargos eletivos da São Paulo de meados do século, tanto antes quanto depois de 1964. Porém, havia um espaço no qual trabalhadores dinâmicos podiam deixar sua marca, politicamente falando: um sistema sindical que congregava uma minoria substantiva dos trabalhadores fabris, talvez um quinto no caso dos metalúrgicos. As disputas eleitorais que ocorriam a cada três anos permitiam que aqueles mais envolvidos aprendessem instrumentos, técnicas e maquinações da vida política. Da mesma forma que na política eleitoral, a vantagem sempre estava com aqueles que já ocupavam o poder – a "situação" – e o objetivo do

---

[20] Por exemplo, um trabalhador entrevistado por Brandão Lopes havia sido um membro do sindicato dos metalúrgicos de Santo André mas acabou se desfiliando porque "quando precisei do sindicato, não encontrei [ajuda] [...] diziam, vem amanhã e, depois, eu ia no outro dia e o advogado não estava... quem fez o que eu precisava foi o SESI [Serviço Social da Indústria]", um órgão de industriais. Essa atitude arrogante era típica das lideranças durante a era de intervenções de 1947 até 1956 e prejudicava o sindicato (Brandão Lopes, 1960, p. 399).

sindicato ao "formar uma chapa" era preencher 24 vagas nas três categorias definidas pela legislação trabalhista: diretores (dos quais havia sete efetivos em tempo integral e sete suplentes), membros do conselho fiscal (três de cada) e representantes na federação sindical a nível estadual (dois de cada). Idealmente, a chapa final teria representantes das principais fábricas (isto é, aquelas com mais membros votantes) e dos grupos principais entre os militantes do sindicato. Os grupos mais visíveis – e desproporcionalmente estudados – eram aqueles ligados a diferentes organizações de esquerda, responsáveis pela impressão do material de divulgação em nome daqueles que apoiavam – diferentemente de seus oponentes, que operavam oralmente e frequentemente venciam as disputas, mesmo sem esses recursos gráficos.

O processo de inscrição de chapa envolvia decidir que indivíduos receberiam uma indicação e em que ordem. À medida que cada acordo era fechado, os arquitetos da chapa cuidadosamente distribuíam recompensas por lealdade com a neutralização das decepções sentidas por aqueles que ficavam pelo caminho ou eram ignorados (uma rotatividade significativa acontecia entre os diretores sindicais ao final de cada mandato). O ideal era constituir uma chapa ampla rapidamente, desencorajando, assim, potenciais oponentes. Era um processo de cálculo político, de manobras maquiavélicas e de sedução que se iniciava de seis a oito meses antes da eleição. "Compor a chapa" era um processo que vinha sempre acompanhado por especulação, suposições obscuras e narrativas egocêntricas, geralmente não registradas por escrito. Apesar de toda a literatura sobre os metalúrgicos do ABC, apenas as muitas entrevistas orais gravadas – dez relatos de Lula e seis de Frei Chico – nos permitem compreender parte da história que antecedeu a eleição de fevereiro de 1969, na qual Lula apareceu pela primeira vez no papel como um potencial dirigente sindical.[21]

Em 2000, Lula disse para uma plateia de sindicalistas do ABC que, quando convidado para entrar na chapa na segunda metade de 1968,

---

[21] Essas entrevistas foram conduzidas entre 1976 e 2008. Há uma entrevista adicional que aborda o convite inicial a Lula para entrar na chapa com um membro da diretoria, Antenor Biolcatti (Medici, 2002).

"não queria ir porque tinha medo" e muitas dúvidas e "fui conversar com a minha noiva" (Silva, 2000, p. 25). Lourdes desempenhou um papel mais contundente na decisão de Lula do que a esposa de Vandelício no romance. Lula já mencionou repetidamente suas preocupações, que ilustram os desafios do envolvimento sindical para as famílias da classe operária. Na minúscula loja de tecelagem em que Lourdes trabalhava – um ambiente de relações pessoais próximas, Lula enfatiza, no qual os patrões, tecelões e ajudantes estavam constantemente conversando – todos concordaram que se tornar um líder sindical era uma "coisa complicada" e que Lula "ia ser perseguido, que poderia ter implicações com a polícia" (Lula, citado em Paraná, 2002, p. 90).

Esse aviso chegou a Lourdes tanto pelos donos da loja quanto pelos "tecelões mais velhos", que "contaram o que foi o movimento sindical em 1962,", o ano das greves pelo décimo terceiro salário, "o que foi depois do golpe", deixando-a com uma visão clara de que "era perigoso ser diretor do sindicato". Disseram-lhe: "Quem fosse para o sindicato era mandado embora e não conseguia mais emprego", vivendo "o resto da vida marginalizado". O ponto mais evocativo, entretanto, era que Lula arriscava "sujar sua carteira de trabalho". Instituída na década de 1930, a carteira de trabalho registrava oficialmente a profissão ou qualificação, o lugar de trabalho e o tempo de emprego de um indivíduo. Muito mais do que um cartão de identificação relacionado ao trabalho, ela servia para os trabalhadores como um certificado de cidadania a ser apresentado diante de potenciais patrões, assim como diante da polícia e de outras agências governamentais com as quais entrassem em contato (Lula, citado em Paraná, 2002, p. 109-110; Lula: somos..., 2000; Lula, citado em Dantas, 1981, p. 20-21; Frei Chico, citado em Morel, 1981, p. 41).[22]

---

[22] Veja também a discussão detalhada da carteira do trabalho em French, 2004. O destino de um indivíduo poderia ser afetado negativamente por um registro indicando demissões ou muitos empregos de curta duração (rebeldes como Frei Chico frequentemente os acumulavam, sendo demitidos em alguns casos, mas nem sempre, por causa de atividades sindicais), ou até por uma alegação de ter perdido a própria carteira (os patrões pressupunham o pior). Patrões que se recusavam a registrar a qualificação de um trabalhador na carteira – geralmente para economizar, pagando menos – eram uma fonte de reclamação sem fim e até de litígio (Ferretti, 1980, p. 82).

Lula admite abertamente que essas preocupações eram bem fundamentadas e que ele mesmo tinha dúvidas desde o momento em que ele foi convidado. Como Lula afirmou (citado em Paraná, 2002, p. 90; Silva, 2000, p. 25; Dantas, 1981, p. 20), "eu não queria aceitar, eu não estava preparado, eu não conhecia a coisa" – um julgamento de que seu irmão mais velho confirmou, dizendo que Lula "não sabia direito o que era sindicato" (Frei Chico, citado em Morel, 1981, p. 41, 66). Seria necessário muito esforço para convencer Lula a concorrer, inicialmente ele foi sondado por outra pessoa, que não o seu frustrado irmão mais velho, o que não chega a surpreender. No entanto, Frei Chico de fato sugeriu o nome de Lula, e a forma como isso ocorreu esclarece as dinâmicas internas – formais e informais – do sindicato dos metalúrgicos de São Bernardo no qual Frei Chico havia rapidamente obtido reconhecimento por sua dedicada participação como militante. Durante um ano de conflitos cada vez mais difíceis, Frei Chico e aqueles ligados, direta ou indiretamente, ao PCB opunham-se à oposição crescentemente radicalizada liderada pelo AP (representada na diretoria do sindicato por José Barbosa Monteiro), à qual o PCB tinha se aliado temporariamente alguns anos antes (Barbosa Monteiro, 1978. Frei Chico foi convidado para concorrer a um cargo tanto como recompensa por sua dedicação quanto para consolidar o apoio dentro sindicato por parte de esquemas políticos de metalúrgicos locais que permaneciam ligados ao PCB.

Entretanto, Frei Chico os surpreendeu ao recusar a oportunidade. Indubitavelmente feliz por ter sido chamado, ele enfrentava uma dificuldade política, dado que sua fábrica, a Carraço, era pequena e já tinha um suplente na liderança sindical, José Ferreira de Sousa (conhecido como Zé Ferreira). A lógica política e eleitoral era clara: uma fábrica de 200 trabalhadores não podia ocupar dois cargos em uma chapa de 24, em uma eleição na qual 6.466 trabalhadores votariam. Embora não tenhamos acesso aos bastidores dessa história, o fato é que o convite feito a Frei Chico significava que Zé Ferreira teria que ser tirado da chapa. Frei Chico afirma que ele foi influenciado pela hipótese desse trabalhador mais velho perder seu emprego se ficasse sem a proteção legal ensejada por seu cargo sindical (Frei Chico, citado em Paraná, 2002, p. 153-154). Seja por cortesia de colega de fábrica, por amizade ou por erro em cálculos políticos, Frei Chico sentiu que ele não podia aceitar a oferta; no fim das contas, ele foi demitido da firma em 1969.

Após a recusa de Frei Chico, os líderes sindicais pediram para ele indicar alguém "de confiança", uma forma de reconhecer suas contribuições para o sindicato ao mesmo tempo dando a ele e àqueles ligados a ele uma voz na composição da chapa. Frei Chico sugeriu seu irmão Lula, embora este fosse completamente antissindicato. A liderança imediatamente compreendeu a lógica eleitoral convincente proposta por Frei Chico. A Villares era até cinco vezes maior que a Carraço e, ainda assim, tinha apenas alguns poucos sindicalizados. Trazer o desconhecido Lula para a direção poderia ajudar a construir a força sindical em uma fábrica importante, o que fazia de sua nomeação um risco que valia a pena ser corrido. Em um almoço, os três maiores dirigentes do sindicato se encarregaram de convencer o jovem torneiro mecânico: o presidente de saída, Afonso Monteiro da Cruz, o secretário-geral, Mário Ladeia (saindo para concorrer à Câmara Municipal), e o primeiro secretário, Paulo Vidal Neto (presidente da "Chapa Verde" que a liderança de situação estava organizando). Os diretores em tempo integral do sindicato eram apenas de 5 a 10 anos mais velhos que Lula e eram trabalhadores qualificados, assim como ele. Com 5 anos de ativismo sindical nas veias, eles indubitavelmente fizeram um bom trabalho apresentando a proposta. Embora não estivesse no encontro, Frei Chico especulou que "a linha de argumentação usada deve ter sido aquela conversa de sempre quando se quer levar um cara novo para o sindicato. Um negócio novo, uma aventura, vai poder fazer uma porção de coisas pelos companheiros" (Frei Chico *apud* Morel, 1981, p. 66).

Lula se tornou um diretor sindical não como "ato de consciência", diferentemente daqueles que lutaram para serem indicados; nas próprias palavras dele, "a minha briga era para não entrar" (Lula, citado em Dantas, 1981, p. 20-21). Como descreve Frei Chico (citado em

Morel, 1981, p. 66), Lula foi "na marra", mas no fim "a conversa da liderança colou" – apesar das apreensões de Lourdes. Na interpretação de Lula sobre suas discussões sobre o assunto, sua futura mulher expressou um senso comum imediatista contra um risco que ela achava insensato para o homem de sua vida. "Não era conservadora" (Lula, citado em Paraná, 2002, p. 90), Lula observou em certo ponto. Mas a ausência de formação política – muito como o próprio Lula à época – significava que as esposas e companheiras eram o primeiro obstáculo enfrentado por homens tentando decidir se se tornariam ou mesmo se continuariam a ser dirigentes sindicais, uma ocupação inevitavelmente masculina (Silva, 1983, p. 50).[23] Ao mesmo tempo, é fácil compreender seu foco na questão imediata de garantir a segurança de uma vida doméstica que estava apenas começando, com filhos no horizonte.

Nos relatos de Lula (citado em Morel, 1981, p. 41; Silva, 1983, p. 50; 2000, p. 26), Lourdes expressou com vigor uma posição clara, mas acreditava inicialmente que a ideia toda iria se dissipar. Quando a data de registro foi se aproximando, entretanto, a preocupação dela aumentou e ela ameaçou cancelar ou adiar o casamento deles. Lula já relatou de três formas distintas o porquê ela falhou em lhe dissuadir (Lula, citado em Paraná, 2002, p. 109-110). A menos verossímil é que "convencia Lourdes da importância de ser diretor do sindicato." A segunda é mais convincente: era tarde demais para mudar sua decisão. Já a terceira, que soa como um fragmento de uma discussão acalorada, envolve Lula usando abertamente seu poder de pressão: "Eu vou entrar, se não quiser não casa. Agora eu já assumi o compromisso de entrar" (Silva, 1990, p. 212; Lula, citado em Dantas, 1981, p. 20-21).

Por que Lula procedeu assim, frente ao risco factível e à preocupação da esposa? E por que a lealdade a homens mais velhos que ele mal conhecia prevaleceu? É fácil imaginar como Lula poderia estar impressionado por esses homens, cuja experiência de vida ele sem dúvida admirava. Mas a verdade, como Lula afirmaria com franqueza em seus comentários dos anos 2000 no ABC, era que ele "ja estava mor-

---

[23] Sobre os gêneros na militância operária, veja a introdução em French e James (1997).

dido pela mosca azul de entrar no sindicato." Aqueles que ele conheceu no fim de 1968 eram trabalhadores sérios, jovens e qualificados bastante diferentes de seu pouco prático irmão mais velho, com sua incômoda presunção. Esses líderes sindicais estavam trabalhando em uma atividade baseada na persuasão; eles falaram com Lula não em termos de autossacrifício, mas sim de aproveitar uma oportunidade para ampliar o seu mundo para além das Indústrias Villares. Em conversas posteriores, Lula de fato compartilhou seus próprios medos, expressos por meio das palavras de Lourdes, mas naquele momento ele já estava disposto a aceitar, mesmo sem contrapartida, as garantias implausíveis daqueles homens de que ser um dirigente sindical não representava "problema algum" (Lula, citado em Paraná, 2002, p. 90). Na verdade, Lula, assim como Vandelício, estava ciente, em algum nível, de que havia riscos envolvidos – riscos gerenciáveis, ele esperava. Mas o que realmente seduzia os dois jovens de 23 anos de idade era a perspectiva de uma oportunidade intrigante ao seu alcance. O cálculo pessoal para dizer sim ao convite para entrar na chapa sindical ficava ainda mais forte pelo fato de que, como um suplente, Lula nem precisava romper com sua rotina estabelecida na Indústrias Villares; ele poderia experimentar essa "parada de sindicato", como uma nova aventura, mesmo sabendo plenamente que era "uma coisa complicada".

6. O IMEDIATISMO DA VIDA COTIDIANA

Nos anos 1960, "eu não queria saber de política", disse Lula para seus companheiros sindicalistas em 2000. O que lhe interessava na época era a coluna sobre futebol do *Diário da Noite*, particularmente a cobertura sobre o Corinthians, que ele acompanhava desde a vitória no campeonato de 1954. "Não tinha cabeça para outra coisa" na época, ele admite (Silva, 2000, p. 25). Sua paixão por futebol começou quando criança, quando ele jogava o dia inteiro. Ele insiste que era um bom jogador, ou pelo menos melhor que muitos outros, e que jogava como meia-direita em times de bairro tais como o Náutico, organizado em 1962, que emprestou o nome e as cores do time pernambucano idolatrado pelo irmão mais velho de Lula, Vavá (Silva, 2000, p. 12-13, 17, 25, 65).[1] Trabalhando como torneiro mecânico, ele jogava durante o intervalo do almoço e estreou no time do sindicato 12 dias após sua posse, em 1969, durante uma partida do Primeiro de Maio entre os dirigentes sindicais e os funcionários. O jogo – que acabou empatado – colocava "solteiros" do sindicato, incluindo Lula (seu casamento com

---

[1] Sobre a formação do Náutico em 1962, veja Holanda, 2001.

Lourdes estava agendado para 25 de maio), contra seus pares "casados", incluindo o novo presidente sindical, Paulo Vidal (Medici, 2001).

Mesmo os militantes operários mais decididos de São Paulo reconheciam que os trabalhadores homens pensavam e se dedicavam mais ao futebol do que à luta contra salários baixos e maus-tratos dos patrões. Foi isso que levou Marcos Andreotti, um fã, mas não um fanático, a insistir que os dirigentes sindicais acompanhassem as notícias futebolísticas mais recentes. Quando "chega no portão da fábrica" para falar com trabalhadores, ele observou, você frequentemente se encontra "no meio da turma discutindo futebol e você tem que saber o futebol para entrar na conversa". Sob essas circunstâncias, ele continuou,

> pegaria mal uma turma discutindo futebol e você chegar e dizer vamos parar com isso e discutir sindicato, aqueles elementos em vez de te ouvir, vão sair e ir embora [...] Você chega e... vai levando a conversa para o terreno de organização e porque é necessário. (Andreotti, 1982)

Como Lula enfatizou repetidamente, apenas depois de entrar no sindicato ele obteve "um mínimo de consciência de classe"; seriam necessários mais alguns anos até ele despertar para a política. O seu "aprendizado político", Lula insiste, derivou completamente de seu envolvimento sindical, o que coincide com a análise de Andreotti que o sindicato era "a correia de transmissão" no desenvolvimento e politização do trabalhador" (Lula, citado em Harnecker, 1994, p. 56; Paraná, 2002, p. 110; Andreotti, 1982).

Lula finalmente cedeu às importunações de seu irmão em 1968-1969, embora as primeiras assembleias sindicais a que ele compareceu tenham sido tumultuadas por disputas refletindo o turbilhão político que dividia militantes sindicais, diretores eleitos e futuros líderes. Em suas lembranças, Lula (citado em Paraná, 2002, p. 110) destaca suas impressões das barulhentas "disputas internas, as divergências" que ele vivenciou como observador, mas que ainda não compreendia. Na sua primeira reunião sindical, em meados de 1968, a oposição da base era forte, "pelo menos em termos de gritaria". O questão em debate era de ordem menor – escolher os representantes que participariam de um congresso de bem-estar social no interior do estado – mas desencadeou uma grande briga, com seu irmão no centro. Como Lula recorda, "nego levantava e dizia: – 'esse é pelego'", e Frei Chico interrompia para discordar. Enquanto "os caras estavam xingando meu irmão de pelego", Frei Chico vociferava contra a oposição chamando-os de "porra-loucas" (Lula, citado em Dantas, 1981, p. 19-20; Paraná, 2002, p. 97-99; Morel, 1981, p. 39; Harnecker, 1994, p. 56).

Lula com o time de futebol do sindicato de São Bernardo em 1969 (Cortesia DGABC [Ademir Médici])

Ao descrever essas reuniões, Lula nunca foca nas discordâncias substantivas ou subjacentes aos alinhamentos políticos por detrás dos intensos conflitos explícitos. Em vez disso, ele descreve como se sentia se aventurando em um ambiente desconhecido, onde a única pessoa que ele conhecia era seu irmão. Na época, os conflitos pareciam desnecessários e "uma briga desgraçada" (Lula, citado em Morel, 1981, p. 39). Ainda assim, Lula também deixa claro que aquelas mesmas brigas ajudaram a despertar seu interesse e o deixaram entusiasmado. Ele não se abalou pelas ameaças de confronto físico ("sair pro pau") e relata com serenidade que uma parte da oposição esperou após uma reunião tarde da noite para espancar o seu irmão, mais bravos com Frei Chico do que com os verdadeiros dirigentes sindicais aos quais eles se opunham. Lula descreveu sua decisão assim: "eu fiquei tão contente que disse: 'é por aqui que a gente tem de vir'" (Lula, citado em Paraná, 2002, p. 97-99; Dantas, 1981, p. 19-20; Harnecker, 1994, p. 56).

Seria conveniente achar que o Lula em formação estava seguindo os impulsos do espírito rebelde de 1968, um ano de rebelião estudantil, protestos de trabalhadores e contestação do regime militar por políticos civis, tudo isso acompanhado pelos primeiros indícios da luta armada sendo levada a cabo por alguns setores da esquerda. Porém, em suas recordações, Lula omite os momentos de maior tensão de 1968, apesar destes explicarem os confrontos que ele presenciou. Embora todos os sindicalistas se opusessem às políticas governamentais, os conflitos dentro dos sindicatos eram impulsionados pelas divergências políticas e pelos eventos polarizadores poderosos que marcaram aquele ano. No Primeiro de Maio, particularmente, ocorreu a interrupção de um protesto legal no centro de São Paulo, organizado por uma coligação sindical ampla que incluía os três sindicatos de metalúrgicos do ABC. Na maior mobilização desde 1964, milhares de trabalhadores, militantes operários e dirigentes sindicais compareceram – Frei Chico estava presente, Lula não – ao lado de políticos, estudantes e representantes do clero progressista, tal como o bispo "vermelho" do ABC, Dom Jorge Marcos de Oliveira. A manifestação foi interrompida já no começo por manifestantes organizados, que jogaram pedras no governador, tomaram e queimaram o palco enquanto os políticos humilhados e "pelegos" apressavam-se em buscar proteção. Esse episódio foi seguido – em 16-18 de julho – por uma greve eletrizante de três dias no município industrial de Osasco, no nordeste da região metropolitana, liderada por jovens líderes sindicais ligados ao tumulto do 1º de Maio; rapidamente sufocada, a breve ocupação da fábrica teve seu fim registrado em imagens memoráveis de trabalhadores se rendendo ao Exército e à polícia.

Ao recontar suas primeiras impressões da vida sindical, Lula deixa de mencionar o fechamento do Congresso Nacional e a promulgação do AI-5, em 13 de dezembro de 1968. Como presidente, já em 2006, Lula explicou que o AI-5 tinha um "impacto pessoal e direto muito forte" para aqueles que, como seu irmão, já tinham militância política e sindical, mas "nenhum grande choque" para trabalhadores como ele próprio (Silva, 2006). Se Lula estava tão distante da política, o que foi que esse jovem de 23 anos presenciou em suas primeiras assembleias do sindicato, marcadas pela demonstração de combatividade, que o motivou?

Contando essa história por etapas, esse capítulo destaca elementos das origens e da personalidade de Lula à medida que utiliza sua vivência entre os 18 e os 23 anos de idade para explorar as complexidades da consciência individual. Ao fazer isso, distingo socialização, disposições pessoais e certas verdades tão bem estabelecidas que acabam se impondo como simples "fatos" da vida da classe trabalhadora. O capítulo também oferece um relato enriquecedor das forças contra as quais o jovem torneiro mecânico teve que lutar em um mundo de hierarquias meritocráticas e de autoridade despótica profundamente enraizadas nas escolas, nas fábricas ou na vida pública. Remontando às origens de um descontentamento incipiente, eu explico como esse trabalhador não ativista vislumbrou pela primeira vez uma percepção da injustiça. O descontentamento com as políticas econômicas do governo havia crescido o suficiente até o fim de 1967 para encorajar os sindicalistas a articularem publicamente suas queixas como parte do crescimento da resistência social sufocada pelo AI-5. O capítulo se seguinte analisa a complicada política do movimento operário e da esquerda de 1968, um momento marcado por rivalidades cáusticas e esperanças frustradas, a fim de entender porque trabalhadores como Lula eram indiferentes ao diagnóstico de dirigentes operários e militantes de esquerda de que os problemas dos trabalhadores derivavam de um sistema de exploração (capitalismo) sustentado por uma ditadura antioperária com poderosos patronos estrangeiros.

SOCIABILIDADE, PERSONALIDADE E CONSCIÊNCIA

Lula nunca explica diretamente o que ele achou atraente nos confrontos públicos presenciados nas suas primeiras reuniões do sindicato. Porém, quando analisados com atenção, seus relatos sugerem que a resposta se encontra na sociabilidade agitada da masculinidade da classe trabalhadora em São Paulo. Como explica Lula, os meninos que cresciam na Vila Carioca viviam nas ruas e voltavam para suas casas superlotadas apenas para dormir: "Meu programa de jovem, até uns 18, 19 anos, era jogar bola. A gente jogava bola o dia inteiro e, de noite, a gente ficava 20, 30 moleques numa esquina, falando do jogo da tarde" (Silva, 2000, p. 13). Outras diversões favoritas incluíam "guerra de mamona", nas quais eles usavam estilingues para atingir os outros com mamonas duras. Lula descreveu essas batalhas como:

> guerra de verdade, de nego sair machucado. Eu subia numa árvore com estilingue. A gente ficava atacando os outros. Se o adversário te descobrisse na árvore, vinham seis, sete, tacar mamonas em você... Aí você estava perdido. E isso dói, a gente tinha que prevenir o rosto e deixar. Quando a gente pedia para parar estava derrotado. (Lula, citado em Paraná, 2002, p. 65)

Ele também relembra, com entusiasmo, de brigas com pedras: "cada time de um lado do campo, jogando no outro, nego com a cabeça machucada". Até jogos de futebol frequentemente acabavam em confrontos físicos, principalmente quando um bairro jogava contra o outro: "dentro de dez minutos saía pau" (Lula, citado em Paraná, 2002, p. 71). Isso contrastava com o local de nascimento de Lula em Garanhuns, uma zona rural, onde, como ele destaca, não havia muitos vizinhos.

Uma atitude masculina espalhafatosa nas reuniões sindicais se ajusta facilmente a um mundo no qual as proezas verbais e as brigas físicas eram reconhecidas como fontes de aventura, falatório e triunfo potencial. Frei Chico – o rebelde da família, com seu estilo agressivo de machão – e Lula – o bom moço, com sua personalidade menos assertiva – Estavam talhados, cada um a seu modo, para se projetar dessa forma. Ambos contam uma história reveladora sobre um acontecimento em Santos, quando Lula tinha 8 anos de idade e seu irmão, 11. O menino mais velho costumava ir ao cais para vender amendoins, laranjas e as tapiocas e bijus feitos por sua mãe. Ele levou Lula junto com ele algumas vezes, mas ficou desapontado porque "o Lula, tímido, não falava, não gritava"; Frei Chico relata ter dado um cascudo na cabeça de Lula por conta disso (citado em Paraná, 2002, p. 210). Lula confirma que seu irmão era mais seguro de si e gritava mais alto ao vender seus produtos, embora ele relembre o cascudo encorajador como um "esfregão" que não funcionou. Independentemente da real intensidade física do acontecimento, os dois irmãos também diferiam nas suas avaliações, em retrospectiva, sobre a experiência. Lula concluiu que vender na rua não seria o caminho de vida dele, enquanto seu irmão consideraria que esse foi um trabalho útil para o desenvolvimento pessoal de Lula: "A gente tinha que saber lidar com o público. O Lula não falava nada, era muito tímido" (Paraná, 2002, p. 74).

Tanto pessoas de dentro da família Silva quanto de fora confirmam o contraste entre a audacidade atrevida de Frei Chico e a personalidade mais reservada e tímida de Lula. A insegurança de Lula ajuda a explicar seu desempenho ruim como assistente de escritório, seu segundo emprego em tempo integral, com 14 anos de idade. Dentre suas tarefas no Armazéns Gerais Columbia, na Avenida Presidente Wilson, estavam atender ao telefone e anotar e entregar mensagens. Isso o deixava tão nervoso, Lula recorda, que ele nunca acertava as mensagens. Por sorte, ele conseguiu sua vaga no Senai seis meses depois. Ao discutir seus anos de formação, Lula citou a observação feita por sua mãe de que ele "não era dos mais salientes", com a qual ele concordava: "eu era uma pessoa muito, muito trancada" (Lula, citado em Paraná, 2002, p. 64-65, 73, 85). Esse aspecto da personalidade de Lula provavelmente surpreenderia aqueles que só o conhecem como o enfático líder de greves, o insurgente chefe do partido ou o político enérgico. Porém, seus relatos para Paraná também sugerem o porquê de ele ter ficado positivamente impressionado pelas suas primeiras assembleias sindicais. Embora se descrevesse como uma criança inibida, Lula notou que o campo de futebol era o único lugar no qual ele agia diferente: "Era lá que eu gritava, que eu brigava, que eu xingava".

Lula ficou intrigado pela oportunidade de crescimento pessoal oferecida pelo sindicato no fim de 1968. Diferentemente de trabalhadores combativos como Frei Chico, Lula enfrentava poucos riscos pois os suplentes eleitos tinham estabilidade no emprego garantida por lei durante seus três anos no cargo. Porém, seria errado achar que sua decisão estava desprovida de significados mais amplos e de raízes mais profundas. Como Marcos Andreotti enfatizou repetidamente, a decisão de um trabalhador de comparecer a uma reunião ou de entrar no sindicato indicava uma abertura maior para a luta, mesmo que fosse apenas em contraste com aqueles que não o faziam. O organizador tinha que conhecer o indivíduo pessoalmente e avaliar de onde ele estava vindo, o que estava por trás de sua decisão e aonde isso poderia levá-lo. Preocupado em mobilizar os trabalhadores para a ação, Andreotti abordou a consciência como uma questão empírica – que partia dos indivíduos –, completamente ciente da diversidade de perspectivas dentre os trabalhadores e de seus graus variados de autoconhecimento e coerência. Nesse sentido, a consciência individual é encapsulada em circunstâncias específicas em um dado momento e lugar. Quando capturada numa fotografia instantânea, ela reflete uma mistura de disposições, percepções e relações individuais em constante transformação, do modo que se desenrolam nos mundos da fábrica, do imediatismo da vida cotidiana, da comunidade e de casa. Para Andreotti, o organizador tinha que forjar uma relação – uma sucessão de contatos e impressões pontuais – que colocaria o sindicato como um campo social significativo para a luta.

Logo, a consciência, para Andreotti, é algo fluido e não fixo, somente perceptível por meio dos atos discursivos de um trabalhador, que fornecem evidência vital para compreender as atitudes tomadas ou não tomadas. Porém, as palavras de um indivíduo não são nem a expressão transparente do que se passa dentro dele, nem uma representação da classe como um todo, erros cometidos inicialmente nos anos 1960 por alguns cientistas sociais paulistas e por alguns estudantes revolucionários. Andreotti citava trabalhadores que entraram no sindicato por motivos mundanos, como precisar de um médico, cujas visões declaradas podem estar em desacordo, ou até serem antipáticas em relação ao sindicato como uma forma de representação de classe ou de luta. Uma vez sindicalizados, entretanto, eles entravam em "contato com os trabalhadores do sindicato, diretores, elementos mais chegados ao sindicato", o que abria a possibilidade dele começar a "ganhar consciência do benefício que o sindicato" trará de forma mais ampla. Uma pedagogia tão paciente habilitava passos futuros que inicialmente o indivíduo poderia não ter sido capaz de compreender ou de dar (Andreotti, 1982).

Comparecer à uma reunião ou entrar no sindicato era, assim, o primeiro passo em um processo mais amplo de alteração da consciência de um indivíduo ao longo do tempo (processo de conscientização). Embora a decisão de Lula de entrar para o sindicato em 1968 não tenha sido motivada politicamente, seu significado político não pode ser ignorado, dado que apenas um quinto dos metalúrgicos pertenciam ao sindicato de São Bernardo, que representava legalmente a categoria. Ademais, concorrer a um cargo – enfrentando a oposição sistemática de sua noiva – demandava um nível de compromisso pessoal que ia além do mero pertencimento à entidade. Da perspectiva de Andreotti, a consciência de Lula no fim de 1968 claramente diferia daquela da massa de metalúrgicos, que continuava a ser apolítica e vocalmente antissindical assim como Lula havia sido. Que dinâmicas subjacentes, então, levaram a essa mudança de posicionamento?

"FATOS DA VIDA": EXPECTATIVAS E ETIQUETA

Para entender em seu todo a decisão de Lula de entrar no sindicato, devemos examinar sistematicamente seus relatos do início da sua vida de trabalho para traçar como sua consciência evoluiu ao longo dos anos 1960. Para fazer isso, precisamos compreender que o que é experenciado como fatos da vida não explica as decisões dos trabalhadores. Como exemplo, podemos abordar um momento de dor e medo na vida de Lula, quando em 1964 ele perdeu seu dedo mindinho no turno noturno da Metalúrgica Independência. Apesar de simbolicamente importante, esse não foi o momento decisivo que o levaria à sua sindicalização, nem de imediato, nem em retrospecto. Embora o Brasil fosse o campeão mundial em acidentes industriais, Lula reconheceu com franqueza o papel do descuido do trabalhador em seu próprio acidente: "Quebrou o parafuso de uma prensa. Eu fiz o parafuso e quando fui colocar, o companheiro prensista que estava cochilando distraiu-se, largou o braço da prensa, a prensa fechou e eu perdi meu dedo" (Lula, citado em Morel, 1981, p. 134). Assim, Lula concebe o acontecimento como uma questão de má-sorte e evita criticar a firma, embora ele tenha precisado esperar várias horas para ser levado até o hospital, quando o dono da fábrica chegou, apenas às 6 da manhã. Mesmo o comentário de Lula sobre sua ida ao médico é discreto: "Chegando no hospital, o médico olhou o meu dedo e cortou o resto" (Lula, citado em Paraná, 2002, p. 76). (Lula já especulou que parte do seu dedo poderia ter sido salvo). Lula admite ter se sentido envergonhado, mutilado e marcado por alguns meses, até mesmo anos, embora tais acidentes fossem "comum entre metalúrgicos, muita gente ficava sem dedo ou sem pedaço de dedo. Naquele tempo a segurança no trabalho era quase que inexistente. Os sujeitos se machucavam muito" (Lula, citado em Kamel, p. 425).

Do mesmo modo, os irmãos de Lula enxergavam acidentes industriais de forma pragmática, como parte do jeito que as coisas eram e não como uma fonte de ardente indignação. Quando entrevistado por Paraná em 1993, Vavá (citado em Paraná, 2002, p. 232-233) ainda não conseguia abrir ou fechar completamente uma de suas mãos devido às marcas deixadas por uma operação feita após um acidente, que ocorreu em torno de 1960. Como ele explicou, "Eu fui arrumar a máquina, a moça não viu e ligou". Os dedos do irmão mais velho dos Silva, Zé Cuia, um mecânico de caminhão, também tinham sido amassados numa máquina, o que fazia seu braço inchar em contato com gasolina ou álcool. Porém, o campeão da família em acidentes de trabalho era Jaime, o segundo irmão mais velho, que usava serras elétricas e máquinas moldadoras e de aplainamento. Jaime perdeu (por inteiro ou parcialmente) três dedos em múltiplos acidentes – muito provavelmente indiretamente ligados ao seu alcoolismo crônico – e finalmente parou de trabalhar após quase perder uma mão. Em outro acidente, Vavá recorda, Jaime quase foi morto pelo rebote de um pedaço de madeira de uma máquina de aplainamento. Para os homens trabalhadores da cidade, o estado lamentável da saúde e da segurança na área industrial era muito semelhante ao clima: não havia muito o que se fazer. Tais lesões resultavam em uma pequena indenização; Lula usou a sua para comprar um terreno (Jaime, citado em Paraná, 2002, p. 285).[2]

Porém, as histórias de Lula apontam para um descontentamento latente, facilmente despercebido, que começou a emergir após a graduação do Senai. Como um aprendiz, Lula tinha adotado os valores do profissionalismo, da responsabilidade pessoal, da autovalorização e de uma dedicação para o objetivo comum de desenvolvimento industrial e progresso. Ele tinha aprendido que torneiros mecânicos eram indispensáveis e que suas habilidades, agora certificadas, lhe dariam uma vantagem legítima no mercado de trabalho. Em seus dois primeiros empregos, Lula pediu um aumento e se demitiu quando os donos das fábricas se recusaram a atender seu pedido. Sua busca por um melhor patrão logo o levou até a Fris Moldu Car, mas quando o capataz de lá determinou, unilateralmente e sem nenhuma consulta, horas-extras no fim de semana, uma prática comum, Lula o confrontou e perdeu seu emprego. Ainda assim, tais histórias – mesmo quando Lula as contava na fase mais radical de sua vida – não eram utilizadas para condenar os patrões ou os capatazes como um todo; Lula reconhecia, por vezes até de forma irônica, que suas próprias decisões estavam na raiz da perda ou de ter deixado desses trabalhos.

Porém, essas correntes subterrâneas de descontentamento pessoal não seriam abertamente articuladas nem dariam lugar a um forte sentimento de injustiça nos anos 1960 (Moore, 1978). Se analisada em uma perspectiva analítica, Lula iniciou sua carreira como um presunçoso jo-

---

[2] Isso não quer dizer que a indignação fosse inexistente, especialmente entre os advogados que lidavam com acidentes facilmente evitáveis e com suas consequências traumáticas. O advogado do sindicato de São Bernardo, Antônio Possidonio Sampaio, não apenas era especialista em acidentes industriais – e escrevia sobre eles regularmente no jornal do sindicato após 1971 – mas também escreveu uma novela para dramatizar o impacto individual traumático de tais acidentes (Sampaio, 1979).

vem de 18 anos que acreditava que o diálogo criaria um consenso com os patrões. Porém, quando o recém-formado meio-oficial ingressou no mercado de trabalho, suas expectativas foram desfeitas por chefes pão-duro e arbitrários que, diferentemente de professores do Senai, se recusavam a tratar os subordinados como colaboradores. Mesmo os donos das empresas ridiculamente pequenas que inicialmente empregaram Lula tinham um esnobismo associado ao poder inquestionável de comandar. Enquanto os não qualificados eram vulneráveis demais para "confrontar", o recém-contratado Lula era mais agressivamente ingênuo do que a maioria de seus colegas de trabalho, até mesmo do que os qualificados. Entre os 18 e os 20 anos de idade, ele realmente acreditava no seu direito de questionar as decisões dos patrões. Como resultado, ele violava as expectativas sociais autoritárias de obediência absoluta por parte dos subordinados e deferência ativa aos superiores. Como o advogado do sindicato de São Bernardo explicou em 1976, uma política de "sim senhor, sim senhor" é o jeito "polido" de sobreviver em um país no qual, como escreveu com franqueza um autodeclarado pelego em seu livro de memórias, "manda quem pode e obedece quem tem juízo" (Sampaio, 1997, p. 11; Souza, 1998, p. 137).

O autoritarismo dos capatazes, gerentes e donos de fábricas de São Paulo ditava uma estratégia dos subordinados que podemos chamar de despersonalização. Atenuar seus sentimentos e esconder seus desejos eram as atitudes características de todas as dimensões de seu comportamento diante dos superiores, seja no serviço doméstico, seja no governo, seja no mundo de trabalho fabril em expansão. Para aqueles "nos níveis mais baixos da sociedade brasileira", comentou um estudioso do Senai em 1979, "lidar com pessoas investidas de autoridade" era "frequentemente tenso e difícil" (Castro, 1979, p. 627). Havia exceções individuais, pessoas como Frei Chico, preparadas para confrontar aqueles que ativamente o desrespeitavam. Essa minoria – pequena, porém vitalmente importante – era descrita como "combativa" por Andreotti, o organizador comunista, e como "maus" trabalhadores pelos capatazes e patrões, mesmo quando eles sabiam que o indivíduo em questão não estava contaminado pela subversão vermelha. Ainda assim, é fácil ignorar os tipos muito diferentes de assertividade pessoal demonstrados por Lula durante seus primeiros anos como torneiro mecânico. Encorajado por sua formação no Senai, Lula começou sua carreira desejando deixar seus sentimentos, reclamações e necessidades evidentes para patrões, que eram tão desdenhosos quanto os professores estudados por Pereira, para os quais "'reclamar' ou 'dar queixa'" significava quebrar normas estabelecidas, uma "impertinência" por parte de indivíduos atrevidos que não sabiam seu lugar (Pereira, 1976, p. 108).

Como uma forma de derrotismo, a estratégia de retração adotada pela maioria dos membros das classes populares visava minimizar a interação com os superiores ao suprimir os sentimentos individuais. É fácil compreender porque essa postura protetiva, adotada com professores de ensino primário, seria ainda mais vital quando as "autoridades" em questão controlavam o bem-estar econômico de uma família. Afinal, patrões e capatazes eram como professores, ao enxergar tentativas de diálogo como evidências de ingratidão. Isso podia gerar retaliações que iam desde a humilhação verbal até a cobrança de multas, a receber tarefas ruins ou até mesmo a demissão, o desdobramento mais temido. O poder de contratar e demitir proporcionava um incentivo muito mais convincente para a conformidade do que a perspectiva de que um de seus filhos pudesse deixar de se formar na escola primária, fato pelo qual os pais da classe trabalhadora sempre podiam se consolar por saber que nem todo mundo tinha "cabeça para o estudo" e que eles obteriam, a curto prazo, outro fluxo de renda quando seus filhos que deixassem a escola conseguissem empregos, mesmo que precários (Martins, 1974, p. 119).

COMO A "POLÍTICA" AFETA A VIDA COTIDIANA

No início dos anos 1960, Lula tinha tudo a aprender naquilo que os trabalhadores chamam de "Universidade da Vida".[3] Nesse sentido, sua trajetória ilustra os desafios enfrentados por trabalhadores nessa metrópole em industrialização, que emergia de uma expansão sem

---

[3]   Sobre o uso de metáforas que apagam a fronteira entre letrados e trabalhadores braçais, ver French, 2004.

precedentes. Porém, as narrativas de Lula sobre esse período falam com menos frequência de chefes autoritários, um dado da realidade, do que do pagamento inadequado pelo trabalho feito, em comparação com o custo de vida. As prioridades de Lula eram típicas do imediatismo de trabalhadores fabris paulistas, cujo problema básico, em sua visão, começava e acabava nos salários. Lamuriar-se sobre os salários tinha levado Lula a deixar a fábrica de parafusos Marte e a Metalúrgica Independência, e a mesma questão também aparece em seu descontentamento com a Fris Moldu Car, uma fábrica de 100 trabalhadores onde ele trabalhou por 11 meses em 1964-1965. A fábrica, ele se queixava, "era longe, a gente ganhava pouco, o dinheiro não dava" nem mesmo para cobrir a passagem do ônibus. Ele às vezes tinha que caminhar por bem mais de uma hora da fábrica no Ipiranga até sua nova casa, na divisa de São Paulo e São Caetano. Havia momentos em que ele parava em um terreno baldio "chorando e amaldiçoando o dia em que eu tinha nascido" (Lula, citado em Dantas, 1981, p. 16; Paraná, 2002, p. 88; Silva, 2000, p. 21).[4]

Porém, após a insensatez ter custado a Lula seu emprego na Fris Moldu Car, o ingênuo jovem de 20 anos de idade enfrentou uma crise inesperada: cinco a seis meses sem salário. "A gente estava numa pindura tão grande, tão desgraçada por causa" do desemprego "pesado" que acompanhou a recessão econômica nacional de 1965-1966. "A gente estava numa miséria grande", relembra Lula, à medida que ele buscava desesperadamente por um emprego ao mesmo tempo em que fazia o que fosse preciso para cobrir as despesas de uma residência na Ponte Preta, onde viviam duas irmãs e um irmão desempregado. Como Lula comentou sobre as privações daquela época, ele e sua família às vezes não tinham "o que comer" – explicando que arroz e feijão puro não contava como uma refeição real sem pelo menos um pedacinho de carne ou de frango no prato. As outras lembranças de Lula sobre a fome são igualmente perspicazes. Aqueles que nunca a experenciaram, ele observa, não compreendem que ter fome não

---

[4]   A Fris Moldu Car posteriormente se mudaria para São Bernardo, onde se expandiu consideravelmente.

significa necessariamente não ter nada para comer; o indivíduo pode ter algo, mas não "aquilo que você está com a vontade de comer". A natureza relativa da fome era ilustrada por uma história sobre o início de sua vida na Vila Carioca, quando eles raramente comiam carne – às vezes, uma peça de mortadela furtada por um irmão – e sobreviviam principalmente de "sopa de feijão com macarrão". Os filhos de Dona Lindu reclamavam muito sobre não ter arroz para misturar com sua "sopa de feijão", lembra Lula, mas a mesma refeição era considerada "maravilhosa" por familiares recém-chegados de Pernambuco, pois "a miséria em que eles estavam era tanta" (Lula, citado em Morel, 1981, p. 26, 36; Dantas, 1981, p. 14, 16; Silva, 2000, p. 11; Paraná, 2002, p. 70-71; Kamel, 2009).

Uma concretude comovente também marca o relato de Lula sobre sua busca infrutífera por emprego em 1965: ele "saía as 6 horas da manhã, pegava a pé a via Anchieta" – para chegar antes das oito porque ele não tinha dinheiro para pagar a passagem de ônibus. Nada, ele acrescenta, era mais humilhante do que "sair com uma carteira profissional de manhã e voltar com ela de tarde, com ela suadinha sem arranjar emprego meses após meses". Às vezes, ele caminhava até dez quilômetros, sua "carteira num estado deplorável", para esperar por horas em um portão de fábrica até que um homem finalmente olhasse de relance para a carteira para lhe informar que "lamentavelmente não tem vaga, lamentavelmente a vaga já foi preenchida, lamentavelmente nós não estamos precisando [...]". Ele se sentia ainda mais arrasado quando o homem levava sua carteira para dentro da fábrica e voltava dizendo que eles não tinham nada disponível (Lula, citado em Paraná, 2002, p. 83-84, 88).

O desemprego prolongado de Lula revelou algo infinitamente pior do que ser mal-pago ou maltratado. Estar desempregado arruinava tudo, incluindo o bem-estar psicológico e emocional de um indivíduo. Entrevistado nos anos 1990, um operário que havia trabalhado toda a sua vida na metalurgia de São Bernardo, Adilson, explicou que ter um trabalho era importante, porque "organizar a tua vida, é fonte de referência. Primeiro, você organiza sua sobrevivência, isso dá satisfação, credibilidade. Tô trabalhando, tô desenvolvendo alguma coisa" (Sales, 2002, p. 52).[5] Mas quando se está desempregado, escreveu um metalúrgico do ABC em 1972, o indivíduo "fica totalmente desvinculado de seu meio. Se sente desmoralizado diante da família (ele, o homem da casa, sem condições de fazer nada), diante dos vizinhos (não trabalha, meio-vagabundo), e diante enfim da sociedade (um pária, inútil)"[6]

Um homem sem emprego, Lula explica, fica "sem dinheiro, sem cigarro, sem poder tomar uma cervejinha"; "a primeira coisa que você perde," ele continua, "são os amigos", porque "você é um cara legal" quando você tem um emprego, mas sem ele você é um obstáculo, um estorvo e um constrangimento. O desemprego também prejudica a dignidade do indivíduo: quando Lula, desempregado, encontrou seu amigo Osmar no portão da fábrica da Mercedes-Benz, ele invejosamente o observou fumar um cigarro, pensando apenas no quanto ele queria que Osmar entrasse para que ele pudesse fumar a bituca de cigarro jogada fora. Quando Osmar entrou, a bituca já havia queimado. A espera por um trabalho acabaria quatro horas mais tarde, novamente, em decepção. Se aprontando para ir embora, Lula enfrentou ainda mais uma indignidade: após tirar um sapato porque seu pé doía, ele não conseguiu calçá-lo de volta por causa do inchaço (Silva, 2000, p. 19; Lula, citado em Paraná, 2002, p. 83-84).

O desemprego, observou Adilson, inevitavelmente faz "você desconfiar de você mesmo, você acha que tá todo mundo te acusando de vagabundo... por mais que as pessoas não falem isso". Se eles perguntam se você conseguiu alguma coisa, ele continua, a sensação é de que "tão te cobrando, então a vida sem trabalho é supercomplicado, porque você não é reconhecido" (Sales, 2002, p. 52). Lula cita um episódio especialmente traumático dessa época, um dia que "me marcou

---

[5] Adilson nasceu no Paraná em 1965 em uma família de pequenos proprietários. Quando chegou a São Paulo, conseguiu um emprego em uma pequena oficina de metalurgia onde seu tio trabalhava. Tendo completado sua graduação em Ciências Sociais, ele foi profissionalizado pela Pastoral Operária antes de entrar na VW no setor de pintura (Sales, 2002, p. 26).

[6] P. Torres (conhecido como Cido ou Aparecido Faria), "Uma experiência junto ao proletariado" (manuscrito sem data), em Eder Sader, 1980, p. 70.

muito, muito", quando ele estava voltando da procura por emprego, e Frei Chico o chamou de "vagabundo". "Eu tinha sofrido que nem um desgraçado", Lula lembra, e meteu "o sapato na cara dele, não tinha emprego mesmo, vai fazer o quê?" (Silva, 2000, p. 19). Porém, pode muito bem ser, como Adilson indica, que a provocação de Frei Chico tenha sido mal interpretada, dada a natureza fortemente estigmatizante da palavra vagabundo como uma negação de autovalorização e respeitabilidade masculinas. Isso foi bem ilustrado em uma história publicada em 1978 por Roniwalter Jatobá, um migrante metalúrgico baiano que virou escritor, sobre um recém-chegado, também migrante, que estava com dez dias de atraso no pagamento do aluguel de seu quarto no Brás. Quando o estava expulsando, o dono da hospedagem o humilhou ao gritar, "vagabundo, fora daqui"; para restaurar a sua honra, o homem voltou depois, recém-empregado, para pagar o aluguel devido (Almeida, 1979, p. 36, 37).

Os seis meses de desemprego de Lula romperam dramaticamente com as ilusões compartilhadas por dezenas de milhares da primeira geração de trabalhadores fabris, fossem qualificados ou não.[7] Porém, o impacto do desemprego e a forma como era processado no nível de consciência individual variava enormemente. Por um lado, a recessão revelava uma situação de vulnerabilidade econômica que não poupava os indivíduos, independentemente de suas ocupações, nível de qualificação ou disposição de trabalhar de modo confiável e obediente. Fossem qualificados ou não, todos os trabalhadores braçais enfrentavam uma nova insegurança durante a recessão, à medida que os empregos industriais mais cobiçados se tornavam cada vez mais difíceis de obter. Mas o impacto psicológico foi sentido mais fortemente por aqueles que tinham expectativas factíveis de prosperidade futura.

---

[7] O impacto social e psicológico da recessão foi ampliado ainda mais pelo fato de que a grande maioria dos trabalhadores estava apenas começando a receber salários urbanos e não estavam familiarizados com o ciclo capitalista de crescimento e recessão. Aqueles que tinham chegado de meados para final dos anos 1950 conheciam apenas o crescimento industrial rápido e ininterrupto, fosse diretamente como Lula e seu irmão o vivenciaram ou indiretamente por meio de histórias sobre São Paulo como uma terra de oportunidades.

A situação era especialmente desagradável para aqueles com qualificação certificada, pois eles não se encontravam na base da hierarquia de trabalho manual fabril. Em uma observação bastante reveladora, Lula falou sobre peões, assim como ele – se referindo a todos os trabalhadores manuais –, que tinham que ir para as ruas procurar trabalho, diferentemente daqueles com uma "grande profissão", como os funcionários assalariados, que poderiam procurar "por jornais, pelo telefone". "Às vezes parava no meio do caminho e chorava", Lula lembra, enquanto reflete sobre o quanto pior teria sido se ele estivesse casado (Lula, citado em Paraná, 2002, p. 88). Ademais, trabalhadores sem um emprego vigente registrado perdiam o seu atestado "de boa conduta para a polícia", observou um metalúrgico do ABC em 1972, e ficavam expostos a serem tratados como "marginais, vagabundos" (Torres, 1977, p. 71).

Quando examinados a partir da trajetória de vida de Lula, os anos pós-1965 foram um momento de mudança, quando ele abandonou o comportamento imprudente de seus primeiros anos no mercado de trabalho. Embora nunca explicitamente articuladas, certas lições óbvias foram aprendidas por Lula após se demitir de dois empregos e ser demitido de um terceiro, e então sofrer um desemprego prolongado. Um Lula mais maduro manobraria de forma mais cautelosa em torno daqueles no poder fosse na fábrica, fosse, após 1969, no sindicato. Após vivenciar as asperezas do mundo industrial, Lula teve que abandonar o sentimento de indispensabilidade que trazia em si, como um torneiro mecânico recém-formado cujo diploma do Senai havia lhe subido à cabeça. Por sorte, seu pesadelo acabaria no final de janeiro de 1966, quando foi contratado como torneiro mecânico nas Indústrias Villares, em São Bernardo, embora ainda fosse levar algum tempo para ele se recuperar de sua situação econômica desastrosa (Lula, citado em Dantas, 1981, p. 16-17).

Não chega a surpreender que o comportamento de Lula tenha começado a ser moldado por um cálculo mais conservador quando a vida de casado emergia no horizonte. Porém, nem todo indivíduo vivencia um processo de amadurecimento ligado aos ciclos da vida da mesma forma ou na mesma idade. Frei Chico continuou a doutrinar seu irmão em relação à exploração, ao capitalismo, aos patrões e ao Estado, mas Lula não tinha o mesmo senso de rebeldia quixotesco – baseada na possibilidade, não na realidade, da ação coletiva. Entretanto, diferentemente de muitos, mesmo após colocar a vida de volta nos trilhos, Lula mantinha um sentimento vago de que havia algo fora de lugar, injusto ou talvez até mesmo errado com o mundo industrial que ele tinha abraçado com tanto entusiasmo alguns anos antes. Quando a Villares realizou uma demissão em massa que não o afetou, Lula enxergou esse fato como algo injusto; a decisão do governo, em 1967 de acabar com a estabilidade de emprego, um privilégio ao qual ele ainda não tinha acesso, geraria a sua primeira ida para a sede do sindicato de São Bernardo, embora o encontro, como já vimos, tenha deixado uma má impressão (Silva, 2000, p. 25; Lula, citado em Kamel, 2009, p. 424). Afinal, era precisamente esse descontentamento incipiente que viria a impedir Lula de recusar de pronto o convite para concorrer a um cargo sindical. Sem saber bem por que ou como, ele já enxergava o sindicato como algo que poderia ajudar a enfrentar uma espécie de sentimento de "mal-estar".

7. ANOS PERIGOSOS

A experiência de Lula em meados dos anos 1960 mostra como processos políticos nacionais poderiam afetar diretamente até mesmo os trabalhadores mais apolíticos. Seu sofrimento em 1965-1966 se originou diretamente da modernização ambiciosa feita pelo novo governo militar na política macroeconômica, nas instituições governamentais e nos mercados financeiros do Brasil. O Programa de Ação Econômica do governo, introduzido em novembro de 1964, visava organizar a economia nacional ao controlar a inflação e acabar com o desequilíbrio na balança de pagamentos. A nova equipe econômica acreditava que a inflação era "causada pelo excesso de demanda", Regis Bonelli observa, e que "o processo inflacionário foi atacado por duras medidas monetárias e fiscais" (Bonelli, 2007, p. 387). Isso levou a uma forte recessão econômica, com uma contração da demanda que, ao mesmo tempo que diminuiu a inflação, gerou demissões em massa, fechamento de fábricas, falências e a compra de firmas manufatureiras brasileiras por concorrentes estrangeiros.[1] Muitos trabalhadores

---

[1]   A recessão aguda afetou negativamente os negócios de pequenos e grandes industriais e empresários brasileiros, que dependiam de crescimento contínuo e de favores governamentais, incluindo financiamento bancário. A recessão induzida pelo

nos distritos fabris de São Paulo foram demitidos e foram deixados à própria sorte em um mercado de trabalho cada vez mais competitivo em uma cidade que ainda estava recebendo dezenas de milhares de novos migrantes.

Porém, o impacto negativo da política governamental foi muito além dos desempregados. Aqueles ainda empregados nas fábricas e oficinas de São Paulo enfrentaram um arrocho salarial sem precedentes "por meio de uma fórmula engenhosa de reajustes salariais que incluía a (frequentemente subestimada) estimativa de inflação futura" (Bonelli, 2003, p. 387). Como um alto funcionário do Ministério do Trabalho posteriormente explicou para os adidos trabalhistas estadunidenses segundo um relatório confidencial de maio de 1968, o arrocho buscava evitar "a compensação dos trabalhadores por perdas passadas no seu poder de compra devido à inflação" a prática adotada pelos frágeis governos eleitos antes do golpe (Usnara, 1968, p. 1-3).[2] Em vez de restaurar um nível salarial real anterior, rapidamente corroído pela inflação, o ajuste salarial nacional centralizado calcularia aumentos à luz de "índices inflacionários declinantes antecipados" pelo período subsequente mais um fator de produtividade a ser determinado pelos tomadores de decisão do governo.[3] Entre políticas fiscais restritivas e o "arrocho salarial", em 1966 o novo regime militar tinha reduzido a inflação para 20%, sua média no fim dos anos 1950. Essa conquista atendia uma reivindicação vital dos trabalhadores antes do golpe de 1964, quando a disparada da inflação e a carestia minavam os

---

governo também alimentou a consolidação industrial; na indústria automobilística, duas firmas majoritariamente brasileiras foram compradas em 1967: a Vemag na Vila Carioca (pela Volkswagen) e a Willys-Overland em São Bernardo (pela Ford). Joaquim dos Santos Andrade (presidente do sindicato dos metalúrgicos de São Bernardo), 1968.

[2] O documento me foi generosamente cedido pelo adido do Trabalho Richard Ginnold.

[3] O problema, admitia o Ministério do Trabalho, era que os salários definidos por eles consistentemente superestimavam o quão rápido a inflação diminuiria. Apenas no período após agosto de 1968, depois que o problema ficou evidente, eles de fato mudaram suas estimativas de inflação futura, calculada a 15%, quando o aumento foi na verdade de 8% (Usnara, 1968, p. 113). Sobre a sequência de leis relacionadas ao arrocho, que começaram no setor estatal antes de serem estendidas à contratação privada, veja Simões, 1986, p. 29-36; Almeida, 1982.

apelos por mobilizações de massa feitos pelos ativistas esquerdistas e operários, enamorados como estavam com as oportunidades políticas que viram no curto governo de Goulart.

Ainda que a derrubada de Jango em 1964 possa ter passado quase desapercebida para as massas, é igualmente evidente que o descontentamento cresceu ao longo dos três anos seguintes entre trabalhadores de São Paulo. O motivo era óbvio, como explicou o funcionário do Ministério do Trabalho: "a fórmula salarial, na prática, resultou em [...] uma considerável tendência de redução dos salários reais até 1967" – embora com alguma variação pelo setor industrial –, devido principalmente a um "declínio no salário-mínimo real" de mais de 20% de 1964 até 1967. O sistema regional de salário-mínimo do governo afetava "cerca da metade dos trabalhadores urbanos brasileiros", cujos ganhos eram "baseados principalmente nos reajustes do salário-mínimo" (Usnara, 1968). Isso afetou até metalúrgicos que trabalhavam em grandes firmas, cujos salários, apesar de maiores eram também calculados com referência ao salário-mínimo.

Em 1968, os observadores dos EUA tinham identificado um "acúmulo dos ressentimentos e frustações", que levou o cônsul dos EUA em São Paulo a acreditar que o governo militar estava involuntariamente incentivando a volta da esquerda. Mas a agitação operária e estudantil daquele ano tumultuado não seria mais visivelmente associada com os comunistas, cuja influência diminuía dramaticamente devido a divisões internas e à perseguição (Negro, 2004, p. 226-227, 258, 292). Durante a presidência de Goulart, o PCB, ainda na ilegalidade, desfrutou de um nível incomum de tolerância pública: uma geração de dirigentes operários comunistas ascendeu à proeminência local, regional e até mesmo nacional. Embora vários comunistas eleitos em São Paulo em 1962 tenham sido impedidos de ocupar seus cargos, alguns assumiram em outros estados (utilizando as legendas de outros partidos), e havia boa razão para acreditar que a solicitação do partido por reconhecimento legal seria aprovada.

Essa legalidade *de facto* era uma mudança drástica para um partido que em 1947 tinha sido posto na ilegalidade sob uma Constituição que ele mesmo havia ajudado a elaborar em 1946, dois anos depois de seu candidato presidencial ter obtido 10% dos votos nacionais. O otimismo na esquerda havia crescido desde 1961, quando divisões dentro do Exército combinadas com resistência regional e popular impediram os comandantes militares de vetar a ascensão de Goulart à presidência; dois anos depois, um referendo nacional restaurou de forma esmagadora seus poderes presidenciais plenos (Vinhas, 1982, p. 192-193). A nova proeminência do PCB poderia ser vislumbrada durante o discurso de Goulart para uma manifestação de massas no Rio, em 13 de março de 1964, com Osvaldo Pacheco, um líder comunista de Santos, aparecendo ao lado do presidente em apoio a sua proposta de Reformas de Base.

Apesar dos ataques da ala da direita, os dirigentes comunistas estavam agora vivendo e operando abertamente, o que inevitavelmente moldava a sua visão e psicologia política. Após passar 21 dos últimos 30 anos ou na prisão (1935-1945), ou na clandestinidade absoluta (1947-1958), o secretário-geral de longa data do PCB e ex-senador Luís Carlos Prestes podia agora falar publicamente, ser entrevistado na TV, se encontrar e negociar com outros políticos, o que explica o porquê de ele ter aceitado as alegações dos aliados de Goulart de que o presidente tinha forte apoio militar.[4] O retorno abrupto de Prestes para a clandestinidade foi uma ação vergonhosa e repentina, forçando-o a deixar o Rio e o impedindo de recuperar suas cadernetas, que estavam em sua casa de São Paulo, com detalhes sobre assuntos do partido, incluindo nomes. As 18 cadernetas serviram como a peça central de acusação para o "julgamento encenado" do novo governo militar, indiciando 74 líderes nacionais e estaduais do PCB, a maioria já na clandestinidade. Prestes recebeu a pena mais dura (14 anos na prisão) em 1966, já tendo tido a honra, em 9 de abril de 1964, de ser o primeiro de três indivíduos – junto aos ex-presidentes Goulart e Quadros – a perder seus direitos políticos por 10 anos sob o Ato Institucional n. 1 (AI-1). No dia

---

[4] Sua longa e otimista entrevista na TV foi ao ar no início de 1964 e se encontra transcrita em Moraes, 1997, p. 150-181.

seguinte, outros 100 perderiam seus direitos, incluindo 40 deputados (Dulles, 1978, p. 420).[5]

As ilusões da esquerda sobre a inexorabilidade da revolução estavam amplamente difundidas antes do golpe, mas os equívocos do PCB tinham consequências mais relevantes porque ele era o maior partido de esquerda e um ponto de referência para a esquerda como um todo. O golpe também abalou a confiança dos comunistas brasileiros em seus dirigentes em um momento em que a Revolução Cubana parecia demonstrar um caminho alternativo para o poder. Desde as revelações de Khrushchev sobre Stalin, em 1956, o PCB havia renunciado formalmente ao seu passado insurrecional, abandonado a "ditadura do proletariado" e começado a falar do "caminho pacífico para o socialismo", uma postura "revisionista" que levou à criação do pequeno, porém ortodoxo PCdoB (Partido Comunista do Brasil) em 1962.[6] A estratégia pós-1958 do PCB tinha como premissa agir abertamente dentro do sistema estabelecido, o que demandava encobrir as sutilezas das diferenças internas. Os acordos resultantes estavam sujeitos a diversas interpretações, fossem "a direita" ou "a esquerda", no jargão comunista. O PCB se alternou entre empurrar o presidente Goulart para a esquerda ou defendê-lo contra seus oponentes, mesmo que isso significasse moderar suas políticas. O golpe desastroso trouxe demandas por responsabilização em relação a essas trágicas decisões até mesmo dentro das fileiras do Comitê Central do PCB. O crítico "a esquerda" mais proeminente do Comitê Central era o carismático Carlos Marighella (1911-1969), um baiano mulato de 52 anos de idade na época, ex-deputado (1945-1947) que conquistou admiradores

---

[5]   Para uma descrição das cadernetas e uma "explicação" retrospectiva por Prestes, veja Moraes; Viana, 1982, p. 177-180; Vinhas, 1982, p. 251.

[6]   Veja a coleção de documentos do PCB em Nogueira, 1980. Eu sigo a convenção estabelecida de usar PCB para o Partido Comunista formado em 1922, cujas iniciais eram então PCdoB (Partido Comunista do Brasil). A identificação como Partido Comunista Brasileiro (PCB) foi escolhida pela liderança do partido no início dos anos 1960 quando ele buscava reconhecimento legislativo; os líderes dissidentes que saíram em 1962 preservaram o acrônimo antigo PCdoB, sob a justificativa de que eles eram os herdeiros legítimos dado o revisionismo majoritário do partido após 1958. Uma gama mais ampla de documentos pode ser encontrada em Carone, 1982a, 1982b.

por sua combatividade após ser baleado ao resistir a prisão, em 1965 (Marighella, 1965).

Logo, uma mistura de discordâncias lacerantes, decepções radicais e frustrações não resolvidas – frequentemente focadas pessoalmente em Prestes – estilhaçaram o partido que havia ancorado a esquerda, por bem ou por mal, desde os anos 1930.[7] O ABC não estava isento da desordem geral. Quando 20 comunistas locais se encontraram em Santo André em 30 de junho de 1965, "críticas severas" foram apresentadas contra a direção nacional por colocar "que teria confiado demasiado no dispositivo militar do governo João Goulart e subestimado as forçaas de reacão" (Dops, Apesp, 50-Z-318 3036-3180, Pasta 19 3040). Porém, o partido estava dividido no ABC, com o dirigente operário comunista principal (embora clandestino) da região, Andreotti, apoiando a política de recuo organizado de Prestes. Em contraste, seu equivalente de longa data na esfera partidária, Rolando Fratti (1912-1991), funcionário da direção local do PCB desde 1945, era um aliado de primeira hora de Marighella, cuja facção conquistou a liderança do PCB de São Paulo em uma reunião clandestina em junho de 1966 (Dops, Apesp, "Prontuário no. 6857: Rolando Fratti). Para Marighella, esse era o primeiro passo em um plano de resistência armada; ele saiu da direção nacional em dezembro de 1966 e no agosto seguinte – em uma carta escrita de Havana – renunciou formalmente ao partido no qual tinha entrado nos anos 1930 como um estudante radical (Magalhães, 2012, p. 334-337; Cannabrava Filho, 2003, p. 111; Rezende, 2010, p. 73).[8] Em São Bernardo, os comunistas dissidentes incluíam quatro jovens torneiros mecânicos recrutados para o PCB e para o sindicato por Orisson Saraiva entre 1961 e 1963. Variando entre 18 e 26 anos, os

---

[7] Para um relato pessoal emocionante do impacto do golpe no partido, ver o livro de memórias de um deputado comunista de Minas Gerais e membro do Comitê Central que se mudou para São Paulo imediatamente depois do golpe: Coelho, 2000, p. 282-283. Sob pseudônimo, Coelho foi autor de uma análise importante, mas não oficial das causas do golpe: "Causas da derrocada de 1º de abril," *Revista da Civilização Brasileira*, julho de 1966, reimpresso em Carone, 1982b, p. 27-49.

[8] Sobre sua saída do PCB, ver Carlos Marighella, "Carta à comissão executiva do Partido Comunista Brasileiro," 1 de dezembro de 1966, em Nova e Nóvoa, 1999, p. 536-546. Para sua ruptura final, veja Nova e Nóvoa, 1999, p. 229.

quatro irmãos Carvalho eram vigorosos filhos de migrantes metodistas vindos Minas Gerais e que saíram do PCB em 1965 para traçar seu próprio caminho na luta armada – inicialmente por meio do PCdoB. Todos, com exceção de um, seriam assassinados até 1973.[9]

Enquanto a corrente dominante do PCB, embora muito diminuída, de fato mantinha influência em sindicatos importantes, ela não era mais o único grupo de esquerda ativo no movimento operário, caracterizado por um redemoinho de forças de esquerda em competição. O objetivo inicial do PCB pós-golpe era impedir que os sindicatos fossem sequestrados por "agentes patronais e policialescos", um problema que os atormentara desde as intervenções sindicais subsequentes à proibição do PCB em 1947. Os militantes remanescentes aliados do PCB buscavam reunir elementos "honestos", mesmo que isso significasse apoiar chapas não comunistas que incluíssem antigos oponentes. Logo, as chapas dos metalúrgicos eleitas em 1965 para substituir dirigentes comunistas como Andreotti e Saraiva foram construídas a partir da oposição sindical pré-1964 ligada ao "Bispo Trabalhador", Dom Jorge Marcos de Oliveira. Uma exceção progressista na igreja brasileira do pós-guerra, esse bispo, indicado em 1954 para uma diocese recém-criada em Santo André, havia defendido algumas greves no fim dos anos 1950, enquanto trabalhava para fomentar uma oposição interna nos sindicatos dirigidos por comunistas. Durante a euforia reformista da era Goulart, o ativismo visível do bispo operário atraiu uma constelação notável de padres, tanto brasileiros quanto nascidos no exterior, incluindo padres operários, que se mobilizaram em apoio às Reformas de Base de Goulart e vieram a desempenhar um papel

---

9 "Derly José de Carvalho–parte 1," Centro de Memória Sindical, última modificação em 26 de junho de 2019, https://memoriasindical.com.br/formacao-e-debate/derly-jose-de-carvalho-parte-1/; "Derly José de Carvalho–parte 2," Centro de Memória Sindical, última modificação em 15 de outubro de 2012 https://memoriasindical.com.br/formacao-e-debate/derly-jose-de-carvalho-parte-2/; Comissão Nacional da Verdade, Relatório, 183; Thainá Siudá e Fernanda Tos-cano, "Devanir José de Carvalho: Um exemplo de resistência e luta da classe operária," Centro de Documentación sobre los Movimientos Armados (Cedema), última modificação em novembro de 2006, http://www.cedema.org/ver.php?id=2203.

político altamente visível no fim dos anos 1960, principalmente em Santo André e Mauá.[10]

Uma vez nos cargos, os dirigentes dos metalúrgicos do ABC pós-1965 se encontraram em uma situação desconfortável. Independentemente de suas inclinações políticas, eles rapidamente enxergaram para além da retórica governamental sobre um "novo trabalhismo" que acabaria com o peleguismo e com a instrumentalização de sindicatos pela esquerda. Enquanto a recessão diminuía os empregos, esses novos líderes observavam o governo enfraquecer direitos e acordos já estabelecidos ao revogar a estabilidade e tornar as paralisações dos trabalhadores quase impossíveis por meio de uma nova lei de greve. Além desse antissindicalismo "atávico", o arrocho salarial do governo expôs uma "aversão" às reivindicações dos trabalhadores, compartilhada por patrões fortalecidos (Negro, 2004, p. 298-299). Diferentemente da maioria de sua base, incluindo Lula, a minoria diretamente envolvida com o movimento operário compreendia que a política nacional era importante para avançar os interesses da classe trabalhadora e do sindicato. Porém, não havia clareza sobre o que tinha que ser feito, já que partidos de esquerda na ilegalidade, políticos da oposição e a minoria da classe média intelectual com tendências de esquerda careciam todos de um entendimento claro sobre o novo regime militar, seus objetivos e sua trajetória. Rapidamente, se tornou evidente, entretanto, que a "revolução", forma como os militares chamavam o golpe, não era outra intervenção temporária, tal como os golpes haviam sido no passado. Ainda assim, ninguém teria adivinhado que o regime da exceção duraria 21 anos.

Para enfrentar esses desafios, a esquerda pós-1964 se utilizou de ferramentas analíticas e retóricas empobrecidas, altamente politizadas, focadas principalmente em metanoções de "estratégia", reflexões datadas e uma forma simplista de análise de "classe". Para muitos de esquerda, a política econômica do governo, principalmente durante a

---

[10] Defendidos por esse bispo, militantes operários católicos concorreram em 1962 contra a liderança de esquerda de Andreotti e Braz no sindicato dos metalúrgicos de Santo André (Vieitez, 1986, p. 89-94).

recessão de 1965-1966, provava que um "governo de traição nacional" havia deixado de lado o projeto de desenvolvimento nacional e, assim, condenava o Brasil à estagnação econômica.[11] Isso poderia facilmente ser enxergado como "se vender" ao imperialismo, visto que a retórica nacionalista intensificada tinha se tornado comum na política nacional desde Vargas. Ou talvez o desenvolvimento nacional fosse impossível sob o capitalismo, uma crença sustentada pelos cubanos e por uma esquerda "revolucionária" emergente. Isso negaria a teoria marxista-leninista que falava de transformação "revolucionária" em etapas em países em desenvolvimento ou semicoloniais, cada um com seu próprio alinhamento de classes em cada momento específico. Essa abordagem permitia a flexibilidade política dos comunistas ao atribuir um papel progressivo a uma "burguesia nacional" vagamente definida, seja em restringir relações agrárias "feudais", seja contestando a dominação "imperialista". Em 1964, o sociólogo da USP em ascensão, Fernando Henrique Cardoso, chamou muita atenção no mundo acadêmico ao atacar vigorosamente essa ideia. Sua crítica se alinhava com o pensamento do intelectual marxista mais famoso de São Paulo, Caio Prado Júnior (1907-1990), um antigo deputado do PCB de uma geração mais velha cujo livro *A revolução brasileira*, de 1966, atacava vigorosamente seu antigo partido em diversas frentes (Cardoso, 1964; Prado Jr., 1966).

O terreno político estava ainda mais obscuro para os oponentes do golpe, porque a grande maioria dos políticos civis, incluindo grande parte dos governadores, tinham apoiado a deposição do presidente Goulart, em violação à Constituição de 1946. O primeiro presidente militar golpista, Humberto de Alencar Castelo Branco, foi "eleito" pelo Congresso em 11 de abril de 1964, com 361 dos 475 votos.[12] Ade-

---

[11] Os erros políticos e fraquezas intelectuais do marxismo-leninismo da esquerda revolucionária do final dos anos 1960 foram analisados por diversos veteranos da Nova Esquerda como parte de um volume coletando documentos de cada organização de esquerda da época (Reis Filho e Ferreira de Sá, 1985).

[12] Cinco votaram em outros candidatos, 72 se abstiveram como forma de oposição e 37 tiveram ausência justificada. Cinquenta e três deputados do PTB de Goulart chegaram a votar em Castelo Branco (Dulles, 1978, p. 425).

mais, o regime militar cancelou as eleições presidenciais previstas para 1965 e, em 1966, substituiu o sistema político multipartidário por um bipartidarismo constituído por um partido pró-governo, nomeado Aliança Renovadora Nacional (Arena), e um partido de oposição política consentida, conhecido como o Movimento Democrático Brasileiro (MDB). Marcando o fim definitivo da República Populista, o debate político principal na esquerda durante 1968 se dava entre os que defendiam a participação eleitoral – apesar da ditadura permitir eleições apenas para cargos legislativos, e não executivos – e aqueles que defendiam um boicote eleitoral.

Agora perseguido como perigosamente "revolucionário", o PCB buscava fortalecer setores de oposição do novo MDB, um partido artificial (um "balaio de gatos") sem vocação oposicionista. O PCB recusava a luta armada, motivo pelo qual outros militantes de esquerda, incluindo comunistas dissidentes, atacavam o partido e o chamavam de estupida ou traiçoeiramente "reformista". Porém, a postura do PCB estava longe de ser surpreendente, sobretudo em São Paulo, onde o partido era um ator político reconhecido e respeitado, mesmo que minoritário, antes de 1964. De fato, o PCB havia se beneficiado de uma rede de vínculos, influência, simpatias e até mesmo de adesão dentre uma minoria de profissionais bem estabelecidos da classe média, figuras culturais, professores da USP, políticos e sindicalistas. Embora a maioria dos detentores de cargos do MDB fossem oponentes inconsistentes do governo, a minoria resolutamente oposicionista compartilhava do objetivo do PCB de construir uma coalização o mais ampla possível, com aliados pouco confiáveis se necessário, para restaurar a democracia eleitoral e possibilitar progresso futuro.

No fim de 1967, as pretensões hegemônicas do Exército alienaram ainda mais as elites político-civis, e os antigos presidentes Juscelino Kubitschek e João Goulart se uniram ao seu antigo oponente Carlos Lacerda para exigir eleições diretas. Alguns torciam para que o pronunciamento conjunto dos três homens, em 25 de setembro de 1967, fosse superar a divisão histórica entre getulistas e antigetulistas em defesa da democracia (Lacerda, 1977, p. 459-460). Apoiada pelo PCB, a Frente Ampla foi anunciada em São Caetano em um comício de 23 de março de 1968 com Lacerda, com a presença de 1.800 a 3.500 pessoas, "a maioria da classe trabalhadora", de acordo com observadores do Consulado dos EUA. O Dops anotou as placas dos carros e notou o comparecimento de políticos, radialistas, figuras religiosas como o Bispo Dom Jorge e dirigentes sindicais, como o presidente do sindicato dos metalúrgicos de Santo André, Benedito Marcílio e Pedro Daniel de Souza, o ex-presidente comunista do sindicato de construção civil de São Caetano. Os cartazes incluíam mensagens de protesto contra o arrocho e o "o novo salário-mínimo de fome do governo", bem como demandas de "nenhum soldado brasileiro ao Vietnã"; um até declarava que "a Amazônia é nossa!".[13] A Frente Ampla nunca progrediu para além de um alinhamento efêmero de personalidades, facilmente descartado como algo alimentado por ressentimento pessoal por parte de Lacerda, que se mostrou incapaz de galvanizar a direita em prol da democracia. A Frente Ampla foi proibida em 5 de abril de 1968, sem que houvesse reações significativas, e depois do AI-5, Lacerda foi preso e perdeu seus direitos políticos assim como Prestes, Goulart, Quadros e Kubitschek (Dulles, 1996, p. 508-509).

OS REBELDES DE 1968: CORAJOSOS, PORÉM DIVIDIDOS

Porém, 1968 também foi fortemente moldado pelos impulsos radicalizadores do crescente movimento estudantil. Um grupo de alta visibilidade de estudantes de classe média e até alta, jovens, porém letrados, condenava ousadamente a hipocrisia de pais privilegiados, cúmplices de um regime militar que violava os valores que alegavam defender (Pitts, 2014). O espírito predominante de indignação alimen-

---

[13] O relato de quatro páginas do cônsul dos EUA da manifestação pode ser encontrado em "Carlos Lacerda Speech" (telegram), 25 de março de 1968, Opening the Archives: Documenting US-Brazil Relations, 1960s-80s, 1968. Sobre um dos outros deputados estaduais envolvidos, ver "Joaquim Jácomo Formiga, São Caetano do Sul: Relatório Datilografado do Serviço de Informações do 'S.S.' do Dops," 1º de agosto de 1962 (Tribunal Regional de São Paulo,1962, p. 202; Dulles, 1996, p. 500-501). Sobre a Frente Ampla do ponto de vista de um deputado estadual do PCB alinhado com Marighella e para uma descrição detalhada da manifestação de São Caetano (embora exagerando seus desdobramentos), ver Perrone, 1988, p. 70-71.

tava o seu desdém pelas ineficazes manobras de cima para baixo dos líderes da oposição, dos sindicalistas e do Partidão, como o PCB era sarcasticamente chamado. Assim como Marighella, os estudantes consideravam a Frente Ampla com Lacerda, um arquiteto do golpe de 1964, um oportunismo fútil. O MDB era igualmente desprezado, uma vez que eles o percebiam como um falso partido de oposição, e as eleições concediam à ditadura uma aparência democrática: para eles, a única reação apropriada era a convocação para o voto nulo de protesto.

Apesar de simplista, a retórica dos jovens insurgentes poderia ser convincente. Por exemplo, um protesto de 28 de setembro de 1966, liderado pelo Padre Rubens Chasseraux (1939-2019) na Vila Palmares, ridicularizava "o mundo de minorias dominantes, deste falso progresso", um mundo "de fome, de miséria, de perseguições, de espancamentos, de falta de liberdades, de traições, de mentira e de tapeações" sob a ditadura. Como trabalhadores e eleitores, aqueles que protestavam queriam eleger "representantes do povo" e não representantes escolhidos para eles. "Se hoje não temos candidatos", seguia a declaração, "é porque nem Arena nem MDB representam o povo", ambos os partidos sendo "imposições de um regime" que mereciam "repúdio total nas urnas".[14]

Assim como Chasseraux, os igrejeiros, como seus oponentes seculares nos sindicatos de metalúrgicos os apelidaram, eram a esquerda mais sonora do ABC.[15] Fossem leigos ou clérigos, os militantes católicos, em sua maioria, estavam ligados direta ou indiretamente à Ação Popular (AP), fundada em 1962 pela juventude universitária católica, cujos dirigentes incluíam a liderança eleita da União Nacional dos Estudantes (UNE) entre 1963 e 1968.[16] Até chegar a se alinhar formalmente com o Maoísmo em 1968, a AP com seu cres-

---

[14] "Documento protesto da comunidade paroquial de Vila Palmares," reimpresso em Almeida, 2009, p. 140-141. Para um perfil desse destacado padre radical de origens pobres em Santos ver Tavares, 2013.

[15] Sobre o ativismo católico relacionado aos trabalhadores no ABC antes de 1964 ver Martins, 1994.

[16] Sobre a história da AP ver Ridenti, 1991.

cente radicalismo e comportamento sectário, já tinha afastado até mesmo sindicalistas com origens católicas como Afonso Monteiro da Cruz e Maurício Soares, naqueles ano o presidente e o advogado, respectivamente, do sindicato dos metalúrgicos de São Bernardo.[17] No entanto, a AP tinha conquistado uma lealdade feroz de numerosos padres e de algumas dúzias de militantes operários, incluindo José Nancy, vice-presidente do sindicato de metalúrgicos de Santo André; José Barbosa Monteiro, um membro da diretoria do sindicato de São Bernardo em 1965-1967; Aparecido de Faria, metalúrgico com formação no ensino médio e autor de um relato de 1972 sobre as atividades relacionadas ao trabalho da AP no ABC; e Raimundo Eduardo da Silva, um jovem trabalhador negro de Mauá, que em 1971 foi levado de uma cama de hospital, detido, torturado e assassinado (Torres, 1987; Portuense de Carvalho, 2017).[18]

A pluralização da classe trabalhadora de esquerda, com suas conotações geracionais, ia muito além do ABC. No subúrbio industrial de Osasco, jovens igualmente insurgentes – próximos ao movimento estudantil, mas não ligados à AP – conquistaram o controle inquestionável do sindicato de metalúrgicos, em 1967, por meio de uma chapa que incluía militantes operários católicos apoiados por padres. A greve e ocupação fabril curta – e posteriormente muito mitificada – que lideraram de 16 a 18 de julho de 1968, gerou imagens icônicas de luta operária estimadas pela nova esquerda "revolucionária"; em consequência da derrota da greve, diversos dirigentes sindicais, incluindo o presidente José Ibrahim e o metalúrgico negro José Campos Barreto (Zequinho), se uniram à Vanguarda Popular Revolucionária (VPR); Zequinho morreu em 1971, na Bahia ao lado do lendário rebelde militar Carlos Lamarca.

---

[17] Para a contribuição da AP no enfraquecimento da opção pela luta armada no ABC, ver Martins, 1994, p. 189. Diferentemente dos revolucionários de Marighella, a AP em 1968 se recusava a se comprometer com luta armada imediata, uma vez que a agitação de massas tinha um lugar na sua interpretação da doutrina maoísta de "guerra popular prolongada".

[18] Ver em particular os perfis e entrevistas com líderes importantes da AP do ABC em Maeda *et al.*, 2008.

O espírito de confrontação e de rebelião juvenil gerava os confrontos acalorados que Lula testemunhou ao entrar para a vida sindical em 1968-1969. Militantes operários de oposição nos sindicatos de metalúrgicos do ABC fossem comunistas, católicos ou independentes, haviam criado um consenso em 1965-1966, mas começaram a divergir drasticamente na segunda metade de 1967, quando os dirigentes de diversos sindicatos de São Paulo formaram uma coligação informal conhecida como o Movimento Intersindical Anti-arrocho (MIA), cujos sucessivos eventos públicos eram marcados por confrontos acentuados entre uma minoria de oposição mais radical e dirigentes sindicais da situação apoiados pelos remanescentes do PCB.[19] A sede dos metalúrgicos de Santo André, por exemplo, foi o local de uma manifestação do MIA em 11 de dezembro de 1967, que foi interrompida de imediato quando os que a presidiam tentaram retomar o microfone de um orador esquerdista, um candidato derrotado em uma eleição sindical recente, que denunciou a ditadura e os apoiadores do MIA no sindicato como ferramentas dos patrões. O tumulto envolvendo seus 150 apoiadores não se agravou ao ponto de haver pancadaria, revela as anotações do Dops, mas o encontro de mil trabalhadores tinha se reduzido a 200 participantes quando os que protestavam saíram para marchar pelas ruas da cidade.

O ponto culminante simbólico desse conflito fratricida entre o movimento sindical e a esquerda revolucionária foi a manifestação do Primeiro de Maio de 1968, realizada na Praça de Sé no centro de São Paulo. Organizada pelos sindicatos da cidade, a manifestação contra o arrocho, com a participação de pelo menos 5 mil pessoas, havia sido legalmente autorizada pelo governador civil do estado, eleito indiretamente, um político sagaz da União Democrática Nacional (antes

---

[19] Para mais sobre o MIA, ver "Entrevista José Ibrahim para Unidade e Luta, #1" novembro de 1972 (Frederico, 1987, p, 215-217); "Los obreros: (Testimonio de) José Ibrahim, dirigente obrero" (Caso, 1973, p. 61-110). Sobre a emergência gradual de protestos coordenados contra o arrocho no outono de 1967, ver o artigo de *O Metalúrgico* (Santo André), março de 1968 (Frederico, 1987, p. 54-55). Sobre a interrupção das manifestações do MIA pela esquerda mais radical, ver o excerto de P. Torres (Frederico, 1987, p. 136).

do golpe abolir partidos) que estava de olho em vantagens políticas futuras (ele se recusou em 1968 a banir marchas estudantis em geral). Embora convocado pelos sindicatos do MIA, o ato público reunia oponentes do regime: estudantes, políticos, intelectuais, figuras religiosas como o Bispo Dom Jorge, líderes sindicais eleitos como Paulo Vidal, militantes operários como Frei Chico e até alguns trabalhadores de base. Em uma surpresa desagradável para os organizadores, a multidão também incluía algumas centenas de integrantes de uma diversidade de novas vanguardas "revolucionárias": a União Estadual dos Estudantes, o Agrupamento Revolucionário de Marighella (logo renomeado para Ação Libertadora Nacional), o pessoal da AP do ABC e os jovens rebeldes de Osasco. O plano deles era debelar uma tenebrosa unidade de "oposição" que eles enxergavam como conciliatória demais. Mesmo 20 anos depois, o lendário dirigente estudantil de São Paulo em 1968, José Dirceu, um apoiador de Marighella, ainda era franco: a presença do governador Abreu Sodré na manifestação era "um acinte, uma farsa", então eles queriam "dar uma coça naquela turma para aprenderem a nunca mais fazer coisa parecida: não podíamos aceitar passivamente que aqueles agentes da ditadura viessem posar de políticos ligados às causas populares" (Dirceu; Palmeira, 1998, p. 97; Cannabrava Filho, 2003, p. 114-115).

Antes mesmo da manifestação começar, estudantes e jovens trabalhadores jogaram pedras no governador, tomaram e queimaram o palco e levantaram um pôster de Che Guevara, seguido de discursos de denúncia e de uma pequena marcha. O jornal dos metalúrgicos de São Paulo relatava a ação negativamente:

> As vaias aumentavam a cada instante e quando um grupo dos presentes tentou impedir que os protestos continuassem, os mais estranhos objetos começaram a ser atirados [...] uma pedra atingindo a cabeça do sr. Abreu Sodré. O que se viu a seguir foram cenas de vandalismo, através dos agitadores infiltrados entre os manifestantes [...] [incluindo] dirigentes estudantis, intelectuais agitadores, esquerdistas, e opositores

às atuais diretorias de seus respectivos sindicatos. (1º de maio
agitado, 1968)[20]

Isso diverge drasticamente da forma como a AP cobriu a ação do
Dia do Trabalhador em seu jornal clandestino *Libertação*. A manifestação – à qual eles alegavam que 6 mil manifestantes haviam comparecido, "operários em sua grande maioria" mas também "muitos estudantes" – revelava a união de vários setores quando eles "expulsaram
a ditadura" conjuntamente da Praça da Sé, embora admitindo que
nem todos da multidão rejeitavam a "festinha" do MIA no Primeiro
de Maio. O artigo celebrava a fuga do governador Abreu Sodré, "ban-
queiro, representante dos patrões e do imperialismo," que tinha comparecido para "enganar o povo", junto com os seus aliados "pelegos e
políticos servidores da ditadura da traição nacional", substituídos no
palco por "verdadeiros trabalhadores" que compreendiam, diferentemente dos revisionistas do PCB, que acabar com o arrocho demandava derrotar os imperialistas estadunidenses que, naquele mesmo momento, estavam cercados no Vietnã e pelo "povo negro" dos Estados
Unidos (Em São Paulo..., 1968).

Dentre os "verdadeiros trabalhadores" proferindo denúncias a plenos pulmões contra as forças mais moderadas do MIA, estava José
Barbosa Monteiro, de São Bernardo, um migrante negro do Ceará
filiado à AP cujo ativismo sindical relacionado à Igreja tinha começado em 1963 (cf. Barbosa Monteiro, 1978; O 1º de maio..., 1978; Pereira, 1979). Entrevistado no exílio em meados dos anos 1970, Barbosa
explicou que as forças que interromperam a manifestação visavam
desmascarar a farsa que estava sendo montada pelo governo, por líderes sindicais e pelo PCB. Ele previu as consequências de tal ação:
"Eu já previa que, depois de aparecer e atuar na manifestação, viria
a ser perseguido pela polícia. Isso na minha vida foi um marco, pois
tive que assumir publicamente o que fazia e aquilo em que acredita-

---

[20] Para fotografias da ação tiradas pela polícia e extraídas dos registros de investigação
e de julgamentos dos militares daqueles envolvidos, veja "BNM-AEL: Álbum 01,"
Flickr, acessado em 3 de dezembro de 2018 https://www.flickr.com/photos/arma-
zemmemoria/sets/72157634614452106/.

va". Logo, foi para a clandestinidade e fugiu para terras estrangeiras. Como resultado da manifestação, a polícia levou dúzias de pessoas do ABC para serem interrogadas, tanto leigos quanto clérigos, incluindo o Padre Chasseraux. Alguns foram julgados em tribunais militares (Barbosa Monteiro, 1978, p. 120-131).[21]

Do ponto de vista dos dois maiores sindicatos de metalúrgicos do ABC, a interrupção menosprezava o trabalho duro deles, que tinham mobilizado 15 ônibus cheios de trabalhadores de Santo André e 9 de São Bernardo. O presidente do sindicato de Santo André Benedito Marcílio disse a repórteres que estava particularmente indignado, porque alguns dos agitadores vieram nos ônibus do sindicato e "além de aproveitar a carona, xingam a gente" de pelegos (Cedi, 1987, p. 40-41).[22] O manifesto de desagravo do MIA após a manifestação expressava a sua "profunda revolta pelos lamentáveis acontecimentos". Assinado por todos os grandes sindicatos do MIA exceto o de Osasco, o desagravo reiterou a legitimidade das demandas da coalizão, dos métodos pacíficos por meio dos quais eles as buscavam e da maturidade, serenidade e senso de responsabilidade que caracterizava os trabalhadores e seus dirigentes ao lidarem com as autoridades. Já sobre a interrupção da manifestação, há muito tempo planejada, eles condenavam

> a baderna e a desordem promovidas por irresponsáveis travestidos de estudantes [...] não poderia jamais contar com o apoio dos trabalhadores que, apesar de injustiçados por uma orientação econômico-financeira rígida e fria, nem por isso chegaram ao desespero pessoal, ao sectarismo político, [e] à irresponsabilidade total. (Manifesto, 1968)

O Primeiro de Maio na Praça da Sé confrontava os "porra-loucas" aos pelegos, nos termos de abuso mútuo relembrado por Lula com base nos conflitos que ele presenciou em 1968-1969. Porém,

---

[21] Sobre a investigação da polícia e os processos judiciais militares, ver Processo 424 Praça da Sé, SP 1968; Processo 424 Praça da Sé, SP 1968 (BNM (Brasil: Nunca Mais), 1988).

[22] Philadelpho Braz, o secretário geral do sindicato de metalúrgicos de Santo André deposto em 1964, estava na manifestação da Praça de Sé e relembra que Marcílio detestava os radicais, que incluíam seu vice-presidente, José Nanci, ligado à AP. (Braz, 2004).

dentre os jovens operários rebeldes da praça também havia muitos como Frei Chico – que viria a se filiar ao PCB em 1971 – e a maioria que testemunhou o conflito não era filiada, nem alinhada. As impressões sobre o que aconteceu são variadas, naturalmente. Como um metalúrgico de Santo André presente no dia disse para um pesquisador da USP em 1970-1971, "na reunião tinha muito estudante, foram eles que tomaram conta de lá. Os operários começaram e depois os estudantes tomaram conta. A revolta foi de uns operários e de estudantes contra o sindicato" (Frederico, 1978, p. 101).[23] Um trabalhador adolescente de Mauá reagiu de modo diferente, como ele explicou em uma entrevista em 2012: "tinha 16 anos, mas eu sempre fui assim, um pouco idealista, um pouco rebelde", quando alguém o convidou para a passeata da Praça de Sé. Ele relembra que, "Aí eu cheguei lá e eu vi assim muita polícia, muita bomba, muita prisão, cachorro, cavalo. Sabe?! Os policiais com aquelas espadas batendo nas pessoas. Foi uma coisa maluca". De modo semelhante a como Lula reagiu às suas primeiras reuniões sindicais turbulentas, esse trabalhador de Mauá estava "impressionado com tudo aquilo"; ele entrou para a AP e exercia tarefas clandestinas rotineiras até a organização ser extinta em Mauá, em 1971.[24]

Se o PCB errou ao não conseguir antecipar o golpe, a esquerda "revolucionária" – incluindo Marighella – estava igualmente enganada em sua convicção de que em 1968 "a revolução estava ali, ao alcance de nossas mãos" (Perrone, 1988, p. 18; cf., também, Nosella, 1980, p. 38-39). Aqueles que defendiam a resistência armada o faziam porque, como Marighella elaborou desde cedo, a ditadura *"só* poderia ser revertida pela violência das massas, visto que não existia mais espaço para a ação política" (Cannabrava Filho, 2003, p. 101-103, 108, 114-115,

---

[23] Em uma análise retrospectiva escrita do exílio em 1972, Cido Aparecido de Faria escreveu que muitos trabalhadores interpretavam os *slogans* e denúncias dos radicais como oposição aos sindicatos em si (Frederico, 1987, p. 138).

[24] Getúlio Miguel de Souza, entrevista, 23 de dezembro de 2012 (Portuense de Carvalho, 2017, p. 95-96). Esse excelente livro cita longamente entrevistas com outros membros operários da AP e até com a mãe de Souza.

destaque nosso).[25] Em fevereiro de 1968, o manifesto de fundação do seu agrupamento revolucionário declarava categoricamente que "sem potência de fogo e sem homens armados, *nada* poderemos fazer contra a ditadura" (Lima, 2007, p. 40-41). Os militantes da AP tinham análises igualmente pessimistas quando eles começaram a trabalhar para desenvolver uma base de metalúrgicos no ABC. Em um panfleto de 1967 de "esclarecimento aos companheiros metalúrgicos", a AP argumentava que, "no atual regime militar, o Sindicato não tem força para lutar pelos direitos dos trabalhadores, porque os atuais dirigentes sindicais são patronais". Já que o Dops tinha que aprovar qualquer candidato às eleições sindicais, nenhum dirigente "autêntico" poderia ser eleito; o panfleto sugeria que, em vez disso, os associados escrevessem "abaixo o regime de medo" em suas cédulas sindicais. E encerrava com o *slogan* "viva a luta operária-camponesa-estudantil".[26]

A raiva dos jovens "revolucionários" de 1968 estava direcionada tanto contra o PCB quanto contra Abreu Sodré e as Forças Armadas, que na época estavam passando por uma radicalização que levaria à destruição da oposição do regime após 13 de dezembro de 1968. Na retórica e na prática, a extrema esquerda tinha sua própria versão "de uma revolução por etapas", e o primeiro passo necessário era "desmascarar" o PCB, os dirigentes sindicais e os oponentes mais moderados do regime para dissipar as ilusões que impediam a radicalização inevitável das massas. Falando em nome da nação e dos trabalhadores, essa minoria de esquerda vigorosa de estudantes, ex-estudantes e clérigos estava buscando o povo. Com o seu ativismo sincero sob condições adversas, eles de fato encontraram trabalhadores rebeldes dispostos a se unirem às suas vanguardas revolucio-

---

[25] Compare-se com a análise de Prestes, registrada em uma entrevista no início dos anos 1980: "Eu disse a Marighella que não havia condições [políticas] para a luta armada [em 1964]. Ele, inclusive, tinha sido preso num cinema na Tijuca e se portara com bravura, reagindo à prisão. Mário Alves [outro dirigente comunista dissidente] também tinha sido preso. Ambos foram soltos. Naquele tempo, a ditadura ainda libertava os comunistas" (Moraes; Viana, 1982, p. 185).

[26] O panfleto foi distribuído durante as eleições do sindicato de metalúrgicos de Santo André em 1967. Apesp, Dops, Pasta 50-Z-318, Pasta 20, folha 3276 (31/8/67). Parte do panfleto também é citado em Almeida, 2009, p. 249.

nárias, embora nunca o suficiente para mudar a composição social majoritariamente não operária de sua organização. Ainda assim, essa vanguarda de radicais de classe média também era caracterizada por um certo "ventriloquismo", nas palavras de Marcelo Ridenti, falando em nome das classes subalternas e até se propondo a dirigi-las (Ridenti, 2000, p. 55). Isso foi bem ilustrado quando, na véspera do Primeiro de Maio em 1968, a União Estadual dos Estudantes distribuiu panfletos para trabalhadores que viajavam de trem indo e vindo dos subúrbios industriais como o ABC em que repetidamente empregavam a primeira pessoa do plural para se referir a trabalhadores e estudantes como um sujeito unificado. Um panfleto, por exemplo, denunciava os pelegos do MIA e suas petições inúteis enquanto proclamava ousadamente que "nossa melhor arma contra o arrocho é a greve". O panfleto então atacava líderes sindicais que choramingavam que ainda não existiam condições para a greve" ou "que nós não temos consciência" para tal ação. Rejeitando esses argumentos para a inação como desculpas patéticas, o panfleto declarava ousadamente que os estudantes liderariam tal greve se os dirigentes sindicais não estivessem dispostos a fazê-lo.[27]

Mas a retórica do "nós-contra-eles" desses jovens revolucionários ofuscava a distância imensa que separava os membros das classes mais letradas, por mais radicais que fossem, dos trabalhadores em cujo nome eles alegavam falar e agir. Ideias imaturas e livrescas sobre "teoria" marxista-leninista e revolucionária também os deixavam alheios aos sentimentos de mágoa e aos ressentimentos viscerais dos trabalhadores que de fato pertenciam às suas organizações. Foi somente na véspera da derrota dessas novas organizações de esquerda que seus membros trabalhadores expressaram suas críticas mais incisivas (Barbosa Monteiro, 1978, p. 126, 135-137; Torres, 1977). As ações e palavras presunçosas da AP no fim dos anos 1960 também deixaram um legado de raiva, desconfiança e amargura entre os dirigentes sindicais eleitos e os militantes.

---

[27]   *Folha da Tarde*, 30 de abril de 1968, em Cedi, 1987, p. 37-39 (ênfase acrescentada).

Porém, como vimos com Lula, nessa época esses debates políticos que tanto preocupavam dirigentes operários, padres de esquerda, estudantes radicais e políticos insatisfeitos tinham pouco significado para a maioria despolitizada da classe trabalhadora, que estava mais preocupada com a diminuição contínua e perceptível dos salários reais. O abismo entre as "vanguardas" adversárias, fossem "pelegos" ou "porra-loucas" e a classe trabalhadora seria revelado claramente durante a última semana de maio, quando o descontentamento visceral gerou uma notável enxurrada de paralisações de seções em fábricas de São Bernardo, incluindo a Willys-Overland (Ford), a Mercedes-Benz, a Volkswagen, a Fendt Tratores e a Chrysler. Movidas por preocupações imediatistas, essas combustões de chão de fábrica eram caracterizadas, como observado pelo historiador Negro, por um "misto ebuliente de volta e reciclagem da antiga militância, surgimento de novos ativistas, hostilidade governamental, descrédito oficial e desgaste dos dirigentes sindicais". "Agredido e mal representado, o operariado mostrara uma 'marcante tendência de abraçar os problemas com suas mãos sem consultar os sindicatos". Do ponto de vista do cônsul dos EUA, os trabalhadores tinham partido para a ação "com ou sem os seus atuais líderes", que eles consideravam "presas de um sistema que não lhe permite desempenhar nenhuma atribuição sindical básica" (Negro, 2004, p. 298-299).

As paralisações de maio de 1968 se revelariam humilhantes para os dirigentes do sindicato dos metalúrgicos de São Bernardo, cuja atuação se limitou a implorar inutilmente para que o governo mudasse sua política salarial enquanto recusavam qualquer responsabilidade por paralisações que eles não tinham instigado, mas cuja justiça eles reconheciam plenamente (*Diário do Grande ABC*, 30-31 de maio de 1968). A responsabilidade por conduzir a resposta defensiva do sindicato caiu sobre seu segundo secretário, Paulo Vidal, mas as pressões excruciantes da situação também levaram o presidente do sindicato, Afonso Monteiro da Cruz, a desistir de se candidatar à reeleição em 1969, o que abriu caminho para a candidatura presidencial de Vidal na chapa que incluía Lula como um dos suplentes. Monteiro da Cruz estava fora do país, em um encontro internacional de sindicatos, quando as paralisações começaram. Entrevistado em seu retorno ao país, no início de junho, por um jornal diário do ABC, o líder pernambucano mestiço parecia desajeitado e pouco à vontade ao criticar o ministro do Trabalho (e não o governo como um todo), fazer referência à liberdade experienciada pelos sindicatos na Europa Ocidental (sem criticar diretamente o sistema brasileiro de relações de trabalho) e reivindicar uma transformação não especificada no Brasil. Quando questionado diretamente sobre o que ele faria se uma grande greve ocorresse, ele respondeu de forma clara, mas hipotética: se tal "movimento vier a eclodir (note bem, se vier) e como o sindicato é um órgão de defesa dos trabalhadores e se esses trabalhadores se dispuserem à luta, teremos que o apoiar porque o sindicato é a própria casa do operário." (Diário do Grande ABC, 8 de junho de 1968). Nem a evasão de responsabilidade de Vidal, nem a divergência velada de Monteiro da Cruz devem ser interpretadas como expressão de suas opiniões "reais" dada a estrutura repressiva dentro da qual eles operavam em 1968: entrevistado por Laís Abramo nos anos 1980, um diretor sindical relembrou que em uma greve em São Bernardo a Polícia Militar, armada com metralhadoras, cercou a fábrica a pedido dos patrões e ameaçou prender Monteiro da Cruz e intervir no sindicato se ele tentasse interferir (Abramo, 1999, p. 129).

A performance pública de passividade indefesa, mesmo que compreensível, jogava água no moinho da oposição de esquerda no sindicato. Porém esses dissidentes operários eram, no fim de maio de 1968, tão incapazes quanto aqueles que eles denunciavam em oferecer um caminho factível para o sucesso das paralisações dispersas envolvendo milhares nas fábricas locais. Quando o momento decisivo finalmente chegou, as poucas dúzias de ativistas sindicais filiados à AP e a outras organizações "revolucionárias" estavam elas mesmas sob o efeito da repressão posterior ao Primeiro de Maio. Nem os dirigentes sindicais eleitos e seus apoiadores, nem os oponentes "revolucionários", com seus aliados declarados no movimento estudantil (eles mesmos cercados), tinham o poder em maio de 1968 de forçar negociações substantivas nas fábricas afetadas. O general Moacir Gaia, delegado do Trabalho do governo de São Paulo, adotou uma linha dura, não só defendendo publicamente a política salarial do governo mas também condenando de forma contundente as paralisações como "greves ilegais com objetivos inconfessáveis" de tipo subversivo (*Diário do Grande ABC*, 25-27 e 30-31 de maio de 1968).

A manifestação do Primeiro de Maio na Praça da Sé foi emblemática do 1968 brasileiro, assim como foi a "Marcha dos 100 mil" em 26 de junho, no Rio e as centenas de trabalhadores presos após as ocupações fabris de 16-18 de julho em Osasco. Porém, apesar dessas imagens vívidas, a tragédia subjacente de 1968 foi que os corajosos rebeldes e opositores do Brasil – fossem eles estudantes ou trabalhadores, porra-loucas ou pelegos – estavam envolvidos em um combate fratricida justamente quando o avanço do descontentamento, agora indo muito além das fileiras da esquerda, representava o desafio mais grave para a dominação militar desde 1964. Apesar da sua aversão a correr riscos inúteis, os membros da classe política civil nacional estavam profundamente frustrados com os militares, que, apesar das expectativas em contrário, se recusavam a restaurar as eleições para cargos executivos – principalmente para a presidência – mesmo após o Congresso ter decidido alterar a Constituição de acordo com os desejos dos militares, em 1967. Em um certo sentido, foi a liderança militar de centro que errou os cálculos no outono de 1968, quando exigiu que legisladores do partido governista Arena cassassem a imunidade parlamentar de um deputado por ter feito declarações que ofendiam a "honra militar" (Pitts, 2013). Embora a maioria dos políticos considerasse as declarações em questão imaturas e imprudentes, os legisladores encerraram o memorável ano de 1968 votando corajosamente por rejeitar o ultimato militar. Com esse ato, os políticos nacionais finalmente enfrentaram o Exército ao qual eles vinham se curvando desde 1964. Essa ação corajosa convenceu os militares de que a Arena era um partido pró-governo "falso" e gerou a radicalização definitiva do regime, refletida na aprovação do AI-5, que fechou o Congresso, aboliu o *habeas corpus*, adotou a censura preventiva e levou a um sistema de repressão mais agressivo, coordenado de forma centralizada e altamente eficiente, que usava a tortura bem mais amplamente do que antes.

Essa era a situação muito mais sombria que o Lula de 24 anos de idade enfrentaria em sua posse como parte da diretoria sindical, em abril de 1969. Ao mesmo tempo, nem tudo mudara desde 1968, já que a AP continuava a declarar que ela não tinha "nada que ver com a Diretoria do Sindicato", agora liderada por Paulo Vidal, e convocava mobilizações para "derrotar os pelegos traidores" (*O ferramenta*).

DE LUIZ INÁCIO A LULA

8. CONSTRUINDO A MODERNIDADE PÓS-GUERRA

Dois prédios marcaram a trajetória de Lula da adolescência até seus vinte e poucos anos: a Escola Roberto Simonsen do Senai, inaugurada em 1954 no centro do distrito industrial do Brás, e a impressionante sede do sindicato dos metalúrgicos de São Bernardo do Campo e de Diadema, inaugurada em outubro de 1973. A Escola Roberto Simonsen, com sua pedagogia de qualidade e tratamento decente, formou Lula como um aprendiz e depois como um torneiro mecânico. Uma década depois de se diplomar, Lula começou uma segunda aprendizagem de 1972 até 1975 como diretor em tempo integral recém-eleito sob a competente orientação do presidente do sindicato, Paulo Vidal. Ambos participaram das festividades inaugurais do novo "Palácio dos Metalúrgicos", de seis andares, construído na Rua João Basso 121, no centro de São Bernardo. Se o Senai moldou decisivamente sua visão de mundo e sua concepção própria, o sindicato de São Bernardo se mostraria uma escola política espetacular em uma década que viria a ser crucial para a história política e sindical no Brasil.

Como manifestações concretas da modernidade, os prédios que acomodavam a Escola Roberto Simonsen e o sindicato dos metalúrgicos de São Bernardo expressavam as ambições ousadas geradas pela expansão industrial pós-guerra de São Paulo. Tanto a escola quanto o sindicato eram instituições subsidiadas pelo Estado, projetos iniciados de cima para baixo para antecipar, moldar e controlar as transformações desencadeadas pela industrialização. Para o Senai de Roberto Mange, o objetivo era criar uma geração de colaboradores de chão de fábrica qualificados: cidadãos educados trabalhando pelo desenvolvimento nacional em consonância com os patrões e com o Estado. Sindicatos financiados pelo governo, criados pelo presidente Getúlio Vargas, visavam alimentar uma elite da classe trabalhadora inspirada não pela luta de classes e sim pela paz social, como Oliveira Viana sonhou em seus momentos mais utópicos.

A sede de São Bernardo era uma homenagem em concreto, vidro e aço à grandeza da categoria metalúrgica em crescimento acelerado em uma Detroit sul-americana, onde a Volkswagen sozinha empregava 38.979 dos estimados 85/90 mil metalúrgicos do município em 1974, uma cidade autêntica dentro de uma cidade.[1] A sede também expressava as conquistas do sindicato, ostentando sua proeza financeira como uma das organizações operárias mais ricas (embora não fosse a maior) na grande São Paulo.[2] A construção do prédio estava ligada ao "milagre econômico" brasileiro, de 1968 a 1974, durante o qual São Bernardo e Diadema vivenciaram um crescimento econômico sem precedentes que transformou suas realidades industriais, demográficas e urbanas.

Enquanto o país transitava para uma ditadura escancarada após o AI-5, São Bernardo se destacava pelas suas fábricas épicas e como o maior produtor do ícone da modernidade no país, o automóvel. Esse capítulo fornece uma visão de baixo para cima desse município das experiências, aspirações e autocompreensão de uma geração de *baby boomers* durante a presidência de General Emílio Garrastazu Médici (1969-1974). O relato retrospectivo é combinado com as vozes de metalúrgicos do ABC no

---

[1]   Ver Humphrey, 1978, quadro A3.7.

[2]   Embora o sindicato vizinho de São Paulo pudesse ter mais membros, o sindicato de São Bernardo coletou R$ 1.939.000 em receita bruta de imposto sindical, comparado aos R$ 1.860.000 de São Paulo, de acordo com dados de orçamento recolhidos de funcionários sindicais por Kenneth Mericle.

início dos anos 1970, gravadas antes das famosas greves que nasceram dessa revolução industrial do Brasil. Focando na política cotidiana, esse capítulo mostra como dezenas de milhares que entraram nas fábricas gigantes de São Bernardo afrontaram e buscaram seus objetivos durante os anos mais autoritários do regime militar brasileiro.

Os metalúrgicos do ABC enfrentavam obstáculos formidáveis para a mobilização coletiva durante esse momento de expansão industrial de larga escala. A representação efetiva dos interesses dos trabalhadores foi impedida por uma supressão generalizada da liberdade de expressão, da livre imprensa e da oposição política, além da repressão dos patrões e do governo. Esse capítulo inova ao analisar como a política imediatista cotidiana afetou os pontos de vista dos trabalhadores sobre o regime militar, esboçando as noções básicas – herdadas do passado, mas não congeladas no tempo – que deram forma à astucia e à dissimulação por meio das quais os trabalhadores exploravam a metropolitana São Paulo.

Assim como Lula, os trabalhadores qualificados do ABC eram empenhados e inquietos, com fome de conhecimento e ansiosos para colher os frutos do progresso durante o milagre econômico. Ao focar no chão de fábrica da Indústrias Villares, na qual Lula trabalhou entre 1966 e 1980, assim como no casamento de Lula com Maria de Lourdes Ribeiro em 1969 e na subsequente aquisição de uma casa, esse capítulo esclarece as ações dos trabalhadores e suas aspirações tanto dentro quanto para além dos muros das fábricas. Concentrando-se nas vidas pessoais, esse capítulo enfoca a ambição despertada e realizada, não a pobreza enfrentada ou a exploração sobrevivida; o quadro geral de todo o período de crescimento econômico do pós-guerra tinha menos relação com o que foi abandonado e mais com os obstáculos que muitos esperavam que em breve seriam vencidos.

ABC COMO MARCO ZERO

O início dos anos 1970 foram anos sombrios para os oponentes do regime militar em São Paulo: militantes operários, estudantes radicais, políticos da oposição e os setores liberais e de esquerda das classes médias intelectualizadas.[3] O impacto explosivo do AI-5 em dezembro de 1968 foi seguido de uma segunda onda de repressão desde 1964, rompendo as redes de oposição que tinham se colocado na linha de frente no ABC, em São Paulo e em outros lugares. Quando um congresso expurgado foi finalmente reaberto em outubro de 1969, os políticos atuavam dentro de limites rigorosos dadas as ameaças de perda do cargo, de um novo regime de censura prévia e da suspensão do *habeas corpus*. O partido Arena, favorecido pelo governo, viria a ganhar de lavada as eleições de 1970, um ano marcado por um Brasil exultante com a conquista do tricampeonato na Copa do Mundo de futebol. Propagandas triunfalistas patriotas, principalmente por meio do novo meio de comunicação influente que era a TV, propagavam uma visão ousada e otimista do Brasil como uma "grande potência" emergente que "ninguém pode segurar" (Fico, 1997).

Na sequência do tumultuado 1968 veio a conformidade pública com o governo, se não a adesão a ele, fomentada pelo sucesso surpreendente do "milagre econômico" brasileiro.[4] Caos econômico, alta inflação e uma recessão severa deram lugar aos primeiros sinais de dinamismo econômico renovado em 1967, seguidos de um aumento percentual anual de 11,3% do PIB real de 1968 até 1974, com a inflação a níveis de pós-guerra (abaixo de 20%). Alimentada por investimento direto estrangeiro, a expansão industrial acelerada – com taxa anual de 12,6% – impulsionou o *boom* brasileiro, com máquinas, transporte e equipamentos elétricos passando pelo maior crescimento (Baer, 2001, p. 75). A mão de obra industrial e de mineração cresceu de 1,6 milhões em 1960 para 4,9 milhões em 1976; metade da produção in-

---

[3] A especificidade da experiência geracional da classe média intelectualizada no início dos anos 1970 em São Paulo é captada com precisão e sensibilidade por Almeida e Weis, 1998, p. 319-409.

[4] Amplamente usado pela imprensa internacional, o termo "milagre econômico brasileiro" deveria ser questionado por sua invocação de algo miraculoso. Porém, ele de fato sugere a extensão e profundidade das transformações socioeconômicas pelas quais o país passou, muito além do crescimento do PIB. Nesse sentido, o crescimento marcante serve de testemunha para o programa abrangente de desenvolvimentismo nacional e de modernização capitalista de cima para baixo iniciado pelos governos militares não eleitos após 1964.

dustrial nacional e da contratação se originou no estado de São Paulo, principalmente na região metropolitana da capital, incluindo o ABC (Tomizaki, 2007, tabela 3). O número de brasileiros empregados pela manufatura, pela mineração e pelo transporte quase triplicou de 4,5 milhões em 1960 para 12,5 milhões em 1980 (Keck, 1992, p. 12). A promessa de 1964 parecia ter sido finalmente cumprida, com os militares colocando o país no caminho para o futuro.

O Brasil estava agora totalmente comprometido com um futuro baseado no motor de combustão interna, independentemente das implicações a longo prazo para o consumo energético, para o desenvolvimento urbano ou para o meio ambiente (Wolfe, 2010). A indústria automobilística estava bem posicionada devido a políticas de substituição de importações anteriores, que forçaram empresas internacionais a construir no país para não serem efetivamente barradas do mercado brasileiro. Cinco dos dez maiores produtores de veículos internacionais tinham aberto montadoras no Brasil em 1963, todos com pelo menos uma fábrica no ABC. Porém, o mercado consumidor de carros ainda era pequeno no Brasil e no resto da América Latina, e, portanto, as fábricas recém-construídas eram modestas comparadas com aquelas no mundo desenvolvido (Jenkins, 1987, p. 72, 52). Antes do *boom*, as fábricas sofriam para operar próximas aos níveis máximos de produção, o que facilitou a expansão da produção após 1968 sem novos investimentos significativos (Almeida, 1972, p. 66-67). A produção triplicou de 279.715 unidades em 1968 para 930.235 em 1974, crescendo a taxas anuais de 18 a 25% entre 1968 e 1973 e, assim, ultrapassando em muito a taxa de crescimento do PIB ou da manufatura industrial no geral (Shapiro, 2006, p. 241, quadro A.6; Abramo, 1999, p. 58, quadro 2). A indústria de veículos motorizados, incluindo as montadoras e os produtores de peças e suprimentos para automóveis, eram o setor principal de uma indústria metalmecânica mais ampla no Brasil que estava se expandindo durante esses anos. Na segunda metade dos anos 1970, as empresas metalúrgicas da grande São Paulo empregavam 650.598 trabalhadores: 421.277 no município de São Paulo, 191.792 no ABC e 37.529 em Osasco. Dos metalúrgicos do ABC,

65% (126 mil) estavam enquadrados na base legal do sindicato de metalúrgicos de São Bernardo e de Diadema (Humphrey, 1982, p. 51).

Embora o município de São Paulo tivesse a maioria das empresas metalúrgicas, as fábricas de grande escala estavam concentradas no ABC. Apenas 33% dos metalúrgicos de São Paulo trabalhavam em fábricas de mais de 500 trabalhadores, comparados com 61% em Santo André, 74% em São Bernardo e 86% em São Caetano do Sul (que sediava uma grande montadora da General Motors) (Pereira, 1967, p. 118).

Empresas metalúrgicas de mais de mil trabalhadores empregavam 86% da força de trabalho metalúrgica em São Caetano, 67% em São Bernardo e 49% em Santo André, comparados com 21% no município de São Paulo (Humphrey, 1982, p. 51, quadro 2.6).[5]

Quando as novas fábricas começaram a chegar, a região do ABC – com exceção das cidades de Santo André e São Caetano – era rural, e as novas oportunidades de emprego rapidamente atraíram uma enxurrada de migrantes. A população do ABC viria a dobrar entre 1960 e 1970, quando ela chegou a 1 milhão de habitantes; e cresceria em mais 50% até 1980. A cidade de São Bernardo, local da fábrica em que Lula trabalhava (Indústrias Villares), era vasta, mas ainda escassamente povoada em 1966, dividido pela Represa Billings. Agora, ela começava a vivenciar o impacto completo de terras baratas e de fácil acesso à Via Anchieta. De 1960 a 1980, São Bernardo teria um crescimento populacional de 82 mil para 426 mil, Diadema de 12 mil para 229 mil (Tomizaki, 2007, p. 63, quadro 1). A expansão urbana era impulsionada pelo crescimento de 400% na contratação industrial entre 1960 e 1975, quando a metalurgia provavelmente empregava três quartos da força de trabalho industrial local.

---

[5] Há distorções bem conhecidas nesses números porque as agências estatísticas da época ainda incluíam oficinas de reparo de automóveis junto às fábricas (Pastore e Lopes, 1973, p. 45). Em outras palavras, os dados são de interesse apenas como medidas relativas, porque os números reais seriam menos surpreendentes se empresas fossem registradas apropriadamente nas estatísticas industriais. Dada sua riqueza e diversidade social, é provável que São Paulo tivesse mais oficinas de reparo de automóveis – o que piorava as estatísticas de empresas de larga escala – em comparação aos municípios mais puramente operários do ABC.

O que aconteceu, relembra um trabalhador da VW contratado em 1966, "tava assim como quando chove no Nordeste no dia de São José. O povo se junta na rua. Aqui tava assim com a implantação da indústria automobilística no país. Um estouro, catavam gente a laço". A demanda era tanta, ele acrescentou, que "eu não escolhi a VW, ela me escolheu".[6] Outro relembrou como "os homens tavam com uma fome de produção que a peãozada não tinha tempo nem de ir ao banheiro" (Sampaio, 1979, p. 49-54). O entusiasmo foi captado em um conto autobiográfico de 1978 de Roniwalter Jatobá, que trabalhou na fábrica Karmann Ghia em São Bernardo de 1970 a 1973 (Almeida, 1978, p. 35-47).[7] Buscando emprego, o personagem de um migrante recém-chegado frequentava a velha região industrial do Brás, o local da Escola Roberto Simonsen, e por lá passava perguntando por empregos. Quando ouviu falar de São Bernardo, ele pegou o ônibus e se aventurou receoso pela Via Anchieta e por ruas desconhecidas, cheias de carros. Com frio e com fome, pegou suas últimas moedas e entrou na fila dupla ao longo da cerca da fábrica, que se estendia por toda a extensão da rua. Esse jovem com fome em busca por oportunidades chegou ao fim do dia exultante: quando "depois de todos os exames [sua carteira de trabalho] ficaria assinada, fichada, o carimbo da empresa estampada dentro dela", ele finalmente poderia "andar de cabeça erguida dentro dos bares, sem precisar de correr ao menor movimento de carro de polícia". Ele escutou outros em sua pensão comentando, "esse homem nasceu com o cu para cima!; firma automobilística, é muita sorte!" (Almeida, 1978, p. 38). São Bernardo, prestes a ser mundialmente conhecida pelas suas inesperadas greves, era inseparável do mundo em transformação da grande São Paulo. Pelo menos um terço dos trabalhadores das fábricas de São Bernardo e Diadema moravam em outros lugares do ABC ou em São Paulo. Da mesma forma, um número pe-

---

[6] O entrevistado, Antonio César, nasceu em 1947 e foi contratado em 1966 pela Vemag, posteriormente comprada pela VW; ele entrou no Senai em 1970 e lá permaneceu (Sales, 2002, p. 36).

[7] Para os detalhes do passado de sua família, da sua chegada no início de 1970 em São Paulo e de seu emprego em São Bernardo, ver Herculano (2009).

queno, mas ainda substancial, de metalúrgicos residiam em São Bernardo e trabalhavam fora do município (Prefeitura do Município de São Bernardo do Campo, 1979).

Essa força de trabalho pendular crescente na grande São Paulo dependia do transporte público para aproveitar as novas oportunidades de trabalho ou para enfrentar a situação quando membros da família perdiam os empregos que eles tinham obtido originalmente. Porém, enquanto a ocupação territorial se esparramava em todas as direções, governos municipais não conseguiam regular o desenvolvimento caótico estimulado pela especulação imobiliária da região metropolitana, nem criar um sistema eficaz de transporte público. Para lidar com transporte público lento e pouco confiável, movimentos pendulares prolongados e imprevisíveis, as maiores fábricas – principalmente as de montagem automobilística – por fim contrataram frotas de ônibus para transportar seus trabalhadores, uma opção não disponível para empresas menores.

Tudo isso significava que os metalúrgicos de São Bernardo e de Diadema não possuíam uma cultura em comum profundamente enraizada ou uma identidade de classe pré-existente que poderia uni-los como um proletariado fabril. A distância entre suas residências e a precária mobilidade urbana eram apenas algumas das clivagens, que também incluíam região de nascimento, raça, cor, gênero e educação. Até as suas semelhanças não pareciam uma base convincente para sua mobilização como uma classe trabalhadora em formação. Embora eles recebessem um salário – alguns mais do que os outros – a sua unidade era ameaçada por diferenças em nível de qualificação e rivalidades entre turnos e entre seções fabris.

Porém, esses trabalhadores de fato tinham semelhanças, 90% da mão de obra da indústria era masculina e majoritariamente jovem. Eles vinham das regiões agrárias e do interior do Brasil, embora a economia rural dessas regiões variasse bastante e houvesse sempre um contingente pequeno, porém não insignificante, de imigrantes nascidos no exterior e de primeira geração, geralmente de origens europeias diversas, e paulistas nativos, que se distinguiam dos migrantes "baianos" do Nordeste (Pereira, 1976). A terceira semelhança era a concentração sem precedentes de metalúrgicos do ABC nas montadoras automobilísticas, dentre as maiores fábricas do Brasil.

Quando observada de longe, a representação coletiva dos interesses dos trabalhadores deveria ter sido facilitada pela presença de empresas automobilísticas internacionais, tais como a VW, a Ford e a Chrysler, todas poderosamente sindicalizadas em seus países natais, e pelo sistema bem estabelecido de sindicalismo sancionado pelo governo no Brasil. Porém, o governo pós-1964 tinha reduzido a negociação coletiva, que já era fraca, a uma formalidade, ao adotar uma fórmula nacional generalizada que fixava o aumento salarial anual, a uma taxa inevitavelmente menor que a inflação. O Ministério do Trabalho incentivava que sindicatos expandissem as suas prestações de serviços sociais, que poderiam, no caso de sindicatos ricos como o de São Bernardo, ser administrados a partir de sedes grandiosas.

Banidos do chão de fábrica e cercados pelo governo, os sindicatos também enfrentavam patrões hostis em novas fábricas cujas proporções – e o anonimato daqueles que nelas trabalhavam – tornavam a mobilização eficaz e de larga escala mais difícil. Essas vastas fábricas também tinham uma rotatividade enorme, da qual apenas uma pequena parcela era voluntária: os trabalhadores, principalmente os não qualificados, eram contratados com salários iniciais e demitidos antes que pudessem avançar na escala de pagamento por tempo de serviço, reduzindo assim a folha salarial da empresa.

Os trabalhadores também enfrentavam um sistema repressivo bem desenvolvido que visava prevenir protestos. Em uma reunião secreta em 11 de novembro de 1969, os principais dirigentes de muitas das grandes fábricas do ABC – incluindo a GM, a VW e a Chrysler – se encontraram com o Dops e com o Exército para criar um centro de coordenação formal para vigilância que, com o financiamento dos industriais, viria a evoluir até se tornar a Operação Bandeirante e, por fim, o Departamento de Operações de Informações – Centro de Operações de Defesa Interna (Doi-Codi), que se tornou infame pela tortura e assassinato de suspeitos de envolvimento em atividades subversivas e revolucionárias (Casado, 2005). Apesar da insistência do regime militar de que o Brasil era uma "democracia guiada", a vida cotidiana no ABC demonstrava o pequeno respeito existente até mesmo pela definição mais restritiva de direitos civis e democráticos. Aqueles que concorriam a cargos, a maioria de classe média, eram forçados a apresentar um certificado de *antecedentes político-sociais* do Dops. Os chefes da polícia local rotineiramente checavam listas de professores de escolas buscando subversivos e passavam jornais estudantis mimeografados para o Dops, que chegou a investigar até um estudante de ensino médio local cujas redações para aula – preservada nos relatórios da polícia – tinham sido denunciadas pela professora e pelo diretor como subversivas. Quando alguém colocou panfletos de esquerda nas cercas próximas à entrada de uma fábrica, a polícia saiu em busca dos suspeitos e relatou o caso para a sede do Dops em São Paulo. Agentes armados do Dops também faziam visitas periódicas a fábricas para "investigar" a subversão e deter suspeitos: de forma menos visível, tanto as empresas quanto a polícia recrutavam e cultivavam "dedos-duros" dentre sua mão de obra e dentre sindicalistas.[8]

SEMPRE LUTANDO

Os trabalhadores do ABC eram, em sua maioria, apolíticos, motivados pelas melhorias materiais e bem-estar conquistados naqueles anos. Em seu imediatismo, eles tinham muito a comemorar em termos de terrenos comprados, casas construídas ou expandidas, bens de consumo duráveis adquiridos e mais educação formal. Esse progresso alimentava um sentimento fortalecido de pertencimento nacional, importante para a propaganda governamental, que poderia levar a identificação patriota com a nação ou com seus dirigentes, embora

---

[8] O ferramenteiro comunista Lúcio Bellantani foi preso no trabalho por policiais armados com metralhadoras e espancado dentro da fábrica da VW antes de ser levado para tortura. Seu camarada nascido na Alemanha, Heinrich Plagge, um inspetor de controle de qualidade, também foi detido dentro da fábrica antes de ser levado para tortura prolongada. Veja o depoimento de Bellantani (2012); Lucena (2018). Após isso ser destacado pela Comissão da Verdade brasileira, a VW autorizou uma investigação interna, que gerou um relato minucioso: Kopper (1980).

os militares desencorajassem cultos personalistas em torno de seus diversos generais que viraram presidentes. Com crescimento econômico intenso e um mundo político silenciado, muitas vozes da classe trabalhadora expressavam admiração pelos feitos públicos grandiosos do governo e declaravam sua fé no futuro do Brasil como uma grande potência industrial.[9]

A maioria dos trabalhadores de São Bernardo no fim dos anos 1960, relembra um militante revolucionário da AP, "veio do interior e estava no processo de afirmação profissional e de ascensão econômica. Era uma época que não tinha muito desemprego". Enquanto "existiam graves problemas na indústria," ele acrescentou, uma "boa parte da população não achava que tinha que brigar, exatamente por causa dessa ascensão econômica" que eles estavam experimentando (Duarte, citado em Strini *et al.*, 2008, p. 60-61, 64). Os metalúrgicos da região se entusiasmavam com São Paulo como o "eixo" ou "coração" do Brasil, "o lugar do progresso" onde até os não qualificados, se fossem corajosos, finalmente "compram um terreno e constroem a sua casinha" (Rainho, 1980, p. 177). Um argumento semelhante foi colocado quando o emissário de uma organização da luta armada ofereceu o apoio dela para um militante operário católico, Waldemar Rossi, em 1970. Relembrando sua resposta negativa 13 anos depois, esse metalúrgico de São Paulo – que viria a ser preso e torturado – recorda ter dito que o caminho por eles adotado não tinha nada a ver com os seus colegas trabalhadores; eles queriam sobretudo "emprego, salário e conseguir uma casinha." (Rossi, 1983).

A demanda gigantesca por terrenos entre os migrantes alimentou um mercado imobiliário de baixo custo que vendia lotes minúsculos a prestação. A atividade dos loteadores (aqueles que dividem parcelas de terra para venda) era lucrativa, especulativa e às vezes ilegal: os tí-

---

[9] Para uma discussão cuidadosa feita por um metalúrgico qualificado do ABC sobre a industrialização, Juscelino Kubitschek e o governo militar de 1964, veja Frederico (1978, p. 133, 110-11). A existência da simpatia da classe trabalhadora pelo regime é reconhecida no artigo historiográfico mais minucioso sobre o assunto: Corrêa; Fontes (2016, p. 412-413).

tulos de propriedades eram frequentemente obscuros e em alguns casos fraudulentos, e de vez em quando alguns operadores clandestinos fugiam com o dinheiro arduamente ganho pago em adiantamentos, deixando os aspirantes a proprietários abandonados. Independente do quanto o mercado fosse falacioso, o resultado bruto era um nível surpreendentemente alto de títulos de propriedade de casas entre os trabalhadores mais pobres da cidade: um levantamento de 1974 dos distritos com a menor média de renda mostrava que três quartos dos residentes eram proprietários de casas. Os lotes nos quais os trabalhadores moravam geralmente eram bem menores do que o tamanho mínimo estabelecido por lei: em 1974, 45% dos terrenos de São Bernardo eram clandestinos em termos legislativos (Maricato, 1982, p. 94, 90). A autoconstrução em áreas mais pobres chegou a responder em certos momentos por metade do estoque de moradias. Apenas famílias com rendas maiores conseguiam comprar uma casa já existente, principalmente uma com dois quartos, então muitos compravam um terreno e erguiam um barraco, provavelmente não muito pior que a casa em que tinham vivido no campo. Economizando o aluguel junto com qualquer ganho inesperado no futuro poderiam assim sustentar um processo contínuo e criativo, mesmo que frequentemente caótico, de construção e aprimoramento do lar.

Essa busca pela propriedade de terras era interpretada por alguns nos anos 1960 como prova de uma "consciência camponesa" remanescente.[10] Porém pesquisas empíricas rapidamente definiram tal comportamento como parte de uma lógica de "proletarização do espaço sob a grande indústria" (Maricato, 1977 e 1982). Em termos puramente econômicos, comprar um lote e construir nas periferias em constante expansão da cidade era a melhor opção, dados os baixos salários e a ausência de moradia suficiente para manter os aluguéis baixos para uma população crescente. Ademais, as únicas unidades para aluguel baratas – os velhos e degradados cortiços nos decadentes distritos in-

---

[10] Corrêa da Silva (1967, p. 76-77) oferece observações bem mais sutis sobre como devemos compreender a compra de terrenos pelos "pobres do campo" na cidade, citando até uma certa incompatibilidade com a "ideologia camponesa".

dustriais – ficavam longe das novas fábricas que surgiam em lugares como o ABC. Os resultados se mostrariam tanto duradouros quanto destrutivos para o futuro da grande São Paulo, uma região metropolitana que já se encaminhava para se tornar a terceira maior metrópole do mundo.

Para aqueles que moravam na periferia, a fronteira urbana era cheia de sofrimento e frustração, mas um lar próprio – mesmo que improvisado – não só garantia um futuro melhor, como também fornecia provas de que eles eram de fato vencedores. Estrangeiros poderiam enxergar seus bairros como decrépitos, mas eles aprimoravam suas casas de ano em ano enquanto construíam o que eles chamavam de suas vidinhas simples. Assim como outros batalhadores, a família de Lula acreditava que pagar aluguel era jogar dinheiro fora, algo que apenas tolos ou os mais pobres dos pobres fariam. Quando Lula se casou em 1969, quatro de seus oito irmãos já eram donos de terrenos ou de casas. Tipicamente, membros da família agrupavam recursos, assim como Vavá e Marinete fizeram em 1964 e de novo em 1969. Qualquer lucro inesperado – como o dinheiro de uma loteria vencida por Frei Chico e por seu primo Zé Graxa em 1966 – era investido em terra. Em 1964, até Lula, com 19 anos de idade, se tornou proprietário, comprando um lote com a indenização por perder um dedo na Metalúrgica Independência, embora a propriedade da Vila Olivero nunca tenha sido usada para construção, pois o local não tinha uma linha de ônibus.[11]

Porém, a maior conquista da família Silva, graças à sabedoria de dona Lindu, veio quando Lula conseguiu um trabalho dos sonhos na Indústrias Villares, uma empresa metalúrgica nova e dinâmica, em janeiro de 1966 (Lula, citado em Guizzo, 1978, p. 91). Com 26 anos, Lula tinha superado bicos irregulares no setor informal, o trabalho como assistente de escritório e empregos em três empresas metalúrgicas pequenas que tinham salários baixos, condições de trabalho perigosas e

---

[11] Lula, entrevista, 2000 (Silva, 2000, p. 15); Marinete, entrevista por Paraná, 29 de março de 1994; Tiana, entrevista por Paraná, 21 de abril de 1994; Lula, entrevista por Paraná, 19 de julho de 1993 (Paraná, 2000, p. 249-250; p. 308-309; p. 91); Lula, entrevista por Morel (1981, p. 34).

não possuíam os recursos, a sofisticação tecnológica e a lucratividade das grandes empresas. Mesmo trabalhando turnos noturnos extras para obter um diferencial de 25%, ele mal tinha conseguido se sustentar quando era empregado em tais "fabriquinhas". O seu salário na Villares, por outro lado, permitia que, no primeiro ano, ele já pagasse as dívidas acumuladas durante seu período de desemprego (Silva, 2000, p. 20; Lula, citado em Morel, 1981, p. 37).

Durante seus sete anos na Villares, o jovem torneiro mecânico ganhava mais do que qualquer outra pessoa em sua família, mesmo sem as 40 horas por mês de horas extras que ele às vezes fazia para acumular economias. A descrição retrospectiva de Lula sobre suas aspirações no fim dos anos 1960 soa verdadeira para seus colegas trabalhadores: "eu queria ser um bom profissional, ganhar o meu salário, viver minha vida. Ter filhos" (Lula, citado em Paraná, 2002, p. 90). Em 1967, o jovem de 22 anos de idade estava pronto para encarar um compromisso, como seu irmão Frei Chico tinha feito com 24 anos (Kamel, 2009, p. 424). Pelo seu próprio relato, assim como pelo de Tiana e de Lambari, Lula adolescente tinha sempre sido mais apaixonado por futebol do que por meninas e preferia trabalhar e estudar do que flertar ("*trouxa*", nas palavras de Lambari). Ele tinha crescido em uma cultura de rua turbulenta e segregada por gênero e se descrevia como tímido e bobinho com as meninas.[12] É claro, até as interações mais simples entre meninos e meninas eram difíceis, como Frei Chico explicou: "Você não podia pegar na mão da namorada" naquela época, e até imaginar beijá-la "era a coisa mais difícil do mundo" (Frei Chico, citado em Comissão Nacional da Verdade, 2014). Crescendo em meio à classe trabalhadora de São Caetano nos anos 1950, José de Souza Martins relembra os costumes sociais predominantemente católicos sobre o sexo, uma fonte de "vergonha e receio"; "em casa, não se fala de sexo" e o corpo nunca "era assunto de conversa entre crianças e adultos" (Martins, 2011, p. 245-246). Já sobre a sexualidade de forma

---

[12] Tiana, entrevista por Paraná, 21 de abril de 1994; Lambari, entrevista por Paraná, 27 de junho de 1994 (Paraná, 2000, p. 306, 320, 316); (Machado, citado em Guizzo *et al.*, 1978, p. 203-204).

mais ampla, os meninos aprendiam uns com os outros o que era masturbação nos terrenos baldios próximos, que eram "verdadeiros redutos democráticos da privacidade infantil" (Martins, 2011, p. 328, 211).

Tais experiências marcaram a vida de Lula também. Quando questionado em 1979 por uma repórter da revista *Nova* sobre o início de sua vida sexual, Lula com 34 anos de idade respondeu que "um concunhado me levou a uma casa de prostituição em São Paulo e fiz a festa" uma história que ele ocasionalmente repetiu (Ziroldo, 1979, p. 103).[13] Um mês antes, um entrevistador da *Playboy* perguntou se a primeira experiência sexual dele tinha sido com um homem ou com uma mulher. Lula respondeu que era claro que tinha sido com uma mulher, antes de observar que "um moleque naquele tempo, com 10, 12 anos, já tinha experiência sexual com animais"; o mundo de sua infância, ele continuou, era bem mais livre do que o das crianças de hoje em dia, e as pessoas faziam mais "sacanagem" (Machado, 2003, p. 203-204).[14]

Se o casamento era o ideal inquestionado, o tempo do namoro até o noivado era frequentemente curto, e a gravidez vinha logo em seguida do casamento. Relembrando sua decisão de casar em 1981, Lula se referiu jocosamente a motivos pragmáticos: morando com sua mãe com sua irmã e pagando as despesas, ele chegou à conclusão que "entre ficar solteiro e ter uma vida de casado é melhor casar que pelos menos a gente tem a mulher" (Lula, citado em Dantas, 1981, p. 16-17). Então um belo dia, o tímido trabalhador da Villares descobriu que estava interessado na irmã de seu melhor amigo, Lambari: Maria de Lourdes Ribeiro, que era há muito tempo sua amiga, de sua irmã mais nova Tiana e de Frei Chico. As duas famílias tinham morado a dois lotes de distância na Ponte Preta, e as crianças viviam transitando de

---

[13] Visitas às prostitutas baratas na zona vermelha próxima à Estação da Luz no centro de São Paulo eram uma parte da adolescência da classe trabalhadora, com os pagamentos sendo feitos com o que era economizado em doces e filmes e juntando moedas (Martins, 2011, p. 335).

[14] Em referência a sexo com animais, Lula iria posteriormente explicar que ele não estava falando dele mesmo, mas sobre meninos no geral, principalmente em áreas rurais. "'Nunca foi a minha paixão manter relações com animais", ele disse para Paraná, rindo'", entrevista por Paraná, 19 de julho de 1993 (Paraná, 2002, p. 84-95).

uma casa para a outra. "Era amizade mesmo" entre os dois, Tiana relembra, "e de repente começou um namoro".[15] Segundo Lula, Lourdes era bonita, com olhos castanhos e cabelo marrom.[16] Eles logo estavam noivos; o casamento, que ocorreu dia 25 de maio de 1969, "tinha tudo para dar certo", Tiana acreditava.[17]

Lula e Lourdes cortando bolo no seu casamento
(Cortesia presidente Luiz Inácio Lula da Silva)

Lourdes se destaca na memória de sua família e na da família de Lula como uma jovem particularmente trabalhadora. Vivendo no interior no estado de São Paulo, onde seus pais mineiros primeiramente se estabeleceram, ela não conseguiu completar a escola primária porque estava criando seus irmãos, entre 10 e 14 anos, enquanto sua mãe estava hospitalizada em Araraquara por um pro-

---

[15] Lula, entrevista por Paraná, 19 de julho de 1993; Tiana, entrevista por Paraná, 21 de abril de 1994 (Paraná, 2002, p. 89-90; p. 306-307).

[16] Marinete, entrevista por Paraná, 29 de março de 1994; Tiana, entrevista por Paraná, 21 de abril de 1994; Lambari, entrevista por Paraná, 27 de junho de 1994 (Paraná, 2002, p. 239; p. 306; p. 344-345, 348).

[17] Tiana, entrevista por Paraná, 21 de abril de 1994 (Paraná, 2002, p. 306-307).

blema pulmonar; o pai dela era doente e incapacitado. Chegando na cidade de São Paulo em 1964-1965, ela foi contratada na primeira oficina têxtil para a qual Lambari a levou: uma empresa de tecelagem no bairro do Sacomã pertencente a uma família de "turcos", onde ela realizava serviços gerais, tais como costurar e carregar coisas. De acordo com a descrição feita por seu irmão torneiro mecânico, Lourdes trabalhava como o capeta "fazia o serviço geral, costura" em São Paulo, mas "ganhava nada, nada, nada", como era típico para mulheres trabalhadoras não qualificadas (Lambari, citado em Paraná, 2002, p. 345).

O grande sonho de Lourdes, segundo a irmã de Lula, Tiana, era ter a própria casa, o que se ajusta ao ditado corrente entre os pobres de São Paulo de que "quem casa quer casa" (Sarti, 1996, p. 41).[18] Lula, como um trabalhador qualificado, e sua mulher alcançariam esse objetivo comum se eles fossem suficientemente disciplinados. O jovem casal decidiu alugar por um ano e meio um apartamento de um quarto com uma cozinha para economizar o suficiente para comprar uma casa próxima de dona Lindu. "Era uma grande utopia ter uma casa própria", Lula disse, e o sacrifício valeu a pena. Pegando um empréstimo da Villares, ele deu a entrada em uma casa já construída no Parque Bristol, um bairro de ruas não pavimentadas sem calçadas onde não se conseguia caminhar quando chovia devido à lama. Descrevendo os esgotos a céu aberto e a ameaça de enchentes de um riacho próximo, Lula não obstante enfatizou que o bairro cumpria as exigências fundamentais: um ponto de ônibus, uma padaria perto, uma feira semanal e uma farmácia. O jovem casal se mudou para a sua nova casa no início de 1971, enquanto esperava o primeiro filho. Ela tinha dois quartos, uma sala de estar e uma cozinha; o quintal tinha um quarto independente e uma cozinha na qual Maria Baixinha e seu marido, que estavam com dificuldades financeiras, poderiam morar (Lula, citado por Paraná, 2002, p. 90-91).

---

[18] Tiana, entrevista por Paraná, 21 de abril de 1994 (Paraná, 2002, p. 308).

MÁQUINAS DE APRENDER

Como recompensa pelo seu trabalho duro e pelos seus estudos, a meia dúzia de anos de Lula na Villares marcaram a chegada de bons tempos há muito sonhados. A sua nova fábrica providenciava uma variedade de benefícios não salariais, incluindo serviços médicos, convênio com um hospital e um programa de empréstimos, e esse "emprego numa fábrica grande" ganhando "mais que dez salários " incluindo "no mínimo, 40 horas extras por mês" (Lula, citado por Paraná, 2002, p. 90-91). Trabalhar para uma empresa que pagava bem e era bem-organizada era uma experiência nova para Lula, e foi ali, segundo conta que "eu comecei a perceber a jogada do capitalismo moderno, um novo tipo de exploração que em fabriquinha pequena a gente não conhece" (Silva, 2000, p. 20; Lula, citado em Morel, 1981, p. 37-38).

Comparada com a atmosfera mais relaxada que poderia predominar em empresas menores, na Villares Lula competia contra outro trabalhador em uma única máquina para ver quem obtinha a maior produção ao menor custo. Um colega do turno do início da noite era o fantasticamente produtivo Zé Lagarto, que conseguia fazer 80 anéis de ferro fundido por turno, enquanto Lula fazia 30. Lula conta que apelou para seu colega não ultrapassar "a cota normal de produção", porque ele não ganharia nada a mais pelo esforço e o lucro extra iria para o patrão – além de ameaçar o emprego de Lula, "porque qualquer chefe manda embora o cara que produz menos, tendo um que pode dar a produção de dois (Lula, citado em Morel, 1981, p. 37-38).[19]

Refletindo sobre sua vida no trabalho em 1979 para um jornalista pouco familiarizado com a indústria, Lula comentou que enquanto muitos trabalhadores enfrentavam uma subordinação tortuosa à máquina, a situação era "um pouco diferente" para torneiros mecânicos "porque o trabalho exige conhecimento técnico" (Lula, citado em Guizzo *et al.*, 1978, p. 2-3). Como comentaram os trabalhadores de

---

[19] Nesse sentido, torneiros mecânicos brasileiros lembram suas contrapartes do século XX nos Estados Unidos, que se opunham especificamente ao trabalho por peça, considerando-o uma prática imoral e gananciosa que gerava "discórdia e [tornava] nosso ofício um total inferno" (Montgomery, 1987, p. 208).

Santo André, trabalhos qualificados exigiam habilidades intelectuais, conhecimento técnico e competência comprovada (Frederico, 1978, p. 51). Até o fato de ser contratado, principalmente em uma empresa grande, afirmava o próprio valor porque, como um torneiro mecânico disse para Luiz Pereira, isso podia trazer "salário melhor" e uma "oportunidade de continuar a progredir na profissão" – para aperfeiçoar suas habilidades, assumir responsabilidades maiores e até mesmo conquistar promoções (Pereira, 1979, p. 183).[20] Na Villares, Lula voltou para seu papel confortável, embora desgastado, de "bom moço", e acabou ascendendo a um cargo parcialmente de fiscalização como *contramestre* (um tipo de capataz).[21]

Flexibilidade e versatilidade eram fundamentais para aqueles que operavam aparelhos de moagem e de trituração tais como o torno mecânico no qual Lula se especializou. O trabalho deles exigia um longo treinamento e aprimoramento contínuo "no curso da sua prática profissional". Eles eram "altamente valorizados no mercado de trabalho", ainda mais durante o *boom* industrial pós-1968 (Tauile, 1984, p. 83). Um trabalhador de Santo André chamado Edísio explicou para um pesquisador da USP que os qualificados, mesmo sem o direito de fazer greve, podiam sempre "pedir aumento e, se não dão, vai embora" – diferentemente de "ajudante pedindo aumento", que os patrões poderiam simplesmente "mandar embora e arranjar outro" (Frederico, 1978, p. 89).[22] Trabalhadores não qualificados confirmaram isso para o pesquisador (Frederico, 1978, p. 54; 71-72).

Aqueles que operavam máquinas-ferramentas universais no Brasil valorizavam sua habilidade "de planejar e ditar o ritmo de suas próprias atividades" com pouca interferência dos supervisores. Utilizando seu campo de pesquisa no início dos anos 1980, José Tauile des-

---

[20] Ver também Singer (1973, p. 54); Rainho, 1980 e Frederico, 1978, p. 51-52.

[21] Esse era o cargo de Lula quando se inscreveu para concorrer à presidência do sindicato em 1978. Uma cópia foi disponibilizada para a polícia e pode ser encontrada em Apesp, Dops, Dossiê 50-Z-341#, Pasta 18, Ordem 01946-02089, 2052.

[22] Mais adiante, à p. 128, o autor indica que a forte demanda do mercado de trabalho por trabalhadores qualificados significava que eles eram menos afetados pelo arrocho salarial do governo do que seus colegas trabalhadores não qualificados.

creveu como esses trabalhadores, após "receber os desenhos da peça a ser trabalhada" [...] a estudam e analisam cuidadosamente" e então "decidem sobre praticamente tudo, desde como fixar a peça trabalhada à máquina até determinar que ferramentas devem ser usadas, em que ordem e de que maneira" (Tauile, 1984, p. 84). Lula ilustrou tal domínio do processo de trabalho numa entrevista dada em 1981 quando relembrou que em certo ano, durante alguns meses, os torneiros mecânicos da Villares aperfeiçoaram a produção de uma nova peça para uma ponte rolante ao inventarem "formas de fazer diferente" com as mesmas máquinas e ferramentas, o que quadruplicou a produção – embora (e esse era o ponto central da história) recebendo o mesmo salário (Lula, citado em Morel, 1981, p. 38).

O trabalho como um espaço de autorrealização e a perfeição do ofício individual poderiam também gerar ressentimentos sobre a remuneração por produção e uma aceleração do ritmo de trabalho. Lula recordou como os trabalhadores reclamavam sobre as metas de tempos de produção determinados por alguém em um escritório que não seria capaz de realizar aquilo. Trabalhadores eram penalizados por não cumprirem a meta; se eles produzissem a peça em menos tempo, a meta era restabelecida. Independentemente de quantas peças eram feitas em um dia, Lula continuou, o trabalhador "nem sequer ganha o equivalente ao valor de uma única peça produzida" (Lula, citado em Guizzo *et al.*, 1978, p. 90-91). De acordo com Lula, o trabalhador qualificado enxergava essa injustiça com a maior clareza, já que ele tinha frequentado a escola e concluído o seu curso.

Uma perceptível falta de reconhecimento de esforços extraordinários também poderia gerar conflitos. A Villares às vezes colocava cinco ou até seis tornos mecânicos na linha de produção ao mesmo tempo, uma experiência que foi, como Lula relembrou em 1981, "uma loucura... [com] cavaco de ferro voando, caía na cabeça, não dava nem tempo de tirar, era só bater com a mão assim e sentir o cheiro de carne queimada" (Lula, citado em Morel, 1981, p. 37-38). Lula lamentava que, evidentemente, não se recebia mais dinheiro pela quantidade extra de peças produzidas. Como essas críticas indicam, os qualificados sentiam que eles podiam lutar pelas suas demandas, e suas relações com os capatazes, embora por vezes conflituosa, eram baseadas nas suas habilidades de produzir como torneiros mecânicos competentes. Eles de fato reclamavam de supervisores olhando por cima de seus ombros ou tentando controlar o que eles faziam, como ir ao banheiro. "Era uma coisa que me irritava, me deixava nervoso", recorda Lula, e "a gente brigava" – um exemplo de resistência impossível para o trabalhador comum (Lula, citado em Paraná, 2002, p. 98).

As experiências de Lula repercutem o conjunto de atitudes e perspectivas captadas em um perfil ricamente documentado e abrangente de 1973 do "jovem trabalhador" em São Paulo. Publicado na revista semanal *Visão*, o artigo continha os diálogos transcritos de dois grupos focais de trabalhadores qualificados e não qualificados reunidos pelo economista Paul Singer para uma agência publicitária. Cobrindo tudo, desde família, trabalho e educação até política, a análise penetrante de Singer estabeleceu tanto semelhanças quanto divergências dentre os participantes, nenhum dos quais era mais velho que Lula, que na época tinha 28 anos. Em um mundo dividido entre aqueles que mandam e aqueles que obedecem, os não qualificados se sentiam mais confortáveis recebendo ordens: como disse certo trabalhador, isso causava menos preocupação e significava que quando uma peça era "matada", o seu operador era "o único que não tem responsabilidade" sobre o assunto (Singer, 1973b, p. 46; 51). "Ser dono de uma qualificação profissional", por outro lado, significava "depender menos do conhecimento emanado de outrem", o que tornava "o jovem operário qualificado [...] mais 'livre' para pensar por sua própria cabeça e assumir uma responsabilidade cabal pelo que fez" (Singer, 1973b, p. 55). Descrevendo o processo do trabalho, um torneiro mecânico ilustrou os papéis exercidos por aqueles que planejavam, projetavam e criavam uma determinada peça: quando a sua vez chegava, ele sentia "mais responsabilidade que eles, porque na minha mão é que está o grande desempenho do serviço" (Singer, 1973b, p. 46; 51). Outro desfrutava o poder que transcorria da responsabilidade, mesmo com seus riscos correspondentes. Responsável por fabricar as peças mais caras, ele explicou que mesmo aqueles que trabalhavam abaixo dele não conseguiam lidar com a tarefa: "tudo o que faço é barra pesada, são peças grandes. Tenho aquela responsabilidade. Se por acaso estraga uma peça, a culpa vem para mim. A gente fica de molho. Ou vai ou racha" (Singer, 1973b, p. 51-52).

ASTÚCIA E A ARTE SUBALTERNA DE DRIBLAR AS DIFICULDADES

Embora milhares tenham sido presos e centenas assassinados durante a presidência de Emílio Garrastazu Médici, os direitos civis e políticos não eram uma preocupação central da maioria da população urbana. A preocupação com a liberdade de expressão, de imprensa e de associação era sentida mais pela minúscula minoria politizada, incluindo os militantes operários, dirigentes sindicais e a oposição da classe média. Os brasileiros mais duramente realistas poderiam facilmente enxergar aqueles que sofriam perseguição como tendo imprudentemente "escolhido" arranjar problemas com as autoridades. Isso era particularmente verdadeiro para os trabalhadores de base, que sabiam pouco sobre disputas políticas distantes, mas tinham poucas ilusões sobre as regras que governavam seu mundo. Noções sobre cidadania, direitos inalienáveis e igualdade para todos tinham no máximo limitada credibilidade junto às classes populares. Aqueles que chegavam ao ABC vindos de mundos rurais ou de pequenas cidades tinham sido moldados pelo legado forte da escravidão e da oligárquica Primeira República (1889-1930). Eles e seus ancestrais tinham crescido sob a dominação social e política de latifundiários e os chefes locais sob seu comando. Assim como a escravidão, o *coronelismo* implicava um protocolo pervasivo de submissão e deferência: a política para os humildes girava em torno de buscar favores dos poderosos, dos letrados e dos ricos.

Os legados do autoritarismo eram pouco surpreendentes em um país que nunca tinha sido liberal ou democrático em suas mitologias e práticas sociais. Os interesses e opiniões daqueles que eram dominados nunca tinha sido levado em conta, mas eles estavam muito cientes do preço da oposição frontal. Mesmo nas áreas urbanas eles tinham visto vizinhos, parentes e colegas de trabalho sofrerem durante as ondas de perseguição mais recentes de 1947, 1964 e 1968. Logo, a consciência de massa se ancorava sobre um realismo implacável baseado no reconhecimento franco de que o mundo era injusto e estruturado contra os fracos. Como aprendemos com Luiz Pereira, os trabalhadores de São Paulo no início dos anos 1960 consideravam o trabalho braçal abjeto, uma descoberta confirmada por outro estudante da USP, atraído pela esquerda em 1967. A dissertação de mestrado rigorosamente empírica de Celso Frederico, publicada em 1978, adotou uma abordagem fenomenológica baseada em uma análise crítica cuidadosa de centenas de citações de trabalhadores individualmente identificados em uma pequena empresa metalúrgica de Santo André em 1970-1971, homens e mulheres, qualificados e não qualificados.[23] Testando tipos ideais, Frederico pediu para que eles definissem o patrão e o trabalhador. Ao fazer isso, eles destacavam a distinção entre aqueles que comandam e o trabalhador, que deve ser "submisso". O patrão, eles indicaram, entra com dinheiro, enquanto o trabalhador oferece apenas os braços. Eles reconheceram que trabalhadores eram diferentes dos "pobres", os quais eles definiam como miseráveis que não trabalhavam, imploravam e viviam debaixo de pontes. Essas pobres almas não tinham nada; o trabalhador, embora esteja numa situação melhor, existe apenas para sobreviver e "e não pode aspirar nada para o futuro" (Frederico, 1987).[24]

Para os entrevistados de Frederico, ser um trabalhador era um triste destino "pois não precisa ser nada para ser operário", e qualquer um batendo ponto no relógio "tem que aceitar o que aparece para ganhar o pão". Enquanto um único trabalhador insistia que a "classe trabalhadora" sustentava uma classe de patrões, o resto enfatizava que qualquer um que não trabalhasse por conta própria era um "escravo" condenado a "fazer o que o patrão manda, senão a rua!" Embora

---

[23] Frederico foi cuidadoso ao conduzir as 60 entrevistas e recolher 13 histórias de vida fora da fábrica (Frederico, 1978). Sobre os seus vínculos políticos, ver Frederico (1987, p. 11).

[24] Ver também Rainho, 1980.

esses relatos possam ser vistos como descrições de "escravidão pelo salário", as respostas eram marcadas menos por queixas e mais pela ênfase majoritária de que o trabalhador era "uma pessoa submissa" que "depende dos outros" (Frederico, 1987, p. 94-95).

Dada uma perspectiva tão sombria, como os trabalhadores transitavam uma sociedade cujas normas enraizadas refletiam as disparidades do país em questões de poder, riqueza e capital cultural? Aqui nós devemos examinar o protocolo interclassista que rege as interações cotidianas entre subordinados e superiores. Luiz Pereira e Leôncio Rodrigues permaneceram alheios a como os dados coletados antes de 1964 foram influenciados por essas normas. Foi Frederico, em seu segundo projeto a respeito dos metalúrgicos do ABC, que destacou o abismo separando os integrantes de diferentes classes sociais e níveis de realização educacional. Alinhado com o PCB, ele havia planejado comparar a mobilização de classe entre trabalhadores de linha de montagem e ferramenteiras na Volkswagen.[25] Porém, o jovem marxista se viu frustrado pelos trabalhadores que constantemente procuravam "desvencilhar-se de perguntas incômodas, mudar de assunto, fazer observações contraditórias, ou permanecer num silêncio significativo". Obstruído pela "resistência amável" deles, ele eventualmente veio a perceber que uma "dissimulação mais ou menos consciente" estava se formando em relação "com esse 'outro'": o pesquisador. Reconhecendo "uma desconfiança compreensível", ele percebeu que as respostas cordiais, porém evasivas eram "a própria expressão da astúcia dos dominados, dos que não podem ainda se expor para o outro e que, ao mesmo tempo, não querem renunciar totalmente às suas convicções" (Frederico, 1979, p. 18).[26]

Astúcia na forma de conversa velada, de descontentamento disfarçado ou de ação camuflada é amplamente documentada durante o período da escravidão e posteriormente em um país caracterizado por autoridades despóticas e um campesinato majoritariamente sem

---

[25] O sociólogo Ricardo Antunes menciona Frederico como parte de um grupo em torno de José Chasin que era ativo no PCB. Bastos e Fernandes, 2006, p. 437-441.

[26] Ver também Rainho, 1980.

terras. Bem antes do "transcrito oculto" de James Scott, o sociólogo jesuíta francês Michel de Certeau tinha aptamente descrito o "discurso lúcido" a ser encontrado entre pessoas do meio rural que ele entrevistou no interior de Pernambuco em 1974. Considerando-se o balanço fortemente desfavorável nas relações de poder, eles enxergavam o mundo como "uma luta imemorial entre 'os poderosos' e 'os pobres'", "como um campo de vitórias constantes dos ricos e da polícia, mas também como o reino da falsidade" no qual "o forte sempre ganha e as palavras sempre enganam". Embora reconhecendo essa situação injusta como "uma ordem de coisas que parece imutável", eles não atribuíam a ela "qualquer forma de legitimidade" (Certeau, 1984, p. 16).

Para Certeau, a astúcia na vida rural era a "atividade sutil, teimosa, de resistência" daqueles condenados a agir dentro de uma "rede de forças e representações estabelecidas" (Certeau, 1984, p. 18). A sabedoria deles consistia em "trampolinagens" e "trapaçarias" por meio da quais eles insinuavam em relações de dominação determinados "estilos de trocas sociais, invenções técnicas e resistência moral, ou seja, uma economia do *dom*' (generosidade pela qual se espera uma retribuição), uma estética de '*truques*' (operações artísticas) e uma ética da *tenacidade*" (Certeau, 1984, p. 26 [grifo no original]). As armas dos fracos, descritas por James Scott, são o recurso tradicional de "grupos relativamente impotentes" e incluem "fincar o pé, dissimular, desertar, falsa submissão, furtar, fingir ignorância, caluniar, incendiar, sabotar e assim por diante". Esses comportamentos onipresentes, Scott sugere, geralmente caem "bem aquém do desafio coletivo aberto" e na maioria das vezes evitam "confrontação direta simbólica com as autoridades" (Scott, 1985, p. xvi).

A astúcia cotidiana explica, por exemplo, as reações das famílias migrantes aos maus-tratos às crianças na escola estudada por Luiz Pereira. Se deparando com uma autoridade abusiva, a maioria seguiu a estratégia de retração, ocultando seu descontentamento e minimizando o contato com as autoridades que eles sabiam que não levariam suas preocupações a sério. Aqueles que desejavam prestar queixas formalmente estavam cientes dos riscos: mesmo quando fingiam deferência exagerada, eles temiam que gestos faciais, postura corporal ou o tom de voz poderiam revelar involuntariamente seus sentimentos críticos, mesmo que abafados, e levar a uma humilhação. Os pais mais astutos, entretanto, encontravam formas de retrucar com risco pessoal mínimo. Eles se beneficiavam da voz crescente de Osvaldo Gimenez na rádio local; enquanto eles diziam para aqueles em quem não confiavam que estava tudo bem na escola, posteriormente eles poderiam reclamar sobre professores metidos quando conversavam com um vizinho.

Dentre os observadores letrados, astúcia e dissimulação reforçavam as crenças na passividade bovina dos trabalhadores de São Paulo, com suas palavras opacas, tom submisso e aparente fatalismo. Desdenhando desses trabalhadores, os intelectuais viam uma continuação da dependência pessoal e do tradicionalismo que eles acreditavam ser predominantes no Brasil rural, sobre o qual eles pouco sabiam. Porém, ignoravam como os próprios elementos de estagnação que caracterizavam estratos da vida rural estavam sendo enfraquecidos no novo e mais anônimo universo urbano que não tinha as "forças e representações já estabelecidas" citadas por Certeau para o Brasil rural. Com os pais perdendo influência, os jovens (principalmente mas não exclusivamente os homens) estavam desenvolvendo novos comportamentos radicalmente individualistas em relação às oportunidades em torno deles (Mintz, 1974).[27] Vivendo em um mundo urbano de transformações, o seu uso da astúcia era cada vez mais moldado pelas dinâmicas competitivas de uma ordem social urbano-industrial emergente que providenciava novas chances de progresso e a conquista de novos graus de liberdade para manobras individuais e familiares.

A astúcia era central na luta para "vencer na vida" na geração de Lula. Por exemplo, em um dos diálogos com um grupo-focal de Singer em 1973, os trabalhadores concordaram com a observação de que "todo homem só faz a coisa na malandragem", o que os outros identificavam como *sacana*, que "muitas vezes a pessoa tem que ser

---

[27] Mintz (1974) discute a individualização do trabalhador assalariado que acompanha no processo de proletarização.

sacana para vencer na vida" (Singer, 1973b, p. 44). Isso simplesmente refletia o fato de que "muita gente quer subir às custas da gente"; como um dos trabalhadores conclui, "tem que subir pelas costas do joão-ninguém" se você quer um bom apartamento, um carro ou uma casa, porque ninguém chega à frente exceto às custas de outra pessoa (Singer, 1973b, p. 44).

A visão subjacente a esse diálogo lembra o postulado de soma zero, encontrado entre camponeses e trabalhadores do ABC, que os antropólogos têm chamado de "imagem do bem limitado": que "as coisas desejadas na vida [...] existem em quantidade finita e sempre estão escassas", e, logo, aqueles que ficam à frente o fazem às custas de seus colegas camponeses e operários (Foster, 1965, p. 296). Isso não quer dizer, entretanto, que trabalhadores não admiravam a astúcia quando bem executada e bem-sucedida. "Nos estratagemas desses combatentes", Certeau observou em Pernambuco, "cada um tem uma certa arte ao desferir os seus golpes, um prazer em contornar as regras de um espaço restritivo" caracterizada pela "destreza tática e praze-rosa" por meio da qual "mesmo o campo do infortúnio é reelaborado por essa combinação de manipulação e fruição" (Certeau, 1984, p. 18).

A astúcia era utilizada de forma onipresente no mundo de Lula para moldar relações tanto verticais quanto horizontais. Como uma arma para os fracos, ela seria empregada defensivamente e até ofensi-vamente, para muitos fins, e com consequências boas e ruins. Como um véu, um disfarce ou uma camuflagem, a astúcia ocultava motiva-ções verdadeiras e sentimentos que abrangiam desde ressentimento de classe até individualismo egoísta e antissocial. Um exemplo pu-ramente predatório de astúcia é encontrado na novela de 1979 *Filhos do medo*, do antigo metalúrgico Roniwalter Jatobá. Morando em São Miguel Paulista, a "capital dos nordestinos" na São Paulo metropolita-na, um jovem migrante chamado Jacinto é contratado como ajudante no departamento de estampagem de uma oficina metalúrgica no Brás; Felipe, o trabalhador mais velho responsável pela máquina, o ensina a manha do ofício. Quando Felipe perde um dedo em um acidente, Jacinto vê sua chance. Ele leva os patrões a acreditaram que Felipe se feriu intencionalmente para receber uma indenização, causando a demissão do homem mais velho e a promoção de seu ajudante astuto, que em outras ocasiões teria levado anos para ocorrer. O desesperado Felipe, sem saber o que Jacinto fez, implora repetidamente para que seu antigo ajudante esclareça aos patrões o que ocorreu; Jacinto o ignora (Almeida, 1979, p. 55-58).

A história de Jacinto nos lembra que astúcia e dissimulação fazem parte de um universo mais amplo do que uma guerra de manobras de "nós" contra "eles". Elas eram utilizadas com a mesma frequência contra colegas trabalhadores, e um comportamento tão egoísta quanto o descrito acima era comum nos locais de trabalho do ABC. A busca desordenada por conquistas individuais pode ser identificada na figura universalmente odiada do "dedo-duro", que utiliza a dissimulação para obter a informação que ele passa secretamente para o patrão ou para a polícia. O onipresente puxa-saco sem vergonha, ao declarar sua lealdade para os superiores por meio de lisonja sem vergonha, era frequentemente recompensado por meio de laços clientelistas com figuras de autoridade. Esses tipos sociais violavam as mínimas normas coletivas que regulavam os limites além dos quais a dissimulação transcendia para a traição do tipo mais básico de pertencimento a um grupo e de um senso reconhecível, mesmo que mínimo, de obrigação mútua. A dominância da astúcia e da dissimulação também eram claramente ligadas à convicção dentre trabalhadores de que como um grupo eles eram submissos e fracos, sendo-lhes vetada a defesa ampla de interesses coletivos. A mobilização do grupo requer não apenas que dezenas de milhares de trabalhadores individuais decidam agir contra seus interesses próprios imediatos, mas também que eles acreditem que os outros estão dispostos a fazer o mesmo.

***

Esse capítulo focou nos anos silenciosos do *boom* industrial e nas transformações do ABC durante o milagre econômico brasileiro. Embora os trabalhadores de base não qualificados também tenham se beneficiado do *boom*, os benefícios maiores foram colhidos pela minúscula minoria de trabalhadores qualificados. Trabalhadores qualificados como Lula possuíam uma motivação poderosa de buscar a conquista individual associada a um orgulho profissional robusto. Além de um certo espírito de equipe, esses homens eram verdadeiras máquinas de aprender, impacientes com a subordinação social e cultural e entregues a uma suspeita persistente sobre a forma como o botim do crescimento econômico estava sendo dividido entre patrões e empregados.

Mesmo enquanto crescia a largas passadas, o ABC parecia um terreno pouco provável e inóspito para a mobilização coletiva, dadas suas estruturas industriais, comunitárias e políticas sob a ditadura. Eles se somavam aos obstáculos subjetivos internalizados pelos metalúrgicos da região, que aceitavam os julgamentos estigmatizantes da sociedade e a herança desencorajante de derrotas passadas. Astúcia e dissimulação tipificavam tanto os protocolos interclassistas quanto as estratégias de vida, uma herança do mundo rural reformulada em novas circunstâncias.

Nada disso indicaria que em apenas alguns anos os trabalhadores do ABC iriam promover "desafio coletivo aberto" e "confrontação simbólica direta" frente aos capitalistas internacionais e domésticos mais poderosos apoiados por uma ditadura militar, comportamento que é o exato oposto das "armas dos fracos" (Scott, 1985, p. 27, 29). Era ainda menos previsível que esses esforços fossem liderados pelos trabalhadores que eram os maiores beneficiários materiais do *boom*. Porém, não obstante as suposições sombrias dos trabalhadores sobre poder e injustiça, no cerne da astúcia existia, como Certeau percebeu, um "espaço *utópico* em que a possibilidade [de mudança], por definição da natureza milagrosa, se afirmava" (Certeau, 1984, p. 16 [grifo no original]).

9. O APRENDIZ

Em 19 de abril de 1975, Lula tomou posse como presidente do sindicato dos metalúrgicos de São Bernardo e Diadema, após ter exercido a função de primeiro secretário desde 1972. Sediada no centro de convenções de São Bernardo, a cerimônia contou com a presença de milhares de trabalhadores, amigos e parentes, além de repórteres, deputados estaduais e federais e dos prefeitos de São Bernardo e Santo André, ambos da Arena. O evento foi coberto pela primeira página do *Diário do Grande ABC*, embora na fotografia publicada Lula, com 30 anos de idade vestido de terno e gravata, tenha sido cortado (Medici, 2005).[1] O jornal diário da região focava no presidente que encerrava seu mandato, Paulo Vidal Neto, e em seu convidado especial, Paulo Egydio Martins, o governador indiretamente eleito de São Paulo, que tinha assumido o cargo um mês antes, em 15 de março. Engenheiro, homem de negócios e ministro do Comércio e da Indústria após 1964, Egydio, com 47 anos de idade, desempenhava um papel pequeno e não planejado na cerimônia de posse de Lula, proferindo, por

---

[1] Como escreveu Medici, antes de então Silva só tinha aparecido no jornal como parte das listas de candidatos para cargos sindicais.

solicitação "umas palavras assim, meramente simbólicas, sem valor nenhum juridicamente" (Alberti; Rocha, 2007, p. 481-482).[2] A *Tribuna Metalúrgica* do sindicato destacava sua presença em sua primeira página: "Posse reúne a família metalúrgica. Prestigiada pelo governador, a festa da posse da diretoria foi uma demonstração da nossa liderança" (Markun, 2004, p. 88-89).

A presença de Egydio – ao lado de outros políticos da Arena – seguia o precedente estabelecido pelo seu antecessor no governo, Laudo Natel, que agraciou a abertura da esplêndida nova sede do sindicato em outubro de 1973. O fato de que esses aliados civis do regime não enfrentavam protestos demonstra a mudança política desde 1968, quando o governador Abreu Sodré foi apedrejado na manifestação patrocinada pelos sindicatos no Primeiro de Maio, em São Paulo. Porém durante os anos subsequentes duramente repressivos do governo Médici, nenhum político, mesmo que em um regime eleitoral restrito, deixaria de ficar impressionado que 14.608 trabalhadores – 87% dos membros em dia – tinham votado nas eleições do sindicato em 1975, embora os membros representassem apenas 16% dos empregados na categoria (Oliva, 1989, p. 286, tabela 1; Paranhos, 2002, p. 54, 71).

Embora eleito pela primeira vez para um cargo sindical seis anos antes, Lula estava preocupado nas semanas anteriores à cerimônia pela sua falta de experiência como orador. Seu discurso tinha sido escrito com antecedência – pelo indispensável advogado do sindicato, Maurício Soares – mas quando ele subiu para ler, "tremia tanto [...] que não sabia se tremia mais o joelho ou o papel na mão" (Lula citado em Dantas, 1981, p. 27). Quando conseguiu outra pessoa para segurar o texto, Lula leu um discurso cheio de bajulação, enaltecendo o "ritmo audaz", "descortínio administrativo", "dedicação", "conhecimento de causa e grandiosidade de propósito" do presidente que encerrava seu mandato, Vidal. Seria difícil, ele insistia, "substituir o companheiro Paulo", mas ele sabia que podia contar com a "experiência, dedicação, e idealismo" do ex-presidente, que, embora

---

[2]   Sobre o governador, ver Odair Rodrigues Alves (1986, p. 169-171).

Lula não tivesse mencionado, permanecia em outro cargo importante do sindicato: secretário-geral.[3]

A performance inaugural de Lula não demonstrava a influência marcante ou o magnetismo pessoal que levaria observadores, apenas alguns anos depois, a usarem a palavra "carisma". Apesar de ter sido dirigente sindical em tempo integral desde 1972, Lula ainda apresentava a cautela e a timidez que tinham feito dele um péssimo vendedor ambulante em Santos. Isso questiona as narrativas preguiçosas que invocam o apelo carismático de Lula para explicar eventos posteriores, em vez de questionarem sob quais circunstâncias o carisma pode emergir e se impor. Para responder essa pergunta, nós devemos examinar o período de Lula no cargo de primeiro secretário como um processo de aprendizado sobre o funcionamento da máquina sindical sob o excepcionalmente exigente Paulo Vidal.

Esse capítulo, utilizando novas fontes, propõe uma interpretação original daquele que era o principal dirigente do sindicato antes de Lula, passando pelos caprichos da política interna do sindicato, com sua mistura de idealismo e pragmatismo, ética e oportunismo. Ao contrastar a personalidade, o comportamento e aspirações de Vidal com as de Lula, eu sugiro uma interpretação sociocultural do que motivou essa geração masculina de jovens dirigentes sindicais. Tratando o sindicato como uma esfera pública da classe trabalhadora, eu lanço novas luzes sobre Lula como "bom moço", no período que ele era responsável pelas necessidades de bem-estar social dos membros do sindicato (assistencialismo), supervisionava um curso de madureza e se posicionava dentro do sindicato após uma eleição calorosamente disputada em 1972. Rejeitando limites artificiais entre o público e o

---

[3] Cf. Lula, entrevistado por Morel (2006, p. 115); Markun (2004, p. 88); Lula, entrevistado por Paraná, 19 de julho de 1993; Frei Chico, entrevistado por Paraná, 10 de setembro de 1993 (Paraná, 2002, p. 102-103; p. 161); Rainho e Bargas (1983, p. 186). Embora Lula afirme que essa foi a primeira vez em que ele falou diante de um público usando um microfone, sabe-se que ele disse algumas palavras em diversas ocasiões anteriores. Mas seu colega diretor sindical Antenor Biolcati não está sozinho ao relembrar o quão temeroso Lula era em relação a falar em público: "Ele tremia como vara verde ao vento em frente ao microfone" (Medici, 2002).

privado, eu examino as interações interpessoais de Lula e esclareço como o homem que esperava ser pai em 1971 com 26 anos de idade se tornou um viúvo em luto. Eu também interpreto sua fase freneticamente mulherenga posterior como algo que ajuda a entender a esfera masculina da sociabilidade proletária.

Vista do palco da posse de Lula para presidente do sindicato, em 1975
(Cortesia DGABC [João Colovatti])

Esse capítulo vai além dos relatos autocentrados fornecidos por Lula, um contador de histórias magistral, para examinar a astúcia, seja na política sindical, seja nas relações românticas, como um processo de mão dupla de cálculo e performance no qual os indivíduos manobram no interior de redes de poder. As greves massivas que estavam por vir exigiam o envolvimento de centenas de milhares de mulheres e homens jovens e essencialmente modernos como Lula.

O SOLTEIRO VIÚVO

Em 1971 tudo estava resolvido para o Lula de 26 anos de idade e para sua mulher Lourdes, três anos mais nova que ele. Diferentemente do irmão mais velho dela, Lambari, melhor amigo de Lula, ela lembrava apenas vagamente da pequena residência de Morro Agudo no nordeste de Minas Gerais que havia deixado antes dos três anos de idade. A vida dela era moldada pelas mudanças da família pelo interior de São Paulo, incluindo nove anos como meeira, antes de se estabelecer na pequena cidade de Biriri, onde ela terminou um curso de costura enquanto trabalhava em uma fábrica de óleo vegetal; seus pais eram boias-frias. Eles se mudaram para a cidade de São Paulo em 1964-1965 convidados por um primo, um pedreiro, e se tornaram vizinhos dos Silvas. A amizade entre Lourdes e Lula se tornou um casamento; o casal esperava seu primeiro filho na própria casa, que eles estavam reformando para incluir um quarto para a chegada do bebê.

A futura mãe estava em uma posição invejável, pois seu marido trabalhava em uma fábrica moderna com serviços médicos e até mesmo atendimento hospitalar garantido. Isso era "uma das melhores coisas" sobre tais empresas, observou um metalúrgico entusiasmado em 1976-1977; um migrante não qualificado recém-chegado em São Paulo, que não conseguia comprar carne por causa dos salários baixos em sua fábrica, ainda preferia isso do que trabalhar na fazenda porque a empresa providenciava "salário fixo, assistência médica e escola" (Rainho, 1980, p. 195-196, p. 177).

Lourdes comparecia a todos os exames mensais pré-natais, como relembrou uma enfermeira da Villares, e foi tratada pelo obstetra Fausto Farah Baract, posteriormente um eminente especialista em câncer (Brum, 2003). Lula e Lourdes tinham todos os motivos para acreditar que ela escaparia do destino de suas mães e avós, cujas gestações sem supervisão médica resultavam em muitas mortes infantis.[4]

Por tudo isso a morte de Lourdes e de seu filho no sétimo mês de gravidez foi tão chocante. Ao longo das semanas anteriores, Lourdes tinha sentido fortes dores estomacais e tinha vomitado, tendo que ficar em casa em vez de trabalhar, mas ela ainda era capaz de conversar quando visitada por Tiana e por dona Lindu, que suspeitava de hepatite. Ela foi levada a um médico local e enviada para o Hospital Modelo, que a internou sob pressão de Lula; os custos eram cobertos

---

[4]   Marinete, entrevistada por Paraná, 29 de março de 1994; Maria Baixinha, entrevistada por Paraná, 6 de abril de 1994 (Paraná, 2002, p. 242; p. 258).

por um acordo com a Villares. Sentindo dores extremas e cada vez mais desesperada, Lourdes era visitada repetidamente ao longo do fim de semana por Lula e seu irmão, sua mãe e sua cunhada entre outros. Como aponta Tiana, "foi uma falta de diagnóstico certo" que causou a morte dela; como Lula relembra, o doutor insistia que a dor não tinha nada a ver com hepatite. Lula saiu do hospital num domingo de noite, voltou com roupas de bebê no dia 7 de junho de 1971, para descobrir que ela e a criança haviam morrido. Encostando a cabeça contra a parede, Lula era tomado pelos espasmos e pela ânsia de vômito; o choque era tremendo.[5]

Todos que conheciam Lula concordaram que esse trauma dele reverberou ao longo dos anos. Como ela pegou hepatite, com água corrente e uma casa limpa, Lula se perguntava? Suas irmãs questionavam como dona Hermínia não percebeu a seriedade do que estava acontecendo até uma das mulheres da família Silva dar o alerta.[6] Mas as especificidades de um episódio traumático não esgotam seus significados. Tragédia e felicidade são ambas partes da prática médica, observou o médico que supervisionou os cuidados pré-natais dela, quando entrevistado pela jornalista Eliane Brum. Ele mencionou o grande número de casos sobre os quais ele era responsável na Villares: 30 por dia em quatro horas de trabalho, além dos casos no hospital. "A equipe médica foi pega de calças curtas", admitiu a enfermeira da Villares, embora ela negue que alguém tenha sido particularmente responsável e mencione a tecnologia limitada da época (Brum, 2009).

Porém, a tragédia pessoal também adquire um significado no contexto da vida de uma pessoa. Lula não conseguiu evitar lembrar do médico que ele suspeitava que tinha cortado seu dedo inteiro sem necessidade ou de como, após um acidente na fábrica, os doutores ope-

---

[5] Narciso, 2014; Tiana, entrevistada por Paraná, 21 de abril de 1994; Lula, entrevistado por Paraná, 19 de julho de 1993 (Paraná, 2002, p. 91-92, 94; p. 308-309).

[6] Lula, entrevistado por Paraná, 19 de julho de 1993; Tiana, entrevistada por Paraná, 21 de abril de 1994; Marinete, entrevistada por Paraná, 29 de março de 1994 (Paraná, 2002, p. 92; p. 239-240; p. 308).

raram o dedo errado de seu irmão Vavá. Conversando com Paraná em 1993, Lula chamou a morte de Lourdes de negligência médica e disse que ainda tinha "muitas restrições" sobre o comportamento dos médicos. Quando ela estava gritando por socorro, eles respondiam às súplicas de Lula o colocando em seu lugar, embora, ele acrescentou, isso pudesse refletir a inexperiência deles.[7] Vozes contemporâneas do ABC ilustram a assistência médica disponível para metalúrgicos relativamente privilegiados empregados por grandes empresas. Aqueles que obtinham assistência médica pela primeira vez estavam imensamente gratos. "Lá ocê é atendido como se tivesse pagando a consulta", reforçou uma mulher, "ocê é atendido cumo gente". Mulheres da classe trabalhadora com mais experiência de vida sabiam que os médicos eram frequentemente inexperientes, que os médicos em clínicas particulares atendiam melhor seus pacientes e que os médicos bons frequentemente iam embora. Porém, todas concordavam que a assistência era melhor do que a oferecida nos hospitais públicos que eram "muito ruim" (Rainho, 1980, p. 196-197).

Sobre a morte de Lourdes e de seu filho, a grande verdade pode ter sido expressa pelo chefe da ala de maternidade: "Pobre, sabe como é, a gente trata bem, mas não tem aquela recomendação exagerada" (Brum, 2009). Em sua entrevista com Paraná, Lula converteu a tragédia pessoal em crítica social. O destino de Lourdes mostrava "quanto o desgraçado de um pobre passa nos hospitais, passa para ser atendido, para ter uma consulta"; até enterrar um ente querido "para o cara que não tem dinheiro é um castigo", já que "tudo depende de classe: quem tem dinheiro pode tudo, quem não tem dinheiro pode nada". Depois de 31 anos, quando seu irmão foi eleito presidente, Tiana comentou que o que aconteceu com Lourdes "continua acontecendo hoje, todos os dias, a todas as horas, em todos os hospitais" no Brasil.[8]

---

[7]   Vavá, entrevistado por Paraná, 3 e 7 de setembro de 1993; Lula, entrevistado por Paraná, 19 de julho de 1993 (Paraná, 2002, p. 92; p. 232-223).

[8]   Lula, entrevistado por Paraná, 19 de julho de 1993 (Paraná, 2002, p. 92); Relea (2002, p. 55, citação de Tiana).

Porém, Lula não era de fato pobre em 1972, e ele mencionou com gratidão como o departamento de serviço social da Villares cobriu o custo de transportar os corpos para a sua casa, onde eles foram colocados juntos em um único caixão na sala de estar. A casa rapidamente se encheu de vizinhos, parentes das duas famílias, os amigos do sindicato de Lula (o sindicato cobriu parte das despesas) e até o motorista da ambulância, que ficou para o velório. Dona Hermínia estava tão tomada por emoção que ela teve que ser sedada por um médico, enquanto o chão de madeira barato rangia com o peso, um detalhe relembrado tanto por Lambari quanto pelo assistente social da Villares. A tensão estava ainda mais alta entre os Silvas porque Vavá, bem-intencionado, tinha, por uma questão de costumes, combinado de Aristides vir de Santos; isso horrorizou uma das irmãs de Vavá e dona Lindu, ambas se recusaram a ver Aristides. Durante o velório com forte carga emocional, o metalúrgico Nelson Campanholo não saiu do lado de Lula, uma postura protetiva que ele também tomou quando eles foram identificar os corpos. Nascido em 1951 no interior de São Paulo, Nelson tinha se tornado amigo próximo de Lula depois que eles dois entraram para a diretoria como suplentes em 1969. Outros sindicalistas presentes ao velório incluíam o antigo presidente Afonso Monteiro da Cruz e um contador do sindicato.[9]

Nos seis meses seguintes, Lula estava deprimido, "borocoxô", pensando em Lourdes constantemente; foi particularmente difícil para ele dormir na casa que eles tinham comprado juntos. Dona Lindu e uma irmã foram morar com ele e dormiram na cama do casal, enquanto Lula usava a sala de estar. "Foi difícil", Tiana observou, mas desastre, tragédia e perdas – incluindo enchentes repetidas que tiraram de Marinete e de Vavá suas casas duramente conquistadas – eram coisas da vida. O que mais importava, disse ela, era que Lula superou

---

[9] Lula, entrevistado por Paraná, 19 de julho de 1993; Lambari, entrevistado por Paraná, 27 de junho de 1994; Frei Chico e Vavá, entrevistado por Paraná, 3 e 7 de setembro de 1993 (Paraná, 2002, p. 92, 94; p. 214-215; p. 348); Frei Chico, entrevistado por Morel, meados de 1981; Nelson Campanholo, entrevistado por Morel, meados de 1981 (Morel, 1981, p. 16; p. 68); Runilda Riedmiller citada em Brum (2009, p. 65); Narciso, "Lourdes."

esse momento difícil, uma opinião ecoada no comentário peculiar e espontâneo de Lula quando relatou a tragédia para Paraná: "Não dá para ficar a vida inteira se remoendo".[10]

O viúvo de 26 anos de idade, mais uma vez solteiro depois de dois anos de casamento, estava melhor financeiramente do que no meio dos anos 1960, quando ele estava sustentando sua mãe e irmãs da melhor forma que podia (Ziroldo, 1979, p. 103). Aquela pressão financeira tinha impedido que ele dedicasse muito tempo à "farra", como teria gostado. Não é que ele não tenha se divertido. Ele aprendeu a dançar, apenas aos 17 anos, e tinha trabalhado ocasionalmente como produtor para dois cunhados que tocavam música sertaneja; pagos em lanches e cachaça, eles voltavam para casa, meio bêbados, e acordavam às seis da manhã para a missa de domingo, onde eles iam esperar a saída "para ver se paquerava as meninas". Até as enchentes repetidas em Ponte Preta, onde os Silvas e os Ribeiros moravam, eram bem-vindas porque todos iam parar em abrigos após levantarem desesperadamente tudo na casa acima do nível da água; quando chegava a hora de dormir, "todo mundo já pensando em sacanagem", e Lula estava ansioso para ficar com sua nova namorada Lourdes (Lula, citado em Silva, 2000, p. 14-15). Mas ao longo do ano seguinte a depressão diminuiu e Lula aproveitou uma liberdade pessoal sem igual, sem mulher e filho para sustentar e ninguém o esperando em casa ao fim do dia (Guizzo *et al.*, 1978, p. 92). Em uma entrevista de 1979 para a revista *Nova*, ele comentou a tragédia de 1971 rapidamente, após o que a entrevistadora perguntou se ele tinha sido um viúvo feliz. Mencionando que ele já "tinha mais experiência" e era menos desinibido, Lula observou que ele se tornou "meio sem-vergonha", dedicando sua vida ao "serviço e mulherio". Ele lembrava que, "saía do serviço e ia direto para a gandaia" (Ziroldo, 1979, p. 103).

No ano que se seguiu à morte de sua mulher, Lula tinha se tornado um dirigente sindical, assim como seu melhor amigo solteiro,

---

[10] Tiana, entrevistada por Paraná, 21 de abril de 1994; Lula, entrevistado por Paraná, 19 de julho de 1993 (Paraná, 2002, p. 91; p. 309).

Nelson. Os novos empregos lhes davam controle sobre seu próprio tempo, um controle desconhecido por um trabalhador fabril o que, ao mesmo tempo, expandia as possibilidades de camaradagem masculina, que incluía "tomar uma birita", geralmente cachaça, a bebida alcoólica mais barata. Nelson recordou em 2014 que no fim da semana eles saíam da sede do sindicato e iam beber em uma churrascaria próxima: "Tomávamos duas ou três cada um e íamos embora felizes". A turma do sindicato também ia para o, agora famoso, Bar de Rosa, que ficava próximo, para bater papo e socializar (Moura, 2014). Se beber era importante no mundo sindical masculino, a organização também patrocinava eventos, bailes e festas para unir mulheres, namoradas e o pessoal solteiro para dançar e comer por conta do sindicato. Um evento particularmente grande, como a inauguração do prédio novo, chegava a envolver milhares e a ocupar duas páginas do jornal sindical (*Tribuna Metalúrgica*, 1973, p. 1, 4-5).

Casar com um trabalhador qualificado bem pago era uma possibilidade atraente para jovens mulheres, dada a força do ideal do provedor masculino.[11] Especialmente atraente era o brincalhão e envolvente Lula, um verdadeiro ímã humano. Mesmo a mãe de sua primeira filha, que se tornara seu desafeto em 1989, ainda descrevia o Lula de 1972 afetuosamente como "um peão, mas um neguinho bonito, um gatinho". Com vinte e poucos anos na época, Miriam Cordeiro era assistente de enfermagem em uma clínica médica filiada ao sindicato. Ela conheceu Lula quando ele chegou com os gêmeos doentes de sua cunhada; o relacionamento deles envolvia ir para o cinema, a festas e até tinha, segunda ela relatou, o apoio discreto do presidente Vidal. Lula lembra que ia do sindicato até a casa dela andando e voltava para lá a pé, para então pegar um táxi para casa (Carvalho, 1989, citação).[12]

---

[11] Sobre os ideais e as práticas de gênero dominantes em São Paulo e na América Latina, ver French e James, 1997.

[12] Maria Baixinha, entrevistada por Paraná, 6 de abril 1994; Lula, entrevistado por Paraná, 19 de julho de 1993 (Paraná, 2002, p 95; p. 265). A relação de Lula com Miriam Cordeiro é abordada em um perfil jornalístico póstumo de sua segunda mulher, Marisa, datado dos anos 2000, embora o relato não tenha notas de rodapé, use discurso

Os detalhes sobre a fase de "viúvo feliz" da vida social de Lula permanecem escassos. Um advogado sindical, Antônio Possidônio Sampaio, descreveu o Lula de então como boêmio, flertador e um "galã"; alguns relatos de segunda mão o descrevem como um mulherengo incorrigível (Sampaio, 1982, p. 18, 21; Azevedo, 1989, p. 27; Quem faz a cabeça..., 1984, *apud* Carvalho, 2005, p. 21). Sem evidências maiores sobre a quantidade de equívocos contidos nos relatos sobre sua vida de paqueras, podemos analisar cuidadosamente as palavras de Lula tanto em relação ao que elas podem ocultar quanto para observar o exagero masculino voltado aos seus colegas homens. "Só depois que fiquei viúvo é que virei sacana. Aí eu queria sair com mulher todo dia", ele disse para Josué Machado durante uma entrevista de três dias com a *Playboy* em maio de 1979, publicada dois meses depois, na qual ele fez piadas sobre posar nu. "Eu queria namorar todo dia", ele disse posteriormente para Paraná, "e de preferência [...] com pessoas diferentes" – embora suas façanhas românticas muitas vezes fossem menores que as de Lambari. Quando Lula estava namorando com Lourdes, o seu melhor amigo, orgulhoso e mulherengo, estava fazendo o mesmo com a irmã de Lula, Ruth, relacionamento cortado por dona Lindu porque ela suspeitava que Lambari estava saindo com outra (ela estava certa, ele admitiu despreocupado; "eu era sem-vergonha") (Machado, 1979, *apud* Guizzo *et al.*, 1978, p. 203-204).[13]

Lula define essa fase *namoradeira* como uma inquietude após um abalo profundo. Como um viúvo ele "não tinha perspectiva de vida", e três anos de doideira se passaram antes dele conhecer a mulher que se tornaria a sua segunda mulher. Ele pode até ter se sentido perturbado pelo seu comportamento, já que ele ouviu o conselho do advogado católico do sindicato, Maurício Soares, e frequentou um retiro da igreja em 1973. O palestrante leigo, recorda Lula, começou a falar sobre fariseus e sobre traições pecaminosas, o que lhe deu a sensação de que como viúvo, ele "tinha cometido alguns pecados" (Lula citado em Morel, 1981, p.

---

não atribuído e não seja baseado em entrevistas com Miriam ou Marisa (Vannuchi, 2020, p. 33-34, 42-47).

[13] Lula, entrevista por Paraná, 19 de julho de 1993 (Paraná, 2002, p. 95); Narciso, "Lourdes", p. 6 (citação de Lambari).

149); ela se dissipou, entretanto, após ele saber que o palestrante não só tinha deixado sua mulher, mas também tinha uma amante no local de trabalho (Machado, 2003, p. 204-205, primeira citação).

As breves entrevistas de Miriam Cordeiro em 1989 revelam que a relação deles foi duradoura e não envolvia a promessa de casamento. Miriam, de acordo com a irmã de Lula, Maria Baixinha, contou primeiro a ela sobre sua gravidez, fazendo-a jurar que guardaria segredo. Quando entrevistada pela primeira vez após a "descoberta" da criança em 1989, Miriam disse que o relacionamento dela com Lula desacelerou um pouco após ela contar que estava grávida de três meses. Declarando-se "petista, não Lulista", ela disse que Lula tinha pagado as despesas hospitalares e visitado sua primeira filha, mas "não queria um compromisso maior" (Carvalho, 1989, *apud* Carvalho, 2005, p. 69-70). Mais tarde, em 1989, Cordeiro se tornou brevemente notória quando apareceu na propaganda final do oponente presidencial de Lula na TV, denunciando-o como um abortista e racista que tinha arruinado a vida dela (assim como Lula, ela é branca).[14] Falando com seus colegas metalúrgicos 11 anos depois, Lula disse que entendia o ódio de Miriam porque eles tinham até começado a procurar por uma casa juntos depois que ela engravidou.[15]

O bebê nasceu dia 8 de março de 1974 – Dia Internacional das Mulheres, como Miriam salientou – e Lula aparece como pai na certidão de nascimento. A mãe escolheu o nome Lurian para homenagear ambos os pais, embora Miriam tenha obstruído o contato entre Lula e sua filha. Ao longo dos 15 anos seguintes, entretanto, Lurian e Lula permaneceram em contato (Lurian era muito fã de Lula e do PT em 1989, e ainda é) porque a mãe de Miriam, dona Beatriz, criou Lurian e encontrou formas dela ver o pai, com a ajuda de Maria Baixinha e de Nelson Campanholo. Miriam se casou em 1981, ficou viúva alguns anos depois e criou seus dois outros filhos separados de Lurian.[16]

---

[14] Para sua declaração, ver Conti (1999, p. 240).
[15] Lula, entrevista, 2000 (Silva, 2000, p. 23).
[16] Maria Baixinha, entrevistada por Paraná, 6 de abril de 1994 (Paraná, 2002, p. 265); Carvalho.

A frente: Lula adolescente e Lambari. De pé: Zé Graxa, Toninho, Zé Eron e Frei Chico.
(Cortesia presidente Luiz Inácio Lula da Silva)

O REALIZADOR: COMPREENDENDO PAULO VIDAL

Quando Lula começou a trabalhar em tempo integral no sindicato dos metalúrgicos de São Bernardo e de Diadema, Paulo Vidal era seu "grande nome", até mesmo seu "homem mais forte" (Vianna citado em Bastos e Fernandes, 2006, p. 166; Abramo, 1999, p. 167). Vidal é rotineiramente descrito por conhecidos como um administrador inteligente, criativo e capaz.[17] Observadores já o definiram como o dirigente mais discutido, criticado e controverso do sindicato, sendo que alguns insinuam que ele pode ter agido de forma questionável (Pereira, 1979, p. 8-9; Discurso do Presidente da República... 2005b; Bourne, 2009, p. 27; Sampaio, 1990, p. 194). Porém, ninguém avaliou de forma mais ampla as suas contribuições ou sua relação com Lula. Com apenas 33 anos de idade em 1975, Vidal já era um sindicalista veterano, tendo exercido oito anos consecutivos de mandato sindical – seis como presidente – com mais três anos pela frente durante o primeiro mandato presidencial de Lula. Embora ambos, como todos os dirigentes sindicais, tivessem menos de 35 anos, Vidal posteriormente se referiu a Lula como um jovem que ele escolheu como diretor em tempo integral apesar da sua falta de destaque como suplente no impotente conselho fiscal do sindicato (Pinheiro, 1980, p. 5). Tanto Vidal quanto Lula chegaram ao poder por meio do aparato sindical, diferentemente de militantes operários como Frei Chico, que levavam seu ativismo de chão de fábrica para dentro do sindicato.

Vidal nasceu em 1942 em uma família camponesa de Mogi das Cruzes, a 50 quilômetros da cidade de São Paulo. Neste município pouco povoado, na zona leste da região metropolitana, Vidal terminou a escola primária e foi trabalhar em uma fábrica de sapatos com 11 anos enquanto obtinha dinheiro extra como engraxate. Em 1961, o jovem de 19 anos tinha alcançado um *status* profissional como mandrilhador na Molins do Brasil, uma empresa inglesa sediada em São Bernardo. Ele foi eleito pela primeira vez para o sindicato como segundo secretário em 1967, a segunda eleição ocorrida depois da intervenção de 1964.[18] Após um único mandato, Vidal assumiu a presidência durante um período tumultuado de instabilidade de liderança e de divisões agudas entre o núcleo dos militantes sindicais, especialmente à esquerda.

---

[17] Sampaio, 1990, p. 194; Lula, entrevistado por Couto, 3 de abril 1997 (Couto, 1999, p. 254-255); Frei Chico, entrevistado por Morel, maio de 1981 (Morel, 1981, p. 69, 83); Discurso do Presidente da República..., 2005).

[18] Esse perfil de Vidal é baseado em "Mandatos: 1967 a 1969", 1974, p. 3; Pereira, 2010, p. 8-9; Pinheiro, 1980, p. 4-5.

Começando seu primeiro mandato, Vidal já alcançava proeminência para além de São Bernardo como representante do sindicato no Movimento Intersindical Antiarrocho em 1968, no qual ele entrou em conflito com os militantes operários da Nova Esquerda. Numa matéria que traçou seu perfil em uma revista da oposição em 1974, o dinâmico presidente sindical descreveu desdenhosamente os assuntos sindicais do fim dos anos 1960 como um "caos da ordem política, moral e econômica" motivado por "interesses político-ideológicos, pessoais, [e] de grupos" (Um novo estilo, 1974). Embora a chapa de Vidal em 1969 tenha sido apoiada pelos comunistas do sindicato, ele rapidamente tornou-se um inimigo da esquerda, como explicou Frei Chico (Frei Chico, citado em Morel, 1981, p. 69). Em panfletos da oposição e em entrevistas retrospectivas, os esquerdistas atacavam Vidal como um "pelego notório" (Galache, 1983, p. 7) e um "agente policial camuflada à serviço dos patrões e a ditadura", responsável pela prisão e tortura de seus oponentes do sindicato.[19] Frei Chico disse em 1981 que ele pessoalmente "achava Paulo uma merda", mas seu irmão "não acreditava".[20]

Influenciado por essa política interna venenosa, um biógrafo de língua inglesa de Lula descreveu Vidal como egocêntrico, "conservador nas suas atitudes políticas" e sem "coragem, consistência e empatia" (Bourne, 2009, p. 27). Da mesma forma, o filme comercial *Lula, o Filho do Brasil* apresentava Vidal como um oportunista corrupto eventualmente repudiado por Lula (French e Negro, 2011, p. 383-384.) Porém, aqueles alinhados de forma mais próxima a Lula, sejam metalúrgicos, sejam acadêmicos, têm sido mais prudentes, referindo-se a Vidal vagamente como "extremamente legalista" e "personalista" (Rainho e Bargas, 1983, p. 52; Mercadante Oliva, 1989, p. 282).

---

[19] Apelo não datado a "companheiros metalúrgicos" pela Comissão Municipal do PC Brasileiro se opondo à eleição de Vidal em 1972, em Arquivo Brasil: Nunca Mais, Processo 6106. Disponível em: http://bnmdigital.mpf.mp.br/pt-br/.

[20] Frei Chico, entrevistado por Morel, meados de 1981 (Morel, 1981, p. 68-69). Frei Chico também o chamou de pelego e mencionou – sem discutir – a acusação de que ele dedurou seus oponentes esquerdistas do sindicato.

Estudando o jornal do sindicato, Kátia Paranhos contestou que houvesse contrastes tão acentuados entre Vidal e uma abordagem de confrontação ascendente identificada com Lula (Paranhos, 2002, p. 70; 1999, p. 111). Ela demonstrou que a *Tribuna Metalúrgica*, que Vidal fundou em 1971, fornecia cobertura crítica, destacava as queixas dos trabalhadores, se opunha à política salarial do governo e buscava convencer a categoria de que se mais trabalhadores se envolvessem com o sindicato, seus problemas poderiam ser enfrentados de forma mais efetiva (Paranhos, 1999, p. 40-52, 68-71, 82).[21] Esse jornal também lançou, em maio de 1972, a figura memorável de João Ferrador, o metalúrgico de base que redigia cartas atrevidas às autoridades e que, como vimos no capítulo 5, se tornou um ícone visual dos metalúrgicos sob a liderança de Lula.

Quando eleita em 1969, a chapa de Vidal prometia estabilizar o sindicato – ao acabar com o caos administrativo, disciplinar as despesas e aumentar a receita – e "restabelecer respeito" frente aos patrões e ao governo ao mostrar que o sindicato defendia o trabalhador e não outros interesses, não especificados, uma referência aos esquerdistas. Por fim, a chapa falava de organizar os trabalhadores na base, uma tarefa difícil nos anos após o AI-5 (Pereira, 1979). Na primeira matéria da *Tribuna Metalúrgica*, Vidal declarava que trabalhadores precisavam se fazer "presente no cenário nacional" para conquistar uma parte justa "dos frutos do progresso". Porém Vidal, realista sobre a correlação de forças, argumentava que os assuntos do sindicato tinham que ser conduzidos "dentro da ordem", uma fórmula que as autoridades e seus oponentes sindicais podiam reconhecer como crítica àqueles que buscavam usar o sindicato para derrubar o regime militar, se não o próprio capitalismo (Editorial citado em Abramo, 1999, p. 149).

Após o AI-5, um homem prático como Vidal considerava suicidas os militantes corajosos da AP que entoavam "Abaixo a Ditadura" em reuniões sindicais cheias de informantes da polícia. Ele tinha pouca

---

[21] Sobre a fundação do jornal por Vidal, ver Paranhos (2002, p. 29-30); Nunes (1981, p. 83-84).

paciência para gestos de protesto que colocavam o sindicato em perigo; por exemplo, o momento de silêncio solicitado em uma assembleia sindical sindical de 1970 pelo ex-diretor Afonso Monteiro da Cruz resultou numa breve detenção do advogado do sindicato, Maurício Soares. Os oponentes de esquerda de Vidal desdenhavam tamanho "oportunismo", assim como sua ideia pouco ortodoxa de que aqueles que trabalhavam em indústrias modernas altamente produtivas deveriam negociar independentemente do resto da classe trabalhadora.[22] Vidal se dispôs a pagar o preço político por defender tais visões nas tumultuadas assembleias sindicais entre 1969 e 1972, que às vezes acabavam em confrontos físicos (Pereira, 1979, p. 8-9).

Analisando o passado, em 1993, Frei Chico ofereceu uma análise mais matizada. Começando a descrever Vidal como um aliado dos patrões e do governo, ele imediatamente esclareceu que "não diria que ele foi um pelego". O irmão de Lula elogiou a visão modernizadora de Vidal sobre o sindicato e saudou as novas estruturas administrativas e procedimentos que ela implicava, junto com a contratação de equipe técnica, a criação de novos departamentos e um curso equivalente ao ensino médio, além da construção de uma nova sede sindical.[23] O enorme aumento do patrimônio do sindicato e das arrecadações entre 1969 e 1975 deixaram um instrumento formidável nas mãos do sucessor de Vidal (Um novo estilo..., 1974).[24]

Construir uma nova sede exigia planejamento e determinação política por parte de Vidal. Internamente, todos reconheciam que as instalações do sindicato não podiam atender às necessidades médicas, legais e de bem-estar social (assistencialismo) legalmente exigidas para os aproximadamente 10 mil membros do sindicato. Para

---

[22] Pazzianotto (2007, p. 204) aborda o confronto físico que ocorreu em uma assembleia sindical na qual membros de esquerda da categoria rejeitaram essa ideia.

[23] Frei Chico, entrevistado por Paraná, 5 de outubro de 1993 (Paraná, 2002, p. 155). Sobre as reformas administrativas inovadoras de Vidal, ver também "São Paulo: Os sindicatos...", 1975.

[24] Esses crescimentos na receita são confirmados pelo "balanço financeiro" e pelo "balanço patrimonial" de 1970 e 1971 providenciados para um estudante de pós-graduação dos EUA, Kenneth Mericle por Vidal em julho de 1972 (de posse do autor).

realizar assembleias gerais, o sindicato tinha que reservar espaço no Clube Odeon ou em outros locais do centro de São Bernardo.[25] Era por isso que o plano de construir uma nova sede tinha sido acolhido desde que o presidente comunista do sindicato, Orisson Saraiva, apresentou um projeto esboçado por um famoso arquiteto modernista da USP, Vilanova Artigas, ele também um comunista (Paranhos, 1999, p. 37-38). A sede que Artigas projetou nunca foi construída. O grande desafio era o financiamento, dadas as finanças instáveis do sindicato. Um mecanismo legal essencial era o "desconto assistencial" que, uma vez aprovado por uma assembleia sindical, poderia ser recolhido do salário dos trabalhadores junto com a taxa sindical anual obrigatória por lei. De acordo com a descrição de Lula sobre o processo de recolhimento do desconto, o gerente da fábrica sempre se recusava a pagar, alegando estar "defendendo" a carteira de seus trabalhadores; o sindicato recorria então à Justiça do Trabalho para forçar o pagamento. Com a arrecadação crescente durante o milagre econômico, todos os dirigentes sindicais tinham um complexo de edifício. Como Lula recorda ironicamente, os sindicalistas carregavam plantas debaixo dos braços em reuniões sindicais, ansiosos para ostentar o imponente novo estabelecimento que forneceria serviços nunca antes vistos para seus membros (Silva, 2000, p. 45). Alguns militantes operários viam tal sede nova como uma distração dos trabalhadores e de sua luta, não convencidos pelas alegações de que a "nossa tarefa de honra" de construir uma sede provaria que a "união faz a força" (citado em Torres, p. 130).

Em outubro de 1973, milhares apareceram para a inauguração formal da nova sede, seguida de um baile à tarde com música ao vivo. O brilho do evento foi enfatizado pelas diversas autoridades que Vidal tinha convencido a comparecer, incluindo o governador indiretamente eleito de São Paulo, Laudo Natel. Se dirigindo a Natel, Vidal observou que "enquanto o Brasil se desenvolve", o trabalhador "ainda aguarda avidamente que as autoridades se lembrem" a

---

[25] O *Diário do Grande ABC* publicou uma história sobre planos para a nova sede em 15 de fevereiro de 1970.

sua necessidade por "parcela de reconhecimento pela sua participação na produtividade" (Metalúrgicos inauguram sede sindical, 1973 (citação); A sede do Sindicato..., 1973, p. 1, 4-5). Com tal discurso dirigido ao público, Vidal e o jornal do sindicato ecoavam a retórica desenvolvimentista do governo e aclamavam os trabalhadores como brasileiros patriotas e colaboradores bem comportados, o que pode parecer reforçar a imagem de Vidal como o "notório pelego". De fato, apenas alguns anos depois jornalistas da oposição considerariam tais artifícios retóricos "editoriais de apoio ao governo e condenação dos 'extremismos'". Porém, Vidal estava utilizando uma convenção discursiva bem estabelecida das relações clientelistas brasileiras: os trabalhadores de modo altruísta contribuíam com suas habilidades, seu trabalho e sua lealdade para o desenvolvimento nacional e mereciam recompensas recíprocas do governo (Abramo, 1999, p. 138, 140-141, 145, 149; Pereira, 1979, p. 8-9).

Enquanto os líderes e os funcionários se estabeleciam no novo prédio, Vidal aclamava "uma nova mentalidade na vida sindical" inaugurada em São Bernardo em uma reunião de 23 de novembro de 1973. O sindicato, ele declarou, tinha o papel de promover a evolução cultural dos "homens de macacão", os uniformes fabris obrigatórios usados pelos metalúrgicos em grandes empresas (Paranhos, 2002, p. 49). Ele anunciou o novo Centro Educacional Tiradentes (CET) do sindicato, nomeado em homenagem ao mártir plebeu da independência, que ofereceria formação técnica e cursos equivalentes ao ensino médio supervisionados pelo primeiro secretário, Lula. Ao aprimorar as habilidades e a educação dos trabalhadores, o sindicato de São Bernardo estava contribuindo para o bem-estar nacional ao melhorar a capacidade técnica, aumentar a produtividade e fomentar a mobilidade social individual dos trabalhadores.

Tais programas de autoaperfeiçoamento – incluindo bolsas de estudo – coincidiam superficialmente com o desejo do governo de que os sindicatos priorizassem as suas funções educacionais, de bem-estar social e de assistência médica e dental. Mas como devemos interpretar esse discurso público? Podemos supor que a performance que o homem projeta para fora reflete suas reações intuitivas, suas opiniões pessoais ou visões reais? Aqueles que ocupam posições oficiais assim como Vidal enfrentam demandas conflitantes. Eles devem parecer obedecer e precisam desempenhar o papel de pelego diante daquele acima deles. Porém, simultaneamente, eles devem sinalizar para aqueles abaixo que eles não são pelegos traindo os trabalhadores de base para obter vantagens pessoais. Esse dilema gera suspeição e desconfiança, que, combinadas com a competição interna, tornavam as ações sindicais mais difíceis.

Porém, existem novas evidências reveladoras sobre as visões de Vidal como líder sindical ao longo dos anos do governo Médici. Em 7 de julho de 1972, ele foi entrevistado por um estudante de pós-graduação dos EUA, Kenneth Mericle, que escreveu notas à mão sobre as respostas francas e claramente oposicionistas de Vidal a 42 perguntas. Por exemplo, Vidal declarou sua oposição à prestação de assistência social por sindicatos porque a assistência médica era uma responsabilidade governamental pela qual os trabalhadores já pagavam por meio de impostos. Embora ele mesmo reconhecesse que a assistência social atendia a uma verdadeira necessidade dada a qualidade ruim dos serviços médicos fornecidos pelo governo, ele lamentou que ela se tornasse deletéria ao iludir os trabalhadores em relação ao verdadeiro propósito do sindicato.[26]

Contradizendo sua reputação de pelego, Vidal também criticava os patrões, a Justiça do Trabalho e o governo. O sistema de Justiça do Trabalho era uma ferramenta do governo, disse Vidal, porque ele não tinha o "poder normativo" de se impor e se recusava a reconhecer a legitimidade de negociações sobre assuntos não salariais. Ele preferia substituir o sistema por contratos coletivos negociados diretamente entre o sindicato e a empresa. Ele descreveu os tribunais como lentos em responder às reclamações de trabalhadores individuais, não dispostos a prevenir demissões em retaliação às queixas e omissos em relação a problemas industriais urgentes de saúde e de segurança.

---

[26] Mericle, "Unpublished Questionnaire…", 9 páginas (de posse do autor).

Como era de se esperar de alguém que protestou contra o arrocho em 1968, Vidal era duramente crítico da política trabalhista do governo. Ele atacou o novo sistema do Fundo de Garantia por Tempo de Serviço, que acabou com a estabilidade no emprego após dez anos de trabalho, como um desastre "escrito para favorecer o capital estrangeiro e os planos habitacionais do governo". Ao facilitar a demissão de trabalhadores, o FGTS estabelecido em 1966 colocava "limites severos na atividade militante no local de trabalho" enquanto fomentava "o subemprego e o desemprego" assim como a discriminação contra membros do sindicato. Ademais, o governo tinha diminuído o poder de compra dos trabalhadores ao estabelecer um índice nacional compulsório para as negociações salariais anuais. Embora as campanhas salariais anuais fossem usadas como oportunidades para educar os sindicalizados, elas não tinham influência frente aos patrões ou à Justiça do Trabalho, que apenas "fazia de conta que discutia as demandas" apontados pelos sindicatos.

As visões pessoais de Vidal, da forma como foram captadas pelas anotações contemporâneas de Mericle, não são verdades absolutas sobre suas crenças e suas disposições, muito menos sobre suas ações. Porém, lidas juntas ao que sabemos de outras fontes, elas dissipam estereótipos e fornecem uma "transcrição oculta" da autopercepção de Vidal e das opiniões que ele compartilhava reservadamente com seu pupilo Lula. Sobre a lei de greves restritiva adotada em 1966 pelo governo, Vidal foi sucinto: "Para quem gosta de merda é um bom prato". Vidal afirmou que os sindicatos deveriam fazer greves para conquistar novos acordos, cobrar salários atrasados e até demandar mudanças na legislação trabalhista. Mais surpreendentemente, Vidal não rejeitava greves que ocorriam por "objetivos políticos gerais", embora essa fosse a crítica comum ao movimento operário pré-1964, liderado pelos comunistas e trabalhistas, que Vidal odiava. Vidal era a favor de "greves políticas" se os assuntos fossem importantes e "se um movimento de trabalhadores unidos existisse, com objetivos políticos bem definidos e articulados", uma descrição precisa do que viria a se tornar, nos anos 1980, o Novo Sindicalismo.

Vidal repetidamente lamentava a falta de "consciência política" e "definição ideológica entre os dirigentes sindicais", cujas "posições políticas mudam conforme o vento sopra". A maioria, dizia ele, eram carreiristas que colocavam "objetivos pessoais e interesses de carreira acima dos interesses de classe". Vidal também defendia a eventual substituição do imposto sindical por contribuições sindicais previstas em acordos de negociação coletiva. Como já tinha declarado publicamente, Vidal se considerava na vanguarda de um Brasil em processo de modernização, com a missão de reformar o arcaico sistema de relações industriais do país criado nos anos 1930 e 1940 sob Getúlio Vargas.

As opiniões pessoais de Vidal em 1972 servem no mínimo para relativizar as denúncias da oposição de esquerda do sindicato sobre suas supostas mentiras e demagogia.[27] Embora sejamos incapazes de determinar qual o retrato mais verdadeiro de Vidal como indivíduo, suas posturas de oposição foram documentadas em outra pesquisa de 1972, sobre os 53 presidentes das "mais importante e numericamente poderosas" organizações operárias do Rio de Janeiro e de São Paulo. Amaury de Souza descobriu que dois terços desses presidentes – nove em cada dez dirigentes no caso dos setores industriais mais modernos, incluindo as indústrias automobilísticas e metalúrgicas – reconheciam que os interesses das suas bases eram contrários aos das autoridades estatais, no que diz respeito a políticas salariais e de bem-estar social, de cumprimento da legislação trabalhista e do direito de fazer greves. O descontentamento disseminado resultava até em dirigentes sindicais "abertamente críticos" dispostos, diferentemente de Vidal, a abordar diretamente a repressão política. Souza concluiu que existia "uma variedade mais militante de dirigentes operários que competem pela lealdade da base". Assim como Vidal, eles se dispunham a criticar abertamente o governo para um estranho, "mesmo sob [as] condições

---

[27] Ataques polêmicos contra Vidal podem ser encontrados nos dois panfletos da chapa de oposição, Chapa Azul, da eleição de 1972, um sem título e o outro intitulado "Companheiros metalúrgicos de São Bernardo do Campo" em Arquivo Brasil Nunca Mais, Anexo 8879-8880.

políticas adversas" da era Médici (Souza, 1978, p. 470, 472, 119-20, 126-28). Longe de serem um esteio do poder estatal, os homens ocupando cargos nos sindicatos locais estavam em sua maioria descontentes com os patrões e com o governo, mesmo no auge do sucesso econômico e da popularidade do regime diante dos eleitores.

Do ponto de vista de Vidal e de sindicalistas honestos, havia sido negado aos trabalhadores uma parte legítima do lucro crescente dos patrões, criados pelo *boom* econômico. Essa percepção era mais forte entre os qualificados, que monopolizavam a representação coletiva de seus colegas trabalhadores por meio dos sindicatos. Como homens "feitos por si mesmos", os dirigentes sindicais honestos eram forçados a ficar sob a tutela humilhante de funcionários mesquinhos do governo e de personagens sindicais de alto escalão descaradamente egoístas, não eleitos diretamente pelos trabalhadores. Esses homens orgulhosos tinham que dissimular diariamente para ficar em bons termos com aqueles cujas políticas feriam trabalhadores e ajudavam diretamente aos patrões. Instintivamente, eles se ressentiam por serem tratados como peões só encarregados de se manter comportados, de implorar por migalhas e de ficar em silêncio. As recompensas oferecidas para tal conformidade – escapar dos rigores da vida fabril cotidiana, viajar e desfrutar de benefícios sociais – não eram suficientes. Então essa geração moderna ingrata de sindicalistas imaginava cada vez mais uma forma de escapar do sistema de relações trabalhistas autoritárias do governo.

O "BOM MOÇO" COMO APRENDIZ

Refletindo sobre sua pesquisa de 1972 em São Paulo, Kenneth Mericle relembrou os trabalhadores qualificados com os quais ele tinha convivido como muito empreendedores em suas atitudes e irrealistas em suas expectativas.[28] Impetuosos, autoconfiantes, teimosos jovens da classe trabalhadora como Paulo Vidal eram comuns durante o milagre econômico. Ao traçar um perfil desses homens em 1973, Paul Singer

---

[28]   Mericle, entrevista por telefone por John D. French, 19 de outubro de 1995.

comentou como suas vidas de trabalhador moldavam suas visões de mundo: na medida em que os qualificados "que lidam com máquinas, imaginam a sociedade como uma máquina na qual os indivíduos são peças" (Singer, 1973b, p. 44-45), cada um tendo um papel diferente em seu funcionamento efetivo. Ao assumir cargos sindicais, trabalhadores qualificados teriam de aprender – por meio de estudo, prática e improviso – o que Frei Chico chamava de *engrenagem sindical* (Frei Chico, citado em Morel, 1981, p. 69). Os mecanismos do empreendimento sindical eram o foco de Paulo Vidal como operador, um terceiro tipo social entre trabalhadores junto aos rebeldes e aos bons moços apresentados no capítulo 4. Vidal era um empreendedor com lábia cujos olhos estavam voltados para construir poder e com a motivação e visão necessárias para, usando uma expressão sindical, *tocar a máquina*.

Quando Lula estava entrando para a direção em tempo integral, Vidal estava consolidando seu controle após um mandato no qual os membros da diretoria tinham entrado em conflitos acirrados. Em 1972 Vidal tinha finalmente derrotado seus inimigos, embora sua chapa tenha recebido apenas 60% dos 8.200 votos válidos contabilizados, um declínio em relação aos 75% de 6.500 votos recebidos três anos antes (Oliva, 1989, p. 180-181; Com os resultados..., 1972, p. 3). Mas o sindicato sobre o qual ele agora tinha influência estava longe de ser o centro de poder que ele desejava construir. Seguir adiante, ele percebeu, exigiria sufocar conflitos internos e manter uma condução articulada para aumentar o envolvimento dos trabalhadores. Lula aprendeu sindicalismo e política durante esse momento, quando São Bernardo se deparou com o formidável "desafio de ser um genuíno sindicato", enquanto o governo Médici terminava e o regime militar, no fim de 1974, iniciava um processo controlado de abertura política (Negro, 1994, p. 267, 272-75).

Lula teria que dominar os aspectos mundanos da vida sindical, incluindo rotinas burocráticas, orçamentos, serviços e a preparação das assembleias sindicais. Lula também passaria por uma politização gradual por meio de relações com colegas diretores, advogados e funcionários sindicais, além de militantes essenciais para a política interna turbulenta do sindicato. Por fim, Lula teria que aprender sobre as dimensões repressivas da vida da classe trabalhadora sob o domínio militar, incluindo a supervisão e vigilância próximas por parte da polícia, dos patrões e dos funcionários do Ministério do Trabalho.

Lula era visto com razão como um "pupilo leal" de Vidal, seu "mestre" (Pinto, 1989, p. 121-122). Vidal era uma espécie de padrinho para Lula, um protegido do presidente, e Lula construiria sua carreira à sombra de Vidal. Em entrevistas retrospectivas, Vidal destacou a dimensão paternalista dessa relação ao relembrar que ele tinha descoberto Lula – ao qual ele se refere pelo seu apelido de fábrica, Taturana – quando ele era "um garoto ainda, um molecão solteiro" (Delecrode, 2010, p. 35; Pinheiro, 1980, p. 4-5). Como percebeu o advogado do sindicato, Vidal enxergava Lula como um "moço bonzinho" que seria flexível. Frei Chico o "rebelde" concordava, descrevendo seu irmão como um "bom menino, tímido, 'bem mandado'" (Frei Chico, citado em Morel, 1981, p. 69), que Vidal acreditava que serviria como seu "capacho". Até Lula relembra como "todo mundo achava que ele era um boneco manipulado" (Lula, citado em Morel, 1981, p. 115), quando ele acompanha Vidal em reuniões. As agências de inteligência, até 1976, apontavam para o apoio "entusiático" do então presidente sindical Lula à candidatura de Vidal a vereador como uma prova da influência decisiva do padrinho ("ascendência").[29]

Quando incluído inicialmente na chapa de 1969 como um diretor ligado à produção, Lula acreditava que os três anos de estabilidade no emprego que acompanhavam a função o tornariam um representante efetivo do sindicato na sua fábrica. "Eu achava que quando entrasse no sindicato ia 'lavar a égua", ele disse para Altino Dantas em 1981 com exagero cômico; "ia trepar em cima da mesa do chefe, cagar em cima da mesa do chefe [...] O trabalhador na Villares não ia ter mais problema". Porém, sua ingenuidade logo ficou evidente. O chefe alegava ser impotente quando confrontado com os problemas dos trabalhadores; consultar

---

[29] Sampaio, 1990, p. 195; Frei Chico, entrevistado por Paraná, 10 de setembro de 1993 (Paraná, 2002, p. 161); "Informe 0234 de 29.09.76 do Cenimar", incluído com uma compilação de materiais do Ministério do Trabalho ligados à "Ficha de distribuição e processamento de documentos" sobre Lula pelo Serviço Nacional de Informações, 16 de novembro de 1978 (terceira citação).

os advogados sindicais após o trabalho não gerava tampouco qualquer resultado. Já que a representação sindical formal era ilegal na fábrica, Lula precisava da permissão de seu chefe para deixar seu departamento para ir tratar qualquer problema. Além disso, confrontar a gerência às vezes gerava advertências, que levavam seus colegas mais experientes do sindicato a avaliarem que ele estava sendo muito agressivo.[30]

Diferentemente das fábricas da Ford ou da Scania, a nova fábrica da Villares não tinha uma adesão bem integrada ao sindicato, e as tentativas comuns de recrutamento, enfatizando a assistência, tinham menos apelo em uma empresa que pagava razoavelmente bem cujos benefícios eram semelhantes àqueles de grandes multinacionais automobilísticas. Lula também estava cada vez mais desiludido pela direção dividida do sindicato, marcada pela "politicagem" ao tratar de responsabilidades e assuntos tão insignificantes quanto quem usou o carro do sindicato na noite anterior. Divergências internas prevaleciam sobre a "uniformidade de pensamento" necessária para efetivamente representar a categoria. Com um bebê a caminho, Lula parou de ir à sede do sindicato por quatro meses.[31] Nas palavras de Vidal, a essa altura ele trazia uma garrafa de cachaça e salsichas para a casa de Lula e Lourdes. Enquanto ela cozinhava, os dois homens conversavam e bebiam madrugada adentro até que Vidal convencesse Lula a não sair do sindicato.[32] Ao longo do ano seguinte, um recém-energizado Lula recrutou novos membros que viam o sindicato como escudo

[30]   Lula, entrevistado por Dantas (1981, p. 21-23); Lula, entrevistado por Paraná (2002, p. 98, 110); Rainho (1980, p.50). Lula expréssou o mesmo ponto para Paraná em 1993 de modo bem menos enfeitado. Lula, entrevistado por Paraná, 19 de julho de 1993 (Paraná, 2002, p. 98). Em 1976, Lula se distanciou de suas ilusões iniciais exageradas (Rainho e Bargas, 1983, p. 50).

[31]   Lula, entrevistado por Paraná, 19 de julho de 1993 (Paraná, 2002, p. 99); Lula, entrevistado por Dantas (1981, p. 22); Lula, entrevistado por Morel, meados de 1981 (Morel, 1981, p. 113, citações).

[32]   Delecrode, 2010; "Paulo Vidal começa contar...", 2009. Lula não menciona diretamente a história de Vidal, mas cita um membro da diretoria não nomeado que convenceu ele a não sair. Rainho (1980, p. 50-51); Vianna (1979, p. 248-249). Frei Chico se refere a Vidal convencendo Lula a ir para o sindicato em tempo integral ao sugerir que isso também distrairia ele da perda trágica de Lourdes e de seu filho. Frei Chico, entrevistado por Paraná, 5 de outubro de 1993 (Paraná, 2002, p. 156).

e espada; ele até tinha liderado um movimento modesto para acabar com a dedução salarial de 2% por um plano desnecessário de licença médica e lutou pela construção de um refeitório.[33]

As visitas de Vidal a Lula estavam ligadas à chapa que ele estava construindo para as eleições sindicais de 1972. Isso preocupava tanto Afonso Monteiro da Cruz, ex-presidente do sindicato e oponente de Vidal, que ele chegou a discutir o assunto com Frei Chico no velório de Lourdes. Assim como quando foi recrutado para o sindicato pela primeira vez em 1968, Lula nem aceitou nem negou a proposta de Vidal, e o presidente foi sagaz o suficiente para não ser insistente. Lula até compareceria a reuniões da heterogênea oposição, que incluía Frei Chico, o que restava da AP e do PCB e aqueles sobre os quais esses partidos ainda tinham influência. De acordo com Vidal, ele encorajou que Lula entrasse em contato com eles, e a oposição pode até ter lhe oferecido a cabeça da chapa. Nesse relato, Vidal enfatiza sua autoconfiança para dar maior destaque à vitória obtida quando Lula decidiu concorrer em sua chapa como primeiro secretário ao lado de amigos como Nelson Campanholo.[34]

O que Vidal e seus oponentes viam no inexperiente jovem que tinha recentemente considerado sair do sindicato? O ponto principal de toda política eleitoral: a percepção de que uma personalidade atraente pode ajudar o lado em questão a vencer. Alguns analistas subestimaram a importância do tipo de popularidade pessoal que Lula já tinha entre os dirigentes, os funcionários e os trabalhadores que frequentavam o sindicato. "Eu cativava muito as pessoas" na época, Lula observou, e suas amizades o tornavam atraente como candidato. Isso também ilustra a falta de uma disposição política clara ou de um

---

[33]   Lula, entrevistado por Paraná, 19 de julho de 1993; Lula, entrevistado por Paraná, 6 de outubro de 1993 (Paraná, 2002, p. 110-111; p. 98-99); Rainho e Bargas (1983, p. 50).

[34]   Frei Chico, entrevistado por Morel, meados de 1981 (Morel, 1981, p. 68); Frei Chico, entrevistado por Paraná, 5 de outubro de 1993; Lula, entrevistado por Paraná, 6 de outubro de 1993 (Paraná, 2002, p. 156; p. 112-113); Lula, entrevistado por Dantas, primeira metade de janeiro de 1981 (Dantas, 1981, p. 23-24); Depoimento de Paulo Vidal Neto, 2018; Delecrode, 2010; Negro, 2010, p. 270-71, 292-295. Luciano Galache, que liderava a chapa de oposição, alegava que Lula era parte integrante da nossa chapa" até o dia do registro dos candidatos. Galache, 1983, p. 10. Ver também Pereira, 1979.

alinhamento polarizador por parte de Lula; ele "tinha amizade com as duas chapas", como relembra, o que "era uma coisa maluca".[35]

O cálculo da esquerda a respeito de Lula refletia a sua fraqueza. As suas organizações tinham sido dizimadas pela repressão política: a AP tinha desaparecido em 1971, e o PCB seria liquidado em uma onda repressiva centrada na VW até o final de 1972. Na luta contra Vidal, os esquerdistas dispersos remanescentes estavam aliados com Afonso Monteiro da Cruz, da Scania, e com os irmãos Galache na Ford, um dos quais tinha sido membro da diretoria sob Vidal, com o qual ele estabeleceu uma venenosa disputa por liderança.[36] Os esquerdistas se sentiam tranquilizados pelo fato de que Frei Chico era o irmão de Lula, enquanto o "antiesquerdista" Vidal via uma oportunidade de ampliar seu apelo entre aqueles que poderiam, em outras circunstâncias, apoiar a oposição.[37]

Um foco em rótulos, plataformas e princípios ofusca o quanto a política eleitoral se ancora em personalidades. Conversando com Paraná sobre sua adolescência, Lula relembrou uma certa "ascensão" que ele tinha vivenciado entre seus colegas do futebol. Possuindo um grupo maior de amizades, ele era capaz de exercer influência sem brigar: seus adversários o tratavam bem. "Eu tratava todo mundo bem e o pessoal gostava de mim". Essa relativa abertura era atraente em um sindicato cuja cultura política turbulenta era marcada por inimizades amargas e por condenações duras. Como um novato no sindicato em 1969, Lula tinha um *status* semelhante ao que ele tinha tido uma década antes quando foi contratado pela primeira vez na Fábrica de Parafusos Marte, onde, como Lula relembrou, "Eu me dava bem [...] [e] eles me tratavam como se eu fosse o caçulinha da fábrica".[38]

---

[35] Lula, entrevistado por Paraná, 19 de julho e 6 de outubro de 1993 (Paraná, 2002, p. 98, 101, primeira citação; p. 113, segunda citação).

[36] Frei Chico, entrevistado por Paraná, 5 de outubro de 1993 (Paraná, 2002, p. 156, 158); Galache, 1983, p. 10-11.

[37] Lula, entrevistado por Dantas (1981, p. 23-24); Lula, entrevistado por Paraná, 6 de outubro de 1993 (Paraná, 2002, p. 112-113).

[38] Lula, entrevistado por Paraná, 19 de julho de 1993; Lula, entrevistado por Paraná, julho de 1993 (Paraná, 2002, p. 85-86, primeira citação; p. 75, segunda citação).

Como um membro da diretoria do sindicato, o entusiasticamente social Lula fazia sucesso com todos. Ele se dedicava ao futebol, a dançar, a jogar cartas e à farra; um dos aliados mais fortes de Vidal, o anticomunista Janjão (João Justino da Silva), ensinou pessoalmente o jovem a dirigir (Nehme, 2010). Lula amava conversar – assim como ainda ama, 50 anos depois – e falava *com* as pessoas, não *para* elas. A sociabilidade de Lula captava o que os metalúrgicos do ABC consideravam mais característico sobre sua forma de ser enquanto peões: um senso de humor peculiar, uma valorização da brincadeira e um amor pela zombaria alegre que esvaziava as hierarquias sociais, principalmente se aquele que zombava não se levasse muito a sério (diferentemente de Vidal). Esse espírito jovial é captado na história de Frei Chico sobre Lula na Villares, onde ele era próximo da "molecada alegre" que tipicamente ocupava os setores de ferramentaria. Os trabalhadores do turno da noite queriam usar as mesas de pingue-pongue da associação dos funcionários de escritório; depois que o guarda recusou, Lula liderou a luta bem-sucedida pelo direito de eles jogarem e se divertirem (Rainho, 1980, p. 77, 79-80, 290-291).[39]

Nesse sentido, Lula parecia com os grandes dirigentes sindicais do meio do século em São Paulo, que com frequência "surgem espontaneamente e casualmente", de acordo com o sindicalista anônimo entrevistado pelo intelectual trotskista Fábio Munhoz no início dos anos 1970. Utilizando como base sua experiência com os sindicatos dos metalúrgicos de São Paulo e de Santos, esse sindicalista explicou que esses dirigentes podem até ter entrado para a atividade sindical por acaso, "sem ter em absoluto, nenhuma, nenhuma consciência política" antes disso. Porém, aqueles que evoluíram para se tornar um grande dirigente, ele acreditava, possuíam uma certa "índole inata", sendo "o cara mais honesto, mais humano, está sempre pronto a dar uma informação, a dar um esclarecimento, a explicar qualquer dúvida que ele tiver, profissional ou jurídica". O entrevis-

---

[39] Frei Chico, entrevistado por Morel, meados de 1981 (Morel, 1981, p. 66).

tado de Munhoz insistiu que tal rapaz poderia se tornar um ótimo dirigente sindical por se destacar e dizer o que os trabalhadores queriam escutar. O militante operário veterano apontou para um jovem admirado por seus colegas de trabalho "porque ele gostava de futebol, gostava de brincar, quando alguém fazia aniversário na empresa ele se preocupava em comprar um presente". Após ele defender seus colegas e ser repreendido, eles começaram a falar com ele sobre suas preocupações. O sindicato o recrutou em 1959 como suplente, embora seu envolvimento oscilasse em seus dois primeiros anos. Em 1964, entretanto, ele alcançou o auge da direção sindical em Santos, a cidade brasileira mais conhecida por seu movimento sindical poderoso e pelos seus trabalhadores mobilizados.[40]

A decisão de Lula de entrar para a chapa de Vidal gerou uma "uma briga tremenda" com Frei Chico. Entretanto, Frei Chico relembra com admiração como Lula, tendo escolhido um lado, trabalhou energeticamente para garantir a vitória, no processo de se tornar um verdadeiro sindicalista. Lula estava nos portões da fábrica todo dia da semana e até no sábado. Depois da chapa de oposição distribuir panfletos, Lula usou um graveto com um prego para tirá-los do chão de modo que ninguém mais os pudesse ler. Os irmãos se distanciariam ainda mais nos desdobramentos da eleição, mas por motivos que não eram principalmente políticos. Frei Chico, casado, que estava morando com Lula e dona Lindu durante dois anos para economizar, se mudou em torno dessa época.[41]

As atividades sindicais ofereciam a Lula um foco para suas ambições de vida. Diferentemente de alguns dos outros diretores em tempo integral, mais velhos, que seguiam o fluxo, ele se jogou no processo de aprender esse novo tipo de trabalho. Como ele lembrou em 1981, ele sempre acreditou "que a única arma que pode vencer

---

[40] Transcrição não datada e sem título (44 páginas digitadas) de uma entrevista com "R", nascido no Ceará, conduzida e transcrita por Fabio Munhoz ("E"), Cedem, Coleção Fábio Munhoz, p. 7-9.

[41] Frei Chico, entrevistado por Morel (2006, p. 68, citação); Frei Chico, entrevistado por Paraná, 5 de outubro de 1993 (Paraná, 2002, p. 156).

qualquer coisa é o trabalho" e a dedicação.[42] Em parte, isso refletia a motivação comum entre trabalhadores qualificados de São Paulo no meio do século. Como observou o sociólogo Celso João Ferretti, os projetos de autoaperfeiçoamento eram motivados pela curiosidade e pela iniciativa pessoal, e alimentados por "vontade e esforço". "Eu sempre tive a ideia que tem que sempre estar procurando melhorar as coisas, procurando agradar no que se faz", disse a Ferretti o ex-torneiro mecânico Durval (Ferretti, 1988, p. 94-95). No início dos anos 1970, a trajetória ascendente e a excelente "performance no trabalho" dos formados pelo Senai como Lula era bem conhecida, embora muitos atribuíssem isso às habilidades que eles adquiriam na sala de aula. O principal pesquisador sobre o Senai, por outro lado, enfatizou que fatores não cognitivos eram igualmente importantes, principalmente a "autodisciplina, organização e força de vontade requeridas para completar um curso de forma bem sucedida" (Castro, 1979, p. 626).

A vida no sindicato de São Bernardo, um órgão legalmente definido como colaborativo com o governo, abrangia diversas tarefas administrativas, burocráticas e legislativas. Lidar com os advogados que representavam os patrões, como comentou um dirigente sindical, era o suficiente para fazer com que alguém "de instrução primária" sofresse um ataque cardíaco (Souza Martins, 1994, p. 173). Os dirigentes sindicais precisavam tanto de conhecimentos gerais quanto especializados. Como um dirigente de São Bernardo (provavelmente Vidal) explicou para o estudante de doutorado da USP, Luís Flávio Rainho, em 1976, o seu sindicato possuía receitas mais altas que a maioria dos municípios brasileiros. A falta de uma equipe técnica e administrativa suficiente deixava todas as responsabilidades burocráticas nas mãos dos sete diretores em tempo integral. Mais de 8 mil documentos diferentes eram vinculados apenas à contabilidade do sindicato, para não falar das 20 mil homologações que o presidente tinha que assinar a cada ano (Rainho, 1980, p. 221).

---

[42] Lula, entrevistado por Dantas (1981, p. 24). Para um relato semelhante, ver Lula, entrevistado por Morel (2006, p. 114).

O funcionário de São Bernardo insistia na importância de contratar contadores e outros profissionais para tocar tais assuntos administrativos, já que isso deixaria os diretores mais livres para se aproximar dos trabalhadores e da sociedade mais ampla (Rainho, 1980, p. 221).[43] Tal contratação dos diplomados pelos trabalhadores braçais, uma reversão das hierarquias sociais, não era inédita, já que os sindicatos há muito tempo contratavam advogados e médicos. Mas, para impedir que o sindicato fosse controlado por pessoas de fora, os diretores precisavam entender as leis, as regulações, a história e a política sindical. Foi por isso que Vidal negociou com o Departamento Intersindical de Estatística e Estudos Sócio-Econômicas (Dieese) a criação de cursos de desenvolvimento de habilidades para diretores sindicais, cujo professor era Walter Barelli, um formidável economista formado pela USP e filho de um trabalhador fabril que se tornaria um frequentador regular do sindicato e, décadas depois, ministro do trabalho do país (Walter Barelli..., 2018).

O sindicato de São Bernardo incluía profissionais excepcionalmente talentosos que trabalharam ali por muito tempo. Dentre estes, estava Antônio Possidônio Sampaio, um advogado autodeclarado comunista, embora sem filiação partidária, que se especializou em saúde do trabalhador e segurança do trabalho, mas cuja paixão era escrever sobre os trabalhadores de São Bernardo (Sampaio, 1990; Veras e Veras, 1991). Havia também o homem que tinha contratado Sampaio, Maurício Soares: ativo nos círculos progressistas católicos antes de 1964, ele se tornou o advogado do sindicato no ano seguinte e permaneceu relevante nos seus assuntos internos até 1980; dois anos depois ele se tornaria o prefeito de São Bernardo (Vieira, 2009). Ademais, havia o advogado trabalhista Almir Pazzianotto (cujas conquistas com a Vemag são abordadas no capítulo 4), contratado para lidar com as negociações de salário anual; ele posteriormente se tornou ministro do Trabalho (Pazzianotto, 2007). Todos eles escreveram para o jornal do sindicato.

---

[43] Um diretor de São Bernardo disse o mesmo em Martins (1994, p. 167).

Livre do relógio de ponto, Lula participou de inúmeros cursos no sindicato sobre assuntos que incluíam relações entre empresas e trabalhadores, leis de previdência social e o sistema FGTS. Logo no início, por sugestão de Sampaio e de Frei Chico, ele também fez um curso no Centro de Oratória Rui Barbosa, associado à faculdade de Direito da USP. Se esses cursos não transformaram fundamentalmente a capacidade de Lula de discursar publicamente, eles pelo menos lhe deram "um nível de entendimento superior à média do pessoal do sindicato".[44] Lula também ajudou a moldar tais oportunidades educacionais, já que ele era responsável por criar e supervisionar o CET, inaugurado em dezembro de 1973. Os trabalhadores atraídos ao centro – seja por cursos supletivos ou técnicos – eram precisamente aqueles com mais fome de conhecimento e de aperfeiçoamento, homens ambiciosos com talento e determinação suficientes para lidar com as pressões de estudar matemática enquanto trabalhavam em tempo integral e sustentavam uma família (Paranhos, 2002).

Mas o CET não era a tarefa principal de Lula como um dos diretores sindicais. Vidal encarregou Lula de estabelecer uma nova divisão do departamento jurídico do sindicato dedicada à previdência social e ao FGTS. Embora os dirigentes sindicais desprezassem o assistencialismo, esses serviços legalmente exigidos traziam milhares de pessoas para a sede do sindicato cotidianamente e eram essenciais para sua reputação junto à categoria. O sindicato já tinha providenciado assistência jurídica, médica e odontológica assim como uma barbearia, mas não tinha nenhum departamento dedicado às necessidades dos membros aposentados, viúvos ou demitidos ou daqueles precisando de ajuda com um crédito imobiliário do governo. A solução de problemas caso a caso e a preparação da papelada para esses assuntos ficariam sob a responsabilidade de Lula, do advogado que ele contratou, Hélio Manso, e eventualmente do assistente de Lula, Luisinho.[45]

---

[44] Lula, entrevistado por Paraná, 19 de julho, 6 de outubro e 10 de dezembro de 1993; Frei Chico, entrevistado por Paraná, 5 de outubro de 1993 (Paraná, 2002, p. 98; p. 159-160; p. 112, citação; p. 133).

[45] Lula, entrevistado por Paraná, 6 de outubro de 1993 (Paraná, 2002, p. 114).

A equipe de três membros do departamento precisava oferecer conselhos sobre qualquer problema que um trabalhador trouxesse para eles, incluindo seguros de acidentes industriais, licenças residenciais governamentais ou até como lidar com o Funrural, um programa do governo para trabalhadores rurais. A base do departamento, entretanto, eram os processos de pedido de aposentadoria: informar os indivíduos sobre seus direitos e sobre as regras e procedimentos relevantes, assim como ajudá-los a preparar os formulários para computar os anos em seus documentos de trabalho ou até encontrar um documento sumido. Além do trabalho detalhista tedioso, Lula tinha que navegar múltiplas burocracias governamentais, com suas regras e seus personagens. Três vezes por semana, ele pegaria um carro do sindicato às nove da manhã para se dirigir aos escritórios governamentais da cidade vizinha de São Paulo para negociar aposentadorias e pensões junto ao Instituto Nacional de Previdência Social (INPS) ou para apresentar pedidos por empréstimos para o Banco Nacional de Habitação, trabalho que durava até o fim da tarde.[46]

Apenas depois de alguns meses que Lula percebeu que ele tinha sido encarregado com a tarefa de "lidar só com os velhos" porque nenhum outro diretor sindical queria o cargo. Além do desgaste potencial, os outros dirigentes viam muitos poucos ganhos políticos a serem conquistados por ficar enterrado debaixo de papelada. Mas Lula compreendeu que, se bem administrada, essa nova divisão poderia render dividendos políticos; foi esse departamento de viúvo(a)s e de pensionistas que o tornou presidente do sindicato três anos depois. Em uma entrevista de 1979, ele foi particularmente sardônico ao criticar certos oponentes doutrinários do assistencialismo que pediam sua abolição em suas plataformas nas eleições sindicais: "sabe quando eles vão ganhar as eleições? Nunca!".[47]

---

[46] Paraná, 2002, p. 114; Lula, entrevista, 2000, em "Depoimento de Luiz Inácio Lula da Silva", p. 26, 45; Lula, entrevistado por Dantas, primeira metade de janeiro de 1981 (Dantas, 1981, p. 24).

[47] Lula, entrevistado por Morel, meados de 1981 (Morel, 1981, p. 114); Lula, entrevistado por Dantas, primeira metade de janeiro de 1981 (Dantas, 1981, p. 24, primeira citação); Pereira, 1979 (segunda citação).

Como observou Frei Chico, a administração da assistência não era política, nem central aos confrontos com os patrões, mas era predominantemente eleitoral. Aqueles que se aproximavam do sindicato para obter ajuda sempre enxergavam isso como um teste, assim como Lula havia feito quando em 1967 ele chegou com uma pergunta sobre o novo FGTS e deixou o local insatisfeito com a maneira que o presidente Monteiro da Cruz lidou com o assunto. A capacidade de Lula de estabelecer conectividade empática acabou lhe dando uma vantagem. O novo trabalho de Lula o colocava diante de camadas de sofrimento, desespero e neuroses da categoria; um trabalhador que tinha perdido sua mulher porque ele não conseguia mais manter relações sexuais, outro que tinha trabalhado por trinta dias mas não encontrou nenhum dinheiro em contracheque devido a um débito na cooperativa da empresa ou um migrante nordestino esperançoso que tinha chegado ao que ele esperava que fosse o paraíso, apenas para de repente se ver morando em uma favela nas periferias de São Bernardo. Lula era "um bom dirigente sindical" naquele tempo, ele refletiu, porque ele escutava e "eu sentia pena do pessoal" que estava à sua frente, mesmo quando ele reconhecia que não podia resolver o problema dele.[48]

Essas consultas diárias eram em sua maioria invisíveis no processo decisório formal do sindicato.[49] Muitos anos depois, Lula observou com satisfação que aqueles que tinham achado que a tarefa iria limitar seu futuro "caíram do cavalo". A seriedade com a qual a divisão lidava com suas responsabilidades lhe dava uma "grande respeitabilidade" e melhorava as reputações tanto de Lula quanto do homem que o escolheu, Vidal. Mas Lula também obteve acesso a mais uma base eleitoral ainda maior na sede do sindicato, uma esfera pública da classe trabalhadora. "Você sabe quantas pessoas passam pelo sindicato, por dia?" ele perguntou para um jornalista em 1979. "Quando pouco, 1.500". Aqueles que frequentavam o sindicato o faziam por muitas ra-

---

[48] Frei Chico, entrevistado por Morel, meados de 1981 (Morel, Lula, 68); Lula, citado em Rainho, 1980, p. 51.

[49] Avisos sobre o departamento de Lula eram pouco frequentes e estereotipados. Ver, por exemplo, Luiz Inácio da Silva, 1974, p. 4.

zões: frequentemente, para buscar diversos tipos de assistência, mas também para reclamar sobre o trabalho, para passar o tempo ou para conversar com amigos. Alguns diretores sindicais frequentemente chegavam atrasados na sede e estavam sempre ocupados quando de fato chegavam. O gregário Lula, por outro lado, mantinha uma política de porta aberta, e seu escritório se tornou um ponto de encontro para trabalhadores de base, militantes operários e colegas diretores ainda ligados à produção.[50]

Construindo amizades enquanto ele exercia sua função, o sempre acessível Lula gerava uma boa sensação, até mesmo entre os oponentes de Vidal. Em vez de deixá-los isolados e insatisfeitos na recepção, Lula os convidava para entrar no seu escritório, onde ele tratou "eles decentemente" e não como inimigos. Como ele relatou repetidamente, a conversa fluía porque ele "tinha sempre um garrafão de pinga" em sua gaveta.[51]

Tal abertura seria impensável para seu patrono Vidal, sempre ocupado e ainda curando as feridas deixadas por anos de difamação desonesta pela oposição.[52] Porém, a amplitude do alcance de seu pupilo – e a boa sensação por ela gerada – contribuía para os objetivos estratégicos de Vidal para seu segundo mandato: baixar a temperatura e a proeminência de conflitos internos, trazer para o sindicato a energia de militantes do sindicato, dos membros e da categoria e direcionar essa energia para encontrar um meio de solucionar os problemas que eles tinham em comum.

---

[50] Lula, entrevistado por Paraná, 19 de julho de 1993; Lula, entrevistado por Paraná, 6 de outubro de 1993 (Paraná, 2002, p. 101, primeira citação; p. 114); Lula, entrevistado por Dantas, primeira metade de janeiro de 1981 (Dantas, 1981, p. 24); Pereira, 1979 (segunda citação).

[51] Lula, entrevistado por Paraná, 19 de julho de 1993 (Paraná, 2002, p. 105).

[52] "Com os resultados" p. 3. A luta com a esquerda, como Lula observou, pesava muito para Vidal, e Lula critica repetidamente os ataques pessoais incessantes, mesmo compreendendo por que alguns se sentiam daquela forma; ele rejeitou categoricamente a acusação de que Vidal seria um informante da polícia. (Silva, 2000, p. 49); Lula, entrevistado por Paraná, 6 de outubro de 1993 (Paraná, 2002, p. 114).

UM HOMEM FELIZ

Assim como Lula, os trabalhadores fabris de São Paulo em 1973 eram homens felizes e muito esforçados, que viam um caminho claro para um futuro melhor. Como comentava Paul Singer, economista formado pela USP, na revista quinzenal de negócios *Visão*, eles eram confiantes porque "oportunidades de emprego não faltavam, não há medo de desemprego, [e] a situação é boa para quem estuda" (Singer, 1973b, p. 39-40).[53] A vida ainda era difícil, mas as coisas estavam imensuravelmente melhores – um julgamento, destacava Singer, baseado nos "efeitos concretos" do modelo econômico nacional predominante sobre suas vidas, e não em qualquer familiaridade com o modelo em si (Singer, 1973b, p. 39-40).[54] Um futuro pela frente, ele acrescentava, gerava sentimentos de pertencimento, principalmente entre os não qualificados. Eles atribuíam esses resultados positivos às autoridades nacionais sob Médici.

Os participantes do grupo-focal de Singer, fossem qualificados ou não, estavam todos envolvidos com o desenvolvimento educacional e profissional, se planejando para ou sonhando com ele, assim como em comprar terrenos para escapar do aluguel. No início dos anos 1970, nas palavras de Lula, o Brasil estava funcionando a "todo vapor", transbordando em dinheiro e empregos; empresas metalúrgicas grandes estavam dando "reajuste mensal ou bimensal para que os salários dos trabalhadores acompanhassem a inflação.[55] Junto da escassez usual de trabalhadores qualificados, os gerentes de fábricas enfrentavam uma falta de trabalhadores não qualificados devido a uma diminuição

---

[53] É curioso que Singer tenha citado a observação de um trabalhador de que no Brasil "não temos problemas de revolução, de guerra, de nada, nem de diferença de cor ou de raça". Embora o Brasil possua um mito nacional difundido sobre a ausência do racismo, o fato do trabalhador com quem Singer conversou mencionar cor e raça já é por si só incomum. Infelizmente, um foco acadêmico sobre classe social e, em segundo lugar, sobre o regionalismo resultou que poucos estudos fabris desse período em São Paulo coletaram dados sobre cor ou raça. Para um que o fez, ver Gonçalves (1985, p. 38, 48).

[54] Para uma entrevista biográfica com o militante de esquerda de longa data, Paul Singer, que viria a ser um dos dirigentes do PT, ver Vannuchi e Spina (2005).

[55] Lula, entrevistado por Paraná, 6 de outubro de 1993 (Paraná, 2002, p. 111).

na migração para a região e a um *boom* nos grandes projetos de construção do governo. Além de diminuir as exigências para contratação e aumentar o valor dos pagamentos, a Ford estava oferecendo antecipações em relação às negociações de contrato anual para atrair trabalhadores, embora as empresas também dependessem das horas extras, para muito além das 48 horas de trabalho semanal legalmente estabelecidas, para lidar com a escassez de mão de obra (Humphrey, 1982, p. 268-270; Lobos, 1976, p. 171-172, p. 222; Gonçalves, 1985, p. 89-92).

O ambiente econômico excepcionalmente favorável de São Paulo fortaleceu a confiança de Vidal enquanto ele chefiava sua nova diretoria. Em outubro de 1973, o presidente sindical foi largamente citado em uma matéria de uma revista nacional sobre boicotes bem-sucedidos às horas extras pelos ferramenteiros de São Bernardo na VW e na Mercedes-Benz.

Criticando a política salarial do governo e citando a produtividade não recompensada, Vidal defendeu os 3 mil ferramenteiros da VW, cujas ações tinham reduzido a produção de carros de 1.700 a 1.000 veículos por dia antes da empresa se render. O Brasil estava vivenciando, concluiu o jornalista, a emergência de uma elite operária qualificada que demandava aumentos salariais não para sobrevivência, mas para sustentar o padrão de vida almejado. Descrevendo essas tensões trabalhistas como normais, os dirigentes das empresas usavam a desculpa familiar de que não podiam fazer nada sobre os níveis salariais porque eles eram determinados pelo governo ("Operários: A especialização", 1973, p. 28).

Apesar do excesso de trabalho, os trabalhadores estavam bem, e os qualificados estavam inquestionavelmente bem de vida. Como Lula viria a se gabar décadas depois, ele foi o primeiro em sua família a ter uma geladeira, uma televisão e um carro (um Volkswagen TL 72 turquesa comprado em 1973) (Kamel, 2009, p. 418; Silva, 1990, p. 213). Para alguns operários militantes de São Bernardo, os trabalhadores estavam se deixando levar por uma fantasia "querendo morar como os homens [os ricos]". Assim que eles conseguiam um trabalho um pouco melhor ou uma pequena promoção, reclamou Nego Blaster, um militante veterano, eles sonhavam com um carro, fins de semana na praia ou com os famosos restaurantes de polenta de São Bernardo, geralmente muito caros para o orçamento deles. Ele apontou para os carros estacionados perto dos portões das grandes fábricas, cujos donos eram "gente que não tinha nem onde morar". Blaster também desaprovava o consumo conspícuo dos trabalhadores. Alguns que "vivendo como bichos" em barracos da favela, ele resmungou, tinham TVs, liquidificadores, geladeiras e enceradeiras. Sua crítica provavelmente refletia sua não aprovação da disposição da geração mais jovem de contrair dívidas para comprar tais itens (Sampaio, 1979, p. 76-77).[56]

O dinheiro obtido além das necessidades imediatas era destinado a garotas, viagens para a praia e, se sobrasse algo, visitas aos cabarés. Um trabalhador que ainda não estava tão bem de vida, tendo acabado de fazer 18 anos, declarou um objetivo mais modesto: ver todos os filmes dos quais ele tinha sido barrado quando era menor de idade (Sampaio, 1979, p. 56-58). Como seu comentário jocoso sugere, os trabalhadores fabris estavam entregues a conversas agitadas e despreocupadas, fosse na oficina, no ônibus, no trem ou em um bar. A conversa nos refeitórios poderia abranger assuntos que iam de futebol, mulheres e comida até as ocorrências do dia, e inevitavelmente ocorriam disputas verbais e brincadeiras. Qualquer coisa podia estimular a troca criativa de chacota: as diferenças entre os nascidos em um ou outro estado sempre se destacavam com "baianos" como Lula, um alvo perene. Quando acabavam de comer, alguns jogavam baralho ou dominó, ou dormiam no banheiro; outros observavam as meninas dos escritórios voltarem ao trabalho ou (em ao menos uma fábrica) saíam para provocar meninas entrando na fábrica vizinha com palavrões e chamando-as para sair.

---

[56] Três quartos dos 100 trabalhadores pesquisados pelo estudante de graduação da USP José Sérgio Gonçalves em 1976-1977 tinham uma televisão. Mais de dois terços tinham rádios, geladeiras e liquidificadores, e metade tinha uma enceradeira. A posse era a maior entre trabalhadores qualificados e mais de 50% menos frequente entre trabalhadores não qualificados. Quarenta a setenta por cento de todos os níveis de habilidade regularmente usavam planos de crediário para fazer essas compras. Dois terços dos qualificados e um quinto dos não qualificados e semiqualificados tinham um carro (Gonçalves, 1985, p. 93-94, 107-109).

O APRENDIZ   325

O trabalhador que relatou com desaprovação esse último caso comentou, entretanto, que algumas das trabalhadoras até respondiam à altura. Ele concluiu que os trabalhadores, tanto homens quanto mulheres, eram "todos adolescentes" (Rainho, 1980, p. 80-83).

Uma sociabilidade intensa era fundamental para aqueles que trabalhavam em um mundo de máquinas vibrantes e de linhas de montagem barulhentas. Porém, o ideal internalizado entre os homens da classe trabalhadora, Singer enfatizou, era a família nuclear, e isso estruturava sua maneira de ser (Singer, 1973b, p. 41, 43-44). De fato, os trabalhadores fabris ou eram casados ou estavam prestes a casar. Os jovens com menos de 28 anos que conversaram com Singer disseram que o dinheiro deles era para "conquistar mulheres ou constituir família". Todos eles concordavam que os homens eram sacanas na sua corrida competitiva por dinheiro e mulheres, embora ele destacasse que as mães sempre estão presentes na vida de seus filhos, enquanto os pais abandonam os seus se encontram outra mulher (o que estava completamente em conformidade com a história de Aristides e dona Lindu) (Singer, 1973b, p. 44, 56). De acordo com a pesquisa de Gonçalves, as principais razões para constituir uma família eram, em ordem decrescente, vencer a solidão, porque o casamento é "tudo na vida", e realização pessoal (Gonçalves, 1985, p. 122-123).

Devido a motivos além de seu controle, o viúvo Lula pode ter obtido o direito de gabar-se como um namorador extravagante, gabando-se frente aos seus conhecidos homens sobre as mulheres com as quais ele supostamente estava fazendo sexo. Mas ele começou seu processo de aprendizagem no sindicato em tempo integral como um homem não completamente bem-sucedido precisamente porque ele não era casado. Lula se referiu a essa época como uma fase "meio doida" que o deixou sem sossego.[57] Como sua fala sugere, a solução para esse dese-

---

[57] Lula, entrevista com Paraná, 19 de julho de 1993 (Paraná, 1996, p. 95). Na versão revisada de 2002 do texto de Paraná, a citação foi alterada de "meio doido" para "muito namorador". Lula, entrevistado por Paraná, 19 de julho de 1993 (Paraná, 2002, p. 95). Em sua entrevista de 1979 para a *Playboy*, ele chamou isso de três anos de "loucura" e "comecei a cair na gandaia" (Machado, 2003, p. 204).

quilíbrio era o casamento e a constituição de uma família, o que Lula fez em 23 de maio de 1974, com Marisa Letícia Casa dos Santos (1950-2017), sua companheira de vida pelos 43 anos seguintes.

Quando eles se conheceram, no fim de 1973, Marisa era uma viúva de 23 anos com um filho de menos de três anos de idade. Ela tinha nascido em uma família de descendência italiana de camponeses de São Bernardo cujos filhos tinham se tornado metalúrgicos. Com 11 irmãos, ela tinha trabalhado como babá dos 9 aos 14 anos, seguidos por cinco anos embrulhando chocolates em uma fábrica antes de seu primeiro casamento, aos 19 anos. Seu marido Marcos Cláudio dos Santos era caminhoneiro. Em 1970, ele foi assassinado enquanto dirigia o táxi de seu pai à noite para tentar ganhar dinheiro extra; eles tinham se casado sem ter uma casa própria. Em 4 de fevereiro de 1971, ela teve o seu primeiro filho, Marcos Cláudio, quatro meses antes de Lourdes morrer grávida; uma vez casado, Lula adotou Marcos Cláudio, a pedido do menino, aos nove anos, e Marisa viria a ter três filhos com Lula, todos homens, entre 1975 e 1985.[58]

O segundo casamento de Lula resultou de um empenho desenfreado na busca por conquistar Marisa, funcionária em uma escola local, que Lula tinha conhecido apenas seis meses antes quando ela passou pela sede do sindicato dos metalúrgicos para conseguir a papelada carimbada para receber pensão do INPS. As narrativas de Lula a respeito do início da relação entre eles predominam nos registros públicos, nos quais observadores e jornalistas retratam Marisa como a mulher forte, ainda que invisível, por trás do "grande homem".

O relato de Lula enfatiza eventos que antecedem a época em que ele de fato conheceu Marisa, o que confere ao seu encontro um senso de destino. Ele conta como ele determinou que Luizinho, seu subordinado no sindicato, lhe avisasse quando qualquer *viuvinha* aparecesse

---

[58] Marisa, entrevistada por Paraná, 6 de maio de 1994 (Paraná, 2002, p. 316-320, 323); Marisa, entrevistada por Cláudio Cerri, 14 de outubro de 2002, (Cerri, 2006); Marisa, entrevista por Morel, meados de 1981 (Morel, 1981, p. 100). Uma versão sem notas de rodapé do encontro e cortejo deles é fornecida em Vannuchi (2020, p. 34-42, 46-49), embora o relato fornecido aqui seja retirado de fontes identificadas.

na sede procurando ajuda. Em uma única ocasião Lula explicou essa ordem curiosa: em 1979 ele disse à *Playboy* que "não queria mais casar com uma virgem", porque ele queria "encontrar uma pessoa que tivesse passado pelo mesmo que eu passei" (Machado, 2003, p. 204). Lula então destaca que ele já tinha ouvido falar da bela viúva Marisa, por meio de seu sogro, o taxista.[59] Uma pessoa reservada avessa à publicidade, Marisa deu poucas entrevistas, e por causa das demandas estratégicas da campanha presidencial de Lula em 2002, as duas entrevistas publicadas naquele ano focam no que mais interessava os leitores: o seu encontro e seu namoro com Lula.[60] Juntas, as entrevistas do casal coincidem amplamente nos detalhes e são dominadas pela ênfase de Marisa sobre sua irritação e resistência aos apelos de Lula, além de seu ceticismo sobre as motivações dele.

Para resumir os relatos, uma "viuvinha bonitinha" (Silva, 2000, p. 22) e loura de fato apareceu no departamento de bem-estar social de Lula. Avisado por Luizinho, Lula segurou a papelada dela para poder conhecê-la, período durante o qual ele mentiu sobre mudanças na lei para forçar mais um encontro; ela o descreve puxando conversa fiada sobre suas experiências em comum como viúvos. Ele até deixou a carteira dele cair para mostrar para ela que ele era de fato viúvo; tendo percebido o truque, ela respondeu, "ah é??". Até Lula finalmente carimbar a papelada, ele tinha praticamente a chantageado para que lhe desse seu número de telefone. A essa altura, aparentemente uma história de abuso arbitrário burocrático se torna uma de assédio; e Lula constantemente ligava para Marisa em seu local de trabalho para convencê-la a sair com ele. Depois de alguns encontros, incluindo um em um famoso restaurante de polenta, Lula invadiu a privacidade da família dela ao aparecer em sua casa sem ser convidado, para se apre-

---

[59] Lula, entrevistado por Paraná, 19 de julho de 1993 (Paraná, 2002, p. 95-96); Silva, 2000, p. 23.

[60] Marisa, entrevistada por Morel, meados de 1981 (Morel, 1981, p. 99-111); Marisa, entrevistada por Paraná, 6 de maio de 1994 (Paraná, 2002, p. 315-335) (não incluída na edição de 1996); Marisa, entrevistada por Cerri, p. 120.

sentar para a mãe dela e exigir que Marisa rompesse com seu atual namorado quando ele chegasse para sair com ela.[61]

Dois jornalistas já tentaram realizar análises mais substantivas sobre o que essa paquera revela sobre Lula. Em sua biografia fortemente crítica de 2011, Nêumanne classifica o comportamento de Lula como grosseiro e meio-cafajeste, e sugere que poderia ser considerado assédio. Nesse sentido, sua opinião coincide com a da feminista progressista Eliane Brum, uma admiradora das políticas sociais do governo Lula e autora de artigos substantivos sobre Lourdes e Marisa. Para Brum, a história do cortejo evidencia a rudeza machista de Lula e expõe mentiras e chantagens suficientemente amplas para constituírem abuso (Pinto, 2011, p. 98-100; Brum, 2009).[62] Nem Brum nem Nêumanne, entretanto, conciliam essa caracterização com o fato de que Marisa e Lula de fato se casaram e construíram uma vida juntos; ademais, a análise reduz Marisa a um objeto das manipulações de Lula. Porém, a própria narrativa de Marisa é marcada pela insistência em deixar clara a sua autonomia: ela não é enganada e, como enfatiza, é até resistente ao casamento.

Uma análise mais aprofundada dos relatos de Marisa e de Lula os enxergaria como performances direcionadas aos outros, enquadradas pelos costumes sociais e pelos estilos de sociabilidade característicos do mundo da classe trabalhadora, desigual como ele era em termos de gênero. O entendimento popular não é derivado de uma visão idealizada de interação igualitária; para trabalhadores, o mundo é movido por astúcia e cálculos, com competitividade e agressividade expressos em formas verbais conflitantes. É mais produtivo colocar essa história de cortejo dentro de seu contexto de convenções expressivas da classe trabalhadora – repleta de brincadeiras e de provocações – o que nos leva para além da tentação de julgamentos reducionistas. A natureza

---

[61] Marisa, entrevista para Paraná, 6 de maio de 1994 (Paraná, 2002, p. 321-323); Marisa, entrevista por Morel, meados de 1981 (Morel, 1981, p. 100-101); Marisa, entrevista por Cerri, p. 6-7.

[62] O perfil jornalístico fornecido pelo biógrafo de Marisa inclui diálogos não documentados e não caracteriza a natureza do cortejo deles (Vannucchi, 2020, p. 36-40).

dinâmica e bilateral das interações comunicativas entre Lula e Marisa é percebida melhor nas idas e vindas reais testemunhadas por Josué Machado, que passou três dias com eles para a entrevista de maio de 1979 para a *Playboy,* conduzida cinco anos depois deles terem se conhecido. Marisa chega da cozinha enquanto Lula está descrevendo a primeira vez que eles se conheceram como "um truque de mágico" que começou com ele enchendo o saco dela. Marisa interrompe com uma intervenção irônica e despreocupada: "primeiro ele preparou o terreno para depois me conquistar. Mas ele foi muito sem-vergonha, sabe? Num belo domingo apareceu na minha casa sem mais nem menos e foi logo conversar com a minha mãe. Cara-de-pau!". Diante da observação de Marisa de que o cortejo de Lula expressava sua "cara-de-pau", Lula responde, com falsa humildade, que tinha "perdido a timidez". Mas, continua Marisa, ela o convidou para entrar em casa porque não tinha mais o que fazer.

Se apropriando do rumo da conversa, Lula levanta a questão do rival com quem disputava a atenção dela, que também apareceu naquele dia, ao que Marisa responde "E daí?". Quando questionada por Machado sobre como ela escolheu entre os dois, Marisa disse que ela inicialmente não sabia e pediu tempo para pensar, afirmação que Lula interrompe e diz que ela demorou "apenas cinco minutos". Esclarecendo que foi ela que fez a escolha, Marisa então descreve os prós e contras de cada homem para Machado (e Lula): de um lado, alguém que ela conhecia da infância, quase parte da família; e do outro, Lula, pelo qual ela sentia mais afinidade e de cujo jeito ela gostava. Lula a interrompe para comentar que eles se casaram em seis meses, o que leva Marisa a resumir o contraste entre os dois pretendentes e o resultado eventual: "Um tinha boa intenção, outro intenção ruim. E acabei conquistada pelo que tinha intenção ruim." "Mas ele era gamado, viu?". Lula vangloria-se, triunfal: "O problema de mulher é você conseguir pegar na mão" (Machado, 2003, p. 205-206).

Essa interação enfatiza a natureza do diálogo entre os relatos retrospectivos de Lula e de Marisa sobre o cortejo, que deve ser colocado dentro do contexto do seu relacionamento de longo prazo. Na mesma entrevista, Marisa primeiro nega que jamais tenha brigado com Lula, mas duas frases depois lista todos os motivos que já a tinham levado a "quebrar o pau" em brigas com ele. Retornando mais tarde para o quarto onde Lula estava sendo entrevistado, Marisa o escuta declarar que uma dona de casa com três filhos não pode ser uma feminista, ao que ela pergunta ceticamente, "Marido pode, mas a mulher não?". O entrevistador imediatamente pergunta para ela se Lula é muito "machão", ao que ela exclama, "Epa!". Isso faz tanto Lula quanto Marisa rirem.

Lula com Marisa em casa
(Juca Martins)

O cortejo de Lula em relação a Marisa é uma história com moral clara: a vitória chega para aqueles ousados e astutos o suficiente para manobrar com desenvoltura a luta por um objetivo. As palavras faladas e as ações tomadas não definem, por si só, uma dada performance; elas devem ser contextualizadas interpessoalmente e em relação às normas sociais e aos entendimentos dos envolvidos. O cortejo de Lula em relação Marisa pode ser visto como arrogante e humilhante, constituindo assédio e abuso. (Lula insiste que ele nunca ficou "cantando as moças", ou seja, importunando as mulheres que entravam no sindicato).[63] Mas nós devemos analisar essas ações e palavras no espírito em que elas se desdobraram, que foi direto, mas brincalhão e acompanhado por uma malícia que buscava estabelecer uma relação. "De repente, a partir daí", depois da aparição não convidada de Lula na casa de Marisa, "a relação começou a dar certo". Ele voltou muitas vezes, ficando amigo da mãe e da irmã dela. Como ela relembra, "Ele faz amizade fácil, né? Acabou convencendo".[64] Quando ele decidiu concorrer ao principal cargo do sindicato, ela concordou e, com orgulho, assistiu a Lula, agora um homem verdadeiramente feliz, estrear como presidente em 1975, logo depois de Marisa ter dado à luz o primogênito dele, Fábio. Como Marisa e outros já comentaram, Lula é uma pessoa determinada, e quando ele sabe o que quer, ele geralmente o consegue.

---

[63] Lula, entrevistado por Paraná, 19 de julho de 1993 (Paraná, 2002, p. 101).

[64] Marisa, entrevistada por Paraná, 6 de maio de 1994 (Paraná, 2002, p. 323).

10. PEIXE PEQUENO EM UM MUNDO DE TUBARÕES

O discurso lido por Lula na sua posse como presidente no sindicato em 1975 chamava a atenção pela sua gramática limpa, seu vocabulário erudito e sua elegância nos argumentos. Como tinha sido escrito pelo advogado do sindicato, o discurso utilizava a doutrina social católica para descrever um mundo que oferecia duas alternativas falsas e nefastas. No mundo comunista, as pessoas eram "esmagadas pelo Estado, escravizadas pela ideologia marxista", e tinham seu direito de pensar e se expressar livremente negado; sob o capitalismo, elas eram "escravizadas pelo poder econômico" e tinham sua dignidade negada devido à busca incessante pelo lucro. As estruturas, Lula discursou, deveriam estar a serviço daqueles que constroem as riquezas do mundo, mas que hoje vivem em barracos, morrem em filas de hospital e moram em favelas. Devemos evitar culpar governos específicos, ele acrescentava, mas é crucial se "preparar agora para a vitória de amanhã" porque "o futuro está em nossas mãos" (Rainho e Bargas, 1983, p. 187).

Frei Chico estava muito feliz com a estreia de seu irmão mais novo, mas reconhecia o desafio que Lula enfrentava em falar para tantas pessoas. Embora proferido de maneira hesitante, o texto não era exatamente de esquerda, na opinião de Frei Chico, mas ele tinha certeza, como vice-presidente do sindicato de metalúrgicos de São Caetano, de que criticar o comunismo e o capitalismo frente a autoridades era um ato de afronta. As palavras contundentes escritas por Maurício Soares refletiam os sentimentos otimistas dos oponentes do regime após o terremoto eleitoral de novembro de 1974.[1] Quando a poeira abaixou, um MDB, antes muito fraco, tinha sido transformado em uma importante força de oposição nas legislaturas nacionais e estaduais. Em 1966, o Exército tinha substituído um sistema pluripartidário por um bipartidário para garantir a centralização do poder na presidência nacional por ele monopolizada; o lago negativo dessa engenharia política foi revelado em 1974, quando a escolha entre somente dois partidos – o MDB e o partido de situação, Arena – serviu para aglutinar votos dados vagamente em favor de mudanças e aqueles que expressavam um protesto mais forte, produzindo uma dinâmica plebiscitária (Lamounier, 1989, p. 62-63).

Quando a apuração foi realizada, o MDB tinha dobrado sua representação na Câmara dos Deputados, na qual os votos nacionais para o partido tinham crescido de 4,8 milhões em 1970 para 10,9 milhões quatro anos depois; sua representação no Senado cresceu de 7 para 20, e em 1974 o MDB venceu a Arena com 14,6 milhões de votos contra 10 milhões. O estado economicamente dinâmico de São Paulo era a ponta da lança de oposição. Não apenas o MDB conquistou a maior parte das cadeiras legislativas estaduais, mas o candidato ao Senado da Arena Carvalho Pinto, um ex-governador muito reconhecido, embora com a saúde debilitada, foi vencido por um prefeito do interior praticamente desconhecido, o jovem Orestes Quércia, com uma margem

---

[1] Frei Chico, entrevistado por Paraná, 10 de setembro de 1993 (Paraná, 2002, p. 161-162). Dentre as tarefas atribuídas a Soares estava preparar projetos e discursos proferidos por diretores, que podiam fazer alterações no texto. Descrito por Lula como "muito cristão", o advogado era "considerado de esquerda para a época", tanto que ele foi preso em 1970. Já sobre o discurso de sua posse, Lula diz que gostou muito dele, apesar de reconhecer – como seu irmão – que ele poderia parecer "nem tanto à terra, nem tanto ao mar" politicamente. Lula, entrevistado por Paraná, 19 de julho e 6 de outubro de 1993 (Paraná, 2002, p. 103; p. 119).

de 3 milhões de votos (Skidmore, 1988, p. 172-173; Gaspari, 2003, p. 454-455, 464-465; Alves, 1990, p. 143-147; Sarles, 1982). Nem a oposição esperava tamanha "revolução pelo voto" em um momento em que os índices de sucesso econômico do governo, desde Médici, se mantinham, a oposição estava acuada e a grande mídia estava em boa parte bem comportada, além de censurada.

O pleito de novembro de 1974 tinha um significado especial para os sindicalistas do estado, principalmente para metalúrgicos, por causa da eleição de Marcelo Gato (1941-2011), o antigo presidente do sindicato de metalúrgicos de Santos, como deputado federal. Um dos candidatos mais votados, Gato recebeu muitos de seus 100 mil votos no forte reduto de oposição de Santos, que se somaram a um apoio eleitoral significativo no ABC (Correndo, antes de andar..., 1974; Alberto Marcelo Gato..., 2018; Araújo, 1985). O fato de que o novo deputado federal compareceu à posse de Lula, junto com o governador Egydio, foi devidamente registrado pelas agências de inteligência do Segundo Exército, que tinha praticamente co-governado São Paulo sob Médici.[2] Para Frei Chico, a vitória de Gato era especialmente significativa porque ele tinha feito campanha para o jovem advogado e ambos eram membros do PCB, o partido ao qual o irmão de Lula tinha se filiado clandestinamente em 1971 ou 1972. Em suma, os resultados – que incluíam a eleição de outro comunista, Alberto Goldman, para deputado estadual pelo MDB – confirmavam a estratégica daqueles militantes de esquerda, chamados de reformistas, que tinham rejeitado o caminho da luta armada e dos boicotes eleitorais defendidos por Carlos Marighella e pela nova esquerda estudantil no fim dos anos 1960; de fato, o declínio dos votos de protesto (em branco e nulo) explica parte da melhora na performance eleitoral do MDB em 1974, mas de forma alguma toda ela.

A vitória inesperada do MDB despertou euforia entre aqueles que tinham sido derrotados quando o AI-5 foi promulgado em 13 de

---

[2] Ministério de Justiça, Arquivo Nacional, SNI, Ministério do Exército Comando do II Exército 2ª Seção, "Relatório Periódico de Informações", #5 (1975). 15-40 (excerto); incluído em SNI. E0039652-1980, 18-06-1975 "Relatório Referente a maio de 1980", p. 21.

dezembro de 1968. O editorial pós-eleição no órgão oficial, porém ilegal, do PCB, *Voz Operária*, foi escrito anonimamente pelo membro do Comitê Central Marco Antônio Tavares Coelho, um antigo deputado federal de Minas, que vivia na clandestinidade após ter sido condenado a uma sentença de sete anos na prisão em 1966. Intitulado "Apertar o Cerco" o editorial aguardava ansiosamente os avanços que estavam por vir no ano seguinte na luta para restaurar a democracia eleitoral (Coelho, 2000, p. 360; Godoy, 2015, p. 428). A triste ironia, entretanto, é que 1975 traria uma campanha, comandada pelo Destacamento de Operações de Informação (DOI) do Exército, que destruiu a organização de Coelho de cima a baixo. Mesmo para um partido ilegal com uma longa experiência de perseguição, o ataque sangrento do DOI foi algo nunca visto, incluindo, como um fator decisivo, o seu sucesso em transformar diversos dirigentes importantes em informantes – em troca de suas vidas – enquanto acabava com as operações gráficas do PCB e pacientemente mapeava sua rede de direção e contatos.[3]

Para evitar publicidade, os detidos em 1975 geralmente desapareciam – alguns para reaparecer depois, outros executados de vez – enquanto centenas de militantes de base, simpatizantes e meros conhecidos eram jogados incansavelmente para dentro do ciclo de tortura e de coleta de informação do DOI (Godoy, 2015, p. 129).[4]

O DOI do Exército e as outras agências de inteligência conexas eram conhecidas coletivamente como o *porão*. Para além do seu sentido original que remete ao compartimento inferior de uma casa ou de um navio, onde muitas vezes coisas velhas e imprestáveis se acumulam, a expressão se refere figurativamente à parte da psique em que memórias e segredos indecentes e inadmissíveis são guardados. Foram os porões do regime militar – principalmente nos anos após o AI-5 – que geraram a imagem mais emblemática das violações dos

---

[3] Godoy (2015, p. 424-425, 428, 433) discute as provas de que o bem situado membro do Comitê Central Severino Teodoro de Melo seria o informante mais importante do DOI, apesar da negação de Melo.

[4] Para o tipo de informação que estava sendo buscada, ver o questionário do DOI em Jordo (2005, p. 171-74).

direitos humanos sob a ditadura: o corpo do jornalista judeu Vladimir Herzog enforcado em uma cela do DOI, que ganhou visibilidade por meio de uma foto pouco convincente publicada pelo Exército para provar a alegação implausível de que ele havia cometido suicídio, e não morrido em decorrência da tortura. A morte de Herzog em novembro de 1975 – trazida ao conhecimento público por meio das ações corajosas do sindicato dos jornalistas da cidade, do arcebispo Paulo Evaristo Arns (1921-2016), e do dono de um jornal paulista conservador, porém com princípios, Ruy Mesquita (1925-2013) – foi o clímax de uma orgia de violência que rompeu o silêncio sobre as violações de direitos humanos em São Paulo. Um funeral ecumênico altamente policiado para Herzog, com o comparecimento de milhares, marcou uma reviravolta na opinião da classe média e da elite, o que foi o suficiente para exacerbar o faccionalismo intrarregime, levando assim a um grau de liberalização que limitava ao menos a violência de Estado não autorizada depois de janeiro de 1976 (Godoy, 2015; Jordo, 2005; Dantas, 2012; Markun, 2004).

Não é surpreendente que desviemos o olhar da dor dos outros, principalmente quando esse sofrimento ocorreu em um momento do passado e o bem posteriormente triunfou. Esse capítulo, entretanto, irá focar na política de 1974-1975 e em como os metalúrgicos foram engolfados por um turbilhão de terror, incluindo Marcos Andreotti, sua mulher e sua filha, assim como Frei Chico, seus camaradas, colegas sindicalistas, sua mulher e sua família. Aqueles que já leram relatos jornalísticos sobre a vida de Lula sabem que Frei Chico foi capturado, torturado e detido por 76 dias, um acontecimento que Lula já afirmou ter sido decisivo para sua trajetória futura. Porém, ninguém explicou como esse desastre familiar se enquadra no confronto decisivo entre o porão, as facções internas do Exército e a resistência organizada dentro da sociedade civil que se seguiu à vitória eleitoral do MDB em 1974 para a qual sindicalistas como Paulo Vidal e os irmãos Silva contribuíram.

Ao mesmo tempo que traz ao leitor uma forte noção do que significava viver sob a ditadura militar brasileira, o capítulo também fornece uma análise detida do que significa passar por uma violação de direitos humanos. Ele explora o arrastão destruidor do regime contra o PCB que atingiu Frei Chico e acabou no martírio de Vladimir Herzog e de Manoel Fiel Filho, assim como de dois funcionários da Polícia Militar de São Paulo. Ao narrar o sequestro de Frei Chico e sua tortura, o capítulo evita o sensacionalismo que destaca os elementos mais espetaculares, "malvados" e perversos da coerção física e da degradação humana. Tratando a tortura como um conjunto de práticas, eu exploro a experiência como algo que deve ser analisado, pesado e avaliado, por meio de um exame exaustivo dos relatos dos irmãos Silva e de outros, assim como de documentos recém-abertos de agências de inteligência nacional e estadual.

Entender o que aconteceu com o irmão de Lula nos ajudará a compreender melhor as classes populares brasileiras, que foram, por tempos imemoriais, submetidas à violência arbitrária e à tortura. Isso também nos ajudará a entender como um indivíduo da classe trabalhadora como Frei Chico veio a assumir riscos políticos, e porque tal decisão é tão desanimadoramente rara. Estabelecer esses pontos não apenas nos ajuda a sublinhar o quão extraordinárias foram as lutas que estavam prestes a ocorrer no ABC, mas também esclarece as decisões tomadas pelas centenas de milhares que participaram nessas massivas ações de enfrentamento.

Quando entrevistado em 2014 pela Comissão da Verdade do Brasil, o irmão de Lula observou sarcasticamente que "eu fui um torturado privilegiado, né!" Frei Chico explicou que esse privilégio era não ter sido "penetrado com bastão" ou ter seus dentes quebrados. A tortura não chegou "a esse ponto", ele explicou, porque "eu era um, eu era um" – hesitando antes de completar seu raciocínio – "chamado peixe pequeno". Sua autoidentificação como "peixe pequeno" se refere mais imediatamente ao seu nível de responsabilidade no partido: um membro do minúsculo comitê municipal do PCB em São Caetano, e não um dirigente estadual ou nacional que o DOI estava preparado para torturar até a morte para descobrir o que sabia. Mas a imagem de vítima pequena reflete uma ênfase recorrente nos relatos de Frei Chico sobre sua detenção: que entre os sequestrados e detidos com ele estavam "pessoas influentes na sociedade" tais como advogados, arquitetos, jornalistas, judeus e maçons. Diferentemente dos trabalhadores, ele observou, tais pessoas "têm influência na alta sociedade", e ele é enfático ao afirmar que ninguém teria ficado sabendo do que aconteceu nos centros de detenção do Estado se os suspeitos comunistas fossem só da "a chamada parte baixa".[5] O fato de que havia figuras da classe média dentre os que foram presos com ele, destaca, foi a sua sorte.

O fato de os detidos pelo DOI serem de esquerda e terem passado por uma experiência compartilhada de terror e aviltamento não apagava as trajetórias de vida distintas e as subjetividades que separavam os do "andar de cima" da sociedade brasileira daqueles oriundos da sua base. Trabalhadores de primeira geração como Frei Chico e sua família traziam do mundo rural, como apontou Certeau, uma visão de uma sociedade organizada por "uma luta imemorial entre 'os poderosos' e 'os pobres'", marcada por "vitórias constantes dos ricos e da polícia" (Certeau, 1984, p. 16). Para esses "filhos e filhas de medo", para aludir ao título do pequeno romance do operário que se tornou escritor, Roniwalter Jatobá, o mundo era dividido entre fracos e fortes, predadores e presas. Isso remete ao ganancioso e inescrupuloso tubarão, profundamente enraizado na cultura popular e onipresente na linguagem política de uma emergente política eleitoral de massas da São Paulo pós-guerra.[6] Estudando os metalúrgicos da cidade em 1957, Juarez Rubens Brandão Lopes registrou a resposta invariável deles a qualquer mudança no funcionamento da fábrica: "o benefício é deles [os donos], dos trabalhadores nunca é". Isso revelava, como ele corretamente escreveu, "um sentimento de antagonismo, uma consciência de uma situação comum dos que trabalham, em contraposição aos ricos, 'tubarões', donos de fábrica ou 'capitalistas'" (Brandão Lopes, 1960, p. 409).

---

5   "José Ferreira da Silva (Frei Chico)", 2014; Frei Chico, entrevista por Paraná, 5 de outubro de 1993 (Paraná, 2002, p. 183).

6   Ver minha discussão sobre tubarões em Veras (2013).

A imagem do tubarão reflete a sabedoria popular de que forças inescrupulosas e predatórias – frequentemente culpadas pela inflação e pelo alto custo de vida – abusam, impunemente, dos pobres e dos fracos. Embora registrada com desaprovação moral, tal convicção induz fortemente à reprodução da distribuição de poder existente porque ela aconselha a manter uma estratégia de vida que chamamos, seguindo o estudo do sociólogo Pereira na escola primária de Santo André, de "retração". Um homem entrevistado nos anos 1970 em um loteamento em Osasco evoca exatamente essa estratégia ao utilizar a metáfora do tubarão:

> Rico aqui não conheço nenhum. Tubarão só mora em água grande, senão afoga. Porque os pequenos na água grande não podem ir, os pequeninhos não podem ir na água grande. Então os tubarões ficam na água grande tomando conta. Entrou lá, eles comem, tá certo? E vir pra cá também eles não podem vir, senão se afogam, que a água é rasa, né? (Bonduki e Rolnik, 1982, p. 146)

Apesar de ter uma mulher e dois filhos com menos de cinco anos de idade, Frei Chico não só se recusou a ficar no raso, como mergulhou no oceano da política, dominado por tubarões. Motivado por uma rebelião feroz, ele insistiu no direito a suas próprias ideias e opiniões, mesmo quando elas eram consideradas subversivas por um governo ditatorial capitalista. Nesse sentido, o horror e o sofrimento que visitaram Frei Chico, sua família e seus colegas sindicalistas era eminentemente previsível. O que eles não poderiam saber, entretanto, era o impacto que esse desastre pessoal teria no irmão de Frei Chico, o bom moço, e no caminho astuto que ele tomaria no futuro como um ator político ágil e de cabeça fria.

INÉRCIA E INQUIETUDE NO BRASIL EM MOVIMENTO

Quando o general Ernesto Geisel (1907-1996) foi indiretamente eleito como presidente em 15 de março de 1974, aos 67 anos de idade, ele estava confiante sobre o futuro e as conquistas do regime. Observando a década passada de domínio militar, ele estava orgulhoso de que as Forças Armadas tinham mantido coesão interna e respeito pela hierarquia suficientes para defender os objetivos de instituir uma ditadura de uma ditadura escancarada. Ademais, as reformas econômicas e institucionais ambiciosas do regime tinham produzido taxas de crescimento extraordinariamente altas de 1968 até 1974. Era verdade que 1969 e 1970 tinham testemunhado manchetes espalhafatosas sobre assaltos, tiroteios e sequestro de diplomatas estrangeiros, em troca de prisioneiros políticos, com motivações políticas. Porém, essa ameaça tinha sido impiedosamente eliminada por meio de um aparato repressivo que veio a ser ancorado no DOI do Exército; dezembro de 1973 foi marcado pela eliminação dos últimos pequenos grupos de guerrilha que tinham recorrido à luta armada contra o regime.

Tendo acabado de ocupar o cargo de presidente da Petrobras, Geisel estava ciente do desafio significativo que o país enfrentava, dada sua dependência esmagadora de petróleo importado, com o aumento no preço pela Organização dos Países Exportadores de Petróleo (Opep) a partir de outubro de 1973. Porém, o crescimento no PIB em 1974 ainda era alto, e mesmo o aumento modesto na inflação parecia improvável de mudar o padrão eleitoral estabelecido em 1970 e 1972, quando a Arena vencia facilmente o MDB. Entretanto, uma dor de cabeça política que atormentava Geisel existia desde a origem do regime militar. Apoiada pelos Estados Unidos, a deposição do presidente Goulart tinha sido uma colaboração entre o Exército e as elites civis econômicas, políticas, religiosas e da mídia, com apoio substancial das classes média e alta. A classe política civil rapidamente deu apoio parlamentar à transferência de poder para um presidente militar e não se opôs ao expurgo dos partidários de Goulart dos cargos eleitorais e do aparelho estatal: a decapitação de organizações "comunistas" e "subversivas", tais como sindicatos, movimento estudantil e associações camponesas ocorrera sem maiores controvérsias, já que elas haviam constado entre os mais ativos apoiadores de Goulart.

Como parte dessa aliança com forças civis, o primeiro presidente militar do regime, Humberto de Alencar Castelo Branco (1900-1967), preservou as formas eleitorais de representação política.[7] Isso permitiu que o golpe se apresentasse como uma defesa da democracia e distinguia o novo governo das ditaduras militares escancaradas e dos grosseiros caudilhos da América Latina. O governo pós-golpe também tinha uma retórica bem estabelecida semelhante à do liberalismo brasileiro que tinha caracterizado as classes dominantes desde a Independência em 1822. Ao longo de um século e meio, as elites militares e civis tinham valorizado a convicção de que o povo do país – composto majoritariamente de escravos, ex-escravos e descendentes de escravos – ainda não estava preparado para a cidadania completa. Embora racistas, os governantes do Brasil não sentiam necessidade de proclamar formalmente a inferioridade dessas massas em termos explicitamente raciais; eles poderiam, em vez disso, apontá-los de forma paternalista como sujeitos mal-educados, ignorantes e dependentes que seriam presa fácil para demagogos e para subversivos como aqueles expulsos em 1964. Nesse sentido, o topo da sociedade brasileira compreendia o voto como algo que desempenhava um papel predominantemente retórico de fonte da legitimidade governamental. As peculiaridades do Brasil, acreditavam eles, tornavam necessário um período estendido de tutelagem, uma "democracia guiada", para preparar a população para uma eventual transição para uma democracia mais perfeita com segurança.

O desafio político que atormentava os governadores militares do Brasil e seus administradores civis se originava não a partir da base, mas sim do fato de que o Exército como uma instituição, uma vez no poder, simplesmente não estava disposto a voltar aos quartéis. Influenciadas por uma retórica messiânica que existia entre rebeldes militares antioligárquicos nos anos 1920, as Forças Armadas não viam motivo para entregar o governo de volta a uma classe política corrupta cuja venalidade, falta de visão e busca antiética por votos gerava retrocesso, caos e subversão. O senso de missão dos militares, combi-

---

[7]   A decisão de não romper definitivamente com instituições representativas clássicas refletia a necessidade tanto da "compatibilização das 'elites'" quanto da "manutenção da coesão das Forças Armadas" (Lamounier, 1980, p. 18).

nado com o imperativo da união institucional, os levou a proclamar o seu movimento como um regime revolucionário autolegitimado. Embora a classe política pudesse se acomodar retoricamente à denominação do golpe como a "Revolução de 1964", ela em última instância não poderia aceitar qualquer reivindicação de legitimidade que não se baseasse nos votos que ela mesma recebia.[8]

O político de direita Carlos Lacerda, governador do Rio de Janeiro em 1964, fora uma figura central na deposição de Goulart. Em três anos, como já vimos, Lacerda se radicalizou diante da falta de disposição dos militares de devolver o poder a um presidente eleito diretamente, fosse ele um civil, como Lacerda, ou um militar (se este conseguisse votos suficientes para tal, o que era improvável), uma vez passado o estado de sítio.

O fato de o regime militar ter sobrevivido por 21 anos demonstra tanto a disposição do grupo governante de usar a força quanto sua capacidade de exercer liderança social por meio de jogos, truques e ambiguidades táticas. Já o fato de que o regime preservou eleições para cargos legislativos indubitavelmente contribuiu para seu sucesso, pois isso fornecia um espaço para perdedores heterogêneos (tais como o MDB) e permitia que o partido de situação, Arena, atraísse um conjunto de políticos oportunistas e antiéticos que o próprio Exército frequentemente detestava. Eleições, mesmo que restritas, permitiam a expressão de preocupações divergentes e frequentemente paroquiais em nível local e estatal motivadas por interesses próprios individuais, familiares, coletivos ou regionais. Nesse sentido, a conduta política dentro do Exército era permeada pelas mesmas dinâmicas personalistas e clientelistas que prevaleciam entre os seus equivalentes civis; Geisel, por exemplo, afastou Médici e seus ministros e assistentes mais próximos assim que assumiu o cargo.

Porém, os problemas políticos herdados pelo presidente Geisel se tornaram mais difíceis de solucionar com a reação do Exército em 1968 à rebelião parlamentar dos políticos do MDB e da Arena. A ar-

---

[8] Minha compreensão sobre as dinâmicas políticas do regime militar, especialmente em relação a São Paulo, deriva da pesquisa de Bryan Pitts e de muitas horas de conversa com ele. Ver Pitts, 2013, 2022.

quitetura política pós-AI-5 realçou a contradição entre a retórica governamental sobre democracia e a violação sem precedentes de normas liberais fundamentais incluindo o *habeas corpus* e a liberdade de imprensa. Quando seu mandato começou, o novo presidente era um pouco mais ousado que Médici ao mencionar uma eventual transição política; as fórmulas sucessivamente citadas por Geisel e por seus conselheiros incluíam descompressão, distensão e finalmente abertura, com a ameaça implícita de que poderia haver um fechamento (Gaspari, 2003, p. 252, 255, 459). No início de 1974, em outras palavras, o cenário político era bifurcado, com um grupo estático de militares mais velhos liderando uma sociedade em inquieto tumulto.

As eleições de novembro de 1974 viriam a revelar dramaticamente a existência de novos agentes, ambições e sensibilidades em jogo no cenário nacional. Sobretudo, havia uma nova geração – homens tais como Orestes Quércia e Paulo Vidal, de São Paulo – que se irritava com a monopolização do poder pelos mais velhos e buscava seu próprio lugar ao sol. Enquanto os votos para o MDB aumentavam por todo o Brasil em urbanização, o partido gerava o maior impacto no estado de São Paulo, que tinha se mostrado um problema duradouro desde que Getúlio Vargas afastou o estado do controle do governo nacional em 1930. Ao longo de meio século de intervenções, quem ocupasse a presidência da República podia sempre depender dos políticos das regiões mais pobres do país, mas São Paulo permanecia um parceiro necessário, porém difícil de lidar e um adversário potencialmente forte para o governo nacional. O estado não só era o centro da economia nacional, como também tinha uma elite relevante com um histórico de particularismo regionalista.

Em 1970, o MDB tinha sido praticamente extinto em São Paulo, portanto o seu renascimento em 1974, escreveu Célia Melhem, dependeu da adaptação às mudanças em curso na economia, na sociedade e nas dinâmicas do estado. O milagre econômico não só tinha alterado radicalmente a composição das elites políticas mas também expandiu suas classes médias ao mesmo tempo que diversificava uma classe trabalhadora industrial crescente. A aceleração da urbanização no interior tinha produzido novas cidades com estruturas de poder locais mais complexas como Campinas, sede de uma nova universidade estadual. Uma dicotomia política antiga estava, assim, se dissipando, na qual uma capital urbanizada e politizada se contrapunha aos "grotões" eleitorais do interior, onde a política local era monopolizada por famílias poderosas. Novas regiões industriais, sobretudo o ABC, eram outro vetor de mudança, dado o vasto aumento no número de trabalhadores com altos níveis de renda e qualificação (Melhem, 1998, p. 20-21).

O Segundo Exército em São Paulo estava profundamente ciente da importância estratégica do ABC e escreveu, em um relatório confidencial de outubro de 1975, que havia uma projeção de que a receita municipal anual do ABC alcançaria o montante soberbo de 2 bilhões de cruzeiros (90% nos três maiores municípios: Santo André, São Bernardo e São Caetano). A principal preocupação dos autores do relatório, entretanto, era que os sindicalistas de São Bernardo – em outras palavras, o sindicato dos metalúrgicos – estavam tentando acabar com a hegemonia local da Arena "em favor do MDB".[9]

De fato, o grupo da direção do sindicato – do qual Vidal tinha sido parte desde 1967 – era essencial para o MDB local. O diretor sindical Mário Ladeia atuou como vereador do MDB de 1969 até 1976, e outro diretor sindical, Antenor Biolcatti, se juntou a ele em 1974, o mesmo ano em que um dos advogados do sindicato, Almir Pazzianotto, foi eleito deputado estadual pelo MDB. Ladeia seria eleito vice-prefeito em 1976, quando o MDB venceu eleições locais e Vidal se tornou vereador da cidade.

Tirando alguns momentos de sua infância, o jovem Lula demonstrava pouco interesse pela política eleitoral até trabalhar com Paulo Vidal na diretoria do sindicato; desse ponto em diante, ele consideraria a política estimulante. Na disputa para o senado por São Paulo, a

---

[9] Ministério de Justiça, Arquivo Nacional, SNI, Ministério do Exército Comando do II Exército 2ª Seção, "Relatório Periódico de Informações. Período de 01 a 31 de outubro de 75" #10 (1975), 8, 15, em 27 de novembro de 1975: SNI. E0041403-1980, 27-11-1975, 20.

Arena tinha nomeado o tedioso Carvalho Pinto, que no passado tinha sido governador, senador e ministro. Como Lula relembra, ninguém sabia nada sobre o concorrente de 36 anos, Orestes Quércia, mas o colega diretor de Lula, Biolcatti, delegado do congresso do MDB, estava impressionado com esse jovem advogado e ex-prefeito de Campinas. Convidado para se reunir com a diretoria do sindicato, Carvalho Pinto foi surpreendido por questionamentos agressivos e tinha pouco a dizer em resposta; os dirigentes sindicais reunidos disseram na cara dele que ele não receberia seus votos. Retrospectivamente, Lula recorda que fazer campanha para um político a partir da sede do sindicato foi a " a primeira ação coletiva" da diretoria; e o melhor, para a surpresa deles, foi que Quércia ganhou.[10]

Como vice-presidente do MDB local, Paulo Vidal era um homem em movimento. Quando ele se tornou o presidente do sindicato de São Bernardo pela primeira vez, Vidal não tinha intenção de simplesmente administrar o que já existia. Desde o início, ele demonstrou uma disposição de transformar as coisas, e foi adequadamente descrito como "uma figura irrequieta" pelo diretor do Dieese, Walter Barelli, que trabalhou de modo próximo a ele. Como exemplo, Barelli menciona as tentativas de Vidal de fugir dos acordos coletivos negociados pela federação dos metalúrgicos do estado. Controlada por pelegos, a federação afirmava e exercia o direito jurídico de representar os sindicatos dos metalúrgicos do interior, em sua maior parte pequenos e fracos, mas sua responsabilidade também abrangia três grandes sindicatos no ABC. Em seu primeiro ano, Vidal tentou um *dissídio* separado com uma exigência de aumento salarial percentual que não coincidia com o cálculo do Dieese de custo de vida. Em um ataque de raiva, Vidal retirou seu sindicato da organização, embora Barelli, depois de muita conversa, o tenha convencido a retornar pouco mais de um ano depois. Em 1973, Vidal tinha contratado Barelli para oferecer cursos de liderança para sua diretoria, e a relação com o diretor do Dieese continuou sob as presidências de Vidal e de Lula (Chaia, 1992, p. 147; Walter Barelli..., 2018).

---

[10] Lula, entrevistado por Paraná, 6 de outubro de 1993 (Paraná, 2002, p. 116-117).

Assim como Quércia, Vidal era movido por um desejo de ascender e deixar sua marca no mundo. Diferentemente do advogado Quércia, entretanto, as origens sociais de Vidal e sua educação limitada eram um obstáculo para a mobilidade social na maior parte das esferas de atividade.[11] Embora esses não fossem obstáculos tão formidáveis para o sucesso na política eleitoral, tanto a participação em assuntos partidários quanto a administração municipal demandavam um domínio da palavra falada e escrita, combinados a um certo refinamento dos modos. Como explicou o editor da *Tribuna Metalúrgica*, quando Vidal fundou o jornal em 1971 ele estava se distinguindo do típico sindicalista que em geral "carente de nível cultural, sem hábito de leitura" não priorizava a comunicação escrita quando comparada a algo concreto como um novo consultório médico. Porém, Vidal tinha "muita paixão" pelo jornal, contribuindo com uma coluna presidencial todo mês e mantendo-se enturmado com a equipe, como comenta o advogado sindical e colaborador da *Tribuna* Antonio Possidonio Sampaio (Sampaio conforme citado em Paranhos, 2002, p. 29-30, 34-35). Quando as primeiras edições saíram, relata Nunes, Vidal ficou preocupado com o desinteresse demonstrado no portão da fábrica quando elas foram distribuídas. Ponderando sobre o que poderia ser feito para tornar menos provável que os trabalhadores jogassem o jornal fora depois de olhar de relance para a primeira página, a *Tribuna* lançou o que viria a ser seu componente mais popular ao longo dos anos 1970: as sempre críticas e frequentemente humorísticas cartas escritas pelo ficcional João Ferrador, o peão irreverente (Nunes, p. 83).

Com a nova e esplêndida sede do sindicato como um cartão de visita pessoal, o volúvel Vidal emergiu após 1973 como uma fonte frequente para jornalistas, que regularmente citavam o presidente do sindicato em jornais e revistas baseadas em São Paulo e nacionais. Ele possuía uma linguagem *sui generis* que não era de esquerda, populista ou pelega, e sempre falava com orgulho sobre a modernidade das

---

[11] Amaury de Souza, 1978, p. 95, 99. Souza enfatiza uma lacuna social "substancial" separando dirigentes operários e trabalhadores qualificados dos membros das elites nacionais, principalmente das classes mais altas e médias.

indústrias de São Bernardo, sobre a produtividade de seus trabalhadores e sobre a riqueza que eles produziam. Atendo-se estritamente ao econômico, ele não obstante formulava críticas aos patrões, ao sistema de relações trabalhistas e ao papel intervencionista do governo. Retoricamente, ele diferia de outros sindicalistas que usavam a CLT defensivamente para criticar violações da lei pelos patrões enquanto apelavam ao governo para agir de modo honesto. Vidal, por outro lado, expressava ceticismo sobre a legislação trabalhista redigida em 1943, que ele considerava arcaica em relação à sua categoria. Evitando discussões sobre a "classe trabalhadora", ele enfatizava os problemas específicos enfrentados pelos metalúrgicos; sua acusação em relação aos patrões era que eles se recusavam a dividir de forma justa o lucro que se originava do alto nível de produtividade industrial. A solução ideal, ele argumentava, seria a negociação direta entre trabalho e capital sem a nociva intervenção estatal. Tais temas estariam presentes também no discurso de Lula posteriormente.

Dois meses antes das eleições de novembro de 1974, Vidal realizou sua conquista mais notável ao juntar algumas centenas de metalúrgicos locais para avaliar seu setor econômico, sua categoria e o sistema de relações trabalhistas. Ocorrido em 6-8 de setembro de 1974, o primeiro Congresso dos Metalúrgicos de São Bernardo e Diadema surgia graças ao espírito criativo de Vidal e de sua diretoria, além da sua colaboração com Barelli, do Dieese e, por meio dele, com círculos da intelectualidade de oposição. Uma iniciativa única em termos do cenário sindical, ela ocorreu apesar da pressão do diretor da Delegacia Regional do Trabalho (DRT), do Ministério do Trabalho; isso fez do encontro, como Pazzianotto (2007, p. 105-106) e Lula confirmam, um ato de coragem.[12] Em termos da categoria, era um passo adiante rumo ao objetivo declarado de Vidal de aprofundar o envolvimento do trabalhador e começar a unificar um corpo de filiados profundamente dividido. Era também extremamente importante para Vidal que houvesse documentos escritos que formulassem os problemas

---

[12] Lula, entrevistado por Paraná, 6 de outubro de 1993 (Paraná, 2002, p. 116-117).

intelectualmente; eles serviriam como referência da sua liderança. Redigidos por Barelli e pela equipe do Dieese, os documentos do congresso refletiam uma pesquisa empírica muito mais séria do que a aparente em outras reuniões estaduais ou nacionais dos sindicatos da época. O congresso também adotou um manifesto chamado a "Declaração de São Bernardo", que Vidal viria a chamar posteriormente de "doutrina" distintiva do sindicato (Rainho e Bargas, 1983, p. 97-98, 199-203; Pinheiro, 1980, p. 4-5).

O Dieese era um empreendimento pequeno de no máximo uma meia dúzia de funcionários, frequentemente pagos sem regularidade, mas o investimento de tempo e energia de Barelli em cultivar Vidal era uma decisão estratégica que daria resultados esplêndidos. Ademais, conectava os mundos do sindicato e da universidade – ele tinha sido um trabalhador bancário depois de sua militância na AP durante a faculdade – e era, portanto, bem conhecido por um universo intelectual de esquerda, porém em sua maioria não comunista, associado com a USP e com o Centro Brasileiro de Análise e Planejamento, o grupo de pesquisa de políticas públicas fundado por FHC. Muitos desses estudantes de graduação e professores que compunham esse universo eram marxistas, e seu engajamento com o movimento operário era intelectual, mas de forma alguma puramente acadêmico. Para os estudantes da USP que compareceram ao congresso a convite de Barelli, Vidal "impressionou" a maioria, observou o estudante comunista carioca Luiz Werneck Vianna, devido a sua "vivacidade, inteligência, eloquência, [e] retórica. Era um homem, dizia-se, do sindicalismo americano" (Bastos e Fernandes, 2006, p. 166-167). Essa impressão tomaria uma expressão formal em um artigo amplamente influente e ainda útil de 1975 escrito pela colega de Vianna na USP, Maria Hermínia Tavares de Almeida. Citando largamente Vidal e os documentos escritos do sindicato, o artigo ligava os setores dinâmicos de indústrias modernas de grande porte a um novo tipo de sindicalismo que poderia, ela sugere, ser o centro de um estilo de "sindicalismo de negócios (*business union*) estadunidense: combativo, 'apolítico', solidamente plantado na empresa, tecnicamente preparado para enfrentar e resolver os problemas gerais e específicos de seus representados" (Tavares de Almeida, 1975, p. 73).[13]

Muito noticiado pela imprensa, o congresso do sindicato de São Bernardo fornecia provas evidentes – dois meses antes da surpreendente votação do MDB – de que algo novo estava acontecendo no sindicalismo brasileiro. Isso realçava ainda mais a reputação crescente de Vidal dentre um universo de oposição intelectual em São Paulo que encontrou sua voz em *Opinião*, uma revista de notícias séria muito perseguida pelos censores (ela deixou de ser publicada em 1977). Intrigada pelo congresso, *Opinião* traçou um perfil de Vidal em setembro de 1974 – incluindo uma caricatura – que o descrevia como o dirigente sindical mais original desde o fim dos anos 1960. Ciente dos estereótipos de seu público-alvo altamente letrado de não trabalhadores, a revista começava comentando que, a não ser que fosse previamente avisado, um indivíduo jamais imaginaria que Vidal era um dirigente sindical operário. Destacando o bigode volumoso de Vidal e seus bons modos, o artigo descrevia o homem de 32 anos como "de fala fácil e ágil, com uma cultura rara em seu meio". Enquanto os autores do artigo insinuavam que eles prefeririam que ele tomasse uma postura mais abertamente política, Vidal era considerado em seus próprios termos: um homem que – na fala e nas ações – era verdadeiramente independente de correntes políticas existentes (Um novo estilo..., 1974, p. 3). Depois da avalanche do MDB de novembro de 1974, Vidal poderia ser visto facilmente como o homem certo para o novo dia. Ele podia até parecer o Quércia do movimento sindical, um agente político de muita energia que, como as pessoas de esquerda da época perceberam, tinha pouco rigor ideológico. Um novo mundo estava emergindo em São Paulo, gerando tais homens ambiciosos no interior dos sistemas políticos e sindicais bem estabelecidos.

---

[13] Esse caminho possível para os metalúrgicos de São Bernardo foi retirado das ideias articuladas por Vidal, que eram influenciadas por Barelli e pelos intelectuais com os quais ele estava associado. Como esclareceu Tavares de Almeida em 1983, a posição de Vidal era dele enquanto indivíduo, e não aquela do sindicato como instituição, e foi moldada por políticas internas que na época ela não entendia completamente (Tavares de Almeida, 1983, p. 485-486).

O ARRASTÃO

Votar era obrigatório para os brasileiros alfabetizado, mas a maioria deles eram espectadores no dia de eleição, diante dos *cabos eleitorais* que agiam em nome dos candidatos que os contratavam para virar votos. Na preparação para o 15 de novembro de 1974, Frei Chico estava ajudando a reunir pessoas para panfletar em troca de um pequeno pagamento, um almoço de graça e um refrigerante. O material de campanha foi entregue em São Caetano antes do dia da eleição; um trabalhador da construção civil aposentado de 63 anos de idade, Pedro Daniel de Souza, buscou o dinheiro da despesa com um certo "Ivo" em São Paulo. Indo cedo à casa de Pedro Daniel, Frei Chico ajudou a organizar os 21 adultos e cinco menores de idade a serem deixados em lugares de votação por um voluntário com um carro. Mais cedo, Frei Chico tinha combinado que um dos candidatos que ele apoiava, o sindicalista Marcelo Gato, se encontrasse com a diretoria do sindicato dos metalúrgicos de São Caetano, na qual Frei Chico tinha sido eleito vice-presidente.[14] Quando os resultados foram apurados, todos os três candidatos do MDB apoiados pelo irmão de Lula tinham vencido: Quércia para senador, Alberto Goldman e Gato para deputado estadual e federal, respectivamente.

Dezenas de milhares de pessoas votaram no dia de eleição em São Paulo, mas nós sabemos detalhes, incluindo quanto cada entregador de panfletos recebeu (dez cruzeiros), apenas no caso do irmão de Lula e de seus amigos. O relato de Pedro Daniel preenche duas páginas de um relatório de uma agência de inteligência da Aeronáutica, arquivado um ano depois da eleição, registrando descobertas sobre "a primeira fase" do "desmantelamento" do PCB pelo DOI de São Paulo. Os indivíduos abordados no relatório foram apanhados pelo DOI durante um "arrastão" em outubro de 1975 e foram torturados antes de serem, por fim, entregues à polícia para responderem a acusações formais. Em um relatório de uma agência de inteligên-

---

[14] Ministério de Justiça, Arquivo Nacional, SNI, Ministério da Aeronáutica, Centro de Informações de Segurança da Aeronáutica, "Relatório Mensal de Informações #11" (30 de novembro de 1975), SNI, 34-36.

cia secreta daquele mês, o Segundo Exército explicou que a antiga campanha de "extermínio" contra grupos terroristas tinha possibilitado que os comunistas tradicionais ganhassem força. "Além de não se ver fustigado", o PCB "conseguiu provar perante toda a esquerda do país que a tomada do poder deveria ser feita pela 'via pacífica'".[15] Inadvertidamente, o documento destacava o fato de que Frei Chico e seus camaradas estavam simplesmente exercendo seus direitos como cidadãos brasileiros de participar em uma eleição sob as regras governamentais. Embora Goldman e Gato fossem de fato membros do PCB, eles tinham sido devidamente registrados pelo sistema de Justiça Eleitoral, que não encontrou provas de antecedentes sociais ou políticos que os desqualificassem. Ademais, não havia uma lei barrando os membros de um partido ilegal, como o PCB, de exercer seu direito de votar ou de apoiar um candidato.

O objetivo político do porão, que se refletia no arrastão anticomunista e no relatório da Aeronáutica redigido a partir dele, não tinha nada a ver com o marxismo-leninismo ou com o comunismo. Um nível modesto de ativismo mantido por uma pequena minoria perseguida servia de pretexto para revidar diante da vitória eleitoral retumbante do MDB. O drama que caracterizava os primeiros dois anos de Geisel na Presidência se originou seis anos antes com a apreensão do Poder Executivo ilimitado por meio do AI-5 (Alves, 1986, p. 95-96). Sob suas regras, o presidente militar podia eliminar detentores de cargos eleitos e fechar qualquer corpo legislativo baseado apenas na sua vontade. O ato anulava ainda a separação de poderes característica do liberalismo ao permitir que o governo central legislasse por decretos e demitisse ou aposentasse funcionários governamentais, incluindo qualquer juiz ou promotor que não se curvasse diante da vontade do regime militar. Adotado em face à oposição nas ruas e nos gabinetes, o AI-5 permitia a declaração de estado de sítio sem respeitar sequer as restrições contidas na Constituição de 1967 do regime militar. O AI-5

---

[15] Ministério de Justiça, Arquivo Nacional, SNI, Ministério do Exército Comando do II Exército 2ª Seção, "Relatório Periódico de Informações. Período de 01 de out a 31 de out 75" #10 (1975), SNI, 19.

também isentava os crimes contra a segurança nacional da garantia dada por aquela constituição de *habeas corpus*, o direito ao recurso judicial por parte de alguém "se achar ameaçado de sofrer violência ou coação" devido a "ilegalidade ou abuso de poder" por parte do Estado (Brasil, 1967, cap. 4, art. 20). Tais crimes contra a segurança nacional deveriam ser julgados exclusivamente pelo sistema de Justiça Militar, e o governo tinha o direito – aparentemente pouco usado – de confiscar propriedade privada em punição à subversão ou à corrupção.

O Exército estava ciente das críticas que o AI-5, utilizado para fechar temporariamente o Congresso, enfrentaria por parte da classe política e da opinião pública da elite. Embora a circulação fosse pequena, a mídia impressa era importante porque ela moldava a opinião da classe média e da elite que era politicamente tão decisiva. Isso levou o governo a decretar a censura prévia da imprensa, com a Polícia Federal emitindo orientações sobre o que poderia ou não ser coberto; violações levavam à apreensão da publicação e a uma perda financeira para editoras. Censores também poderiam ser instalados diretamente nas redações de publicações recalcitrantes. O caso mais notável envolvia a conservadora, porém teimosa família Mesquita, que era dona do *Estado de S.Paulo*, o jornal mais influente do país (Smith, 1997; Aquino, 1999). Tendo apoiado o golpe de 1964 mas se posicionando contra o AI-5, o jornal se recusou a exercer autocensura; quando o governo censurava artigos antes de serem publicados, o jornal publicava poemas ou receitas nos lugares onde os artigos banidos teriam aparecido. Zelosos na defesa de São Paulo, dos direitos à propriedade e dos princípios liberais, os Mesquitas conquistaram a admiração da oposição por meio de sua resistência, e o correspondente do jornal que atuou por vários anos em Brasília permaneceu uma pedra no sapato dos militares.[16]

A maioria dos brasileiros não lia o *Estado de S.Paulo*, a *Folha de S. Paulo* ou as revistas de pequena circulação, tais como a *Opinião*, li-

---

[16] Sobre os Mesquitas, ver Gaspari, 2003, p. 212, 245; Chagas, 2015.

dos por uma classe média intelectual que tendia para a esquerda.[17] O meio de comunicação emergente da televisão tinha um alcance muito maior, e aqui o governo exercia uma influência decisiva ao apoiar a expansão do império de televisão da Rede Globo, do seu empresário aliado, Roberto Marinho. Protegido das críticas e desfrutando de amplo apoio, o governo Médici tinha ignorado as dificuldades políticas que confrontavam os militares, seus aliados civis por conveniência e as facções dissidentes dentro das classes dominantes. O fato de que esse era o calcanhar de Aquiles do regime só se tornou aparente depois do triunfo deslumbrante do MDB em 1974. Quando Geisel iniciava sua presidência, seu grupo dentro do Exército enxergava a importância estratégica de conquistar de volta as elites civis marginalizadas em 1968, principalmente em São Paulo. Esse era seu objetivo ao nomear Paulo Egydio Martins como governador do estado e lhe atribuir a responsabilidade de abrir diálogo – com os Mesquitas, com a Igreja Católica ou com os metalúrgicos de São Bernardo – e assim diminuir as fontes de tensão. Como um gesto de boa vontade, a censura no *Estado de S.Paulo* foi interrompida em janeiro de 1975, no aniversário de 100 anos do jornal (Gaspari, 2003, p. 434).

Quando se reuniu confidencialmente em 20 de janeiro de 1975, o alto comando das Forças Armadas ainda estava lidando com a má notícia do resultado eleitoral. Dois meses antes, Geisel tinha decidido não utilizar o AI-5 para inverter os resultados, como sugerido pelos militares aliados com o porão. Nós podemos conviver com os resultados, o presidente agora dizia para seus companheiros oficiais, mas a verdade, seguia ele, é que "nós não sabíamos o que estava acontecendo [...] por baixo" (Gaspari, 2003; 2004, p. 29). Por muito tempo, Geisel argumentou, o regime tinha estado satisfeito consigo mesmo, e ele alertou críticos anônimos que o pior caminho possível adiante era "sonhar com uma ditadura". Ele abordou a própria questão de que a esquerda talvez não estivesse mais "empenhada em subversão pro-

---

[17] Dirigido por Fernando Gasparian, o Conselho da *Opinião* incluía muitos intelectuais importantes de São Paulo, incluindo Francisco Weffort, FHC, Celso Furtado, Alceu Amoroso Lima, Luciano Martins e Paul Singer.

priamente dita", especificando que se referia à subversão armada. Criticando a Arena, ele comentou que a campanha do MDB defendia o primado do direito e "os direitos da pessoa humana". Geisel argumentou que o regime não devia fetichizar o primado do direito, mas que a questão poderia voltar como um bumerangue e atingir o governo se não fosse ao menos confrontada. Já sobre a exigência da oposição de acabar com o AI-5, o presidente enfatizou para seus principais comandantes que embora isso fosse de certa forma possível, ele sempre optaria pela manutenção da ordem em vez de "estado de direito [...] na sua plena integridade" (Gaspari, 2004, p. 30-31).

Enquanto Geisel conversava com seus colegas, o aparato repressivo do governo estava dando grandes passos para desmantelar a direção do PCB. Esse progresso refletia a modernização e profissionalização da repressão comparada ao final dos anos 1960, quando dúzias de suspeitos podiam ser investigados até que se atingisse um único alvo. Essa profissionalização tomou forma no DOI do Exército, um corpo formalmente criado em 27 de junho de 1969, que unificava o comando de atividades repressivas, combinava a vigilância contínua com a extração rápida de informação (isto é, tortura) e "desfazer a cadeia" de conexões para "abater os dirigentes políticos que podiam desempenhar o papel de catalisadores de revoltas". Como uma máquina burocrática, o DOI dependia tanto de analistas de colarinho branco quanto de operadores na rua e de seus próprios torturadores; a instituição era implacável em sua conduta de "localizar e aniquilar o inimigo" (Godoy, 2015, p. 53-54, 36).

Quando a esquerda armada estava sendo massacrada, o muito reduzido PCB permanecia relativamente incólume mesmo quando do diversos membros do Comitê Central, o mais famoso deles Marighella, optaram pela resistência armada, levando com eles muitos dos militantes estudantis do PCB. Diferentemente dos novos grupos revolucionários, o Partidão possuía uma ferramenta para resistir à repressão, com uma estrutura formal, aparelhos e imprensa secreta que possibilitou a produção ininterrupta de um jornal nacional por dez anos. Em 1972, o alto comando do PCB sofreu suas primeiras violações de segurança graves, e o desespero aumentou durante a preparação do que seria a última reunião do Comitê Central ocorrida no Brasil, em novembro de 1973. Apesar do reconhecimento de ameaça iminente, a decisão de mandar o restante dos principais dirigentes do Comitê para o exílio foi derrotada por pouco. Ao longo dos dois anos seguintes, 10 dos 31 membros do Comitê Central – além de mais de uma dúzia de outros quadros com dedicação exclusiva ao partido – desapareceriam, seriam torturados e executados pelo DOI, tendo seus corpos esquartejados descartados no Rio e em São Paulo.[18] Apesar de toda sua experiência acumulada, o PCB e os seus dirigentes veteranos nunca tinham imaginado "tornar-se alvo de uma ofensiva assassina" (Gaspari, 2003, p. 405-6, 438).[19]

Liderando a campanha, o DOI de São Paulo usou a informação de seus informantes ex-comunistas, junto com o que quer que eles conseguissem extrair de cada camarada que era preso (uma "queda", em jargão clandestino) para levar a cabo uma vigilância contínua e paciente. Composto por uma mistura de policiais e membros das forças armadas, o DOI paulista se referia à sua sede na Rua Tutóia de diversas formas: a "clínica geral" (quando eles estavam conversando no rádio da polícia), o "Açougue" ou "Casa da Vovó" (uma gíria explicada para o repórter Godoy por funcionários do DOI: "Lá onde as coisas eram boas"). No jargão deles, vigiar era "paquerar", e aqueles que eles buscavam eram "pacientes", os mais importantes dos quais ou "viajaram" (eram executados) ou se tornavam "cachorros" (informantes). Os assassinatos eram em sua maioria executados no "clube noturno" em Itapeva (Godoy, 2015, p. 34, 36-37, 69, 424).

De 1974 até 1976, o DOI de São Paulo realizou seu pleno potencial sob seu segundo dirigente, o tenente coronel Audir Santos Maciel, que ofuscou muito seu rival menos disciplinado no Rio de Janeiro. O

---

[18] Para a história inteira, ver Godoy, 2015, p. 423-449.

[19] Baseado nessas entrevistas internas, Godoy, 2015, p. 433, 436, fornece relatos detalhados e gráficos de cada aspecto da campanha, incluindo o desaparecimento dos corpos. Para o ponto de vista dos caçados sobre essa campanha, ver Coelho, 2000, 359-366.

antissemita e virulentamente anticomunista Maciel tinha sido amigo próximo, desde a academia militar, do general Ednardo d'Avila Melo, nomeado chefe do Segundo Exército em janeiro de 1975. Maciel também herdou um lendário chefe da subseção da inteligência, o capitão do exército Ênio Pimentel da Silveira, conhecido como Doutor Ney ou Neyzinho. Popular com seus subordinados homens e mulheres, Ney tinha sido estagiário do infame Sérgio Fleury no Dops e provou ser um dirigente dinâmico que "comandou em pessoa o sequestro, a tortura de pelo menos quatro dezenas de pessoas em São Paulo". Sendo a vanguarda das forças do porão, o DOI de São Paulo foi fortalecido ainda mais em 1975 pelo apoio do chefe do Estado-Maior militar Sylvio Frota, um aspirante à Presidência da República já engajado em uma rivalidade nada sutil com aqueles alinhados a Geisel (Godoy, 2015, p. 35-37, 39 (citação), 129, 390-391, 431, 435, 437, 453-54, 466-467).

Manter o porão sob controle enquanto se afrouxava a repressão seria uma tarefa difícil. O ditador como árbitro, como indica o jornalista e historiador Elio Gaspari, é mais fácil de se manter quando um governo está se movendo para restringir as liberdades públicas, mas difícil de executar enquanto os controles estão sendo afrouxados (Gaspari, 2004, p. 35). Embora a oposição reagisse positivamente à abertura, ela permanecia incerta sobre o quanto ela podia confiar na vontade de Geisel, já que seu poder, em última instância, derivava de um Exército que blindava zelosamente suas rivalidades e discordâncias do escrutínio público. Para ser bem-sucedido, seu plano mestre exigia não apenas delicadeza, mas também um nível de consenso militar interno que era difícil de atingir, apesar da invocação rotineira da unidade monolítica das Forças Armadas. A guerra à subversão da "Revolução" de 1964 fornecia para os dissidentes militares um espaço amplo para manobras enquanto eles executavam o plano combinado de eliminar o PCB, permitindo que o porão atacasse a oposição que Geisel estava tentando discretamente atrair.

Diferentemente de seus rivais, Geisel reconhecia que a defesa do primado do direito e dos "direitos da pessoa humana" era uma plataforma potencialmente poderosa para a oposição de elite. Tendo a tortura como ponta-de-lança, o discurso emergente por direitos humanos atacava práticas que tiveram um papel central na destruição de movimentos de oposição armada, cujos membros eram, em sua maioria, filhos de famílias da classe média e da elite formados na faculdade.[20] Desde a época da escravidão, aqueles no topo da sociedade brasileira tinham aspirado eliminar – pelo menos no papel – a violência e o "atraso" que marcava seu país como não civilizado na visão do hemisfério norte. A própria Constituição de 1824 de um Brasil recém-independente, legado de seu primeiro Imperador, proibia "os açoites, a tortura, a marca de ferro quente, e todas as demais penas cruéis" (escravos e pessoas pobres livres continuaram a ser açoitados, torturados e abusados). Quando a Monarquia se transformou em República, a Constituição de 1891 oferecia garantias, tais como o *habeas corpus*, para aqueles "em iminente perigo de sofrer violência, ou coação, por ilegalidade" ou outros abusos de poder; essa linguagem ainda podia ser encontrada na Constituição de 1967 dos militares, que também exigia que autoridades respeitassem a "integridade física e moral" daqueles que elas detinham e aprisionavam (uma regra rotineiramente ignorada em relação aos subalternos) (Brasil, 1967, cap. 4, art. 14).

A visão estratégica de Geisel era que o regime mudasse para que as coisas não tivessem que mudar de forma alguma. Enquanto buscava melhorar a avaliação do governo frente às elites civis relevantes, Geisel não era de forma alguma contra táticas repressivas ilegais, incluindo a execução, sem procedimentos legais, de 104 indivíduos no período de aproximadamente um ano antes dele chegar ao poder. Autorizando a continuidade dessa prática em 1 de abril de 1974, a

---

[20] O massivo projeto Brasil: Nunca Mais (BNM) usou o critério do nível educacional para chegar à sua caracterização dos "setores médios" como a origem social da resistência ao regime militar. O projeto escolheu esse critério dada a ausência, nos documentos legais, de qualquer informação confiável sobre renda ou empregos. Arredondando os números, os dados educacionais podem ser encontrados para 4.500 dos 7.400 indivíduos (80% deles homens) que apareceram nos casos do tribunal militar; desse grupo, 2.500 tinham ou iniciado ou concluído a faculdade. Isso é uma descoberta surpreendente, como eles comentam, dado o "notório elitismo do sistema educacional", no qual apenas um pouco mais de 1% da população obtinha um diploma universitário (BNM, 1988, p. 11).

preocupação de Geisel era dupla: que tais decisões fossem autorizadas no topo da rede de comando, restringindo assim a autonomia de fato do DOI, e que tais execuções clandestinas fossem reservadas para "apenas subversivos perigosos". Em outras palavras, ele era a favor de repressão suficiente para sustentar o domínio militar, executada cuidadosamente, discretamente e com sensibilidade o suficiente para minimizar impactos políticos negativos externos.[21]

A negação do *habeas corpus* pelo AI-5 em casos de segurança nacional facilitava o desaparecimento de suspeitos, o que servia os interesses de Geisel e do DOI. Enquanto deixava parentes, amigos e colegas de trabalho sem informações, a ausência de reconhecimento da detenção de uma pessoa permitia que a tortura seguisse sem impedimentos, e aqueles que sobreviviam, se e quando se julgasse conveniente, poderiam ser eventualmente entregues à polícia para enfrentar acusações. Idealmente, o suspeito era capturado nas ruas sem testemunhas ou atraído de seu lugar de trabalho sob falsos pretextos. Dois dias depois do sequestro de Frei Chico, o conselheiro econômico de Lula no sindicato, um ex-ferramenteiro chamado Osvaldo Cavignato, foi visitado na sede do sindicato por homens que disseram para ele que seu pai, idoso, estava mal e que eles tinham sido enviados para buscá-lo.[22] Cavignato, junto de seu colega "peixe pequeno" Frei Chico, foi detido pelo DOI e torturado antes de aparecer na sede do Dops em 20 de outubro. (Um tribunal militar no ano seguinte viria a considerá-los inocentes).[23]

Para as forças do porão, a "suavidade" de Geisel fazia com que as coisas "dessem errado", entregando a vitória para os inimigos da

---

[21] Gaspari, 2003, p. 480; "Memorandum from Director of Central Intelligence Colby to Secretary of State Kissinger", 11 de abril de 1974, Foreign Relations of the United States, 1969-1979, Volume E-11, Part 2, Documents on South America, 1973-1976, doc. 99, Office of the Historian, acesso: out. 2018.

[22] Lula, entrevistado por Paraná, 10 de dezembro de 1993 (Paraná, 2002, p. 128); Lula, entrevistado por Couto, 3 de abril de 1997 (Couto, 1999, p. 261); "Luiz Inácio Lula da Silva," 12 de agosto de 2014 (transcrição do testemunho), Comissão Nacional da Verdade, acessado 21 de setembro de 2019.

[23] Para as datas, ver Ministério de Justiça, "Relatório Periódico de Informações", p. 28, 31; sobre os veredictos de inocente, ver "Julgamento do PCB", 1976.

revolução. Um caso em questão foi a apreensão do membro do Comitê Central do PCB no Rio, Coelho, um ex-deputado com muitas conexões responsável pelas articulações políticas clandestinas do PCB. Ele gritou quando foi levado em 18 de janeiro de 1975, e seu desaparecimento tornou-se público por meio de deputados federais do MDB abordados por sua mulher corajosa. Com a pressão pública, ela foi autorizada a ver seu marido na Rua Tutóia no dia 20 de fevereiro, e descreveu sua condição devastada para o editor Ruy Mesquita. Em um ato de coragem, Mesquita não só realizou investigações como também, três dias depois, publicou a carta dela para o presidente Geisel, que encerrava com uma imploração dramática: "Matem o meu marido, mas não o torturem! Não o aviltem, pelo amor de Deus!" (Coelho, 2000, p. 369-70, 409, 412 (citação).[24] Um mês depois, o *Estado de S.Paulo* publicou mais uma carta para Geisel, dessa vez de um peixe muito pequeno: a filha de Marcos Andreotti, uma mãe casada de dois filhos. Ela apelou por garantias de segurança para sua família depois que agentes do DOI ameaçaram detê-los se seu pai comunista não se entregasse (Guidetti, 1975).

Tal afronta pela imprensa – e um afrouxamento da autocensura em outros jornais – aumentou as tensões entre o governador Egydio e o general do Segundo Exército d'Avila Melo. Ao mesmo tempo que o PCB apelava a operários qualificados, membros da intelectualidade da classe trabalhadora, o comunismo no São Paulo pós-guerra também tinha atraído uma minoria visível de profissionais liberais respeitáveis, incluindo advogados, médicos, intelectuais, jornalistas e personagens do mundo da cultura. Embora o PCB fosse eleitoralmente insignificante depois de seu apogeu pós-Segunda Guerra Mundial, ele se destacava como a força organizada de protesto e de contenção mais potente antes de 1964. O PCB tinha até atraído alguns membros e simpatizantes da mal-paga Guarda Civil, tendo apoiado suas greves nos anos 1950; o partido manteve certo apoio depois que a Guarda Civil se fundiu com a Polícia Militar. Para o DOI, a "infiltração" comunis-

---

[24] Ver também Gaspari, 1973, p. 26, 41-44; Godoy, 2015, p. 444-445.

ta em uma força policial diretamente subordinada ao governador do estado gerava um alvo ideal, e julho-agosto de 1975 foi marcado pelo recolhimento de quatro dúzias ou mais de membros da Polícia Militar, incluindo oficiais, ao DOI; pelo crime de ler e discutir o jornal comunista, oficiais da Polícia Militar foram brutalmente torturados para que entregassem informações sobre "os seus superiores".[25]

Enquanto o conflito se desdobrava, o comandante do Segundo Exército e o DOI se confrontavam com o governador e suas autoridades de segurança estatal, que incluíam pessoas da linha dura, como Erasmo Dias, que ressentia as invasões do DOI no seu território jurisdicional. As linhas gerais do conflito apareceram na mídia impressa, agora mais livre, cujos jornalistas – em sua maioria contrárias ao AI-5 e alguns deles comunistas – estavam cada vez mais prontos para desafiar os limites impostos. No momento decisivo de meados de agosto, a pressão política tinha crescido até chegar ao ponto no qual o Segundo Exército teve que mandar um oficial visitar a sede do DOI para verificar a condição de um oficial detido. Esse militar ficou tão chocado com a destruição física do oficial detido – a cabeça dele tinha sido chutada repetidamente na semana anterior – que ordenou a remoção imediata do homem. Ao final do processo, um policial suspeito tinha morrido na Rua Tutóia, e outro estava tão mal que o DOI, para evitar mais controvérsia, o enviou de táxi de volta para sua família em Campinas, onde ele morreu em um hospital alguns dias depois (Godoy, 2015; Dassin, 1986, p. 200-201).

SEQUESTRADO

Frei Chico, com 33 anos de idade, estava ciente do artigo da *Folha de S.Paulo* sobre prisões de membros da Polícia Militar, onde o PCB tinha apoio. O assunto até veio à tona durante um almoço de duas horas dia 4 de outubro, um sábado, com seu amigo Afonso Monteiro da Cruz, o antecessor não comunista de Vidal e membro da oposição no sindicato dos metalúrgicos de São Bernardo. Comendo em um bar

---

[25] Para detalhes, ver Godoy, 2015, p. 455-463.

ao lado da sede do sindicato de São Caetano, Frei Chico e Monteiro da Cruz estavam "conversando sobre prisão [dos oficiais da Polícia Militar], sobre como a coisa estava difícil" e como seus trabalhos como sindicalista eram arriscados, Frei Chico relembra. Chegando em casa por volta de três da tarde, ele encontrou sua mulher Ivenê quando ela estava de saída, com o filho deles de cinco anos de idade, para buscar o bebê deles na casa da mãe dela, ali perto. Antes de sair, ela o indagou sobre homens que tinham passado procurando a família de Pedro Antonio Bernardino, que tinha sofrido um acidente e que Frei Chico tinha acabado de substituir como vice-presidente sindical no domingo, 29 de setembro. Refletindo sobre os comentários de sua mulher enquanto tomava um banho, ele decidiu jogar fora qualquer publicação comprometedora em um terreno baldio próximo. Vestindo sandálias e uma camisa, ele tinha acabado de sair da casa quando um Chevrolet Veraneio apareceu e dois homens, carregando metralhadoras, o jogaram no banco de trás. A mulher dele não estava em casa e seus vizinhos não viram nada. O sequestro durou menos de 30 segundos.[26]

Com esse acontecimento fatídico, Frei Chico passou a fazer parte do grupo de 3.400 indivíduos detidos ou entregues à custódia do DOI do Segundo Exército desde que ele começou suas operações em 1969.[27] O que tornou esse sequestro ainda mais traumático foi que ele ocorreu apenas cinco dias depois que ele tinha finalmente tomado posse como vice-presidente do sindicato. Ele tinha sido eleito para o cargo em 1974, mas, camarada como sempre, ele tinha concordado em adiar a sua posse para proteger o vice-presidente anterior, Bernardino, presenteando-o com a estabilidade no emprego concedida para dirigentes sindicais até que ele pudesse se aposentar (situação semelhante com a de 1968, quando ele adiou sua entrada na chapa sindical para proteger um trabalhador mais velho). Depois de ser demitido em São Bernardo

---

[26] Frei Chico, entrevistado por Paraná, 5 de outubro de 1993 (Paraná, 2002, p. 177-179, citação); "José Ferreira da Silva (Frei Chico)", 4-5; Cedi, 1987, p. 44.

[27] Apesp, "Relatório de Estatística do DOI/CODIII Ex-Mes de Maio de 1975", em II Army, "Relatório Periódico de Informações #5" (1975), 36. Godoy, 2015, p. 482, cita as estatísticas acumuladas do DOI em 1977, quando operações ativas estavam sendo encerradas.

em 1969, Frei Chico tinha deslocado sua militância para São Caetano, onde ele foi contratado na Confab Industrial SA, uma empresa metalúrgica brasileira que estava longe de ser um modelo de relações trabalhistas modernas. Apesar de empregar 3 mil trabalhadores, a fábrica não tinha um único bebedouro, e seus trabalhadores sofriam uma abundância de problemas de saúde e acidentes no trabalho facilmente evitáveis. A Confab não providenciava vestimentas de segurança apropriadas, o médico da empresa vinha só uma vez por semana e a fábrica não tinha uma ambulância para levar trabalhadores acidentados para o hospital. "Havia muita sacanagem", Frei Chico observou. Ele transferiu sua participação sindical para São Caetano e obteve um cargo na diretoria do sindicato em 1971 e de novo em 1974, dessa vez com um cargo mais alto.[28]

Criado em 1958, o sindicato de metalúrgicos de São Caetano tinha 25 mil trabalhadores em sua categoria em 1975, o que colocava o sindicato no mesmo nível do de Santo André, que representava 30 mil trabalhadores. Ambos os sindicatos pareciam pequenos ao lado do de São Bernardo, que tinha 107 mil em sua categoria e um orçamento anual quatro vezes maior do que a soma das receitas das duas organizações menores (São Paulo: Os sindicatos..., 1975). Tanto o sindicato de metalúrgicos de São Bernardo quanto o de São Caetano tinham sido filiais do sindicato que abrangia o ABC inteiro dirigido por Andreotti, e os primeiros dirigentes do sindicato de São Caetano eram comunistas. Depois da intervenção de 1964, aquele sindicato tinha sofrido muito menos com divisões internas do que o de São Bernardo: o presidente não comunista Manoel Constantino já estava na direção há mais de 10 anos em 1975 (Vieitez, 1986, p. 55, 61; "Como estão os sindicatos" 1975, p. 4-5; Cedi, 1987, p. 44). Conhecido como Manezinho, esse antigo mecânico de manutenção tinha sido um dos fundadores do sindicato e era popular entre seus membros. Com seis filhos (um deles adotado), o extrovertido Manezinho ficava tanto na sede do sindicato que as pessoas brincavam

---

[28] "José Ferreira da Silva (Frei Chico)", 2014, p. 13 (citação); Cedi, 1987, p. 41-42.

que ele morava lá.[29] Praticando o básico do sindicalismo, Manezinho não se destacava pela sua militância e nem ostentava um jeito original de falar, como Vidal. Embora ambos fossem entusiasmados com o MDB, Manezinho diferia de Vidal no modo como ele respeitava os comunistas e os enxergava como participantes legítimos da vida sindical. Em 1975, Manezinho foi delegado à convenção nacional do MDB e estava planejando concorrer a vereador da cidade de São Caetano em 1976, o mesmo ano em que Vidal foi eleito para esse cargo em São Bernardo (Como estão os sindicatos, 1975, p. 4-5; Apelo dos metalúrgicos ignorado por empresas, 1975).

Os horizontes intelectuais de Frei Chico iam muito além da sede do sindicato dos metalúrgicos local que definia o mundo de Manezinho. Diferentemente de Lula, Frei Chico lia muito, embora na época fosse perigoso até ser visto com um livro sobre Lenin e Marx. Durante sua adolescência na Vila Carioca ele tinha se impressionado com um vizinho comunista, filho de imigrantes búlgaros, que ele descreveu em 2015 como uma "figura maravilhosa, um puta de um intelectual, [e] operário". Na primeira fábrica de Frei Chico, havia militantes ativos no PCB, ilegal, alguns vindos diretamente do campo, que defendiam a Revolução Cubana enquanto explicavam por que o imperialismo tinha que ser derrotado.[30] Quando sequestrado em 1975, Frei Chico estava carregando um panfleto que refletia a extensão dos seus interesses: uma visão de um partido comunista europeu sobre movimentos de trabalhadores contemporâneos. Como ele observou, estar de posse daquele panfleto "dizia tudo mesmo" quando ele foi apanhado; no seu depoimento assinado ele confirmou que recebia "documentos" de Ivo "com a instrução de destruí-los posteriormente, mas que infelizmente foram aprendidas".[31] Assim como o irmão de Lula, muitos dos 3.400

---

[29] Apesp, Delegacia Dops, "Informações sobre a Vida Pregressa do Indiciado Manoel José Constantino", 29 de outubro de 1975; "José Ferreira da Silva (Frei Chico)", 2014, p. 9.

[30] Frei Chico, entrevista, 2015, em "Gravação 2015 11-1 Frei Chico (72 Minutos) Sudeli", Centro de Memória Sindical, São Paulo, p. 7.

[31] Frei Chico, entrevistado por Paraná, 10 de setembro de 1993; Frei Chico, entrevistado por Paraná, 5 de outubro de 1993 (Paraná, 2002, p. 159; p. 178-79); Apesp, SSP, Delegacia Especializada de Ordem Social do Dops, "Auto de Qualificação e de Interro-

que passaram pelo DOI de São Paulo aprenderam da forma mais difícil que alguns pensamentos e livros eram ilegais e perigosos.

Havia muitos jovens – de diferentes classes sociais – que se politizaram durante os movimentos por reformas de base do fim dos anos 1950 e início dos anos 1960. Um deles era o futuro jornalista Vladimir Herzog, um imigrante iugoslavo que entrou na USP em 1959. Tanto ele quanto Frei Chico se associavam há muito tempo com militantes de esquerda, e suas esperanças tinham sido esmagadas em 1964 e de novo em 1968. Escolhendo o caminho da resistência democrática em massa, cada um deles fez a decisão decorrente de se filiar ao PCB nos anos após o AI-5. Frei Chico fez isso, mais ou menos na época em que se tornou dirigente sindical em 1971, dentro de um fusca com seu contato comunista e com o assistente do comitê estadual do PCB encarregado do ABC.[32] A decisão de Herzog veio depois, provavelmente no início de 1975, após quatro anos como editor cultural da revista de negócios *Visão*. Há muito tempo um crítico do bloco soviético, Herzog surpreendeu seus amigos comunistas com a decisão, e ele só contou para a sua mulher alguns meses antes de sua morte. "A situação política é grave", ele disse para ela, acrescentando um toque de humor ao afirmar que apenas dois grupos organizados eram capazes de combater a ditadura: a Igreja Católica e o Partido Comunista. "Eu sou Judeu. Só tenho uma opção".[33]

---

gatório: José Ferreira da Silva", 30 de outubro de 1975, p. 4. Nesse caso, eu consegui combinar um relato de entrevista com um relato de interrogatório. Como escreve Victoria Langland, esse cuidado é essencial ao lidar com relatos realizados sob juramento e assinados gerados pelo Dops e por outras agências de inteligência. Notando que esses documentos frequentemente reproduzem uma "narrativa decisivamente formulaica", ela indica corretamente que tais declarações devem ser compreendidas como "relatos de oficiais sobre informações extraídas (geralmente sob tortura e intimidação) de prisioneiros", representando "uma combinação da estrutura interpretativa abrangente dos oficiais complementadas por detalhes pessoais sobre o detido fornecidos sob pressão". Langland, 2013, p. 190.

[32] Frei Chico, 2015, entrevista, Centro de Memória Sindical, 7. Veja também Frei Chico, entrevistado por Paraná, 10 de setembro de 1993 (Paraná, 2002, p. 157); "José Ferreira da Silva (Frei Chico)", 2014, p. 4.

[33] "Biografia de um jornalista". Instituto Vladimir Herzog, acessado em 12 de outubro de 2018. Sua mulher, Clarice, foi surpreendida quando soube de sua decisão. Veja também Dantas, 2012, p. 89-90; Markun, 1985, p. 16, 39-40, 44.

Detido um pouco mais de seis semanas depois de Frei Chico, Herzog estava ciente dos riscos, assim como seu equivalente da classe trabalhadora. Ambos se sentiam um tanto protegidos porque eles não estavam vivendo na clandestinidade, diferentemente dos assistentes partidários do PCB e do grupo do comitê estadual de São Paulo. Os dois tinham empregos estáveis, viviam com suas famílias em um endereço conhecido e estavam exercendo seus direitos democráticos por meio de atividades públicas que não eram de forma alguma ilegais. Era evidente na segunda metade de 1975, como relembra Frei Chico, que os comunistas estavam enfrentando uma onda de perseguição, mas "não tinha nenhuma noção de como seria uma prisão". Embora ele tivesse lido sobre tortura, ele achou que era um papo babaca, com cada organização de esquerda "puxando a sardinha para seu lado"; contando histórias exageradas era uma forma de divulgar o heroísmo exemplar de seus camaradas. Nada o preparou para o que ele sentiu quando chegou, encapuzado, na Rua Tutóia, sem "saber o que vai acontecer. É apavorante, é um negócio louco!".[34]

Depois de tirar as fotos de prisioneiro e preencher a papelada, mandaram Frei Chico tirar a roupa – na presença de outras pessoas – e lhe deram um uniforme de exército sujo de um prisioneiro anterior. O DOI operava 24 horas por dia sob o princípio de que tempo era a essência da extração de informações, então o prisioneiro era imediatamente mergulhado no tormento físico – um tipo de "choque e pavor" – designado para instaurar o terror e intensificar a desorientação.[35] Levado para uma cela a prova de som, Frei Chico foi amarrado nu a uma cadeira denominada em São Paulo de "cadeira do dragão", a peça central das práticas de tortura do DOI. Como Frei Chico relem-

---

[34] Frei Chico, entrevistado por Paraná, 5 de outubro de 1993 (Paraná, 2002, p. 178-179).

[35] A dinâmica de 24 horas do DOI diferia das práticas de tortura menos avançadas do Dops. Quando foi preso na Volkswagen, em 1972, o operário comunista Lúcio Bellantani foi espancado pela polícia e por guardas antes de ser entregue ao Dops na sexta-feira, onde ele permaneceu intocado ao longo do fim de semana; a tortura brutal começou apenas segunda-feira. Lúcio Antônio Bellantani e Benedito Valdir Taoni, entrevista por Carmen e Betty, 9 de novembro de 1984, Centro de Memória Sindical, São Paulo, 5.

bra, "Eles amarram seus braços nos braços da cadeira e suas pernas aqui, nas pernas da cadeira, e colocam um pau no meio, entre os pés da cadeira" para que as solas de seus pés fiquem expostas. Frei Chico tem lembranças detalhadas dessa experiência:

> Aí eles te aleijam as tuas mãos com pancadas. Usam cacetete, palmatória. E um pau... de um jeito que ela fica toda inchada. Dão pancadas na sola dos pés também. As vezes quebram alguns dedos, mas não é para quebrar, não. É bem científica a coisa deles. Você fica de um jeito que você não consegue pegar um maço de cigarros. Você não consegue dobrar, movimentar a mão. Ela fica completamente dura... Com o pé não consegue andar. Fica tudo inchado debaixo dos pés. Isso te aleija, e pronto. Você fica aleijado por um bom tempo. Isso eles fizeram com todos os que passaram por ali. Não se salvou ninguém.[36]

O procedimento padrão da operação também envolvia choques elétricos – de intensidades variadas – em diferentes partes do corpo. "Eles davam um banho de água em você, metiam sal na sua boca... e eles davam choque. E no pênis, então", Frei Chico relembra. Ele contou a história do seu amigo, Zé Cabeludo, um homem de 60 anos de idade aposentado e membro do PCB que, como Frei Chico lembra, tinha senso de humor e era um pouco "simplezão". Quando eles o levaram para dar choque nos genitais, ele brincou, "Agora esta merda vai endurecer". Por causa desse comentário, Frei Chico comenta, "os caras deram porrada nele para diabo".[37]

As equipes de tortura para um prisioneiro se alternavam durante sessões diferentes; alguns supervisores eram um pouco melhores, enquanto outros eram verdadeiros "filhos da puta", de acordo com Frei Chico. Os operadores da tortura – até oito deles em uma única equipe – trabalhavam como um time e praticavam estilos de interação

---

[36] Frei Chico, entrevistado por Paraná, 5 de outubro de 1993 (Paraná, 2002, p. 179-180, citação), p. 186; "José Ferreira da Silva (Frei Chico)", 2014, p. 5.

[37] Frei Chico, entrevistado por Paraná, 5 de outubro de 1993 (Paraná, 2002, p. 184). Zé Cabeludo era o apelido de José Hortencio, nascido em Capivari, São Paulo, em 1915. De acordo com o DOI, ele tinha emprestado sua casa na Praia Grande para o partido. Sobre a dimensão sexual e escatológica da tortura do DOI, veja Coelho, 2000, p. 385.

abusiva verbal desumanizadores que Frei Chico descreveu como sarcásticos, até odiosos, incluindo gritos, palavrões e ofensas. O som das pancadas – junto com as verbalizações voluntárias e involuntárias da vítima e com as perguntas dos torturadores – eram abafados pelo rádio; Frei Chico associa fortemente sua dor com o *show* de música sertaneja popular diário de Zé Béttio. Periodicamente, um médico checava a pressão arterial do indivíduo torturado e decidia se as torturas podiam continuar. Quando uma sessão acabava, os torturadores às vezes amarravam as mãos do indivíduo a ganchos no corredor, onde se escutavam gritos, gemidos e berros abafados e via-se pessoas sendo levadas para dentro e para fora das celas.[38]

Cada sessão de tortura era uma agressão violenta que deixava o corpo em choque e o espírito cambaleando. Para manter os cativos desestabilizados, o regime do DOI incluía a privação de sono, que podia ser feita com um guarda batendo nas grades das celas de noite ou, em um caso específico, uma forma bizarra de tortura coletiva na qual os prisioneiros eram levados para uma sala e tinham suas cabeças cobertas por sacolas plásticas. Sob condições regulares, era até difícil cochilar porque um indivíduo nunca sabia quando ele poderia ser chamado de volta para a câmara de tortura. A comida era terrível – e às vezes a boca da vítima ficava tão rasgada de sal e de choques elétricos que ele ou ela não conseguiam nem comer. Quando café e um pedaço de pão eram entregues, eles tinham um gosto delicioso, embora às vezes os torturadores reforçassem os sentimentos de impotência ao levar um prisioneiro antes que ele ou ela pudesse desfrutar da comida.[39]

O abuso físico e verbal se alternava com questionamentos agressivos: o essencial para as operações do DOI eram as informações extraídas e passadas para os escritórios de análise que criavam os roteiros individualizados para a próxima sessão de tortura de cada prisioneiro.

---

[38] Frei Chico, entrevistado por Paraná, 5 de outubro de 1993 (Paraná, 2002, p. 179, 181); "José Ferreira da Silva (Frei Chico)" p. 5, 8.

[39] Frei Chico, entrevistado por Paraná, 5 de outubro de 1993 (Paraná, 2002, p. 181-182, 187). Para a confirmação de outro prisioneiro sobre a privação forçada de sono na sede do DOI de São Paulo, ver Jordão, 2005, p. 232.

Choques elétricos e pancadas continuavam pelos primeiros quatro ou cinco dias até que os prisioneiros dissessem ao DOI tudo que eles sabiam ou confirmassem aquilo que o DOI já sabia. Isso constituía uma parte essencial da tortura moral e psicológica que o prisioneiro enfrentava: como transitar o limite entre sobrevivência e o dever para com os camaradas, com um ideal impraticável de comportamento revolucionário pairando ao fundo. Raimundo Lopes da Silva, um metalúrgico de 46 anos de idade de Santo André conhecido por Frei Chico como Raul, era particularmente valente, e ele foi torturado impiedosamente porque se recusava a confirmar qualquer coisa. O próprio Frei Chico teve a sorte de ter um rápido contato – no terceiro ou quarto dia de prisão – com o membro do Comitê Central Coelho (que ele conhecia pelo codinome Virgulino de Minas), que disse para ele confirmar o que o DOI já sabia; como relatou Frei Chico, Coelho disse que era "'besteira' ficar apanhando de graça" quando todos tinham caído.[40]

Aqueles que levavam a cabo a brutalização de prisioneiros impotentes eram em sua maioria policiais com vinte e poucos anos. O DOI lhes dava um aumento salarial e permitia que eles escapassem dos códigos rígidos de vestimenta e de disciplina aos quais, sob outras condições, estariam sujeitos. Enquanto se justificavam com discursos sobre a salvação do Brasil do comunismo internacional, esses torturadores de base estavam desempenhando seu papel social de providenciar trabalho braçal bruto sob más condições em um lugar de trabalho com cheiro desagradável manchado de sangue, suor, urina e pus, e às vezes até de excremento e vômito; o trabalho de limpeza ficava com faxineiros humildes.[41]

---

[40] Frei Chico, entrevistado por Paraná, 5 de outubro de 1993 (Paraná, 2002); "José Ferreira da Silva (Frei Chico)", 2014, p. 5. Coelho, 2000, p. 433, confirma que ele ficou detido na sede do DOI na Rua Tutóia até o final de 1975.

[41] Frei Chico, entrevistado por Paraná, 5 de outubro de 1993 (Paraná, 2002, p. 181); Godoy (2015, p. 313-14). Coelho (2000, p. 388) fornece uma descrição interessante do "mulatinho e humilde" que limpava a cela de tortura quando ele era deixado sozinho entre as sessões. Sempre assobiando, ele olhava de relance obliquamente para ele amarrado e uma vez perguntou por que olhava para ele com raiva; ele não respondeu. Curiosamente, uma semana depois, ele o ouviria afrontar um capitão e sussurraria entre dentes quando eles estavam longe, "Meta o pau nos ricos, doutor".

A sede do DOI, durante os 16 dias em que Frei Chico lá permaneceu, ficava cada vez mais lotada, com 40 a 60 pessoas em média a cada dia, 18 a 20 em cada cela. O DOI tinha apanhado 88 pessoas entre 1º e 22 de outubro; ondas menores de detenções ocorreriam do fim de outubro até 17 de janeiro, quando o metalúrgico paulista Manoel Fiel Filho morreu sob custódia. Dentre os 88 estavam dois quadros do partido que moravam no ABC e três que trabalhavam de forma próxima com os comunistas da região, incluindo "Ivo" (Emílio Bonfante Demaria). Dez moradores do ABC também estavam entre aqueles sequestrados, seis dos quais eram politicamente ativos em São Caetano, três em São Bernardo e um em Santo André. O irmão de Lula estava entre aqueles detidos na primeira semana começando em 1º de outubro, junto com seu camarada, comunista veterano de São Caetano e dirigente sindical Pedro Daniel de Souza, com dois membros ou simpatizantes de base de baixo escalão, um vendedor de feira que morava do lado de um comunista e o presidente não comunista do sindicato de Frei Chico, Manoel Constantino (Relatório Periódico de Informações, 1975). Como peixes pequenos, todos eles foram torturados, mas ninguém do grupo de São Caetano foi submetido às formas mais extremas de tortura no repertório do DOI.[42]

Um pouco antes do fim de sua primeira semana preso, Frei Chico foi tirado de sua cela, encapuzado e levado escada acima, onde encontrou oficiais do Exército solidários indignados com o que os "filhos da puta" tinham feito com ele. Eles ofereceram café e água e insinuaram que eles podiam ajudá-lo enquanto tentavam fazê-lo confirmar que o presidente sindical de São Bernardo, seu irmão Lula, era ligado ao PCB. Eles disseram que Lula estava no Japão para participar de um congresso e perguntaram repetidamente se Lula estava levando uma carta para o secretário geral do PCB, Luís Carlos Prestes; Frei Chico

---

[42] Frei Chico alegava não ter sido sujeito ao pau de arara, um tipo de tortura de "desgaste e pressão". "José Ferreira da Silva (Frei Chico)", 2014, p. 16, 584; Rejali, 2001, p. 307. Esse método ficou conhecido internacionalmente devido à campanha antitortura no Brasil no fim dos anos 1960 e início dos anos 1970. Green, 2010, p. 198-200, 260-261, 272-273.

não só não sabia que seu irmão estava viajando, mas toda a ideia da carta não fazia sentido para ele, já que Prestes estava agora residindo em Moscou. Essa "tortura psicológica" continuou por três ou quatro horas, com Frei Chico negando qualquer conexão entre seu irmão e o PCB. No fim, os oficiais viram que eles não tinham conseguido nada e mandaram Frei Chico de volta para mais uma sessão de tortura.[43]

Poucos dias depois, fizeram dos prisioneiros testemunhas relutantes da tortura de mulheres de um modo brutalmente sexual. A amiga de Frei Chico, Ana, uma assistente para o PCB de São Caetano, foi torturada na frente dele e de seu marido, que Frei Chico conhecia como Guilherme.[44] A tortura incluía enfiar à força objetos tais como uma vassoura e um bastião eletrificado nas partes intimas dela. Ao recontar essa história Frei Chico se indigna, assim como quando ele lembra a violência absolutamente gratuita contra um jovem camarada de Santos conhecido como Cebola (Jaime Estrela), que foi forçado com outro prisioneiro a "nadar" pelado no chão ou parede baixa de cimento puro sobre o qual eles jogavam água. Feita pelo menos duas vezes na frente dos que estavam nas celas, essa tortura durava horas; então os jovens, ensanguentados, eram agredidos "com porrada, com paulada, com soco no nariz, na boca".[45]

Frei Chico e seus camaradas Pedro Daniel e Manezinho foram levados da detenção no DOI para o Dops cinco dias antes de Vladimir Herzog se entregar voluntariamente ao DOI na manhã de 25 de novembro. Ele apareceu morto no fim da tarde. A sua morte sob tortura foi oficialmente registrada como suicídio, uma alegação cujo absur-

---

[43] Frei Chico, entrevistado por Paraná, 5 de outubro de 1993 (Paraná, 2002, p. 184); "José Ferreira da Silva (Frei Chico)", 2014, p. 6; Frei Chico, entrevistado por Morel (Morel, 1981, p. 14).

[44] No início até o meio de seus trinta e poucos anos, os cariocas Fernando José Dias e Ana Maria Maduro Gonçalves Brandão trabalhavam como assistentes para os comitês municipais do PCB em São Bernardo e São Caetano, respectivamente. "Relatório Periódico de Informações", p. 24-25.

[45] Frei Chico, entrevistado por Paraná, 5 de outubro de 1993 (Paraná, 2002, p. 186); "José Ferreira da Silva (Frei Chico)", 2014, p. 8. Jordão, 2005, p. 148. Citações de colegas prisioneiros de Frei Chico, que também mencionam como os pés de Estrela foram completamente rasgados.

do foi desmascarado pelas testemunhas da tortura que depuseram no processo aberto pela mulher de Herzog, Clarice, contra o Governo Federal (que ela ganhou em 1978). Em regra, aqueles detidos no DOI nunca tinham acesso a qualquer coisa que pudesse ser usada para suicídio – principalmente, como Frei Chico observou, quando um indivíduo estava sendo torturado, situação em que ele às vezes sonhava em morrer como uma forma de escapar. Frei Chico de modo prático sugere que Herzog provavelmente morreu de uma pancada equivocada dada por um operador da tortura, talvez drogado, que bateu forte demais devido ao ódio.[46]

Depois de chegar ao Dops em 20 de outubro, Frei Chico não foi mais torturado, embora um oficial nojento, como ele lembra, tenha ameaçado mandar os indivíduos de volta para o DOI. Foi ali que a papelada para o indiciamento militar de Frei Chico pelo crime de subversão foi finalizada. Depois disso, ele foi transferido para uma prisão normal, onde era possível receber visitas e comida da família. Ele foi finalmente solto uma semana antes do Natal, quase três meses depois de ser sequestrado de sua casa em São Bernardo.

Pedro Daniel de Souza, o camarada mais velho de Frei Chico e seu companheiro na prisão, era um sindicalista militante, comunista devoto e protestante fervoroso – tanto que, para a surpresa de Frei Chico, ele pediu uma Bíblia no DOI. Falando publicamente sobre sua tortura pela primeira vez em 1979, ele forneceu uma explicação irônica para sua experiência: "Por que fui preso? Eles disseram que eu era comunista e então me levaram pro DOI. Se eu fui torturado, espancado? Ah, meu filho, até Jesus Cristo se fosse levado pra lá seria torturado" (Daniel de Souza..., 1979).[47] Pedro Daniel era apenas uma das 2 mil pessoas no país levadas pelas operações do DOI de 1975 contra o PCB. Dessas 2 mil, 240 foram por fim "adotadas" por uma ONG internacional recentemente criada, ainda não muito conhecida mundialmente, a Anistia Internacional (Alves, 1982, p. 608).

---

[46] Frei Chico, entrevistado por Paraná, 5 de outubro de 1993 (Paraná, 2002, p. 180); "José Ferreira da Silva (Frei Chico)", 2014, p. 8.

[47] Veja também "José Ferreira da Silva (Frei Chico)", 2014, p. 24.

***

A primeira rodada da blitz anticomunista refletia um consenso entre Geisel e aqueles vinculados ao porão. A blitz tinha o MDB como alvo indiretamente por meio de alguns de seus políticos eleitos para cargos inferiores, de dirigentes locais, de membros e apoiadores, alguns dos quais eram comunistas. Da perspectiva do porão, esses passos iniciais limitados seriam um ponto de partida para as "medidas extremas" contra o MDB almejadas por aqueles que queriam "garantir a continuidade do processo revolucionário" (Gaspari, 2003, p. 471). A controvérsia sobre as prisões indiscriminadas do DOI paulista cresceu entre julho de 1975 e janeiro de 1976, quando três mortes consecutivas – nenhuma delas de revolucionários clandestinos – ocorreram sob tortura na Rua Tutóia. Para o DOI, tais acidentes de trabalho eram inevitáveis na guerra para aniquilar a subversão, mas cada morte sucessiva testava a paciência de Geisel cada vez mais. Enquanto uma investigação militar negou a responsabilidade do DOI sobre a morte de Herzog, foi a morte de um metalúrgico comunista militante de base, Manoel Fiel Filho, em 17 de janeiro de 1976, que fez emergir uma crise interna no regime. Furioso com a incompetência do General d'Avila Melo, Geisel o substituiu abruptamente como comandante do Segundo Exército, o que levou à demissão de Maciel como chefe do DOI em São Paulo. Com a vitória do governador Egydio contra o general d'Avila Melo, São Paulo foi dali em diante poupado dos desaparecimentos incontrolados e do terror que atingira Frei Chico e sua família, seus amigos e camaradas. Mas ainda no começo daquele mês – dia 5 de janeiro – para fazer um gesto em direção ao porão, o presidente Geisel usou o AI-5 para ordenar a cassação do mandato parlamentar de Marcelo Gato.

11. FILHOS DO MEDO

Aqueles que já leram relatos jornalísticos da vida de Lula sabem que ele descreve o que aconteceu com seu irmão como um momento decisivo. De certa forma, esse momento decisivo foi emblemático de uma transformação nacional mais ampla quando o arrastão do DOI em São Paulo, ao jogar luz sobre a tortura, moveu a opinião pública da elite em direção a uma abertura política mais substancial do que a planejada por Geisel. Mas ninguém se questionou até hoje como Lula – que quando criança, como já vimos, era tímido demais até para vender produtos na rua – pôde tomar a coragem necessária para enfrentar um aparelho estatal assassino ao lutar pela libertação de seu irmão. Como esse filho do medo, para evocar mais uma vez a novela de Jatobá, agiu em um contexto no qual os metalúrgicos do ABC se tornavam alvo do Estado por meio de infiltrações e da presença do aparato policial em São Caetano? Como ele enfrentou o medo, também abordado neste capítulo, suportado pelas famílias daqueles levados nesse arrastão – ainda mais grave para as famílias migrantes recentes que moravam no ABC, há muito tempo desdenhadas pelas camadas mais altas do Brasil?

Responder a isso exige formular uma pergunta ignorada até hoje: por que o próprio Lula não foi um alvo do DOI, assim como ocorreu com o presidente não comunista do sindicato de metalúrgicos de São Caetano? Sabe-se, afinal, que Lula era objeto de interesse nas interrogações de Frei Chico no DOI e que em agosto de 1975 Lula tinha contratado Osvaldo Cavignato, outra vítima do DOI, para trabalhar com ele no sindicato de São Bernardo. De fato, um perfil feito por uma agência de inteligência do Exército em fevereiro de 1976 descreveu Frei Chico como "o irmão do dirigente sindical Luis Inácio da Silva – 'Lula'" e escreveu que ambos estavam sob investigações em curso.[1] Ao compreender a escolha aparentemente arbitrária de perseguir o presidente do sindicato dos metalúrgicos de São Caetano e não Lula, entenderemos as relações políticas e pessoais que moldavam as ações repressivas tão temidas por sindicalistas ativos e por trabalhadores de todos os tipos. Ao traçar as ações de Lula face a essa repressão, nós obteremos um vislumbre de como os retirantes subalternos do ABC acabariam se tornando nacionalmente conhecidos durante as corajosas greves de 1978-1980.

NO CHÃO

No sábado, 4 de outubro de 1975, o dia do sequestro de Frei Chico, ele estava prestes a encontrar com sua mulher, Ivenê Ferreira da Silva, na casa dos pais dela. Ele nunca chegou. Quando Lambari, seu amigo de longa data, apareceu na casa deles naquela noite, convidado para jantar, ele encontrou só os chinelos de Frei Chico e a mulher dele em um estado de desespero; ninguém da família sequer sabia que ele era comunista, comentou posteriormente Lambari. Os pais de Ivenê e a

---

[1]   "José Ferreira da Silva, Zé, Frei Chico", 23 de fevereiro de 1976, Arquivo Nacional, Rio de Janeiro, SNI, Ministério do Exército, Informação n. 350/76-CB. Curiosamente, o extenso *prontuário* sobre Lula no Dops diz muito pouco sobre esses primeiros anos e não menciona Frei Chico ou Osvaldo Cavignato. Isso pode refletir o fato de que a função de inteligência política do Dops, um órgão estadual, tinha sido assumida pelo SNI, pelo DOI do Exército, e por outras agências militares de inteligência. O que é surpreendente, entretanto, é que o prontuário sobre Lula do Dops menciona apenas alguns relatórios dessas outras agências. Apesp, SSP, Polícia Civil de São Paulo, Divisão de Informações/CPI/Dops/SP, [Pasta] 52-Z-0-23.128: Luiz Inácio da Silva.

família Silva se mobilizaram para procurar em terrenos, hospitais e delegacias próximas; o marido de Maria Baixinha, Antônio, passou uma noite inteira procurando. Como Maria relembra, eles logo perceberam que Frei Chico poderia ter sido detido; alguns dias depois, eles ficaram sabendo que Manezinho e Pedro Daniel tinham desaparecido também. A única razão pela qual Frei Chico não foi morto, ela destaca, foi uma denúncia das detenções em massa pelo Departamento da Juventude do MDB, publicada seis dias depois da prisão dele em um jornal da família Mesquita que incluía os nomes dos desaparecidos. Ao longo das semanas seguintes, a cobertura da imprensa viria a aumentar enquanto outros políticos eleitos do MDB se juntavam ao deputado estadual de São Paulo pelo seu partido, Alberto Goldman, que foi o primeiro a denunciar as prisões, dia 9 de outubro.[2]

Enquanto gravavam o testemunho de Frei Chico em 2014, os entrevistadores da comissão da verdade convidaram a mulher dele para falar. Hesitante, Ivenê se descreveu como uma pessoa inocente na época do sequestro de Frei Chico que, como a maioria dos cônjuges, não sabia nada sobre as atividades de seu marido; "pra a gente assim foi um choque muito grande, assim, uma coisa que mexeu com a família inteira né!". Enquanto procuravam ele, o terror dela crescia à medida que ela encontrava outros e descobria que torturadores às vezes levavam mulheres e filhos para pressionar os detidos; por essa razão, como lembra seu filho mais velho, a família se mudou para fora da casa. Como resume Ivenê, foi uma experiência de "30 dias de horror." (José Ferreira da Silva (Frei Chico), 2014, p. 16-17).

Juntando-se às filhas de Manezinho e de Pedro Daniel, Ivenê passou três semanas buscando reconhecimento oficial da detenção de

---

[2]   Lambari e Maria Baixinha, entrevistados por Paraná, 27 de junho de 1994 (Paraná, 2002, p. 346-347); "Exército explica as prisões...", 1975; "Vinte prisões em dez...", 1975. Veja também o relato do testemunho dado pelo jovem ativista do MDB Waldir José de Quadros ante a Comissão da Verdade municipal de São Paulo: "Verdade e história", 2012. Frei Chico foi mencionado na denúncia fornecida pelo senador do MDB do Rio de Janeiro, Saturnino Braga. "O MDB denuncia mais prisões", 1975. O relato do adido dos EUA Chapin também menciona Constantino e Frei Chico além de Osvaldo Cavignato (descrito como um "funcionário" do sindicato de São Bernardo); Usnara, 1975.

Frei Chico. Enquanto verificava o bem-estar do pai de seus filhos, uma responsabilidade feminina santificada, Ivenê esteve sujeita a abuso verbal por oficiais que zombavam a alegação dela de que ela não sabia nada sobre o que seu marido estava fazendo; a situação inteira era "muito, muito chocante", Ivenê disse, e ela levou muito tempo para se recuperar daquilo. No vigésimo dia depois do desaparecimento de Frei Chico, as três mulheres esbarraram com um parente da mãe de Ivenê fora da sede do Dops, onde ele trabalhava. Depois que elas explicaram por que elas estavam lá, ele entrou e voltou com uma confirmação não oficial de que Frei Chico, Manezinho e Pedro Daniel tinham chegado alguns dias antes. Eles não foram torturados na sede do Dops, embora Frei Chico tenha sido submetido a uma "inspeção" face a face pelo notório Sérgio Fleury, que matou muitos integrantes dos movimentos da luta armada durante o fim dos anos 1960 e treinou Dr. Ney. Apenas um mês depois do sequestro que Ivenê viria a ver seu marido, sob circunstâncias angustiantes. Enquanto ela esperava com a massa de pais, mulheres e filhos do lado de fora da sede do Dops, Frei Chico foi conduzido passando por ela com outros prisioneiros, algemado, para seu local de detenção final, a cadeia Hipódromo, onde ele podia receber visitas. Tanto Ivenê quanto Frei Chico relembram esse primeiro encontro depois do sequestro dele como, nas palavras dele, "uma tragédia" para ela (José Ferreira da Silva (Frei Chico), 2014, p. 9-10, 16-17; Cedi, 1987, p. 44; Souza, 2000).[3]

Enquanto lutava contra o terror, a mulher de Frei Chico também tinha que alimentar sua família. Quando ele foi por fim solto na terceira semana de dezembro, depois de 76 dias de encarceramento, ele descobriu que nada de dinheiro tinha caído na conta deles por três meses porque o sindicato de São Caetano se recusava a pagar o salário do vice-presidente, sob ordens de seu novo presidente, João Lins. Por iniciativa própria, o tesoureiro do sindicato chegou a dar uma ajuda às escondidas para a família, mas os pais de Ivenê (e não os irmãos Silva) foram os que fizeram mais para atender às necessidades da família.

---

[3] Frei Chico, entrevistado por Paraná, 5 de outubro de 1993 (Paraná, 2002, p. 183).

Uma vez solto, Frei Chico descobriu que a Confab não o queria de volta ao trabalho. O advogado trabalhista Almir Pazzianotto trabalhou para dar um "jeitinho": Frei Chico sairia do cargo de vice-presidente do sindicato, mas manteria a estabilidade no emprego vinculada ao cargo, impedindo que a Confab o demitisse até que o mandato dele se encerrasse.[4]

Ivenê e Maria Baixinha ficaram horrorizadas quando visitaram Frei Chico pela primeira vez no Hipódromo, porque todo o corpo dele ainda mostrava marcas da tortura. Porém, a recuperação física talvez tenha sido mais fácil do que lidar com o trauma psicológico e emocional. Pouco depois de ser solto, Frei Chico ficou chocado, quando andava a pé para a casa de seus sogros na véspera do Natal, ao descobrir que o torturador do DOI morava ali perto. O caso dele no Tribunal Militar também gerou ansiedade porque, quando ele negou o teor do seu depoimento assinado que tinha sido obtido sob coação, ele confirmou que seu apelido era Frei Chico. Um juiz militar de má-vontade tomou isso como confirmação de que ele usava um codinome do PCB, o que forçou Frei Chico e seu advogado José Carlos Dias, contratado por Lula, a se esforçarem para coletar testemunhos assinados de Paulo Vidal, Maurício Soares e Mário Ladeia explicando que o apelido surgira na época que ele era ativo nos assuntos sindicais de São Bernardo.[5]

Frei Chico também enfrentou desafios dadas suas responsabilidades como provedor e protetor que tinha colocado o bem-estar de sua família em perigo. "Eu fui muito besta", Frei Chico disse para os entrevistadores da Comissão da Verdade; a mulher dele tinha ficado arrasada com a experiência, e sua família "sofreu muito assim". Ficando de fora da militância por alguns anos, Frei Chico continuou seu trabalho como soldador enquanto reestabelecia sua relação com sua mulher e seus filhos,

---

[4] Frei Chico, entrevistado por Paraná, 5 de outubro e 10 de setembro de 1993 (Paraná, 2002, p. 183, 188; p. 164); Frei Chico, citado em Cedi (1987, p. 45).

[5] Maria Baixinha, entrevistada por Paraná, 6 de abril de 1994; Frei Chico, entrevistado por Paraná, 5 de outubro de 1993 (Paraná, 2002, p. 267-268; p. 186); "José Ferreira da Silva (Frei Chico)", 2014, p. 6, 11, 17; "Entrevista com Frei Chico (16/4/18) – Irmão do ex-presidente Lula", 2018.

com os pais dela e com a família Silva (alguns dos quais desaprovavam fortemente suas atividades políticas). Como alguém "queimado" para a polícia, Frei Chico encontrou alguns indivíduos relutantes em lidar com ele devido aos riscos.[6] A maior fonte de ansiedade talvez viesse do fato de que Frei Chico ainda estava vivendo sob uma ditadura, com o DOI em funcionamento. Ele ficava assustado toda vez que via um Chevrolet Veraneio – principalmente quando o carro passava pela frente de sua casa – ou quando, enquanto ele esperava em um ponto de ônibus, um carro de polícia passava e depois voltava.[7]

Quatro décadas depois de seu sequestro e da tortura, Frei Chico ainda não era dado a um maneirismo heroico sobre a catástrofe que tinha acabado com sua carreira como sindicalista em tempo integral depois de apenas cinco dias no cargo. Depois desse acontecimento, ele nunca mais viria a imaginar o poder como uma abstração; seu exercício bruto tinha sido tão profundamente internalizado que às vezes tomava conta de seu "íntimo" (José Ferreira da Silva (Frei Chico), 2014, p. 7). Isso não significa que Frei Chico abandonou suas crenças políticas ou sua militância, para a qual ele voltou no fim dos anos 1970, sendo preso com Lula em 1980. Mas dali em diante Frei Chico estava perfeitamente ciente de sua vulnerabilidade – talvez a característica definidora da condição de peão. Essa consciência moldaria necessariamente as ações futuras desse rebelde decidido. Ao torturar todos que caíam sob suas garras, o DOI implementou uma mensagem duradoura de que a qualquer dado momento a vida e a morte pendiam numa balança. Ele comunicou que o Estado era poderoso e onisciente e exercia poder com impunidade; o indivíduo sendo torturado, e outros como ele, não eram nada. Como Frei Chico comenta amargamente, não havia absolutamente nenhuma necessidade de torturar os dois dirigentes sindicais

---

[6]   Um operário militante entrevistado por Frederico em 1976-1977 falou em detalhes sobre como ele construiu relações pessoais com seus colegas trabalhadores, mas até ele, um dirigente de equipe na VW, relata que "quando chamo pruma reunião" sobre questões relacionadas à militância, "eles desconfiam: 'será que esse sujeito não é um subversivo?'" (Frederico, 1979, p. 142).

[7]   Frei Chico, entrevistado por Paraná, 5 de outubro de 1993 (Paraná, 2002, p. 188); "José Ferreira da Silva (Frei Chico)", 2014, p. 7, 9 (citação), p. 15.

de São Caetano porque o DOI já sabia tudo por meio de operações de vigilância ("paqueras"). Na preparação para o sequestro deles, um coronel do Exército aposentado passou a visitar regularmente o sindicato – conversando com Manezinho e saindo para almoçar. Outro visitante menos frequente, também não metalúrgico, era um dos agentes do DOI que viria a sequestrar Manezinho dia 5 de outubro.[8]

REVERBERAÇÕES

A lógica por trás da perseguição injusta e ilegal sofrida por Frei Chico era punir, desmoralizar e dissuadir aqueles imprudentes o suficiente para se rebelar ou aqueles tolamente próximos daqueles que o faziam. Essa lógica perpassava todas as ações do DOI relacionadas aos sindicatos de metalúrgicos do ABC. Em seu relato de 17 de outubro sobre as prisões de Manezinho, Pedro Daniel e Frei Chico, o adido trabalhista estadunidense descreveu o primeiro como "um oponente declarado do governo militar" que era "comunicativo e amigável" ao lidar com o representante dos Estados Unidos. Os advogados do sindicato também tinham inicialmente dito ao adido que eles esperavam que seus dois diretores, Manezinho e Frei Chico, fossem soltos em poucos dias. No dia 5 de novembro, entretanto, o cônsul dos EUA em São Paulo relatava tensão e nervosismo se aprofundando entre os dirigentes operários em São Paulo que não eram "pelegos". O presidente do sindicato de Santo André, Benedito Marcílio, tinha até dito ao adido trabalhista dos EUA que ele temia pela sua "liberdade pessoal", dados os "interrogatórios praticamente semanais" que ele enfrentou do aparelho de segurança. Se podia acontecer com Manezinho, podia acontecer com ele. Nem mesmo a libertação de Manezinho no dia 31 de outubro atenuou o medo e ressentimento sentido pelo "movimento operário profundamente dividido, frustrado e intimidado de São Paulo" (Usnara, 1975a, 1975b).[9]

---

[8]   Frei Chico, entrevistado por Paraná, 5 de outubro de 1993 (Paraná, 2002, p. 177).

[9]   O vice-presidente do sindicato de São Bernardo, Rubão, que serviu no início dos anos 1970, falou sobre a intensidade da pressão sobre dirigentes sindicais sob a ditadura de 1969 até 1975. Rubens Teodoro de Arruda (Rubão), Antenor Biolcatti e José Arcanjo de Araújo (Zé Preto), "1975/Eleições", 2003.

Porém, o desaparecimento de Manezinho também destacou as batalhas políticas traiçoeiras travadas dentro do movimento operário que são abrangidas pelo termo *policialismo*. O fato de que os três principais dirigentes do sindicato de São Caetano sumiram da noite para o dia criou oportunidades para o secretário-geral do sindicato, o ambicioso João Lins Pereira, um migrante pernambucano como Lula, assim como para Argeu Egydio dos Santos, há muito tempo dirigente da federação dos metalúrgicos do estado de São Paulo (Pastore, 2007; Cedi, 1987, p. 42-46). Classificado pelo governo como comunista e agitador antes de 1964, Argeu manteve seu emprego confortável ao se tornar um instrumento do Dops, e ele agora via a oportunidade de tomar controle do sindicato de metalúrgicos de São Caetano, o terceiro maior do estado.[10]

Como escreveu o adido, todos os três sindicatos de metalúrgicos do ABC se opunham a Argeu, ainda que por razões diferentes (Usnara, 1975b). As queixas do sindicato de São Bernardo, por exemplo, incluíam a tentativa de Vidal (discutida anteriormente) de se livrar da tutela da federação dos metalúrgicos do estado mantendo um dissídio separado para seu sindicato (Pazzianotto, 2007, p. 101; Ponte, 1987, p. 214; Paranhos, 2002, p. 69). Santo André e São Caetano, por outro lado, estavam claramente alinhados com um bloco de grandes sindicatos de metalúrgicos de esquerda do estado de São Paulo liderado, até 1972, por Marcelo Gato de Santos. Nos conflitos entre esse bloco de esquerda e a direção da federação em reuniões e congressos, Vidal se posicionou ambiguamente e até votou por vezes com o último, que ele reservadamente enxergava com desprezo (Cavignato, 2005, em Silva, 2006, p. 206; Pazzianotto, 1994, p. 114).[11] Dada a influência policial pesada no estado e a liderança sindical nacional, reuniões sindicais e

---

[10] Ver a certificação assinada por um oficial importante do Dops no dia 21 de outubro de 1965, considerando no interesse da "política sindical nacional" manter Argeu na liderança, contido em um arquivo confidencial não marcado iniciado por uma solicitação de 6 de maio de 1974, feita por Argeu, para um atestado de antecedentes políticos negativos (que foi concedido). "Ordem Política 137729, Argeu Egydio dos Santos, Fichado", Apesp, SSP, Dops.

[11] Frei Chico, entrevistado por Paraná, 10 de setembro de 1993 (Paraná, 2002, p. 158).

congressos operários às vezes eram marcados por conflitos violentos entre a esquerda e a direita durante aqueles anos. Lula relembra a primeira reunião desse tipo à qual ele compareceu, em Salvador, Bahia, em 1970, na qual "houve quase uma chacina em pleno congresso [...] quando a pelegada expulsou" a delegação de Santo André do corredor depois que ela apresentou uma resolução a favor da reforma agrária (Silva, 1990, p. 212).

Conversando com o adido trabalhista dos EUA, Argeu descreveu Manezinho como um homem de "temperamento afável" que não era um comunista. Porém, em seguida, Argeu admitiu que um homem de tão "limitados talentos de liderança" só poderia ter mantido "controle de um sindicato tão importante" por meio do apoio do PCB (Usnara, 1975b). Embora Argeu se referisse abertamente aos seus contatos no Exército, esse dedo-duro também tinha uma relação suficientemente boa com a delegacia estadual de São Paulo do Ministério do Trabalho nacional para conseguir assumir o sindicato de São Caetano. Embora seja possível que Argeu tenha coordenado com o DOI antes da prisão de Manezinho, é mais provável que Argeu simplesmente tenha aproveitado a oportunidade quando ela surgiu. Em troca da sua soltura (seis semanas antes de Frei Chico) e do encerramento do seu caso pendente no Tribunal Militar, Manezinho viria a entregar a presidência sindical de São Caetano para João Lins, que se manteria no cargo, com a ajuda do Dops e do DOI, até os anos 1980, bem depois das greves dos metalúrgicos que começaram em 1978 (Cedi, 1987, p. 45).[12] Orgulhoso da manobra astuta, Argeu viria a se gabar que sua longa ausência do Brasil durante uma viagem aos Estados Unidos em novembro tinha permitido que ele evitasse "ter que dizer não" ao chamado dos "sindicatos mais militantes" da federação tomassem uma posição pública contra as prisões (Usnara,

---

[12] O fato de o Dops ter colaboradores na federação e mesmo nos sindicatos filiados era amplamente conhecido (Souza, 2000, p. 381-382). É menos sabido que o DOI em São Paulo também se tornou diretamente envolvido com o movimento sindical, por meio de seus próprios agentes e de criminosos recrutados para intimidar oponentes de aliados do DOI e para roubar listas de eleitores (como o que aconteceu no sindicato de São Caetano) (Godoy, 2015, p. 504-505).

1975c). Argeu foi sempre muito esperto nas manobras sindicais, observou Lula, e acima de tudo estava profundamente comprometido na luta contra a esquerda (Silva, 2000, p. 49).

Apesar do acordo, Manezinho ainda foi forçado a assinar uma declaração no Dops na qual ele expressava arrependimento por ter participado em duas reuniões organizadas por Pedro Daniel, um conhecido com o qual ele tinha trabalhado 20 anos antes na grande fábrica de viscose Indústrias Reunidas Francisco Matarazzo em São Caetano. Ele também "admitiu" ter dado pequenas doações para Frei Chico – embora ele acreditasse que elas seriam direcionadas para as famílias de prisioneiros políticos – e disse que ele tinha recebido um jornal do PCB, embora o tivesse jogado fora.[13] A confissão mais grave era que ele tinha participado em duas reuniões, que ele achou que tinham sido convocadas para discutir questões trabalhistas, que incluíam Ivo, o codinome dado pelo PCB a Emilio Bonfante Demaria (1923-1998), um antigo piloto e capitão da Marinha Mercante nascido em Santa Catarina. Como dirigente de uma greve famosa da Marinha Mercante em 1953 no Rio de Janeiro, o que colocou ele contra o então ministro do Trabalho e futuro presidente João Goulart, Bonfante era um sindicalista comunista proeminente que perdeu seus direitos políticos em 1964 e foi condenado, à revelia, a quatro anos de prisão em 1969 (Biografia do excepcional Comandante..., 2014).[14] Bem depois de Frei Chico ter sido transferido, Bonfante ainda estava sob custódia do DOI, e ele recebeu uma sentença de quatro anos de prisão, a pena mais dura dentre os nove declarados culpados de violar a Lei de Segurança Nacional em julho de 1976; os outros 65 réus no julgamento militar foram absolvidos, incluindo Frei Chico, Pedro Daniel, Zé Cabeludo e Osvaldo Cavignato (Justiça absolve 65..., 1975).

Antes de sua libertação do Hipódromo, Frei Chico estava preocupado com seu irmão. Mantendo segredo sobre sua filiação ao PCB,

---

[13] "Informações sobre a vida pregressa do indiciado", 29 de outubro de 1975, Apesp, SSP, Dops.

[14] Sobre a greve de 1953, ver Barsted, 1981.

Frei Chico tinha convidado Lula diversas vezes para eventos que podiam ter sido relacionados ou não a suas atividades de proselitismo do PCB, reuniões às quais Lula se recusou a comparecer. Frei Chico tinha, entretanto, conseguido convencer Lula a se encontrar com Bonfante, um homem na lista dos mais procurados do regime, ao descrevê-lo como uma figura fascinante, um "estudioso da questão operária"; Lula posteriormente comentou a fama de Bonfante por ter dirigido a greve da Marinha Mercante de 1953. Encontrando-se na praça da matriz no centro de São Bernardo por volta da época da eleição de 1974, os dois homens se sentaram com as costas coladas, cada um lendo um jornal, e conversaram por meia hora – principalmente sobre a eleição – depois disso Ivo se levantou e foi embora, seguido pouco tempo depois por Lula.[15]

Do Hipódromo, Frei Chico mandou uma mensagem para Lula dizendo que ele deveria negar que tivesse conhecido Ivo, porque nem ele nem os outros tinham confirmado tal encontro enquanto estavam no DOI. Conforme comentou Lula, ele nunca foi questionado sobre isso, e podemos nos perguntar por quê. Ele foi poupado graças a seu patrono Paulo Vidal, um operador que calculava suas ações e seus alinhamentos, os quais incluíam sua recusa de votar automaticamente com os membros de esquerda da federação. A pessoa que informou Lula sobre a detenção de seu irmão foi Sebastião de Paula Coelho, um bom amigo de Vidal e advogado da federação estadual dos metalúrgicos liderada por Argeu. Contando com a confiança dos poderosos de então, Coelho viria a ser escolhido por Paulo Maluf, membro da Arena indiretamente eleito governador de São Paulo em 1978, para servir como secretário estadual do Trabalho, um cargo que ele exerceu durante as dramáticas greves do ABC de 1979-1980. Coelho contou a notícia por telefone, já que Lula estava a 17 mil quilômetros de distância em sua primeira viagem internacional, uma excursão de 20 dias para Tóquio como convidado do sindicato dos

---

[15] Frei Chico, entrevistado por Paraná, 10 de setembro de 1993; Lula, entrevista por Paraná, 10 de dezembro de 1993 (Paraná, 2002, p. 157; p. 130-131); Silva, 2000, p. 43-44; "Luiz Inácio Lula da Silva", p. 7.

trabalhadores da fabricante de automóveis Toyota. Não é claro se ele recebeu a ligação no Japão ou durante sua curta parada nos Estados Unidos, mas sabemos que Lula decidiu ignorar o conselho de Coelho de que ele adiasse sua volta ao país para evitar o risco de prisão. Retrospectivamente, Lula aborda essa decisão de formas variadas, seja ironicamente ("Eu prefiro ser preso aí no Brasil do que ficar nessa porra desse país"), desafiador ("Se me prenderem, foda-se!") ou de modo prático ("Vou voltar para ver o que acontece"). Chegando no aeroporto de São Paulo com o arrastão a pleno vapor, Lula foi recebido por advogados do sindicato e associados, mas nada aconteceu. Ele foi para casa e compareceu ao casamento de sua cunhada no fim de semana. Depois de consultar suas irmãs e de ter uma conversa com Vidal, Lula e o vice-presidente Rubão foram para a sede do Dops em São Paulo para descobrir mais sobre o que estava acontecendo com Frei Chico e Osvaldo Cavignato.[16]

Essa decisão era ousada, principalmente porque a visita ocorreu antes que a beligerância do DOI tinha começado a ser desafiada após a morte de Herzog dia 25 de outubro. Lula estava ciente do risco: "Fui procurar meu irmão tremendo, a verdade é essa, fui com medo". "Era muito delicado ir na cadeia saber informações sobre presos", ele relembra; "ou era advogado ou era doido!".[17] A interação com o oficial do Dops, um tal dr. Campanela, foi cuidadosamente preparada para colocar os peixes pequenos intrépidos nos seus devidos lugares. Primeiro, fizeram eles esperarem horas, tomando um "chá de cadeira".[18] Quando finalmente foram recebidos, o delegado

---

[16]   Frei Chico, entrevistado por Paraná, 10 de setembro de 1993; Lula, entrevistado por Paraná, 10 de dezembro de 1993 (Paraná, 2002, p. 162; p. 128, terceira citação); Lula, entrevistado por Morel, meados de 1981 (Morel, 1981, p. 116, primeira citação); Lula, entrevistado por Couto, 3 de abril de 1997 (Couto, 1999, p. 261, segunda citação); Silva, 2000, p. 43-44; "Luiz Inácio Lula da Silva", p. 4-5.

[17]   Citações de, respectivamente, Lula, entrevistado por Dantas, primeira metade de janeiro de 1981 (Dantas, 1981, p. 29); Lula, entrevistado por Paraná, 10 de dezembro de 1993 (Paraná, 2002, p. 129); Lula, entrevistado por Couto, 3 de abril de 1997 (Couto, 1999, p. 262).

[18]   Frei Chico, entrevistado por Paraná, 10 de setembro de 1993 (Paraná, 2002, p. 162). Sobre a origem da expressão "chá de cadeira", ver "Você sabe o que...", 2013.

disse para Lula e Rubão sentarem, um convite desconcertante porque só havia uma cadeira vazia na sala. Depois que Lula perguntou sobre seu irmão, Campanela dramaticamente pegou o telefone para checar se aquele "filho da puta comunista" estava detido.

Controlando seu medo, Lula não mordeu a isca e utilizou a linguagem mansa apropriada para a circunstância. "Doutor Campanela", ele relata ter dito, " eu quero agradecer, mas quero saber de um outro amigo", Osvaldo Cavignato. Isso suscitou mais uma explosão do delegado "Ah, esse filho de puta comunista passou dois anos fazendo curso na União Soviética e não mataram ainda?" Como Lula enfatizou posteriormente, Campanela disse isso bem na cara dele, "e você imagina o medo".[19] Assim Lula continuou respondendo com deferência: "Está bom, dr. Como o sr. é generoso, dr. Como o sr. é bonzinho. Como o sr. dá informações" (Silva, 2000, p. 14). Lula saiu da reunião bravo, ainda mais porque os insultos eram "bem na minha cara, ofendendo mesmo". No seu mundo da classe trabalhadora masculina, como explica José de Souza Martins (2011, p. 214) uma "briga certa e raivosa" provavelmente seria desencadeada se um homem chamasse o outro de filho da puta, e alguém poderia até acabar "machucado se houvesse diferença de idade, de força, de tamanho". Porém, Lula se manteve calmo diante das provocações do policial. "Eu não tinha o que dizer, eu só consegui falar: 'Bem doutor, se ele errou, né?'"[20]

Com todas as cartas na manga, o oficial do Dops demonstrou sua dominação sobre esses dois homens menos poderosos por meio de uma performance tipicamente brasileira de prepotência, a afirmação arrogante, abusiva e autoritária de poder inquestionável. Era esse tipo de performance agressiva – provavelmente excluindo obscenidades, porque ela era uma mulher – que aterrorizou tanto Ivenê quando ela buscava informações sobre seu marido. Ao lidar com as perguntas de Lula, dr. Campanela demonstrou o lado negativo da magnanimidade paternalista, dramatizando a desigualdade de poder para amedron-

---

[19] Lula, entrevistado por Dantas, primeira metade de janeiro de 1981 (Dantas, 1981, p. 28-29). Ver também Lula, entrevista por Couto, 3 de abril de 1997 (Couto, 1999, p. 262).

[20] Lula, entrevistado por Morel, meados de 1981 (Morel, 1981, p. 117).

tar e aterrorizar. Performances tão barulhentas, abusivas e sarcásticas eram rotina para os prisioneiros detidos no arrastão de outubro, quando o DOI e seus membros, por mais modestos que fossem, se sentiam intocáveis.

Refletindo o equilíbrio de poder do momento, o delegado Campanela também fez alusões zombeteiras àqueles que criticavam o regime: "Você vê, Sr. Luiz Inácio, como esse país é democrático, seu irmão está preso porque é comunista e o Sr. em liberdade procurando informação sobre ele". Em 1975, é claro, o Brasil sequer era uma democracia eleitoral segura, mas as eleições há muito tempo providenciavam uma fachada ocultando um autoritarismo enraizado que dividia o mundo entre aqueles com direitos ("homens de bem") e aqueles que não os mereciam ("vagabundos, bandidos, comunistas"). Campanela invocou essa realidade abertamente quando se referiu ao funcionário do sindicato Cavignato: "E o senhor ainda tem a relação de amizade com essa pessoa? O senhor precisa romper! O senhor é um homem de bem!". Lula encerra sua narração dessa interação intimidadora ao expor o caráter tendencioso dessa falsa dicotomia camuflada pela retórica anticomunista. A conclusão de sua história indica que o que distinguia um comunista de um homem de bem era apenas o poder, a influência ou a fama associados a um indivíduo: quando Lula se encontrou com Campanela na sede do Dops outra vez, em 1980, depois de ser preso por violar a Lei de Segurança Nacional, o delegado se mostrou um anfitrião bastante cordial, tratando Lula como um filho e até competindo com outros funcionários do Dops pelo seu favoritismo, porque naquele momento Lula já era um *"peixe grande"* proverbial, embora não fosse um tubarão.[21]

Em julho de 1976, um Tribunal Militar do Segundo Exército finalmente julgou aqueles levados pelo arrastão de outubro por

---

[21] Citações de, respectivamente, Lula, entrevistado por Paraná, 10 de dezembro de 1993 (Paraná, 2002, p.129); Lula, entrevistado por Couto, 3 de abril de 1997 (Couto, 1999, p. 262); Lula, entrevistado por Dantas, primeira metade de janeiro de 1981 (Dantas, 1981, p. 30).

"subversão comunista", incluindo o sindicalista de São Bernardo Osvaldo Cavignato. Mas quem era Cavignato, na época com 30 anos de idade, e como ele acabou trabalhando na sede do sindicato de São Bernardo, ao lado de Lula?[22] Nascido no mesmo ano que Lula em Duartina, no interior de São Paulo, Cavignato foi criado em Santo André e começou a trabalhar como metalúrgico formado pelo Senai quando adolescente. Ele viria a se politizar no fim dos anos 1960 enquanto trabalhava como ferramenteiro na VW, onde um pequeno grupo de comunistas era ativo, incluindo Lúcio Bellantani (preso, torturado e julgado em 1972). Recrutado para um curso de formação de dois anos na União Soviética, ele voltou em agosto de 1972 depois de seus camaradas da VW terem sido torturados, e passou no exame de admissão para a faculdade no ano seguinte, estudando economia enquanto trabalhava em tempo integral na indústria.[23]

A análise do tribunal sobre o caso de Cavignato reconheceu a natureza facciosa de muitas das provas e a sua falta de credibilidade legal. Os juízes registraram a afirmação dele de que seu depoimento tinha sido tomado sob tortura física ("sevícias físicas") e também comentaram que o depoimento escrito usado contra ele pelos promotores, tomado de um certo Marino Trotta não só deixava de mencionar Cavignato especificamente mas também continha uma declaração de Trotta de que ele tinha sido espancado e coagido a mentir (Brasil Nunca Mais, 1988, p. 3.681, 3.683). Seis meses depois das asas do DOI terem sido cortadas em consequência do escândalo com Herzog, os juízes, diga-se de passagem, reconheceram que a tortura viciava até mesmo as noções básicas mínimas do Estado de Direito e abria caminho para a arbitrariedade absoluta. Não é que esses juízes militares "pegassem leve com o comunismo" – quando

---

[22]   Lula, entrevistado por Paraná, 10 de dezembro de 1993 (Paraná, 2002, p. 128).

[23]   "Osvaldo Rodrigues Cavignato" em Faria (2015, p. 262-263). Sua defesa bem-sucedida gerou um relato um tanto diferente, como resumido pelo juiz militar (Processo 3/76-135, p. 3.681-3.382): Um aventureiro, ele se mudou em 1970 para a Itália, onde tinha parentes, embora ele tenha pegado um emprego em outra parte do país por causa de seus "costumes rígidos".

os juízes consideravam as provas convincentes, os réus eram declarados culpados, como no caso de Bonfante e de outros – mas os juízes se recusavam a dividir o mundo entre aqueles com direitos (homens de bem) e aqueles sem direitos (isto é, qualquer um acusado). Fazer isso daria um poder sem precedentes aos que comandavam a selvageria física que levava aos depoimentos coagidos assinados utilizados, por sua vez, por agentes de segurança em defesa de seus interesses próprios ou para fins facciosos.

Tal abuso era uma prática comum. Em 2007, o ex-governador Egydio explicou que as agências de inteligência variadas nos anos 1970 circulavam acusações de forma tão rotineira sobre vínculos ao comunismo contra uma variedade ampla de indivíduos, incluindo Lula, que era impossível julgar a credibilidade de quaisquer acusações, claramente usadas como armas para a perseguição e eliminação de rivais. Analisando o passado, esse homem designado por Geisel verbalizou a grande pergunta pertinente para os casos de Frei Chico, Pedro Daniel, Cavignato (que nós sabemos que eram membros do PCB) e de muitos outros da época: "Qual é o problema de segurança nacional que pode haver em distribuir" um jornal comunista, principalmente se um indivíduo acreditava firmemente na liberdade de imprensa? (Alberti, Farias e Rocha, 2007, p. 486). No momento em que cada vez mais pessoas se faziam tais perguntas difíceis ao longo da década subsequente ao arrastão de outubro de 1975, os brasileiros não de esquerda rejeitavam cada vez mais o estilo de anticomunismo utilizado pelo DOI como uma ameaça para eles mesmos e para as liberdades públicas.

***

O poder do medo sobre os peões do Brasil ia além da ameaça do exercício bruto de poder do Estado sobre corpos individuais; ele refletia a sabedoria já existente dos filhos do medo. Conversando com Paraná duas décadas antes de sua entrevista para a Comissão da Verdade, Frei Chico explicou por que "nunca contei direito esta história da prisão e das torturas" para a sua mãe. "Minha mãe ficou meio traumatizada quando soube" sobre seu desaparecimento, e "nunca contei em detalhes" porque "ela tinha muito medo disso. Tinha medo que acontecesse com o Lula também... Você vai contar para a família para quê? É uma coisa muito humilhante, muito humilhante".[24]

---

[24] Frei Chico, entrevistado por Paraná, 5 de outubro de 1993 (Alberti, Farias e Rocha, 2007, p. 187).

12. TORNANDO-SE LULA

Em 1975, o talentoso jornalista José Nêumanne Pinto, com ajuda do professor de sociologia da USP Leôncio Rodrigues, conheceu Vidal e Lula enquanto preparava um perfil do trabalhador brasileiro contemporâneo, publicado no ano seguinte no *Jornal do Brasil* (Pinto e Caravaggi, 1976, p. 17).[1] Como Nêumanne relembrou em 1989, o novo presidente do sindicato não conseguiu impressionar nem em sua própria posse, portando um bigode grosso e o mesmo terno brilhante que ele usou quando se casou com Marisa. Foi a "conversa interminável e bem articulada" do secretário-geral do sindicato que cativou a atenção dos visitantes; o discreto Lula, "de poucas palavras", ficava à sombra do "estilo dominador e personalista" de seu padrinho, o que, para começo de conversa, levanta a questão de como Lula foi capaz de se tornar presidente (Nêumanne Pinto, 1989, p. 163, 143). Porém, nem todos os convidados externos presentes ignoraram o presidente novato; o recém-nomeado governador de São Paulo, Paulo Egydio, ficou intrigado com Lula e o acompanhou ao longo dos próximos anos, enxergando nele a prova de que um sindicalista

---

[1] A longa matéria ganhou o Prêmio Esso de reportagem econômica em 1976.

"autêntico" tinha finalmente emergido da corrupção, demagogia e subversão do sistema getulista.

Esse capítulo demonstra que os elementos essenciais do discurso e da prática de Lula como liderança já existiam antes das greves de maio de 1978 que o tornaram famoso. Começo abordando as articulações que fizeram com que Lula fosse inesperadamente nomeado candidato presidencial na chapa de 1975 coordenada por Vidal, investigando as políticas internas da diretoria e examinando a relação de Lula com os membros de esquerda do sindicato. Mostro então como a trajetória de Frei Chico, em vez de "radicalizar" a visão política de Lula, funcionou como um episódio em um período crítico de crescimento pessoal e autodescoberta, que tinha se intensificado depois da eleição sindical de fevereiro de 1975. Com ambição e energia, Lula ampliou sua compreensão intelectual e política e aprofundou relações com colegas diretores, sindicalistas e membros enquanto lutava para se tornar de fato, e não meramente de direito, o presidente do sindicato.

Por meio da autoinvenção criativa, Lula nesse período elaborou uma representação duradoura de si mesmo como um homem livre e independente, utilizando um discurso distinto cujo apelo viria eventualmente a ter impacto muito além do movimento operário organizado e da classe trabalhadora. Porém, quando situamos o sindicato de São Bernardo dentro das redes de poder mais amplas daquela época, o Lula que surge no meio dos anos 1970 pode ser entendido como alguém que expressa a esperança desencadeada pelo discurso sobre mudança de Geisel, principalmente depois do DOI ter sido domado. No fim de 1977, Lula e seu sindicato seriam parte de um levante civil com raízes em diferentes classes sociais, camadas e grupos de interesse organizados. O mundo em rápida transformação para além de São Bernardo era, portanto, crucial no momento em que Lula explorava as rachaduras geradas pelas contradições internas do regime enquanto elas se cruzavam com uma sociedade em movimento.

Para compreender isso, eu adoto uma abordagem corporificada da política, indo além do clichê de política como uma performance pública para também examinar o trabalho de Lula nos bastidores em 1975-1978 e a dimensão existencial crucial e frequentemente negligenciada da vida política, as díades compostas da visão de si e do outro nas relações entre atores individuais. Eu examino o papel indispensável de Egydio durante a "batalha de São Paulo" e na ascensão de Lula à proeminência tanto antes quanto depois das greves de maio de 1978. Ao fazer isso, eu tenho em mente os limites da metáfora de política como teatro, dado que mesmo uma plateia pagante inclui aqueles que prestam pouca atenção, outros que no máximo entendem o sentido e apenas um pequeno grupo de fãs conhecedores o suficiente para apreciar os detalhes mais refinados; acima de tudo, nunca devemos esquecer da vasta população que sequer frequenta o teatro.

A revolução mental de Lula entre 1975 e 1978 tinha ramificações abrangentes: ele declarou independência de Vidal e de Frei Chico, assumiu comando completo no sindicato e elaborou uma articulação mais ousada dos interesses dos trabalhadores que os colocavam na agenda pública. Tendo enfrentado o medo e a incerteza frente a frente, Lula perdeu suas inibições para emergir como a personalidade intrigante que milhões viriam a eventualmente conhecer e admirar: o destemido realizador que fala o que pensa sem ter o "rabo preso".

ALCANÇANDO O TOPO

Lula primeiro assumiu a presidência como uma figura de proa, um fato refletido até na disposição física dos escritórios do sindicato. Vidal, oficialmente o secretário-geral de Lula, ficou com o escritório ao lado do de Lula, para que ele pudesse observar todos que fossem ver o novo presidente. Exemplo disso foi a primeira entrevista de Lula, conduzida em maio de 1975, pela jornalista de 19 anos de idade Maria Alzira de Melo Rodrigues, contratada duas semanas antes pelo *Diário do Grande ABC*. Ela foi levada ao escritório de Lula por Vidal, que respondeu todas as perguntas com exceção de duas, o novo presidente se limitando a comentar planos para melhorar serviços médicos e a afirmar que as operações cotidianas do sindicato não iriam mudar. Como Rodrigues disse a um autor de um perfil de Lula em 1981, ela achou o novo presidente tímido, incerto e indiferente (Rodrigues, 1975; Lula citado em Morel, 1981, p. 156).[2]

Não é difícil explicar por que o gregário Lula se comportava assim. Se o desejo por avanço pessoal poderia levar a um cargo sindical, podia-se esperar que aqueles em posições mais baixas bajulassem os superiores para tentar conseguir uma promoção na carreira, quanto mais a presidência. Como explicamos no capítulo 6, Lula tinha aprendido essa lição pragmática depois que seu excesso de confiança resultou em um período doloroso de desemprego. Assim que Lula se tornou dirigente sindical em tempo integral, ele manteve a cabeça baixa e evitou causar turbulência ou demonstrar ambição excessiva. O jovem aprendiz sabia seu lugar quando acompanhava Vidal em inúmeras reuniões no Dieese, na federação sindical estadual e nos congressos do trabalho estaduais ou em uma visita ao Centro Brasileiro de Análise e Planejamento (Cebrap); Lula devia observar e escutar atentamente, aprendendo como as coisas são feitas.[3] Lula deixa claro que ficar atrás de Vidal, um personagem importante satisfeito consigo mesmo, podia ser irritante, mas o aprendizado de Lula como torneiro mecânico tinha lhe ensinado que demonstrar deferência ao mestre implicava em pagar os devidos tributos para eventualmente alcançar um *status* equivalente.

Lula já chegou a comparar seu primeiro mandato a entrar em um jogo de futebol como reserva de Pelé, sabendo que o "rei de futebol [...] com boa forma física e técnica, estivesse no banco de reservas" (Lula, citado em Paraná, 2002, p. 117). Vidal, ele enfatiza, era um especialista em sindicalismo e um orador experiente, enquanto Lula temia ser colocado no centro das atenções durante uma reunião sindical ou

---

[2] Da mesma forma, quando Vidal e Lula viajaram juntos para Juiz de Fora, Minas Gerais, para falar com estudantes sobre sindicalismo, Vidal deu a palestra ("Movimento sindical", 1975).

[3] Vidal era generoso em proporcionar oportunidades para Lula: de liderar comissões de conferência, presidir sessões do primeiro Congresso de Metalúrgicos de São Bernardo a fazer viagens internacionais. Frei Chico, entrevistado por Paraná, 10 de setembro de 1993 (Paraná, 2002, p. 157); Pinheiro, 1980, p. 4-5; Chaia, 1992, p. 148. Sobre a visita de 1973 para o Cebrap, ver Cardoso, 2006, p. 136-137.

ser questionado sobre algo que ele não soubesse responder. Logo, ele parecia destinado a presidir o sindicato para Vidal, e não a tomar seu lugar, já que, como um metalúrgico da AP observou em 1972, o presidente do sindicato deve sempre "falar com muita confiança" (Torres, 1987, p. 6) e ("afirmar-se perante") nas assembleias, caso contrário será fatalmente julgado covarde pela multidão. Logo, Lula se sentia "numa situação ruim" (Lula, citado em Dantas, 1981, p. 28) em seu primeiro ano, principalmente dada a comparação implícita com Vidal, descrito com admiração por Lula e por seu irmão como um consumado orador que conseguia derrotar adversários agressivos diante de uma plateia sindical exigente.[4]

Mas se Vidal exercia tamanho poder esmagador, porque ele abriu mão da presidência? Quando a eleição sindical de 24-27 de fevereiro de 1975 se aproximava, o grupo de situação tinha que montar uma chapa de candidatos; a tarefa naturalmente recaiu sobre o presidente Vidal, que se beneficiava da atenção intensificada trazida pelo congresso bem avaliado de setembro de 1974.[5] O sindicato estava passando por um crescimento real, porém modesto na filiação de novos membros, motivada pelos jovens e dinâmicos diretores recrutados por Vidal em 1972. Logo, parecia inevitável que Vidal fosse concorrer a um terceiro mandato. A explicação frequentemente citada para ele não ter feito isso é que a firma na qual ele trabalhava, Molins, estava transferindo suas operações para Mauá, o que o colocaria na categoria legal de Santo André e o desqualificaria para concorrer à presidência sindical de São Bernardo. Se essa fosse a razão, porém, Vidal não poderia sequer ter sido incluído na chapa, muito menos concorrer a um de seus três cargos mais importantes, com seu nome listado acima de todos nos panfletos e nas urnas. Era igualmente curioso que Lula, na época um primeiro secretário humilde, fosse o candidato a presidente, quando

---

[4]   Lula, entrevistado por Paraná, 6 de outubro e 19 de julho de 1993; Frei Chico, entrevistado por Paraná, 10 de setembro de 1993 (Paraná, 2002, p. 100, 104; p. 158). Falando "sem nenhuma falsa modéstia", Vidal disse em 2005 que até a metade do primeiro mandato de Lula, sua presidência "foi exercida a duas cabeças ou quatro mãos". "Convite da oposição ...", 2005.

[5]   Lula, entrevistado por Paraná, 19 de julho de 1993 (Paraná, 2002, p. 102).

três dos outros diretores, incluindo Rubão, vice-presidente por dois mandatos, seriam escolhas mais lógicas.

Compreender isso requer captar o jogo político dentro de uma diretoria composta por sete pessoas. Ao examinar comentários de meia dúzia de participantes e observadores experientes, podemos perceber as sutilezas da política como experiência corporificada, uma dimensão rotineiramente perdida quando os analistas se baseiam em generalizações reducionistas.[6] Cada dirigente sindical participa da vida emocional compartilhada da organização como um indivíduo, mesmo quando um sindicato em particular parece unido ou pacífico – o que não era o caso do sindicato de São Bernardo. Mesmo assim, os integrantes da situação não podiam sequer imaginar se opor a Vidal, porque isso levaria ao estado de guerra que tinha contaminado a diretoria entre 1969 e 1972, quando Vidal passava por dificuldades com a corrente de esquerda do sindicato liderada por Luciano Galache.

Tais realidades políticas explicam por que a mudança planejada pelo patrão de Vidal impactou a construção da chapa de 1975. O próprio Vidal introduziu o assunto – na esperança de que seus colegas diretores sindicais, com medo de perder seu dirigente indispensável, dessem um jeito dele permanecer ou aprovassem que ele providenciasse um "registro frio" como se estivesse trabalhando em São Bernardo ou Diadema. No curso de reuniões sucessivas de planejamento da chapa, entretanto, eles não o fizeram; em conversas entre eles mesmos, os outros diretores concordaram que deveria haver um novo candidato à presidência. Rejeitado, Vidal aceitou a proposta; porém, quando os próximos três membros mais experientes do sindicato, começando por Rubão, foram convidados a concorrer, todos recusaram (como tinham combinado fazer numa discussão à parte). Isso fez com

---

[6]   Lula, entrevistado por Paraná, 19 de julho e 6 de outubro de 1993 (Paraná, 2002, p. 100, 115; p. 117); Pinheiro, "O Brasil", p. 4-5; Delecrode, 2010; Lula, entrevistado por Morel (2006, p. 115); (Silva, 1990, p. 212); comentários por Rubens Teodoro de Arruda (Rubão), Antenor Biolcatti e José Arcanjo de Araújo (Zé Preto), "1975/Eleições", ABC de Luta!; Medici, 2002; Azevedo, 1989, p. 27-28. Para uma discussão academicista da eleição de 1975, ver Paranhos, 1999, p. 52-53; Paranhos, 2002, p. 53, 71; Rainho e Bargas, 1983, p. 52.

que sobrassem Lula e outro diretor sindical, Lulinho (Luiz dos Santos), como opções possíveis. Quando consultado, Lula pediu uma semana para pensar sobre o assunto. Depois ele concordou, mas só sob uma condição – na versão de Vidal, que nesse caso é confiável – que o presidente atual estivesse na chapa para ajudá-lo e que, depois de um mandato, Lula fosse sucedido por Lulinho, um eletricista talentoso e bem-visto na VW (que poucos anos depois morreria em um acidente de carro). Como num jogo de xadrez, essa disputa por indicação se desdobrou de modo lento, com tempo entre cada movimento para se pensar cuidadosamente sobre a próxima jogada – e com a questão do apelo eleitoral pairando sobre cada decisão.

Compreender o que aconteceu requer evitar a suposição simplista de que Vidal perdeu a presidência devido a um declínio previsível no apoio de que ele tinha desfrutado ao longo de seus anos no cargo – ou seja, "desgaste". Afinal, Vidal em 1975 "mantinha ainda muito da sua força e prestígio", como recorda Laís Abramo, e Lula só emergiu como a "figura principal" do sindicato dois anos depois (Abramo, 1999, p. 171). Mas já em 1974, havia sinais de descontentamento subterrâneo com o "menino de ouro" do sindicato; o perfil altamente favorável da *Opinião* daquele ano comentava que alguns colaboradores próximos descreviam Vidal como "um pouco ditatorial [...] com a atuação do sindicato, em todos os níveis, centralizada nele" (Um novo estilo..., 1974, p. 3). As dificuldades com a chapa de 1975, entretanto, não foram motivadas por um desejo abstrato por uma tomada de decisões mais democrática dentro da diretoria. Embora eles pudessem às vezes utilizar uma retórica que soasse democrática, esses trabalhadores que se tornaram dirigentes sindicais não baseavam suas ações num discurso idealizado sobre a democracia nem rejeitavam totalmente as disparidades de poder. O que motivava os seis diretores sindicais abaixo de Vidal era o acúmulo de desprezos, irritações e ressentimentos causados pela sua decidida cegueira em relação aos outros e pelo seu egocentrismo excessivo, que se aprofundava e se tornava arrogância à medida que ele obtinha reconhecimento no mundo mais amplo para o qual ele aspirava adentrar.

"Paulo Vidal gerava muito ciúme. Porque ele era muito inteligente e pouco humilde", disse Lula; a política dele se reduzia a "eu mais eu", afirmou secamente Frei Chico. Mesmo o elogiando, Lula comentou que Vidal "não era um cara de falar em igualdade de condições" e colocava os diretores uns contra os outros. Isso gerava um sentimento desagradável que se transformou em indignação pessoal quando, após adquirirem confiança suficiente, os diretores subordinados conversaram francamente entre si.[7] A colaboração entre esses seis diretores foi encorajada pelo seu senso de que o contexto estava ficando favorável para o sindicato; eles evitavam uma confrontação direta, entretanto, para evitar pôr em perigo as suas chances na reeleição ao estimular um Vidal frustrado a concorrer contra eles, com resultados imprevisíveis de ambos os lados. Para os outros diretores, nomear Lula como candidato para presidente colocava no topo da chapa alguém dinâmico, popular com os filiados e um apoiador do projeto emergente deles de um sindicato mais agressivo e participativo. O fato de que ele não se sentia confortável falando em público era bem menos importante.

Cada ator nesse drama de bastidores tinha impressões distintas do que estava acontecendo, além das versões diferentes que eles compartilhavam com quem estava de fora. Lula aproveitou sua credibilidade com a oposição de esquerda do sindicato, com militantes do PCB, do PCdoB e da AP, alguns do quais, em suas palavras, eram seus amigos. As redes de organização deles tinham sido destruídas durante os anos Médici, mas esses operários militantes antiVidal estavam presentes em fábricas específicas, mas não representados na diretoria. Ao se articular com "todo o pessoal da chamada 'esquerda' [...] ligado ao Partidão, ao PCdoB, à AP", com a igreja progressista e com outras organizações, Lula tinha obtido uma dose de confiança e de boa vontade porque tal comportamento contrastava fortemente com a postura antiesquerda de seu padrinho Vidal.[8]

---

[7]　Lula, entrevistado por Paraná, 6 de outubro e 19 de julho de 1993 (Paraná, 2002, p. 113; p. 99-100); Lula, entrevistas, 1990 e 1994, em Harnecker, 1994, p. 58; Azedo, 2008.

[8]　Silva, 2000, p. 47, 27; Lula, entrevista por Paraná, 19 de julho de 1993 (Paraná, 2002, p. 101).

Essa confiança pode ser exemplificada pela relação de Lula com Cavignato. Membro do PCB, Cavignato era contra a corrente de Vidal dentro do sindicato, mas se sentia atraído pelas rodadas informais de papo e de bebida que tinham surgido em torno do gregário Lula. Mais para o início de 1975, Cavignato tinha dito a Lula que ele estava deixando seu emprego porque ele interferia com o seu objetivo de obter um diploma. Lula o contratou como seu assessor econômico para redigir a declaração que ele faria em sua visita à Toyota no Japão, com a ideia de posteriormente criar uma seção independente do Dieese no sindicato. Cavignato começou dia 25 de agosto de 1975, e não foi demitido depois de seu desaparecimento; ele ainda estava trabalhando no cargo em 2017. Conversando com entrevistadores metalúrgicos em 2000, Lula disse que ele tinha contratado Cavignato "porque era o primeiro ferramenteiro, primeiro peão que tinha um diploma universitário e estava na categoria trabalhando". Lula afirmou ter aprendido muito com esse jovem cosmopolita, que "confiava em mim, tanto é, que eu fui padrinho de casamento dele", "porque ele era bem politizado, a gente conversava muito".[9] Os documentos de liberação dele de 18 de dezembro de 1975 revelaram algo sobre o caráter de Cavignato: embora expressasse arrependimento pelas atividades que levaram à sua detenção, ele acrescentou que, "por questões morais", ele não informaria a polícia se fosse novamente abordado por subversivos.[10]

Durante a composição da chapa, Lula aconselhou reservadamente diversos amigos de esquerda, incluindo Cavignato, a não concorrerem em uma chapa de oposição, lhes assegurando que ele seria o candidato da situação. Eles não acreditavam que Vidal concordaria com isso, mas quando Lula foi anunciado candidato, ele já tinha neutralizado a potencial oposição, nas suas próprias palavras, e abriu caminho para que eles se tornassem uma parte de sua base eleitoral independente de Vidal. Analisando o passado em 2010, Vidal descreveu isso com desaprovação como o modo que "as esquerdas foram se apoderando

---

[9] Silva, 2000, p. 66; Cavignato, 2005 (Silva, 2006, p. 208).

[10] "Alvará de soltura: Osvaldo Cagvignato", 18 de dezembro de 1975, Apesp, SSP, Dops, prontuário 97600, vol. 4.

dele até o absorverem", embora de uma certa perspectiva de esquerda possa parecer que ocorrera o oposto.[11] Em 1999, Lula insistiu que ele não tinha cortejado os membro da esquerda numa forma "promíscua"; ao contrário, ele acolheu a participação deles em uma base igualitária mas exigiu, de saída, que eles concordassem em respeitar as decisões da maioria nas assembleias sindicais, sobre as quais ele viria a eventualmente exercer influência decisiva (Lula, 2000, p. 28).

Aqueles que já eram próximos de Lula ou que o conheciam em 1975 estavam cientes de seu desconforto em um cargo público e oficial, mas apreciavam sua habilidade na política de pequenos grupos, o prazer que ele tinha no jogo político e a habilidade dele em alcançar os filiados não engajados. Apesar de suas duras críticas posteriores à Lula, Nêumanne relembra Lula na época como alguém que se destacava pela sua agilidade, sua "enorme inteligência" e capacidade comprovada de "absorver ensinamentos e se adaptar a novas situações" (Pinto, 2011, p. 103, 122). Mas quais foram os recursos que Lula utilizou nesses primeiros anos como presidente do sindicato? Como já vimos, quando Lula entrou para a diretoria, Vidal o nomeou como o primeiro supervisor do CET, que atuava da sede do sindicato e tinha em 1975 1.742 estudantes matriculados, 80% dos quais eram filiados ao sindicato (mais 254 filiados participavam de cursos de formação profissional); os professores eram em sua maioria estudantes de esquerda, alguns tinham sido ativos em organizações clandestinas. O próprio Lula estudou lá para se preparar para seu exame supletivo de primeiro grau, assim como o fizeram Rubão, Lulinho e Djalma Bom, o tesoureiro do sindicato que possuía um emprego qualificado (como inspetor de qualidade) na Mercedes-Benz. Mesmo depois de Lulinho ter assumido, Lula passava lá regularmente para fortalecer seus laços com um grupo grande de associados (Paranhos, 2002, p. 50, 54).

Lula descreveu os meados dos anos 1970 como a época em que ele aprendeu que o mundo estava muito "maior do que os metalúrgicos,

---

[11] Delecrode, 2010; Rainho e Bargas, 1983, p. 98-99, 207, discute como alguns militantes esquerdistas que não eram do PCB nas fábricas de São Bernardo vieram a seguir Lula depois de maio de 1978.

que tem outras categorias, que a sociedade é muito mais complexa" (Silva, 2000, p. 66). Assim como Vidal, Lula possuía uma curiosidade incomum entre dirigentes sindicais. Isso o levaria, por exemplo, a comparecer, por sugestão de Cavignato, a uma palestra sobre Economia Política e distribuição de renda dada por Eduardo Suplicy, um professor de São Paulo, em uma aula universitária do quarto ano de Economia em Santo André. Esse futuro fundador do PT e por muito tempo senador relembra como um administrador pediu que os forasteiros que estavam assistindo à palestra fossem embora; quando Suplicy encerrou, ele encontrou Lula e seu colega diretor Devanir Ribeiro esperando com perguntas, o que os levou a convidar Suplicy para falar em seu sindicato (Eduardo Suplicy responde..., 2011).

Embora fosse respeitoso com acadêmicos e com seus conhecimentos, Lula alimentou seu crescimento social, intelectual e político por meio do engajamento intenso com o grupo grande de pessoas que cruzavam seu caminho. Durante o que ele chama de "outro aprendizado", Lula interagiu pessoalmente com a maior quantidade de trabalhadores possível, frequentemente de modo informal, envolvendo uma cachaça. "Eu saía do Sindicato, ia para um bar, ficavam 10, 12, 14, 15, 20, 30 companheiros discutindo", ele relembrou, e "esse negócio de conversar muito, de ouvir bastante" – "de sábado a domingo, de segunda a segunda apesar de chuva, sol ou feriado" – era a base da aprendizagem. O essencial, ele prosseguiu, era "estar sempre atento para aproveitar a essência do que ouviu. O que não presta joga fora. O que presta guarda para o teu aprendizado" (Silva, 2000, p. 66).

Dessas conversas aleatórias, Lula aprendeu muito mais do que sindicalismo ou política. Bom de papo, Lula se esforçava para ter total engajamento com cada trabalhador individualmente, sua vida e a vida de sua família. A abordagem dele ilustrava uma dura lição aprendida por um metalúrgico da AP quando atuava organizando operários no ABC dos anos 1960. Como Aparecido de Faria escreveu do exílio, nós revolucionários éramos muito "puritanos com a política", enchendo nosso tempo com "reuniões e contatos" políticos, e assim falhamos ao não "participar da vida dos operários fora da fábrica". "Um dirigente de massa não pode existir caso não participa da vida desta mesma massa, das alegrias e das tristezas", Faria aprendeu; "não pode restringir o trabalho político" somente às jornadas de trabalho na fábrica, mas deve ser prolongada no "futebol da fábrica, nas festas dos operários, nos bailes de bairro, [e] nos bares" (Torres, 1972, p. 20). Diferentemente de Vidal, Lula criou conexões interpessoais individualizadas com colegas trabalhadores, o que contribuiu para sua compreensão sobre diversidades, semelhanças e inclinações. Ele aprendeu sobre seus trabalhos e seus triunfos, suas aventuras, piadas e histórias mirabolantes – sobre incidentes com o pagamento, patrões ruins e o preço do feijão, assim como preocupações com os filhos e, é claro, futebol e bebedeira, talvez incluindo um pouco de sindicalismo e política misturado em meio a tudo isso. Ao adotar essa abordagem abrangente, Lula atribuiu valor especial às "pessoas não importantes", entre aqueles com quem ele falava, o que viria também a caracterizar as milhões de interações coloquiais por meio das quais Lula, ao longo de quatro décadas, se engajou com a população enquanto rodava o Brasil.

SEM O RABO PRESO

A eleição de novembro de 1974 que animou os oponentes do regime levou ao crescente arrastão anticomunista e deflagrou a batalha no interior do regime vencida por Geisel em janeiro de 1976, que acabou com a autonomia do DOI em São Paulo. A violenta detenção de Frei Chico introduziu a política nacional à força para dentro das vidas da grande família Silva, e com ela vieram o choque, a angústia e o sofrimento. Frei Chico era o outro irmão Silva que apareceu nos jornais em 1975, mesmo que apenas em uma lista de detidos publicada pela imprensa livre que relatava a campanha em curso do porão contra Egydio, Geisel e o vitorioso MDB.

Embora os detalhes completos do aprisionamento de Frei Chico viessem a ser revelados apenas 20 anos depois, por meio do livro de 1996 de Denise Paraná sobre Lula e pela entrevista dada à Comissão da Verdade, o trauma dele era conhecido pelo público nacional e internacional muito antes, porque Lula, que não sofreu nenhum dano no corpo, na psique ou na carreira sindical a partir do que ocorreu, fez disso uma parte proeminente de sua história de vida. Ele abordou publicamente a prisão de seu irmão pela primeira vez em um célebre perfil de julho 1978 escrito por Ruy Mesquita e publicado na revista *Senhor Vogue*. Nessa narrativa autobiográfica e em outras posteriores, a detenção e tortura de seu irmão era para Lula um momento pessoal decisivo. Observadores casuais e biógrafos por vezes supõem que isso o radicalizou (Bourne, 1960, p. 29; Paraná, 2002, p. 477-478). Eles ecoam Frei Chico, que afirma que sua prisão foi crucial na formação política de Lula. Até então, de acordo com Frei Chico, Lula não tinha "uma visão do que era o poder realmente" e nem da verdadeira natureza do "regime". Essa visão equipara implicitamente a recém-descoberta consciência de Lula com a política característica de Frei Chico como membro de um partido de vanguarda.[12]

Porém, há boas razões para duvidar dessas alegações de radicalização, que frequentemente se apoiam no linguajar político empobrecido utilizada pelos partidos marxistas mais ou menos ideologicamente disciplinados dos quais Lula nunca participou. Em primeiro lugar, ela exagera grosseiramente a ingenuidade de Lula, que em 1974 tinha um entendimento bem estabelecido das nuances e das práticas políticas, incluindo noções sobre as variadas opções de esquerda dentro do movimento operário. Lula também não era um espectador apolítico durante a luta pela volta da democracia em 1974. Como vimos no capítulo 10, a toda a diretoria de Vidal estava profundamente comprometida com o MDB em meados dos anos 1970.[13]

---

[12] Frei Chico, entrevistado por Paraná, 10 de setembro de 1993 (Paraná, 2002, p. 164). Sugerindo que essa afirmação não era confiável, Frei Chico encerra insistindo que Lula lia muito depois desse suposto despertar político – embora em outra ocasião Frei Chico tenha reclamado que Lula nunca lia.

[13] O Dops relata rotineiramente a participação de diretores sindicais em seminários, conversas e mobilizações eleitorais do MDB em São Bernardo em 1975-1976: Apesp, SSP, Dops, Dossie 50-Z-341, Pasta 14, Prontuários 1385, 1377 (7 de novembro de 1975), 1378 (12 de novembro de 1975); Pasta 12, Prontuários 1294 (18 de outubro de 1976), 1305, 1322 (novembro de 1976). Mais evidências de sua politização vêm da lembrança em uma entrevista de agosto de 1975, nunca publicada, conduzida por dois estudantes de esquerda da USP, durante a qual Lula, sem a presença de Vidal, supostamente disse que o sindicato tinha concluído, em 1974, que a luta econômica

Lula estava ciente da repressão do regime, tendo visto o advogado do sindicato, Soares, ser detido em 1970 e comunistas como Bellantani na VW serem torturados em 1972. A tortura também foi abordada durante seu encontro em 1974 com 25 ferramenteiros que queriam organizar uma greve. O então presidente Vidal convidado, por um Lula inseguro, a participar da reunião e a oferecer conselhos contou aos trabalhadores descontentes sobre a lei antigreve e alertou que eles poderiam ser presos e até torturados com choques elétricos nos genitais. Os seus comentários assustaram os homens, fazendo com que eles recuassem, prejudicando ainda mais a sua reputação com os trabalhadores mais militantes (Silva, 2000, p. 44).

Embora esses pontos todos deponham contra a suposição de que a detenção de Frei Chico radicalizou Lula, no fim nós não temos provas da época de como seus pensamentos, seus sentimentos e sua fala sobre a crise evoluíram ao longo dos 18 meses anteriores ao perfil da *Senhor Vogue* em meados de 1978. Porém, ao examinar de forma abrangente as observações de Lula sobre Frei Chico, podemos obter uma história mais complicada sobre a diversidade de reações da família Silva diante do acontecimento.[14] Primeiramente, a militância persistente e presunçosa de Frei Chico tinha há muito tempo irritado Lula e outros membros da família, como vimos no capítulo 4. Em segundo lugar, a família claramente expressava raiva em relação a Frei Chico pelas suas ações, que chegaram a colocar Lula em perigo ao convidá-lo para conhecer Ivo e a prejudicar sua mulher e sua família estendida com sua vida secreta de comunista. Em terceiro lugar, alguns o culpavam por ter sido detido em função de uma devoção tola a uma "bobagem" e da sua associação com "babacas"; como um homem adulto de 32 anos, ele deveria ter tido mais cuidado (Luiz Inácio Lula da Silva, p. 4-5, 7-8; Silva, 2000, p. 43-44; Lula, entrevista por Morel (1981, p. 114). Por fim,

---

por si só era insuficiente para atingir suas demandas; ele também rejeitou a tutela por qualquer partido político (Costa, 2004).

[14] Silva, 2000, p. 43. Frei Chico, entrevista, 2015, em "Gravação 2015 11-1 Frei Chico (72 Minutos) Sudeli" Centro de Memória Sindical, São Paulo, 11; Lula, entrevista por Ruy Mesquita, junho de 1978, em Delmanto, 2009; Lula, entrevista por Morel (2006, p. 117).

isso talvez fosse o mais doloroso, alguns membros da família viam Frei Chico como um coitado, um caso perdido a ser ajudado por obrigação familiar. Depois de ter sido solto, alguns membros familiares se distanciaram, exasperados por achar que ele nunca aprenderia a lição.

Porém, apesar desses traços de raiva, ressentimento e culpa, Lula expressa uma visão em geral positiva do seu irmão nos acontecimentos de outubro de 1975 e fica indignado com a injustiça que ele sofreu. Isso foi confirmado por Frei Chico, que enfatiza a coragem de Lula ao relembrar o infortúnio. "Qualquer cara mais normal tentaria se esconder" quando escutasse a notícia, mas Lula não só se recusou a adiar sua volta do Japão ao Brasil mas também foi para o Dops perguntar por seu irmão e por seu funcionário Cavignato. Soando bastante diferente ao falar num tom pessoal e não político, Frei Chico elogiou Lula a "franqueza dele, a coragem ao enfrentar a crise de 1975". Quando Frei Chico, depois de ser solto, disse para Lula o que tinha sido feito com ele no DOI, seu irmão sofreu, sentiu raiva e indignação. Resumindo, Frei Chico claramente descreve a reação de Lula como a de alguém motivado pela "inocência e coragem". Lula podia reagir assim, Frei Chico indica, porque o novo presidente do sindicato de São Bernardo, usando a expressão favorita de Lula, "não tinha o rabo preso" a qualquer grupo político clandestino.[15]

Lula repetiu essa expressão durante a entrevista de quatro horas conduzida por Ruy Mesquita, um crítico do Exército, na mansão de Mesquita em junho de 1978, que serviu de base para o perfil publicado na *Senhor Vogue*. Esse trecho, intercalado com outas passagens da entrevista, gerou uma grande reação quando foi publicado no mês seguinte. Nela, Lula falava publicamente da prisão de seu irmão como "tinha sido preso como subversivo, não sei o que lá". Curiosamente, ele faz isso respondendo uma pergunta sobre a revitalização inesperada do movimento operário, anunciada pelas greves em São Bernardo que tinham começado no mês anterior. "Ouvindo do irmão o que ele sofrera na prisão, resolver tomar uma posição", Lula disse porque

---

[15] Frei Chico, entrevistado por Morel (2006, p. 69, 162-163); Frei Chico, entrevista por Paraná, 10 de setembro de 1993 (Paraná, 2002, p. 164); Frei Chico, 2015, p. 11.

"o que aconteceu com meu irmão poderia acontecer a qualquer cidadão brasileiro". Esse comentário certamente agradaria Mesquita, um conservador que combinava uma visão decididamente pró-capitalista com uma devoção ao primado do direito que, conforme discutido no capítulo 10, o levou a expor a tortura do DOI diante dos olhos da nação por meio de seus jornais, que também foram os primeiros a publicar a lista daqueles apanhados no arrastão de outubro que tinha detido Frei Chico.

Destacar os efeitos pessoais de uma violação dos direitos humanos era, portanto, uma estratégia inteligente de Lula ao lidar com Mesquita. Porém em vez de avançar para discutir os trabalhadores, a democracia ou o primado do Estado de Direito, Lula seguiu falando em um forte tom de registro pessoal: "Naquele momento, eu perdi aquele cisma que eu tinha de desagradar alguém, de ofender alguém, e comecei a dizer aquilo que tinha vontade de dizer [...] Eu tenho o objetivo de dizer aquilo que sinto", disse, porque ninguém mandava nele – "Eu costumo usar muito a palavra rabo preso", ele continuou, porque "as coisas se tornam mais fáceis... quando um homem tem um compromisso pura e simplesmente com sua consciência ou com aquilo que ele representa". Sem o rabo preso nem nada para esconder, Lula "decidiu abrir a boca e dizer aquilo que qualquer trabalhador teria vontade de dizer, se lhe dessem um microfone." "E eu nunca esperei", ele concluiu, "que essas verdades, partindo de um trabalhador, pudessem causar assim a repercussão que causaram", o levando, junto a seu sindicato, à proeminência política (Delmanto, 2009).[16]

Três anos depois da entrevista à *Senhor Vogue*, Lula, recém-deposto como dirigente sindical pelo governo devido às suas ações durante as greves de 1978-1980, reiterou para outro jornalista que "isso vai ser a tônica da minha vida: não ter rabo preso", já que um homem "só pode ser ele mesmo se ele tiver liberdade", não tendo segredos a serem escondidos do olho público e sem padrinhos escondidos com os quais

---

[16] Delmanto tinha acesso à transcrição não publicada completa de 120 páginas dessa entrevista, que ele bondosamente me cedeu. Excertos editados da entrevista aparecem em Guizzo *et al.*, 1978, p. 100.

obter favores. "Daí", ele acrescentou enfaticamente, "eu nunca abri mão de ser o Lula" (citado em Morel, 1981, p. 116). Ele proclamava assim o ideal do realizador: um indivíduo autônomo em um mundo onde as pessoas, principalmente os subalternos, são limitados pelo poder e pelas opiniões dos outros. Era uma declaração de independência, uma verdadeira revolução mental, ligada às transformações pelas quais Lula estava passando depois da tortura de seu irmão e de sua libertação de Paulo Vidal, um homem ao qual ele tinha servido incansavelmente. Essa aspiração teria apelo que iria muito além das classes trabalhadoras e populares, principalmente dentre os jovens e letrados, que eram ainda mais vinculados às relações humilhantes de dependência associadas aos laços de clientela e sensíveis diante delas.

O discurso de Lula enquadrou o destino de Frei Chico em uma variedade de formas diversas vezes e para diferentes plateias, na busca de objetivos distintos. Para neutralizar a falta de confiança dos trabalhadores em "subversivos", Lula descrevia que "prenderam o meu irmão porque dizem que ele é isso, que ele é aquilo, mas o mal dele era brigar para ganhar um pouco mais" (Lula, citado em Morel, 1981, p. 116), para assegurar um futuro melhor para seus filhos. Sob julgamento em 1981 submetido à infame Lei de Segurança Nacional, Lula disse para Altino Dantas, um antigo estudante de esquerda preso pela ditadura, que seu irmão "foi preso porque dizem que ele era comunista" mas ele rapidamente avançou o descrevendo como um cara da classe trabalhadora como qualquer um de nós, um soldador "que ganha 20 mil por mês [...] um pai de família, um cara que trabalhou desde os 10 anos de idade", um homem "que não tinha nada a não ser a família e as ideias dele" (Lula citado em Dantas, 1981, p. 28). Mencionando o caso de Cavignato, filiado ao PCB, ele perguntou, "Qual era o mal que [ele]... queria para o Brasil" a não ser querer que todos tenham emprego e comam e vivam bem? Como ele viria a comentar anos depois, a injustiça que visitou seu irmão e seu amigo era "ruim para o corpo deles, com as porradas que eles tomaram", mas "extremamente bom para minha cabeça", contribuindo para um "salto de qualidade extraordinário na minha atividade política" – embora ele não tenha elaborado mais que isso (Lula citado em Paraná, 2002, p. 129).

Lula também tinha usado Frei Chico para expressar sua discordância com os trabalhadores ativos em organizações clandestinas, cuja legalização ele apoiava. Como um filho autoproclamado do movimento de massa e não da esquerda tradicional, Lula expressou respeito por trabalhadores ideologicamente preparados enquanto comentava que nem todos os trabalhadores politizados que eram presos, pelo menos dentre aqueles que ele conhecia, estavam ativamente engajados em mobilizar seus colegas trabalhadores, mesmo que alguns o tivessem feito no passado.[17] Nesse julgamento, um medo bem fundamentado da "perseguição política" levou seu irmão a preferir "reuniãozinha no fundo do quintal, com duas pessoas" ou até em um quarto escuro à noite; de fato, as reuniões do PCB listadas no interrogatório de Frei Chico com o Dops geralmente envolviam duas ou três pessoas e nunca mais do que seis. Se Frei Chico tivesse rompido com essa "clandestinidade alucinante", Lula argumentou, ele poderia ter sido capaz de juntar 500 ou até 2 mil trabalhadores no salão do sindicato de São Caetano e "esculhambar com quem que tiver que esculhambar" abertamente, porque se alguma coisa acontecesse, pelo menos "todo mundo está vendo por que você está sendo preso".[18] Lula geralmente enquadrava suas objeções à esquerda clandestina discutindo se ela ajudava ou prejudicava as lutas dos trabalhadores, não em termos abstratos. Apenas numa única ocasião, Lula abordou e criticou o modelo hegemônico do "partido de vanguarda" dentro da esquerda da época. Trabalhadores que se juntavam aos comunistas, ele reclamou, acabavam sendo representantes do partido *frente* aos trabalhadores, e não vice-versa (Lula, retrato de corpo..., 1982, p. 49).

---

[17] "Luiz Inácio Lula da Silva" (entrevista por entrevistador desconhecido, n.d., ca. 1999-2000), em Dines, Fernandes e Salomão, 2000, p. 333-334.

[18] Lula, entrevistado por Paraná, 10 de dezembro de 1993 (Paraná, 2002, p. 130); Silva, 2000, p. 44; "Lula: Somos o mais importante...", p. 3. Para o interrogatório de Frei Chico, ver "Auto de qualificação e de interrogatório: José Ferreira da Silva", 30 de outubro de 1975, Apesp, SSP, Dops.

Ao divulgar publicamente o que tinha acontecido com seu irmão, Lula também conquistou uma marca de autenticidade com a oposição mais ampla de classe média que tinha liderado o protesto público corajoso contra a morte de Vladimir Herzog nas mãos do DOI. O lendário Audálio Dantas, presidente do sindicato dos jornalistas, representava essa oposição e tinha lamentado a falta de solidariedade por sindicatos de operários com a sua organização, que se arriscava em reuniões noturnas como o principal foco da resistência democrática às atrocidades do DOI – até o sindicato de São Bernardo estava ausente, o que chamava ainda mais a atenção porque Antônio Carlos Felix Nunes, editor do jornal do sindicato *Tribuna Metalúrgica*, também estava na diretoria sindical dos jornalistas (Dantas, 2012, p. 261-68).[19] As referências de Lula à tortura de seu irmão também foram significativas para outro grupo essencial da classe média que tinha se mobilizado em torno do caso de Herzog: estudantes universitários da Universidade de São Paulo que dois anos depois tomariam as ruas e reaqueceriam a luta pela democracia pela primeira vez desde 1968.

O GOVERNADOR E O SINDICALISTA

As eleições de novembro de 1974 e suas consequências romperam a mordaça política dos anos Médici e fizeram com que a nova administração de Geisel prometesse uma transição política lenta, gradual, porém segura. Os conflitos faccionais subsequentes dentro do Exército foram memoravelmente descritos em 2007 por um participante, Paulo Egydio, então governador de São Paulo, como "uma luta de foice em quarto escuro": "Você ouvia o zumbido da foice, mas não sabia de onde ela vinha, nem quem estava com ela na mão. Mas era uma luta violenta, tanto é que provocou mortes" (Alberti, Farias, e Rocha, 2007, p. 466). Uma vez que as asas do DOI tinham sido cortadas, as elites civis estavam cada vez mais confiantes de que estavam frente a

---

[19]   Para a discussão de Dantas sobre Nunes e suas atividades na chapa insurgente que venceu as eleições do sindicato dos jornalistas, ver Dantas, 2012, p. 85, 114, 128. Em uma entrevista de 1994, Dantas também relata ter comparecido à posse sindical de Lula, "um rapaz imberbe", em 1975. "Um 'furo' de memória" Museu da Pessoa, 2014.

um caminho previsível para um governo civil, o que levou à atividade crescente de políticos, advogados, jornalistas e autoridades eclesiais, seguida pelo início da mobilização, primeiro por parte dos estudantes em 1977 e depois pelos trabalhadores em 1978.

Engenheiro por profissão, Egydio tinha chegado ao topo da UNE no início dos anos 1950, sendo parte de uma chapa anticomunista que depôs a liderança apoiada pelo PCB na ilegalidade. A política anticomunista e antigetulista de Egydio se sobrepunham ao liberalismo oligárquico da família Mesquita, dona do *Estado de S.Paulo*. Quando a política tendia para a esquerda no início dos anos 1960, Egydio conspirava ativamente contra Goulart e veio a receber nomeações de alto nível sob o presidente Castelo Branco, incluindo o cargo de ministro da Indústria (Paulo Egydio Martins..., FGV CPDOC, 2019). Diferentemente dos Mesquitas, Egydio tinha apoiado o AI-5, permaneceu próximo a seu padrinho Geisel e viu sua lealdade ser recompensada com a nomeação como governador de São Paulo em 1975-1979. Isso não agradou nem a Arena local, nem os homens de negócios, industriais e banqueiros do estado, que tinham pressionado para que o companheiro paulista Antônio Delfim Netto, o poderoso ministro da Economia de Médici de cuja ambição desenfreada Geisel desconfiava, fosse indicado (Gaspari, 2003, p. 433-434; Velasco e Cruz, 1995, p. 215-217). Egydio, o homem de negócios que virou político, recebeu a tarefa de fortalecer a Arena estadual, superando as divisões internas devastadoras, embora ele tenha sido mais bem sucedido em sondar setores de oposição, incluindo políticos, intelectuais, a Igreja Católica e até sindicalistas, um grupo de interesse há muito tempo desprestigiado. Na perspectiva de uma análise de classe, Egydio não apenas era pró-capitalista mas também um gerente de fábricas e diretor de empresas, dentre elas a que se tornaria a Alcoa do Brasil. Julgado em termos políticos, Egydio era um político burguês que sintetizava a ditadura "civil-militar" pós-1964. Como governador, ele não só rejeitou as exigências pelo fim do AI-5 mas também assumiu responsabilidade, em uma entrevista de 2007, por uma intervenção policial truculenta em 22 de setembro de 1977, que dispersou um congresso estudantil que estava ocorrendo na Pontifícia Universidade Católica de São Paulo, para reconstituir a UNE, sua primeira casa política, que tinha sido tornada ilegal pelo regime (Alberti, Farias e Rocha, 2007, p. 478; Relato da invasão..., 1977).

Como o dirigente da transição controlada de Geisel no estado, Egydio exibia destreza política ao combinar inflexibilidade sobre o AI-5 com uma retórica liberalizadora mais suave. Em julho de 1976, um artigo inteiro no jornal de oposição *Opinião* resumia as declarações de Egydio sem polemizar, começando com sua afirmação de que "o MDB não era algo a ser temido", um contraste bem-vindo com aqueles que denunciavam o partido como uma ferramenta da subversão comunista. Egydio assegurou a oposição oficial de que a cassação do deputado federal Marcelo Gato estava "focada exclusivamente no PCB". Seus oponentes do MDB também ficaram contentes quando ele reconheceu como legítimas suas reclamações sobre a perda do poder de decisão dos civis após 1964. A respeito do caminho para o futuro, ele estimulou que a classe política abandonasse um "idealismo utópico" que sonhava em acabar com o domínio militar de imediato em vez de confiar que o governo de Geisel estava dando continuidade a medidas "profundamente liberalizantes", embora ele tenha admitido que a transição podia levar de quatro a 12 anos ("Declarações de Egydio", 1976, p. 2). Além de apaziguar o MDB, partido que estava longe de ser radical, suas palavras expressavam sua própria esperança como um civil que tinha, apesar de seus princípios ostensivamente liberais, apoiado o regime militar e agora via luz no fim do túnel.

Como um jogo de muitos níveis, a política envolve uma dimensão moral e ética na qual certas linhas são desenhadas para delimitar quem são os amigos e quem são os inimigos. Porém, nem o moralismo nem a análise de classe podem explicar o papel de Egydio na derrota do porão em janeiro de 1976. Ao assumir o cargo, o novo governador civil recebeu publicamente um ataque verbal violento do general d'Ávila Melo, que subestimou tanto a combatividade de Egydio quanto sua proximidade com Geisel. Sem os telefonemas de emergência de Egydio sobre as ações do DOI, é improvável que Geisel tivesse escolhido pagar um preço político dentro do Exército por causa de uma ou outra morte por tortura nas mãos do DOI. Seu homem em São Paulo, porém, era um cliente bom o suficiente para merecer reciprocidade; depois da quarta morte no DOI em seis meses, Geisel sabia que permitir a humilhação definitiva de Egydio diminuiria seu próprio poder. Consequentemente, houve a substituição sem precedentes do chefe do Segundo Exército.

Passados 40 anos, podemos agora compreender melhor a batalha política pública e de bastidores que ocorria em São Paulo. Um homem poderoso sofisticado, Egydio reagiu visceralmente ao desrespeito e ao anti-intelectualismo do porão, com seus aliados marginais na mídia que, de forma absurda, consideravam subversivos diversos renomados homens de negócios e intelectuais que ele tinha nomeado para cargos importantes. Ele era capaz de se indignar e de explodir de raiva diante das atrocidades do DOI e até chorou quando soube da morte de Herzog, um homem que ele tinha defendido alguns meses antes quando foi contratado na TV Cultura. O fato de que o repúdio do governador diante da atuação do DOI era sincera é indicado por como ele facilitou discretamente uma pensão para o tenente Vicente Silvestre, um oficial comunista da Polícia Militar barbaramente torturado pelo DOI. Em 28 de dezembro de 1975, quando Geisel consultou Egydio sobre a cassação dos mandatos eleitorais de Marcelo Gato, deputado federal do MDB e de um deputado estadual membro do PCB, a decisão de ir adiante estabelecia que nenhum deles enfrentaria "interrogatórios" no DOI, que ainda estava torturando brutalmente suas vítimas (Gaspari, 1973, p. 179, 210).[20]

Confiante tanto em seu próprio julgamento quanto no apoio de Geisel, Egydio estava disposto a enfrentar riscos evitados por outros nomeados da Arena, que perdiam tempo pensando no que poderia dar errado. Tomemos, por exemplo, a relação que ele construiu com o novo presidente do sindicato de São Bernardo. Em uma longa entrevista autobiográfica publicada em 2007, Egydio falou extensivamente

---

[20] Ver Teles, Ridenti e Iokoi, 2010, p. 476, para a história de vida e a experiência no DOI, em 1975, do oficial da Polícia Militar Vicente Silvestre.

sobre sua amizade com o jovem torneiro mecânico que então já era presidente do Brasil. Dadas as perguntas feitas no DOI a Frei Chico sobre Lula, é plausível que, como afirmou Egydio, Geisel tenha mencionado a ele a crença da comunidade da inteligência de que Lula era um "comunista". Questionado pelo presidente sobre porque ele estava dando prestígio a Lula, o governador disse a Geisel que Lula tinha "derrotado os comunistas" em seu sindicato e que os serviços de inteligência de Brasília deveriam atualizar suas informações. Analisando o passado em 2007, Egydio enfatizou que "Lula não era um comunista – como não é [hoje]. Ouso dizer... que ele não tem um matiz ideológico". Sem ter o rabo preso a grupos clandestinos, Lula foi, insistia Egydio, "um homem voltado a cuidar dos interesses dos trabalhadores" (Alberti, Farias e Rocha, 2007, p. 482).[21]

O fato de Egydio ter dado o benefício da dúvida ao presidente Lula não é surpreendente. As forças de segurança e a DRT em São Paulo sabiam que a vitória da chapa de Vidal em 1972, tendo Lula como primeiro secretário, era uma vitória difícil sobre a esquerda do sindicato de São Bernardo, incluindo o PCB, que se opunha violentamente a Vidal. A diretoria de 1975 não tinha os militantes de esquerda "de carteirinha" de sua equivalente em São Caetano (onde Frei Chico estava) e de Santo André (que tinha uma reputação bem estabelecida de estar "na esquerda"). Como Frei Chico explicou, um único membro comunista na diretoria fazia que um sindicato tivesse a reputação de ser controlado por comunistas, o que o "queimava" com a polícia, com os patrões e com o Ministério do Trabalho e fazia dele um alvo dos agentes impiedosos da polícia como Argeu dos Santos.[22]

Tomando a deixa de Vidal, Lula declarou publicamente sua "atitude independente em relação às esquerdas ideológicas", o que lhe deu credibilidade com os setores mais ricos brasileiros entre 1975 e 1978 (Pinto, 2011, p. 149). Ele insistia que a militância partidária clandestina

---

[21] Embora essa entrevista capte de forma valiosa como Egydio vivenciou esse momento, bem como seu espírito, alguns detalhes estão errados e algumas afirmações precisam ser contextualizadas.

[22] Frei Chico, entrevista por Paraná, 10 de setembro de 1993 (Paraná, 2002, p. 159).

era nociva e rejeitava os estudantes de esquerda dizendo que seriam os "patrões de amanhã", em sua conversa com Mesquita (Delmanto, 2009, p. 5). Em novembro de 1976, ele até criticou publicamente o MDB como sendo indistinguível da Arena ("são dois sacos cheios de gatos") e considerou equivocada a esperança dos trabalhadores "que votar em Quércia iria salvar o Brasil" ("As eleições vista dos sindicatos", 1976, p. 4-5). Embora continuasse a criticar, como seu antecessor, o sindicalismo antigo, Lula evitou a retórica explicitamente antiesquerda de Vidal a respeito do sindicalismo a serviço de "interesses políticos e ideológicos", código para criticar a esquerda (Um novo estilo..., 1974, p. 3). Em vez disso, a crítica de Lula usava a linguagem de "não ter o rabo preso" para afirmar a sua independência dos patrões, da DRT e do governo assim como de partidos políticos, de estudantes e de igrejas, para não mencionar a independência em relação aos níveis superiores do sindicalismo.

Assim como Vidal, Lula declarou que sua prioridade principal era a defesa inflexível dos interesses econômicos dos trabalhadores. Quando questionado sobre o que os trabalhadores queriam, Lula sempre respondia com um "mais" bastante direto; mais salário, condições mais dignas, mais bens de consumo duráveis, mais tempo com a família, e por aí vai. Para esse fim, Lula buscou contato com políticos da Arena, ministros do governo e até com Geisel, a quem ele enviou uma mensagem (com a ajuda de Egydio), durante uma visita presidencial a São Bernardo em 1976. Depois de uma década na qual sindicatos não eram reconhecidos como interlocutores legítimos, Lula seguia a liderança de Vidal e buscava qualquer oportunidade para abordar as reclamações e demandas de longa data dos trabalhadores. Militantes da esquerda e presidentes dos sindicatos, do PCB também se encontravam com funcionários governamentais, é claro, mas eles presumiam *a priori* que que uma ditadura capitalista nunca atenderia às demandas legítimas dos trabalhadores, utilizando tais encontros, em vez disso, para se organizar a fim de educar seus seguidores sobre a necessidade do retorno da democracia e para o fim das políticas governamentais que privilegiavam patrões.

Quando as greves de maio de 1978 começaram, Lula também fez uma solicitação sem precedentes de reunião com o comandante do Segundo Exército, e ele sempre estava disposto a se encontrar em particular com emissários nacionais do governo enviados para avaliar a nova situação política de São Paulo, que então já incluía Lula e seu sindicato (Pinto, 2011, p. 128-134).[23] Com uma mensagem consistente para todas as audiências, Lula e sua diretoria davam as boas-vindas ao diálogo da sociedade civil nacional que o regime lançou no início de 1977, sob a direção do senador da Arena, Petrônio Portella (Gaspari, 2004, p. 447) e teve um encontro com com esse senador por 90 minutos em Brasília no dia 16 de fevereiro de 1977. A marcante abertura ao diálogo de Lula enfraquece qualquer noção de que ele foi definitivamente radicalizado pela tortura de seu irmão. De fato, sua participação no projeto de diálogo nacional de Portella foi fortemente criticada em assembleias sindicais animadas porque "tinha uma oposição na categoria que achava que isso era rendição"; como relembra Lula, e ele respondeu que discutir uma volta da "democracia interessava para todo mundo" (Silva, 2000, p. 29).

Egydio desempenhou um papel importante sondando a opinião de Lula sobre a ditadura. Depois da primeira reunião dos dois em 1975, Egydio encontrou Lula no Palácio do Governo diversas vezes, e a *Tribuna Metalúrgica* agradeceu a Egydio em julho de 1976 por ter ajudado o sindicato a construir uma colônia de férias no litoral; Egydio afirma até mesmo que jantou com Lula e com Marisa, acompanhado de sua própria mulher (*Tribuna Metalúrgica*, 1977, p. 6, citado em Gaspari, 2004, p. 331; Alberti, Farias e Rocha, 2007, p. 482). Por sua vez, Lula convidou o governador para uma sessão do segundo congresso dos metalúrgicos de São Bernardo, em setembro de 1976. Embora os de esquerda do sindicato tenham boicotado o evento em protesto, a

---

[23] Apesar de sua hostilidade frente a Lula, Nêumanne Pinto rejeita as teorias de conspiração onipresentes, na esquerda e na direita, de que Lula era um agente de Geisel. Ele também insiste que Lula não disse nada nessas reuniões "que desabonasse sua condição" para ele como um "legítimo representante dos interesses" dos metalúrgicos qualificados do ABC (Pinto, 2011, p. 134).

visita pela maior autoridade de São Paulo foi conduzida de forma um tanto diferente que visitas similares anteriores, tais como o comparecimento de Laudo Natel na inauguração da sede do sindicato em 1973 ou a própria presença de Egydio na posse de Lula em 1975 (Rainho e Bargas, 1983, p. 98). Ao anunciar a visita na matéria de agosto de 1976 da *Tribuna Metalúrgica*, Lula declarou que o sindicato de São Bernardo não tocaria os sinos "de badalar as autoridades, como fazem outros dirigentes. Aqui [...] o governador ouvirá verdades duras, como também poderá dizer as suas" (Silva, 1976, citado em Paranhos, 1999, p. 117).

O *Estado de S.Paulo* comentou surpreso como a "simples visita de cortesia de Paulo Egydio [...] ao recinto do II Congresso [do sindicato]" se tornou "um inesperado diálogo do governador com os trabalhadores", que o interrogavam sobre porque suas vidas eram tão difíceis, reclamavam sobre as condições de vida e falavam sobre as vantagens de acordos negociados coletivamente (Governador visita ABC..., 1976). Egydio relembra o episódio como uma tarde em que passou "respondendo a perguntas e debatendo", algo em que ele tinha muita experiência da sua época na UNE. A sessão o aproximou de Lula, ele acrescenta. Sua coreografia distintiva é captada em uma foto de Lula, trajado informalmente de branco e sem gravata, em pé entre Egydio, vestido mais formalmente, e o prefeito da Arena de São Bernardo, todos em pé no chão, e não no palco erguido atrás deles, diante dos trabalhadores sentados (Zerbinato, 2016, p. 33-34). Uma troca tão despreocupada destaca a diferença entre Egydio e outros políticos burgueses e apoiadores dos militares.

Esse acontecimento também destaca a relação complicada entre as dimensões pública e privada da política. Lula estava simultaneamente fortalecendo seus laços com Egydio, se defendendo da oposição interna do sindicato que atacava o convite como uma traição e tranquilizando os segmentos de esquerda que estavam se aproximando de Lula, porém preocupados sobre aparentes continuidades com a abordagem de Vidal. Com menor importância dentre os oponentes de Lula, havia também os estudantes e ex-estudantes universitários de extrema-esquerda atuantes no sindicato que produziam uma enxurrada contínua de panfletos criticando-o. Embora às vezes tenha sido atribuída significância a esses oponentes no mundo acadêmico, pois eles produziam materiais preservados no arquivo do Dops para uso posterior dos pesquisadores, eles não tinham apoio ou presença substantivos na categoria.

A organização do segundo congresso também ilustra a criatividade dos colaboradores de Lula e a ênfase de sua diretoria em construir e manter a confiança ao dissipar em vez de descartar as dúvidas. Primeiro, o governador não falou do palco nem ofereceu o típico discurso cerimonial rígido e os chavões oficiais. Em segundo lugar, havia uma verdadeira troca de pontos de vista, com membros do sindicato, principalmente os militantes, tendo o poder de questionar diretamente o governador sobre suas reivindicações, ouvir a resposta dele e expressar seus pensamentos. Em outras palavras, o evento não era o teatro de deferência que caracterizava as visitas anteriores das "augustas autoridades" do estado. Colocado no mesmo nível que Lula e seus associados, o governador era quem estava sob fogo cruzado, mesmo permanecendo ao lado de seu anfitrião solidário.

Porém, o episódio também nos lembra que não podemos ignorar a dimensão clientelista da política, como pode ser visto em um editorial surpreendente do *ABCD Jornal*, um jornal de esquerda recém-lançado por sobreviventes da Ala Vermelha, uma organização da luta armada. Poderia se esperar que esse grupo de esquerda criticasse o sindicato por se aproximar da ditadura. Curiosamente, ele não o fez, o que não pode ser dissociado do fato de que ele recebeu publicidade paga do sindicato e viria a se tornar um órgão não oficial durante as greves de 1978-1980. O editorial do jornal elogiava o estilo de interação "bastante simpática" do governador, acrescentando apenas um comentário crítico: que Egydio esperava melhorar os resultados da Arena na eleição de novembro de 1976. Porém, quando os resultados saíram, o sindicato tinha alcançado um objetivo estratégico a longo prazo, fazer com que o advogado Tito Costa, do MDB, fosse eleito prefeito de São Bernardo; Mário Ladeia, um antigo diretor sindical, tornou-se vice-prefeito e Vidal o mais novo sindicalista na Câmara

Municipal (Editorial: As palavras..., 1976, p. 2).[24] O controle do MDB sobre a rica prefeitura de São Bernardo se mostraria extremamente útil durante as grandes greves de 1979 e 1980.

A despeito desses resultados, a relação entre o governador da Arena e Lula se fortaleceu. Em 2007, por exemplo, Egydio relembrou um churrasco organizado pelo recém-eleito prefeito Costa, que Egydio considerava parte da "linha dura do MDB". Egydio descobriu indiretamente que só tinha sido convidado porque Lula ameaçou não comparecer se ele não fosse. Verdade ou não, a disposição do ex-governador de acreditar nisso indica um nível de confiança em Lula, com quem ele tinha discussões francas e nunca, Egydio insiste, debatia diretamente política. "Eu sentia que ele era uma pessoa confiável", Egydio relembra, porque, diferentemente de sua experiência anterior com o sindicato dos metalúrgicos de São Paulo, "Não sentia nele o que se chamava de malandragem", uma propensão a criar encrenca. Quando era diretor da Byington, Egydio teve que lidar com uma filial deficitária que poderia falir se uma greve em curso continuasse a ocorrer. Egydio relembra ter se encontrado com o presidente do sindicato de São Paulo, um "pelegão", que lhe assegurou de que o problema da filial poderia ser resolvido facilmente em troca pelo que pareceu a Egydio um pedido de suborno. Raivoso, Egydio rejeitou a proposta e acabou com a greve ao comparecer à assembleia dos trabalhadores naquela tarde – ele nunca tinha tido "medo de cara feia de ninguém" – e explicar a ameaça iminente de falência (Alberti, Farias e Rocha, 2007, p. 284, 483).[25]

Ao cultivar Lula, Egydio levava mais a sério do que a maioria dos políticos da Arena a retórica modernizadora típica do milagre econômico. Para o governador, Lula representava o setor mais moderno da indústria manufatureira do Brasil e pareceria ser o antipelego encarnado. Conforme comentamos no capítulo 5, os brasileiros tinham passado décadas buscando um sindicalista honesto e "verda-

---

[24] Nos anos 1980 o editor do jornal, Julio de Grammont, se tornaria o editor da *Tribuna Metalúrgica*.

[25] Egydio pode ter interpretado erroneamente a oferta do dirigente sindical.

deiro". Egydio nunca teria apoiado alguém que ele considerasse um pelego (como o presidente dos metalúrgicos de São Paulo, Joaquim dos Santos Andrade, conhecido como Joaquinzão) ou um rebelde (como Frei Chico ou Arnaldo Gonçalves, o presidente comunista do sindicato dos metalúrgicos de Santos). Além disso, ele não se dava bem com Paulo Vidal, o operador calculista que demonstrava presunção e aspirava ascender em sua posição social, além de ser envolvido com a oposição política. Era Lula, o trabalhador desinibido, que obteve seu favoritismo porque o "bom moço" de fala direta – sem dúvidas utilizando lições aprendidas no Senai – era franco em sua "defesa honesta dos interesses dos trabalhadores" e em sua devoção ao desenvolvimento da nação no espírito do presidente Juscelino Kubitschek (Alberti, Farias e Rocha, 2007, p. 484).

1968 REVISITADO?

Estudantes radicais e intelectuais de oposição em 1968 tinham idealizado os trabalhadores e o poder que eles possuíam como classe. Quando suas ilusões se dissiparam depois do AI-5, eles fizeram um giro de 180 graus e passaram a julgar ceticamente aqueles "outros" que pouco conheciam como traidores; apenas alguns marxistas obstinados, como Celso Frederico, continuaram a acreditar no "papel de direção" da classe trabalhadora no combate à ditadura. Em maio de 1978, o país foi surpreendido por uma sequência de greves de dezenas de milhares de trabalhadores que se originaram em São Bernardo e se espalharam para Santo André e para a capital. A classe média inclinada à esquerda ficou chocada, voltando a idealizar os trabalhadores como poderosos, organizados e mobilizados. Para muitos associados com a USP, as greves também pareciam fazer jus ao influente cientista político de esquerda Francisco Weffort, um futuro dirigente do PT, que argumentou em um texto célebre de 1972 que a greve de 1968 em Osasco marcava o nascimento de um novo movimento operário pronto para se livrar de seu passado populista e comunista.

Sendo um dirigente sindical como nenhum outro, Lula com 32 anos começou a receber extensa cobertura de imprensa, incluindo sua primeira entrevista televisionada – na TV Cultura, na qual Herzog trabalhava antes de sua morte. O diretor da estação, Roberto Muylaert, convidou Lula para aparecer no programa *Vox Populi*, algo inédito para um sindicalista. O programa iria ao ar ao vivo dia 12 de maio de 1978, quando um coronel do Serviço Nacional de Informações (SNI) chegou com ordens de interromper a transmissão; Muylaert chamou Egydio, que lhe disse para exibir o programa de qualquer jeito, o que Muylaert fez (Alberti, Farias e Rocha, 2007, 486-487; Muylaert, 2003).[26] Com essa ação decisiva, Egydio proporcionou ao seu amigo Lula, que tinha acabado de iniciar seu segundo mandato como presidente do sindicato, uma oportunidade única que o deixou ainda mais famoso entre os letrados. Isso também aumentou o preço político que as forças de segurança viriam a pagar se prendessem Lula, blindando-o do destino dos dois dirigentes sindicais menos famosos de São Caetano detidos pelo DOI em 1975.

Durante essa primeira exposição extensa e de alta visibilidade para um público amplo, Lula, embora tremendo, botou para quebrar. Sua estreia na TV foi um sucesso, atraindo 47 perguntas da plateia, algumas que chegaram pelo telefone – incluindo uma do secretário do Trabalho do estado, Jorge Maluly Netto, uma do secretário de Segurança Pública, Erasmo Dias, ambos tendo servido até recentemente sob Egydio, e uma do general Dilermando Gomes Monteiro, comandante do Segundo Exército que tinha conhecido Lula algumas semanas antes. A aparição gerou matérias de jornal no dia seguinte e levou a muitas outras entrevistas no ano seguinte, inclusive a conduzida um mês depois por Mesquita, que tinha ficado intrigado pela performance de Lula.[27]

Ao enfrentar o *Vox Populi*, Lula descobriu que muitos dos que apresentavam questões tinham 1968 em mente e não eram tímidos

---

[26] Rigorosamente falando, essa não era a primeira entrevista na TV de Lula, já que ele tinha sido brevemente filmado na sua posse no sindicato em 1975.

[27] Lula, entrevistado por Paraná, 19 de julho e 6 de outubro de 1993 (Paraná, 2002, p. 103; p. 119); "O povo perguntou...", 1978.

Lula, Vidal, e Egydio na celebração de posse do Lula, em 1975
(Cortesia DGABC [João Colovatti])

ao expressar suas opiniões. Uma entrevistadora perguntou a Lula por que ele não tinha participado nos eventos recentes do Primeiro de Maio, incluindo "uma manifestação independente em Osasco" que ela descreveu como "a primeira manifestação interoperária" desde 1968 ou até o evento oficial, em vez de viajar "quando poderia reunir todos os operários para discussões importantes". Lula considerou a não participação do sindicato de São Bernardo como "extremamente válida", embora ele não tivesse objeções caso outros sindicatos decidissem agir diferentemente. Ele seguiu discordando da afirmação dela de que "um grande número de companheiros participou em Osasco"; se ela tivesse ido ao evento em Osasco, ele rebateu, ela teria visto que ele foi frequentado por "muito mais gente que não era trabalhador do que trabalhador mesmo", principalmente "a classe estudantil". Respondendo à pergunta seguinte dela, já irritada, sobre se uma aliança com estudantes não seria válida, Lula respondeu firmemente: "Eu sou malvisto por alguns estudantes porque não acredito na aliança estudante-trabalhador. O estudante tem pouco a perder e o trabalhador tem muito a perder [e] as reivindicações são totalmente diferentes [...] Eu tenho certeza" – ele continuou – "que o movimento da classe trabalhadora é muito mais sério" e que, se os trabalhadores viessem a decidir lutar seriamente, teriam "muito mais a ganhar". Ao responder outra pergunta, ele disse sarcasticamente que talvez fosse seu "baixo grau de cultura", o fato de possuir apenas educação primária e sua falta de um "curso ginasial", tendo apenas estudado para se tornar um torneiro mecânico, que o teria levado "a ser assim – mas eu acho que a melhor maneira de os estudantes ajudarem a classe trabalhadora seria eles ficarem dentro das universidades".[28]

Lula foi questionado sobre a vaia aos senadores do MDB Orestes Quércia e André Franco Montoro no evento do Primeiro de Maio patrocinado pelo sindicato dos metalúrgicos de Santo André – um evento que lembrava a passeata do Primeiro de Maio na Praça de Sé em 1968, quando o orador convidado pelos trabalhadores, governador Abreu Sodré, foi retirado do palco (Em Santo André..., 1978; Senadores vaiados, 1978). Lula deixou claro que ele não teria vaiado os senadores do MDB e criticou aqueles que o fizeram, aconselhando os descontentes a expressar seus sentimentos votando contra eles, como tinham direito a fazer. Ele também insistiu, por outro lado, que não achava que a vaia viesse dos trabalhadores, que em geral eram educados demais para isso; no seu sindicato, ele disse confiante, "eu tenho por princípio nunca vaiar dentro de meu sindicato o meu pior inimigo. Uma vez convidado meu, mereceria o respeito, não só meu", mas

---

[28] Guizzo *et al.*, 1978, p. 72-73, 79 (a transcrição do programa é reproduzida nessa fonte). Lula menciona especificamente que ele não aceita a lei governamental que considerava uma aprendizagem no Senai equivalente a um diploma de Ensino Médio. Em seu livro de memórias, um militante da AP que ajudou a organizar o evento do Primeiro de Maio em Osasco em 1978 confirma que este foi majoritariamente frequentado por estudantes e "militantes de esquerda" – embora em um dado momento, diz ele, um trabalhador desconhecido tenha levantado e dito que eles deveriam estar em São Bernardo com "Lula, uma liderança autêntica" e o sindicato dele que "manifestava a força da classe trabalhadora" (Azevedo, 2010, p. 209).

de todos os presentes. Mas ele acrescentou que os políticos deveriam ser criticados, porque não tinham feito muito pelos trabalhadores.[29]

Lula respondeu agressivamente quando foi questionado por um entrevistador por ter sido visto utilizando um terno de três peças: "Não ficaria melhor", o interrogador pressionou, "vestir num traje mais adequado à sua classe?" Lula apontou a suposição implícita aqui de que trabalhadores tinham que ser miseráveis e passar fome para serem autênticos. "Se dependesse de mim, [...] eu seria um trabalhador que andaria bem vestido, porque eu gosto de andar bem vestido", ele insistiu, antes de dar o preço do terno em questão, que ele tinha comprado na cooperativa dos trabalhadores da VW. "A classe trabalhadora não gosta de miséria", ele continuou, e ele tinha esperanças de que no futuro próximo os trabalhadores fossem capazes de comprar tudo que eles produziam. A autenticidade de um indivíduo, ele enfatizou, é determinada pelas suas ações, e não pelas suas roupas (Guizzo *et al.*, 1978, p. 77, 78).

★★★

A entrevista de Lula para a *Vox Populi* foi inédita em um programa de televisão prestigiado cujos convidados eram das classes mais altas da sociedade brasileira. As perguntas para Lula também revelavam claramente o quantos as pessoas de esquerda com altos níveis de educação achavam que sabiam mais do que o trabalhador braçal à frente deles. Eles também demonstravam uma falta de atenção curiosa às recentes greves inéditas "de braços cruzados", nas quais dezenas de milhares de trabalhadores batiam ponto e depois se recusavam a começar a trabalhar. Ninguém perguntou sobre as intensas semanas de reuniões que Lula tinha realizado com esses trabalhadores para

---

[29] Guizzo *et al.*, 1978, p. 74. O comentário sobre convidados não serem vaiados pelo seu sindicato era provavelmente uma leve cutucada em Benedito Marcílio, presidente do sindicato dos metalúrgicos de Santo André, que foi incapaz de fazer com que a multidão parasse de vaiar Quércia e Montoro na celebração do Dia do Trabalhador. Os dois veteranos ocupantes de cargos pelo MDB foram convidados para endossar o anúncio, realizado no evento, de que Marcílio estava sendo nomeado pelo MDB para concorrer a deputado federal. Ele foi subsequentemente eleito.

esclarecer suas demandas e tentar negociar soluções. O ponto de vista dominante da plateia, fosse por parte dos representantes governamentais ou daqueles que se identificavam com os rebeldes de 1968, era inquestionavelmente de classe média ou alta.

Lula usou sua aparição no *Vox Populi* para deixar claro que as lutas dos trabalhadores em 1978 não seriam uma repetição do encontro malfadado, uma década antes, entre trabalhadores, estudantes e intelectuais radicais. Aqui estava um trabalhador se expressando ousadamente, se irritando com a condescendência e rejeitando a tutela de "filhinhos de papai", um rótulo que os trabalhadores atribuíam aos estudantes universitários e aos filhos dos ricos (Frederico, 1978, p. 99-101). Projetando confiança e poder, Lula deixou claro que ele estava desbravando seu próprio caminho independente, caracterizado como "sem rabo preso" – o que em breve viria a atrair uma seção da classe média de oposição de São Paulo, principalmente dentre os estudantes. Quando eles de fato se uniram a Lula para fundar o Partido dos Trabalhadores, os não trabalhadores seriam forçados a agir de forma mais horizontal e com maior sensibilidade em suas relações com sindicalistas e trabalhadores. O que era preciso, Lula já parecia indicar em 1978, era que os de baixo dissessem mais a verdade e fossem menos deferentes; os intelectuais marxistas foram conclamados a abandonar suas fórmulas livrescas que lhes atribuíam um lugar de destaque como vanguarda e como guardiões da "teoria revolucionária".

Ao realizar uma declaração enfática de autovalorização e de autonomia, Lula estava contradizendo a aparentemente eterna sujeição dos peões do Brasil à suposta tutela de seus superiores. Como Lula disse a Ruy Mesquista, é bem mais fácil ser um instrumento de outra pessoa do que ser independente, porque ao "querer defender um ponto de vista" você cria inimigos – o que, ele acrescentou de forma equilibrada, era uma coisa boa. A sua crença, ele explicou, era que "a classe trabalhadora [nunca] deve ser um instrumento"; em vez disso ela deveria ser "uma força viva, tem que ter uma participação, porque, sendo maioria, jamais poderá ser tratada como minoria". Em outro ponto da conversa, Mesquita perguntou profeticamente o que Lula faria sobre o salário-mínimo se ele fosse presidente da República. Descartando esse cenário hipotético como utópico, Lula primeiro comentou que "como não 'sou' de salário-mínimo" porque ele era um metalúrgico qualificado, apenas aqueles forçados a tentar viver sob um salário tão inadequado tinham a autoridade para falar sobre isso. Ele então reiterou sua convicção firme, expressada no *Vox Populi*, de que todos os trabalhadores "precisaria[m] ganhar o suficiente para usar um terno bonito, para ter um carro, para ter uma televisão a cores, para ter, enfim, aquilo que ele produz". Quando isso acontecer, disse Lula, "nós teremos realmente um Brasil mais rico, porque teremos um Brasil com poder aquisitivo interno razoável", um tema que ele frequentemente retomaria durante sua presidência 25 anos depois (Delmanto, 2009).

LULA,
OS PEÕES DO ABC E A
BUSCA PELA PRESIDÊNCIA

13. O DESPERTAR DOS PEÕES

As greves dos metalúrgicos do ABC de 1978-1979 trariam dúzias de repórteres a um subúrbio industrial que, em outras condições, eles não teriam visitado. A missão deles era descobrir o que estava acontecendo com os trabalhadores do ABC, muitos dos quais vinham de estados vistos como atrasados por aqueles com maior educação formal. As multidões de grevistas que se aglomeravam no estádio de futebol da Vila Euclides em 1979 geravam uma paisagem humana um tanto diferente do mundo deles próprios, que era o das camadas mais altas da sociedade brasileira. O grande número de trabalhadores negros, pardos e mestiços demonstrava o impacto da migração interna, como o fazia a música de fundo das manifestações do estádio, gêneros nordestinos, "marchas, frevos, xotes, baiões, e outros ritmos que faziam muitos peões se lembrarem com saudade de suas terras" (Sampaio, 1979, p. 75, 92, 106, 121). Ali estavam as pessoas da classe trabalhadora cujos discursos, em uma grande variedade de sotaques regionais, maneirismos e gesticulações, desviavam da "norma culta" das classes média e alta. Assim como Lula, um típico pernambucano, muitos dos dirigentes desses trabalhadores tinham nascido em outros lugares.

Isso representava uma mudança radical ocorrida na liderança sindical desde 1964, quando paulistas predominavam e muitos deles, como Marcos Andreotti, eram de ascendência europeia.

Observando as greves dinâmicas de 1979 e de 1980, jornalistas e acadêmicos passaram a conhecer a palavra "peão" dentre o vernáculo escutado nas conversas cotidianas e nos discursos para as multidões. Essa palavra sugestiva, remontando à era da escravidão colonial, quando ela se referia ao povo comum, dramatizava adequadamente um Brasil virado de cabeça para baixo por uma mobilização completamente inesperada vinda de baixo (Schwartz, 1985, p. 246). Como um termo de autorreferência, "peão" (assim como "peões" e "peãozada") parecia a erupção dramática de uma identidade preexistente. Ele também marcava a distância social sentida pelos forasteiros em relação ao "'peão pouco instruído,' tratado com desdém pela sociedade" e enredados em uma "'cultura de pobreza'" alienadora (Paraná, 2002, p. 22). Embora não tenha tido uso comum antes de 1964, a palavra "peão" se tornaria poderosamente identificada com essa geração de metalúrgicos de São Bernardo, antes de perder proeminência. Quase quatro décadas depois, o conhecido jornalista Elio Gaspari, em seu estudo de 2016 sobre o regime militar, maravilhou-se com a emergência de Lula ao palco nacional, descrevendo-o como um homem sem "dono", que não tinha "projeto político", nem conexões com ninguém "além da peãozada de São Bernardo", um grupo cujas motivações permaneciam obscuras em sua narrativa (Gaspari, 2016, p. 41-42).[1] Esse capítulo inicia com o ápice da astúcia do presidente do sindicato em 1977-1978, seguido por uma análise profunda sobre como o uso da palavra "peão" pelos trabalhadores esclarece a natureza da consciência do trabalhador na véspera das grandes greves. Ele encerra com uma análise da campanha de recuperação salarial do sindicato em 1977, que, tendo despertado muitos trabalhadores, abriu o caminho para as primeiras greves em maio de 1978.

---

[1] Outros que também têm essa visão do jovem Lula como ingênuo e não político incluem Bourne, 1960, p. 47, 80; Paraná, 1996, p. 436-447.

Multidão de metalúrgicos no estádio da Vila Euclides, 1980
(Cortesia DGABC [banco de dados])

RASGANDO O VÉU: UM EXERCÍCIO DE ALTA ASTÚCIA

Como vimos no capítulo 12, Lula já tinha demonstrado sua capacidade política em manobrar, dissimular e persuadir antes de chegar à presidência do sindicato, processo durante o qual ele aperfeiçoou e difundiu uma imagem de ator independente sem o rabo preso. Desde o início de seu mandato, Lula tinha sido assíduo ao cultivar relações com superiores do governo, da indústria, do Exército, da polícia e da mídia. Lula abordava tais interações entre classes com o que eu chamo de uma "alta astúcia", uma mistura de experiência prática, habilidade e perícia que incluía – como no significado original de "astúcia" – uma forma de inteligência, aprendizagem e até de mágica aplicada à lida com os superiores. Quando questionado sobre o que os trabalhadores queriam, Lula era consistentemente realista, enquanto suas falas, em termos de relações do trabalho, se baseavam no pressuposto de que todos os lados agiam com boa-fé e desempenhavam papéis legítimos. Lula não era um reclamão que via o sistema como irremediavelmente viciado, nem um bajulador sem vergonha engajado em puxa-saquismo degradante. Seu estilo era abrir o jogo reconhecendo as diferenças entre as partes, o único caminho, ele acreditava, para o entendimento mútuo e uma acomodação de interesses. Embora isso tivesse como premissa a inevitabilidade do conflito, Lula achava que tal conflito não precisava ser irreconciliável quando enquadrado à luz de um objetivo comum: crescimento econômico, tratamento honesto e justo e bem-estar para todos os brasileiros.

O palco estava montado para Lula demonstrar sua capacidade frente a uma plateia maior em 1977. Esse era um ano efervescente para a oposição, como Lula lembrou em 1990, porque "a sociedade começava a gritar" por mudanças (Silva, 1990, p. 213). Tais demandas pairavam no ar nos três anos que haviam se passado desde a vitória do MDB em 1974, enquanto cada vez mais indivíduos inquietos e grupos de interesse prejudicados se juntavam ao debate sobre uma transição futura mesmo quando o Exército, mantendo seu monopólio de poder, usava o AI-5 para fechar o congresso em abril de 1977 e decretava novas regras eleitorais, desenvolvidas para impedir o avanço do MDB. O sucessor de Geisel como presidente, escolhido dos militares, foi anunciado em julho de 1977 – mesmo mês em que Lula participou de um jantar significativo no restaurante Leão Dourado, perto da fábrica da VW, com amigos do PCB: o ex-deputado federal do MDB, Marcelo Gato, cujo mandato parlamentar tinha sido cassado em 1976 sob o AI-5 e o equivalente de Lula no sindicato de metalúrgicos de Santos, Arnaldo Gonçalves dos Santos (Fleischer, 1994, p. 175-177). Os três concordaram que as coisas estavam progredindo politicamente: os estudantes estavam se movimentando e até os empresários estavam reclamando, mas esses sindicalistas se perguntaram "qual seria o momento da classe operária entrar em cena" e brigando com força total. O jantar pareceu quase fatídico para Lula em retrospectiva, já que dois dias depois um relatório do Banco Mundial revelaria que o governo brasileiro tinha falsificado a taxa de inflação de 1973, usada para calcular o aumento salarial. "Foi este o gancho" que levou Lula a falar na segunda-feira com colegas da diretoria do sindicato sobre lançar o que veio a ser conhecida como a campanha de reposição salarial. De acordo com os cálculos do Dieese, os trabalhadores de São Bernardo deveriam ter um aumento de 34,1% no salário para compensar as perdas acumuladas.[2]

A liderança energética de Lula na campanha o levou ao primeiro plano da atenção dos politizados e letrados. Ele apareceu na capa de uma revista nacional de notícias em fevereiro de 1978, seguida por uma entrevista extensa um mês depois no tabloide de contracultura *O Pasquim* (Carta e Lerer, 1978, p. 4-9, em Guizzo *et al.*, 1978, p. 9-40). As elites e a mídia, independentemente de afiliação política, o consideravam eminentemente prático, direto e confiável. Aqui estava um dirigente operário que, diferentemente dos pelegos e "subversivos", não estava "manipulando" as reivindicações dos trabalhadores com fins inconfessáveis. Lula encarnava a esperança, há muito tempo mantida por homens de poder – incluindo, como já vimos, o governador de São Paulo da época, Paulo Egydio – de que um dirigente sindical legítimo e não comunista poderia um dia emergir para libertar os patrões e funcionários do governo de homens desonestos que eles não respeitavam, mas sem os quais não conseguiriam viver face à ameaça "comunista" (Depoimento de José de Segadas..., p. 138, 140, 153).

Porém, nem todos no governo achavam que Lula "conduz o Sindicato num caminho razoável". Em uma avaliação do Ministério do Trabalho sem autor identificado de 1977, Lula foi descrito como um cão de caça em busca de publicidade com "ideais utópicos" que repetia as velhas palavras de ordem dos sindicalistas críticos ao Estado. Em uma formulação reveladora, a análise definia que Lula "não é o modelo nem sua sombra, de dirigente sindical que a CLT merece", o sistema de trabalho nacional que esses funcionários do ministério acreditavam que tinha dado tantos "benefícios" para os metalúrgicos. Porém, o relato não continha as alegações usuais de laços com o PCB ou com outras organizações clandestinas, embora ele sorrateiramente comentasse que algumas autoridades do Estado não identificadas "ávidas pelo noticiário e matreiras" (Egydio) pareciam convencidas

---

[2] Silva, 2014, p. 213; Harnecker, 1994, p. 36; Lula, entrevista por Morel (2006, p. 120-121); Lula, entrevista por Paraná, 10 de dezembro de 1993 (Paraná, 2002, p. 127).

que escutar Lula traria benefícios políticos.[3] Entretanto, nem todos atores de classe alta, que tinham suas próprias reclamações sobre as interferências excessivas do governo, teriam concordado que o sistema de relações de trabalho do governo estava acima de críticas legítimas. Ademais, um grupo de industriais e empresários mais jovens e com mentalidades progressistas estavam preparados para reconhecer que trabalhadores e patrões poderiam ter interesses divergentes.[4] Esses paulistas orgulhosos estavam convencidos que seu estado natal, mais moderno do que o resto do país como sempre, poderia lidar com o sindicalismo honesto "pão-com-manteiga" típico de países do Atlântico Norte como os Estados Unidos, onde o movimento operário organizado era um aliado na luta contra o comunismo.

O ideal proclamado por Lula de engajamento de pessoa para pessoa e de comunicação honesta também atingia algo amplamente percebido como escasso no meio dos anos 1970. Uma dúzia de anos de ditadura tinham tornado as antigas "barreiras sociais e culturais entre as elites dominantes e os subordinados" do Brasil – tomando emprestada a elaboração mais geral de James Scott em *Domination and the Arts of Resistance* – ainda mais agudas. Como Scott escreveu, "É uma das ironias das relações de poder que as performances exigidas dos subordinados possam se tornar, nas mãos dos subordinados, um muro praticamente sólido que torne a vida autônoma dos sem poder opaca às elites" (Scott, 1990, p. 132). Ao buscar derrubar tais barreiras, o loquaz Lula abriu uma janela para o mundo popular, e muitos ficaram intrigados com seu talento para contar histórias autobiográficas. A mais alta astúcia de Lula,

---

[3] SNI, Ficha de Distribuição e Processamento de Documentos, "Assunto Luis Inácio da Silva", 16 de novembro de 1978, passando documento do Ministério do Trabalho com os mesmos dados incluindo um documento confidencial, de origem não atribuída, descrito à mão como "Resumo de conduta quando candidatou-se em 1977" (026-SNI-G-AC_ACE_115795_78-2. Pdf). Para o SNI em abril de 1978, Lula era o produto de manipulação por "pessoas extrassindicais" que tinham saído da obscuridade para conquistar "'vedetismo' jornalístico". "SNI, Apreciação n. 25, do GAE, de 4 de abril de 1978. APGCS/HF", como citado em Gaspari, 2016, p. 41.

[4] Para uma compilação de relatos por tais autoridades "liberais" de diversas esferas antes, durante e depois das greves de maio de 1978, ver Abramo, 1999, p. 196, 251-256; Paraná, 1996, p. 436-443; Ponte, 1987, p. 230-232; Lula, entrevista por Paraná, 10 de dezembro de 1993 (Paraná, 2002, p. 136).

assim, jogava tanto com a curiosidade quanto com a autoimagem desinteressada de seus parceiros de conversação altamente educados, que, suspeitando que seus subordinados estavam meramente fingindo concordar, desejavam uma conexão mais "autêntica".

A prática da mais alta astúcia por Lula se baseava em seu reconhecimento de que abstrações como trabalho, capital e o Estado eram necessariamente encarnadas por pessoas de verdade com passados, características e estilos idiossincráticos, que se encontram em espaços físicos – seja no auditório do sindicato, seja na mansão do governador Egydio – que codificam relações sociais. O desdobramento de tais encontros dependiam da troca de ideias, moldada por disposições, humores e inseguranças. Possuindo habilidades de interpretação incomuns, Lula partiu para desarmar o "outro lado" por meio de um engajamento amigável e acolhedor, com o objetivo de escapar de convenções sufocantes de relações clientelistas. Descrevendo a prática de negociação dele dessa época, Nêumanne comenta que Lula estava "sempre à procura de pontos em comum com o outro do qual mais divergisse". Ao fazer isso, "ele conseguiu desempenhar o papel fundamental de encontrar convergência num ambiente em que predominavam as divergências" sem abrir "mão de sua posição" (Pinto, 2011, p. 147). Nenhuma porta estava tão trancada que não pudesse ser aberta, mesmo que apenas um pouco, e ele evitava intoxicar relações, mesmo com inimigos, que poderiam gerar benefícios no futuro. Se a concordância fosse impossível, e ela frequentemente era, pelo menos um resíduo de bom sentimento pessoal permanecia.

O melhor exemplo do ápice da astúcia de Lula pode ser visto em seu encontro com o general Dilermando Monteiro, o comandante do Segundo Exército em São Paulo, durante as greves de maio de 1978. Lula decidiu solicitar uma audiência depois de ficar sabendo que Monteiro tinha se encontrado com o industrial Luís Eulálio Bueno Vidigal, enquanto outros sindicalistas imaginavam o pior cenário: o Exército "vai acabar com essa greve" (Silva, 2000, p. 30-31). Lula, sem se intimidar, pediu uma chance para explicar o lado dos trabalhadores. Depois de uma conversa de três horas, o general encorajadoramente descreveu as greves para o público como "greve sem violência, sem agitação", ou " ingerências externas", uma que não representava "nenhum problema de segurança nacional". Monteiro descartou assim a possibilidade de intervir nessa disputa operária legítima, acrescentando que era "preciso confiar no espírito dessa gente" (*Veja*, 24 de maio de 1978, p. 95, 69, citado em Paraná, 1996, p. 438).[5]

Para a intelectualidade da oposição, principalmente os estudantes e a "esquerda organizada", tais declarações favoráveis – e o tratamento de Lula pela imprensa – o tornavam suspeito, levando a boatos de que ele era um fantoche de Geisel ou talvez um agente da CIA. Enxergando tais interações e os cortejos da mídia como uma mera tentativa de manipulação burguesa, a esquerda marxista não tinha a fé de Lula de que uma conexão "coração a coração" (Lula, citado em Morel, 1981, p. 52) era possível com indivíduos superiores que estavam, na época, abalados por uma crise de confiança e de consciência – do mesmo modo que essa facção da esquerda não tinha o entendimento de Lula sobre o potencial de tal exposição na mídia para levar a mensagem deles para milhões de pessoas.[6] Ao se recusar a fazer pré-julgamentos, Lula construía confiança por meio dos intercâmbios vividos pelos participantes como uma forma de liberdade em relação às regras rígidas e aos estereótipos enraizados no Brasil (Apoio e restrição a..., 1978). Observações como aquelas dadas pelo general Monteiro, independentemente de as elites dominantes virem a se arrepender delas ou não, contribuíam para que o avanço em direção à democracia ganhasse força em 1978.

Transformações também estavam ocorrendo no movimento sindical, cujo grupo dominante, que incluía figuras como Vidal, era criticado pela sua acomodação e monotonia por Lula (Delmanto, 2009). Como homens de boa vontade, a maioria dos sindicatos sabia que a

---

[5]   Veja também Lula, entrevista por Paraná, 10 de dezembro de 1993 (Paraná, 2002, p. 135); *Jornal da Tarde*, 1978, p. 22-23; Ponte, 1987, p. 230; Markun, 2004, p. 129.

[6]   Petistas ainda estavam expressando esse medo da manipulação da mídia no início dos anos 1990, em uma entrevista para uma militante de esquerda chilena com base em Cuba, cf. Harnecker, 1994, p. 45-47. Para uma análise mais matizada desses contatos de imprensa em 1977-1978, veja Ponte, 1987, p. 229-238.

ganância dos patrões, apoiada pelo governo, gerava as dificuldades dos trabalhadores. Porém, esses mesmos homens utilizavam o medo do AI-5, da intervenção governamental e da prisão para justificar sua disposição de desempenhar o papel que lhes era atribuído na farsa que era o sistema de relações de trabalho. Embora muitos sindicatos utilizassem uma correta retórica de "protesto", suas palavras não tinham consequências e não mudavam nada. A retórica de Lula sobre o rabo preso, por outro lado, gerava um contraste forte entre tal inação e o comprometimento declarado dos jovens de São Bernardo com a ação ousada na defesa intransigente dos membros da sua categoria, fossem eles filiados ao sindicato ou não. Cumprir essa promessa exigiria um entendimento nunca visto anteriormente sobre as bases e as tendências da consciência de massa no interior da categoria, incluindo suas divisões, caso os trabalhadores viessem a agir.

PEÕES COMO HERÓIS DA CLASSE TRABALHADORA?
UMA PALAVRA AMBIVALENTE

A palavra "peão" apareceria nos títulos de três trabalhos fundamentais sobre os eventos de 1977-1980: o informativo livro de Antonio Possidonio Sampaio *Lula e a Greve dos Peões* (concluído em 1981), o excelente livro de Luís Flávio Rainho *Os peões do grande ABC* (concluído no fim de 1978) e o documentário *Peões* de Eduardo Coutinho, de 2004 (Rainho, 1980; Sampaio, 1979; Coutinho, 2004). O primeiro trabalho, escrito por um dos advogados do sindicato, captava vividamente o drama do dia a dia da greve de 1979 com base no diário que ele escrevia à época (Sampaio, 1979, p. 111). Esse relato de testemunha retrata a coragem dos peões de São Bernardo, seja de um trabalhador de base, de um ativista sindical ou de Lula, amigo de vida inteira e companheiro de bebedeira de Sampaio (Veras e Veras, 1991, p. 21-22). Essa celebração permitiu que o livro levemente ficcionalizado mostrasse como o termo pejorativo "peão" podia ser mobilizado como um emblema da militância confiante. Mas Sampaio também desvenda as nuances dessa palavra, com suas conotações altamente negativas. Por exemplo, o livro retrata logo no início um personagem que não é da classe trabalhadora, apelidado Juiz de Fora, um "doutorzinho" magro e jovem com as mãos delicadas de um "grão-fino", que "fez um aprendizado" com trabalhadores de São Bernardo em 1976-1977 – trabalhando em uma fábrica automobilística, entrevistando todos, mostrando interesse em tudo e fazendo amigos antes de desaparecer. Quando retorna, um dos personagens da classe trabalhadora comenta que Juiz de Fora foi "se doutorar em peão" na USP (Sampaio, 1979, p. 15-17).

O verdadeiro Juiz de Fora era o mineiro Luís Flávio Rainho, nascido em 1943 na cidade que gerou seu apelido fictício. Em 1972, quatro anos depois de completar seu bacharelado, ele acabou no porão por sua associação com a AP ("Sumário do BNM", 2019; Ribeiro, 2005, p. 9). Depois de ser absolvido pelos tribunais militares, Rainho entrou para o programa de sociologia da USP, conduzindo seu trabalho de campo em São Bernardo de março de 1976 até janeiro de 1977. Adotando uma abordagem fenomenológica que estava se tornando comum dentre aqueles que estudavam movimentos populares na época, Rainho viria a produzir o estudo mais abrangente sobre as vidas, experiências e cultura dos trabalhadores não qualificados e de seus cônjuges (Rainho, 1980, p. 32; Perruso, 2009, p. 193).[7] Dois terços de sua tese de 1978 consistiam em excertos de entrevistas – únicos por serem transcritos literalmente – e quando ele publicou a tese, sem modificações, como *Os peões do grande ABC* em 1980, Lula forneceu a sinopse da contracapa, elogiando o livro por deixar os trabalhadores falarem sobre suas vidas na linguagem própria deles, mesmo quando eles não seguiam o que linguistas chamam de "norma culta"; falando "com palavras erradas, com palavras até fora do contexto", e outros erros que, na visão de Lula, eram insignificantes comparados com os "erros absurdos" cometidos por aqueles que, diferentemente de Rai-

---

[7]   O trabalho clássico de Rainho é frequentemente negligenciado por causa de seus detalhes extensos, resistência à síntese e falta de argumentos sucintos e singulares, diferentemente dos livros de John Humphrey e Celso Frederico. Para a melhor apreciação, veja Krueger, 1983, p. 184-187.

nho, estudavam os trabalhadores de uma forma "totalmente intelectualizada" (Silva, 2000).[8]

Os peões do grande ABC inicia com dois trabalhadores explicando, sem intervenção autoral, que "a própria classe" criou o termo "peão". "Na firma onde eu trabaio, ocê num ve ninguém falá outra palavra" quando trabalhadores conversam entre si, eles explicam. Um deles comenta que o termo estava em uso quando ele chegou pela primeira vez do interior, onde ele se referia àqueles que, diferentemente de pequenos fazendeiros, "trabalham pros outro e são subordinado". Embora o uso varie de estado para estado, o peão rural é aquele que faz o trabalho duro, como domar animais selvagens ou cuidar do rebanho, ou um trabalhador vulnerável, sem família, que se muda de lugar para lugar trabalhando para donos de terras, contratado e pago por um empreiteiro de trabalho (um "gato") (Rainho, 1980, p. 11-12).

Para os informantes de Rainho, "peão" é "tudo que refere... ao operário horista", que está preso em uma situação ruim, maltratado e mal pago. Eles também fornecem exemplos do uso cotidiano do termo, a frase "peões num tem veiz" usada para situações tão variadas quanto comer comida ruim no refeitório ou ver os mensalistas passarem na sua frente na fila da enfermaria da fábrica. Atento à etiqueta das relações entre classes, um dos informantes acrescenta que aqueles em posições "elevadas" na fábrica, embora no geral não tratassem diretamente os trabalhadores como peões, usavam o termo quando conversavam entre si (Rainho, 1980, p. 11-12).

Uma avaliação sistemática do discurso oral preservado da geração de metalúrgicos de Lula confirma o papel do "peão" como um vetor para sentimentos e emoções que esclarecem a consciência e o comportamento dos trabalhadores. No seu sentido mais amplo, ser um peão descreve uma existência sofrida marcada por uma cota injusta de dor, vergonha e humilhação, sentimentos acompanhados na maioria das vezes por resignação, raiva desmobilizadora e frustração

---

[8] Até hoje, ninguém trabalhou linguisticamente com as entrevistas em dialeto de Rainho cujo valor é indicado pelo estudo de tais transcrições de pessoas rurais por um sociólogo nordestino trabalhando no estado de Sergipe (Magno da Silva, 2000, p. 237-238).

reprimida. A família de Lula usava "peão" para aqueles maltratados e vitimizados, pessoas que não tinham descanso e que sofriam enquanto eram enxergados como inferiores.[9] Um peão, de acordo com um metalúrgico de Santo André, é alguém "que marca cartão, é mandado por outros, levanta cedo... uma pessoa que não tem estudo [e] tem que aceitar o que aparece para ganhar o pão" (Frederico, 1978, p. 95). Uma metalúrgica confirmou esse ponto enquanto comentava o componente de gênero do termo: a pessoa "que marca o cartão, é peão, se for homem, e mulher que marca cartão é *piorra*", ambos pagos pela hora e recebendo ordens de todos os lados (Barcelos, "Raquel", p. 30).[10]

O uso feito pelos metalúrgicos do termo "peão" envolvia um reconhecimento que ser um deles significava ser considerado sem valor, inútil, ignorante e estúpido pela sociedade mais ampla. Significava pertencer a um grupo considerado tão incivilizado que eles não podiam esperar respeito de seus chefes e não tinham nada a dizer que valesse a pena para seus superiores sociais escutar (Rainho, 1980, p. 244). Ao gesticular para o sofrimento e para a impotência, a referência ao peão esclarece uma ambivalência historicamente enraizada. Como vimos, a interioridade da camada subordinada da sociedade brasileira foi moldada decisivamente por diversas estigmatizações internalizadas baseadas em valorizações diferenciadas do trabalho. Como comenta Erving Goffman, o estigma envolve julgamentos sobre o caráter inerentemente "estragado" da população inferior, e esse desdém social – a forma como eles são enxergados pelos outros – afeta como aqueles estigmatizados se enxergam enquanto indivíduos e como um grupo (Goffman, 1963). Como um ataque externo sobre a autovalorização, o estigma pode fazer com que uma pessoa se sinta cercada, como no caso do perfil escrito sobre um metalúrgico inseguro de 19 anos de idade em 1966. Envergonhado de sua situação, Zé Carlos jurou nunca

---

[9] Lula, entrevista por Paraná, 19 de julho de 1993; Vavá, entrevista por Paraná, 3 e 7 de setembro de 1993; Frei Chico, entrevista por Paraná, 5 de outubro de 1993; Tiana, entrevista por Paraná, 21 de abril de 1994; Jaime, entrevista por Paraná, 10 de abril de 1994 (Paraná, 2002, p. 88, 101; p. 233; p. 292; p. 311, 172).

[10] Essa é a única referência nos trabalhos que consultei ao termo *piorra*, que se refere a "pequeno pião, pitorra", de acordo com o *Dicionário Houaiss da Língua Portuguesa*.

voltar para o interior até que ele o pudesse fazer vestindo um terno novo e com dinheiro na sua carteira. Suas pretensões levaram à zombaria de colegas trabalhadores, que diziam "de brincadeira... que somos todos 'piãozada'". O que provocou sua resposta irada: "Eu não sou pião. Sou escriturário, tá bom?". Na verdade, Zé Carlos trabalhava na "prensa, serviço pesado", sua alegação de que possuía uma identidade de colarinho branco se apoiava no fato de ter trabalhado brevemente em um escritório, no qual os funcionários reclamavam que eles não conseguiam ler os números dele por causa da letra feia (Pereira, 1967, p. 60). Zé Carlos tinha adotado o que eu chamaria de uma resposta de identidade equivocada ao estigma, ao se filiar verbalmente àqueles que o rejeitavam e rotular seus colegas de trabalho como peões ignorantes.

A dor psíquica ocasionada pelo estigma foi captada no documentário *Peões*, de 2004, no qual Eduardo Coutinho entrevistou participantes de base das greves de São Bernardo de 1979-1980, localizados com a ajuda de veteranos do sindicato. Na comovente cena final, um trabalhador relembra seus companheiros da juventude enquanto desabafa que ele nunca quis que seu filho fosse um peão como ele. Isso provoca um silêncio contínuo que dura 32 segundos antes do homem se recuperar e perguntar para Coutinho: "Você já foi peão?" Para esse antigo grevista, o estigma permaneceu mesmo depois da eleição de seu antigo dirigente sindical e colega trabalhador para a presidência do Brasil (Masini, 2009, p. 166-67).[11]

A forma como os trabalhadores usavam "peão" dependia do que eles faziam, de onde eles se encaixavam no processo de produção e de como eles interpretavam sua posição no mundo. A disposição de se autoidentificar como tal variava se o indivíduo varria o chão, trabalhava na linha de montagem ou passava o dia sendo um ferramenteiro. Muitos trabalhadores, principalmente os qualificados, rejeitavam "peão" como um apelido para um grupo, preferindo termos mais dignos como "metalúrgico". "Às vezes, chama a gente de peão", um tra-

---

[11] Essa entrevista foi originalmente publicada em *Revista Trópico* em 2005.

balhador disse para um estudante de mestrado em psicologia no fim dos anos 1970, que prosseguiu explicando que "para mim, é aquele brinquedo de molecada na rua [*pião*]"; ele particularmente preferia "o nome sério" de "operário", um termo ainda mais específico de classe do que *trabalhadores* (Carvalho, 1981, p. 82).

Porém, a maioria dos trabalhadores não qualificados combinava o trabalho braçal degradado com outros marcadores de diferença ou inferioridade. De forma análoga a como os brasileiros distinguem o povo – pessoas comuns – do povão – as pessoas muito simples – esses trabalhadores não qualificados poderiam ser chamados de "peões mesmo".[12] Um exemplo comovente de como era difícil para aqueles assim identificados se defenderem é fornecida por um nordestino inicialmente contratado como ajudante da equipe de limpeza na Mercedes-Benz. Ricardo teve a sorte de "receber" uma oportunidade de trabalhar como operador de máquinas no departamento de usinagem, mas seus documentos de trabalho não refletiam a mudança, e ele não recebeu o salário correspondente a esse cargo melhor. Depois de anos pedindo semanalmente para que seu capataz corrigisse isso, ele finalmente abordou o gerente da fábrica, que o repreendeu brutalmente: "Você deveria voltar a varrer o chão, porque seu lugar é lá! Nos demos uma oportunidade pra você e agora você está nos cobrando!" Depois desse golpe, o gerente violou gratuitamente a etiqueta da relação entre classes enquanto reafirmava sua autoridade inequivocamente: "nós somos chefes que é pra não dar explicação pra peão!" Como Ricardo observou laconicamente, esse acontecimento humilhante "me marcou profundamente" (Tomizaki, 2007, p. 85-86).[13] O fato de uma humilhação tão bruta ser bastante comum se reflete na história popular de um trabalhador de fundição indignado que se jogou em um forno na Volkswagen, gerando uma explosão que interrompeu a produção (Frederico, 1978, 59; Abramo, 1999, p. 63).

---

[12] Sindicalista da Ford João Ferreira Passos identifica essa categoria como o "peão normal, comum" em Nuzzi, 2014.

[13] Para mais detalhes sobre o comportamento humilhante e despótico de capatazes, veja Rainho, 1980, p. 239.

Toda essa conversa sobre o peão, portanto, revela tanto a insatisfação generalizada dentre metalúrgicos do ABC quanto os ferimentos associados ao estigma. Como um termo de autoidentificação coletiva, "peão" poderia ser de fato "uma forma simbólica de insubordinação" (Tomizaki, 2007, p. 104), como dois acadêmicos sugeriram, mas ele não denotava uma identidade coletiva intencional ligada à resistência (Agier e Guimarães, 1995, p. 51). Falar de peão era na maioria das vezes um lamento resmungado, e não uma chamada às armas, e revelava os vastos abismos e dissensos que caracterizavam a categoria. As vidas de chão de fábrica dos peões mesmo, afinal, eram caracterizadas pela rivalidade incessante, a conquista da proteção de capatazes despóticos para ganhar vantagens ou escapar da demissão (Rainho, 1980, 238-239; Frederico, 1978, p. 46). Longe de unidos, os não qualificados viviam em um mundo fabril extenuante de "cobra comendo cobra" (Carvalho, 1981, p. 67), cheio de puxa-sacos e dedo-duros, onde cada peão esperava ver a "caveira" de seu colega trabalhador.[14]

Uma divisão ainda mais consequente separava os peões dos operários qualificados, precisamente aqueles mais prováveis de confrontar os chefes ou entrar no sindicato. Como comentou um militante da VW, os qualificados e os não qualificados frequentemente tinham interesses concorrentes; toda vez que um inspetor de controle de qualidade rejeitava peças defeituosas, por exemplo, ele "ferrava o peão" (Frederico, 1979, p. 76). Os qualificados também demonstravam uma ambivalência a respeito do estigma contra o trabalho braçal. Se as conquistas individuais deles como trabalhadores qualificados contestassem os estereótipos ofensivos contra os trabalhadores como peões, a derrubada desses preconceitos se estendia a todos os trabalhadores que eram rotulados como peões ou apenas a eles mesmos enquanto trabalhadores qualificados, em contraposição aos peões mesmo? Baseado em sua experiência no ABC, um organizador da AP concluiu em 1972 que suas perspectivas de sucesso eram inversamente relacionadas ao "número de peões" em dada fábrica

---

[14] Veja também Frederico, 1978, p. 61; Rainho, 1980, p. 242.

ou seção, devido ao baixo nível cultural deles (Torres, 1977, p. 9). Gabriel, um metalúrgico de Santo André e autodeclarado rebelde também alegou que enquanto os qualificados usavam seus intervalos para falar sobre coisas sérias, tais como o sindicato e as leis, os peões só batiam papo sobre programas de rádio e escutavam música caipira (Frederico, 1978, p. 46).

Tamanha condescendência matizada por preconceitos não passou despercebida por aqueles que os qualificados consideravam peões, embora eles soubessem que não era bom discordar dos superiores, pelo menos publicamente. Na véspera das primeiras greves do ABC, os ferramenteiros da VW reclamavam para o sociólogo da USP Celso Frederico sobre peões, recém-chegados do interior, que achavam que tudo era maravilhoso. Quando percebiam que eles estavam sendo "sacaneados", os peões reagiam mais frequentemente com fuga do que com luta. Dependentes de seus capatazes, eles eram espectadores, não participantes, na atividade de resistência, "carneirinhos" que engoliam o abuso de "chefes cavalos", apenas para xingar futilmente seu algoz depois. Não tendo autorrespeito, o peão covarde "aguenta tudo e deixa o chefe montar nele" (Frederico, 1979, p. 58-59).

Portanto, até alguns militantes com consciência de classe lamentavam abertamente o material humano defeituoso que tinham à sua disposição. Ademais, as próprias aspirações que levavam tais trabalhadores qualificados a entrarem em conflito com o superior – na fábrica e para além dela – coexistiam com valores, compartilhados por não trabalhadores, que os levavam a ver aqueles abaixo deles pejorativamente. Também não era incomum que características atribuídas ao peão mesmo refletissem preconceitos regionais racialmente matizados contra baianos (Torres, 1977, p. 9; Frederico, 1979, p. 58-61). Por exemplo, os ferramenteiros da VW de Frederico, quando discutiam as ocasiões em que nordestinos finalmente reagiam ao atacar fisicamente capatazes, "não escondem o seu desdém para com esses 'baianos' que, dentro da boa tradição nordestina, resolvem os seus problemas individualmente com a peixeira na mão" (Frederico, 1979, p. 68).[15]

Antes de 1978, os componentes atomizados da categoria em São Bernardo estavam em um estado de serialidade, para usar a terminologia de Sartre, devastados por interesses e lealdades divergentes e sem ter unidade de consciência ou de propósito (Jameson, 1971, p. 248). Os seus laços mais significativos se davam frequentemente entre classes. Eles incluíam a participação em comunidades de fé – seja o catolicismo (o mais importante no ABC), o protestantismo, o espiritismo ou o comunismo – ou lealdade para seus estados de origem e a música e cultura características. Alguns criavam laços com comerciantes locais e associações de bairro, tal sociabilidade baseada na residência sendo central às políticas eleitorais locais. Ainda havia outros que extraíam reconhecimento de uma troca de lealdades com superiores sociais, talvez até um capataz, enquanto rebeldes como Frei Chico encontravam significado por meio de sindicatos e a política da esquerda, cujos horizontes alcançavam além da classe trabalhadora em si. Por fim, alguns – como Lula e Vidal – abraçavam a ideia de progresso industrial: uma vida melhor baseada na promessa de crescimento econômico e nos avanços tecnológicos modernos.

"FOMOS ROUBADOS!"

Defender o valor próprio nunca foi uma prioridade nos planos dos peões mesmo de São Bernardo, 85% da categoria, que estavam focados, em vez disso, em seus empregos de seis dias por semana em fábricas barulhentas e suscetíveis a acidentes (Rainho, 1980, p. 249). Depois que chegavam em casa, eles dormiam mal e se preocupavam com os pagamentos que não asseguravam a satisfação das suas necessidades. O que mais os afetava no meio dos anos 1970 era ver seu dinheiro arduamente ganho diminuído devido à inflação crescente quando a glória dos anos de 1970 até 1972 chegou ao fim. Do nível historicamente baixo de 16-20%, a inflação tinha crescido para 30-34% em 1974-1975,

---

[15] Veja também Frederico, 1978, p. 59.

46% em 1976 e 39-41% em 1977-1978, para saltar a 77% em 1979 e 110% em 1980 (Lanzana, 1987, p. 20).

Como relembrou um trabalhador qualificado da Molins, "a questão do salário" era o foco principal para "o cara que era peão", embora até o qualificado pudesse se angustiar diante de reajustes salariais determinados pelo governo devido à incerteza pura, com contas urgentes aguardando pagamento ("Cícero Firmino, 'Martinha'", 2007). O descontentamento a respeito do salário era compartilhado por varredores de chão e ferramenteiros, nordestinos e paulistas urbanos, apoiadores e oponentes dos militares. Tal denominador comum pode parecer favorável para a mobilização, mas os não qualificados foram dissuadidos da ação coletiva pela facilidade com que podiam ser substituídos. A luta era arriscada, o preço do fracasso alto e a oferta de esperança era geralmente escassa. Depois de 1975, os qualificados, por sua parte, também sentiam o estreitamento gradual da diferença entre o valor real de seus salários e o dos não qualificados (Carvalho, 1982, p. 57).

A inflação crescente e os problemas salariais compartilhados pela categoria acompanhavam o crescimento econômico contínuo, mesmo que não mais "milagroso", financiado cada vez mais por empréstimos de bancos internacionais reciclando os petrodólares acumulados pelas nações da Opep. A produção de automóveis, caminhões e ônibus continuava a crescer, assim como o número daqueles trabalhando nas fábricas de São Bernardo. Mas em 1973, o *boom* milagroso do Brasil estava sob pressão dos desequilíbrios econômicos e da escassez de matéria-prima e até de mão de obra. Derivando legitimidade do sucesso econômico, nem Médici nem Geisel estavam preparados para abrir mão do objetivo ambicioso do governo de acelerar o "desenvolvimento econômico num ritmo e duração" suficientes para superar o "subdesenvolvimento" até o ano 2000 (Macarini, 2005, p. 89).[16] Logo, no seu apogeu, a política altamente intervencionista do regime militar foi dirigida por um tecnocrata sem amarras, livre de supervisão legislati-

---

[16] Em sua primeira reunião ministerial, Geisel declarou que manter o crescimento econômico alto era sua "prioridade número um" (Gaspari, 2003, p. 437).

va e protegido de escrutínio externo pela censura. Muitos, em casa e fora, davam créditos a Delfim Netto, um paulista extravagante que foi o ministro das Finanças de 1967 a 1974, com uma gestão tecnocrática brilhante da economia.

De forma muito semelhante ao Exército, a fachada institucional sólida da sua gestão escondia um processo de governança muito menos disciplinado, racional e burocrático do que o sugerido pela sua retórica de modernização. Devido a rivalidades maledicentes, o ambicioso Delfim determinou um objetivo irrealisticamente otimista de inflação anual de 12% para 1973, polindo sua imagem como um falcão austero da inflação e melhorando suas perspectivas políticas. Quando Delfim percebeu que a inflação seria muito mais alta, ele tentou reduzi-la manipulando importações e exportações, flexibilizando regulações e administrando os preços do aço produzido pelo estado. Quando isso não deu certo, ele ordenou que a Fundação Getúlio Vargas, que calculava a estatística de custo de vida, distorcesse os dados da inflação ao usar preços de atacados e não preços de varejo para certos itens (Macarini, 2005, p. 85-88). O registro oficial de inflação anual de 15,5% em 1973, portanto, diverge radicalmente da taxa verdadeira de pelo menos 22,5%, senão mais, conforme o Dieese, apoiado pelos sindicatos, demonstrou em seu cálculo independente publicado em 1974. Logo, foi uma mentira sobre a inflação que acabou por fomentar as greves de maio de 1978 (Gaspari, 2003, p. 274-275; Macarini, 2005, p. 88-89; Rainho e Bargas, 1983, p. 39; Simões, 1986, p. 99; Durand Ponte, 1987, p. 200).

O caráter agressivamente assertivo de Delfim e sua indisfarçada ambição geraram inimigos durante seus anos como tsar da economia. Geisel e seus homens estavam especialmente irritados com a energia desenfreada desse intelectual civil de origens imigrantes modestas. O grupo deles até coletou alegações sobre um possível envolvimento com corrupção e – auxiliados pelo economista mais velho e bem posicionado Eugênio Gudin – compartilhou histórias entre si sobre a falsificação da taxa de inflação por Delfim, uma acusação fundamentada por um estudo posterior conduzido por um dos ministros da Economia de Geisel. Essa fofoca dos bastidores acabaria tendo impacto político quando empresários pressionaram Geisel a nomear Delfim para governador de São Paulo. Convencido de que o "desonesto" Delfim estava se posicionando para se tornar o primeiro presidente civil da "revolução", Geisel esmagou suas pretensões ao mandá-lo para a embaixada brasileira em Paris. Foi isso que fez com que o cargo de governador do estado mais rico do Brasil fosse concedido ao carioca Paulo Egydio (Gaspari, 2003, p. 428-430, 432-433; Rainho e Bargas, 1983, p. 39).

Até 1977, apenas aqueles nas maiores esferas de poder sabiam que a estatística econômica mais importante do país tinha sido falsificada. Em julho daquele ano, um jornalista brasileiro cheio de iniciativa em Nova York descobriu uma publicação do Banco Mundial na qual o governo admitia que a taxa de inflação de 1973 na verdade era mais alta do que a taxa oficial relatada (Markun, 2004, p. 110-111; Rainho e Bargas, 1983, p. 30). Com o afrouxamento da censura, essa notícia não podia ser suprimida, e os efeitos do escândalo ultrapassaram em muito a questão da definição salarial. Isso também deu legitimidade ao Dieese, apoiado pelos sindicatos, embora seus cientistas sociais mal pagos continuassem a enfrentar abuso e intimidação das agências de segurança e do Ministério do Trabalho. Como relembrou o amigo de Lula e diretor do Dieese Walter Barelli, o governo "tentou calar o movimento sindical de uma forma mais nobre, buscando o diálogo". Um encontro sem precedentes foi convocado em Brasília entre dirigentes operários, incluindo Lula, e os dois ministros da área econômica, Planejamento e Fazenda, mais importantes do governo; o próprio fato do encontro estar ocorrendo legitimava ainda mais as críticas dos sindicatos. A entusiasmada Câmara dos Deputados, depois do fechamento temporário para passar o pacote de abril, manteve o assunto nas notícias ao abrir uma investigação (Walter Barelli..., 2018).

O sindicato de São Bernardo estava dentre os primeiros a abordar a questão, e definiu o ritmo com a sua campanha de recuperação salarial energizada e ousadamente conduzida. Junto com os sindicalistas de Santo André, eles deram o passo criativo e conflituoso de se mobilizar para exigir negociações diretas com os patrões, sem mediação governamental, para repor o salário perdido. A liderança do sindicato de São Bernardo, diferentemente daquela responsável por outros sindicatos, não estava satisfeita em simplesmente denunciar ou saudar políticos do MDB interessados em explorar o escândalo para obter votos. Eles também não estavam interessados em simplesmente "educar" seus membros sobre mais uma "injustiça" enquanto deixavam a briga, como o sindicato de São Paulo fez, nas mãos dos seus advogados e de tribunais controlados pelo governo, onde o assunto estava destinado a se arrastar e eventualmente morrer (Durand Ponte, 1987, p. 201-5; Walter Barelli...; Silva, 2000, p. 29; Os metalúrgicos tentam..., 1978). Para sindicalistas veteranos como Paulo Vidal, essa estratégia parecia imprudente e ingênua; alguns militantes de esquerda a enxergavam como um "engodo" falso e demagógico, dado que a justiça nunca seria alcançada enquanto uma ditadura pró-capitalista governasse o país.[17] Essa opinião amplamente compartilhada sobre o governo levaria alguns, como Vidal, Manezinho, Frei Chico e o PCB, a priorizar a luta pela democracia e aprofundar seu compromisso com o MDB, embora a influência do movimento operário e da esquerda no partido fosse pequena e o MDB não tivesse controle ou influência sobre a definição salarial.

Os jovens de São Bernardo, é claro, não tinham experiência em conduzir uma campanha de grande escala visando alcançar a categoria inteira, mas encontraram uma palavra de ordem muito persuasiva no estudo do Dieese que destacava a perda acumulada no valor real do salário deles: "estamos lutando por 'um aumento salarial corretivo de 34,1%' para recuperar o que foi perdido por causa das medidas do governo".[18] A mensagem do sindicato, enquanto se espalhava, permitia que cada vez mais trabalhadores compreendessem as tensões que eles

---

[17] Lula, entrevista por Dantas (1981, p. 32); Lula, entrevista por Paraná, 6 de outubro de 1993 (Paraná, 2002, p. 120); Silva, 2000, p. 29.

[18] O Consulado dos Estados Unidos em São Paulo cobriu a luta de recuperação salarial de perto; ver a sequência de despachos entre 22 de setembro e 1º de Outubro de 1977: "Labor Relations, Wage Rates, Retail Price Indexes."

estavam vivenciando e imaginassem o que eles fariam com a receita inesperada quando a justiça fosse finalmente feita.

Enquanto a campanha decolava, as rotinas estabelecidas do sindicato eram rigorosamente repensadas pela liderança. Eles pararam de distribuir panfletos com muitas palavras, já que eles sabiam que peões não estavam acostumados a ler, e os substituíram por quadrinhos, para os quais eles tinham recrutado os talentosos cartunistas Henrique de Souza Filho (Henfil) e Laerte Coutinho.[19] Essa mudança foi entusiasmadamente recebida por trabalhadores e se tornou o padrão.[20] Uma comissão de mobilização com 36 membros foi formada, e 70 mil panfletos foram distribuídos convocando uma assembleia histórica dia 2 de setembro, quatro dias antes do encontro em Brasília com os ministros responsáveis pela política econômica do governo; 2.700 assinaram as listas de comparecimento, enquanto outros acompanhavam do lado de fora da reunião.[21] Trabalhar dinamicamente por um objetivo comum também permitiu que Lula e seus aliados incorporassem a oposição de esquerda no crescente núcleo militante do sindicato, levando à sua total assimilação no ano seguinte (Rainho e Bargas, 1983, p. 98-101, 207).[22]

A campanha de recuperação salarial também se mostrou pessoalmente transformadora para Lula, que finalmente acabou por completo com seu antigo medo de falar em público. "Eu a encabecei sozinho", ele relembrou em 1981. "Falei e gritei o que quis. Antes eu ficava amarrado" – porque sempre havia alguém ao seu lado – mas essa campanha "eu consegui me soltar, consegui ser eu mesmo".[23] Capturando

---

[19] Silva, 2000, p. 28; Lula, entrevista por Dantas (1981, p. 32); Lula, entrevista por Paraná, 6 de outubro e 10 de dezembro de 1993 (Paraná, 2002, p. 110; 131, citação).

[20] Lula, entrevista por Dantas (1981, p. 32, 34); Lula, entrevista por Paraná, 10 de dezembro e 6 de outubro de 1993 (Paraná, 2002, p. 131-32; 110).

[21] Rainho, 1980, p. 292-293; Rainho e Bargas, 1983, p. 40-41. No início de 1978, Lula estava diretamente engajado com contestar os dois ministros econômicos com os quais ele tinha encontrado, de acordo com os seguintes recortes de artigos de jornal em minha posse que não indicam o nome do jornal: "Sentimos melhorias no diálogo, diz Luis Inácio", 17 de março de 1978; "Lula refuta tese de Simonsen sobre renda", 9 de março de 1978.

[22] Para a discussão de Lula sobre aqueles na categoria que eram "mais organizados ideologicamente", veja Silva, 2000, p. 29, 31.

[23] Lula, entrevista por Morel (2006, p. 116).

o momento, Lula faria barulho e agitação nas portas de fábrica, em reuniões de pequenos grupos e em contatos individuais com trabalhadores da base. O objetivo era atiçar a sensação de ressentimento para transformá-la em raiva, com vistas a uma possível greve em algum ponto no futuro. Nos meses seguintes de fevereiro e março, Lula alertava as autoridades de que uma greve poderia ocorrer se passos concretos não fossem dados, embora no momento isso parecesse uma ameaça vazia.

Ao menos inicialmente, Lula não estava se arriscando por completo com as autoridades estaduais. Ele construiu seu argumento em uma linguagem de crítica bem fundamentada, que deixava transparecer raiva legítima, porém respeitosa. Citado pela *Folha de S.Paulo* no início do conflito, dia 4 de julho, ele deixou claro que trabalhadores não tinham interesse em "baderna" ou em gerar confusão. Ele enfatizou que eles eram patriotas que tinham sempre feito sua parte "quando chamados", tendo até dado "ouro para o bem do Brasil", uma referência a uma campanha de publicidade pró-golpe de 1964. "Mas chega o momento", ele acrescentou, "em que qualquer cidadão quer viver com dignidade. Queremos recuperar o que nos foi tirado na época do chamado milagre brasileiro. Até admito que haja milagre, porque creio em Deus. Mas não acredito que possa haver milagre roubando-se de quem não tem nada" (*Folha de S.Paulo*, 1977, citado em Paraná, 1996, p. 435-436). Além do toque de religiosidade, a força moral de sua afirmação deriva da noção mais básica de injustiça: a violação do pacto assimétrico de reciprocidade vinculando superiores e inferiores (Moore, 1978).

Ao descrever a questão, Lula e sua equipe abordaram as lógicas mistas que estruturavam a consciência dos trabalhadores. Por um lado, a aceitação por Lula da boa-fé do governo e dos patrões evocava a ideia de que aqueles que providenciavam empregos eram benfeitores, de que o governo era o protetor dos trabalhadores. Alinhados com essa ideia, eles inicialmente se referiam aos números incorretos de inflação como um erro e não como uma mentira intencional; com o erro identificado e a responsabilidade aceita, a simples justiça claramente exigia que as autoridades corrigissem isso e reparassem as perdas dos trabalhadores. Por outro lado, Lula invocava a suspeição perpétua dos peões de que o jogo estava armado contra eles, o que esse escândalo provava. Os peões odiavam acima de tudo a ideia de que eles eram "otários" e "bobos" submetidos por um governo mentiroso a vantagens injusta de seus patrões. Lula misturou esses discursos quando ele disse para um jornal mensal de esquerda em novembro de 1977 que "entramos com o pedido do que perdemos" porque "dessa vez o governo reconheceu o erro". Com "a palavra oficial do governo" sobre os dados de inflação falsos, Lula prosseguiu, o sindicato poderia mostrar "aos trabalhadores o quanto abusaram deles. Nós usamos a palavra roubo, provamos que fomos roubados" (*Em Tempo*, 1977, citado em Abramo, 1999, p. 194).

A direção do sindicato sabia que era altamente improvável que o governo e os patrões concordassem fazer a coisa certa. Quando nem uma modesta reposição foi oferecida aos trabalhadores, Lula anunciou que esse era o momento quando, originado do desgosto com a desonestidade, o choque necessariamente abria caminho para raiva legítima e indignação justa. Os trabalhadores tinham sido traídos, e eles queriam o que lhes pertencia por direito.[24] Na véspera das negociações salariais anuais com o governo para 1978, Lula e a direção do sindicato viram uma oportunidade para expor tanto o sistema existente de barganha coletiva quanto a neutralidade ostensiva do governo. O sindicato votou unanimemente dia 12 de março de 1978, decidindo não participar, em vez de exigir negociações diretas com patrões (Rainho, 1980, p. 280; Rainho e Bargas, 1983, p. 55-57; Metalúrgicos de SB..., 1978; Posição contra dissídio, 1978). Isso parecia para muitos um gesto suicida, e trabalhadores fabris temiam que eles perderiam a chance de um aumento salarial minúsculo para acompanhar a inflação. Mas no fim, os tribunais do trabalho deram para São Bernardo a mesma quantia fixada pelo governo recebida por outros sindicatos, assim confirmando a previsão do dirigente

---

[24] Para uma excelente análise antiga da trajetória de discurso de Lula e do Novo Sindicalismo nestes moldes, veja Gómez de Souza, 1988.

deles e provando que o processo existente de negociar demandas salariais era sem sentido (Lula, citado em Dantas, 1981, p. 36; Silva, 2000, p. 29-30). Com esse argumento, Lula e sua equipe estavam prontos para subir as apostas.

"SOLTANDO OS CACHORROS"

Lula foi reeleito sem oposição em fevereiro de 1978, e a posse da nova diretoria ocorreu dia 21 de abril de 1978, nas amplas instalações que antes abrigavam os estúdios cinematográficos Vera Cruz. A celebração festiva, com música ao vivo, cerveja e sanduíches, teve a participação de 7 mil trabalhadores, suas mulheres e filhos. Assim como no apogeu de Vidal (ele foi deixado de fora da nova diretoria), representantes do governo local, estadual e federal, junto com o Segundo Exército, compareceram – embora o presidente da federação de metalúrgicos do estado de São Paulo (e colaborador do Dops) Argeu dos Santos, por uma rixa com o sindicato de São Bernardo, tenha sido uma ausência notável. Dirigentes sindicais de fora do estado de São Paulo também compareceram, incluindo o trabalhador bancário gaúcho Olívio Dutra, futuro fundador do PT, o que comprova a estatura nacional de Lula no movimento operário (Rainho e Bargas, 1983, p. 61; Posse mostrou o prestígio..., 1978; Exigir sem medo, 1978, p. 1-2).[25]

Observando a plateia, Lula tinha apenas que se orgulhar. O sindicato tinha conquistado membros – nas eleições recentes, 25.324 trabalhadores tinham votado, um aumento de 10.716 eleitores desde 1975 – e centenas de novos trabalhadores estavam indo para reuniões e espalhando a notícia em seus locais de trabalho. A diretoria, os funcionários, um núcleo ampliado de militantes e uma boa parte dos membros compartilhavam um crescente senso de missão e uma confiança robusta no seu presidente (Mercadante Oliva, 1989, p. 180-181, 286, quadro E1; Paranhos, 2002, p. 54). Lula venceu a reeleição em um chapa que ele tinha sido completamente responsável por compor e que foi lançada

---

[25]   "Posse mostrou o prestígio..." é recorte de artigo de jornal, sem o nome do jornal indicado, de posse do autor). Para os ataques de Argeu dos Santos a Lula e a industriais que dialogavam com ele, veja "Desnacionalização atinge autopeças", 1978, p. 20.

com um manifesto substantivo no fim de janeiro de 1978 (Manifesto dos Associados, em Rainho e Bargas, 1983, p. 190-191, 54; Baixos salários marginalizam..., 1978). Vidal e alguns veteranos foram deslocados sem controvérsias indecorosas, substituídos por jovens trabalhadores dinâmicos que tinham demonstrado "garra" durante a campanha de recuperação salarial. "Foi uma diretoria", como Lula carinhosamente disse em 1981, "de companheiros que tomam cachaça, que falam bobagem" mas na qual, "acima de tudo, homens [...] e pessoas responsáveis. Caras que poderiam falar uma besteira na esquina, mas que, quando estavam na porta da fábrica, a intuição levava eles a acertarem" (Lula, citado em Dantas, 1981, p. 75). Lula valorizava tais dons acima da formação política e teórica que eles não tinham.

Assim como em 1975, Lula estava no palco com um discurso preparado, "quando chegou a minha vez", ele relembrou, "larguei o discurso em cima da mesa e soltei os cachorros" (Lula, citado em Morel, 1981, p. 124).

Com seu "palavreado forte e contundente" (Rainho e Bargas, 1983, p. 60), as autoridades presentes "começaram a se sentir mal", Lula relembrou: "um roía as unhas, outro passava a mão do rosto, outro cochichava, outro não conseguia ficar sentado direito" (Exigir sem medo, 1978, p. 1-2). Falando honestamente, sem o rabo preso, Lula explicou que trabalhadores "somente suportamos" essa situação que eles enfrentavam "porque confiamos no Brasil". Ele também destacou sua própria crença no diálogo bastante tumultuado entre sindicato, patrões e governo ao longo do ano anterior. Porém, oito meses depois de tais encontros, ele tinha concluído "que nada mudou e creio dessa forma nada mudará". Isso era porque, lamentavelmente, "a classe empresarial não quer negociar com os seus trabalhadores, mas tirar toda a forca física, até a última gota de suor". "Por isso", Lula concluía, "está na hora de deixar o diálogo de lado e partir para a exigência. Sem medo de nada" (Rainho e Bargas, 1983, p. 61 (citações); Exigir sem medo, 1978, p. 1-2).

"Nós somos maioria", ele declarou, "e não podemos nos permitir ser tratados como minoria. Este é um princípio democrático e temos que lutar para chegar a nos impor como maioria. A nova diretoria está disposta a chegar às últimas consequências para alcançar as nossas aspirações". Falando com os trabalhadores de base, Lula disse que a diretoria "está à espera de todos para essa briga [...] mesmo que para isso tenham que sacrificar seu emprego, sua família e, porque não dizer, suas vidas" (Exigir sem medo..., 1978). Lula e o sindicato reiteravam a mensagem de que nada tinha sido entregue aos peões de mão beijada. O governo estava dando demais aos patrões enquanto os políticos, que falavam muito, raramente entregavam algo concreto. Com um novo mandato pela frente, Lula e sua diretoria estavam prontos para reforçar a mensagem de que os trabalhadores tinham que se defender, porque os poderosos, mesmo aqueles que hoje eram simpáticos, respondem apenas diante da pressão. Como Lula relembra ao falar sobre aquele discurso em 1981, "A gente estava de saco cheio de passar fome. As autoridades falavam bonito mas não sentiam o dor no estômago [...] Estava chegando a hora da gente meter o pau" (Lula, citado em Morel, 1981, p. 124).

14. O NASCIMENTO DO CARISMA DE LULA

Ao longo da campanha de recuperação salarial de São Bernardo, o otimismo dos trabalhadores, nascido da fé nas autoridades, se transformou em justa indignação, atiçada pelo impressionante alcance da mensagem do sindicato.[1] Os frutos dessa indignação vieram dia 12 de maio de 1978, menos de um mês depois que Lula "soltou os cachorros" no seu segundo discurso de posse, quando uma paralisação começou dentro da fábrica da Scania em São Bernardo e se espalhou para a Ford e para a Mercedes-Benz, abrangendo, por fim, 235 mil paulistas ao longo de quatro meses (Abramo, 1999, p. 209; Rainho, 1980, p. 269). Ao fim, os grevistas receberam aumentos que excediam um pouco a porcentagem estabelecida pelo governo para tais aumentos salariais, os patrões atordoados pagaram os trabalhadores pelos dias que eles estavam de greve, e o governo tinha finalmente perdido seu rígido controle sobre os salários. O sindicato viria posteriormente a convocar duas greves amplas da categoria ao longo dos dois anos seguintes, convencido, como Lula disse para 40 mil trabalhadores em 1980, que

---

[1] Sobre as reações de trabalhadores de base diante desse alcance e dessa recepção de mensagem, ver entrevistas transcritas com sindicalistas em Silva, 2006, p. 262-263, 290-291, 309, 322.

tinha chegado a hora da "onça beber água",[2] um ditado popular que se refere a caçadores esperando a aparição do animal nas vertentes. Como Lula explicaria posteriormente, a expressão indicava "que dessa vez iríamos até as últimas consequências" (Silva, 2000, p. 35-36). Convencidos de sua própria força, os metalúrgicos de São Bernardo, tendo perdido o medo, agora tinham esperança.

O fato de o sindicato ser capaz de fazer com que trabalhadores se comprometessem com uma greve geral em 1979 se devia em boa parte a uma ideia louca que Lula e seus companheiros de diretoria tiveram enquanto assistiam o Corinthians jogar no Estádio Morumbi em São Paulo. Observando o público à sua volta, Lula afirmou que "no dia que a gente convocar numa Assembleia que tiver a metade disso aí, a gente vira o mundo pelo avesso" (Lula, citado em Dantas, 1981, p. 51; Paraná, 2002, p. 141; Silva, 2000, p. 31). Dispostos a vencer esse desafio, o sindicato programou uma manifestação de abertura para a sua primeira greve geral em um estádio de futebol no bairro da Vila Euclides de São Bernardo em 13 de março de 1979. Vinte mil trabalhadores apareceram apesar da chuva, de acordo com um relato do Dops. Um palanque para discursos foi apressadamente improvisado com mesas de madeira; Lula lembra de cambalear enquanto ele se dirigia à multidão porque os pés das mesas estavam afundando no chão lamacento. Sem ter um sistema de som, Lula falou com aqueles na frente da multidão, que, por sua vez, repetiam o que ele dizia para aqueles atrás deles. Inicialmente, Lula relatou a Paraná, a peãozada que tinha enchido o campo inundado não parecia interessada, e alguns foram embora; ele tentou animar a multidão gritando que "ninguém ali era feito de açúcar". Mas Lula também se lembra de palavras encorajadoras daqueles à frente da multidão: "Fica calmo, ninguém está com pressa. Vai devagar, Lula, não fica nervoso". De alguma forma, a situação se virou; Lula continuou a falar, e a experiência teve um impacto muito forte: "Era muita confiança. Era muita fé".[3]

---

[2] Apesp, SSP, Dops [Pasta] 50-Z-341-2888, "Assembleia dos Metalúrgicos do ABCD, Estádio de Vila Euclides", 14 de abril de 1980 (primeira citação).

[3] Lula, entrevista por Morel, meio de 1981 (Morel, 1981, p. 54, primeira citação); Lula, entrevista por Paraná, 10 de dezembro de 1993 (Paraná, 2002, p. 141, citações restan-

Lula na primeira assembleia em Vila Euclides
(Cortesia Olhar Imagem [Juca Martins])

A Vila Euclides se tornaria o centro icônico a partir do qual os metalúrgicos de São Bernardo fariam história ao paralisar o centro industrial do Brasil em 1979 e de novo em 1980, os primeiros dois anos do primeiro presidente militar desde 1968 a governar sem o AI-5. Olhos e imaginações foram atraídos repetidamente a esse estádio de bairro nomeado em homenagem a um dos ditadores do Brasil após o golpe militar de 1964. Pelo menos 18 manifestações ocorreriam naquele estádio durante as greves de 1979-1980. De acordo com o Dops, 12 delas contaram com a presença de entre 40 mil e 70 mil grevistas, membros familiares e espectadores; as outras seis atraíram a participação de entre 15 mil e 35 mil. A fama de Lula se tornaria inextricavelmente ligada a suas performances naquele estádio – ou, quando o seu uso era negado, nas manifestações

---

tes); Lula, entrevista por Dantas, primeira metade de janeiro de 1981 (Dantas, 1981, p. 54); Lula, 2000, p. 31. O número de 20 mil do auge de presentes, registrados de hora em hora pelo Dops (Apesp, SSP, Dops 50-Z-341-2371, "Greve dos Metalúrgicos", 1979). Ver também Rainho e Bargas, 1983, p. 124-125, sobre a primeira manifestação no estádio e para as discussões sindicais sobre o que significava encher o estádio. Para fotos memoráveis, ver Kotscho, 1980, e filmes feitos sobre a greve: Silva, 2008.

A massa de trabalhadoras em uma assembleia na principal igreja Católica do centro da cidade de São Bernardo. (Cortesia DGABC [Fernando Ferreira])

ocorridas no centro da cidade, dentro e em torno da igreja católica matriz de São Bernardo e na prefeitura local.

As greves do ABC eram ações corajosas – alguns até diriam imprudentes – em um momento no qual a equipe do porão estava resistindo violentamente à mudança do país, que se afastava da ditadura. Os grevistas do ABC enfrentavam violência policial, intervenção nos sindicatos, prisões de grande escala, detenção de seus dirigentes, a ocupação militar da região e a demissão de dezenas de milhares. Um massacre foi evitado apenas devido ao bom senso dos dirigentes militares e de um ministro do trabalho do governo que buscavam moderar, não radicalizar o conflito. Embora tenham gerado uma vasta literatura, os acadêmicos que estudaram as greves têm ignorado a questão de como Lula, um organizador talentoso, emergiu como uma figura reconhecidamente carismática.

Esse capítulo explica quando e porque isso aconteceu, e o impacto que tamanha atenção e extraordinária adulação tiveram sobre um dirigente cujas decisões afetavam o bem-estar de centenas de milhares. Ele traça as dinâmicas enraizadas dessas mobilizações de massas desafiadoras durante as quais um vínculo carismático foi forjado, ilustrado pela famosa imagem dos trabalhadores de base do sindicato carregando seu presidente nos próprios ombros. Ao fim, mais de 100 mil peões estigmatizados, receosos e inseguros viriam a se constituir em agente social localmente articulado, um grupo em fusão, cuja audácia e criatividade levou a feitos extraordinários de organização e mobilização. Juntos eles provariam – ao lado de suas mulheres e famílias – ser poderosos *cabra machos* capazes de parar fábricas imensas, a um custo alto para aqueles que há tanto tempo os desprezavam e pisavam em seus interesses.

TORNANDO-SE CARISMÁTICO

Em janeiro de 1979, Lula decidiu, contra a vontade de sua mulher, deixar crescer a barba pela qual, junto com seus trajes informais, ele se tornaria icônico (Machado, 1979, p. 206).[4] Era um ano no qual ele ad-

---

[4] Lula afirma que isso foi uma escolha pessoal, embora um elemento de cálculo não possa ser descartado; como seus parceiros na greve comentaram, ele foi criticado pela

quiriu "uma aura quase mítica" enquanto o turbilhão do ABC transformava Lula "numa figura nacional, com milhares de trabalhadores ouvindo atentamente a cada palavra que ele dizia" (Keck, 1986, p. 262, primeira citação; Bourne, 2009, p. 47, segunda citação). Foi durante esses acontecimentos que Lula se tornou conhecido por seu "comando carismático" de multidões que seriam invocadas para explicar o seu crescimento político meteórico (Keck, 1986, p. 262). Três décadas depois, por exemplo, a historiadora brasileira Lilia Schwarcz (2010) comentaria sobre "sua retórica sedutora, seu domínio da linguagem populista e seu carisma pessoal", pelos quais ele era "às vezes comparado a santos e milagreiros".[5]

O carisma de Lula permaneceria um consenso nos comentários jornalísticos, políticos e acadêmicos mesmo após os acontecimentos reais de 1978-1980 se dissiparem da memória pública. No seu uso casual, o termo carisma é geralmente entendido como algo que alguém ou tem ou não tem. Ele é às vezes confundido com a fama e a celebridade geradas pela mídia, ou até com a aura que circunda aqueles que detém o poder (Rotberg, 1992, p. 419). Porém, o conceito tem um sentido técnico e sociológico desde que Max Weber utilizou o termo pela primeira vez, significando literalmente um "dom de graça", que adentrou as Ciências Sociais vindo dos historiadores do início do cristianismo (Weber, 2019, v. 1, p. 342).[6] Em um manuscrito inacabado publicado postumamente, Weber forneceu a seguinte definição provisória:

> 'Carisma' é a qualidade pessoal que faz um indivíduo parecer extraordinário, uma qualidade em virtude da qual poderes ou propriedades sobrenaturais, sobre-humanas ou pelo menos excepcionais são atribuídas ao indivíduo: poderes ou proprieda-

---

mídia e por estudantes por estar "muito bem-vestido, com um terno escuro, gravata, e colete" durante seu discurso de posse na diretoria em abril de 1979 (Rainho e Bargas, 1983, p. 60). Sua nova maneira de se vestir estava mais de acordo com a visão do público externo sobre um trabalhador "autêntico".

[5] Bourne, 2009, p. 193, chama Lula de "figura messiânica".

[6] Sobre como o termo, uma vez secularizado, veio a desempenhar um papel gigantesco – mesmo que frequentemente criticado – nas ciências sociais modernas, ver Joosse, 2014.

> des que não são encontrados em todos e que são enxergados como presentes de Deus ou exemplares, tornando aquele indivíduo um 'líder'. (Weber, 2019, v. 1, p. 374)

Porém, os acadêmicos continuam a discordar sobre o "significado, conteúdo e potencial" do conceito, em grande parte porque as ruminações de Weber eram "frustrantemente obscuras", frequentemente difusas e até mesmo contraditórias (Bryman, 2012, p. 23).

Logo, o conceito já foi aplicado de forma promíscua a uma gama desconcertante de indivíduos em diversas sociedades e épocas. O problema foi agravado por leitores descuidados que não perceberam o alerta de Weber de que o carisma é "uma construção analítica" que "em sua pureza conceitual [...] não pode ser encontrado empiricamente em nenhum lugar na realidade" (Weber, 1949, p. 84-90).

Julgado pela definição básica de Weber, Lula em 1978-1980 certamente possuía qualidades que contribuíam para feitos milagrosos. Sem dúvidas é necessário um talento especial para qualquer sindicato realizar uma greve massiva e ilegal que levou, previsivelmente, à deposição da diretoria do sindicato. Mas há algo quase mágico na sagacidade política demonstrada durante as negociações subsequentes que acabaram com a decisão surpreendente do ministro do Trabalho de devolver o sindicato a Lula, algo que nunca acontecera nas milhares de intervenções governamentais anteriores. Quando o sindicato sofreu mais uma intervenção, em 1980, Lula realizou mais uma das "grandes façanhas", na lembrança do tesoureiro do sindicato Djalma Bom. Enfrentando um interventor hostil, Lula secretamente abordou Joaquinzão, o presidente do sindicato de metalúrgicos de São Paulo. Essa ação surpreendeu Djalma porque Joaquinzão era odiado por muitos como um pelego. Mas Lula tinha mantido laços com esse sindicalista confiável aos olhos do governo, e foi capaz de convencê-lo a defender junto ao ministro do Trabalho a nomeação de uma junta para normalizar a situação. Quando lhe pediram para nomear um homem em quem confiasse, o dissimulado Joaquinzão forneceu nomes indicados por Lula, o que facilitou que aqueles depostos da diretoria recuperassem o controle nas eleições sindicais de 1981 (Bom, 2005, em Ferreira e Fortes, 2008, p. 94).[7]

A intuição "fora da caixinha" de Lula poderia, assim, ser enxergada como um "dom de graça" metafórico e uma prova de seu carisma. De fato, em uma entrevista de 2005 contando as negociações de Lula durante as greves, Djalma Bom o descreveu duas vezes como carismático, um termo que raramente aparece em entrevistas com trabalhadores (Djalma Bom, 2005, em Ferreira e Fortes, 2008, p. 94). Porém, usar o conceito dessa forma seria interpretar mal a Weber, que insistia que o carisma não era nem inato, nem uma qualidade que se adere a uma pessoa, embora os seguidores possam acreditar nisso (Bensman e Givant, 1986, p. 28-29).[8] A verdadeira fonte do sucesso de Lula pode ser capturada por meio de uma reformulação mais clara do conceito de carisma por Alan Bryman como "um tipo específico de relação social entre dirigentes e seus seguidores" (Bryman, 1991, p. 50). Como disse Weber, o carisma é "validado por meio do reconhecimento de uma comprovação pessoal", cujo resultado é a "dedicação voluntária", a "veneração de herói" e a "confiança absoluta no dirigente" e na sua missão (Weber, 2019, v. 1, p. 374-75).[9] O próprio Weber enfatiza que o carisma é comprovado não por uma métrica objetiva mas por "como essa qualidade é de fato julgada" por aqueles que se tornam seguidores (Weber, 2019, v. 1, p. 374).

A admiração vivaz de um dirigente inspirador pode ser enxergada como prova de um engajamento civil saudável. Entretanto, as visões de Weber sobre o líder carismático podem parecer para muitos – à medida que seu uso se difundia – como uma ameaça, não um benefício, para a democracia, embora todos reconheçam o seu impacto frequen-

---

[7] Além de seu papel em 1980, Joaquinzão também imprimiu panfletos para o sindicato de Lula durante a greve depois que eles perderam sua sede.

[8] Sobre a natureza trans-histórica do conceito, ver Mommsen, 1987, p. 45-46.

[9] Ver também Bryman, 1991, p. 42. Rotberg (1992, p. 419) descreve adequadamente carisma como "o componente inspirador do vínculo entre dirigentes e seus seguidores políticos e organizacionais que permite que ele aja como se eles estivessem genuinamente inspirados para maximizar o que eles presumem, ou são levados a acreditar, que são seus próprios interesses".

temente transformador. Assim como Weber descreveu a interdependência distorcida que esse tipo de liderança estabelece, se aqueles para os quais o dirigente carismático "se sente *enviado* não o reconhecem, sua reivindicação colapsa", mas "se eles o reconhecem, ele é o seu *mestre*", porque suas afirmações derivam não "da vontade dos seus seguidores, na forma de uma eleição", mas sim do "seu dever de reconhecer o seu carisma" (Weber, 1968, v. 3, p. 1.112-1.113, grifo nosso). Desse modo, se diz que seus apoiadores agem por obediência cega porque "as massas são irracionais e emocionais" (Cavalli, 1992, p. 317, 324).

O caráter antipopular das ideias de Weber reflete sua ambivalência como um nacionalista liberal durante a monarquia autoritária pré-Weimar na Alemanha. Receosos das massas quando não adequadamente guiadas, Weber tornou-se completamente convencido de que "política 'democrática' é sinônimo de oligarquia", que ele definia positivamente como um governo de uma elite agindo racionalmente de acordo com regras legal-burocráticas modernas, e não uma autoridade tradicional, associada ao patrimonialismo (Baehr, 1990, p. 244). "Como ensina toda experiência", escreveu Weber, as massas estão "sempre expostas à influência direta, puramente emotiva e irracional" porque elas não têm a "mente calma e clara" da qual "a política bem-sucedida, especialmente a política democrática depende" (Citado em Baehr, 1990, p. 245). Essas visões explicam por que muitos leitores de Weber veem apelos carismáticos como potencialmente perigosos; quando confrontadas com um dirigente carismático, as massas, suscetíveis à manipulação inescrupulosa, agiriam baseadas na lealdade pessoal, e não como participantes livres e racionais nas deliberações políticas da sociedade. Nesse sentido, o estereótipo predominante do carisma ecoa o medo profundo do apelo da demagogia para as massas que caracteriza as pessoas com ensino superior no Brasil, remetendo à formação do país sob uma monarquia constitucional apenas abolida em 1889 (Baehr, 1990, p. 244-245; Bryman, 1991, p. 70, 86).

Tomando-se em conta o pacote inteiro, carisma, no seu sentido negativo, claramente não se aplica à Lula. Fundamentalmente, porque os movimentos das greves de 1978-1980 nos quais ele adquiriu pela primeira vez seu carisma foram firmemente enraizados no sindicato, uma burocracia altamente organizada e financiada pelo governo que exemplifica a racionalidade que Weber acreditava ser incompatível com a autoridade carismática (Baehr, 1990, p. 244-245).

Como presidente sindical eleito, Lula estava comprometido a defender os interesses materiais daqueles que ele representava legalmente, em nome dos quais ele e a diretoria do sindicato providenciavam materiais educacionais intelectualmente coerentes designados para persuadir diversas plateias de sofisticação variada.[10] Em vez de impor sua vontade, Lula chegava a decisões colaborativamente com sua diretoria ao mesmo tempo que dependia de conselhos apropriados dos altamente letrados, incluindo advogados, economistas e outros especialistas. Por fim, sua retórica e prática visavam fortalecer o sindicato ao mesmo tempo que encorajavam a participação ativa de seus membros. O comitê de mobilização recrutado para gerenciar a greve de 1980, por exemplo, consistia de 400 trabalhadores que se constituíam em elos de direção descentralizada em nível local e permitiram que a greve continuasse depois do sindicato sofrer intervenção e de sua diretoria e outros militantes importantes serem presos (Macedo, 2011).

Ao longo de sua carreira, Lula foi um institucionalista consistente – seja em relação ao sindicato, seja em relação ao partido político. Ele nunca buscou uma relação não mediada entre indivíduos atomizados e um salvador ungido que é considerado central para a liderança "carismática" ou "populista" (Bensman e Givant, 1986, p. 28). Durante as greves Lula pregava o evangelho da organização dos subalternos para avançar os seus interesses e para que eles obtivessem o respeito que lhes era negado. O que aconteceu em 1979 foi que uma mobilização marcante levou a um caso amoroso surpreendente entre as massas e Lula, seguido de um casamento duradouro entre organizações e carisma. Ao rejeitar o salvacionismo de cima para baixo, Lula ecoou as visões de seu análogo estadunidense, Eugene

---

[10] Para as declarações, propostas e respostas oficiais do sindicato entre 1974 e 1979, ver Rainho e Bargas, 1983, p. 175-246.

V. Debs, que foi perseguido depois de liderar uma greve de 100 mil trabalhadores ferroviários, uma greve esmagada por tropas federais em 1894, e que se tornou um socialista depois de ser solto. Dois anos antes de receber 6% dos votos nacionais para presidente em 1912, Debs explicou enfaticamente

> eu não quero que você me siga ou que siga alguém; se você está procurando um Moisés para te liderar para fora dessa selvageria capitalista, você vai ficar onde está. Eu não te levaria para essa terra prometida se eu pudesse, porque se eu pudesse levar você lá para dentro, alguém poderia te tirar de lá. Vocês devem usar suas cabeças, assim como suas mãos, e se tirar de sua condição presente. (Reynolds, 1908, p. 71)

1978: "UM RECADO AOS GRANDÕES"

Quando focamos no sindicato, é fácil esquecer que Lula em 1978 ainda era desconhecido para a vasta maioria da categoria fora de sua minoria sindicalizada. Seis meses depois da campanha de recuperação salarial relativamente bem-sucedida, um corajoso repórter do *Pasquim* abordou 112 trabalhadores em três fábricas de São Bernardo e de Diadema para perguntar sobre Lula. A grande maioria se recusou a ser entrevistado; descritos como "arredios, desconfiados, rápidos e preocupados", eles provavelmente ficavam desmotivados diante de um desconhecido com um gravador. Mas até o pequeno grupo disposto a falar, em sua maioria apoiadores do sindicalismo ou mesmo associados do sindicato, pouco sabiam sobre Lula. "Ele apoia legal a firma [...] [e] os caras aqui", disse um, enquanto outros disseram que ele ia "fazer muita coisa pela gente". Apenas uma pessoa – um veterano com dez anos de sindicalização nascido no Rio de Janeiro – mencionou a campanha de recuperação salarial, apenas para dizer que a diretoria teria que ser insistente para convencer o governo a "solta[r] essa grana aí pra nós". A única resposta com consciência de classe veio de um trabalhador da VW inscrito no programa do Senai da empresa, que explicou que seus colegas estudantes resistiam em nomear "um grandão" da empresa para ser "paraninfo" da graduação deles, e em vez disso votaram em Lula. Em retaliação, pouco depois disso alguns desses 150 trabalhadores qualificados em formação foram demitidos pela VW (Chico Júnior, 1978, p. 9. Ver também Tarcísio Tadeu Garcia Pereira, 2007).

O reconhecimento do nome de Lula na categoria, entretanto, aumentou durante as paralisações no interior das fábricas que começaram em 12 de maio de 1978, e eram, como recordou um grevista, "um recado aos grandões" (Entrevista com "Adão," em Pogibin, 2009, p. 90). Lula estava em uma reunião no início da manhã com seus colegas dirigentes sindicais Rubão e Devanir Ribeiro assim como Barelli, do Dieese, quando eles receberam uma ligação informando que 3 mil funcionários da Scania tinham parado o trabalho sob a liderança dos dirigentes sindicais Severino Alves da Silva e Gilson Menezes, o último sendo um trabalhador afrodescendente de 25 anos de idade que tinha acabado de ser eleito para o conselho fiscal do sindicato (Batista, 2004). Embora eles estivessem cientes que uma atmosfera de greve estava se formando, "aconteceu até antes das nossas expectativas", Barelli relembrou, e eles questionaram "será que vai haver uma repressão àquele movimento? Será que nós todos vamos [...] [ser] cassados, punidos, talvez expulsos", assim como tinha acontecido com tantos antes deles ("Valter Barelli", 2007). Nenhum diretor sindical da época tinha qualquer experiência em lidar com uma greve, e Lula estava particularmente exposto, pelo seu discurso de um mês antes, durante sua posse, no qual ele praticamente incitava os trabalhadores à greve. Além disso, Lula recebeu na mesma hora a notícia que seu pai tinha morrido. Quando os irmãos de Lula seguiram para Santos ao receber a notícia da morte de seu pai, eles descobriram que Aristides tinha morrido duas semanas antes, sido enterrado como um indigente, depois de acabar com sua vida no alcoolismo e com distúrbios mentais enquanto desperdiçava sua pensão insuficiente em bebida e prostitutas.[11]

---

[11] Lula, entrevista por Paraná, 30 de junho e 10 de dezembro de 1993; Frei Chico e Vavá, entrevista por Paraná, 3 e 7 de setembro de 1993 (Paraná, 2002, p. 53, 133; p. 213-214). Ver também Merlin, 2005; Carvalho, 1989.

Já em relação às greves, o sindicato de Lula oficialmente negou qualquer responsabilidade, mas não fez nada para impedir o seu alastramento. A paralisação inicial dentro da fábrica na Scania ocorreu paralelamente a ações sindicais na Ford e na Mercedes-Benz; até o final de maio, as greves abrangiam 28 empresas com 62 mil trabalhadores em São Bernardo e Diadema (Abramo, 1999, p. 210). Os trabalhadores compareciam a cada dia e batiam ponto; depois eles ficavam em pé ao lado de suas máquinas, silenciosamente sem se curvar à pressão exercida pelos capatazes. Embora essa ação sindical fosse organizada por trabalhadores qualificados, a simplicidade da tática tornava a participação acessível aos não qualificados, ao mesmo tempo que evitava a repressão policial, porque ela ocorria do lado de dentro da fábrica. À medida que o movimento se espalhava dentro e fora do ABC, ele era descrito como uma onda, uma propagação ou até uma contaminação, desafiando as expectativas dos patrões, do regime militar e de muitos setores da liderança sindical. Pegos de calças curtas, os patrões não sabiam como reagir em uma atmosfera política de liberalização oficial; essa confusão só foi agravada quando o comandante do Segundo Exército, Dilermando Monteiro, declarou, após conhecer Lula, que essas ações espontâneas não tinham sido instigadas por comunistas ou por políticos subversivos.

Discussões sobre a greve de maio de 1978, a mais bem estudada das três ações operárias que ocorreram no ABC entre 1978 e 1980, frequentemente deixam a impressão de que os "peões mesmo" se mostravam impacientes por um confronto, embora os acadêmicos reconheçam que tanto os trabalhadores quanto o sindicato evitaram a perigosa palavra "greve". Na verdade, essa ação – não agressiva demais, em geral – refletia uma ambiguidade há muito tempo existente no comportamento dos trabalhadores de base descrita como "adesões inconscientes" pelo antecessor de Lula, Marcos Andreotti, ao falar da massiva greve de 400 mil trabalhadores em 1957 em São Paulo, um movimento que o recém-chegado Lula, com 12 anos de idade, tinha testemunhado. Os trabalhadores em 1957 apareciam nos portões das fábricas e lá permaneciam silenciosamente para ver se mais alguém ia entrar. Se alguns o faziam, todos eles entravam; se ninguém o fazia, eles dispersavam e iam embora, não obstante insistissem que não tinham participado da greve. Dessa forma, os trabalhadores expressavam cuidadosamente seu descontentamento enquanto evitavam riscos, o que era um tanto diferente da minoria mais ousada que, nas palavras de Andreotti, escolhiam aderir "conscientemente", precisamente o que aconteceria durante as greves de 1979 e 1980.[12]

As paralisações turbulentas em maio de 1978 assustaram os patrões e o governo, que recorreram à liderança do sindicato de Lula para ajudar a resolver o problema. Os primeiros a fazer isso foram os responsáveis pela gerência da Scania; no quarto dia da greve, eles convidaram Lula, junto com Gilson e Severino – que tinham iniciado a greve – e o advogado do sindicato, Maurício Soares, para conduzir uma reunião sem precedentes com os trabalhadores da firma dentro da fábrica. O Dops transcreveu as idas e vindas durante essa reunião ocorrida dia 16 de maio. As transcrições mostram Lula se posicionando respeitosamente frente à empresa enquanto elogiava os trabalhadores por fornecerem "uma lição ao país". O sindicato, insistia ele, era apenas um intermediário para facilitar o diálogo – ninguém jamais deveria ter medo "de conversar com quem quer que seja" – e ele declarou que a votação formal deles, naquele dia, seria sobre aprovar suas pautas e decidir voltar ao trabalho quando as negociações avançassem.[13]

Na primeira de tantas reuniões como esta, Lula mostrou certa timidez e incerteza a respeito do que dizer e como agir; de acordo com lembranças de um trabalhador da Scania presente na reunião, ele naquele momento estava longe de ser o dirigente preparado para qualquer luta que posteriormente demonstraria uma capacidade marcante de enfrentar direta e corajosamente os patrões (João Bosco Arcanjo, 2007).

---

[12] Andreotti, entrevista, 24 de novembro de 1982, em Santo André; Brandão Lopes, 1960, p. 404-405.

[13] "Ata da reunião realizada dia 16 de maio de 1978 no pátio interior da Saab-Scania do Brasil com todos os funcionários e mais os dirigentes do Sindicato", Apesp, SSP, Dops 50-7-341, 2118-21.

A frequentemente comentada moderação de Lula em 1977-1978, que às vezes pode levar a uma visão de deferência, servia para diminuir a suspeita sentida pelos trabalhadores não qualificados mais cuidadosos, cuja disposição de seguir a gerência era há muito tempo desprezada pelos militantes e pelos qualificados. Lula também foi santificado como convidado do patrão durante as reuniões de maio na fábrica e saía sendo visto como uma pessoa ponderada que se importava com os trabalhadores, mas não causava ansiedade ao atacar diretamente seus patrões. A postura respeitosa dele diante da empresa também enfraquecia as denúncias, seja de capatazes, seja de membros familiares, de que os sindicalistas eram comunistas perigosos. Uma boa parte desses trabalhadores não qualificados depois se tornariam apoiadores de maio de 1978, mas até aqueles que passaram apenas a ter um posicionamento um pouco mais neutro ajudaram a movimentação do sindicato para conseguir realizar uma greve abrangendo a categoria inteira em 1979, conduzida fora da fábrica, o que, portanto, exigia adesão consciente.

Um vislumbre único na agitação subterrânea dentro da categoria no fim de 1978 e no início de 1979 pode ser encontrado em uma tese negligenciada, escrita por uma estudante de psicologia da USP que foi estagiária em uma fábrica de autopeças em São Bernardo. Ela ficou sabendo que alguns trabalhadores tinham sido demitidos depois da paralisação de maio, embora nem todos eles fossem militantes, de acordo com os informantes dela; alguns tinham apenas comentado sobre a greve de forma despreocupada. Dentre os entrevistados estava um jovem trabalhador eloquente que captava a transformação democratizante da consciência que avançava naquele momento. "O sindicato dá segurança ao peão", ele disse, "nas assembleias [sindicais] a gente se sente mais livre [...] Na fábrica a gente não elege o feitor, nem o dirigente, nem o mestre. É o gerente quem determina. No sindicato a gente se sente como um ser humano. Os dirigentes sindicais são eleitos pelo peão. O presidente fala em nosso nome", é por isso que levamos nossos problemas para o sindicato (Carvalho, 1981, p. 76, 79).

Tendo não apenas o carisma mas também o reconhecimento de seu nome, Lula, o indivíduo, não era responsável nem pelas greves de 1978 nem pelo sucesso na recepção da agressiva mensagem pró--greve emitida pelo sindicato em 1979. Em vez disso, cada vez mais os trabalhadores se tornavam receptivos à ação grevista, frustrados, como já vimos, com seus desejos de melhorar as condições de suas famílias devido à estagnação de seus salários. Um metalúrgico de base de São Bernardo explicou a situação para um entrevistador em 1975 utilizando uma metáfora pela qual ele deu créditos a seu amigo: "Se você pega um cachorro pequeno e põe pra brigar com um buldogão, não tem graça". Mas, ele continuou, "é uma situação completamente diferente [...] se você pega 20 mil cachorrinhos e põe pra brigar com o buldogão" (Carvalho, 1976, p. 94).

EFERVESCÊNCIA COLETIVA E FORMAÇÃO DE GRUPO

Realizar manifestações na Vila Euclides criava um espaço de convergência no qual as agitações subterrâneas entre os trabalhadores podiam emergir na superfície e encontrar expressão pública. Tendo escapado da dispersão peremptória em 1978, um processo localizado de formação de grupo podia se ampliar e aprofundar ao longo dos dois anos seguintes em greves marcadas pela euforia, pelo medo e até pelo terror. Até abril de 1980, a região viria a ser tomada pela ocupação militar, com helicópteros armados voando sobre as manifestações, confrontos cada vez mais violentos e centenas de prisões, enquanto os trabalhadores paravam os ônibus e tentavam impedir que os fura-greves chegassem às fábricas.

Em termos da percepção fundamental de Weber, a origem do carisma de Lula pode ser encontrada nas mentes, na cultura e nas emoções daqueles que aplaudiam, vaiavam e vibravam durante essas manifestações. A atenção da plateia variava de acordo com quem estava falando no palco, mas Lula sempre falava por último e era escutado atentamente. As manifestações eram cruciais para uma competição em curso pela lealdade e obediência dos trabalhadores entre os poderosos patrões e o sindicato, ambos novatos nesse tipo de conflito. Uma greve abrangendo a categoria inteira, afinal, desabaria a menos que uma pluralidade sólida de trabalhadores aderissem e permanecessem comprometidos, e isso era testado a cada dia que a greve continuava. Em 1979, poucos dentre os patrões, o governo ou mesmo os sindicalistas veteranos acreditavam que os peões da região tinham condições de aguentar por 15 dias como eles fizeram.

Assim como em todas as greves, a guerra de propaganda desde o início envolvia alegações estatísticas feitas de cada lado a respeito de quantos não tinham aparecido para trabalhar. Até hoje, os historiadores tem que confiar em estimativas conjecturais a respeito dos números de participantes porque não temos acesso às folhas de pagamentos de empresas ou aos arquivos dos sindicatos patronais. Por sorte, entretanto, dentre os materiais compilados pelo SNI na sua vigilância sobre o sindicato estava uma tabela de duas páginas, escrita à mão, com dados coletados de executivos das empresas organizada por município, que incluía fábricas por nome, número total de trabalhadores (efetivo) e número de grevistas entre as 16 horas de 16 de março e as 8 horas de 17 de março de 1979.[14] Esse documento, embora deixe de incluir muitas fábricas afetadas pela paralisação, fornece a primeira prova decisiva sobre o robusto sucesso da greve. Os três sindicatos de metalúrgicos do ABC eram responsáveis por 90% dos 124 mil grevistas listados no estado (o dissídio do ABC também incluía alguns sindicatos pequenos de metalúrgicos do interior). Isso significava, notavelmente, que 111.600 trabalhadores – três quartos dos 146 mil metalúrgicos listados para o ABC – tinham aderido à greve, e o sindicato de Lula correspondia a 60% daqueles que participavam do movimento.

A tabela revela que em apenas quatro fábricas de São Bernardo e de Diadema a maioria dos trabalhadores apareceu para trabalhar: Chrysler (2.350 trabalhadores; 56% da mão de obra), Borg Warner

---

14   SNI, "Movimento Grevista das 16:00 hs de 16 Mar 79 as 8:00 hs de 17 Mar 79" em SNI, E0012907-1979. "Movimento grevista dos metalúrgicos do ABC", p. 71-72, encontrado no fim de "ASP_ACE_1290_79_001.pdf" e na segunda página de "ASP_ACE_1290_79_002.pdf."

(mil trabalhadores; 66% da mão de obra) e duas outras pequenas empresas empregando 311 e 110 trabalhadores, respectivamente. Num forte contraste, as quatro maiores fábricas do município tiveram dois terços ou mais de seus trabalhadores aderindo à greve: Volkswagen (74% de 39 mil trabalhadores contratados), Mercedes-Benz (76% de 17.500 trabalhadores contratados), Ford (66% de 12 mil trabalhadores contratados) e Gemmer (89% de 11.060 trabalhadores contratados). Para o sindicato, o sucesso na VW era particularmente satisfatório porque a gerência tinha esmagado decisivamente a tentativa de paralisação dentro da fábrica em maio de 1978. Encontrando a segurança nos números, trabalhadores em 1979 estavam claramente preparados para uma luta mesmo antes do movimento ter dotado Lula de carisma.

De acordo com o Dops, a primeira manifestação da greve na Vila Euclides teve a participação de 20 mil pessoas, enquanto as duas manifestações seguintes contaram com a presença de 60 mil cada uma, número pouco abaixo dos 66 mil que metalúrgicos de São Bernardo listados como estando de greve na primeira semana. Nem todos aqueles comparecendo às manifestações eram grevistas; familiares eram incentivados pelo sindicato a comparecer, e alguns não metalúrgicos apareceram por curiosidade ou solidariedade. Porém, o comparecimento extraordinário de grevistas nas manifestações sugere que uma unidade notável tinha sido alcançada na base de Lula. Agendadas para as 10 da manhã, para que trabalhadores não comparecessem depois de terem bebido, as manifestações foram marcadas por pessoas chegando aos poucos e se encontrando com colegas de trabalho, amigos, parentes e vizinhos; quem tinha carro estacionava nas ruas em torno do estádio (Silva, 2000, p. 31). Era um contraste bem-vindo ao dia de trabalho regrado dos trabalhadores e um momento para a "gente pequena" passear um pouco depois de ter demonstrado iniciativa e obtido a atenção exclusiva da nação. Como lembra um trabalhador, um migrante de Minas Gerais, quando ele viu pela primeira vez uma foto de Lula no meio da manifestação massiva em um recorte da *Folha de S.Paulo*, "chegou a arrepiar meu corpo. Falei: 'Puta merda, olha que beleza! Conseguimos.

Fizemos o maior dirigente da história do sindicato. Ninguém conseguiu juntar tanta gente com ele' [...] pra mim foi uma coisa fantástica" (Entrevista com "Adão," em Pogibin, 2009, p. 128).

Além de orgulho, as manifestações também traziam o conforto de ser parte da multidão. Como Lula observou posteriormente, "Individualmente cada um tinha uma cisma", mas ao se unir repetidamente na Vila Euclides, faça chuva ou faça sol, "a coragem de cada um [...] se transformava num gigante [...] a gente conseguia fazer até aquilo que individualmente entendia que era impossível".[15]

Era essa mobilização coletiva que gerava o carisma que Lula veio a exercer como comandante de um exército de peões. A greve de 1979 representava uma daquelas "épocas revolucionárias ou criativas" nas quais, como nos lembra o sociólogo francês Émile Durkheim, uma efervescência coletiva pode emergir, na qual "o homem [consegue] ver mais e diferentemente [...] do que em tempos normais [...] mudanças não são meramente de tons e de graus; o homem se torna diferente" (Durkheim, 1915, p. 210-211). Em São Bernardo, a maior parte da categoria passaria a se enxergar dentro e por meio de sua identificação com Lula enquanto eles criavam uma identidade coletiva e ousadamente audaciosa: "Somos todos peões! Somos todos cabra-machos! Somos todos Lula!".

Antes desse momento, os metalúrgicos, apesar de serem uma categoria social legalmente reconhecida, não eram um grupo em termos de mobilização de massa, de luta coletiva ou de uma identidade compartilhada. Para compreender essa distinção, é útil analisar a crítica feita em 1987 por Pierre Bourdieu sobre as "interpretações realistas da construção de classes", que se baseia na crítica de Sartre sobre teorias sociais mecanicistas no marxismo e na sociologia dominante durante os anos 1950. Bourdieu enfatiza que "essas 'classes no papel', essas 'classes teóricas', construídas para fins explicativos não são 'realidades', grupos que existiriam como tais". O desafio, ele continuou, é compreender "os limites (ou as probabilidades) de qualquer tentativa

---

[15] Lula, entrevistas de 1990 e 1994, em Harnecker, 1994, p. 57.

de tornar essas classes teóricas classes reais", tentativas que dependem do "trabalho político de formação de grupos (cuja lógica específica deve ser analisada)" (Bourdieu, 1990, p. 117-118).

Mesmo se partirmos da ideia de que o destino da classe trabalhadora é imanente, no sentido teológico sugerido por Marx, a classe só pode ser construída por meio da política, o trabalho corporificado feito com palavras. Tornar uma aglomeração de trabalhadores individuais uma classe, na linguagem de Bourdieu, é possível somente se o discurso do dirigente "é verdadeiro, ou seja, é adequado às coisas". Apenas dessa forma podemos "criar coisas com palavras". "Nesse sentido", diz Bourdieu, "o poder simbólico é um poder de consagração ou de revelação, um poder de esconder ou revelar coisas que já existem" (Bourdieu, 1990, p. 138).

A criação de um sujeito coletivo era há muito tempo o objetivo dos militantes e dos dirigentes da classe trabalhadora; enquanto eles conversavam com colegas trabalhadores nos banheiros das fábricas, nos ônibus, no sindicato, tomando uma cachaça ou no portão da fábrica, eles estavam engajados na práxis de "criação de classe". A atmosfera carnavalesca durante as greves – intensificada durante as emocionantes manifestações na Vila Euclides – era particularmente eficaz em permitir que os trabalhadores repensassem seu lugar no mundo. Com o trabalho paralisado, o indivíduo experimentava um sentimento de liberdade. Como relembra o trabalhador da Ford e sindicalista Alberto Eulálio (conhecido como Betão), era emocionante ver 20 mil pessoas no estádio hora após hora, incluindo aqueles que nunca eram vistos na sede do sindicato. Esses trabalhadores não engajados apareciam nas manifestações, talvez com sua mulher, seu filho ou sua filha, e todos passaram a gostar do movimento (Alberto Eulálio (Betão), em Corrêia da Silva, 2006, p. 301).

Indivíduos altamente motivados como Betão eram os soldados rasos do exército de peões que Lula veio a comandar durante as greves de 1979-1980. Enquanto a mobilização se intensificava, o número de tais militantes determinados crescia exponencialmente à medida que indivíduos encontravam reconhecimento pessoal e senso de realização nas lutas coletivas da categoria. Nas suas fábricas e bairros, esses homens e algumas mulheres providenciavam aos dirigentes sindicais em cima uma leitura sobre a diversidade dos ambientes industriais; entendimentos culturais, sociológicos e psicológicos; e formas preexistentes de organização – refletidas em configurações de consciência – que ligavam e dividiam membros potenciais do grupo que, antes da greve, estavam coletivamente em um estado de serialidade (Jameson, 1971, p. 248).[16]

Uma luta massiva na escala da que estava ocorrendo no ABC não pode ser explicada simplesmente com referência à relação do carismático Lula com as "massas" na Vila Euclides. Em vez disso, a liderança ocorreu do topo para a base ao multiplicar espaços de convergência e construir conjuntos de novas relações horizontais e verticais. Quando coletivos de militantes de base foram formados com sucesso, eles serviram – adotando uma metáfora da metalurgia – em grande medida como os minérios misturados ao metal para facilitar o derretimento. Mas o projeto complexo e em múltiplos níveis de formação de grupo só pode ser compreendido ao se identificar os seus mecanismos e suas conexões, que são distintos de uma voz institucionalmente definida. A constituição verdadeira do grupo envolve conectar a consciência de indivíduos umas às outras com base no reconhecimento de um destino interligado e de esperança compartilhada.

Isso só pode ocorrer por meio da ação planejada, envolvendo atos físicos e atos de fala, à medida que o indivíduo assume as consequências desses atos na presença de outros – o que Sartre chama de compromisso ou juramento, o exercício de um agente individual que é a fundação de filiações coletivas (Jameson, 1971, p. 254, 256). No caso dos trabalhadores do ABC, esse juramento significava assumir a identidade há muito tempo temida de "grevista" e se tornar um dos agora infames, famosos e revoltados "peões do ABC".

---

[16] Sobre ativistas mulheres e metalúrgicos, ver o rico estudo de Leite (1982) baseado em entrevistas.

LIDANDO COM O CARISMA DE LULA

As imagens sem precedentes da Vila Euclides foram projetadas mundialmente por jornais brasileiros que tinham recentemente escapado da censura como parte das novas medidas liberalizantes do governo, que incluíam uma anistia geral, o retorno dos exilados e o fim do regime bipartidário. Muitos brasileiros ficaram fascinados pelo que eles enxergavam como um verdadeiro "teatro de democracia", com o presidente do sindicato dos metalúrgicos de São Bernardo, de 33 anos, atuando como protagonista. Quanto mais eles ouviam, mais eles se tornavam convencidos de que Lula sintetizava seu desejo por participação política e pelo fim da tutela militar. O desajeitado torneiro mecânico parecia personificar o novo no que Ricardo Kotscho considerou a "República de São Bernardo", o único território livre em um país dominado por uma ditadura sufocante que muitos acreditavam que tinha sobrevivido por tempo demais (Kotscho, 1979, p. 8-12). A celebridade de Lula atingiu tamanha altura que o industrial Cláudio Bardella, no fim das negociações salariais de 1979, pediu a Lula um autógrafo em nome de seu filho (Gaspari, 2016, p. 146).

Jornalistas e editores entre o início e o meio da carreira garantiram que os metalúrgicos do ABC não fossem relegados às páginas internas dos jornais, o que teria provavelmente impedido que as greves adentrassem o imaginário social e político daqueles com educação superior. Mino Carta, lendário editor nascido na Itália colocou Lula em uma capa de revista em fevereiro de 1978 e atribuiu a Kotscho a "Missão Lula" em 1979. "Ah, mais um barbudinho intelectual da USP pra me encher o saco", Lula respondeu roucamente depois de Kotscho lhe explicar sua tarefa. Até 1980, Kotscho era um especialista no ABC e foi convidado para escrever sobre o sindicalista "atarracado, decidido, [e] corajoso" para o encarte cultural da Folha de S.Paulo. Como Kotscho – que viria a ser um membro fundador do PT e porta-voz de Lula – escreveu em seu livro de memórias, foi fácil porque Lula adorava contar a sua história de vida. Ali estava um homem que "era seu próprio herói, não tinha ídolos nem modelos", refletiu Kotscho. O que mais impressionou o jornalista foi o relacionamento entre Lula e os peões de São Bernardo, que bradavam o nome dele durante as manifestações na Vila Euclides (Kotscho, 1980; Ver também Gaspari, 2016, p. 83, 86, 97-98).

As interpretações emblemáticas das greves – sintetizadas em fotos de Lula com a multidão – distorcem nosso entendimento do movimento já que nossos olhos estão inevitavelmente voltados para Lula, o homem no palco, que exemplifica como, nas palavras de Pierre Bourdieu, "o significado, isto é, o grupo, é identificado com o significador, o indivíduo, o porta-voz" (Bourdieu, 1987, p. 14). Essa é a "mágica social" no cerne da "ilusão carismática na qual, em casos extremos, o porta-voz pode aparecer *causa sui* para si mesmo e para outros". Como descrito por Bourdieu, essa forma de "fetichismo político" é o que nós viemos a chamar de "carisma, uma propriedade objetiva misteriosa da pessoa, um charme implacável, um mistério inominável", uma visão que esconde muito mais do que revela (Bourdieu, 1985, p. 740).

Personificando essa ficção social, Lula veio a ser agraciado pelos metalúrgicos de São Bernardo "com total poder de falar e agir em nome do grupo", o que livrou esses trabalhadores "do estado de [ser] indivíduos separados" e "permitiu que eles falassem e agissem" por meio de Lula enquanto concediam a ele o direito "de falar e agir como se ele *fosse* o grupo em forma de homem" (Bourdieu, 1985, p. 740). O cerne da representação carismática, conforme descrito por Bourdieu, ocorre quando "o indivíduo que representa o grupo [...] e expressa isso verbalmente, dá nome a ele e fala em seu nome", se torna sua "encarnação concreta" que "ao fazer o grupo ser visto, ao se fazer visto em seu lugar e, sobretudo, ao falar em seu lugar, faz com que ele exista" (Bourdieu, 1987, p. 14).

Muito antes das greves, logo depois de ser eleito presidente do sindicato em 1976, Lula utilizou essa mesma distinção entre *dirigentes* "que estão aí para cumprir uma legislação, para administrar o sindicato dentro de um estatuto", e um *líder*, "aquela pessoa que nasce dentro da classe e que tem condições de guiar seus liderados". Infelizmente, ele seguia dizendo para o entrevistador, "[esse tipo de líder] hoje não existe" (Rainho, 1980, p. 225-226). Em julho de 1979, depois do acolhimento extasiante de Lula pelos trabalhadores, outro entrevistador lhe perguntou se ainda sentia que isso era verdade. Lula admitiu que "em vários momentos eu me senti como verdadeiro dirigente. Principalmente quando os trabalhadores me carregaram nas costas, fizeram música para mim". Mas ele insistia que tinha um longo caminho a percorrer antes de se tornar "um verdadeiro dirigente, o cara que esteja encarnado com os trabalhadores e com quem os trabalhadores se encarnem" (Machado, 1979, p. 216-217). Tal adulação, como ele disse para outro entrevistador dois meses antes, também causava apreensão "porque aumentava minha responsabilidade, e eu sabia que no dia em que não pudesse dar tudo aquilo que os trabalhadores queriam, eu poderia sair machucado da luta" (Lula, citado em 1979, em Guizzo *et al.*, 1978, p. 186-91).

Ao longo de 1979, o apelo de Lula transcendeu ao sindicato à medida que ele veio a ser adorado por uma pluralidade expressiva de metalúrgicos não sindicalizados. A percepção de que ele era incomum e maravilhoso era sentida até pelo público mais amplo, por pessoas que não necessariamente o apoiavam. Essa é a essência da carismatização: ela realça o poder do abençoado, do grupo em formação que lhe confere a benção e dos indivíduos e instituições a ele vinculados. A emergência do carisma amplamente reconhecido de Lula também afetaria o planejamento dos patrões e do governo, o que aumentou a influência de Lula e sua capacidade de manobrar de forma bem-sucedida.

Como um homem prático, o advogado de longa data do sindicato Maurício Soares via os benefícios de ter alguém tão "autêntico" e "cheio de carisma" como o dirigente dos peões do ABC (Soares, 1983, p. 7).[17] Porém, a primazia do carisma no apelo de Lula preocupava aqueles comprometidos com uma filosofia coletivista de autoemancipação da classe trabalhadora. Assim como ocorre com o liberalismo, as tradições marxistas tendem a valorizar a ação "racional" – código

---

[17] Soares foi nomeado em novembro de 1978 como um suplente de Fernando Henrique Cardoso na disputa futura do presidente para o senado a convite do MDB, um acordo que criou uma ponte entre Lula e o dirigente chave da intelectualidade da oposição (Markun, 2004, p. 120-123).

para masculina – e não a "espontânea", a "emocional" e a "intuitiva" – esferas piores, feminizadas a serem submetidas ao controle do pensamento "consciente". Isso explica por que aqueles que estudaram as greves do ABC tenderam a minimizar o fenômeno Lula. Em 1987, o sociólogo do trabalho mexicano Victor Manuel Durand Ponte sugeriu de forma implausível que o "carisma" de Lula derivava da "forte identificação da direção com as bases", o que permitia que os trabalhadores de base se identificassem com a liderança (Ponte, 1987, p. 215). Em 1992, Ricardo Antunes, apesar de reconhecer "inequivocamente" o valor positivo da "liderança personalizada e carismática" de Lula, considerava que ela não era suficiente para fornecer a liderança consciente de que os trabalhadores necessitavam (Antunes, 1988, p. 59-60).

Essas questões foram levantadas mais diretamente por dois membros fundadores do PT, o sociólogo Luís Flávio Rainho e seu colaborador metalúrgico qualificado Osvaldo Bargas, à época um marxista, eleito em 1981 como secretário-geral da diretoria do sindicato de São Bernardo. O livro deles de 1983, um *tour de force* analítico, reconhecia totalmente o fenômeno Lula que emergiu em 1979, o ano que ele foi pela primeira vez "carregado aos ombros dos trabalhadores e por eles chamado de 'Pai'". Adotando crítica/autocrítica de estilo marxista, eles escreveram que tanto os trabalhadores quanto a diretoria tinham demonstrado "dependência excessiva" da liderança de Lula. Os trabalhadores de base, diziam eles, vieram a acreditar que se seguissem "fielmente" a Lula, "automaticamente solucionariam seus problemas, independente do papel que lhes cabia desempenhar" (Rainho e Bargas, 1983, p. 167).

Tendo vivido a greve por dentro, Rainho e Bargas até reconhecem de passagem uma dimensão religiosa da reação popular quando reimprimiram, sem observações, "Pai Nosso do Lula", uma adaptação de uma reza católica por um trabalhador da Mercedes-Benz (Rainho e Bargas, 1983, p. 167).[18] Além de cantar o hino nacional, os trabalhadores frequentemente rezavam o "Pai Nosso" católico durante as

---

[18]   Foi originalmente publicado no jornal do sindicato. "Vamos Rezar...", 1980, p. 6.

manifestações, a certa altura após uma sugestão da esposa de um trabalhador que subiu ao palco. Pelo menos algumas faixas feitas à mão também equiparavam diretamente Jesus e Lula, alguns membros do comitê de mobilização mostravam suas faixas para fotógrafos, um proclamando que "Jesus também foi operário, por isso ele está ao nosso lado", e outro simplesmente afirmando, "Primeiro Deus, Segundo Lula, e Terceiro União" (Apesar da violência, 1979).

Quando esses livros foram lançados no início dos anos 1980, os metalúrgicos do ABC ainda eram assunto quente, à medida que o Partido dos Trabalhadores fazia suas primeiras incursões na arena política-eleitoral. Escrevendo para uma plateia com educação formal, esses analistas combatiam a ideia "de que a classe operária na Região *é o que é* devido exclusivamente a Lula", o que sugeria teorias de manipulação das massas por Lula. Embora mantivessem o carisma à distância, todos os quatro autores reduziam o apelo de Lula a um reflexo de aspirações não especificadas dos trabalhadores ou um canal para elas. Logo, Rainho e Bargas descreveram estranhamente o presidente do sindicato como o "'filho', 'fruto' e 'expressão'" da "combatividade, amadurecimento político, e do aprofundamento da consciência da classe" dos metalúrgicos de São Bernardo (Rainho e Bargas, 1983, p. 164). Outro autor falou de como Lula, com sua "intuição operária [...] fielmente sintetizava e sistematizava as aspirações espontâneas das massas"; nas palavras de um terceiro, Lula "teve a capacidade de captar as aspirações dos trabalhadores, traduzindo-as de forma acessível a eles" (Rainho e Bargas, 1983; Antunes, 1988, p. 59-60, citações). Apenas Durand Ponte, sem maior elaboração, indicou de uma forma interessante que, "ao menos em parte", a popularidade de Lula poderia se dever à identificação dos trabalhadores com ele: "viam nele esse ser humano que todos queriam ser" que eles gostariam de ser (Ponte, 1987, p. 277).

Se os próprios trabalhadores de São Bernardo tivessem sido questionados, eles teriam ecoado um grevista de 1979 que, anos depois, confirmou ser verdade o bordão frequente de sua mulher de que "você gosta mais do Lula do que da própria família" (Eulálio, em Corrêia da Silva, 2006, p. 300). Durante a greve, "só se falava de Lula" nas fábricas, um ferramenteiro relembrou, porque eles precisavam de "alguém que falasse mais alto, fosse mais peitudo, fosse mais pro pau" (Garlippe, 1985, p. 10). Como relembrou outro, Lula animava os jovens porque ele "falava a linguagem daquela peãzoada que tinha chegado do Norte há pouco tempo". No auge desse entusiasmo, "Lula parecia um Deus", e havia "um fanatismo muito grande dentro das empresas, o Lula mandava fazer qualquer coisa o pessoal fazia" (João Raimundo, 1999, em Iasi, 2006, p. 368-369).

A visão de Durand Ponte seria desenvolvida 25 anos depois por um educador popular inspirado por Sartre. Mauro Iasi sugeriu que a liderança de Lula se originou de sua habilidade em falar tanto o que os trabalhadores queriam ouvir quanto o que eles queriam que fosse escutado. Isso só era possível por causa da "autenticidade" de Lula: "Não é um dirigente populista se passando por trabalhador sofrido, é antes de tudo um trabalhador migrante" que também tinha trabalhado em uma fábrica, "vive com o mesmo salário, fala com o mesmo sotaque, veste-se da mesma maneira, utilizando os mesmos valores e expressões". Mas se por um lado compartilhava esse passado com os peões normais, Lula também personificava o que eles queriam ser, aquele que "que enfrenta, luta, fala, se impõe [...] [e] tem confiança em si e em nós". A ironia disso, destaca Iasi, é que o dirigente também não possui essas características desejadas; em vez disso, ele é o meio para que o grupo as expresse. Dessa forma, "uma identidade horizontal [é criada] que permite ao grupo realizar aquilo que o indivíduo serial via como impossível" (Iasi, 2006, p. 370). O que emerge é uma relação assimétrica, mas verdadeiramente recíproca entre grupo e dirigente.

O fato de que o suposto "personalismo" do mundo rural pudesse explicar o comportamento dos peões do ABC, fossem os não braçais ou os braçais (os operários qualificados) incomodava os intelectuais. Lula poderia, como comandante, ser compreendido como um patrão de um sistema clientelista tradicional típico do interior? Os intelectuais rejeitavam qualquer sugestão de que as greves podem ser vinculadas ao estereotipo esquemático na mente deles sobre a natureza do sistema clientelista rural. Mas é pouco provável que seja exagerado presumir que parte da peãozada, principalmente aqueles "recém-chegado do Norte", possa ter enxergado Lula como um bom patrão, que serviria como intermediário por causa de sua habilidade "de conhecer, interpretar, e manipular o mundo exterior". Porém, a autoridade de tal patrão, frequentemente um dono de terras ou chefe político, existia apenas "na medida em que participa do universo comunitário", como comentou a antropóloga Eunice Durham em referência aos migrantes de São Paulo em 1959-1960. Se ele atendesse às expectativas deles, os fracos retribuíam com respeito e em troca lhe dariam sua lealdade, embora isso fizesse deles uma tropa para as batalhas mutuamente destrutivas dele com os donos de terra rivais ou com as autoridades. Sob esse sistema diádico de dominação paternalista, também não era incomum que os patrões "ruins" atormentassem aqueles que eles tinham jurado proteger, geralmente a um custo mínimo para eles mesmos, dada a fraqueza dos seus clientes (Durham, 1984, p. 90-91, 158-159).

Porém há outra dimensão horizontal frequentemente negligenciada da vida rural que teve uma influência mais direta na relação de Lula com os peões do ABC. Como escreveu Durham, as comunidades rurais frequentemente atribuem liderança informal a certos indivíduos que, por suas "qualidades pessoais" e da "riqueza" de sua experiência, tiveram a "capacidade de exprimir o consenso coletivo". A solidariedade da comunidade por trás desse dirigente informal nasce da "proximidade física, a simpatia pessoal, e a experiência comum de auxílios recíprocos" (Durham, 1984, p. 74). Como um dirigente, Lula expressava assim tanto o ideal rural de liderança horizontal – em sua capacidade de gerar um consenso – quanto aspectos do papel de um patrono – enquanto mediador com poderes superiores – embora Lula tivesse pouco poder de oferecer empregos, favores materiais ou influência junto à polícia. Aqueles que seguiam Lula estavam embarcando em um caminho de luta que os colocava, enquanto grupo, contra inimigos imensamente poderosos. Aprendendo à medida que a luta se desdobrava, muitos passariam por uma ampliação e reconfiguração de suas visões do mundo, aquilo que os intelectuais viriam a rotular de conscientização.

Porém, é um erro pensar que apenas os migrantes rurais eram "suscetíveis" ao carisma de Lula, que era sentido com a mesma força por trabalhadores nascidos na cidade e pelos qualificados. Mais do que isso, uma quantidade significativa daqueles com educação superior, principalmente os estudantes e os "revolucionários" derrotados de 1968, eram poderosamente atraídos por Lula e o enxergavam como a realização de ideias marxistas sobre o protagonismo da classe trabalhadora ou pela sua contribuição decisiva em acabar com o regime militar. Isso pode ser visto na manifestação do Primeiro de Maio ocorrida em São Bernardo em 1979, que contou com a presença de 150 mil pessoas, de acordo com o delegado da polícia local. Ele relatou que muitos que compareceram eram de "aparência de classe média", incluindo um contingente de estudantes "estereótipo de universitários", homens e mulheres, usando jeans e distribuindo jornais de esquerda. De acordo com o relato dele, "todos os oradores" foram aplaudidos, mas Lula foi recebido com um "delírio total e indescritível. O homem é realmente um dirigente carismático", ele concluiu ofegante.[19] De forma muito objetiva, o PT de Lula, fundado em 1980, se tornaria uma aliança interclassista da geração de 1968 com a nova geração do fim dos anos 1970 à medida que eles se uniam em torno de Lula como um ícone unificador apesar de suas diferenças.

VILA EUCLIDES: O HOMEM AO MICROFONE

Aqueles unidos na Vila Euclides em 1979 não eram de forma alguma uma "massa" anônima de estranhos, aflitos em anomia esperando um salvador. A multidão incluía 10 mil ou mais trabalhadores já ativamente envolvidos com esse sindicato de 25 mil membros. Como vimos em capítulos anteriores, Lula tinha ampliado continuamente seu apoio entre diversos setores do sindicato desde 1972. A confiança foi construída dentre os trabalhadores de base por Lula como um solucionador de problemas dedicado que lidava zelosamente com problemas mundanos de bem-estar social e previdência. Inteligente, trabalhador

---

[19] Carta, 1 de maio de 1979, por um Delegado de São Bernardo do Campo, em Dops, Pasta 23, 2904.

e engraçado, ele conquistou o respeito de trabalhadores qualificados como o ambicioso Djalma Bom, que o tinha conhecido quando estava matriculado no curso supletivo do sindicato criado e supervisionado por Lula (Bom, citado em Ferreira e Fortes, 2008, p. 85). Foi dentre os qualificados, como observou Frei Chico, que um núcleo militante intrépido foi recrutado, composto todos de homens, dispostos a lutar, num período de mercado de trabalho aquecido no qual havia pouco receio de perder o emprego.[20]

Dentro do sindicato, Lula era admirado por ser um dirigente incansável, altruísta e dinâmico que não descarregava o trabalho pesado sobre os trabalhadores de níveis mais baixos. Quando alguém tinha que fazer trabalho de porta de fábrica numa mudança de turno às 4 da manhã no portão de fábrica da VW, Lula estava presente, e ele nunca se esquivou de "reconhecer abertamente as realidades da vida" (Cavignato, citado em Corrêia da Silva, 2006, p. 219). Em fevereiro de 1977, por exemplo, ele foi aplaudido pelos presentes a uma reunião sindical por expressar exasperação pelo fato de apenas 570 trabalhadores terem aparecido numa assembleia sindical de dissídio. Reprovando a categoria, ele até falou de punir aqueles que não cumprissem suas responsabilidades (Só em março a reunião..., 1977). Embora dezenas de milhares de trabalhadores, mesmo não sindicalizados, tivessem visto ou ouvido falar de Lula até o início da greve de 1979, ele se tornou uma figura ainda mais familiar como um conhecido, senão amigo, que os grevistas encontravam em manifestações organizadas pelo sindicato, em piquetes e em mobilizações. Se eles passassem pela sede – como milhares faziam todo dia durante as greves – eles poderiam esbarrar em Lula, que estava sempre disposto a tirar uns segundos para bater papo. Além disso, os grevistas podiam até se encontrar com ele em um dos bares no centro, onde Lula regularmente ficava antes, durante e depois de greves.

Essa familiaridade se espalharia ainda mais pela região (embora a cobertura televisionada das greves fosse mínima) enquanto histórias

---

[20] Frei Chico, entrevista por Paraná, 10 de setembro de 1993 (Paraná, 2002, p. 163, 167).

Lula sentado em jornais a serem distribuídos nas fábricas, 1979 (Cortesia DGABC [Banco de Dados])

e testemunhos circulavam – fossem eles verdadeiros, falsos, inacreditáveis ou exagerados – que enfatizavam a dedicação, a incorruptibilidade, o humor e o acolhimento incessante de Lula. Muito amado, Lula foi descrito retrospectivamente por um grevista como uma pessoa marcante "muito querido [...] que sabia aglutinar, sabia juntar pessoas e com um dom para falar" (Entrevista com "Reinaldo", em Pogibin, 2009, p. 135). Aqueles atraídos para as mobilizações também atribuíam a Lula o título de professor; alguns viriam a citar lições dele anos depois.[21] Um importante militante, José Arcanjo (conhecido como Zé Preto), contrastou o estilo de liderança consultiva de Lula

---

[21] Por exemplo, ver entrevista com "Wilson" em Pogibin, 2009, p. 157.

com um presidente que simplesmente "tira da cabeça dele" e dava ordens, como Vidal. Lula se encontrava diariamente com os outros diretores e militantes sindicais e permitia que cada um falasse, estando certo ou errado, enquanto eles chegavam a um consenso sobre o que deveria ser feito a seguir. Como muitos outros, Zé Preto interligou seus comentários com caracterizações sentimentais da simplicidade, humildade e natureza amável de Lula (José Arcanjo, em Corrêia da Silva, 2006, p. 323; ver também Rainho e Bargas, 1983, p. 165).

As manifestações na Vila Euclides permitiram que Lula expandisse esses laços interpessoais de uma forma distinta. Quando Lula falava com as multidões de trabalhadores em greve – no estádio ou em outro lugar – a dinâmica social sendo fomentada não era a díade dirigente-seguidor, que está no cerne da caricatura negativa do carisma. Em vez disso, era uma tríade composta por Lula, o trabalhador individual, e o resto dos trabalhadores no estádio como um terceiro (Jameson, 1971, p. 242-243). Lula assumia seu lugar nessa tríade até mesmo antes de sua performance, já que as notícias de sua chegada criavam uma agitação. Enquanto Lula passava pela multidão, havia inúmeras trocas de toques e de palavras como parte de um processo de escrutínio que continuava nos bastidores, onde as tais das pessoas "importantes" – outros diretores, equipe, conselheiros, importantes militantes e convidados externos – ficavam.

Se, conforme Lula já explicou, ele "nunca levou as coisas prontas" para tais manifestações, isso não refletia uma falta de preparação dele ou de sua equipe (Pereira, 1979, p. 8-10, citação; Machado, 1979, p. 206). Frei Betto relembra de levá-lo de carro para uma assembleia imensa em 1980, informando-o ao longo do caminho. "Lula guardava tudo de cabeça", Frei Betto observou, "porque detesta ler discurso; o negócio dele é falar de improviso". "Quantas vezes eu vi a assessoria preparar um discurso", ele prosseguiu, apenas para Lula o ignorar e tomar "outro caminho com maior êxito." De forma significativa para nossa discussão, Frei Betto atribui isso a "carisma [que] não tem explicação" (Freire e Sydow, 2016, p. 210). Já Lula explica sua habilidade de agradar a plateia como algo que deriva de sua prática, no palco, de observar a multidão inteira em uma tentativa de "peneirar" as reações dos trabalhadores estudando sua linguagem corporal e as deixas verbais para guiar suas afirmações (Pereira, 1979, p. 8-10; Machado, 1979, p. 206).

Como parte dessa receptividade, Lula também sintonizou perfeitamente com o conjunto heterogêneo de trabalhadores em movimento durante as greves, abrangendo desde rebeldes combativos e politizados até trabalhadores anteriormente acomodados, agora chateados por terem sido roubados. É por isso que Lula em 1979 insistia – mesmo nos momentos de auge do conflito – que os grevistas não estavam desrespeitando o governo e não eram ligados a nenhuma ideologia considerada subversiva. De fato, ele criticava a distribuição de panfletos, nas manifestações, por militantes de esquerda externos, principalmente estudantes, e ocasionalmente até fazia com que eles fossem retirados. Dadas as diversas perspectivas, Lula se representava como um homem atencioso e justo que criticava a "baderna", considerando-a indigna e prejudicial. Como todos os trabalhadores honestos, ele pedia que os grevistas fossem disciplinados e aconselhava contra embates com a polícia; ele retratava continuamente a luta deles como uma luta contra as empresas, não contra o governo ou os policiais.

Os discursos de Lula eram alimentados por um moralismo aparentemente simples baseado em uma retórica de reciprocidade, tratamento justo e decência em vez da luta contra um sistema, seja econômico ou político, menos ainda da convocação para a criação de uma sociedade ou regime completamente diferente. Na interpretação de Lula, os grevistas estavam demandando justiça para atender às suas demandas materiais legítimas. À medida que os acontecimentos se desdobravam entre 1978 e 1980, cada vez mais os peões do ABC, o grupo em formação, se enxergavam como opostos àqueles que, por suas ações, tinham se revelado como inimigos: os gerentes gananciosos das fábricas mais lucrativas do Brasil e um governo que violava suas responsabilidades paternalistas ao deixar de assistir os fracos contra aqueles que se aproveitavam deles.

Porém, mesmo quando o conflito se intensificava, Lula mantinha um tom de moderação e abertura ao diálogo que criava uma ponte com a Igreja, com a oposição, com os intelectuais universitários e com grande parte da mídia impressa. Ao fazer isso, ele também buscava conter as visões profundamente suspeitas e frequentemente hostis dos "homens de bem" conservadores do Brasil que ainda apoiavam a ditadura. O general Milton Tavares, um homem diretamente envolvido com o programa de desaparecimentos seletivos e execuções da era Médici, estava agora no comando do Segundo Exército. Diferentemente de seu antecessor, general Monteiro, que tinha endossado publicamente as intenções benignas das paralisações de maio de 1978, esse novo comandante repetidamente denunciava os conselheiros de Lula como comunistas. Essa retórica viria a se intensificar durante a greve de 1980, quando outro porta-voz militar alertou que "quando as palavras não bastam, a força é, muitas vezes, o caminho da paz, pois que o pacifismo não há que ser confundido com a fraqueza e, muito menos, a boa vontade com a covardia." (Délio admite uso..., 1980, citado em Ianni, 1980, p. 34; ver também Ianni, 1980, p. 25-38; General afirma que..., 1980). Para homens como Otávio Medeiros, chefe do SNI, as greves eram prova de que o país estava descambando para a "'ilegalidade consentida' – desordem, em português claro" (Gaspari, 2016, p. 169-170).

Além do tom moderado, os discursos de Lula eram ancorados no comum, no doméstico e no funcional, em vez de na dimensão mais elaborada, até monumental, presente no discurso oral modelado pela escrita. Utilizando o vernacular, que incluia às vezes a rudeza, seus discursos básicos usavam linguagem simples sem toques extravagantes ou teoria, enquanto evitavam cuidadosamente o vocabulário especializado que permitia que os de esquerda atingissem rapidamente clareza política, senão analítica (Lula, citado em Morel, 1981, p. 117). Quando necessário, Lula citava fatos, dados e estatísticas – lucro de empresas, o valor real dos salários – mas sua mensagem central estava ancorada na emoção. Entrevistado por uma dirigente de esquerda latino-americano, Lula uma vez explicou que ele valorizava acima de tudo sua intuição, porque ela permitia que "você coloque o coração" no trabalho político. "Fazer política sem o coração", ele prosseguiu, "deixa a gente muito duro" e "muito realista", e essa não seria a forma ideal de mobilizar as pessoas para a ação (Harnecker, 1994, p. 58).

Esses discursos suscitavam uma variedade de reações tão heterogêneas quanto suas plateias. Um dos *slogans* típicos de Lula fornece um bom exemplo de como diferentes ouvintes podiam ter tido entendimentos discrepantes, até contraditórios, de suas palavras: "Que nunca mais ninguém duvide da capacidade de luta da classe trabalhadora". Embora a frase fosse abertamente direcionada aos patrões, ao governo e a outros não trabalhadores, os não qualificados ouviam sua bravura sendo louvada enquanto os qualificados escutavam suas dúvidas antigas sendo abrandadas por provas de que o "peão mesmo" tinha sim a coragem de revidar. Poderíamos citar também as diferenças nas reações de trabalhadores homens e de suas mulheres e filhos que eram ativamente encorajadas a comparecer por Lula e pelo sindicato, algumas até levavam piqueniques para o passeio (Lula, citado em Dantas, 1981, p. 65-67).[22]

Outro elemento chave do discurso de Lula era a remodelação do significado de "peão" para tornar o grupo em formação ainda mais coerente. Em seu uso, o termo unia em um mesmo espaço grupos um tanto diferentes que enxergavam Lula de formas distintas. Para o "peão mesmo", Lula era um cara assim como eles que tinha realizado uma aspiração que eles também tinham de se tornar um trabalhador qualificado. Para os qualificados, ele exemplificava o seu ideal de serem racionais, trabalhadores e confiantes, pois buscavam se aprimorar e ampliar seus conhecimentos sobre o mundo. Para essa intelectualidade braçal, a adoção do termo "peão" por Lula era proveitosa, porque ela revelava uma verdade contra a qual eles há muito tempo lutavam: eles podiam desfrutar de salários de classe média e usar suas mentes para trabalhar, mas enquanto trabalhadores braçais eles seriam sempre vistos pelos

---

[22] O envolvimento direto de mulheres nas assembleias era inovador, já que o conflito no âmbito interno, durante greves, geralmente colocava as mulheres, práticas e focadas, contra a tendência de seus maridos de realizar aventuras arriscadas como beber, brigar e entrar na greve. Sobre esse ponto, ver p. 58 no original não datado 1978 "Depoimento de Lula", a ser encontrado no arquivo do Cedem. Parte da entrevista foi publicada em *A greve na voz*.

com educação superior como peões arrogantes, nunca como iguais. O uso de Lula da frase "nós peões" igualava discursivamente os dois grupos, ambos os quais o idolatravam, enquanto sua postura e fama nacional geravam orgulho ao demonstrar o valor de cada um deles para uma sociedade que os enxergava como inferiores.

Era, portanto, útil que um ser humano de carne e osso unisse a categoria, porque nenhum grau semelhante de união podia ter sido atingido em 1979 em torno do sindicalismo militante ou de ideias abstratas como "democracia"; isso viria depois. Lula não só servia como uma âncora em tempos incertos, mas sua influência decisiva reduzia rivalidades divisivas, pessoais e políticas dentro do sindicato. O fato de que essa relação carismática solucionava um problema de ação coletiva crucial foi dramaticamente demonstrado quando o sindicato sofreu intervenção em 1979, depois do que a diretoria decidiu que Lula deveria recuar e deixar Djalma Bom no comando. A multidão que se juntou no dia seguinte na frente da prefeitura era menor e ignorou a tentativa de Djalma de liderar, exigindo raivosamente a volta de Lula; se dividindo em grupos menores, eles debateram como proceder, enquanto irrompia um conflito com a polícia. Embora o confronto tenha sido neutralizado pelo prefeito do MDB, Tito Costa, um fim caótico da greve parecia iminente. Foi apenas o anúncio da volta de Lula no dia seguinte que permitiu que a greve recuperasse coesão e evitasse desordem pública (Rainho e Bargas, 1983, p. 133-412; Antunes, 1988, p. 48-49; Caetano, 2004, p. 248; Lula, citado em Dantas, 1981, p. 54; Lula citado em Paraná, 2002, p. 144).

Logo, um indivíduo não entende o que *realmente* aconteceu na Vila Euclides a menos que pense *com* a multidão e reconheça que a liderança é acima de tudo uma arte oral. As performances de Lula na Vila Euclides funcionavam para mobilizar sua plateia da mesma forma que, em um tempo e contexto diferentes, Martin Luther King Jr. galvanizou seus ouvintes afro-americanos no sul segregado, conforme analisado de forma inovadora pelo sociólogo Jonathan Rieder. Como agitadores anti-*status quo*, tanto Lula quanto King enfrentaram dilemas "comuns a todas as mobilizações: compromisso instá-

Polícia confronta trabalhadores em São Bernardo durante a greve de 1979
(Cortesia olhar imagem [Juca Martins])

Trabalhadores na reaberta da Vila Euclides com jornais onde se lê "Ele voltou"
(Cortesia DGABC [banco de dados])

vel, o afastamento da vida familiar, o poder da repressão estatal, medo de ser demitido" (Rieder, 2008, p. 186). Isso ditou "a dinâmica funcional em curso" nas suas performances em reuniões massivas. "As manifestações não só refletiam a audácia crescente" de suas plateias; "o propósito delas era gerar e sustentar esse processo" (Rieder, 2008, p. 182). É precisamente "porque a conversa é barata", como observa Rieder, que "a arte verbal" providenciava a mais "poderosa arma para os dirigentes de movimentos ao lidar com essas vulnerabilidades" (Rieder, 2008, p. 186). "Para mobilizar corpos e impedir deserções", tanto Lula quanto King tiveram que remodelar as "avaliações de suas plateias sobre a racionalidade do protesto" ao utilizar uma "retórica de afirmação" que "buscava tornar o desejo uma realidade" (Rieder, 2008, p. 199, 205).

"SOMOS HOMENS. SOMOS FAMÍLIA"

"Ao romper restrições milenares" impostas à raiva subalterna, as manifestações lideradas por Lula e King poderiam às vezes assumir um "espírito selvagem" porque elas libertaram "emoções perigosas – a humilhação do silêncio, o desejo por vingança". Em essência, esses homens eram ambos atraentes para seus ouvintes para exorcizar os "demônios da inferioridade debilitante, da passividade enraizada e do medo paralisante", o que explica porque as reuniões podiam se tornar "caldeirões psíquicos que libertavam os poderes do indivíduo" (Rieder, 2008, p. 219). Nesse sentido, Lula evocava um ideal masculino da classe trabalhadora de que um homem deve *se fazer respeitado* ao se impor em um mundo violento e hierárquico que ameaça sua masculinidade. As estigmatizações infligidas aos trabalhadores do ABC, traçadas ao longo deste livro, construíam camadas de ressentimento que encontraram expressão na mensagem subjacente de Lula que pode ser parafraseada da seguinte forma: "Nós estamos fodidos! Vamos meter o pau nos patrões e no governo! Vamos botar eles de joelhos!"[23] Essa postura agressiva repudiava tudo que tinha reduzido

---

[23]   Fernandes, 1991, p. 76, explica o impacto explosivo do discurso de Lula. "A identificação [dos trabalhadores] com o Lula é a contraface dessa propensão psicossociológica

os trabalhadores homens do ABC a "filhos do medo", como visto no capítulo 11, ao mesmo tempo que os levava a enfrentar a ameaça muito verdadeira – mencionada publicamente mais de uma vez por Lula – de que eles poderiam sofrer danos corporais ou morte.

A autorrepresentação de Lula e seus colegas dirigentes sindicais como homens destemidos custava às suas famílias, que estavam sujeitas ao constante e altamente visível monitoramento governamental de suas casas. Em suas aparições públicas compareciam homens uniformizados ou com roupas simples, que eram geralmente policiais, informantes de policiais ou agentes de segurança das empresas disfarçados – frequentemente uma fonte de humor irônico – enquanto ocorriam conflitos diários dos trabalhadores contra os guardas de fábrica e policiais agressivos. Marisa, a enérgica mulher de Lula, apesar dos medos iniciais, frequentemente acompanhava seu marido – às vezes com seus filhos pequenos – porque mesmo então ela "nunca teve vocação para Penélope" aguardando a volta de Ulisses, como relembrou um jornalista (Pinto, 2011, p. 152).

O poder coercivo do regime estava completamente à mostra, com veículos blindados (*brucutus*) nas ruas do ABC – junto com cavalaria, polícia de choque, gás lacrimogêneo e cachorros – enquanto helicópteros armados sobrevoavam repetidamente as multidões em 1980. Com bombas explodindo em várias partes do país, Lula relembra que sua família tinha que se preocupar com explosivos sendo plantados no carro deles. Um dia, ele suspeitou da porta destrancada, e pediu que Marisa saísse do carro com as crianças; "ela então virou para mim e disse, 'leve você as crianças que eu ligo o carro, porque se acontecer alguma coisa, eu sou menos importante'. Isso marcou muito para mim" (Ziroldo, 1979, p. 104).

Para virar "a página no final dos anos 1970", Lula e seus colegas diretores tinham não apenas que encarnar o "destemor" mas também

---

coletiva" e impacta "de modo perturbador para os de cima, pois a alegria espontânea não disfarça a raiva latente e o irrefreável ranger de dentes" que se esconde logo abaixo da superfície dos trabalhadores

Lula e Marisa com trabalhadores em greve, 30 de março, 1980
(Cortesia Olhar Imagem [Juca Martins])

inspirar seus ouvintes.[24] Assim como King e seus colegas organizadores, o objetivo deles era "mudar não essa ou aquela preferência" entre seus constituintes mas "toda sua forma de abordar a questão dos valores, da importância e do significado" (Rieder, 2008, p. 244). O objetivo era "fortalecer os poderes do indivíduo. Em vez de intimidar ou humilhar", eles iriam "persuadir, inspirar, convencer, argumentar e até convocar [...] os ouvintes para um estado de animação e coragem" (Rieder, 2008, p. 221). Ao fazer isso, Lula tinha que lutar contra a estigmatização que os trabalhadores tinham internalizado em um ambiente autoritário que demandava submissão, humildade e deferência dos subalternos. Esse esforço implicava, assim como para King e seus apoiadores, "afirmações enfáticas de masculinidade 'Olímpica'" expressas por meio de uma identidade marcial (Rieder, 2008, p. 226). À medida que cada dia em 1980 trazia dúzias de prisões e de espancamentos, Lula enfatizava repetida-

---

[24] Declaração por Lula, "Esse destemor, carregado de desinformação política, acabou se transformando numa intuição que foi fundamental para aquela virada de página do fim dos anos 1970", Fundação Perseu Abramo, 2006.

mente que "prisão foi feito para homem, não foi feito pra bicho" (Soares, em Corrêia da Silva, 2006, p. 249-250).

Tal compromisso forçava cada indivíduo participante a se enxergar "como uma pessoa poderosa capaz de controlar" seu próprio destino, o que se refletia em uma retórica sobre o "resgate da dignidade" (Rieder, 2008, p. 219; Abramo, 1999). Desde sua primeira entrevista para uma matéria de capa até a Presidência da República, Lula enfatizava consistentemente a importância vital da autoestima para os estigmatizados e subalternos: trabalhadores, mulheres, negros, portadores de necessidades especiais, homossexuais. Esse lema retórico é sempre expresso em termos muito simples: sempre se deve caminhar de cabeça erguida, sem vergonha e sem deferência a qualquer homem ou mulher – conselho que ele sempre atribuía à sua mãe dona Lindu, que morreria de câncer cervical enquanto ele estava na prisão durante a greve de 1980.

Com pouca educação formal, Lula utilizava em seus discursos durante as greves um repertório cultural mais limitado do que King, que tinha sob seu domínio, como portador de um doutorado e filho de um pastor, não apenas um amplo corpo de cultura erudita mas também uma tradição profundamente enraizada de pregação negra, com seu arsenal de imaginário bíblico. Lula, por outro lado, tinha como recurso uma retórica idealizada sobre a família – nuclear, estendida, o bairro ou até o sindicato – comum no mundo católico leigo no qual ele tinha sido criado. Para os pobres e para a classe trabalhadora de São Paulo, a família era o local privilegiado de emoção, um porto seguro em um mundo hostil e incerto. Era ainda mais importante como um ideal precisamente porque as vidas familiares que eles de fato tinham com muita frequência não eram tão boas assim, principalmente em relação ao pai da família (Sarti, 1996). Em 1979, alguns metalúrgicos de São Bernardo tinham começado a chamar Lula de "pai", e ele explorou esse ideal paterno. Conforme enfatizado por Renato Tapajós, que filmou as manifestações de 1979 para o sindicato, Lula "fala muito pro indivíduo, sempre repete aquele negócio do 'pensa na sua casa, na sua mulher, nos seus filhos'". É uma retórica de pai dando conselho e a população gosta disso" (Tapajós, 2008). Como dirigente dos peões do ABC, Lula viria a explorar as características idealizadas do pai bom e sábio – o oposto do abusivo e tirânico Aristides.

Tal ideal paterno pode confundir os intelectuais por parecer evocar a caricatura negativa da liderança carismática patriarcal. Mas que tipo de "pai" muitos trabalhadores sonhavam que Lula fosse? Certamente não o que agia com prepotência, apesar de não cumprir seus deveres e responsabilidades. Em vez disso, Lula exemplificava o "bom pai", que traz para casa seu salário completo, honra sua mulher e ama todos seus filhos apesar de suas diferenças. Ele era o pai que cumpre seus deveres primários de sustentar, proteger, orientar e guiar seus filhos enquanto eles entram na vida adulta. Mas o que seria mais pertinente à luz das críticas potenciais é que a imagem paterna idealizada projetada não era a de imposição violenta de vontade, mas sim aquela de um pai – ou o mestre de um aprendizado – engajado em um diálogo contínuo à medida que seu filho ou aprendiz amadurece e se torna independente. O "bom" pai retratado por Lula, assim, cumpria o ideal popular de manter harmonia na família por meio da construção de consensos.

O que Lula rejeitava frontalmente era a forma extremamente comum de paternalismo de cima para baixo no qual "pessoas importantes" se intitulavam "salvadores" dos fracos. "Quando um dirigente sindical assume a paternidade da classe trabalhadora, isto é, começa a dizer que ele resolve", Lula explicou os problemas dos trabalhadores, "ele está mentindo", porque apenas a classe trabalhadora pode fazer isso (Lula, citado em Morel, 1981, p. 122). Apenas dirigentes sindicais ruins, insistia Andreotti, o antecessor comunista de Lula, exigiriam crédito por algo conquistado pela categoria. Se eles fazem isso, eles estão encorajando a passividade da classe trabalhadora ao propagar a ideia de que outros podem resolver os problemas dos trabalhadores para eles quando "a responsabilidade geral é da própria classe trabalhadora" (Andreotti, 1982).

As trocas entre o grupo em formação e Lula podem ser ilustradas em diversos pontos altos emocionalmente carregados da greve de

1979. Por exemplo, a assembleia de 22 de março votou contra o acordo que tinha sido negociado entre a diretoria e o governo. À medida que se tornava claro que a multidão não aceitaria o acordo, Lula se curvou diante da vontade da maioria e se movimentou para rejeitá-lo, recebendo aclamação geral; a intervenção no sindicato viria a seguir (Pereira, 1979, p. 8-10). De acordo com um repórter sensível, Lula acrescentou imediatamente que ele seria o primeiro a erguer a voz "o momento de a vaca ir para o brejo [...] [e] pedir a vocês que voltassem ao trabalho". De acordo com o repórter, a multidão extática chorou em resposta ao resultado da votação, "Lula você não está sozinho. Vamos encher o sindicato e você não sai de lá". Lula respondeu com sua emotividade característica e secou suas lágrimas enquanto ele encerrava formalmente a assembleia. Depois de descrever Lula sendo "abraçado muitas vezes por mulheres, homens, que choravam com ele", o repórter encerra com uma vinheta reveladora: "Saiu correndo pelo estádio, mas não chegou a dar muitos passos. Os operários o levantaram nos ombros e, como se fosse o final de um jogo de futebol, foi levado como o artilheiro pela multidão, do palanque ao outro extremo do estádio, sob gritos de 'Lula, Lula'" (O protocolo é..., 1979).

Outra troca genuína entre o grupo em formação e seu dirigente carismático ocorreu dia 27 de março durante uma manifestação na Vila Euclides de 70 mil que ia analisar um acordo de voltar ao trabalho durante uma trégua de 45 dias durante a qual ocorreram negociações e a diretoria estava para ser restaurada no sindicato. Lula relembra esse como o dia mais difícil de sua vida, porque não estava claro que os trabalhadores seriam convencidos de que a diretoria não os estava traindo para voltar às suas confortáveis sinecuras no sindicato; os oradores que o antecederam na manifestação tinham sido vaiados. Lula argumentou com firmeza e então, improvisando no palco, pediu um voto de confiança e aceitação da volta ao trabalho (Lula, citado em Guizzo *et al.*, 1978, p. 316). Embora uma minoria tenha vaiado e deixado a manifestação, a maioria dos trabalhadores concordou, e a natureza desse acordo, segundo a descrição de Lula, sugere sua complexa relação com os trabalhadores de base: "O pessoal aceitou, mas eu senti lá de cima que o pessoal

Uma das ocasiões em que trabalhadores carregaram Lula em seus ombros durante greves
(Cortesia DGABC [banco de dados])

aceitou como um filho aceita um tapa na bunda do pai. Ele fica revoltado, bronqueados, com vontade de pegar o pai e dar um murro, mas ele fala: 'Pô! É meu pai, ele deve estar certo'" (Lula, citado em Dantas, 1981, p. 57, 58, citação, p. 60). Quando Lula deixou o estádio aquele dia, ele estava arrasado, e nem ele nem a diretoria tinham sequer certeza de que os trabalhadores iriam de fato honrar o voto e aparecer para trabalhar. Depois de 15 dias emocionantes, essa decisão sobre a greve de 1979 foi um golpe no prestígio de Lula e de sua diretoria.[25]

O que aconteceu a seguir revela como o comando de Lula sobre seu exército de peões fluiu não do carisma "mágico" mas sim de uma troca dialógica com esse grupo em formação. Depois que o governo de fato devolveu o sindicato, Lula começou a primeira assembleia propondo a renúncia da diretoria, que foi rejeitada, levando Lula a chorar junto com muitos dos presentes.[26] Lula dedicaria os seis meses seguintes a

---

[25] Lula, entrevista por Paraná, 10 de dezembro de 1993 (Paraná, 2002, p. 142-143); Lula, entrevista, 1978, em *A greve na voz dos trabalhadores*, 1979, p. 32.

[26] Lula, entrevista por Paraná, 10 de dezembro de 1993 (Paraná, 2002, p. 143).

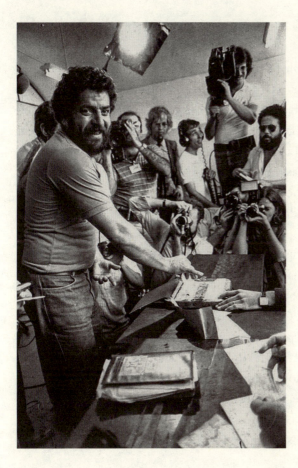

Lula votando na eleição de 1982, quando ele concorreu a um cargo político pela primeira vez (Cortesia DGABC [Katia Dotto])

reconquistar a confiança e a unidade da categoria, colocando novos desafios à militância de base. Se eles sentiam que os trabalhadores poderiam ter ganhado mais permanecendo em greve por mais tempo em 1979, então ele jurou que a diretoria prepararia a greve mais bem organizada da história e iria arrastá-la até seu amargo fim, seja lá qual fosse o custo. Essa se tornaria a incrível greve de 41 dias ocorrida em 1980, um movimento ilegal ocorrido sem acesso aos recursos materiais do sindicato. Essa greve foi marcada por um engajamento resoluto e independente pela massa de trabalhadores, que não demonstravam mais a "dependência excessiva" em Lula e em seus colegas dirigentes, quase todos presos. "O sindicato", o *slogan* dizia, "somos nós, não o prédio!" Embora a greve tenha se encerrado em derrota, ela surpreenderia a todos com sua duração e intensidade e levaria, em seus desdobramentos, à CUT e ao PT.

Posteriormente, Lula falou sobre como a decisão do governo militar de esmagar os metalúrgicos do ABC expandiu o entendimento político dos trabalhadores de base. Retratando-se como um pai, ele comparou a experiência a uma criança que tem que cair da bicicleta e se machucar para assim aprender (Lula, citado em Morel, 1981, p. 141-142). Solto da prisão depois de 31 dias, Lula e seus colegas diretores – a maioria deles ainda enfrentando processos – voltaram mais uma vez para os portões de fábrica, comandando um sindicato paralelo e dando assistência aos milhares que tinham perdido seus empregos, o que aconteceu com Lula e com sua diretoria também. Quando a eleição sindical ocorreu em 1981, a chapa apoiada por Lula obteve 90% dos votos, enquanto o PT local decolou estrondosamente no ABC. Em 1982, o dirigente da paralisação na Scania, Gilson Menezes, foi eleito prefeito de Diadema, enquanto Lula concorreu à governador e perdeu recebendo apenas 9% do voto estadual. Porém, sua candidatura naquela eleição teve o apoio de 51% dos trabalhadores horistas na Ford de São Bernardo e até um respeitável 23% dentre aqueles que trabalhavam na Ford em São Paulo (Rodrigues, 1990, p. 149).

O elo entre Lula e os metalúrgicos do ABC não havia sido rompido.

15. SEM MEDO DE SER FELIZ

Lula adquiriu um carisma notavelmente duradouro durante as batalhas titânicas de 1978-1980. Sob sua liderança, os peões do ABC alcançaram uma "força mobilizadora" e uma "politização do cotidiano das classes subalternas" sem precedentes. Para a surpresa de todos, incluindo deles mesmos, os trabalhadores tinham decidido "o rumo de suas próprias vidas" na Vila Euclides por meio de um movimento massivo que buscava universalizar suas demandas coletivas e individuais enquanto classe social e como cidadãos dignos e portadores de direitos (Negro, 2004, p. 315). Depois desse acontecimento importante, a liderança dessa classe trabalhadora emergente – simbolizada por Lula – lutaria por uma "reformulação do sistema político, fora do ar desde 1964" (Negro, 2004, p. 308). Como Lula tinha muito bem previsto na partida de futebol durante a qual a ideia para as manifestações na Vila Euclides tinha nascido em 1979, o país ia ser transformado "de cima a baixo".[1]

As dezenas de milhares de trabalhadores que se reuniram na Vila Euclides destacam a conexão direta entre as greves do ABC e a in-

---

[1] Lula, entrevista por Paraná, 10 de dezembro de 1993 (Paraná, 2002, p. 141).

surgência social mais ampla contra a supremacia militar. O estádio só estava disponível para o sindicato porque São Bernardo era governado por um prefeito do MDB, o advogado Tito Costa, cuja eleição em 1976 foi fruto de um esforço de longa data por parte dos dirigentes do sindicato. Como já vimos, Costa ajudou a desarmar momentos perigosamente explosivos de confronto durante as greves. Quando o governo federal proibiu os grevistas de usarem o estádio em 1979, o prefeito não só os autorizou a usar a praça em frente aos escritórios do governo municipal, mas também trabalhou corajosamente, junto com o sindicato, tanto no apoio à greve quanto no momento em que Lula estava preso e sua mãe faleceu. (Tito Costa, 2007). Apesar de tais laços, aqueles que entraram na greve em 1979 não estavam lutando inicialmente pela "democracia" alardeada por seus superiores sociais; de fato, até o próprio Lula era cético em relação as tais causas políticas – tal como a anistia para presos políticos – defendidas por estudantes e pela classe média com ensino superior. Lula enxergava essas causas inicialmente como uma distração da determinada luta pelos interesses materiais dos trabalhadores e pela liberdade de ação do movimento operário.

Mas a trajetória das greves do ABC dependeu fortemente dos laços forjados com outras instituições poderosas e com interesses de classes não trabalhadoras. O aliado mais decisivo dos grevistas foi a Igreja Católica sob a liderança do arcebispo de São Paulo, dom Paulo Evaristo Arns, um progressista que, como vimos no capítulo 10, foi um crítico corajoso dos abusos da ditadura (Ricardo Carvalho, 2013, p. 115-116). Antes da greve de 1979, sindicalistas como Lula eram abertamente céticos em relação a pessoas de fora, incluindo a Igreja Católica do ABC, se intrometendo nos assuntos dos trabalhadores. Tal ceticismo se originava do julgamento negativo dos sindicalistas sobre o papel que os estudantes de esquerda e o clero tinham desempenhado em 1968-1970. Mas essa suspeita começou a diminuir durante a greve de 1979, culminando na missa no Primeiro de Maio, assistida por 40 mil pessoas. A Igreja viria a assumir um papel ainda mais central durante a greve do ano seguinte.

Lula trazido da prisão para comparecer ao enterro de sua mãe, 1980 (Cortesia DGABC, [Reinaldo Martins])

Quando 70 mil metalúrgicos se reuniram na Vila Euclides no dia 30 de março de 1980, para afirmar sua decisão de entrar de greve indefinidamente, o bispo do ABC Cláudio Hummes prometeu todos os recursos da diocese para apoiar a causa dos grevistas e levou a multidão a rezar o "Pai Nosso". Durante a greve, paróquias locais serviram como núcleo de bairro para os trabalhadores manterem contato uns com os outros. A igreja do centro se tornou o local para reuniões sindicais regulares e mobilizações enormes – a maior, no Primeiro de Maio, contou com a presença de bem mais de 100 mil pessoas – enquanto a sede da greve foi transferida para a porta vizinha da igreja, depois que o governo interveio no sindicato. Os grevistas seriam apoiados por Frei Betto, um dominicano ligado à Teologia da Libertação e futuro

Lula, Marisa, Frei Chico e prefeito Tito Costa no enterro da mãe de Lula, 1980
(Cortesia DGABC [Reinaldo Martins])

fundador do PT, que se mudou para São Bernardo no início de 1980 e se tornaria um amigo próximo de Lula e de Marisa, vivendo com a família durante a greve. Quando Lula foi levado a enfrentar acusações sob a Lei de Segurança Nacional, Frei Betto foi quem chamou o arcebispo Arns para alertá-lo, dado o medo de que algo pudesse acontecer a Lula sob custódia (Betto, 2006, p. 66).[2]

O bispo Hummes usou seu discurso na manifestação do 30 de março para colocar a luta do ABC dentro de um contexto latino-americano mais amplo de luta contra ditaduras assassinas; menos de seis dias antes, ele comentou, o arcebispo de El Salvador, Oscar Romero, tinha sido morto a tiros por assassinos de direita na catedral da capital de sua nação (E veio a greve..., 1980). Frei Betto, em julho de 1980, acompanharia Lula, um mês depois de sair da prisão, a Manágua para celebrar a vitória da Revolução Nicaraguense, a primeira das muitas

---

[2] Sobre a prisão de parceiros importantes do arcebispo, junto com dirigentes sindicais do ABC, veja Carvalho, 2013, p. 242-243.

Lula sendo recebido quando solto da prisão em 1980
(Cortesia DGABC [banco de dados])

vezes que o jovem sindicalista encontraria Fidel Castro (Betto, 2006, p. 66-70; Lula retorna e exalta..., 1980).

Agindo decisivamente, a categoria em 1980 tinha desafiadoramente se afastado da prudência. Embora a greve tivesse acabado numa inequívoca derrota, ela marcou a radicalização da consciência de dezenas de milhares de trabalhadores que tinham mantido a greve viva, apesar de todos os obstáculos, por muito mais tempo do que qualquer pessoa tinha imaginado. Com Lula e outros dirigentes sindicais importantes na cadeia, eram esses militante – assessorados por pessoas da igreja e outros apoiadores locais – que conduziam escaramuças armadas nos bairros (Macedo, 2011; Hummes e Betto, 1981; Martins, Pereira e Ricardo, 1980). Algo novo tinha nascido para essas dezenas de milhares de militantes que viram seu líder, Lula, emergir como um ícone universalmente reconhecido da oposição ao domínio militar. A fama dele viria a um preço, como ele disse para um entrevistador em 1979; como pai de família, ele lamentou a perda de tranquilidade e de privacidade pessoal. Porém ele se maravilhava com o fato dessa fama sinalizar uma reversão da tendência passada de se enxergar os dirigentes operários como "subversivos ou corruptos". Agora o sindicalismo estava sendo discutido pela burguesia em festas com coquetéis e entre trabalhadores na lanchonete da esquina (Machado, 1979, p. 230).

Em 1980, quando Lula foi deposto do sindicato no qual ele se destacou, a participação em greves tinha alcançado milhões nacionalmente, e o carismático Lula personificava o Novo Sindicalismo combativo de orientação popular que emergiria como a corrente predominante no movimento operário do Brasil. Além de ajudar a constituir o carisma de Lula, essas greves deslocaram o equilíbrio de poder no cerne da economia industrial do Brasil. As greves do ABC eram análogas às greves militantes massivas nos Estados Unidos da década de 1930 que finalmente derrotaram a oposição de patrões e do governo à sindicalização da indústria básica. Dirigentes sindicais brasileiros honestos sempre souberam que, se não fossem capazes de mobilizar os trabalhadores, seu potencial de poder e sua influência real seriam obstruídos por "aqueles que escreviam as leis e mandavam na polícia" (Negro, 2004, p. 314). De Andreotti a Lula, esses dirigentes buscavam libertar as relações trabalhistas do entulho autoritário que alimentava diretorias burocratizadas, deixando os trabalhadores à mercê do capital e do Estado (Negro, 2004, p. 216). Como seus antecessores, Lula percebeu junto de seus companheiros que "não havia como fazer um genuíno movimento sindical sem arrancar aos patrões o reconhecimento de sua presença como algo indispensável [...] Só sairiam [...] da posição marginal em que se encontravam se, junto consigo, os trabalhadores se levantassem" (Negro, 2004, p. 276).

Depois de 1980, o Novo Sindicalismo militante conquistaria organizações de operários e do setor de serviços e finalmente encerraria, depois de conflitos titânicos, o domínio absoluto dos patrões e das intervenções pesadas do governo nas relações industriais e trabalhistas. Com o início da crise de endividamento do Brasil em 1982, o país embarcou em uma década perdida sem crescimento econômico significativo e com instabilidade econômica severa: a inflação atingiu uma taxa anual de 1.038% em 1988, crescendo para 1.783% em 1989. Ao mesmo tempo, o país lutava para concluir a transição do regime militar; a Constituição de 1988, apelidada de "constituição cidadã", finalmente garantia a autonomia sindical e aprimorava direitos coletivos e individuais (Lamounier e Souza, 1991, p. 25). Durante os turbulentos anos 1980, os sindicatos recém-dinamizados se provaram capazes de conduzir greves gerais verdadeiramente nacionais pela primeira vez na história do Brasil. Um número estimado entre 2 e 3 milhões de trabalhadores e funcionários participaram na greve geral ocorrida em 1983, o mesmo ano no qual a instituição emblemática do Novo Sindicalismo, a CUT, foi fundada. Dez milhões participaram em ambas as greves de 1986 e 1987. No primeiro dia da greve geral de 1989, a participação atingiu 22 milhões – um surpreendente 37% da força de trabalho assalariada urbana. Dez milhões ainda continuaram fora do trabalho no segundo dia da greve (Sandoval, 1993, p. 184, 186). Como indicam esses números, os sindicatos tinham tido sucesso ao exigir o reconhecimento de sua força na esfera das relações de trabalho nos anos 1980, estabelecendo as bases para obter reconhecimento no campo político em 1988-1989.

"O PT É UMA COISA MUITO PRÁTICA"

Além de ser cauteloso com pessoas externas, Lula desde cedo também era cético em relação a políticos e partidos políticos que participavam da pantomina política da ditadura, quando não explicitamente contrário a eles. De fato, o próprio espírito das greves do ABC tinha sido contrário a tais políticos. Claro que Lula e seus antecessores apoiavam candidatos políticos – incluindo Quércia em 1974 e o futuro presidente FHC em 1978 – e às vezes recebiam ajuda de políticos simpatizantes como Costa, mas no geral consideravam o que se chamava de "classe política" tanto refratária a ouvir o povo quanto movida por interesses individualistas. Isso refletia o fato de que mesmo o partido de "oposição", o MDB, era um aliado duvidoso dada a tendência dos políticos individuais de trocar de partidos para obter vantagens pessoais. Além disso, nenhuma formação partidária existente – apesar de promessas nos anos eleitorais e de decisões no papel – abraçava sinceramente as demandas, prioridades e visões do sindicalismo; o jogo real da política e o exercício do poder era visto pelos sindicalistas como algo monopolizado por uma elite com educação superior.

No rastro das greves do ABC, uma infinidade de partidos de esquerda clandestinos se formou no Brasil. Entretanto, mesmo o mais forte destes, o PCB, não era de fato uma máquina política com uma base massiva. As insurgências operárias em ebulição, por outro lado, tinham gerado uma geração inteiramente nova de dirigentes, com ambições intensificadas e novas demandas, que sentia a necessidade de um instrumento político diretamente sob seu controle para agir além da esfera das relações trabalhistas. Como relembra Betão, foi durante a greve de 1979 que Lula começou, em pequenas reuniões sindicais, a sugerir que "nós temos que ter um partido político", embora ele reconhecesse que a maioria não queria ouvir falar disso. "O sindicato não muda a sociedade", ele explicava; eles precisavam de um partido político para parar de apoiar políticos que não priorizavam as demandas do sindicato. Tentando desmistificar a política naquelas discussões iniciais, Lula explicaria pacientemente que até uma mãe e pai, sem saberem, estão fazendo política quando lidam com um filho querendo doce ou dinheiro (Eulálio citado em Silva, 2006, p. 306-307).

O movimento de criação do Partido dos Trabalhadores, como um braço político do Novo Sindicalismo, começou em 1979 e foi completado em 1980, com um papel proeminente sendo desempenhado por Lula e por outros dirigentes sindicais aliados. Em agosto de 1980 Lula deu uma perspectiva das motivações por trás da criação do partido. "O PT é uma coisa muito prática [...] Estamos precisando de um instrumento, uma ferramenta, para abrir espaço pra participação política do trabalhador. E o PT é isso!" Já que os trabalhadores sabiam das suas próprias necessidades e aspirações melhor que ninguém, eles tinham "direito e o dever de atuar politicamente", para não deixar a política "nas mãos dos poderosos [...] Temos que nos organizar", Lula exortou, "no sindicato [e] também no nosso Partido" (Trabalhador que se preza..., 1980, p. 1). O mesmo sentido prático informava a capacidade de Lula de agir decisivamente para garantir o controle contínuo de sua corrente sobre o sindicato no início dos anos 1980, algo admirado até pelos perdedores. Ao montar uma chapa para a eleição de 1981, Lula excluiu dois militantes exemplares durante as greves, Osmar Mendonça e Enilson Simões de Moura (Alemão), porque eles eram filiados a partidos de esquerda clandestinos. Em vez deles, Lula escolheu trabalhadores menos proeminentes, porém combativos, que não tinham a sofisticação política, mas, ele enfatizava, tinham potencial de ascender e aprender com o apoio dele. A chapa ganhou com mais de 90% dos votos, e boa parte de seus membros, em particular o novo presidente do sindicato Jair Meneguelli, viria a se tornar importantes dirigentes da CUT e do PT. Osmarzinho e Alemão, que concorreram contra Lula, foram ofuscados e relegados à insignificância política.

O PT foi tanto um fruto quanto um agente importante no processo mais profundo e duradouro de democratização até hoje visto na história do Brasil, no qual Lula desempenharia um papel especialmente proeminente durante o movimento das Diretas-Já em 1984 (Kotscho, 1984; Leonelli e Oliveira, 2004). Depois do ceticismo inicial com a viabilidade do partido como uma força política nacional, o PT se tornou um lugar de convergência para uma gama ampla de forças na esquerda.[3] O partido progressivamente incorporava indivíduos e até grupos de orientações ideológicas diversas que começaram a reverter a fragmentação da esquerda (traçada no capítulo 7) que tinha começado em 1962 com a criação do maoísta PCdoB e com a AP, dominada por estudantes católicos, e que se intensificou depois que o golpe militar enfraqueceu a hegemonia do PCB.

Os anos 1970 tinham sido marcados por conflitos polarizadores entre os militares e a sociedade civil, que tinham precipitado a ascensão de movimentos sociais antissistema massivos – envolvidos nas lutas por moradia, contra o aumento do custo de vida e pelos direitos das mulheres, dos negros e dos gays. Muitos desses movimentos estavam ligados organicamente ou em espírito à "igreja popular" e à Teologia de Libertação, que perdia espaço nos anos 1980

---

[3]   Sobre a emergência do PT e o início de sua história, veja Keck, 1992.

à medida que a Igreja Católica tendia cada vez mais para a direita internacionalmente. Em seu radicalismo imprudente, o PT ocupava a extrema esquerda no espectro político no processo que levou à restauração dos governos civis eleitos a partir de 1985 e nos seus desdobramentos. O partido seria a casa natural tanto para aqueles que buscavam a ruptura sociopolítica radical com o passado do país quanto para os que rejeitavam a transição gradual de cima para baixo do domínio das elites militares para as civis que marcou a volta à "democracia" em 1985. Baseado em uma "lógica da diferença", nas palavras de Margaret Keck, o PT era um movimento que passava por tensões ao se tornar partido, exemplificando as tensões entre rejeição e participação, entre participar da política institucional enquanto mantinha um discurso esquerdista militante nos seus documentos partidários – exceto pela rejeição ao modelo soviético (embora simpatizante com Cuba e com a Nicarágua Sandinista) (Keck, 1992. Veja também Cavarozzi, 1993).

Em sua fundação, o PT rejeitava todos os modelos de esquerda estabelecidos, incluindo o vanguardismo revolucionário e a social-democracia de estilo europeu, e o socialismo que ele adotou como objetivo em 1981, conforme diziam seus militantes, seria definido pelas massas em luta. Como o sindicato de São Bernardo sob a liderança de Lula, o PT seria um espaço eminentemente plural, abrigando sindicalistas militantes de base, revolucionários marxistas-leninistas, praticantes da Teologia da Libertação, social-democratas, reformistas sociais do estilo do *New Deal* e até liberais clássicos com uma consciência social. Porém essa "impressionante – e provavelmente instável – identidade ideológica" (como descreveu o petista marxista Emir Sader em 1987) permitiu que o PT prosperasse como um espaço de *convergência* que tolerava diferenças enquanto suas dinâmicas internas eram movidas pela competição por influência entre suas variadas correntes organizadas (Sader, 1987, p. 97-98). Lula resumiu bem sua abordagem como membro mais destacado do PT ao falar em uma reunião de militantes de esquerda em 1996 em El Salvador:

> Devemos dar muito menos importância às nossas diferenças ideológicas e colocar uma ênfase muito maior na unidade de ação. Devemos abandonar o espírito sectário que com tanta frequência tem nos dominado e dividido. Isso significa acabar com a arrogância que tem caracterizado a esquerda. (Silva, 2007)

Porém, apesar da pluralidade de vozes no PT e de sua política participativa de baixo para cima, não seria inteiramente falso dizer que o PT foi fundado sobre um evento, uma personalidade e uma imagem. Manter essa confluência heterodoxa de forças, tendências e ideologias dependia de forjar laços de pertencimento coletivo, uma história comum e uma identidade partidária, quando não um projeto, petista. Embora geralmente ignorados em função da ortodoxia de esquerda, esses laços, e as forças do partido, jazem em seu líder. Como disse eloquentemente um sociólogo em 2014, Lula governou pelos anos 1980 o "mecanismo de legitimação" de "mobilismo" usando "a força das ruas como elemento de imposição de valores e demandas" demonstrando, assim, que era "possível ser poder mesmo não sendo governo". Tal mobilização perpassando ideologias e apoios eleitorais diferentes foi facilitada pela habilidade marcante de Lula de ligar um projeto tão nitidamente de esquerda ao trabalhador, à classe média baixa e ao povão por meio de "identidade e empatia" (Ricci, 2014).

Tendo consolidado sua hegemonia na esquerda, o apelo amplo de Lula e seu comportamento não conflitivo viriam eventualmente a tornar possíveis alianças eleitorais relativamente estáveis entre os partidos da esquerda brasileira, assim como com movimentos sociais que se abstinham de filiação política explícita. Em 1989, a aliança partidária que apoiava Lula chegou a incluir os grupos comunistas que há muito tempo operavam na órbita do antigo MDB, o partido de oposição legalmente permitido pelo regime militar e reconstituído sob poder civil como o Partido do Movimento Democrático Brasileiro (PMDB). Essa unidade crescente entre partidos na esquerda ajudava a superar parcialmente as brechas que tinham levado a embates particularmente acentuados durante a administração do presidente José Sarney (1985-1989), um antigo aliado civil dos militares que sucedeu

Tancredo Neves, indiretamente eleito, depois de sua morte; Sarney era apoiado pelo PCB e pelo PCdoB, enquanto o PT se opunha a ele vigorosamente. Como ele tinha feito enquanto dirigente sindical, Lula trabalhou para forjar alianças visando unir os militantes de esquerda organizados em uma frente ampla durante suas campanhas de 1989 em diante. Como um líder com reconhecimento nacional, Lula parecia personificar os sentimentos antiditatoriais das mobilizações de massa cada vez mais visíveis, marcadas por um desejo por participação e pelo fim da tutela da elite.

A NOVA REPÚBLICA E A ELEIÇÃO PRESIDENCIAL DE 1989

Isso deixou Lula e seu partido em uma boa posição quando ocorreu a primeira eleição presidencial direta do Brasil desde 1960, na qual 70% do eleitorado nunca tinha votado para o cargo principal num sistema político que tradicionalmente tinha sido fortemente presidencialista. O número de eleitores registrados e o comparecimento eleitoral dispararam em 1989 numa eleição "descasada" até hoje singular, ou seja, sem disputa para qualquer outro cargo (Meneguello, 1998, p. 111). Partindo de 61,8 milhões em 1985 e 69,3 milhões em 1986, o número de eleitores registrados chegou a 82 milhões (de uma população de 150 milhões) em 1989, um crescimento acentuado comparado com os apenas 15 milhões (de uma população de 70 milhões) registrados em 1960. Quando os brasileiros votaram em 15 de novembro (o centenário da proclamação da República), um número impressionante de 72,3 milhões compareceram às urnas (Bethell e Nicolau, 2008, p. 237, 246).

A eleição de 1989 também se destacou como a primeira disputa nacional sob novas regras, exigindo um segundo turno para cargos executivos se nenhum dos dois candidatos mais votados obtivessem uma maioria simples dos votos. O resultado foi uma eleição presidencial imprevisível na qual os partidos políticos estabelecidos, que em sua maioria controlavam os legislativos e executivos nacionais, estaduais e locais, não conseguiram gerar um único candidato viável. O ambiente eleitoral no primeiro turno, como escreveu Keck em 1992 em seu primeiro livro sobre o PT, favorecia aqueles "vistos como os *outsiders* mais viáveis". A "performance eleitoral desastrosa" do então presidente Sarney, o candidato do PMDB, maior partido do país, mostrava "o grau em que o eleitorado tinha votado contra o *status quo*" (Keck, 1992, p. 158). Lula, um deputado federal socialista com um único mandato, derrotou por pouco Leonel Brizola, ex-governador do Rio de Janeiro, um político de oposição bem conhecido, chegando no segundo turno. Defensor da herança trabalhista de Getúlio Vargas, Brizola era o único candidato em 1989 que tinha sido uma figura política de proeminência nacional antes de 1964, um ousado trabalhista de esquerda conseguiu ser eleito como governador do Rio Grande-do Sul e deputado federal do estado da Guanabara. Frustrado por ser derrotado por um político novato, Brizola sugeriu timidamente numa conversa particular com Lula que eles dois saíssem da competição e apoiassem um terceiro candidato no segundo turno; embora fosse novato, Lula não era de forma alguma tão ingênuo. O discurso em que Brizola declarou seu apoio a Lula, ficou famosa por dotá-lo de um novo apelido: "Não seria fascinante fazer esta elite engolir o Lula, esse sapo barbudo?" A influência poderosa de Brizola entre seus eleitores seria demonstrada quando a totalidade dos votos populares – centrados nos dois estados sobre os quais ele tinha influência – foram para Lula no segundo turno, iniciando a maratona que levaria o candidato do PT à presidência em 2002 (Markun, 2004, p. 229).

Isso também lançaria, como muitos cientistas políticos brasileiros e estadunidenses já observaram, uma campanha de segundo turno singular, já que ela "colocou em disputa dois candidatos com carreiras bastante singulares". Lula, uma figura marginal sem *status*, riqueza ou educação, enfrentaria o mais votado do primeiro turno, Fernando Collor de Mello, um antigo prefeito, deputado e governador (servindo um mandato em cada caso) de 40 anos de idade, do pequeno estado de Alagoas (representando apenas 1% da economia e da população nacional). Embora com educação formal, rico e bem conectado, ele era "um político desconhecido da periferia da política brasileira". Juntos suas candidaturas pareciam "gerar um paradoxo": Collor, "vitorioso, não tinha nenhuma base partidária ou apoio articulado na sociedade civil", enquanto Lula, "o derrotado, se ancorava em um partido político – o PT – com um perfil programático-ideológico relativamente claro e caracterizado por vínculos relativamente fortes como movimentos sociais" (Kinzo, 1993, p. 313).[4]

Apoiado por uma coligação do PT com partidos comunistas e socialistas, Lula começou o movimentado segundo turno com 17,2% do eleitorado do primeiro turno, mas acabaria chegando ao surpreendente índice de 47% dos votos nacionais válidos (uma boa parte dos quais seria mantido nas suas duas próximas disputas para a presidência). Enquanto Lula conquistava terreno, o seu adversário passava para ataques explicitamente anticomunistas, que tinha evitado anteriormente quando concorria como um candidato de centro-esquerda (Gurgel e Fleischer, 1990, p. 156). Collor atacou Lula pelo seu esquerdismo perigoso e pelos seus supostos planos de confiscar a propriedade privada. Tais ataques parecem dar crédito a narrativas acadêmicas retrospectivas da eleição como um episódio no cenário global de deslocamento para o neoliberalismo em um mundo à mercê das visões de Ronald Reagan e de Margaret Thatcher (Meade, 2004, p. 185; Eakin, 1997, p. 62). Porém, tais relatos, como observou Emir Sader e o jornalista estadunidense de esquerda Ken Silverstein, esquecem que o "livre mercado" ou discurso neoliberal nunca foi "o foco central da campanha de Collor", mesmo que o advento da política neoliberal tenha sido o impacto substantivo de seu pouco tempo no cargo (Sader e Silverstein, 1991, p. 143). Na verdade, a nota mais poderosamente neoliberal na eleição de 1989 foi emitida pelo candidato presidencial do partido de FHC, Mário Covas, que em um discurso no Senado em 28 de junho dizia que o Brasil precisava, além de "um choque fiscal, um choque de capitalismo, um choque de livre iniciativa, sujeita a riscos e não apenas a prêmios" – embora até Covas tenha trocado rapidamente essa mensagem por um anódino "choque moral" durante a campanha, provavelmente em parte por causa de sua própria trajetória passada

---

[4]   Sobre a singularidade da eleição, veja também Ames, 1994, p. 107.

ligada à esquerda e da de alguns outros líderes de seu partido (Gurgel e Fleischer, 1990, p. 92-93, 97; Markun, 2004, p. 225-226).

É mais correto afirmar, como fez Keck, que Collor avançou não propagando o neoliberalismo mas sim se colocando – assim como fizeram Lula e Brizola – "como um oponente implacável" do governo Sarney. Com "credenciais impecáveis do *establishment*", Collor, não obstante, prometeu "arrancar pela raiz a corrupção e a incompetência nos escalões superiores" e apontou para os "marajás", os funcionários e servidores civis pagos em excesso que estavam "cínica e sistematicamente fraudando o país". Essa mensagem anticorrupção aparentemente irrestrita – um tema tradicional da União Democrática Nacional antigetulista antes de 1964 – contrastava com a pressão que Lula enfrentou durante a dura campanha de segundo turno, quando ele precisava mudar sua imagem de radical perigoso. Desde as greves do ABC Lula tinha sido retratado como um guerreiro corajoso e destemido, o homem bravo que recusava frontalmente o regime militar e encarnava a fúria que se seguiu enquanto o Brasil recém democratizado era assolado pela hiper-inflação, pelo desemprego e pela paralisia política. Essa reputação intransigente permitiu que Lula passasse Brizola, que também sofria com suas associações passadas, mas agora trabalhava contra Lula em uma disputa contra um adversário enérgico, bem financiado e apoiado pela mídia que combinava a retórica de direita com uma postura de oposição extravagante. No primeiro debate, Collor ainda mais confiante, com seu apoio crescendo, chegou a buscar apoio dentre aqueles inclinados a votar em Lula ao criticar seu adversário como antiético por causa das alianças que estava buscando com políticos "tradicionais" que os dois tinham derrotado no primeiro turno (Pinto, 1989, p. 177).

Os problemas de imagem de Lula eram agravados pela facilidade de seu adversário frente aos modernos meios de formação de imagem, há muito tempo um foco dos sociólogos brasileiros, de acadêmicos de comunicação, de antropólogos e de jornalistas (Ames, 1994, p. 107; Matos, 2008, p. 99).[5] Collor não era identificado com a esquerda, e sua

---

[5]   Ver também o livro aprofundado de um antigo jornalista da *Veja*, Conti, 1999.

campanha fez uso habilidoso de pesquisas de opinião para produzir apelos voltados a "um eleitorado formado na maioria por pessoas com menos de 30 anos de idade" (Smith, 2002, p. 212). Esse messias telegênico de classe alta encontrou seu opositor perfeito para o segundo turno no "personagem barbudo desalinhado" do proletário Lula, que não sabia como se esquivar (Hunter, 2010, p. 1; Skidmore, 1999).[6] Collor, por outro lado, usava a TV para consolidar a imagem radical de Lula, transmitindo propagandas que mostravam o amarelo, o verde e o azul da bandeira brasileira se dissipando até se transformar no vermelho dos símbolos do PT entre fotos do Muro de Berlim e da Praça Tiananmen. A campanha de Collor também atacou escandalosamente a honra de Lula ao pagar sua ex-namorada Miriam Cordeiro – a mãe da filha legalmente reconhecida mas nascida fora do matrimônio, Lurian – para atacá-lo na TV por alegadamente querer que ela abortasse sua filha, acrescentando que Lula não gostava de pessoas negras (Conti, 1999, p. 132-140, 234-245). A acusação infundada de que Lula tinha aversão a *negros* pode ser contrastada com um comentário documentado da mãe do candidato Collor, que sugeriu que seu filho incluísse acesso amplo à odontologia como uma promessa de campanha porque, como ela explicou, "agora botaram até aquele preto desdentado rindo na televisão", uma referência ao comediante brasileiro Tião Macalé, que ela em seguida chamou de "nojento" (Gurgel e Fleischer, 1990, p. 143, 123). Como um petista mineiro afirmou retrospectivamente, "éramos de Woodstock enquanto o inimigo vinha de Chicago" (Sader e Silverstein, 1991, p. 143).

Essa combinação hábil de meio e mensagem permitia que Collor, um "ilusionista formidável", construísse um "apelo populista direto, anti-corrupção e anti-institucional" que, como observou Keck, era "particularmente efetivo entre os segmentos mais pobres e menos educados da população" (Keck, 1992, 158). Como comentaram Leslie Bethell e Jairo Nicolau, a "elite política e econômica" apoiou Collor, "um político relativamente desconhecido [...] sem apoio de nenhum

---

[6] O desconforto de Lula em seus ternos emprestados era lendário. Markun, 2004, p. 228.

partido significativo", por que ela não tinha um candidato viável próprio. Mas Collor venceu, eles destacam, por causa de seu apoio entre "os setores mais pobres da sociedade brasileira nos chamados grotões", que Lula se mostrou "incapaz de atrair" – uma análise comum a muitos acadêmicos, seja lá quais suas visões ou afinidades políticas (Bethell e Nicolau, 2008, p. 249, 247; ver também Sader e Silverstein, 1991, p. 120). No fim, Collor venceu com 53% dos votos totais, tornando-se o primeiro presidente brasileiro democraticamente eleito no sentido mais amplo.

Embora a classe média e a elite brasileira estivessem aliviadas pela derrota de Lula, a vitória de Collor não obstante confundiu muitos brasileiros de educação superior, e não apenas porque ele foi tirado do cargo por corrupção em 1992. A preocupação mais geral era com o fato dele se apresentar como um candidato antissistêmico, com uma antiética e demagógica, que parecia alcançar os brasileiros mais pobres e com menos educação, incluindo muitos analfabetos que tinham obtido o direito ao voto recentemente. Essas preocupações podem ser agrupadas sob o duradouro medo do "populismo" ou do "personalismo" no mundo eleitoral brasileiro.[7] Um brasilianista estadunidense, por exemplo, descreveu os ataques de TV "brilhantemente orquestrados" de Collor como "particularmente influentes entre 50 a 70% do eleitorado [...] que eram insuficientemente informados para tomar 'decisões de voto racionais'" (Levine, 1997, p. 98).[8]

Essa irracionalidade sempre foi uma obsessão dentre os letrados em todas as faixas do espectro político. No capítulo 10 ouvimos a mesma visão ser expressa pelo antigo presidente militar Ernesto Geisel,

---

[7]   Para uma introdução ao fenômeno do populismo no Brasil e literatura sobre isso, ver French, 1992. A questão continua a ocupar espaço significativo na produção intelectual brasileira, como indicado pelas discordâncias fortes em Ferreira, 2001. Sobre a América Latina como um todo, ver Mackinnon e Petrone (orgs.), 1998.

[8]   Ao invocar a racionalidade enfraquecida do eleitor em massa, Levine cita uma monografia de 1985 de um cientista político dos EUA, von Mettenheim, 1995, p. 5: "Um argumento central desse livro é que a concepção imediatista e personalista da política é tanto causa quanto consequência dos apelos plebiscitários diretos, das máquinas clientelistas e da tradição populista centrada no Estado que prevaleceram na política de massas brasileira desde a revolução de 1930".

mas ecos de visões tão profundamente elitistas podiam ser escutados em 1989 na voz de alguns petistas frustrados quando eles lamentaram a ignorância e a falta de consciência que levou os eleitores a caírem na lábia de Collor. Isso se ajustava à visão entre observadores do Atlântico Norte de que Lula e o PT, mesmo inovadores e intrigantes, acabariam falhando nacionalmente devido a deficiências dos brasileiros pobres e que vivem no campo, que "não são nem sindicalizados nem membros de organizações sociais e [...] votaram mais pesadamente no candidato de centro-direita Collor do que em Lula", atormentados como eram pela "renovada – não meramente residual – força de um clientelismo cooptador e da tutela populista" (Angell, 1994, p. 227-229; Schneider, 1991, p. 314-315).

Essa crítica populista se expressava na geografia do Brasil, com a ênfase do PT na militância de base (basismo), tornando-o uma expressão característica do Brasil moderno e organizado que só existia no Sudeste e no Sul altamente desenvolvidos do país. Isso supostamente explica por que o fraco desempenho eleitoral do PT nos seus primeiros dez anos era restrito quase exclusivamente ao seu local de nascimento, a São Paulo urbana, que tinha gerado quase três quartos do total da baixa votação do PT em sua decepcionante primeira incursão eleitoral em 1982; no Nordeste naquele ano, por outro lado, os candidatos do PT receberam, no máximo, menos de 0,7% dos votos. Em 1988, pesquisas de boca de urna indicavam que apenas 5% dos eleitores em Salvador, Bahia, e Recife, Pernambuco – as duas maiores cidades do Nordeste – preferiam o PT, que tinha ainda menos apoio nas áreas rurais e nas pequenas cidades da região. Até 1990, o número de deputados estaduais e federais do PT no Nordeste podia ser contado nos dedos das mãos (Keck, 1992, p. 151, 160-161, 163-164). Essa distribuição geográfica era um problema sério para o PT, dada "a grosseira sub-representação de São Paulo [no governo federal] combinada com a extrema super-representação de estados menores, essencialmente agrários" (Schneider, 1991, p. 365). Isso ajudou a manter, nas palavras de Sader e de Silverstein, "o poder nacional da elite reacionária do Norte e do Nordeste mais conservadores e escassamente povoados"

(Sader e Silverstein, 1991, p. 88). De fato, o Norte e o Nordeste tinham sido o baluarte eleitoral do regime eleitoral combatido por Lula, pelo PT e pela oposição mais ampla, que estava centrada nos polos industrializados urbanos como São Paulo e o ABC.

Em retrospecto, essas análises revelam o pouco interesse nos milhões de pessoas que de fato estavam votando. Em vez disso elas revelam – como escreveu o decano dos sociólogos políticos brasileiros, Gláucio Soares – um persistente "iluminismo elitista" entre as pessoas com ensino superior no Brasil, por meio do qual, ao lidar com resultados eleitorais adversos, "a 'culpa' é jogada sobre os ombros dos menos educados, que também são os mais pobres: eles não saberiam votar". Como o primeiro sociólogo a estudar as dinâmicas eleitorais durante o intervalo democrático, Soares enfatizou que o iluminismo elitista fala às velhas ansiedades das elites letradas sobre a capacidade de exercício da cidadania por parte da população brasileira. Enquanto "a direita reage obstaculizando o voto dos mais pobres", Soares escreve, "a esquerda se desesperava com os mais pobres porque eles não votavam como ela queria"; como resultado, "muitos, privadamente, admitiam que os menos educados (leia-se mais pobres) não sabiam votar ou deixavam-se enganar". Implícita no "argumento dos que supervalorizam o personalismo", Soares escreve, está a suposição de que

> Somente o 'povo' é suscetível à liderança carismática, à 'demagogia', ou à 'manipulação burguesa'. A classe média, as elites e certamente os intelectuais estariam protegidos por uma vacina antidemagógica propiciada pela sua situação de classe, pela sua educação ou pelo saber superior. Até os que defendem a existência de uma forma extrema de determinismo social [marxismo] – que, aliás, nunca foi empiricamente demonstrado – abrem uma cláusula de exceção para si próprios. (Soares, 2001, p. 238)

Tal iluminismo elitista não compreende a essência da política como um esforço por meio dos quais dirigentes aprendem sobre as correntes de consciência de massa e se engajam com elas em toda sua diversidade, localizadas como estão em certos locais em certas

Lula eleito deputado federal, 1986
(Cortesia DGABC [Wilson Magão])

épocas e potencialmente sujeitas à mudança. As abstrações analíticas frequentemente utilizadas para compreender a política – "carisma", "partidos programáticos", "sociedade civil" – distanciam os acadêmicos das ações específicas de militantes talentosos, em busca de liderança, à medida que lutam para aprender como mobilizar os votos. Esses diagnósticos da eleição de 1989, portanto, não levam em consideração o processo pelo qual intelectuais, fossem de origem na classe trabalhadora como Lula, fossem produtos da USP, estavam aprendendo por meio do seu engajamento partidário intenso tanto com os movimentos sociais quanto com a política eleitoral. Pela sua própria natureza, uma campanha eleitoral grande é na verdade um movimento social; até mesmo sua duração relativamente curta não a distingue de movimentos sociais e de episódios de protesto que emergem, prosperam e se dissipam ao menos que eles adquiram uma fonte estável de financiamento, nesse caso se tornando instituições, não movimentos.

Foi esse tipo de aprendizado que Lula e outros membros do PT demonstraram na preparação e nos desdobramentos da eleição de 1989.

Por exemplo, em uma entrevista de 1988 até agora negligenciada, realizada em algum momento entre 23 de março e julho de 1988 por três intelectuais, dois dos quais pelo menos eram petistas na época, Lula condenou a Assembleia Nacional Constituinte, da qual ele estava participando como deputado federal, encarregada de criar novas instituições e a estrutura formal de direitos constitucionais para substituir a constituição unilateral imposta pelo Exército em 1967: "O povo que está de fora não tem o menor noção do que se passa lá, e as pessoas querem que a gente acredite naquilo".[9] (Os resultados da deliberação da assembleia ficariam tão longe de atender às demandas da esquerda radical que os deputados do PT votaram contra a aprovação do documento final e chegaram a debater se o assinariam ou não).

Em 1988, Lula estava fortemente impressionado pelo quanto os brasileiros estavam "tão descrentes de tudo", uma impressão originada em seus contatos com os eleitores distantes de Brasília; "não tem fé em absolutamente nada. Não acredita em político, não acredita em partido, não estão acreditando mais em time de futebol, [...] um negócio realmente assustador". Como um experiente grevista, ele mencionou um piquete recente de professores e de funcionários públicos em Porto Alegre onde ele testemunhou um "grau de revolta, um grau de descrédito" sem precedentes, motivado principalmente por um arrocho recente (gerado por meio da inflação descontrolada, não pela política econômica do governo, como no passado). Observando o cenário eleitoral do momento, Lula diagnosticou de forma profética tanto a retórica anticorrupção vazia de Collor quanto os motivos que poderiam levar o povo a votar nele. Lula reconheceu que "num processo eleitoral nem sempre a esquerda, cheia de razão, ganha"; mas diferentemente de analistas preocupados com "personalismo" ou "populis-

---

[9]   Lula, entrevista por Andrade, Moisés e Weffort (eds.), 1989. A entrevista foi publicada em 1989 em formato mimeografado como parte de dois volumes mal veiculados de entrevistas com políticos conduzidas pelo Centro de Estudos de Cultura Contemporânea em São Paulo. Todas as citações subsequentes dessa entrevista aqui e nos próximos dois parágrafos vêm de Andrade, Moisés e Weffort (orgs.), 1989, p. 24, 29, 38, 41, 47.

mo", Lula insistiu que uma derrota da esquerda não significava que o povo era ingênuo mas sim que nós ainda não o convencemos "que as nossas ideias são mais justas e legítimas". Ademais, ele reconheceu que se uma pessoa de direita ganhasse uma eleição direta, ela poderia, não obstante, assistir à politização do povo: um "candidato de direita indicado pelo povo tem publicamente que assumir alguns compromissos, e por isso ficará mais vulnerável à cobrança".

O engajamento do Lula com o povo se baseava em sua crença absoluta de que o povo poderia ser educado politicamente, como ele foi. Isso também explica por que ele considerava o socialismo uma questão mais prática do que teórica, dada como a política socialista exige que um indivíduo "precisa levar em consideração a reação das pessoas", o que impõe limites. "Como a gente não pode ficar parado no tempo e ficar esperando o socialismo acontecer", ele comentou, "nem tampouco a gente pode apostar na miséria como forma de fazer o povo se revoltar e fazer o socialismo. Nós temos que ir apresentando soluções que deem chance ao povo de ir acreditando em nós, que vão dando chance para o povo ir trabalhando, que vão dando chance ao povo de morar [...] [e] ir conquistando degraus e degraus". "É por isso que não tenho medo", Lula enfatizou anteriormente na entrevista.

Isso ajuda a explicar como Lula e muitos dos outros dirigentes do PT lidaram com sua derrota em 1989, depois de terem chegado tão perto. Como escreveu Wladimir Pomar, coordenador de campanha de Lula, em um balanço oficial da eleição, a campanha tinha considerado Collor uma "simples marionete de Rede Globo, e desprezamos também a necessidade de analisar com mais acuidade os grupos que o sustentavam [...] Collor não tinha hegemonia sobre os partidos e articulações políticas [...] mas possuía a hegemonia fundamental sobre os valores comuns da ampla massa" do povo. Pomar também alertou que "o sentimento religioso do nosso povo, de seu sentimento nacional expresso em nossa bandeira", nunca deve ser subestimado pelo PT (Pomar, 1990, p. 103-104, 58, 120, 122).

Da mesma forma, Lula conclamou o PT a reconhecer que "o simbolismo da imagem, [que] muitas vezes cala mais fundo", foi articulado muito bem pela campanha de Collor. O PT, ele insistiu, realizou sua campanha "a partir da cabeça do pessoal politizado", o que impediu que o partido reagisse prontamente aos golpes baixos – como acusações de que o PT ameaçava os não católicos – porque o partido não reconheceu que tais acusações poderiam ser levadas a sério por aqueles "na faixa menos politizada". Esse intelectualismo, ele prosseguiu, explicava por que "a gente não conseguiu ter uma linguagem para este setor mais vulnerável da sociedade". Como sugeriu Pomar em seu balanço agudo da campanha (ignorado por todos, com exceção de um dos autores que escreveu sobre 1989), Collor "utilizou uma retórica populista que soou radical", enquanto os petistas foram surpreendentemente "tímidos e elitistas". "É impressionante", até paradoxal, Pomar prosseguiu, que "o espírito de vingança dos pobres contra os ricos transpire mais [...] justamente naqueles que votaram" em Collor (Pomar, 1990, p. 45, 112; Lula, citado em Singer, 1990b, p. 96, 98-99, 113).

Nessa análise franca de suas próprias falhas, Lula e seus companheiros nunca culparam aqueles que não votaram nele por falta de razão ou de educação. Em vez disso, a distinção essencial que Lula e os dirigentes do PT utilizaram era entre aqueles já politizados e a esmagadora maioria ainda não politizada e que precisava ser alcançada. Collor tinha jogado "com o imaginário despolitizado" das "camadas de baixa renda, sem instrução, desempregadas ou semi-empregadas, socialmente desorganizadas, assim como as classes médias baixas, todas moradores nas periferias dos centros urbanos e nas pequenas cidades do interior, englobando mais de 70% do eleitorado brasileiro". Os integrantes desse grupo procuravam "um herói que encarnasse a oposição a tudo que a irritava: marajás, funcionários públicos, Sarney, 'classe política,' partidos, ricos, elites" (Pomar, 1990, p. 58). Assim, Lula comentou em fevereiro de 1990 que embora sua candidatura tivesse recebido apoio amplo dentre setores da classe média, funcionários públicos, intelectuais e sindicalistas, o partido agora precisava "ir diretamente a esse pessoal menos favorecido [...] atingir o segmento da sociedade que ganha salário mínimo, [...]

[e] ir para a periferia, onde estão milhões de pessoas que se deixam seduzir pela promessa fácil de casa e comida".[10]

Aqui jazia o desafio central que Lula e seu partido enfrentariam nas duas décadas subsequentes – enfrentando considerável resistência interna dentro do PT. A "cultura principista" do PT tinha sempre desconsiderado a lógica mais profunda por trás da disposição de Lula de falar com todos, incluindo com industriais: "Quando uma pessoa dessas me procura, ela pode até estar querendo me enganar. Mas se eu não tiver pelo menos aberto para conversar com esse cidadão, até para obter informações úteis para nós, não estou fazendo política. Eu me tranco no meu mundo, passo a ser dono da verdade absoluta e ninguém mais presta".[11] "A grandeza da política", observou Lula em uma entrevista de 1990, é aprender "a administrar problemas, a viver com os seus adversários e viver com a adversidade" para assim focar no desafio principal: "que nós vivemos num país tão miserável, que as necessidades do povo são tão grandes que o povo quer resultados imediatos".[12]

Esse entendimento da política também explica as escolhas retóricas feitas por Lula durante a eleição de 1989. Em uma entrevista de rádio, o candidato do PT desviou de perguntas abstratas e explicou: "Eu nunca gostei da nomenclatura capitalismo selvagem... Eu sei do capitalismo que morde e o que não morde, o que é ruim e o que é bom" citando o capitalismo moderno na Europa em comparação com a atitude retrógrada dos empresários brasileiros. Em vez de "fazer o socialismo com uma administração de 5 anos", ele enfatizou que a candidatura dele – pela primeira vez na história desse país – coloca na agenda os problemas da "dona-de-casa humilde, do trabalhador humilde, do trabalhador que vive de salário, que ganha

---

[10] Sobre o perfil socioeconômico dos eleitores de Collor, incluindo uma discussão sobre São Paulo, ver Singer, 1990. Ver Lara, 1994, p. 125-129, para a explicação de um repórter sobre o surpreendente sucesso de Lula no primeiro turno em 1994 entre os mais pobres dos pobres na região natal de Djalma Bom, o Vale do Jequitinhonha, em Minas Gerais.

[11] Lula, entrevista por Andrade, Moisés e Weffort (Cardoso *et al.*, 1989, p. 27, 51).

[12] Lula, entrevista, agosto de 1990 (Sader e Silverstein, 1991, p. 166).

NCz$180,00, NCz$120,00, o desempregado" (Lula, citado em Barbeiro, 1989, p. 6-7. 58). Isso porque, como ele reconhecia já em 1988, "o povo é tão carente, até de esperança, que aquele que se apresentar com um mínimo de esperança, que faça o povo sentir que pode alcançar alguma coisa, já ganha a confiança. O povo [então] começa a acreditar, e acho que a gente tem que apostar nisso" (Lula, citado em Machado e Vannuchi, 1991, p. 8).[13]

Essa mesma esperança perpassava a icônica canção da campanha que acompanhava as aparições de Lula em 1989 no "horário eleitoral" gratuito, atribuído para todos os candidatos sob normas promulgadas pelos militares em 1974. O publicitário da campanha, Paulo de Tarso Santos, convidou o bem conhecido compositor e letrista Hilton Acioli para produzir um jingle de campanha. Nascido no estado nordestino Rio Grande do Norte, Acioli era conhecido principalmente por suas colaborações no fim dos anos 1960 com Geraldo Vandré, o Bob Dylan brasileiro do ano rebelde de 1968, cujo hino antimilitar "Para não dizer que não falei das flores" afirmava a crença nas "flores vencendo o canhão". Acioli produziu uma música – gravada por três gigantes da música popular brasileira, Chico Buarque, Djavan e Gilberto Gil – cujo título memorável se tornou o *slogan* de fato da campanha de Lula no segundo turno: "Sem medo de ser feliz".[14] Esse *slogan* enigmático associava-se a uma melodia contagiante com palavras que projetavam ousadamente uma esperança infinita em uma eleição esperada desde 1960 por tantas pessoas e um candidato em quem podiam acreditar[15]

Inabalavelmente positiva, a música foi cantada coletivamente por centenas de milhares em 1989 – e nas duas campanhas presidenciais seguintes de Lula – e criou associações indeléveis que continuam a ser invocadas até hoje. Quando lhe pediram para explicar o significado do *slogan* em agosto de 1990, Lula observou que

---

[13] Lula, entrevista por Andrade, Moisés e Weffort (Cardoso *et al.*, 1989, p. 47).

[14] Sobre a origem do "horário eleitoral" e o apoio da massiva Rede Globo TV, veja Miguel, 2000, p. 96, 119-127. Sereza, "'Eu nunca falo...", 2009.

[15] Pinto, 1989, p. 177, relata que a frase foi tomada do apresentador esportivo da TV Fernando Vanucci. Ver também Keck, 1992, p. 277. Sobre as dinâmicas multifacetadas de esperança, ver French, 2008.

as pessoas têm medo de ser felizes [...] de acreditar no novo de tentar coisas que não foram testadas. E nós não vamos avançar sem vontade política, sem audácia, sem atrevimento. Eu espero que o *slogan* leve o povo a lutar pela sua própria felicidade (Sader e Silverstein, 1991, p. 168).

Foi uma marcha longa por meio de instituições e eleições ao longo dos 13 anos seguintes, incluindo outras duas derrotas, antes de Lula e seu partido finalmente conquistarem a presidência.

COMO O LULA DO PT FINALMENTE ALCANÇOU A PRESIDÊNCIA

Como, então, Lula foi finalmente eleito em 2002 depois de perder duas vezes no primeiro turno em 1994 e 1998? Embora circunstâncias e eventos jamais possam ser desconsiderados ao analisar eleições, é evidente que a vitória de Lula foi sobretudo um triunfo político – não um triunfo da insurgência popular ou do ativismo do movimento social – e uma derrota para o neoliberalismo, mas não um repúdio consciente do neoliberalismo. Depois da crise financeira asiática que atingiu o Brasil em 1998, o apoio de Lula entre eleitores aumentava gradualmente à medida que as condições sociais e a confiança no governo se deterioravam. Porém, não era nem natural nem inevitável que os eleitores insatisfeitos se inclinassem na direção de Lula. Isso ocorreu em boa parte por causa das escolhas pessoais e da persistência de Lula, das decisões estratégicas do seu partido e do impacto positivo do sucesso crescente do PT ao concorrer a governos locais e estaduais.

Depois de ser derrotado por Collor em 1989, Lula tinha tomado um caminho incomum para um político brasileiro: ele não buscaria outros cargos governamentais além da Presidência. Enfrentando o desequilíbrio geográfico na base eleitoral do PT, ele viajou constantemente, percorrendo o Brasil de uma ponta a outra – memoravelmente nas "caravanas da cidadania" de 1993-1994 – e falando com qualquer pessoa que falasse com ele. Ao fazer isso, ele adquiriu um conhecimento inigualável das realidades socioeconômicas, culturais e políticas do país, o que possibilitou que ele oferecesse exemplos concretos e relevantes para qualquer questão. Ele também tinha fundado o

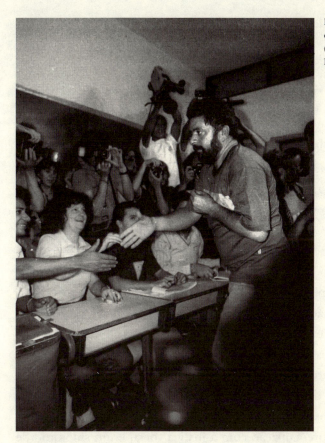

Lula em 1989 depois da campanha presidencial (Cortesia DGABC [J. B. Ferreira])

Instituto da Cidadania, um pequeno grupo de reflexão para debater e produzir orientações de políticas públicas que era em grande parte autônomo do PT.

Movido pela ambição pessoal e pela missão, Lula fez campanha para a Presidência nos anos 1990 com a mesma aplicação disciplinada e incessante de energia, habilidade política e bom humor por meio da qual ele se tornou o presidente de fato e de direito do sindicato dos metalúrgicos de São Bernardo. Sua prática da liderança envolvia a construção incessante de relações – seja baseada na identificação, na amizade, na curiosidade, no respeito ou na necessidade – à medida que ele ascendia cada vez mais alto na estratosfera política. Durante os 12 anos depois de 1989, Lula ampliou e aprofundou seu engajamento com indivíduos do topo até a base da sociedade brasileira. Isso envolveu dezenas de milhares de manifestações, marchas e encontros públicos, além de reuniões para resolver problemas com militantes locais, visitas de cortesia a pessoas importantes, entrevistas no jornal e na TV e um fluxo constante de bate-papos menos formais com aqueles com os quais ele convivia e com os motoristas que o levavam até os locais, os garçons que serviam suas refeições ou até os barbeiros que cortavam seu cabelo.

Um conversador envolvente, Lula ficava igualmente à vontade nos menores lugarejos do sertão comendo pirão com pessoas pobres ou batendo papo regado a whisky e salgadinhos com "figurões" em festas chiques de São Paulo ou Brasília.[16] Mesmo quando começou a passar mais tempo com os ricos e com aqueles com alta escolaridade, Lula continuou a cultivar um vínculo com o povão; parecia que nenhum lugar era pequeno demais e nenhuma pessoa desimportante o suficiente para não merecer uma visita, uma conversa ou um toque. Utilizando essas experiências, Lula contrastava sua abordagem com a daqueles políticos e burocratas governamentais que não conheciam seu país, tampouco suas pessoas, em toda sua diversidade.

Desfrutando da ampla liberdade de locomoção que os portadores de cargos não possuíam, Lula se tornou um símbolo nacionalmente reconhecido de preocupação com a justiça social e um sinônimo de persistência. Diferentemente do que dizia seu *slogan* de campanha de 1982 para governador de São Paulo, Lula não se apresentava mais como a vítima do "sistema" que tinha sido injustamente preso – alguém "igualzinho a você". Lula agora se apresentava aos eleitores como um dirigente político que ascendeu por conta própria, internacionalmente reconhecido, mas ainda orgulhoso de suas origens. Ali estava um homem que demonstrava uma consciência responsável sobre a situação crítica do país enquanto continuava a encorajar que os brasileiros descartassem o derrotismo e nunca desistissem do sonho de ser feliz. Ou,

---

[16] A forma como Lula entrelaçou sua sociabilidade engajante e sua prática política é captado maravilhosamente no documentário poderoso de João Moreira Salles sobre os encontros nos bastidores de Lula e atividades entre o primeiro e o segundo turno da eleição de 2002 (Salles, 2004).

para situar essa mensagem em termos mais sofisticados, os brasileiros tinham que fazer algo novo "com o que foi feito com você", da mesma forma que Sartre definiu a liberdade. É claro que o talentoso feiticeiro de propaganda eleitoral Duda Mendonça também foi vital em consolidar essa nova imagem em 2002, e a forma pasteurizada de alta qualidade na qual ela foi transmitida foi decisiva para seu sucesso, mas a mensagem encaixou no candidato muito bem – pelo menos melhor do que a visão marxista ortodoxa que muitos intelectuais e grupos de esquerda gostariam que tivesse sido adotada por essa clara expressão individual da consciência da classe trabalhadora.

Ao mesmo tempo, as experiências locais de administração municipal tinham provado que o PT era capaz de conduzir o governo honestamente ao mesmo tempo que dava os passos necessários para reorientar as políticas públicas em benefício das maiorias. O PT tinha feito seu primeiro avanço eleitoral nesse nível em 1988, quando seus candidatos venceram os governos municipais da maior cidade do Brasil (São Paulo), de duas outras capitais de estado (Porto Alegre e Vitória) e de diversas cidades de tamanho médio, incluindo Santos, o que fez com que 15 milhões de brasileiros, cerca de 10% da população, ficasse sob administração do PT. Embora essas experiências não tenham sido universalmente bem-sucedidas, a década seguinte foi marcada por sucesso municipal e estadual o suficiente para dar substância ao *slogan* "modo petista de governar", embora a alegação de governar de forma completamente diferente de outros partidos fosse um tanto propagandista. Porém, ela funcionou porque era enraizada em algo real, incluindo políticas práticas que expandiram o acesso à educação, à saúde e à moradia e que melhoraram a qualidade de serviços e de bens fornecidos; programas de crédito popular; e, até mais importante, iniciativas tais como orçamento participativo visando aumentar os níveis de participação popular na governança. Essas iniciativas se tornaram a marca registrada de muitos governos locais do PT e geraram um aumento no apoio popular, além de um número desproporcional de prêmio internacionais de "bom governo". Junto ao declínio da popularidade de FHC, essas experiências locais contribuíram para a performance excepcional do PT nas eleições municipais de 2000, a primeira conduzida sob uma nova política que permitia alianças com partidos políticos não de esquerda, avaliadas caso a caso. O fato de que isso era há muito tempo defendido sem sucesso por Lula dentro do PT sugere as limitações de o enxergar como um líder partidário carismático cercado de meros acólitos e não de companheiros e colaboradores a quem ele tinha que escutar e cujas decisões ele precisaria seguir, mesmo que contrariassem a sua opinião.

As eleições de 2000 foram marcadas pela emergência do PT como o grande vencedor, com vitórias espetaculares em capitais pelo país inteiro – incluindo Porto Alegre, Recife, Belém, Curitiba, Salvador, Aracaju e São Paulo. Como escreve o cientista político Alberto Carlos Almeida, essas vitórias, principalmente em São Paulo, também aumentaram a capacidade do partido de arrecadar recursos para campanhas, que era há muito tempo um calcanhar de Aquiles no sistema bizantino multipartidário brasileiro, onde o dinheiro graúdo desempenhava um papel enorme (Almeida, 2006, p. 152-153). A base de poder expandida do PT se mostraria central na eleição presidencial dois anos depois, com Lula sendo visto ainda mais positivamente, a liderança do seu partido se tornando mais pragmática e seus governos locais mais inovadores na gestão pública.

Porém, os 15 anos anteriores também tinham sido marcados por um declínio forte na base de movimento social original do PT. Por exemplo, o tamanho, a composição e o poder de barganha de trabalhadores tais como metalúrgicos e bancários, que tinham feito tanto para mudar o sindicalismo brasileiro nos anos 1980, diminuiu dramaticamente. O mundo das grandes fábricas – como os 40 mil empregados na VW – agora parecia parte de um passado remoto. Os efeitos combinados da estagnação econômica, da redução de tarifas de importação e da reestruturação produtiva fez com que os sindicatos recuassem. A situação era um tanto diferente no campo, onde trabalhadores sem terra (organizados no MST e em outros grupos) expandiram suas ações, embora as discordâncias políticas por vezes tenham esfriado sua relação com o PT. Dentro da Igreja Católica, grupos progressistas estavam sofrendo retrocessos duros nas mãos de conservadores do Vaticano desde os anos 1980, enquanto também perdiam seguidores para o pentecostalismo e para o movimento conservador carismático. Embora o PT tivesse sempre sido crítico do "socialismo realmente existente", os intelectuais da esquerda foram profundamente afetados pela queda da União Soviética e dos regimes do Leste Europeu. Eles enfrentavam dificuldades intensas enquanto buscavam articular uma teoria socialista renovada que pudesse providenciar ferramentas conceituais capazes de ligar atividades políticas cotidianas com algum tipo de perspectiva utópica.

Logo, quando a estratégia eleitoral do PT para a eleição presidencial de 2002 foi traçada, o PT era mais forte no campo institucional, mas mais fraco em sua base orgânica; o problema foi agravado pela fuga de cérebros dos movimentos sociais para a administração pública, um problema que se tornaria ainda mais acentuado depois de 2002 (Wolford e French, 2016). O partido tinha conseguido se tornar um grande ator coletivo na política nacional, mas não podia depender de uma insurgência mágica de ativismo para o impulsionar até a presidência. Um conjunto mais amplo de alianças seria necessário e foi por isso que o PT se dirigiu ao pequeno Partido Liberal, de centro-direita, para buscar seu candidato a vice-presidente. José Alencar, o dono do grupo têxtil mais importante do país, era um tipo mais tradicional de *self-made man* do que Lula, mas se mostraria útil para acalmar seus colegas empresários e para obter votos para Lula no importante estado de Minas Gerais, que tinha eleito Alencar para senador em 1998.

Da mesma forma, a campanha presidencial de Lula de 2002 visava conscientemente ampliar sua base política de apoio, social e regional, dada a fraqueza revelada fortemente em 1989. Lula e sua equipe de *marketing* fizeram de tudo para moderar as mensagens escritas e visuais da campanha para não provocar conflitos desnecessários. Essa estratégia era com frequência chamada sarcasticamente de venda de um "Lula *light*" e incluía o *slogan* decisivo da campanha

"Lulinha, paz e amor".[17] Sobre economia, o PT oferecia uma afirmação vaga de que o país poderia estar melhor economicamente e em termos de equidade do que ele havia estado durante o segundo mandato de FHC, quando o país tomou um golpe forte das crises financeiras da Ásia e da Rússia e acabou fazendo um acordo com o Fundo Monetário Internacional (FMI).

A lógica pragmática que movia a campanha não tinha como ser mais transparente, mas seu sucesso não estava garantido, porque o seu candidato e partido eram fortemente definidos em termos de protesto, insurgência e radicalismo. Para ser convincente, a nova mensagem teria que ser propagada sem constrangimento por seu portador padrão, e mais uma vez Lula demonstrou sua capacidade de realizar performances marcantes. Em vez de um recuo em relação ao radicalismo, Lula declararia que essa era "a minha primeira campanha profissional. Quero ganhar esta eleição e não embarcarei mais nas loucuras" do passado. O PT, ele declarou, "não tem vergonha de mudar de posição [...] me dei conta que o PT que precisava construir era maior do que o PT de macacão que eu sonhava em construir". Em meio a uma troca de insultos dentre seus rivais, ele assegurou serenamente para o público, "o Lulinha não quer briga, o Lulinha é paz e amor". Quando questionado se seu partido havia se tornado burguês, Lula usou uma metáfora familiar: "que o avô é mais carinhoso com o neto do que o pai, e que isso acontece não porque amor do avô seja maior [...] mas porque o avô é mais maduro" (Almeida, 2006, p. 209-210).

No seu processo de crescimento, a campanha de Lula também se beneficiaria da postura defensiva adotada pelo candidato do PSDB, José Serra, que foi ministro da Saúde sob o presidente em fim de mandato FHC. Quando Serra e operadores do mercado financeiro tentaram usar o espectro do risco especulativo internacional para assustar os eleitores, a campanha de Lula emitiu a "Carta ao povo brasileiro",

---

[17] Embora o *slogan* seja geralmente atribuído à Mendonça, um dos coordenadores da campanha Ricardo Kotscho sugere que ele se originou de um comentário que Lula escutou e gostou feito por um trabalhador da campanha no Nordeste que utilizava para descrever a postura serena, porém determinada de Lula em 2002 (Kotscho, 2006).

que abandonava a ênfase do partido na "ruptura" com o modelo econômico predominante, uma ênfase que ainda tinha aparecido na plataforma eleitoral do PT em dezembro de 2001. A carta enfatizava que um "novo modelo não poderá ser produto de decisões unilaterais do governo" mas só pode surgir como "fruto de uma ampla negociação nacional, que deve conduzir a uma autêntica aliança pelo país, a um novo contrato social, capaz de assegurar o crescimento com estabilidade". Lula publicamente jurou respeitar "contratos e obrigações do país" – uma referência ao acordo do Brasil com o FMI – e manter o superávit primário nas finanças públicas "o quanto for necessário".[18]

É improvável que a carta tenha atraído um novo bloco de eleitores, como comentou o chefe da Casa Civil de Lula José Dirceu, mas ela tirou da campanha de Serra um trunfo em potencial, e permitiu que o PT avançasse uma mensagem vencedora de "esperança para um dia melhor sem medo do futuro" (Dirceu, 2018, p. 326-327). Prometendo um pacto em nome do Brasil, Lula declarou que se houvesse sacrifícios, eles seriam feitos por todos, diferentemente do passado, quando os benefícios eram apenas para poucos e os sacrifícios para muitos. Foi o brilhantismo tático de Lula que deu a essa mensagem econômica materialidade imediatamente depois de ser eleito com sua "frase guia: 'no final do meu governo todo brasileiro fará três refeições ao dia'". Dirceu, a propósito, fornece três explicações possíveis para essa declaração inesperada de seu candidato: que Lula "falou tudo ou tinha consciência das nossas limitações ou esse era o seu universo" (Dirceu, 2018). No fim, Lula recebeu 52,8 milhões de votos no segundo turno, 61,3% dos votos nacionais, e venceu em todos estados menos um; por pouco ele não foi eleito no primeiro turno, recebendo 46% dos votos.

Para alguns críticos do primeiro mandato de Lula, a esquerda tinha ignorado um caminho alternativo para a Presidência, cuja viabilidade estava indicada pelo fato de que Lula conquistou duas vezes

---

[18] "Leia íntegra da carta...", 2002. O debate em torno da decisão de emitir a carta é discutido detalhadamente em Dirceu, 2018, p. 325-327. O texto final, ele acrescenta, foi redigido pelo importante ministro Luiz Dulci, que eliminou a linguagem econômica especializada e os números, como Lula queria.

entre um quarto e um terço do eleitorado nacional enquanto aderia a princípios de esquerda e rejeitava alianças artificiais. Mas para os petistas preocupados com o exercício do poder, a conclusão dos resultados eleitorais de 1994 e de 1998 era que FHC e sua coligação tinham vencido no primeiro turno e tinham feito isso em todas as regiões do país, recebendo bastante apoio especialmente entre os pobres, a classe média baixa e aqueles fora de grandes cidades onde o eleitorado tradicional do PT dentre os letrados era mais forte. A maioria daqueles a esquerda acabou reconhecendo a verdade afirmada em 1989 pelo economista do PT Paul Singer, uma voz a bradar no deserto na época, que indicou que um desafio imprudente ao FMI e ao sistema capitalista brasileiro e internacional, sem perspectivas críveis de sucesso, não apenas mergulharia o país em uma crise econômica mas também causaria a miséria da massa da população, matando ao mesmo tempo a credibilidade da esquerda por gerações. Seu próprio "entusiasmo em relação ao Lula", ele disse, era a esperança modesta de que ele poderia, como presidente, se mostrar capaz de implementar o capitalismo numa forma mais favorável para os pobres (Singer, 1991, p. 45-47).

Durante sua campanha e no seu primeiro mandato, como observa Dirceu, Lula estava focado no "social: a fome, o salário-mínimo, a saúde, a educação, a reforma agrária e a agricultura familiar". Do ponto de vista de Dirceu, o desafio enfrentado pelo governo liderado pelo PT – atuando sob restrições orçamentárias apertadas – era "como reformar e avançar nas transformações sociais, econômicas, políticas, culturais, ideológicas dentro do capitalismo" (Dirceu, 2018, p. 357, 315). Essa análise sóbria se mostraria aplicável a todos os novos governos latino-americanos liderados pela esquerda que chegaram ao poder depois da eleição de Hugo Chávez em 1998 e de Lula em 2002. Se o neoliberalismo não era "mais a única carta no baralho", não se podia negar que a era emergente de política e governança durante a guinada a esquerda da América Latina seria mais bem caracterizada como *pós*-neoliberal – isto é, vinda "depois" do neoliberalismo, e não simplesmente o substituindo. Como Laura Macdonald e Arne Ruckert indicam, isso envolveu "uma busca por políticas alternativas progressista decorrente das muitas contradições do neoliberalismo", que aponta para como "a política neoliberal perdeu sua dominância mas [ainda] não foi aniquilada", as alternativas emergentes em si "contém restos do modelo neoliberal anterior". Em sua ambiguidade, o termo "pós-neoliberalismo" captura assim a prevalecente "descontinuidade dentro da continuidade" – esta última "predominantemente no domínio da política macroeconômica", e o anterior na luta contra assimetrias internacionais, tentativas de aprofundar a democracia e os passos tomados para reconstruir a capacidade estatal enquanto realizando um grau real, porém modesto de redistribuição (Macdonald e Ruckert, 2009, p. 6-7).

O QUE A VITÓRIA SIGNIFICAVA PARA A ESQUERDA E PARA O POVO

Para a esquerda latino-americana e europeia, a Presidência de Lula foi um acontecimento sem precedentes, nas palavras de Eric Hobsbawm, com Lula "provavelmente o único operário industrial na liderança de um partido de trabalhadores em qualquer lugar"; a história, Hobsbawm prosseguiu, poderia apenas "aquecer todos os velhos corações vermelhos" (Hobsbawm, 2002, p. 382). Mas os primeiros anos da Presidência de Lula foram marcados por um descontentamento crescente e até mesmo por uma desilusão entre a classe média de esquerda intelectualizada nas maiores cidades e estados mais ricos do país, uma parte central do apoio eleitoral de Lula desde 1989 (Hunter, 2010, p. 114-115). Eles estavam frustrados com a adesão de Lula às políticas macroeconômicas da administração anterior e com sua disposição de se aliar aos partidos oligárquicos cuja corrupção o PT tinha denunciado tão fortemente e por tanto tempo. Em 2004, isso levaria um grupo de intelectuais proeminentes do PT e alguns, mas não muitos, de seus políticos a fundarem o Partido Socialismo e Liberdade (PSOL), crítico do PT no poder. Foi uma das muitas reações aos desafios que surgiram quando o PT finalmente chegou à Presidência, "uma obsessão" e até "um ponto estratégico fundamental desde cedo", mas não era mais "o mesmo partido fundado há mais de 20 anos", nas palavras de Mauro Iasi. Mesmo aqueles que falavam que o partido tinha amadurecido eram "obrigados a confessar que o PT mudou muito", muitos dos membros e eleitores de classe média do PT eram atormentados pela dúvida de que talvez "o PT não conseguiu mudar o mundo [mas] o mundo mudou o PT" (Iasi, 2006, p. 359, 536).

Fundado como um instrumento político, nas palavras de Lula, o PT tinha avançado muito em muito pouco tempo. Nascido de uma junção de militantes e movimentos, o PT tinha se tornado um partido institucionalizado caracterizado por um nível de comprometimento pessoal e partidário excedendo em muito o de seus concorrentes. Por alguns anos ou mesmo por décadas, centenas de milhares tinham dedicado partes de suas vidas e muita energia a abrir um novo caminho para um Brasil muito diferente por meio do PT. Fossem membros, militantes ou simpatizantes de organizações como o PT, a CUT e o MST enfrentavam um poderoso desafio de narrativa depois do êxtase da posse de Lula em janeiro de 2003: como construir uma ponte entre o vão de um passado heroico, quando a luta era evidente, e um presente cheio de ambiguidades, compromissos indecorosos e tentações manifestas enquanto seus dirigentes se preparavam para ocupar o topo da superestrutura política – embora não a econômica – de uma das 11 maiores economias capitalistas do mundo. Em 2003, nem mesmo um único desses militantes se atreveria a antecipar que seu partido poderia vencer as próximas três eleições presidenciais e manter controle sobre a Presidência durante 13 anos.

Analisando o passado, Ricardo Kotscho, o assessor de imprensa de Lula na campanha de 2002, relembra a multidão eufórica reunida na Avenida Paulista absolutamente lotada em São Paulo para ouvir Lula falar depois de sua vitória. Lula descreveria sua eleição em termos simples: "a esperança venceu o medo e o eleitorado decidiu por um novo caminho para o país" (Compromisso com a mudança..., 2009). Vinte e cinco anos antes, um jovem presidente de sindicato tinha falado ousadamente sobre um país profundamente inclinado em uma direção diferente, na direção do medo. Em numerosas entrevistas, a luta contra o medo sempre tinha sido uma parte da postura distinta de Lula como um homem sem ter o rabo preso, livre para dizer exatamente o que precisava ser dito. Agora, finalmente, tantas pessoas trabalhando por tanto tempo podiam começar a viver sem medo de ser feliz.

A reação popular à eleição de Lula em São Paulo foi captada com sensibilidade etnográfica pelo antropólogo estadunidense James Holston, que tinha décadas de experiência, junto de sua esposa, dra. Teresa Caldeira, trabalhando de perto com movimentos de moradia da cidade. Ele descreveu os resultados de 2002 como uma "vitória massiva e extática sob as bandeiras vermelhas da 'cidadania', da 'democracia' e da 'justiça social'". As pessoas votavam no Lula, observou Holston, "não apenas para exigirem mudanças futuras, mas também para aclamar como emblematicamente delas uma história de vida sobre o que já tinha mudado". O país delas tinha finalmente eleito para o cargo mais importante da nação

> um homem que fez campanha explicitamente como não da elite – não meramente como 'o brasileiro igualzinho a você' [...] mas como um homem que tinha triunfado sem se tornar de elite, que tinha sido bem sucedido por meio de sua experiência do comum, e que apresentava seu sucesso individual como expressamente coletivo. (Holston, 2009, p. 5-6)

O que mais impressionou Holston foi "como muitas pessoas, principalmente de classe trabalhadora", choraram copiosamente nas ruas de São Paulo e na televisão nacional depois da vitória de Lula. "As lágrimas de homens e mulheres operários resistentes", Holston explicou, "nascem de seu desejo doloroso e fervoroso de que o Brasil *dê certo*" assim como do "que significava para eles que tal homem poderia se tornar presidente". A história de Lula tinha "tocado o nervo profundamente messiânico da imaginação popular brasileira" e falado diretamente com uma duradoura "frustração entre brasileiros trabalhadores" que ansiavam "que sua nação fizesse o bem depois de tantos erros, para que seu trabalho fosse valorizado, suas conquistas reconhecidas e injustiças corrigidas" e "para receber uma pequena parte dos imensos recursos de seu país, sempre monopolizados por uma elite habitualmente depreciativa, mimada e imune que sempre aparentava estar incansavelmente no controle do destino do Brasil" (Holston, 2009, p. 6).

Logo, o triunfo democrático da eleição de 2002 se originou de um voto maduro e foi aceito com pouco receio e controvérsia pelos perdedores. O sentimento popular era de esperança, mas não excepcional, e a massa dos eleitores do PT não estava descontente com a "responsabilidade" demonstrada pelo novo governo, que jurou garantir a estabilidade econômica do país. As cerimônias formais de transição foram acompanhadas com elegância pelo presidente cessante Fernando Henrique Cardoso, que passou a faixa presidencial para seu companheiro das lutas do fim dos anos 1970. De fato, a atmosfera geral no Brasil durante a campanha de segundo turno parecia às vezes a de uma ampla bênção da sociedade em relação ao novo; em algumas cidades grandes, como Rio de Janeiro e Salvador, Lula recebeu 80 a 90% dos votos. Ao mesmo tempo, Lula estava perfeitamente ciente, como ele declarou constantemente ao longo de sua presidência, de que ele carregava uma responsabilidade pesada nas costas: "qualquer outro presidente pode fracassar mas eu não". Mas o que constituiria o fracasso? Ou o que representaria sucesso? E como o sucesso seria definido pelos militantes, simpatizantes e eleitores de longa data do PT, ou pelos muitos eleitores que, pela primeira vez, tinham votado no PT?

16. TREINADOR, JOGADOR E ESTADISTA

Lula se tornou muito conhecido depois das greves do ABC, mas foi sua quase vitória na eleição presidencial de 1989 que fez dele um ícone da esquerda, que só parecia pequeno ao lado de seu amigo Fidel Castro, o revolucionário cubano. Muito menos controverso do que seu equivalente cubano, Lula teve apelo para além da esquerda política, alcançando muitos que simplesmente se importavam com a democracia quando a região despertava das ditaduras. Quando eleito 12 anos depois como presidente de um país 20 vezes maior que Cuba, Lula daria início ao que foi chamado de "guinada a esquerda" ou "onda rosa" na América Latina, que encerrou uma década de neoliberalismo triunfante, hegemonia estadunidense incontestável e políticas do Consenso de Washington.[1] O momento anterior tinha se refletido na famosa declaração da primeira-ministra conservadora do Reino Unido, Margaret Thatcher, nos anos 1970, que "não há alternativa", um clamor adotado no fim dos anos 1980 por políticos de centro-esquerda incluindo o presidente dos EUA Bill Clinton, o primeiro-ministro do

---

[1] Para um balanço documentado da literatura regional relevante sobre o neoliberalismo e suas controvérsias associadas, ver French e Lymburner, 2012.

Reino Unido Tony Blair e os presidentes do México, Argentina, Brasil e Venezuela, sendo que os últimos três tinham laços históricos com a esquerda, a centro-esquerda e os setores populares na política latino-americana. Com paciência, bom humor e persistência, Lula tinha arregimentado a esquerda da América Latina para fazer frente a esse aparato neoliberal por meio tanto do Foro de São Paulo (FSP), que se encontrou pela primeira vez em julho de 1990, quanto, a partir de 2001, do Fórum Mundial Social (FMS), fundado em Porto Alegre com apoio do PT depois dos protestos antiglobalização que marcaram a reunião da Organização Mundial do Comércio em Seattle (French, 2002). O FMS adotaria um *slogan* cujo poder jaz na sua própria modéstia: "Um outro mundo é possível". Ele se provaria profético ao longo da década seguinte, nas ondas de vitórias eleitorais de esquerda na América Latina acompanhadas, em 2008, pela eleição de um improvável presidente nos EUA: Barack Obama.

O governo brasileiro liderado pelo PT se situou no coração das guinadas à esquerda da América Latina entre 2002 e 2016, e este capítulo examina a abordagem da democracia por Lula à medida que a região emergia de uma experiência prolongada de ditadura antipopular. Ele mostra como Lula utilizou sua autoridade e seu prestígio para reunir uma esquerda combalida, atuando tanto como um treinador solidário quanto como um craque que inspirava confiança porque ele não deixava a fama lhe subir à cabeça. Esse capítulo explora o mantra do período de muitas esquerdas seguindo um mesmo caminho ao comparar Lula com outra personalidade excepcional possivelmente à sua esquerda, Hugo Chávez, da Venezuela. Ao fazer isso, eu explico a natureza da aliança dos dois e distingo os seus estilos de liderança, discursos e abordagens em termos de organização e mobilização, focando nas origens socioeconômicas e institucionais, trajetórias de vida e histórias nacionais distintas. Essa aliança superando as diferenças garantiu vitórias importantes à medida que a Venezuela, rica em petróleo, amparou governos de esquerda por toda a América Latina e garantiu a sobrevivência da Cuba socialista. Por fim, eu mostro que essa geração de esquerda da América Latina teve um sucesso nunca antes visto devido a políticas antineoliberais, ainda pouco compreendidas, que foram reforçadas por laços interpessoais gerados durante os anos 1990 entre seus líderes.

RESISTINDO À ONDA NEOLIBERAL: DO FORO DE SÃO PAULO AO FÓRUM SOCIAL MUNDIAL

Falando em 2005 com seus colegas no encontro de aniversário de 15 anos do FSP, Lula entusiasmado aclamou o quanto tinha mudado desde o primeiro encontro deles, quando "era um continente marcado por golpes militares [...] [e pela] ausência da democracia". Até 2005, Lula destacou, "a esquerda deu, definitivamente, um passo extraordinário ao apostar que é plenamente possível, pela via democrática, chegar ao poder e exercer esse poder" (Discurso do Presidente da República..., 2005). Essa mudança iria, um ano depois das observações de Lula, ser o foco de uma polêmica célebre do ex-ministro das relações exteriores do México, Jorge Castañeda, sobre a "guinada à esquerda", publicada no periódico semi-oficial da política externa dos EUA. Um comunista na juventude, Castañeda tinha escrito um livro influente em 1993 sobre a crise da esquerda latino-americana, mas em seguida apoiou Vicente Fox, um homem de negócios conservador, que venceu a eleição presidencial de 2000 que acabou com o domínio de um único partido sobre o México (Castañeda, 1993).[2] Castañeda foi recompensado com uma nomeação ministerial, e seu artigo na *Foreign Affairs* seria amplamente lido pelos corredores de Washington-Nova York e muito debatido na torre de marfim. A matéria tinha o ar de um conto de fadas. Analisando de relance os neoliberais anos 1990, Castañeda afirmou que "apenas uma década atrás, a América Latina parecia destinada a iniciar um ciclo virtuoso de progresso e governança democrática aperfeiçoada". Porém, essa perspectiva esperançosa tinha se dissipado, e a região estava se inclinando à esquerda em um retrocesso "contra as tendências predominantes dos últimos 15 anos: reformas pró-mercado, acordos com os Estados Unidos, [...] e a consolidação da

---

[2] Ver minha apreciação sobre o livro em French, 2000, p. 289.

democracia representativa". Castañeda atribui essa tendência à vitória presidencial de Hugo Chávez em 1998, mas ele enxerga um "verdadeiro tsunami de esquerda" após a vitória de Lula em 2002, depois da qual "uma onda de líderes, partidos e movimentos genericamente rotulados de 'esquerda' chegou ao poder". A maioria deles, ele lamentou, eram oriundos da esquerda "nacionalista, estridente e obtusa" da região, que há muito tempo abraçava a "idiotice macroeconômica" e o "nacionalismo virulento estridente" do passado "populista" da América Latina (Castañeda, 2006).[3]

O vigor do desprezo de Castañeda refletia o quanto as coisas tinham sido ruins até 2006 para os latino-americanos de centro-esquerda que tinham optado pelo neoliberalismo quando ele parecia a onda do futuro. De fato, Castañeda foi forçado a admitir que ele havia estado "ao menos parcialmente errado" ao acreditar que governos latino-americanos teriam que adotar políticas "social-democratas" como o complemento necessário para reformas de livre mercado vigorosamente denunciadas como neoliberais pela "esquerda velha, radical, guerrilheira, castrista ou comunista", uma categoria na qual ele enquadrava Lula e o PT. Para Castañeda, os dois exemplos mais bem-sucedidos de "social-democracia" neoliberal eram a Concertación pós-Pinochet no Chile, uma coligação democrata-cristã e socialista, e o governo de FHC, o criador neo-marxista da teoria da dependência, presidente do Brasil de 1994 até 2002. Porém, Castañeda comentava pesarosamente que apenas o Chile tinha sido bem-sucedido, e muitos poucos latino-americanos aceitaram esse país como o "verdadeiro modelo para a região" (Castañeda, 2006). Já com o Brasil, a eleição de 2002 tinha sido marcada pela derrota de José Serra, o candidato presidencial do partido político de FHC e administrador extremamente competente com doutorado nos Estados Unidos, sendo derrotado por um candidato da esquerda "má".

---

[3] Para sua perspectiva inicial sobre o populismo, ver Castañeda, 1993, p. 39-40, 43-45. Para uma exegese ampla sobre a controvertida descrição de Castañeda da guinada à esquerda e do lugar do populismo na história latino-americana, ver French, 2010.

Os intelectuais e políticos latino-americanos, como Castañeda e FHC, que tinham se dedicado a buscar uma terceira via estavam cientes do quão "irrealista" e "incongruente" (Vellinga, 1993, p. 3; Touraine, 1961, p. 297) sua aventura parecia em uma região "cercada pelo neoliberalismo aparentemente triunfante e enfraquecida pela crítica e pela morte do socialismo realmente existente" (Cardoso, 1993, p. 274-275). Como o organizador de uma coletânea programática publicada em 1993 comentou, a versão europeia da social-democracia não era "vista muito positivamente" na América Latina (Vellinga, 1993, p. 3). O autor da contribuição mais direta e agressiva desse conjunto de ensaios era FHC, que identificou as tarefas a seguir: criticar as esquerdas passadas, reduzir o estado, restringir a distribuição associada ao corporativismo (tal como aumentos salariais) e se distanciar de bandeiras nacionalistas. Os social-democratas, ele enfatizou dois anos antes de chegar à presidência, precisavam colocar em primeiro plano a eficiência e "os aspectos racionais da acumulação, da produtividade e do investimento" menosprezados pela crítica regressiva da riqueza associada com a "utopia igualitária" do socialismo cristão (Cardoso, 1993, p. 284-286, 289).[4] O alvo de FHC era o PT, que Marcelo Cavarozzi, autor da contribuição argentina à coletânea, considerava "o exemplo mais dramático" da "esquerda de base" ligada à Teologia da Libertação, ao movimento operário e a protestos em massa, uma tradição que ele criticava por considerar "a representação política, na melhor das hipóteses, como uma distorção da verdadeira e real democracia, que [...] é associada com as modalidades de participação direta" (Cavarozzi, 1993, p. 154-155).

Enquanto a fé de esquerda de Castañeda estava em declínio, Lula e o PT estavam trabalhando com Fidel e com o Partido Comunista Cubano para unir os partidos de esquerda da região em um encontro

---

[4] Para a visão do principal estrategista internacional do PT sobre a social-democracia, ver Garcia, 1992. Membro da direção da União Nacional dos Estudantes antes de 1964, García retornou do exílio em 1979 para se tornar um dos fundadores do PT, ocupando diversos cargos importantes no partido. Grande conhecedor da esquerda latino-americana e europeia, Garcia foi o assessor presidencial de política externa mais importante tanto para Lula quanto para Dilma.

em 1990 que fez nascer o FSP, que sobrevive até hoje. Essa reunião de 1990 em São Paulo foi sem precedentes, pois os poucos encontros de uma rede regional de esquerda ocorridos no passado tinham sido restritos pela filiação ideológica, tal como a reunião em Havana em 1975 entre partidos comunistas alinhados ao modelo soviético ou a clandestina Coordinadora Revolucionária, que unia organizações armadas do Cone Sul. Entre 1990 e 2001, o FSP cresceria de 48 para 80 partidos, embora esses números reflitam o fato de que mais de um partido de cada país pode comparecer. O Brasil, por exemplo, participava com seis partidos inicialmente; a certa altura, 13 apareceram da Argentina, sendo que a única coisa que os unia, nas palavras de Lula, "eram os gols de Maradona na Copa do Mundo de 1990" (Moura Brasil, 2017). Os grupos maiores e mais influentes no FSP, entretanto, eram forças políticas formidáveis, cada uma das quais financiaria uma reunião do fórum nos primeiros dez anos do grupo: o PT, o Partido Comunista Cubano, a Frente Farabundo Martí para la Liberación Nacional (FMLN) de El Salvador, o Partido de la Revolución Democrática do México, a Frente Sandinista de Liberación Nacional da Nicarágua e a Frente Ampla do Uruguai. O espectro ideológico inteiro da esquerda poderia ser encontrado no FSP, de acordo com um de seus fundadores cubanos; sua "definição anti-imperialista e antineoliberal" proporcionava um espaço no qual todos os de esquerda da região poderiam se encontrar e debater, além de gerar um mecanismo para comunicação, coordenação e solidariedade (Regalado, 2006, p. 249).[5]

No início do Fórum, Lula relembrou, "éramos poucos, desacreditados e falávamos muito" porque "não pensava do mesmo jeito [e] não acreditava nas mesmas profecias". Analisando o passado em 2011, Lula enfatizou a profundidade das divisões, da cautela e da desconfiança no interior da esquerda; "muitas vezes as divergências eram maiores que as concordâncias". Havia muitas divisões ideológicas – alguns partidos eram marxistas-leninistas, outros não – além de alinhamentos internacionais divergentes, embora todos comparti-

---

[5] Regalado é membro do Comitê Central do Partido Comunista Cubano.

lhassem uma simpatia por Cuba. Disputas perenes da esquerda também estavam espreitando ao fundo, incluindo reforma *versus* revolução e o papel da luta armada na conquista do poder. O FSP ensinou a esquerda a "agir como companheiros, mesmo na diversidade", disse Lula em 2005, mas isso exigia uma "turma que fazia o meio de campo para contemporizar, procurar uma palavra adequada" para chegar a uma declaração final de qualquer reunião. De acordo com Lula, demorou algum tempo para que a esquerda latino-americana aprendesse uma lição ensinada pelo educador brasileiro Paulo Freire: "Juntar os diferentes para derrotar os antagônicos" (Brasil, "Conheça"; "Discurso do Presidente", p. 2, 4-5).

Quando o FSP se reuniu pela quarta vez, em Havana em 1993, os militantes de esquerda latino-americanos estavam se sentindo cercados e seus anfitriões cubanos enfrentavam um possível colapso nacional depois da enorme queda no PIB subsequente à perda dos mercados do país e do fim da assistência dada pelo bloco socialista. Além disso, não só a América Latina estava tendendo para a direita em termos de política – com medidas de privatização de empresas estatais, de desregulamentação e de austeridade afetando a saúde, a educação e o bem-estar social no geral – como alguns daqueles que contribuíam para essa tendência política estavam "traindo" alianças partidárias anteriores. Sentindo-se cercados, os militantes de esquerda poderiam ter escolhido "esperar a tempestade passar", cultivando a pureza de princípios afastados do mundo burguês que eles desprezavam. Em vez disso, aqueles que tinham as mesmas visões que o PT focaram na batalha eleitoral que tinham pela frente, embora reconhecessem as falhas e distorções do sistema eleitoral. As eleições confrontaram a esquerda com sua oportunidade mais importante para ir além dos sonoros protestos e das denúncias habituais que acompanhavam a remodelação neoliberal das relações Estado-sociedade.

Lula, de forma bastante direta, declarou suas opiniões pessoais em Havana em 1993, embora nem todos os líderes do PT concordassem. "A esquerda não se unia nem na cadeia", ele brincou, comentando sobre a inflexibilidade da esquerda mesmo quando fazendo alianças entre si. De acordo com Lula, os sistemas eleitorais da América Latina eram dominados por dinheiro e corrupção, suas democracias sendo tão instáveis quanto suas economias. Simplesmente manter uma ordem constitucional democrática, ele insistia, exigia uma distribuição bem-sucedida da riqueza, e isso só era possível por meio de alianças eleitorais fora dos limites dos nossos partidos de esquerda, incluindo "setores de centro-esquerda" e agentes sem filiação. Tendo uma chance plausível de vencer a presidência em 1994, Lula acrescentou que as questões urgentes são se os partidos de esquerda têm a "competência para consolidar essa vontade popular de levar os setores de esquerda ao governo" e se, uma vez eleitos, esses partidos poderiam efetivamente governar à esquerda, materializando a esperança de "distribuir as riquezas de forma mais justa para acabar com o atraso social dos nossos países" (Silva, 1994, p. 131-136).

O fato do FSP por fim ter superado suas divisões para implementar tal projeto reflete o quanto havia mudado desde 1980, quando Lula discutiu sobre unificar a esquerda em sua primeira reunião com Fidel Castro, em Manágua, Nicarágua, em uma celebração da vitória Sandinista (Castro, 2008).[6] Essa união, como Lula refletiu em 2005, veio quando aqueles na esquerda aprenderam a ter "a paciência de esperar, de construir, de somar" como parte de uma busca por maneiras de "tirar o medo de muita gente do povo, que se assustava quando imaginava que a esquerda pudesse ganhar uma eleição" (Discurso do Presidente..., p. 4). Como Lula explicou na 17ª reunião do FSP, ocorrida em Manágua em 2011, ele originalmente acreditava – como tantos outros – "que não era possível" um socialista, "um metalúrgico chegar à presidência pelo voto". Em 1985 ele foi citado pela *Folha de S.Paulo* dizendo isso, o que motivou os adversários do PT a denunciá-lo por desrespeitar a ordem democrática nascente do Brasil, mas foi a emocionante disputa eleitoral de 1989, Lula acrescentou, que levou ao fim de tal pessimismo (Brasil, "Conheça").[7]

---

[6]   A discussão entre os dois homens continuou durante a primeira visita de Lula a Cuba, em 1985. Castro, 2008.

[7]   Para a citação na *Folha de S.Paulo,* ver Dutilleux, 2005, p. 172.

Porém, entre esse período e sua ascensão à presidência brasileira, durante os difíceis e desencorajantes anos 1990, a esquerda latino-americana desenvolveu uma política antineoliberal distinta da política anticapitalista e anti-imperialista das três décadas anteriores. A própria utilização pela esquerda do termo "neoliberalismo", com sua popularização nos debates políticos e de diplomacia, refletia uma mudança estratégica que contribuiu decisivamente para as tendências da esquerda uma década depois.[8] A essa altura, a oposição regional ao neoliberalismo, não ao capitalismo, marcava o limite fundamental definindo a esquerda – que, se enxergado em termos marxistas ortodoxos, poderia dizer que ofusca o inimigo essencial do capitalismo e do imperialismo. Porém, a ênfase no neoliberalismo era especialmente apropriada na América Latina, onde o desenvolvimento nacional autônomo ou semiautônomo (seja capitalista ou socialista) era há muito tempo um objetivo compartilhado por todo o espectro político. Embora o anticapitalismo tivesse um lugar no discurso da esquerda latino-americana, a ênfase prática era mais frequentemente na incapacidade do capitalismo de atingir desenvolvimento nacional autônomo e da falha contínua da burguesia ao tentar provocar uma revolução democrática ou entregar prosperidade para as massas.[9]

Da maneira como foi popularizado inicialmente na América Latina, "neoliberalismo" delineava brilhantemente um campo de oposição de um modo vago e oscilante que frustrava profundamente aqueles que eram a favor das forças políticas associadas com o Consenso de Washington. O teor enganoso do termo era especialmente irritante para um jornalista inglês que fora, desde 1996, chefe do escritório latino-americano da publicação mais ideologicamente rígida do neoliberalismo, o *Economist*. Em seu livro de 2007, Michael Reid reconheceu que o Consenso de Washington "tornou-se uma 'marca queimada' de fato e irreversivelmente", embora alguns de "seus prin-

---

[8]   Iasi (2006, p. 507) comenta como os documentos oficiais do PT oscilaram nos anos 1990 do anticapitalismo ao antineoliberalismo.

[9]   Esse ponto foi discutido em uma das últimas publicações do antropólogo Fernando Coronil (2011, p. 238).

cípios centrais – estabilidade macroeconômica e economias de mercado aberto – tenham persistido [...] Que isso não seja mais amplamente percebido ou convertível em capital político, ele disse, deve-se muito à influência nefasta de um termo sem sentido: neoliberalismo". Reid não negou sua associação com a desacreditada ditadura de Pinochet, nem ignorou que o exemplar típico de presidência neoliberal dos anos 1990, sob Carlos Menem, tinha acabado em desastre para a Argentina em 2001. Mas Reid de fato buscou resgatar o neoliberalismo do opróbrio da esquerda ao elogiar a coligação Concertación de centro-esquerda do Chile e, mais importante, afirmar que o presidente Lula era "social-democrata", "um convertido a esse consenso". Porém, o inglês teve que admitir que Lula era na melhor das hipóteses um convertido "ambivalente"– que ele e seu partido estavam longe de ser assimiláveis à ortodoxia neoliberal (Reid, 2007, p. 10-22).

Castañeda seguiu uma estratégia semelhante ao lutar contra o discurso de antineoliberalismo, rotulando alguns dos líderes de esquerda recém-eleitos ao que ele considerava a "esquerda correta" da América Latina. Embora elogiasse Tabaré Vázquez e a Frente Ampla no minúsculo Uruguai, Castañeda estava mais ansioso para considerar Lula parte de um suposto campo "social-democrata". Como Reid, porém, Castañeda sofria para dar uma visão abrangente de tal reapropriação da esquerda latino-americana: sua linguagem era marcada pela incerteza – o PT tinha "seguido *amplamente* [Lula] *em direção* à social-democracia" – e ele não podia ignorar que o partido de esquerda governando o Brasil mantinha uma "persistente devoção emocional a Cuba", que seus membros queimaram "um boneco do presidente dos EUA" do outro lado da rua em frente ao palácio presidencial onde Lula recebia George W. Bush em Brasília em novembro de 2005. Como Castañeda foi forçado a reconhecer, "a conversão *não se concluiu*" (Castañeda, 2006, grifo nosso).

As falhas de Reid e de Castañeda aqui são um provas do quanto a esquerda brasileira e latino-americana desenvolveu criativamente a linguagem e prática do antineoliberalismo ao longo dos anos 1990, para que fosse possível, no início do novo milênio, levar o termo a uma escala global. A carta de princípios do FSM era produto do diálogo no fim dos anos 1990 entre movimentos sociais brasileiros – em sua maioria, mas não inteiramente, hegemonizados pelo PT – e a Association Pour la Taxation des Transactions Financières et pour l'Action Citoyenne (Attac) da França (Corrêa Leite e Gil, 2005). Em seus princípios básicos, a carta de 2001 desconsiderava disputas ideológicas passadas e rivalidades atuais dentro da esquerda para criar um espaço de convergência no qual um conjunto amplo de forças, projetos e correntes poderiam se unir em torno de um mínimo comum (grupos armados e partidos políticos eram explicitamente excluídos). De fato, o primeiro princípio da carta era unir "entidades e movimentos da sociedade civil que se opõem ao *neoliberalismo* e ao domínio do mundo pelo capital e por *qualquer forma de imperialismo*, e estão empenhadas na construção de uma sociedade planetária orientada a uma relação fecunda entre os seres humanos e destes com a Terra" (Carta de Princípios do Fórum Social Mundial, 2004, p. 70, grifo nosso). Em outras palavras, o FSM e a esquerda latinoa-mericana se definiam pela oposição não necessariamente ao capitalismo em si mas ao neoliberalismo e à "dominação do capital". Da mesma forma, a afirmação inequívoca de oposição a "qualquer forma de imperialismo" evitava proclamar que todos os países capitalistas são necessariamente imperialistas.

Como resultado, o FSM viria a englobar inúmeras celebridades, ministros do gabinete da França, intelectuais e até alguns empresários. Em termos ideológicos, o órgão atraia anarquistas, socialistas, comunistas, social-democratas e liberais, além do conjunto amplo de grupos independentes de sindicatos, ambientalistas, mulheres, negros, LGBTs e indígenas. Sob tais circunstâncias, aqueles obcecados em definir a esquerda em termos de "revolução" ou "social-democracia" pareciam presos a um passado de meados do século XX cuja relevância havia se dissipado face aos desafios do século XXI.[10]

---

[10] Para a perspectiva de um comunista Cubano contemporâneo que enfatiza a revolução e a luta armada, ver Regalado, 2006, p. 222, 232.

CHÁVEZ, LULA E A ORIGEM POLÍTICA DAS GUINADAS À ESQUERDA DA AMÉRICA LATINA

"Eu nunca sei por onde começar [quando] falo em eventos tão lindos quanto este", Hugo Chávez disse para uma multidão transbordante no Poliedro de Caracas dia 27 de janeiro de 2006. O presidente venezuelano começou seu discurso para o sexto FSM ao citar "a grande emoção" que ele sentia em frente a uma plateia "transbordando paixão". Emocionando a multidão, ele aproveitou a ocasião para entregar uma mensagem ao "Sr. Perigo", seu termo para o presidente dos EUA que ele rotularia como o diabo em um discurso na Assembleia Geral da ONU oito meses depois, em setembro de 2006. Enquanto citava mártires, condenava crimes e prometia a inevitável retribuição, Chávez atacou Castañeda e outros que não conseguiram compreender que as esquerdas da América Latina que tinham chegado ao poder estavam se movendo pelo

> mesmo caminho, na mesma direção [...] Intelectuais de diversas origens e a mídia [...] passaram dois anos promovendo a ideia divisora de que [...] existem diversas esquerdas: Fidel e Chávez são os doidos – e agora eles incluem Evo [Morales] também; e outros, como Lula, [Ricardo] Lagos, Tabaré e [Ernesto] Kirchner são 'estadistas' [...] Nos chame do que quiserem, mas nós daremos à direita a maior derrota da história nesse continente, que será lembrada por 500 mil anos! (Chávez, 2006a, 2006b)

Em 2006, Chávez completava oito anos como presidente da Venezuela, durante os quais ele tinha deixado ao seu país o legado de um novo nome – a República Bolivariana da Venezuela – e uma estrutura constitucional totalmente diferente. Em 2002, um golpe civil-militar apoiado pelos Estados Unidos tinha brevemente aprisionado Chávez antes de fracassar; o presidente venezuelano restituído veio a derrotar decisivamente um referendo revogatório e uma greve liderada pela oposição nacional na empresa estatal de petróleo. Em uma era de preços internacionais do petróleo crescentes, Chávez obteve vasta popularidade pessoal – consistentemente recebendo um pouco menos de dois terços dos votos do país – enquanto entregava benefícios concretos para a maioria empobrecida. Dos líderes das guinadas à esquerda da América Latina, Chávez atraiu o desprezo internacional mais contínuo e visceral, sintetizando, nas palavras de Reid, uma "autocracia populista". "Tire o palavreado", Reid continuou, "e Chávez parece muito com o típico *caudillo* militar", um salvador carismático e messiânico criando relações de afinidade diretamente com as massas por meio da mídia, um presidente que promove, sem restrições, uma política de redistribuição insustentável para uma base constituída por clientes, não cidadãos (Reid, 2007, p. 13, 12, 79-80).

Quando ocorreu o FSM em Caracas, Chávez tinha chegado a uma forte retórica anti-imperialista, antiliberal e socialista que ele viria a chamar de "socialismo do século XXI". Aqueles "que tinham levantado as bandeiras de revolução", Chávez clamou para o Fórum, estão em "uma ofensiva vitoriosa contra o império", com batalhas iminentes na América Latina, na Ásia e na África. "A democracia representativa", ele prosseguiu, "sempre acaba sendo uma democracia das elites e, portanto, uma falsa democracia". Ele assim convocou um novo modelo, uma "democracia do povo, participativa e protagonista", em vez de uma definida por "uma elite que representa o 'povo'" (Chávez, 2006). De fato, sua crescente retórica radical – que estava à esquerda extrema dentre aqueles portando cargos eleitos – soava menos como um reavivamento do populismo latino-americano, o eterno inimigo dos iluminados, e mais como um renascimento do Terceiro Mundismo Tricontinental defendido pela Revolução Cubana em seu ponto mais radical, nos anos 1960.

Em 2006, Chávez era um herói de esquerda para aqueles que buscavam um campeão anti-imperialista e anticapitalista mais militante. Ele também tinha conquistado admiração tanto por seu papel em fundar a Aliança Bolivariana para os Povos da Nossa América (Alba) – uma organização que servia como um polo de atração para aqueles líderes da onda rosa mais à esquerda, incluindo os presidentes da Bolívia, do Equador e da Nicarágua – e para sua corajosa defesa do socialismo. Com suas polêmicas verbais polarizadoras, Chávez contrastava fortemente com o realista Lula, que evitava fanfarronices e voos de grandeza e preferia utilizar palavras cuidadosamente escolhidas que frequentemente visavam apaziguar e neutralizar, senão convencer, aqueles com os quais discordava.

A suposição de que Chávez era mais "a esquerda" que Lula, porém, se enfraquece se analisarmos o primeiro encontro deles, no sexto FSP em El Salvador em 1996. Chávez descreveu esse Fórum antigo em seu discurso do FSM em 2006, comentando que os seus organizadores votaram para expulsá-lo e impediram que ele falasse. É fácil ver por que a participação oficial de Chávez era problemática para muitos dos de esquerda reunidos em El Salvador. Afinal, o jovem oficial militar cassado, que tinha sido solto recentemente da prisão, tinha se tornado famoso como líder de duas tentativas fracassadas de golpe contra um governo democraticamente eleito, algo que inevitavelmente encrencaria aqueles que tinham lutado por um quarto de século contra o domínio militar. Mesmo que fosse apenas na retórica, os militantes de esquerda tradicionalmente idealizavam a organização das massas, a representação de interesses populares e a mobilização coletiva de baixo para cima mais do que uma política clandestina de pequenos grupos de militares envolvidos em conspirações dentro da caserna, assim como o exercício personalizado do poder. Sua retórica inicial, voltada contra "corrupção" e as elites "oligárquicas", era uma linguagem política bastante desgastada na América Latina, utilizada para justificar intervenção dos militares – a encarnação dos "verdadeiros" interesses nacionais – contra civis governantes desqualificados. O ceticismo dos presentes no FSP em 1996, em outras palavras, refletia a infeliz história da esquerda ao rivalizar com qualquer "messias de salvação nacional", frequentemente de lealdades incertas, cuja "demagogia populista" conquistava um apoio que a esquerda considerava que deveria ser seu. Como o próprio Chávez disse no FSM de 2006, eles o enxergavam "com trepidação" como "um coronel que liderou um golpe militar. Um caudilho" (Chávez, 2006).

Desde que emergiu na América Latina de meados do século XX, o fenômeno político que veio a ser conhecido como populismo foi recebido com antipatia por liberais e marxistas. O populista paradigmático era Juan Perón, da Argentina, um coronel eleito presidente em 1946 depois de cultivar relações com trabalhadores e sindicatos como membro de um regime militar que tinha se recusado, durante a maior parte da Segunda Guerra Mundial, a declarar guerra às potências do Eixo. Tanto os socialistas quanto os comunistas do país tomaram a postura ética de rejeitar um homem que eles consideravam, não inteiramente sem justificativa, um fascista. Ao se alinhar com forças "oligárquicas" liberais e conservadoras na eleição de 1946, a esquerda da Argentina cometeu um erro de cálculo trágico em um momento histórico decisivo. Ao se recusar a aceitar o Peronismo como uma expressão das demandas da classe trabalhadora e da vontade popular, a esquerda foi condenada à irrelevância eleitoral ao longo das décadas seguintes, seu apoio se reduzindo a um setor das classes médias (o grupo social do qual Che Guevara foi recrutado). Assim, a aparição surpresa de Chávez no FSP em 1996 colocava uma questão antiga na mesa para uma geração da "Nova Esquerda" na América Latina, incluindo o PT, que tinha condenado fortemente tanto o passado populista, associado com Vargas e Perón, quanto a esquerda comunista "mais velha" que tinha se resignado a trabalhar dentro de um mundo de políticas populares decisivamente moldadas pelo getulismo e pelo peronismo.

De fato, Chávez no início dos anos 1990 não era de esquerda em qualquer sentido ideológico, seus antigos laços com militantes de esquerda venezuelanos se limitavam a conversas com uns poucos sobreviventes isolados de uma força de guerrilha derrotada nos cinco anos posteriores à Revolução Cubana em 1959. Mas seu golpe em 1992 só pôde ser compreendido como uma sequência do *Caracazo* de 1989, uma onda de protestos abrangendo o país inteiro contra o aumento de preços pelo presidente recém-eleito, Carlos Andrés Pérez, que durante sua presidência anterior, nos anos 1970, tinha sido um amigo de centro-esquerda de Fidel. O *Caracazo* era um repúdio massivo da "Grande Virada" de Peréz em direção ao neoliberalismo e ao FMI. Os protestos foram encerrados em Caracas por um massacre que resultou em ao menos 275 mortos, um evento que abalou a democracia "modelo" do país. O protesto militar ousado de Chávez – pelo qual ele seria preso – foi recebido com ampla aprovação por diversos setores da sociedade, e até a classe política consideraria vantajoso ser simpatizante: Pérez sofreu *impeachment*, Chávez e seus companheiros rebeldes foram anistiados.

Chávez apareceu em El Salvador comprometido com uma rejeição virulenta do *status quo*, e ele enxergava o FSP como representante da resistência na política latino-americana. Embora conhecido por suas poderosas explosões emocionais, Chávez descreveu sua reação à rejeição pelo FSP humildemente em 2006: "Tudo bem; eu não vim aqui para falar à assembleia. Eu vim para ver o que é isso, para aprender, para aprender [...] sobre movimentos, partidos políticos e líderes, para escutar discursos, fazer boas anotações, aprender a me integrar" (Chávez, 2006).[11] Sem ter uma formação de esquerda, Chávez estava disposto a aceitar uma humilhação em 1996 em busca da legitimação que ele por fim receberia do FSP.

A aparição de Chávez era exatamente o tipo de oportunidade que Lula tinha antecipado no encontro em Havana do FSP em 1993, quando ele argumentou sobre a importância vital de alianças, "sobretudo com os setores médios da sociedade que não estão ligados a nenhum partido", mas que estão buscando soluções para o neoliberalismo (Silva, 1994). Para formar tais alianças, a esquerda tinha que superar sua obsessão com a autenticidade de esquerda e sua desconfiança sectária de políticos e de forças políticas não de esquerda. A verdadeira prática política, afinal, consiste não em trabalhar princípios e ideologias no

---

[11] Foi o líder dos representantes do setor da velha esquerda da FMLN, Schafik Handal, que estendeu a mão quando Chávez foi excluído. Chávez relembrou calorosamente como o comunista Handal tinha "a delicadeza, a firmeza, a coragem, o espírito para se dirigir a mim [...] e ele me convidou para a mesa [...] que ele coordenava e se desculpou pelo debate que tinha resultado da minha aparição surpresa na Assembleia" (Chavez, 2006a). Para um comunista de longa data como Handal, Chávez não deveria ter sido de forma alguma uma figura surpresa, porque o marxista-leninista mais famoso da América Latina, o comunista brasileiro Luís Carlos Prestes, tinha iniciado sua vida política em 1924 como um cadete militar rebelde de 22 anos de idade que aderiu à luta armada e obteve fama antes de entrar para o PCB.

papel, mas, em vez disso, em avaliar continuamente forças e personalidades à medida que elas emergem, inesperada e imprevisivelmente, no desdobramento de eventos. O que é frequentemente chamado de pragmatismo se refere à clareza que guia decisões quando se conhece o inimigo principal – isto é, os antagonistas contra os quais os diferentes podem se unir.

Nos anos 1990, a esquerda latino-americana tinha chegado a um entendimento compartilhado de que a construção de uma frente comum contra o neoliberalismo era o seu objetivo principal, o que permitiu que eles colocassem de lado questões de estilo e, em certo grau, até de substância. Mesmo na época de sua rejeição inicial pelo FSP, Chávez já era um novo fator dinâmico na política venezuelana – um fator confuso para os grupos de esquerda existentes – assim como o era o fenômeno do chavismo, que o tornaria presidente em 1998. Três anos depois, Chávez chegou no FSP de 2001 em Havana como o primeiro chefe de Estado antineoliberal, e a declaração final do encontro aclamava o "processo político singular" que ele tinha liderado na Venezuela (Declaración final del X Encuentro..., 2001).

CHÁVEZ E LULA: COMPARANDO OS HOMENS E SUAS PALAVRAS

Como disse Chávez para sua plateia no FSM de 2006, "eu sempre venho" para tais eventos "com o desejo de refletir sobre questões e ideias. E aqui jaz o dilema perpétuo – paixão *vs.* razão – mas ambas são necessárias" (Chávez, 2006a, 2006b). Muitos daqueles que o escutavam buscavam "uma esquerda" mais resoluta e consequente do que aquela que caracterizava o governo de Lula. Porém, apesar da autoridade moral derivada de sua postura de esquerda frontal e da genealogia política revolucionária invocada, Chávez se dirigiu a um leque político mais amplo. Por exemplo, nesse discurso muito radical ao FSM, o presidente venezuelano criticou simultaneamente os militantes de esquerda que o comparavam desfavoravelmente com Lula e com seu governo: "Ninguém pode me pedir para fazer o mesmo que Fidel faz, as circunstâncias são diferentes; assim como não se pode pedir a Lula que faça o mesmo que Chávez; ou a Evo não pode ser pedido que faça o mesmo que Lula". Chávez relembrou dizer que tinha dito a uma plateia majoritariamente brasileira no FSM do ano anterior em Porto Alegre que Lula "é um grande homem e que eles têm que trabalhar com Lula e apoiar Lula" que, assim como Chávez, buscava a reeleição em 2006 (Chávez, 2006a) (Ambos venceram com um pouco mais de 60% dos votos, Chávez no primeiro turno). Mas como compreender sua recusa em criticar a moderação de Lula?

Há poucos motivos para acreditar que Chávez, um homem que violava rotineiramente o protocolo diplomático com comentários duros sobre os presidentes e políticos de outros países, teria se calado se ele se sentisse traído ou desapontado por Lula. Também não é provável que essa falta de crítica refletisse meramente a amizade pessoal de Chávez com Lula ou sua admiração pela história de luta que os conectava enquanto insurgentes. Parece mais plausível que sua postura tenha derivado da necessidade do presidente venezuelano de ser aprovado por Lula e pelo seu governo, e nesse caso sua posição era um movimento diplomático oportunista apesar de previsível. Tal cálculo certamente motivou a postura favorável à Lula adotada pelo presidente dos EUA George W. Bush, famosamente denunciado por Chávez como o diabo. Bush tinha sido forçado repetidamente – até 2007 – a se voltar a Lula buscando ajuda na região, assim como Lula tinha servido repetidamente como garantia vital tanto para o governo de Chávez quanto para o governo alinhado a Chávez de Evo Morales, apesar do último ter realizado uma nacionalização abrupta das propriedades da empresa estatal de petróleo brasileira Petrobras. Ademais, Chávez não estava de forma alguma alheio ao fato de que Lula atraía apoio em setores da política global que não eram simpatizantes das próprias políticas e falas de Chávez. Foi essa configuração de necessidades de Chávez e de Bush que veio a permitir que o governo de Lula detivesse o trunfo de alinhamentos aparentemente incongruentes enquanto se recusava a permitir que qualquer das partes em conflito forçasse o Brasil a tomar uma posição definitiva. Dessa forma, o governo Lula se tornou um ponto de convergência indispensável – entre o volátil Chávez e governos latino-americanos menos amigáveis, assim como entre Chávez e um governo estadunidense mais poderoso interessado em vê-lo fora do poder, cada um deles a distâncias políticas variadas de Lula, seja para a esquerda seja para a direita.[12]

Mas o discurso de Chávez no FSM de Caracas também aponta uma outra razão para sua benevolência diante de Lula: o pessoal e afetivo. Vínculos pessoais tinham sido construídos ao longo do tempo por meio de interações entre os dois e no contexto de reuniões, tanto antes quanto depois dessa geração marcante de pessoas de esquerda ter subido ao poder. O estabelecimento de relações de confiança e de confidência também abrangia o afeto pessoal, que é constatado por todos que viriam a conhecer Lula pessoalmente. Escrevendo depois de uma visita do presidente Lula em 2008, Fidel Castro registrou suas recordações sobre o "direto e vibrante" Lula, "astuto e esperto", que brincava com os repórteres que o aguardavam na saída "de uma forma picaresca e sempre sorrindo" (Castro, 2008). Com Lula, relações entre indivíduos nunca se reduzem a posições ou lógicas políticas, mesmo entre "camaradas" ou "companheiros"; em vez disso, tais relações se dão entre indivíduos únicos que, seja lá quais forem suas diferenças, ainda podem estabelecer um vínculo que alcança para além de fatores externos. Em 2011, por exemplo, o discurso improvisado de Lula para o FSP começou com uma piada sobre falar em português com um público de falantes espanhóis antes de fornecer uma referência descontraída sobre o início do FSP, quando ele não tinha um único cabelo branco e quando Tomás Borge, cofundador da FSLN da Nicarágua, tinha todo seu cabelo; ele prosseguiu se referindo ao Daniel Ortega, da Nicarágua, como tendo perdido mais eleições do que Lula, encerrando com um comentário sarcástico: "Como vocês estão percebendo, tenho muita dificuldade de fazer qualquer discurso de oposição depois de oito anos de governo" (Brasil, Conheça o foro de São Paulo..., 2017)).

Como Chávez observou no FSM de 2006, embora a política diga respeito à razão, ela também lida com paixão e emoções, que servem

---

[12] Ver como Lula lidava habilmente com esse desafio geopolítico em uma entrevista de 24 de fevereiro de 2006: "The Working Man's... 2006, p. 2-3".

para ligar um indivíduo àqueles que ele conhece, gosta e respeita. O poder da conexão pessoal foi captado ao fim do discurso de Chávez para uma plateia de 15 mil no FSM de 2005 em Porto Alegre, quando o presidente venezuelano forneceu uma declaração que, de tão humana, era ainda mais profundamente política: "Eu amo Lula. Eu o admiro. Lula é um bom homem com um grande coração. Ele é um irmão e um companheiro e deixo a ele meu abraço e minha admiração" (Chávez, 2005).

Independentemente de tal amor e receptividade, Chávez teria inquestionavelmente preferido que Lula seguisse políticas mais semelhantes às dele e que ele falasse no mesmo tom. No discurso de Caracas em 2006, Chávez também revelou que ser anfitrião do FSM não significava que ele aceitasse o modelo de política de esquerda vinculado ao novo pensamento global do FSM. Chávez claramente atribuía *status* e legitimidade a essa convergência global de pessoas de esquerda identificada com o Brasil ao sediá-la em seu país, mas seu discurso também diferenciava sua política da de Lula, do PT e da corrente majoritária dentro do FSM. O presidente venezuelano não só se posicionou na esquerda marxista militante do FSM como também criticou explicitamente a sua autodefinição como um processo, e não como uma organização, como "um lugar de encontro aberto para pensamento reflexivo, debate democrático de ideias, formulação de propostas [e a] troca livre de experiências", como dizia sua carta (Carta de Princípios do Fórum Social Mundial, 2004, p. 70). Em vez de constituir uma nova internacional de esquerda, o FSM aspirava servir como um espaço pluralístico de encontro da sociedade civil, um movimento de movimentos, com ênfase na horizontalidade e na autonomia.

Embora afirmasse o respeito de seu governo – de "uma forma quase sagrada" – pela "autonomia dos movimentos sociais" representados no FSM de Caracas, Chávez demonstrava pouca paciência com as regras que impediam manifestos formais e planos de ação do FSM. Fazendo uso abundante de metáforas militares – ofensivas, vitórias, batalhas, recuos – Chávez insistiu sobre a necessidade tanto de "uma estratégia perfeita para os anos adiante" quanto de "uma ligação de todas as nossas causas". Sem "união, união, união", ele alertou, sem "um plano de trabalho unificado, um plano de ação unido, universal" para batalhas adiante tão "vitais para o futuro de nosso mundo", o FSM arriscava se tornar simplesmente um "encontro folclórico, turístico". Em contraste a uma menção à diversidade e autonomia, a palavra "união" aparece uma dúzia de vezes nessa seção das observações de Chávez, embora ele desse o "esclarecimento" revelador de que "ninguém está planejando impor qualquer tipo de coisa sobre ninguém, apenas coordenação, união" – em outras palavras, uma imposição. Chávez também sinalizava discordâncias em relação ao pluralismo ideológico do FSM ao encerrar abruptamente essa parte do seu discurso com "Vejam, Karl Marx cunhou a frase: 'Socialismo ou morte'" – uma citação atribuída erroneamente (Chávez, 2006).

Chávez era claramente crítico ao que ele considerava a dispersão e as políticas excessivamente cautelosas do FSM; de fato, ele era mais abertamente crítico do FSM do que o próprio Lula. Isso explica por que a presença de Chávez no FSM de 2006 despertou certa controvérsia, assim como ocorreu com a segunda aparição de Lula, em 2005, mesmo que por razões diferentes. Embora bem-vindo pessoalmente, de acordo com a carta de princípios do FSM, ambos eram chefes de Estado eleitos quando participaram, assim como líderes carismáticos cuja ascensão ao poder estava baseada em uma relação – constituída por meio da identificação, da emoção e da imaginação – com uma base massiva de dezenas de milhões. Ambos eram homens de paixão assim como de razão; a característica mais conhecida de Chávez era a raiva, enquanto Lula era mais identificado pelos seus sorrisos, seu humor e momentos de empatia chorosa.

Porém, cada líder estabeleceu essa relação de massa de maneiras distintas. Além de diferir nos repertórios discursivos, Chávez e Lula divergiam mais fortemente em como eles se posicionavam em uma relação com seus ouvintes. Enquanto Lula toca um "nervo profundamente messiânico do imaginário popular brasileiro", ele o faz como um dos subalternos, um ex-metalúrgico que tinha "sido bem-sucedido por meio de sua experiência de homem comum" cujo sucesso individual se apresenta como "expressivamente coletivo" (Holston, 2009, p. 6). Chávez, por outro lado, um ex-militar de uma família de classe média baixa de professores, ascendeu ao sucesso mediano dentro de uma instituição central do Estado como um oficial, não um subalterno. Diferentemente de Lula, sua identidade não foi construída por meio de uma sequência de lutas das massas combativas em diálogo com centenas de milhares de trabalhadores. Em vez disso, a militância política de Chávez se originou na política clandestina de pequenos grupos, que ascendeu da obscuridade como um conspirador revolucionário, um líder fracassado de um golpe militar de 1992 contra um governo eleito. O processo de identificação e a criação de relações imaginadas com Chávez começaram com suas famosas duas palavras televisionadas depois de sua primeira tentativa de golpe: "Por enquanto".[13] Depois de um segundo golpe fracassado, Chávez descobriu seu verdadeiro talento: como um político que leva jeito com as palavras, que viria a chegar ao poder por meios eleitorais. Como esperado, Chávez tinha uma relação muito diferente com o imaginário nacional, e a estrutura de sentimentos que cerca seu sucesso é bastante diferente da presente no caso de Lula, no qual "um de nós" foi bem-sucedido.

Embora Chávez inicialmente aspirasse (de forma bastante ineficiente) a uma tomada militar do poder, fatores inesperados da história o levaram a transformar a política de seu país – para o bem ou para o mal – por meio de eleições sucessivas em lutas tumultuadas, quase derrotas e triunfos como presidente. Porém, a "arma mais potente" de Chávez, como comentou a crítica literária venezuelana Yolanda Salas em uma entrevista de 2004, era "seu uso da linguagem. Ele é uma pessoa habilidosa em utilizar discursos e em fascinar as massas [carentes e excluídas]. Eu o chamo de contador de histórias da política venezuelana. Ele sempre tem uma grande narrativa, uma grande história, algo grande a dizer, algo que seduz [...] E se alguém conhece o imaginário popular, é Chávez". Porém Salas rapidamente considerou essa habilidade uma tragédia nacional, um sinal de que "Chávez tinha

---

[13]   Ver o relato de Moisés Naím sobre o impacto dessas palavras em Hawkins, 2003, p. 1.148.

roubado o imaginário popular de nós, porque ele o usa, ele o controla, ele o manipula" (Rivas Rojas, 2005, p. 328).

Salas nos lembra dos enormes fossos entre os vocabulários analíticos dos intelectuais e o campo discursivo dos subalternos à medida que eles emergem como uma força central na política latino-americana ao longo do século passado. Como escreveu o antropólogo Luis Reygadas, os intelectuais contemporâneos – e os documentos e manifestos que eles escrevem – preferem uma linguagem liberal de "cidadania, igualdade, inclusão e diálogo intercultural". Porém, essas são narrativas fracas, ele sugere, que não podem substituir a lógica "eles-nós" que estrutura "discursos subalternos de desigualdade [que] datam de uma longa história de espoliação, discriminação e exclusão". As imagens e as figuras de linguagem desses discursos não são, ele insiste, "um simples reflexo daquela história", mas sim "construções ativas que interpretam a condição latino-americana da perspectiva e dos interesses dos excluídos" (Reygadas, 2005, p. 504).

Para explicar as trajetórias extraordinárias de Chávez e de Lula, devemos começar com as minúcias de suas vidas como indivíduos biográficos. Mas não entenderemos nada se não levarmos em consideração aqueles que seguiram, apoiaram e votaram neles em diferentes momentos ao longo das décadas. Como escreveu Carlos de la Torre, o apelo do populismo ou de qualquer forma de política popular de massas não pode ser compreendido sem se prestar "atenção séria [...] às palavras, comunicações e conversas *entre* líderes e seguidores", porque "as expectativas, culturas e os discursos autônomos dos seguidores são igualmente importantes para compreender o vínculo populista" (Torre, 2007, p. 392, grifo nosso). Mas mesmo esse foco é estreito demais para explicar significantemente os sucessos de Chávez e de Lula, cujas raízes só podem ser encontradas no espectro inteiro de relações que esses dois líderes estabeleceram com todos os agentes históricos ao redor deles (sejam apoiadores ou oponentes) e como cada homem agiu diante de e em resposta a esses agentes (incluindo membros e representantes da mídia).

O discurso chavista, à medida que ele emergia, pedia o fim da "espoliação, apropriação e extermínio" do *pueblo-pobreza* que se originou com a conquista, mas que continuou presente sob uma sórdida oligarquia corrupta apoiada por exploradores estrangeiros (Hawkins, 2003, p. 1.147). O paralelo entre o discurso de Chávez e as representações subalternas da desigualdade analisado por Reygadas é marcante. Estas representações, observa Reygadas, "sintetizam processos sociais complexos em imagens simples e dramáticas cheio de elementos emocionantes e éticos" ao recorrerem "aos arquivos da memória histórica para recuperar imagens facilmente identificáveis: o abuso dos poderes coloniais, os maus-tratos aos povos indígenas, a escravidão dos negros". Os subalternos usam essas imagens anacrônicas "de outra era com pouca correspondência às realidades do presente" para "interpretar problemas contemporâneos" e "esses desequilíbrios temporais têm eficácia simbólica e política: eles acertam as contas com os fantasmas do passado". Dadas essas qualidades, segue Reygadas, tal retórica anacrônica "não deve ser interpretada como [sinal de] imobilidade ou imutabilidade"; em vez disso, ela é um produto de "uma reconstrução contínua que reivindica muitos elementos de configurações anteriores mas também é aberta à contingência e à mudança" (Reygadas, 2005, p. 502-504).

Nessas representações subalternas, enfatiza Reygadas, "os aspectos intencionais da desigualdade são geralmente ressaltados" e toda a culpa atribuída aos poderosos. O sofrimento material, moral e psicológico não é representado como resultante dos processos e abstrações desencarnados – falhas do mercado, globalização, capitalismo – favorecidos pelos intelectuais de todas as perspectivas políticas. Além disso, o governo e seus líderes são considerados mais responsáveis pela pobreza e pelo sofrimento, com a expectativa de que eles "serão o componente principal de sua resolução" e o farão de uma forma direta, imediata e visível (Reygadas, 2005, p. 503).

É assim que o chavismo chega à sua identificação grandiosa e direta entre líder e nação, entre líder e *pueblo-pobreza* e entre comandante e seguidor (Hawkins, 2003, p. 1.154). Daí a adoção entusiasmada por Chávez do papel de pedagogo, falando do palco central para plateias que frequentemente o adoravam. Esse papel empolgava Chávez desde o início de sua carreira militar, como ele registrou em uma carta de julho de 1977 para seus pais sobre uma palestra patriota que ele havia dado para uma plateia de 500 estudantes de ensino médio em nome da nação:

> Quando eu estava em pé no palco antes de começar, o coral da escola cantou o Hino Nacional. Eu senti, então, uma grande emoção, eu senti o sangue fluir pelas minhas veias e meu espírito ardeu tanto, que eu fiz uma das minhas melhores apresentações [...] Ao final, os estudantes não conseguiam parar de aplaudir, e [...] me parecia que eu tinha sido levado para um tempo futuro [...] [e] que pode ser que eu alcance o que eu desejo e que eu me torne feliz. (Zago, 1992, p. 25, conforme citado e traduzido em Hawkins, 2003, p. 1.147)

Dois anos antes desse discurso, Lula tinha sido eleito presidente do sindicato de metalúrgicos de São Bernardo aparentemente como figura-de-proa para seu presidente anterior, raramente falando em público nesses anos iniciais na direção do sindicato. Lula, como os pobres e os subalternos, primeiro teve que lutar para obter uma voz em uma sociedade profundamente caracterizada por hierarquias e domínio despótico, seja na política, na fábrica ou no sindicato. Como já vimos, o povo tinha pouquíssimas ilusões sobre as realidades de poder que enfrentava, e tinha uma consciência intensa de sua própria miséria combinada com um senso profundamente enraizado de ser injustamente tratado nas mãos dos mais poderosos. O resultado foi que o descontentamento manifesto coexistia com altos níveis de dissimulação no interior de uma consciência de massa permeada por um senso de que o mundo estava armado contra os pobres, os fracos, os não brancos e os analfabetos. "Lula nunca foi um extremista de esquerda", Fidel observou em 2008, "nem ele subiu ao poder para se tornar um revolucionário com base em posições filosóficas; em vez disso, ele o fez como um trabalhador de origens humildes e de fé cristã que trabalhou duro para gerar mais-valia para os outros" (Castro, 2008).

Uma característica determinante da consciência desse povo trabalhador era sua autopercepção como pequenos e fracos; explicando o cultivo do engano e da astúcia como sua arma de escolha face a face com os poderosos. A astúcia também era admirada naqueles que desejavam ser líderes; daí o respeito por Lula, que se mostrou um mestre em ser tudo para todos. Para os trabalhadores alcançarem suas esperanças, seria necessário um líder capaz de manobrar dentro das relações de poder existentes para tirar vantagem de pequenas brechas entre os superiores sem ser reduzido pelo poder deles. Já que a afronta aos superiores é passível de punição imediata, os líderes teriam que ser capazes de se relacionar com e de manipular os antagonistas aos seus interesses e desejos – ainda mais se um indivíduo estivesse dedicado a uma prática transformadora ou orientada pela luta, como Lula. Ao mesmo tempo, o preço por tais manobras é que os liderados podem considerar o líder suspeito, portanto é essencial que eles acreditassem na sua integridade, compromisso e lealdade. É por isso que a liderança é uma relação e a política materializa o trabalho feito com palavras; para liderar de forma bem-sucedida, como escreveu Georg Simmel, "todos os líderes também são liderados", e isso só pode ocorrer quando o líder é considerado um recipiente seguramente digno da fé de um indivíduo como parte de um pacto de reciprocidade (Simmel, 1950, p. 185).

A força propulsora do argumento geral deste livro é que a liderança, compreendida como um processo e uma relação (de mão dupla, mesmo que assimétrica), é a ligação causal entre consciência das massas e mobilização. A prática da liderança por Lula compartilha muito com a de Hugo Chávez, ambos se situando no centro do fenômeno político de massas. Porém, Lula adotou uma estratégia de trazer as pessoas para um espaço de convergência dos diferentes, enquanto manteve um foco central na organização dos setores populares sobre uma base mais duradoura e autônoma. Chávez, por outro lado, preferiu atrair a diversidade para segui-lo, agindo como o "representante" da sua base, sua síntese, sua condensação – enquanto conduzia uma relação entre líder e liderados em uma base mais de cima para baixo, caracterizada pelo individualismo e por recorrer à unidade e ao comando, não à convergência e à persuasão.

Uma abordagem antropológica da política como um trabalho corporificado feito com palavras por indivíduos em sua relação com os outros valoriza o social, o cultural e o discursivo e fornece uma via para compreender dois estilos distintos de liderança política carismática dentro da guinada à esquerda do século XXI na América Latina. As últimas quatro décadas de Lula, nas quais ele ascendeu do sindicalismo para a presidência e para a pós-presidência, exemplificam seu estilo de liderança, uma política de astúcia transformadora caracterizada por políticas aditivas, executadas por meio da criação de espaços de convergência que transcendam as diferenças, e realizada via um trabalho corporificado feito com as palavras do vernáculo popular.

17. O PRESIDENTE, UM HOMEM QUE CUMPRE SUA PROMESSA

Ao longo dos 520 anos do Brasil, a luta dos subalternos para serem escutados tem sido extraordinariamente difícil; durante os três séculos da era colonial, menos de meia dúzia de vozes da maioria popular, grande parte dela escravizada, foram preservadas nos arquivos. Um Lula combativo, quando se preparava para a difícil eleição de 2006, se referiu a essa luta quando atacou aqueles que dizem que:

> 'Esse Lula quer dividir o Brasil entre os pobres e os ricos' [...] Eu já nasci com ele dividido [...] , lamentavelmente nasci do lado dos pobres. Eu poderia ter nascido senhor de engenho, mas nasci na senzala. Não fui eu quem dividiu, ele veio dividido. O que eu quero é repartir o pão produzido de forma mais justa. (Lula, citado em Kamel, 2009, p. 101)

Desde sua aparição em maio de 1978 no programa de TV Vox Populi, o jovem torneiro mecânico impressionou aqueles que o conheceram com sua capacidade evidente de liderar e de se comunicar. Em abril de 1979, depois de seus feitos nunca antes vistos durante a greve massiva de 15 dias a *Folha de S.Paulo* se maravilhava,

É inegável que o Lula é dotado de qualidades que fazem dele um grande líder: uma inteligência ágil, perspicaz e engenhosa; capacidade de determinação que chega próximo ao voluntarismo; grande poder de comunicação que se expressa através de uma oratória fluente, agressiva, de frases curtas e diretas; garra, muita garra, chispa de quem acredita em si próprio em extremo; inequívoca seriedade que se projeta de sua representação social, autêntica e engajada que lhe assegura um clima de confiança e respeito (Affonso, 1979, p. 3).[1]

Três décadas depois, Ali Kamel, o poderoso diretor-geral de jornalismo da Rede Globo, frequentemente crítico de Lula, comentou como ele não obstante é "uma pessoa cativante: afetivo, carinhoso, atencioso, brincalhão", um homem que "tem sempre um sorriso nos lábios, faz referências a contatos anteriores, conta uma ou outra piada, ou situação engraçada". A própria linguagem corporal de Lula – "dá tapinhas nas costas, segura o braço do interlocutor" – demonstra e atrai simpatia, mesmo nos momentos politicamente mais delicados. Também elogiavam Lula os industriais contra os quais ele liderava greves, o chefe do Dops de São Paulo, Romeu Tuma, que manteve Lula na prisão em 1980, e até seus colegas políticos, os quais ele podia confrontar publicamente, mas cujas interações privadas eram marcadas por sua elegância e charme. Já sobre as habilidades comunicativas de Lula, todos que já o escutaram – seja pessoalmente, em uma manifestação ou em um debate na TV – a certa altura se sentiram atraídos, mesmo quando discordavam dele; assim, 80% dos brasileiros avaliavam Lula positivamente em 2009-2010. Kamel comentou que "Mesmo entre os críticos mais ácidos de Lula, ninguém duvida de sua imensa capacidade de [...] fazer-se entender de modo simples e eficaz, tanto pelo erudito quanto pelo iletrado" (Kamel, 2009, p. 15, 23).

O estudo de Kamel sobre a retórica presidencial de Lula enfatiza que seus talentos incomuns estão interligados com "sua experiência concreta de vida [que] ocupa um espaço absolutamente central na forma como ele vê o mundo". Kamel, conhecido por criticar o governo

---

[1] Agradeço a Bryan Pitts por esta citação.

de Lula, estava sozinho ao pesquisar o que Lula fazia com as palavras como presidente entre 2003 e 2008. Publicado em 2009, o *Dicionário Lula* expunha de forma bruta o discurso de Lula em 566 páginas detalhadas de trechos em letras miúdas dispostos em duas colunas, organizados por tópicos para facilitar a localização. Como Kamel escreve em seu ensaio analítico de 90 páginas, "Lula merece ter o seu pensamento esquadrinhado, medido, avaliado", uma tarefa que será enfrentada por "um batalhão de historiadores e cientistas políticos por décadas a fio" (Kamel, 2009, p. 17).

O livro de Kamel esclarece mais a presidência de Lula do que boa parte da literatura acadêmica que gira em torno do debate sobre se as políticas dos seus governos romperam com o neoliberalismo. Tais argumentos foram mobilizados não apenas por muitos da esquerda e acadêmicos críticos aos governos do PT, mas também por figuras de oposição da centro-direita, que mobilizaram de forma oportunista um vocabulário de traição, decepção e desilusão emotivamente poderoso para questionar provocativamente se Lula foi alguma vez na vida de esquerda ou se o PT "ainda pode ser adequadamente visto como um partido de esquerda" (Hunter, 2008, p. 16).[2] O historiador brasileiro Joseph Love levantou uma questão muito mais proveitosa em seu livro de 2009: "de que maneiras o governo Lula representa uma ruptura com o passado" (Love, 2009, p. 305).

Ao responder a essa questão, Kamel faz uma afirmação ousada: de que o percurso da vida de Lula foi "tão extraordinário e improvável (no Brasil e em qualquer parte do mundo) que ele acabou por se sentir irremediavelmente preso ao seu passado". A trajetória de Lula até a Presidência foi tão implausível considerando-se de onde ele veio, diz Kamel, mas ela "seria impossível sem essa mesma origem".

---

[2]   Para exemplos destes argumentos, ver Kingstone e Ponce, 2010, p. 98, 110, 122; Barros Silva, Souza Braga e Cabral Costa, 2010, p. 124, 136. Fortes, 2009, avalia os debates da esquerda brasileira sobre o papel do PT durante as administrações de Lula. Estudos empíricos da ideologia política dos legisladores políticos nacionais brasileiros de 1990 até 2005 demonstram um clássico alinhamento esquerda-direita, com um desvio moderado à esquerda no geral e um deslocamento muito mais acentuado do PSDB da esquerda para a centro-direita (Power e Zucco, 2009, p. 219-220, 231-232).

Consequentemente, a devoção de Lula ao seu passado é apresentada pelo presidente como "prova de sua integridade, de seu ineditismo, de sua pureza". Seria uma distorção interpretar isso como uma retórica eleitoral meramente oportunista, porque a peculiaridade biográfica de Lula é a própria base sobre a qual ele afirma "competência e o seu compromisso com as boas políticas" (Kamel, 2009, p. 48-49, 53). Como escreveu Luis Felipe Miguel em seu estudo sobre a eleição presidencial de 1994, Lula tinha que "lutar contra a dupla pecha de 'ignorante' e 'inexperiente'" (Miguel, 2000, p. 164-165) e o fez invocando sua vivência. Nestes moldes, Haquira Osakabe já havia enfatizado o quanto o discurso de Lula como sindicalista foi marcado não pelo uso do "saber formulado ou da palavra de ordem" mas pela "explicitação da experiência sensível" (Osakabe, 1987). Lula valorizava assim o "conhecimento empírico" sugerido em uma parábola à qual ele recorria durante sua primeira campanha contra o sociólogo FHC:

> O sociólogo e o pescador estavam atravessando o rio no barco e travavam o seguinte diálogo. O sociólogo pergunta: 'Pescador, você sabe o que são disposições transitórias?' 'Não, senhor.' 'E medida provisória, pescador, sabe o que é?' 'Não, senhor.' 'Você sabe o que é a peça orçamentária?' 'Também, não, senhor.' Aí o sociólogo conclui: 'Como esse povo é ignorante.' Passado um trecho do rio, o pescador pergunta: 'O senhor sabe como eu pesco com a rede?' 'Não,' respondeu o sociólogo. 'E esse peixe aqui, você sabe o nome dele?', perguntou o pescador, com a peixe nas mãos. 'Não sei.' 'E esse outro aqui, o senhor sabe o nome?' 'Não, não sei.' É a vez do pescador concluir: 'Pois não é o povo que é ignorante. Os dirigentes é que não conhecem as formas de viver de sua gente'. (Barreira, 2002, p. 184)

Outro repórter, ao escrever sobre Lula naquele ano comentou como a frustração devido ao afastamento de tal conhecimento alimentava o discurso de campanha mais emocionante de Lula, em Maceió, capital de Alagoas: "fala com o coração, diz que sonha com um país sem crianças na rua e repudia o preconceito que se alimenta contra o fato de não ter curso superior. 'Vamos mostrar a eles que um torneiro-mecânico pode fazer mais pelo país que os doutores que se perpetuam no poder'" (Medeiros, 1994, p. 75). Ou, como ele disse quando já era presidente, "Nós só ganhamos porque o povo brasileiro falou: 'Espera aí! Essa gente governa o Brasil desde que Cabral chegou aqui, há 500 anos [...] e a gente está sempre na pendura. Vamos experimentar o peão que veio do nosso meio" (Kamel, 2009, p. 55). Essa abordagem dialoga com os deslizes, erros gramaticais e expressões impróprias, muito exageradas, que aqueles com educação superior se regozijam ao zombar (Pinto, 1989, p. 86).[3] O que é evidente, conclui Kamel, é que "Lula sabe o que faz, por que faz, e onde faz: seu objetivo é se comunicar com todos, mas, prioritariamente, com o 'povão', que compõe a massa de cidadãos" (Kamel, 2009, p. 23, 41).

As palavras de Lula também oferecem uma via para abordar debates que embasaram discussões durante a era Lula-Dilma. Em que medida sua popularidade refletiu conquistas materiais por seu governo? O seu sucesso como presidente foi uma conquista a ser aclamada pela esquerda ou um desvio discutível dos princípios de esquerda? Quais foram as consequências da mudança na base eleitoral massiva do PT durante a administração presidencial de Lula? E por fim, o petismo, cerne doutrinário do PT centrado no partido, degenerou em populismo e em um culto amorfo de personalidade – lulismo – acompanhado por um reformismo fraco, pelo incentivo ao consumo de massa e pelo fracasso em aumentar a consciência política dos milhões que se beneficiaram das políticas dos governos Lula-Dilma?

Esse capítulo, portanto, retorna ao diálogo levado a cabo entre a intelectualidade e as classes populares de São Paulo – incluindo FHC, o professor universitário, e Lula o trabalhador – embora não deixe de observar as consequências das políticas de Lula na vida real, um ponto abordado por ninguém mais e ninguém menos do que o rebelde realista Frei Chico. Seu irmão tinha alcançado, como ele comentou em novembro de 2015, "uma certa distribuição de renda dentro de uma miséria qualquer". Pode não parecer muito para alguns, segue Frei Chi-

---

[3]   Com relação ao domínio de Lula sobre a norma culta da língua portuguesa e como ele melhorou, ver a análise linguística pelo seu entrevistador da *Playboy*: Machado, 2003.

co, mas foi uma conquista para muitos outros brasileiros – visto que, como Frei Chico refletiu anteriormente para Paraná, "quantos Lulas poderiam estar por aí se o país fosse outro?[4] Ao focar naqueles que são invisíveis para os bem alimentados e bem posicionados, Frei Chico nos lembra que os dons e talentos de Lula devem ser enxergados em relação à grande maioria dos brasileiros, desprovidos não só de uma vida decente e livre da fome mas até da oportunidade de "ser alguém" com pelo menos uma capacidade mínima de transformar seu mundo imediato, seja o quão modestamente for. Isso foi fundamental para o ataque à ordem constitucional da Nova República na forma de um golpe parlamentar em 2016 contra a sucessora reeleita de Lula, Dilma Rousseff, que colocou o país em um processo acentuado de decomposição socioeconômica e política que levou à presidência Jair Bolsonaro, um defensor indisfarçado dos militares, da ditadura e da tortura.

"ORTODOXIA" ECONÔMICA, VONTADE POLÍTICA E VIDAS MELHORADAS

Enfrentando uma situação macroeconômica em deterioração, o primeiro mandato de Lula havia sido marcado por uma continuidade substancial e até mesmo por austeridade, o que decepcionou muitos da esquerda, mesmo no PT. A liderança do PT conduziu a política macroeconômica cuidadosamente dentre os moldes neoliberais estabelecidos nos anos 1990. Porém, o historiador britânico Perry Anderson também comentou que esse mesmo período, "enxergado como um processo social [...] marcou uma ruptura nítida" com o passado do Brasil (Anderson, 2011). O governo de Lula enfatizou a redistribuição por meio do que se tornaria seu programa emblemático, o programa de transferência condicional de renda chamado Bolsa Família.[5] Concebido para substituir seu frágil programa Fome Zero e para consolidar

---

[4] Frei Chico, 2015, em "Gravação 2015 11-1 Frei Chico (72 Minutos)-Sudeli", Centro de Memória Sindical, São Paulo; Frei Chico, entrevista por Paraná, 5 de outubro de 1993 (Paraná, 2002, p. 189).

[5] A literatura sobre a Bolsa Família é vasta e está sempre em expansão. Para uma boa introdução, ver Lindert et al., 2007. Para a análise detalhada de uma gestora do programa sobre seu planejamento e implementação, ver Fonseca, 2008.

os programas focalizados já existentes, o Bolsa Família foi implementado e expandido com eficácia implacável até alcançar 11,1 milhões de famílias (45 milhões de membros no total) até a eleição presidencial de 2006, alcançando 77% daqueles elegíveis nacionalmente. O programa custou 2,5% do orçamento federal uma porcentagem infinitesimalmente pequena em comparação com os pagamentos feitos aos credores do governo ou com o sistema previdenciário relativamente oneroso do país, (Hunter e Power, 2007, p. 19; Amann e Baer, 2009, p. 36-37).[6] Como Lula gosta de dizer, "É barato e fácil cuidar dos pobres" (citado em Anderson, 2011).

Ao mesmo tempo, o governo de Lula tinha começado ou expandido uma variedade de programas e de iniciativas incrementais cujo impacto era sentido cada vez mais como crescimento econômico acelerado em seu segundo mandato. Esses incluíam o acesso subsidiado a crédito para cidadãos de baixa renda, apoio aprimorado para os idosos e para a agricultura familiar, uma iniciativa de construção de moradia pública ambiciosa, um programa para providenciar acesso universal à eletricidade, a expansão do acesso subsidiado à educação universitária e um aumento vasto do sistema de universidades federais. Os aumentos contínuos do salário-mínimo pelo governo – com valor real elevado em 67% entre 2003 e 2010 – afetou decisivamente a distribuição de renda (Morais e Saad-Filho, 2011, p. 35). Durante seu segundo mandato, os investimentos em infraestrutura também dispararam por meio do Programa de Aceleração de Crescimento (PAC), enquanto o PIB *per capita* cresceu entre 2003 e 2009 a uma média anual de 2,9%, chegando ao ápice de 7,5% em 2010 (Amaury de Souza, 2011, p. 82).

O governo Lula dificilmente seria a primeira administração desde 1989 a gerar melhorias reais no bem-estar da população. Ao acabar com a hiperinflação que prejudicava particularmente os mais pobres, a estabilização da moeda pelo Plano Real em 1994 – a âncora econômica e eleitoral do governo de FHC – tinha gerado melhorias reais, mesmo que descontínuas. Além disso, Lula, muito antes de 2002, ti-

---

[6] Para a alocação de recursos e as tendências orçamentárias, ver Hall, 2006, p. 692-694.

nha reconhecido a baixa inflação e a estabilidade econômica como um bem público. Sob Lula, entretanto, a maioria experienciou melhorias contínuas e aceleradas, incluindo uma reversão dramática da tendência dos anos 1990 para o emprego precário devido à expansão do setor informal ("flexibilidade do mercado de trabalho", no jargão neoliberal).

Apesar da fragilidade econômica herdada, o primeiro modesto mandato de Lula no cargo gerou resultados surpreendentes, mesmo mantendo políticas econômicas ortodoxas. As novas políticas sociais do governo tinham, até o final deste mandato, reduzido a pobreza absoluta para 15% (Hunter e Power, 2007, p. 16-17; Paes de Barros *et al.*, 2007). Esses resultados positivos contrariavam as expectativas de muitos acadêmicos – da direita, do centro e da esquerda – que haviam duvidado da viabilidade de reduzir as desigualdades ao mesmo tempo que se garantia a subsistência básica para cada cidadão. Para neoliberais, o sofrimento de curto prazo oriundo dos "remédios amargos mas necessários" era imprescindível para a saúde a longo prazo da economia, e "concessões" eram consideradas perniciosas. Porém, mesmo muitos economistas marxistas e e de outras correntes de esquerda assumiram que, sem reformas estruturais "as perspectivas de melhorias materiais no curto prazo não eram boas" para as "50 milhões de pessoas vivendo atualmente abaixo da linha de pobreza" (Saad-Filho, 2003, p. 5).

Dadas as disparidades regionais, raciais, de gênero e de classe enraizadas do Brasil, os resultados do segundo mandato foram ainda mais surpreendentes com até 15 milhões de novos empregos gerados, 23 milhões de pessoas superando a linha da pobreza e outras 30 milhões alcançando o *status* de "classe média baixa". Isso legitimou ainda mais o argumento da esquerda – repetidamente invocado por Lula como sindicalista e como presidente – de que o aumento do consumo popular providencia o melhor fundamento para o crescimento econômico e que a redistribuição orientada pelo governo funciona. O desemprego caiu para os níveis mais baixos jamais registrados, e o aumento contínuo do poder de compra do salário-mínimo – que afeta a remuneração nos setores formais e informais – aprimorou a alavancagem dos trabalhadores. Com um governo favorável ao diálogo social e antigos dirigentes operários portando cargos governamentais importantes, o ambiente de negociação para sindicatos – nos quais cerca de um quinto da força de trabalho formal participa – era favorável, com 78% de negociações salariais em 2008 resultando em aumentos acima da inflação, 80% em 2009 e 89% em 2010 (Moreira, 2011). Tal progresso continuaria sob a sucessora de Lula, visto que o governo de Rousseff agiu com esforços para garantir direitos trabalhistas iguais para servidores domésticos, incluindo aposentadoria e dias de férias, por meio de uma emenda constitucional de 2012 aprovada pelo Congresso nacional (o único voto contrário foi o de Jair Bolsonaro) (Roberts, 2017).

Embora o PIB brasileiro tivesse crescido menos rapidamente do que o da China, o crescimento do Brasil, diferentemente do da China, trouxe diminuições significantes na desigualdade de renda. O Brasil passou por verdadeiros aumentos substanciais na renda das classes populares desde 2003, com os maiores ganhos para aqueles na base, melhorias significantes, porém menores, no meio e os aumentos menores indo para os 10% mais bem pagos (Neri, 2009, p. 229-231). Ao atacar a pobreza e a desigualdade, o governo de Lula também tinha deslocado os discursos políticos o suficiente que observadores pudessem argumentar que "a redução da pobreza está agora no centro do debate político" (Zucco, 2008, p. 49). Ao fim de seu segundo mandato, menos brasileiros afirmariam publicamente – seja de forma fatalista ou por conveniência – que "os pobres sempre estarão conosco", embora a maioria agora acreditasse que a Bolsa Família estaria, até sob o atual presidente de extrema-direita do Brasil. Depois de 2006, todos os candidatos presidenciais passaram a declarar seu comprometimento com esse programa, e havia a esperança – apesar de certo preconceito na classe média e na elite, principalmente nos estados mais ricos – de que os cidadãos não pobres tivessem ficado satisfeitos com a melhoria significativa das manifestações mais extremas da pobreza, tais como a fome endêmica, como Lula havia prometido no início de seu primeiro mandato.

Até o fim de seu segundo mandato, milhões de brasileiros se tornariam mais plenamente cidadãos enquanto trabalhadores assalariados e consumidores ativos, mais amplamente dotados de direitos e assertivos em relação a eles.[7] Perry Anderson considera adequadamente o segundo mandato de Lula "um caso muito mais confiante". Embora Anderson provavelmente exagere ao considerá-lo "uma radicalização no governo", ao final do governo Lula havia indubitavelmente cumprido sua promessa de não "repetir o que eu realizei no meu primeiro mandato. Agora nós temos que inovar. E pelo amor de Deus, não cometam o erro de usar as palavras desenvolvimento ou crescimento econômico sem acrescentar a frase redistribuição de renda" (Anderson, 2008; Lula, citado em Leopoldi, 2009, p. 236).[8] A confluência de desenvolvimentos econômicos positivos e iniciativas governamentais com credibilidade gerou uma popularidade pessoal extraordinária e duradoura para Lula. Seus índices de aprovação alcançariam 80% na véspera da vitória de Rousseff em 2010 com 56% dos votos no segundo turno (Barros Silva, Souza Braga e Cabral Costa, 2010). No início da campanha, o adversário de Dilma, José Serra – derrotado por Lula em 2002 – se esforçou em negar que estivesse contra Lula; numa famosa declaração ele disse que Lula estava "acima do bem e do mal" (Lacerda, 2010). "Por qualquer critério", afirmou Anderson, o extrovertido Lula foi "o político mais bem sucedido de sua época", uma opinião compartilhada publicamente pelo presidente dos EUA Barack Obama em 2009 (Anderson, 2019, p. 3).

Indubitavelmente, o impacto imediato do sucesso de Lula como presidente foi aumentar a autoestima da maioria popular, principalmente no Nordeste. Sua inesperada ascensão desafiou os preconceitos internalizados e os comportamentos auto-inibidores reproduzidos por uma sociedade senhorial e paternalista marcada pelo racismo e pelo sexismo. Porém, os avanços da era Lula-Dilma, embora significativos e substanciais, estavam longe de resolver as mazelas sociais do

---

[7]   Sobre essa autoafirmação crescente, ver Holston, 2009.

[8]   Assim como muitos intelectuais de esquerda europeus, os vínculos de Anderson com o Brasil existem desde o período que ele passou aqui em 1966-1967 para fazer uma tese sobre a história brasileira que ficou inacabada "na turbulência estudantil de 1968". (Perry Anderson, 2019, p. x).

Brasil, tão eloquentemente denunciadas por gerações de reformistas brasileiros. Embora o Brasil tivesse de fato feito história ao eleger uma mulher como presidente em 2010, o país ainda ranqueava em 142° lugar na porcentagem de mulheres em cargos legislativos nacionais (9% *versus* uma média mundial de 18%) (Bittencourt, 2009). Além disso, o empenho do governo em ampliar oportunidades para as classes populares e para os afrodescendentes renderá frutos quando a primeira geração de estudantes universitários de hoje finalmente ascender às estruturas políticas e administrativas do país. Mesmo o modesto avanço simbólico da maioria afrodescendente do Brasil demonstra o quanto o Brasil ainda tem que progredir; depois das eleições de 2010, a porcentagem de autodeclarados como negros na Câmara dos Deputados quase dobrou, para 43, 8,5% das cadeiras em um país cuja quase metade da população é preta ou parda.[9]

REDISTRIBUIÇÃO, RECONHECIMENTO E EXPANSÃO DE OPORTUNIDADES

Desde sua fundação, o PT é o único partido do país com uma adesão de massa ativa – entre 500 mil e 800 mil membros registrados em 2000 (Samuels, 2004, p. 1009) – e têm desfrutado de coesão interna significante, uma poderosa vantagem para seu líder.[10] Ademais, ele é o único partido com uma adesão partidária bem estabelecida entre os eleitores. Enquanto a maioria não expressa identificação partidária nas eleições nacionais, um quarto se identifica com o PT; a crise de corrupção de 2005 apenas reduziu o apoio para um em cada cinco, o que permanece até hoje. Os únicos outros partidos com algum grau de identificação partidária – o PSDB, de oposição, e o centrista PMDB – tinham a preferência de menos de um em cada 20 eleitores em 2003,

---

[9] União de Negros pela Igualdade, Balanço eleitoral; 56% dos parlamentares negros no período foram eleitos por partidos de esquerda.

[10] André Singer (2010, p. 92) afirma sem citar fontes que o PT tinha 1,2 milhões de membros até 2009, uma descoberta significante se verdadeira. "Para um estudo empírico fascinante das dinâmicas internas do PT e sua intersecção com os sistemas político, partidário e eleitoral", ver Ribeiro, 2010.

apesar de obterem em conjunto 46% dos votos nacionais em 2002 (Samuels, 2006, p. 5-6; Singer, 2010, p. 91).

Porém, um elemento importante do sucesso do petismo tradicionalmente deixou de ser examinado até as eleições presidenciais de 2006: o apelo extraordinário de seu fundador, muito maior do que o do seu partido. O PT, cuja maioria dos filiados (diferentemente de simpatizantes) era amplamente de classe média, se via, como era de se esperar, em termos de plataformas partidárias e de campanha, ideologia e princípios; sua valorização do companheiro Lula, a princípio, era considerada "não personalista" (Samuels, 2006). Porém, nas disputas presidenciais depois de 1994, o número de votos para os candidatos do PT nunca chegou próximo ao de Lula: 35% do total de votos de Lula em 1994, 41% em 1998 e 2002 e 30% em 2006, 2010 e 2014 (Zucco, 2008, p. 32).

Um tipo purista de petismo tinha começado a se dissipar durante os anos 1990, à medida que dirigentes partidários percebiam que a história, personalidade e carisma de Lula eram essenciais para conquistar a Presidência (Barreira, 2002, p. 170). Uma vez que Lula foi eleito, sua popularidade e influência – agora denominados lulismo – ultrapassavam em muito as de seu partido e de sua coligação no governo, fazendo parecer pequenos os movimentos sociais organizados dos quais sua liderança havia emergido. Durante seu primeiro mandato, o fosso entre as políticas do governo e o programa histórico do PT deixou as identidades petistas tensionadas. Quando os escândalos de corrupção em 2005 abateram dirigentes, deputados e ministros importantes do PT, a visão que a população geral tinha sobre Lula tornou-se a principal sustentação do partido nas eleições de 2006. O destino de Lula dependia do voto popular porque a oposição decidiu não buscar o *impeachment*, insegura devido a possíveis desvantagens e confiante de que o presidente encurralado seria derrotado eleitoralmente (eles não cometeriam esse erro posteriormente) (Figueiredo, 2006).

Os resultados de 2006 foram uma vitória deslumbrante e enfática para Lula e uma derrota avassaladora para o seu adversário, o PSDB (Hunter e Power, 2007, p. 1-2, 20, 24; Souza, 2011, p. 78). Em seguida, a discussão sobre o lulismo se intensificou. Embora tenha vencido pela mesma margem em 2002, em 2006 a distribuição dos votos havia se deslocado significantemente em termos de região, classe e nível de educação. Pela primeira vez nas cinco disputas presidenciais de Lula, como observou Simone Bohn, o nível de renda se relacionava negativamente com a probabilidade de votar em Lula. Ele "perdeu terreno entre os eleitores com educação superior" e experienciou seu maior crescimento entre os brasileiros com menos anos de escolaridade formal" (Bohn, 2011, p. 66-68). Os votos do segundo turno também demonstravam um apoio desproporcional a Lula por parte daqueles que se autoidentificavam como pretos (74%) e pardos (67%), comparados com os brancos (52%), embora o apoio de Lula fosse apenas ligeiramente mais forte entre homens do que mulheres (Hunter e Power, 2007, p. 5).

Acadêmicos analisaram os resultados de 2006 principalmente por meio do impacto eleitoral da Bolsa Família. Wendy Hunter e Timothy Power concluíram que "uma explicação bastante direta da 'carteira' contribui muito para explicar a vitória de Lula" (Hunter e Power, 2007, p. 20). Outros argumentaram que a Bolsa Família alimentou decisivamente o crescimento do partido em "municípios menos povoados e mais pobres" e entre populações que não apoiavam tradicionalmente o PT (Soares e Terron, 2008, p. 298). Por fim, houve aqueles que enquadraram o novo eleitorado de Lula como parte de uma "tendência dos mais pobres a apoiar o candidato à reeleição na corrida presidencial" há muito tempo estabelecida para obter benefícios federais necessários, refletindo assim o modelo clássico de clientelismo (Zucco, 2008, p. 35).

Enfatizar o simples ganho econômico ao explicar o eleitorado de Lula ecoa ideias brasileiras bem estabelecidas sobre a falta de independência dos eleitores mais pobres do país, tradicionalmente vistos por seus superiores sociais como mal-informados, facilmente enganados e baratos de comprar, suscetíveis à liderança carismática, à demagogia e ao clientelismo. Como escreveu o cientista político francês Stéphane Monclaire em sua excelente análise, em 2006 a maioria dos eleitores com quatro anos ou menos de educação formal (metade do eleitorado) dificilmente conheceria as conotações políticas de esquerda e direita ou a classificação dos partidos dentro de tal espectro (Monclaire, 2007, p. 26, 31).[11] Entretanto, foi uma falha analítica retroceder a partir daí para estereótipos sobre a "falta de posicionamento político, a alienação ou a irracionalidade" de tais eleitores. Diferentemente dos intelectuais politizados, a sua experiência do político tem "a ver com a relação necessária entre política e o cotidiano" (Borges, 2002, p. 222).

Tendo liderado "peões" em greves massivas de metalúrgicos, Lula compreendia que a batalha decisiva é sempre pela massa de um círculo eleitoral, não pela sua minoria politizada. Em um país que originou a "pedagogia do oprimido" de Paulo Freire e a Teologia da Libertação, a esquerda partidária e os movimentos sociais no Brasil tinham avançado desde os anos 1970 porque compreenderam melhor os contornos empíricos da consciência das massas. A esquerda tinha chegado a uma abordagem etnográfica da política que reconhecia a integridade e diversidade do conhecimento, da lógica e do discurso popular (Monclaire, 2007, p. 32, 35-37, 43-44). Por outro lado, as análises políticas de intelectuais, como escreveu um antropólogo brasileiro, são tipicamente enraizadas em uma "teoria dos interesses" empobrecida derivada de uma "sociologia muscular e reducionista", um utilitarismo também comum aos cientistas políticos e a muitos marxistas. Considere-se o ensaio provocativo e muito citado de 2009 do competente cientista político da USP, André Singer, um petista que havia sido o porta-voz de Lula de 2003 até 2007. Singer formula a ideia de um lulismo mal definido caracterizado pelo "reformismo fraco", fortemente diferente do PT de 1989. Singer então liga esse lulismo a uma categoria abstrata – o subproletariado – que ele define em termos de inserção estrutural precária no mercado de trabalho e localização no Nordeste. Sem evidência empírica, Singer então imputa a esse grupo amorfo uma disposição passiva e conservadora e uma consciência – "a manutenção da estabilidade e ação distributiva do Estado" – análoga a dos campo-

---

[11] Em 2002, 50% dos eleitores brasileiros não sabiam nem nomear o partido do presidente Cardoso, que estava no poder há oito anos. Monclaire, 2007, p. 27.

neses franceses apoiando Napoleão III em 1848, conforme descritos por Marx (André Singer, 2009, p. 83, 99).[12]

Tal estruturalismo economicista foi devidamente rejeitado por antropólogos políticos do Brasil, que em vez disso estudaram o comportamento eleitoral popular enfocando "elementos figurativos do discurso" tanto de políticos quanto de eleitores, incluindo o uso de "metáfora, a ironia, a ambiguidade, o paradoxo, e hipérbole" (Barreira, 2002, p. 167-168). Os pobres, os de menor educação formal não reproduzem simplesmente as disposições inerentes nas urnas; seus votos refletem as lições aprendidas de suas próprias experiências políticas. Compreender os pobres como parte de comunidades locais demonstra como eles mudaram progressivamente de opinião sobre Lula, como parte de um diálogo em evolução iniciado em 1989 (os pobres idosos, por exemplo, foram o último grupo a deslocar decisivamente seus votos para Lula em 2006).[13] Assim como aqueles com educação superior, eles são atores independentes com suas próprias histórias; seu pensamento e sua mudança de decisão ocorrendo em resposta a acontecimentos (Vidal, 1998).

Em uma sociedade profundamente dividida como o Brasil, o presidente sempre foi um vetor para os desejos populares de melhoria material, de reconhecimento e de inclusão. Assim, em vez de colocar um falso lulismo contra um petismo idealizado, devemos compreender que o lulismo, entendido como as interpretações sociais de Lula que levaram a sua popularidade massiva, se soma ao petismo, enxergado como uma lealdade partidária mais focada, e como ambos alteraram a consciência do eleitorado. Colaboradores de longa data de Lula, como o ex secretário-geral da Presidência da República Luiz Dulci, reconheceram seu carisma pessoal, mas destacaram que ele é "vinculado a um projeto coletivo de emancipação social, e não personalista" (A elite chama de...,

---

[12]   O argumento de Singer dá continuidade à abordagem marxista da Nova Esquerda dos anos 1960-1970 sobre o populismo brasileiro associado estreitamente a Francisco Weffort (1965), o primeiro secretário-geral do PT, que deixou o partido para se tornar o ministro da Cultura de FHC.

[13]   Para o comportamento de eleitores a nível individual por meio da apuração de votos ao longo das eleições, ver Bohn, 2011.

2010). Embora seja verdade, isso não deve ofuscar um aspecto marcante do discurso de Lula, aparentemente não relacionado à ação coletiva. Desde o início de sua carreira política, Lula desenvolveu insistentemente motivos e argumentos promovendo a autoestima dos dominados e afirmando a capacidade deles de mobilidade social individual (French e Fortes, 2005, p. 21).[14] Por exemplo, depois de sua derrota em 1994 Lula destacou que "o preconceito é uma coisa extremamente forte e não é contra o Lula", mas contra o pobre, a miséria; é "o preconceito da casa grande e senzala":

> O trabalhador tem preconceito contra o trabalhador. Ele acha que o trabalhador não pode ser mais do que um trabalhador. O negro tem preconceito contra a próprio negro. A mulher tem preconceito contra a própria mulher. Mulher não vota em mulher, negro não vota em negro, trabalhador não vota em trabalhador [...] As pessoas têm uma formação cultural de achar que o poder é coisa para gente requintada, que pobre tem mais é que trabalhar e fim de papo. Quando essas pessoas estabelecem um preconceito contra mim, no fundo o preconceito é contra eles próprios. (Medeiros, 1994, p. 209-210)

Como um repúdio vivo dos preconceitos enraizados do país, a mobilidade ascendente de Lula e sua personalidade empoderou os mais fracos ao encorajar o orgulho deles em compartilhar, mesmo que por delegação, o sucesso de um de seus. Durante a presidência de Lula, um jovem cientista político estadunidense de descendência africana pediu para pessoas de descendência africana em Salvador, Bahia, a cidade do Brasil mais identificada como africana e com mais afrodescendentes, nomearem um político negro. Diferentemente de São Paulo, a resposta mais comum (18%) foi Lula, principalmente entre os entrevistados jovens que se autodeclararam pretos. As respostas indicam como a combinação de características estigmatizadas de Lula – o trabalho braçal, a falta de educação formal e pouco domínio do português formal – podem contribuir para seu enegrecimento simbólico, uma dinâmica sociocul-

---

[14] Para uma excelente discussão da ênfase intensificada sobre esses temas na campanha de televisão de 2002 de Lula, ver Miguel, 2006.

tural refletida no fato de que Lula e sua sucessora escolhida receberam apoio eleitoral desproporcional de pessoas não brancas (Mitchell, 2008, p. 116, 130). Impossível de captar a partir de resultados eleitorais (e raramente do foco de sondagens de opinião), a história de sucesso pessoal de Lula assim contribuir para uma "transformação cognitiva" entre milhões do autodeclarado "povo" do país (Monclaire, 2007, p. 31-35).

Ademais, a política de reconhecimento do governo não contribuiu para a desmobilização popular, assim como muitos que invocam o lulismo parecem acreditar. Embora o Banco Central e a o Ministério da Fazenda tenham permanecido nas mãos da elite, o governo de Lula se distinguiu mais claramente de seu antecessor ao combater ousadamente as hierarquias de valores que caracterizavam tão poderosamente a sociedade brasileira. Aqueles obcecados com o desenvolvimentismo econômico de esquerda consideraram o governo um fracasso por não fazer um esforço decidido de transformar a ordem socioeconômica do capitalismo brasileiro. Mas se o foco é direcionado às áreas da política pública que ganharam importância na administração de Lula – frequentemente desconsideradas pelos críticos focados no confronto imediato com a riqueza concentrada – um quadro diferente emerge, que destaca a política indissociavelmente integrada de classe e cor em um país no qual 53% da população é de descendência africana. Como já vimos, classe social, educação e região são rotineira e inconscientemente analisados em termos raciais entre os brasileiros, que, apesar de mudanças nas décadas recentes, continuam a usar classe social e *status* como a metalinguagem para articular questões de raça e classe, enquanto ofuscam a especificidade destes domínios.[15]

Incapaz de redistribuir massivamente a riqueza por meio de uma reforma tributária progressista, o presidente Lula desde o início atacou frontalmente a desigualdade racial, a discriminação e o racismo por meio de gestos que carregavam um poderoso peso simbólico. Seu primeiro gabinete incluía cinco ministros negros – comparado com a representação pontual em administrações anteriores – e Lula viria a

---

[15]   O conceito de uma metalinguagem, que estrutura o campo discursivo, foi desenvolvido em relação aos Estados Unidos em Higginbotham, 1992.

até nomear o primeiro membro negro do Supremo Tribunal Federal, Joaquim Barbosa. Em seu primeiro ano no cargo, Lula apoiou uma lei há muito tempo exigida por movimentos negros demandando o ensino da história e cultura africana e afro-brasileira nas escolas particulares e públicas. Além disso, três meses depois da posse de Lula, uma Secretaria de Políticas de Promoção da Igualdade Racial (Seppir) com *status* ministerial foi estabelecida, uma exigência antiga de militantes negros, petistas ou não. Lula também falou muito mais abertamente sobre raça do que FHC, que tinha sido muito elogiado como o primeiro presidente a reconhecer formalmente que o Brasil sofria de discriminação racial. Ao inaugurar a Seppir Lula declarou que

> Pelo menos a metade da população brasileira – a metade negra do nosso povo – vem sendo prejudicada por preconceito racial, discriminação, intolerância, racismo [...] mais de 64% dos pobres e pelo menos 70% dos indigentes brasileiros são negros, como também a maior parte dos desempregados e subempregados do país. (Discurso do presidente da República..., 2003)

Lula enfatizou ainda mais que "essa situação injusta e cruel" não pode ser simplesmente explicada como o "produto da nossa história" de escravidão, que deixou "marcas profundas em nosso convívio social". Seria mais correto afirmar que, a responsabilidade principal jaz na "ausência de políticas públicas voltadas para superá-la". O governo brasileiro, ele prosseguiu, não pode ser "neutro em relação às questões raciais", em vez disso deve "assegurar a todos os brasileiros e brasileiras igualdade de oportunidades na busca de melhores condições de vida" (Discurso do presidente da República..., 2003).[16]

O governo de Lula também não abandonou os esforços para aumentar a participação popular, embora sua intensidade e suas formas tivessem diminuído em comparação aos heroicos anos 1970. Embora a política de elite tivesse se tornado mais central para a capacidade

---

[16] Ver a discussão de Lula sobre como "a escravidão continua na cabeça das pessoas", que explica as desigualdades lamentáveis sofridas por e a violência infligida sobre brasileiros negros. "Glenn Greenwald entrevista...", 2019. Sobre os impactos, ver uma comparação preliminar com os Estados Unidos em Andrews, 2014.

do governo de gerar conquistas, Lula como presidente convocou uma série nunca antes vista de conferências nacionais envolvendo cerca de 5 milhões de pessoas da sociedade civil e da administração pública em torno de diversos tópicos de políticas públicas, incluindo os direitos das mulheres (em 2004 e 2007), a luta pela igualdade racial (em 2004 e 2009) e direitos LGBTQs (em 2008) (A elite..., 2010; Bohn, 2010, p. 92; Sardenberg, 2004, p. 125-29; Seppir, 2009, p. 31; 1ª Conferência Nacional..., 2004; Silva, 2010). Essa mobilização sistemática da sociedade civil, lamentavelmente pouco estudada, foi, como comentou um brasileiro ligado ao PSDB, um movimento estratégico da administração de Lula para encorajar "organizações não governamentais a usar as conferências nacionais de políticas públicas e outros métodos sociocomunicativos para pressionar o Congresso" (Souza, 2011, p. 81).[17]

Tal mobilização também foi central para o estímulo dos governos de Dilma e Lula à "economia solidária", uma rede de cooperativas com apoio do governo central. Uma das simbolicamente mais poderosas e bem-sucedidas dessas cooperativas é a que se dedica a organizar os estimados 800 mil catadores de lixo morando dentro e em torno de lixões enormes. A organização criou um movimento nacional no qual essas pessoas são reconhecidas como recicladores pioneiros sendo exaltada sua missão ambientalista. Durante a sua presidência, Lula passou cada noite de véspera do natal com os catadores, trazendo sua candidata Dilma junto com ele no dia 24 de dezembro de 2010 para conhecer 2 mil participantes de todo o país. O salão no qual eles se encontraram foi forrado com palavras de ordem: "A luta é boa, a luta é dura, a luta continua"; "A rua cata, a rua canta, a rua encanta com luta". Em entrevistas, os participantes relembraram do companheiro Lula como o primeiro presidente a se importar com eles, a aclamar suas conquistas materiais individuais tais como comprar a casa própria, e insistiram que "esse governo foi melhor do que os outros para os pobres. Ele deu comida e trabalho". Enquanto socialmente marginalizados, eles elogiavam sua nova autonomia e insistiam, "nós

---

[17] Para visões contrastantes da relação entre os movimentos sociais e o Estado durante a era Lula-Dilma, ver French e Wolford, 2016; Gómez Bruera, 2013.

não pedimos as coisas. Nós reivindicamos o que é nosso por direito" (Lopes, 2010).

Os indícios de que Lula poderia escolher uma sucessora mulher para presidente existiam desde julho de 2004, quando ele se dirigiu à Primeira Conferência Nacional de Políticas para as Mulheres. "A democracia contemporânea não pode se limitar aos direitos econômicos e políticos" porque "a igualdade de gênero é uma dimensão inalienável da justiça social no mundo de hoje" ("Anais da I Conferência Nacional", 2004). Na segunda conferência sobre os direitos das mulheres três anos depois, 2.300 feministas e militantes mulheres de diversas origens, cores e culturas, reunidas em Brasília, escutaram esse ex-metalúrgico declarar que nenhum país pode ser considerado "moderno e desenvolvido" a menos que o crescimento econômico beneficie "todos, sem exclusão e sem a perpetuação de desigualdades históricas". Lula elogiou a eleição de Michelle Bachelet para a presidência chilena como "um avanço ideológico extraordinário", quando mencionou por nome candidatas presidenciais na Argentina (Cristina Kirchner, Elisa Carrió), no Paraguai (Blanca Ovelar) e nos Estados Unidos (Hillary Clinton). Quando o líder político mais popular do país começou a dizer, "Eu espero que aqui no Brasil", ele foi interrompido por aplausos, berros e gritos estrondosos diante do indício de que ele poderia apoiar uma mulher como sua sucessora ("Discurso do Presidente da República", 2007).

Menos de um ano depois, Lula começou a cogitar a candidatura de Dilma Rousseff, sua chefe da Casa Civil que havia assumido quando a crise de corrupção do mensalão, levou à deposição do poderoso líder do PT José Dirceu. Embora não fosse uma petista por toda sua vida, Rousseff foi escolhida como candidata presidencial do PT. O apoio decisivo de Lula ajudou uma tecnocrata militante de uma organização guerrilheira na sua época de estudante, uma mulher que nunca havia concorrido a um cargo eletivo, a conquistar um triunfo político marcante. Porém, a eleição da primeira presidente mulher do Brasil estava em harmonia com a ascensão do próprio Lula, que havia esmagado precedentes e reescrito as regras ao longo do caminho.

Lula e Marisa com Dilma na posse dela como presidente em 2010
(Cortesia DGABC [Ricardo Trida])

Assim como seu antecessor Dirceu, Dilma era da geração estudantil rebelde de 1968 e havia sido parte de um grupo marxista dedicado à organização dos trabalhadores e engajado na luta armada.[18] Acusada de ensinar teoria revolucionária para trabalhadores, ela foi posteriormente presa e torturada e passou alguns anos na prisão – experiências que diferiam das de seus colegas de classe média e da elite (Na ditadura, Dilma..., 2010). "Por causa daquilo", disse para um repórter do jornal de oposição *Folha de S. Paulo*, ela chegou a entender "muito mais coisas" incluindo "o valor da democracia". Rousseff se recusou, entretanto, a pedir desculpas pelas táticas militantes de sua juventude: "Não tenho a mesma cabeça que tinha. Seria estranho que tivesse a mesma cabeça. Seria até caso patológico. As pessoas mudam na vida, todos nós. Não mudei de lado não, isso é um orgulho. Mudei de métodos, de visão" (Odilla, 2009).

---

[18] A ação mais famosa desse grupo foi roubar o cofre de um ex-governador particularmente corrupto de São Paulo. Solnik, 2011; Cardoso, 2011.

Porém, o movimento estudantil no qual ela foi ativa nos anos 1960 era minúsculo e não representativa da sociedade brasileira, sendo quase inteiramente branco e em sua maioria de origem nas classes média e alta. A diversificação da composição dos estudantes universitários viria apenas com a expansão do ensino superior no início dos anos 1970 sob o governo militar, o que deu aos movimentos estudantis do fim do período militar uma feição mais representativa (Motta, 2014). Uma vez que o PT chegou ao poder, o governo Lula e sua sucessora dedicaram energia e recursos para ampliar radicalmente os caminhos para a mobilidade social por meio de uma expansão do ensino superior ambiciosa que só pode ser considerada uma revolução (Ristoff, 2016).

Essa enorme expansão da oportunidade educacional, duplicada para a formação vocacional também, foi acompanhado pela implementação de políticas de ações afirmativas ousadas, codificadas em lei para a educação superior em 2012 e posteriormente estendidas à contratação de servidores públicos (Guinn, 2019; Poder Executivo, Lei 12.711; Lei 12.990). Diferentemente dos Estados Unidos, o sistema brasileiro envolve cotas e foi construído de forma a ser verdadeiramente interseccional – levando em conta cor, ter frequentado escola pública, renda familiar e ser portador de necessidades especiais – e designado para refletir a composição racial de cada estado. Com frequência definida de forma inadequada como ação afirmativa para raça e classe, o impacto dessas políticas – que eu estudei de 2016 até 2019 em uma nova unidade de uma Universidade Federal na Baixada Fluminense do Rio – ilustra vividamente o impacto subversivo da mobilidade social em expansão entre os pobres, os não brancos e os estigmatizados.[19]

O estabelecimento de um novo *campus* em Nova Iguaçu, o Instituto Multidisciplinar da vizinha Universidade Federal Rural do Rio de Janei-

---

[19] Para relatos de pesquisa, postagens de *blog* e cobertura do projeto Duke-Universidade Federal Rural do Rio de Janeiro "The Cost of Opportunity: Higher Education and Social Mobility in the Baixada Fluminense, Rio de Janeiro", ver seu site: https://sites. duke.edu/project_duke_baixada_project/. Reist, 2018. Ver o filme legendado com entrevistas com estudantes e pais: Dudu do Morro Agudo e Stephanie Reist, "O Custo da Oportunidade", vídeo no YouTube, 31:32, postado pelo "Hulle Brasil", 26 de março de 2017, https://www.youtube.com/watch?v=Q_60CIxvLHY.

ro, teve repercussões positivas para os estudantes, suas famílias e para donos de negócios e políticos locais; essa ampla aprovação pela população local se repetiu em cada uma das novas universidades federais ou *campi* estabelecidos sob a administração Lula-Dilma, frequentemente localizados em espaços urbanos e rurais pobres e/ou geograficamente negligenciados. À medida que as matrículas se expandiam fortemente nos *campi* de universidades federais em geral, a política do governo de expandir o acesso teve alcance para além do setor público ao incluir uma expansão ainda mais rápida do ensino superior privado – acompanhada por bolsas estudantis garantidas com ação afirmativa –, de menor qualidade, mas onipresente. É essencial considerar também que nem o aumento no acesso, nem as ações afirmativas foram um "presente" dos superiores. Na Baixada, uma campanha massiva organizada tinha exigido a criação de uma universidade federal em 2003; além disso, foi precisamente a luta pelo acesso à universidade por estudantes negros e pobres – com um papel de liderança sendo desempenhado pelos negros ligados à Teologia da Libertação católica – que colocou a exigência por cotas na agenda política do estado do Rio de Janeiro, que as adotou em 2001, fazendo que elas subsequentemente se espalhassem de universidade à universidade até serem codificadas na lei nacional.[20]

O Brasil não só é um país muito desigual socioeconômica e racialmente, mas também é averso a reconhecer o impacto do racismo e o quanto ele está longe do seu declarado ideal de "democracia racial". Como era de se esperar, as cotas na educação superior foram amplamente criticadas pela classe média e pela elite, e um senador dos Democratas, partido da oposição conservadora, entrou com um recurso em setembro de 2009 no Supremo Tribunal Federal contra a adoção de cotas por raça na Universidade de Brasília. Em abril de 2012, o Supremo Tribunal Federal fez história ao afirmar unanimemente a constitucionalidade da ação afirmativa. A decisão preliminar do juiz Ricardo Lewandowski iniciava rejeitando a "concepção biológica de

---

[20] Ver a tese em história de Travis Knoll, defendida em 2022, na Duke University, "Liberate, Inculturate, Educate! Black Brazilian Catholics and Affirmative Action, from Rio de Janeiro to Brasília".

raça" ao mesmo tempo que enfatizava que "o reduzido número de negros e pardos que exercem cargos ou funções de relevo" no Brasil era devido à discriminação, "camuflada ou implícita," que ainda existe "à sombra de um Estado complacente" (Acórdão, ADPF 186, Supremo Tribunal Federal, p. 66-67).[21] Como disse o procurador geral do Brasil ao Tribunal em 30 de julho de 2009,

> o princípio da igualdade não significa que os indivíduos devam ser tratados de modo idêntico em toda e qualquer situação; pelo contrário, a realização da igualdade impõe, em determinados casos, a submissão dos sujeitos desiguais a tratamentos jurídicos diversos (a exemplo do que ocorre com as chamadas ações afirmativas). (Advogado Geral da União, "Arguição de Descumprimento de Preceito Fundamental." ADPF 186. Supremo Tribunal Federal, p. 8)

Durante a administração Lula-Dilma, milhões de estudantes universitários negros e de origem da classe trabalhadora que eram os primeiros das suas famílias à chegar à universidade viriam a concluir o ensino superior embora suas conquistas tenham sido em grande parte invisíveis para a classe média e alta estabelecida quando não criticadas por ela (Carneiro, 2019; Pela primeira vez, negros..., 2019; IBGE, 2019, p. 9). Assim como a geração de Lula de jovens trabalhadores qualificados e formados pelo Senai, essa minoria de indivíduos de educação universitária são motivados, enérgicos e sensíveis à sua estigmatização por aqueles socialmente superiores.[22] São estes

---

[21] O programa do Prouni de bolsas com cotas para o ensino superior privado também foi considerado constitucional em 2012. http://www.stf.jus.br/portal/cms/verNoticiaDetalhe.asp?idConteudo=206553. Acessado 15 de fevereiro de 2018. Para um estudo detalhado, ver o artigo de Almeida; Knoll; French; Batista; Zappelini; Pitts, no prelo.

[22] Ao falar sobre a geração de Lula de trabalhadores ascendendo socialmente, Pastore observou, em 1982, que a mobilidade social "está longe de ser um anestésico para uma sociedade insatisfeita, especialmente quando é um fenômeno novo, como ocorre no Brasil, e quando começa num nível extremamente baixo de mobilidade social. A mobilidade é um processo progressivo que cria satisfações e insatisfações", o que induz as mudanças ao levar indivíduos e a sociedade a se organizar "a batalhar por condições melhores" (Pastore, 1982, p. 161-162).

Lula no Instituto Multidisciplinar da Universidade Federal Rural do Rio de Janeiro em dezembro de 2017 (Cortesia Ricardo Stuckert)

filhos de Lula e de Dilma, junto a suas famílias, que estiveram mais visivelmente nas linhas de frente de protestos recentes contra as políticas de educação superior regressivas de Temer e de Bolsonaro e em oposição às tentativas conservadoras de fazer o relógio andar para trás. Quando Lula visitou o Instituto Multidisciplinar em 8 de dezembro de 2017, como parte de uma estratégia de campanha no Rio de Janeiro, a reação dos estudantes foi elétrica, assim como se reflete na fotografia. Filmado naquele dia para um vídeo de campanha curto, um dos cinco estudantes entrevistados reconheceu que esses são tempos sombrios, mas declarou que eles entendiam bem porque pessoas de direita estão bravas que "o filho do pobre pode estudar na mesma sala com o filho do patrão" (PT–Partido dos Trabalhadores, "UFRRJ espera por Lula, 2018)".

O PROFESSOR, O TRABALHADOR E O OGRO

Um ano depois da posse de Lula, o jornalista brasileiro Paulo Markun publicou um livro sobre a trajetória interligada de duas das figuras "emblemáticas" da Nova República: Lula o sapo, "o primeiro brasileiro de origem realmente popular a chegar à Presidência", e seu antecessor FHC, o príncipe, descrito como de uma "família carioca de classe média" – uma afirmação questionável dada a genealogia que inclui dez generais, dois ministros da guerra, um presidente do Banco Central do Brasil, um senador e um prefeito do Rio. Como disse FHC à *Veja* em 1994, "Sou da classe dominante. Meu pai e meu avô mandaram nesse país". Por outro lado, ele apontou, Lula era "'radical e despreparado" (Expedito Filho, 1994, p. 71).

Talvez nada expresse melhor a trajetória do Brasil ao longo dos 20 anos que separam a eleição de FHC em 1994 e o *impeachment* hipócrita e mal-fundamentado de Dilma Rousseff, democraticamente reeleita, do que o presidente recém-eleito no Brasil em 2018. Bolsonaro deve nos forçar a reformular a oposição entre FHC e Lula, este último condenado e preso em 2018 com a aprovação de FHC sob falsas acusações que visavam tirá-lo da disputa presidencial de 2018. O atual presidente do país, o ogro fascista de extrema-direita Jair Bolsonaro, ataca há muito tempo tanto FHC quanto Lula igualmente, chamando-os de "comunistas". De fato, o deputado federal pelo Rio de Janeiro passou o final dos anos 1990 atacando FHC por utilizar os direitos humanos para proteger bandidos e vagabundos enquanto liderava "o governo mais corrupto da história do Brasil". Em 1998-1999, Bolsonaro não apenas pediu o fechamento do Congresso Nacional, mas insistiu repetidamente que o presidente Cardoso deveria enfrentar um pelotão de fuzilamento. Questionado por um entrevistador de TV sobre se a democracia era baboseira, Bolsonaro respondeu que ela "faliu aqui no Brasil" porque o país simplesmente não estava pronto para ela: "Democracia é excelente, mas com democratas honestos" (Saint-Clair, 2018, p. 72, 76).[23]

---

[23] A própria associação de FHC com o sindicato de Lula foi registrada pelo Dops, que em 1978 relatou sua presença no portão da fábrica da VW com Lula e outros funcionários do sindicato e militantes. (Apesp, Dops, 0-Z-341-2336).

A retórica agressiva, arrogante e fortemente preconceituosa de Bolsonaro, que continuou durante seu mandato, se combinava há muito tempo com provocações, insultos e ameaças de tortura e de morte dirigidas a subversivos e bandidos; essa é a voz arrogante e irresponsável do porão do regime militar, que torturou o irmão de Lula e matou centenas de cidadãos sem piedade e sem julgamento. Ao longo de sua carreira, Bolsonaro ficou orgulhosamente de fora do consenso democrático da Nova República; sua postura fascista, racista e machista sempre atraiu atenção, incluindo repreensão pública, mas a nenhum custo, dada sua marginalidade política. Em vez disso, ele seguiu dando expressão pública contínua ao substrato autoritário da sociedade brasileira enquanto apostando que o poder poderia ser obtido no fim ao explorar os preconceitos cotidianos de colegas brasileiros, principalmente de autodeclarados homens de bem, contra os fracos – mulheres, negros, indígenas, gays, nordestinos, trabalhadores braçais, ambientalistas e militantes de esquerda –, contra os políticos (chamados de corruptos), os analfabetos e os acadêmicos com educação demais.

Compreender a vitória de Bolsonaro em 2018 demanda um entendimento melhor sobre o pacto que fundamentou duas décadas de aparente consolidação bem-sucedida da democracia eleitoral socialmente consciente. É fácil esquecer como, vindo menos de uma década após o fim do regime militar, mesmo a eleição de FHC tenha sido um choque enorme para conservadores como Bolsonaro. FHC não era apenas um intelectual cosmopolita, diferentemente de seus antecessores, mas ele também havia sido um jovem comunista que se tornou um teórico marxista independente em um país cujas "classes conservadoras", incluindo políticos e os militares, há muito tempo haviam tornado ilegal a "agitação subversiva" ligada a ideologias estrangeiras; mesmo Getúlio Vargas, o presidente mais "progressista do país", foi violentamente anticomunista e autoritário.

Porém, de certa forma a postura de esquerda das décadas iniciais de FHC – de sua extravagância nos anos 1950 e no início dos anos 1960 até sua maturidade nos anos 1970 – foi rapidamente esquecida depois que ele se tornou presidente. Na política recentemente reconfigurada, a esquerda veio a enxergar FHC como a figura política líder da "direita", enquanto ele foi adotado como santo patrono por um grupo grande de pessoas da classe média e da classe alta. Diferentemente de Lula, FHC não ascendeu à presidência por meio do apelo popular. Embora tenha sido eleito como presidente duas vezes, FHC nunca foi "bom de voto"; sua primeira tentativa de obter um cargo executivo – na prefeitura de São Paulo – foi um fracasso épico. Até seu próprio especialista em pesquisas eleitorais em 1994 enfatizou que o maior obstáculo do elegante FHC era sua "falta de proximidade com o povo", que vinha naturalmente a Lula pelos seus modos, seu vocabulário e seus discursos (Expedito Filho, 1994, p. 67; Markun, 2004, p. 124). FHC não era um bom estudante da política, nesse sentido.

FHC tinha adentrado a política eleitoral em 1978 como suplente, finalmente entrando para o Senado quando André Franco Montoro renunciou para se tornar o governador de São Paulo em 1983. FHC era amplamente visto como o "o ícone do intelectual da esquerda brasileira – embora ele nunca tenha sido tão de esquerda quanto o PT (Markun, 2004, p. 31). Seus novos colegas, em contraste, eram políticos há muito tempo, ligados a poderosas oligarquias estaduais; homens práticos de poder com forte apoio eleitoral local, eles foram na melhor das hipóteses ligeiramente impressionados pelo brilhantismo e pelos extravagantes toques intelectuais de FHC. Um homem ambicioso, ele passou a ter uma chance concreta de construir uma candidatura presidencial depois de obter sua primeira nomeação ministerial sob o presidente Itamar Franco, que havia substituído Collor, derrubado por um *impeachment* (FHC tinha chegado perto de ser o ministro das Relações Exteriores de Collor quando seu governo estava em crise, mas mentes mais sensatas do PSDB o dissuadiram) (Markun, 2004, p. 19-21, 23-24). Na narrativa retrospectiva do PSDB, FHC como ministro da Fazenda liderou um grupo pequeno de economistas, mais inteligente que todo o resto, e solucionou brilhantemente o problema da hiperinflação, obtendo o apoio que levou a maioria do eleitorado brasileiro a votar nele por duas vezes para presidente. A esquerda explica a eleição de FHC como uma recompensa por ele aderir ao neoliberalismo liderado pelos EUA, traindo seu passado de esquerda. Ambas são ficções convenientes que ignoram como tanto o PT quanto o PSDB estavam à esquerda do centro em 1994 e até inicialmente concordaram em não se atacarem no primeiro turno para permitir o apoio interpartidário se um de seus candidatos passasse para o segundo turno contra um candidato de direita (Markun, 2004, p. 35, 59, 63). De fato, muitos dos eleitores à esquerda do centro e até de esquerda deram um voto pragmático para FHC no primeiro turno como a melhor esperança de transformação.

Na verdade, a base eleitoral do FHC fora de São Paulo na primeira campanha presidencial vinha da corrente conservadora dominante da classe política do Brasil, principalmente do Partido da Frente Liberal (PFL), vindo da antiga Arena, e de alguns setores do PMDB, o partido que FHC havia abandonado. Foram os grandes chefes políticos regionais, principalmente o caudilho baiano Antônio Carlos Magalhães, que não só entregaram votos como também exerceram uma grande influência sobre o "baixo clero" político, a base dos representantes eleitos sem voz ou influência. Sem ter um candidato próprio nacional convincente, temendo uma repetição do segundo turno polarizado de 1989, e fragilizados com o *impeachment* de Collor, o candidato que eles haviam apoiado naquela eleição, os conservadores apoiaram FHC, no que Lula chamou de o maior pacto político na história do Brasil. Aglomerando os grandes chefes regionais, principalmente no Nordeste, o PFL "só assimil[ou] o Fernando Henrique Cardoso a partir de maio de 94", Lula observou, "quando perceberam que eu tinha quase 50% nas pesquisas". De acordo com Lula, eles consideraram FHC o candidato perfeito, "um intelectual, com uma tradição na luta democrática no país, com boa penetração na intelectualidade europeia, [...] na Igreja Católica brasileira, [e] nos setores médios". Em suas origens, FHC "era aquilo que muita gente da classe média quer ser. O intelectual, falando inglês, francês, sei lá mais o que" (Silva, 2000, p. 61-62). Mas o apoio vital do PFL custou para o PSDB, um partido que incluiu políticos importantes, como Mário Covas, de São Paulo, com histórias combativas na esquerda datando desde 1968. Concorrendo como a esquerda supostamente sã comparada ao PT radical, Covas em 1989 havia utilizado brevemente a retórica de "choque capitalista" para interromper a economia em retrocesso e a cultura patrimonial do Brasil. Construindo a partir dessa base, FHC agora enfatizava mais fortemente que a esquerda não podia, depois da queda do Muro de Berlim, agarrar-se a dogmas nacionalistas e estatais a menos que eles quisessem ser "a vanguarda do atraso" em um mundo em globalização (Expedito Filho, 1994, p. 67).

Talvez a principal contribuição de FHC e do pacto PSDB-PFL, além de frear a hiperinflação do Brasil, tenha sido civilizar a direita brasileira e marginalizar os "porra-loucas". Ao mesmo tempo que adotou uma economia neoliberal inimiga da esquerda, FHC permaneceu fiel às normas democráticas durante seus dois mandatos. Embora sua administração tivesse conflitos fortes com trabalhadores da indústria do petróleo, FHC não buscou destruir as leis trabalhistas ou os sindicatos do Brasil, e ele reconheceu tanto os problemas de direitos humanos do país, incluindo a tortura policial, além das injustiças históricas infligidas à maioria negra, quanto a necessidade de ajustar os desequilíbrios no interior do país. Ademais, mais importante para o sucesso da administração de Lula, FHC lidou com a transição presidencial com equanimidade como parte das regras do jogo em vez de polarizar a nação contra o novo presidente.

Porém, a tolerância de FHC com Lula estava se desgastando até o final do primeiro mandato de Lula. Nessa época, FHC publicou duas autobiografias (uma delas com um *ghost-writer* estadunidense) revelando o quão profundamente ele compartilhava da fixação aristocrática do país com o capital linguístico como indicador de classe social e de valor. FHC destacou como a gramática de Lula "era atroz", enquanto atribui isso civilizadamente à falta de educação formal de Lula. Da mesma forma, FHC condena os "dois brutamontes" que o interrogaram brevemente para o Dops em 1976 (sua única experiência com a repressão policial) como "mal sendo capazes de falar um Português correto" (Cardoso, 2006, p. 137, 117). Ao tratar de Lula, FHC surpreendentemente não tenta esconder os sentimentos que compartilha com aqueles que haviam, então, se tornado seu

Lula e Marisa com o Presidente Fernando Henrique Cardoso e com Ruth Cardoso, 2003
(Cortesia DGABC [Rivaldo Gomes])

eleitorado "natural" enquanto homem sábio do PSDB. O sociólogo diferenciado relata que quando conheceu Lula em 1973, ele tratou o então humilde membro de primeiro mandato na diretoria sindical "quase como objeto de um experimento de ciências sociais" (Cardoso, 2006, p. 135-136). Ele descreve seu primeiro encontro com Lula na sede do sindicato de São Bernardo como "simpático, mas um tanto chocante [...] na percepção de um professor universitário educado dentro de formalidades tradicionais" (Cardoso, 2006, p. 84). Como ele relembrou,

> Eu fui escolhido até um pequeno escritório esfumaçado no qual Lula estava sentado, olhando enviesado, atrás de uma escrivaninha de madeira. Vários homens corpulentos observavam ameaçadoramente em pé atrás dele, de braços cruzados. Lula me olhou de cima a baixo lentamente antes de começar a falar do que interessava.

Essa é uma cena importante para FHC porque foi nessa ocasião que recebeu o apoio do sindicato de Lula para a sua candidatura ao

Senado. Durante os dois meses seguintes FHC estava frequentemente em contato com Lula, até panfletando com ele, enquanto participava nas discussões que levariam à fundação do PT (FHC não se filiou).

Embora as recordações de FHC sobre essas interações entre classes não tenham credibilidade plena, é nesse relato que ele descreve uma situação na qual ele, e não Lula, é o subalterno. Essa reversão destaca, como reconheceu Frei Chico em 2015, o quanto FHC "nunca teve relação com os trabalhadores" porque ele é um daqueles que divide seus companheiros brasileiros entre os capazes e o resto que é "massa de manobra mesmo, que não tem capacidade de resolver o problema deles" (Frei Chico, 2015). FHC, em outras palavras, reflete o duradouro diálogo unilateral, traçado nesse livro, entre aqueles com educação superior e os trabalhadores do ABC. FHC disse a um colega estadunidense em 1971 que "os intelectuais na América Latina são importantes porque são as vozes daqueles que não podem falar por si mesmos". Diferentemente dos "burocratas e políticos" que falam pelo Estado, os intelectuais podem dispor de uma visão mais ampla e estudar pessoas pobres e suas vidas com o objetivo de responder à questão "quais são as possibilidades reais de mudança, vistas da perspectiva daqueles que não têm poder?" (Kahl, 1988, p. 179).[24] Tamanho diálogo unilateral também explica sua crítica marcante a Lula em uma entrevista em agosto de 2006 para a revista *Playboy*, por fazer "'apologia' da ignorância":

> Você não precisa ser doutor para ser presidente da República, mas também não precisa [...] pregar [ignorância]. É melhor você ter informação, capacidade de formar seus juízos. Acho que houve na sociedade brasileira uma certa transigência com a rusticidade. Quanto mais bruto, melhor. [...] Estamos em uma sociedade civilizada. O ideal é não ser bruto. O ideal é o contrário, é ser polido. (Fernando Henrique Cardoso..., 2006, p. 73-91)

Seis anos antes, Lula havia antecipado alguns dos comentários de FHC em uma crítica a abordagens elitistas da política: "elite brasilei-

---

[24] O autor escolheu a citação de FHC sobre o papel dos intelectuais como dedicatória de seu livro.

ra, chega ao poder não tem povo. O povo tem que ser apenas plateia [...] [lá] embaixo. Então a revolução do PT é essa, é colocar o povo no palanque" (Silva, 2000, p. 62-63).

RETROCESSO: O GOLPE DE 2016

Os 13 anos das administrações presidenciais de Lula e de Dilma foram marcados por crescimento econômico e modesta redistribuição de renda, o que levou a elogios e aclamação nacional. Essa era de governo de centro-esquerda acabou depois de um ataque incessante. À medida que a busca pelo *impeachment* de Dilma se intensificava, seu padrinho eleitoral era alvo da investigação de corrupção politicamente motivada conhecida como Operação Lava Jato. Ela foi liderada por um ambicioso juiz federal de primeira instância em Curitiba, Paraná, chamado Sérgio Moro, que em 4 de março de 2016 expediu 31 invasões por diversos estados – incluindo algumas simultâneas contra o apartamento de Lula, contra o Instituto Lula sem fins lucrativos e contra as casas e negócios de seus filhos e de seus associados mais próximos – durante o estágio inicial de uma investigação na qual Lula já havia voluntariamente deposto duas vezes. A mídia, recebendo informações direto dos investigadores, cobria avidamente as cenas de Lula sendo levado em custódia pela Polícia Federal portando armas semiautomáticas. Uma operação tão massiva foi designada para fomentar a crença de que a corrupção na Petrobrás, que inicialmente estimulou a Lava Jato, havia se estendido até o ex-presidente do Brasil.

À medida que a batalha do *impeachment* se intensificava, a mídia fazia propagandas exageradas com alegações hiperbólicas – estimuladas por ações ilegais de juízes e procuradores – que retratavam Lula como chefe de uma "gangue criminosa", seu partido como tendo roubado a Petrobras e "destruído" sozinho a economia brasileira. Quase da noite para o dia, Lula o jovial mesmo que levemente folclórico paizão se tornou Lula o mestre do crime, um analfabeto marginal se aproveitando da ignorância das massas que havia destruído seu país. Quando milhões foram às ruas apoiar o *impeachment*, um ódio visceral era direcionado a Lula, ao PT e aos seus apoiadores, simbolizado pelos enormes balões inflados de Lula em traje de presidiário. Parecia que, muito rapidamente, o país havia enlouquecido, com ataques verbais gratuitos e agressões contra apoiadores do PT, principalmente nas grandes cidades.[25] A tensão cresceu dentre as investigações judiciais intensificadas contra Lula e seus aliados. As invasões de 4 de março foram seguidas do vazamento (promovido por Moro) de trechos de conversas telefônicas gravadas de Lula com aliados políticos, com apoiadores e com a presidente Dilma. Esse espetáculo indecoroso era uma aposta ousada de Moro para fortalecer a tentativa de *impeachment* – do qual muitos duvidavam – ao prevenir a nomeação por Dilma de Lula como seu chefe da Casa Civil, que teria como tarefa, como o homem que conhecia a todos, lutar por votos no Congresso contra o *impeachment*. Embora revelar comunicações de uma presidente no cargo fosse ilegal, Moro desafiou as censuras ao citar o interesse público pela transparência, alegando que o ainda não indicado Lula estava sendo nomeado chefe da Casa Civil para receber o foro privilegiado concedido a ministros e políticos. Um juiz do Supremo Tribunal Federal barrou Lula de assumir um cargo. Outras gravações grampeadas vazadas por Moro foram irrelevantes para qualquer investigação e pretendiam apenas incitar a opinião pública da classe média e alta contra Lula e sua família.

Para observadores de fora, a escala e o poder emocional do ataque contra Dilma, Lula e o PT em 2015-2016 parecia desproporcional dada a moderação com a qual o PT havia exercido o poder. À medida que a crise crescia, Dilma e seus assessores principais pareciam paralisados pela violação das regras do jogo democrático que eles acreditavam ter dominado. Tendo tentado tolamente no início de 2015 derrotar o político do PMDB Eduardo Cunha, presidente da Câmara dos Deputados, eles transformaram esse operador monumentalmente corrupto em um inimigo formidável que, quando teve suas contas num banco Suíço reveladas, exigiu que os representantes do PT no Comitê de Ética da Câmara votassem para impedir investigação de seu testemunho juramen-

---

[25]   Para a descrição de uma repórter de *O Estado de S.Paulo* sobre o clima hostil, ver Barbara, 2016.

tado negando a existência de tais contas. Quando os representantes se recusaram, no dia seguinte Cunha aceitou a última das petições de *impeachment* enviada ao seu gabinete, já tendo intimidado e chantageado o governo com votos para estourar o orçamento federal em uma época de dificuldade econômica. Ademais, o vice-presidente de Dilma, Michel Temer – também do PMDB, que até então se alinhara ostensivamente ao PT – se uniu à oposição ao declarar apoio às políticas neoliberais do derrotado candidato presidencial do PSDB Aécio Neves. Isso retirou o último obstáculo do caminho para o *impeachment*.

A articulação pelo *impeachment* – agora contando com a participação de políticos corruptos que não eram do PT como uma autodefesa – refletiu o desejo de voltar ao passado por meio de um golpe parlamentar que não se enquadrava em normas constitucionais, diferentemente do *impeachment* de Collor em 1992. As alegações justificando o *impeachment* não demonstraram corrupção por Rousseff. Em vez disso, eles se referiam a manobras técnicas de contabilidade utilizadas por todos os presidentes e governadores brasileiros, ações longe de ser um "crime de responsabilidade", a única base válida para o *impeachment* sob a constituição de 1988. Cientes dessa fragilidade legal, os que votaram pelo *impeachment* frequentemente fundamentavam sua ação como um voto de desconfiança contra Dilma, um procedimento não existente no sistema presidencial brasileiro.

Na verdade, o *impeachment* foi parte de uma batalha política antiética e sem limites travada pela classe dominante, pelo PSDB e pela sua base de classe média e alta, frustrada depois de perder mais uma disputa presidencial. Enquanto as "classes conservadoras" aderiam ao *impeachment*, a disseminação da operação Lava Jato providenciava a bala de prata para aqueles frustrados pela hegemonia eleitoral do PT no nível presidencial ou furiosos de que o país estava saindo de seu controle. Eles enxergaram uma oportunidade para finalmente desgraçar a vida de Lula e destruir sua proeminência nacional, que eles consideravam não merecida e perniciosa.

Apenas aqueles que ignoravam a biografia de Lula podem ter se surpreendido com a contundência do ex-presidente de 70 anos de idade revidou. Solto após um interrogatório de quatro horas com a polícia dia 4 de março, Lula deu uma eletrizante conferência de imprensa transmitida ao vivo até nas redes de TV nacionais hostis a ele. Ele encerrou seus comentários deixando claro que todos deveriam saber que "se quiseram matar a jararaca, não bateram na cabeça. Bateram no rabo. A jararaca está viva. Como sempre esteve" (De 'jararaca' a..., 2016). Mesmo no auge de seu prestígio, Lula nunca se enganou a ponto de acreditar que ele havia sido honesta e definitivamente aceito pelos membros das camadas mais altas da sociedade brasileira. Ele sabia que alguém como ele só seria enxergado como um convidado graciosamente bem-vindo por benevolência de seus supostos superiores (ou que estes torceriam pelos benefícios do poder que ele exercia), sempre suscetível a ser expulso. Fiel às suas origens sociais, políticas e culturais, Lula, o jararaca, estava pronto para lutar após as invasões do dia 4 de março, fazendo campanha incansavelmente e falando com centenas de milhares ao redor do país até que ele foi preso em 2018. A reação decisiva de Lula transformou a narrativa política, embora não os seus desdobramentos, e colocou seus oponentes na defensiva com a acusação de que o *impeachment* de Dilma fora na verdade um golpe de Estado relembrando 1964. Sua liderança inspiradora uniu a esquerda e a isolada administração de Dilma, e inspirou uma geração de jovens que foram derrotados juntos e lutando, diferentemente de em 1964, contra um retrocesso de direita que ameaçava a todos que haviam se beneficiado da era Lula-Dilma.

Logo, o turbilhão político que ocorre desde 2015 – com ataques incessantes à honra pessoal de Lula, à sua integridade e às suas políticas – não o silenciou, embora a TV e a mídia brasileira tenham ignorado cuidadosamente as centenas de milhares de pessoas que apareceram nas turnês de seus comícios em 2017-2018 pelo país inteiro; para a surpresa deles, repetidas pesquisas mostravam apoio forte e crescente para Lula como potencial candidato presidencial em 2018. Depois de promover o *impeachment* de Dilma, os líderes do PSDB e dos Democratas tinham entrado no governo do novo presidente Michel Temer acreditando que a vitória em 2018 seria fácil e prosseguiram eviscerando as leis trabalhistas do país enquanto cortavam as verbas para educação e saúde. Eles

Lula "nos braços do povo" em 2017
(Cortesia Ricardo Stuckert)

não tinham, contudo, antecipado a resiliência do apoio massivo de Lula, nem que Temer e Aécio Neves seriam gravados secretamente no meio de 2017 combinando propinas com um bilionário brasileiro em busca de leniência nas investigações contra ele. A entrega de malas de dinheiro em espécie para intermediários foi filmada; um apartamento não ocupado utilizado por outro destacado membro do governo de Temer foi encontrado contendo R$55 milhões em dinheiro vivo.

As afirmações de políticos do PSDB e do PMDB, durante a luta pelo *impeachment*, se colocando como campeões da honestidade no governo contra a corrupção do PT foram imediatamente desacreditadas. Essas revelações – cobertas incansavelmente em reportagens exclusivas da Rede Globo – abalaram o país e levaram a esquerda a esperar brevemente que as dezenas de milhões de pessoas que tinham apoiado o *impeachment* finalmente enxergassem a realidade. O que a esquerda não antecipou, entretanto, foi que aqueles desiludidos com o PT devido à narrativa da mídia e do judiciário simplesmente estenderiam essa narrativa para também incluir o PSDB e o PMDB. Uma parte significante do eleitorado buscava alguém longe do jogo político dominante que eles poderiam apoiar como um protesto "contra o sistema". Os poderosos e ricos haviam cinicamente usado a corrupção como uma arma; a própria corrupção deles, uma vez revelada, produziu o núcleo enérgico de seguidores de extrema-direita para Jair Bolsonaro, um homem tão pouco importante para os ricos e para os poderosos que havia sido sempre ignorado como irrelevante, bruto e de mau gosto. A base tinha sido construída para o subsequente desastre eleitoral da democracia brasileira; quando os ricos e poderosos finalmente tentaram desestimular o voto em Bolsonaro, seus eleitores já não acreditavam mais neles.

Quando as eleições de 2018 se aproximavam, Sérgio Fausto, um intelectual do PSDB politicamente bem conectado, foi questionado sobre a falta de carisma do candidato presidencial de seu partido, Geraldo Alckmin, então governador do estado de São Paulo, sede do poder econômico com 45 milhões dos 210 milhões de habitantes brasileiros respondeu, "Quem se poderia dizer que é um líder carismático na política brasileira hoje? Há apenas um, Lula." (Schreiber, 2018).[26] Alckmin, apesar de ter chegado ao segundo turno contra Lula em 2006, aparecia consistentemente nas pesquisas com menos de 10%, e de fato acabou indo ainda pior na eleição. Era Lula, condenado, o preferido por 30-35% dos eleitores, liderando frente aos dois concorrentes principais (um dos quais Bolsonaro) por 15-20 pontos. Isso significa que Lula teria chegado ao segundo turno e provavelmente vencido.

Isso era uma surpresa amarga para os oponentes do PT, que não tinham deposto uma presidente legitimamente eleita apenas para depois perder novamente para Lula. A gangue da Lava Jato liderada pelo juiz Moro fez sua parte ao condenar Lula e depois rejeitar seu apelo em tempo recorde, assim barrando-o ilegalmente de concorrer; depois da eleição de Bolsonaro, Moro foi recompensado com a posição de ministro da Justiça. Quando finalmente barrado (oficialmente, porém ilegalmente) de concorrer, na véspera da eleição, Lula nomeou como seu substituto Fernando Haddad, um professor da USP que havia sido ministro da Educação e prefeito do PT em São Paulo. A esquerda, assim, entrou na campanha no último minuto com um candidato des-

---

[26] Fausto é presidente executivo da fundação criada por FHC.

conhecido – amparado apenas pelo apoio de Lula – em uma coligação reduzida apenas a partidos de esquerda, como nos velhos tempos antes de 2002 (a candidata a vice-presidente de Haddad era do PCdoB). Haddad chegou ao segundo turno, mas, mesmo depois de outro partido de esquerda (PSOL) se unir à sua base de apoio, perdeu para Bolsonaro substancialmente, por 12% dos votos nacionais – resultado que deve ser considerado impressionante, dadas as circunstâncias esmagadoramente negativas. Bolsonaro recebeu a maioria dos votos nos estados mais ricos do Sul e do Sudeste e entre os ricos e com educação superior. O Nordeste, mais pobre e com menos educação formal, há tanto tempo depreciado como uma região atrasada cujos eleitores eram carneirinhos, em sua maioria apoiou Haddad (Hunter e Power, 2019). No segundo turno, o príncipe dos intelectuais brasileiros, FHC, se recusou a apoiar Haddad publicamente contra o militantemente racista, sexista e ignorante Bolsonaro (embora antigos admiradores torçam para que ele tenha feito a coisa certa na privacidade das urnas).

Assim, um sectarismo desorientado e antiético entre os poderosos e de educação superior veio a colocar o governo do Brasil nas mãos de um homem que sintetiza o pior do regime militar: os homens violentos, corruptos e ignorantes do porão que causaram tantas dificuldades para Ernesto Geisel, o maior presidente do regime militar. Se Geisel estivesse vivo hoje, ele sentiria vergonha de ver Bolsonaro no Palácio da Alvorada. E, dadas as preocupações de Geisel sobre as linhas de autoridade, ele estaria revoltado que tantos generais aceitassem nomeações de um capitão do Exército demitido, submetido à Justiça Militar, envolvido em corrupção até o pescoço, com vínculos poderosos aos piores elementos das forças policiais do Rio e suas gangues criminosas aliadas conhecidas como milícias.

CONCLUSÃO:
VÍTIMA DE SEUS SUCESSOS

Lula e a política da astúcia esclareceu os detalhes das origens supostamente obscuras do ex-presidente brasileiro e avançou para além de retratos impressionistas sobre o jovem Lula como migrante sofredor, nordestino desrespeitado, exemplar da "cultura da pobreza" ou mesmo um trabalhador "explorado". Com a louvável exceção de Denise Paraná, biógrafos anteriores surpreendentemente evitaram examinar o passado de Lula, visto que a história da família e a infância do indivíduo geralmente aparecem proeminentemente nas biografias dos presidentes e primeiros-ministros mais ricos e com mais educação formal em todo o mundo, até mesmo quando eles são muito menos bem-sucedidos do que Lula. Essa omissão curiosa não reflete uma falta de recursos, mas de interesse, devido a um enorme fosso percebido entre as preocupações dos letrados e ricos – aqueles que escrevem e leem livros – e os modos de vida de pessoas analfabetas como os pais de Lula, que raramente aparecem em livros, não os leem e certamente não os escrevem.

Em seu livro de 2010, com o subtítulo *uma investigação sobre a persistência secular das desigualdades*, o sociólogo brasileiro Adalberto Cardoso nos lembra que esse desinteresse ativo tem raízes históricas profundas. Os 350 anos do Brasil como sociedade escravocrata, ele explica, deixaram como legado para o capitalismo do país uma forte "irreconciliabilidade entre os estilos de vida das classes e camadas sociais dominantes" e os de baixo. Mesmo na vida cotidiana, os superiores são surpreendentemente indiferentes diante do "destino individual ou coletivos dos escravos, ex-escravos e de seus descendentes" assim como "a parte substancial dos outros brasileiros não diretamente envolvidos na dinâmica econômica central" da sociedade (Cardoso, 2010, p. 51).[1] Em outras palavras, não há necessidade de gastar tempo com pessoas insignificantes como os meeiros e agricultores de subsistência de Caetés, Pernambuco, de onde os Silvas vieram.

Meu trabalho de detetive rigoroso reflete 40 anos de pesquisa e de engajamento com as classes populares e trabalhadoras de São Paulo, principalmente com os metalúrgicos do ABC, com os sindicatos e com seu filho nativo mais famoso. Como deixo bastante evidente, não há nada singular nos primeiros 25 anos de Lula que antecipe sua jornada extraordinária ao longo do meio século seguinte. Mesmo em 1968, não havia sinais de que Lula, que na época tinha 23 anos de idade, estava destinado à grandeza de qualquer tipo. Poderia ser previsto que Lula seria eleito presidente do sindicato dos metalúrgicos de São Bernardo sete anos depois, um ano após Frei Chico ter se tornado vice-presidente do sindicato vizinho em São Caetano. Mas seria mais provável considerar que seu irmão comunista se tornaria um líder militante numa greve, não o despolitizado Lula, que havia acabado de entrar para o sindicato. Nem a posse de Lula em 1975 como presidente dava indícios de que, uma década depois, ele seria o líder inquestionável da esquerda nacional, no comando de um movimento sindical quente que ajudou a finalmente forçar o governo militar a sair do poder – para não mencionar que ele se tornaria presidente do país em 2002 e ganharia (direta ou indiretamente) as três eleições seguintes.

---

[1] O grande engenheiro e abolicionista afro-brasileiro do século XIX André Rebouças definiu o desafio duradouro que o Brasil enfrenta como sendo o de abolir a miséria. (French e Fortes, 2008, p. 10-11; French, 2017).

Tendo explorado as origens, raízes e trajetória de Lula como agente político e enquanto uma personalidade pública ao longo de três quartos de século, espero que os detalhes ricos e consistentes tenham proporcionado aos leitores um caminho para compreender como aqueles na base vivenciaram os processos que moldaram suas perspectivas coletivas e individuais de bem-estar como dependentes dos próprios salários. Mostrei como as pessoas na base manobraram dentro de um mundo que eles não controlavam mas no qual elas estavam longe de serem vítimas. O conto dos dois irmãos – junto com seus parentes, irmãos, familiares, companheiros adolescentes, namoradas e colegas de fábrica – cujas vidas então anônimas foram marcadas por sofrimento, perda e nostalgia – é ao mesmo tempo uma história de aventura, de alegria e de realização.

A vida da classe trabalhadora é tratada neste livro nos seus próprios termos, com suas próprias instituições e espaços, e com seus vários diferentes matizes de esquerdas. Trabalhadores são apresentados não por meio de abstrações – "culturas da pobreza", "atraso", "consciência de classe" – mas como indivíduos vibrantes, narrados em termos do que eles tinham a dizer, de como eles o disseram e quando eles o disseram. Demonstramos que o discurso, em vez de ser concebido como uma emanação pervasiva do poder ou de abstrações transparentes, pode ser utilizado de formas diferentes – no diálogo com outros – por indivíduos totalmente materializados em suas relações concretas. Por meio da atenção cuidadosa aos irmãos, parentes e mulheres de Lula, também explorei as normas culturais de gênero que governavam o mundo deles enquanto celebrei o rico discurso vernacular que deu aos seus pensamentos uma eloquência singela.

Um tema central desta biografia foi a relação controversa da política com a vida cotidiana no meio do século. Expliquei por que apenas uma minoria de trabalhadores escolheu o caminho do sindicato e da militância política ao identificar três tipos: revoltados, bons moços e operadores. Além disso, prestei bastante atenção às dinâmicas da consciência de massa para compreender melhor as atitudes antissindicais e a favor do governo dentre metalúrgicos do ABC e como dezenas de milhares desses trabalhadores se relacionaram com o golpe militar de 1964 e com a política rebelde de 1968, além de porque eles optaram pela oposição militante ao final dos anos 1970. No processo, ofereci uma história muito diferente sobre a esquerda, principalmente sobre a esquerda da classe trabalhadora, enquanto familiarizei o leitor com o sindicato como a esfera pública operária preeminente, um espaço que podia – assim como fez em São Bernardo – facilitar a emergência de uma identidade coletiva e construir o poder para os trabalhadores contra patrões e o Estado.

Nesse sentido, a segunda e a terceira parte do livro examinaram as políticas e a cultura dos sindicatos dos metalúrgicos do ABC, com suas histórias ricas de luta e um corpo acumulado de conhecimento, costumes e sabedoria. A aprendizagem de Lula no sindicalismo sob Paulo Vidal jogou-o da noite para o dia em um mundo mais amplo muito além da comunidade, da fábrica e do sindicato. Sua carreira começou durante a era Médici, quando trabalhadores confiantes foram perseguidos em nome do anticomunismo por um regime intolerante com subalternos arrogantes. Logo, eu expliquei em detalhes tanto a política interna intensa do sindicato quanto o aparato repressivo do Estado, incluindo o assassino DOI-Codi – o proverbial porão – que vitimizou o irmão de Lula, além de muitos outros militantes de oposição da classe trabalhadora e da classe média.

Como um novo presidente sindical, Lula se aproveitou do espaço político aberto pela vitória do MDB em 1974 em São Paulo e dos conflitos decorrentes dentre os militares enquanto desenvolvia as habilidades políticas, de organização e de comunicação que o tornariam, na sequência, um dirigente de um movimento inspirador, de um partido e, por fim, o político mais bem-sucedido do Brasil. Além de suas habilidosas manobras em interações com grupos pequenos, o capítulo 12 mostrou como Lula se estabeleceu como uma personalidade pública intrigante. Seu estilo de liderança duradouro e seu discurso vernacular característico haviam se cristalizado até as vésperas das greves de metalúrgicos em 1978-1980, durante as quais, como visto nos capítulos 13 e 14, ele finalmente adquiriu o carisma pelo qual ele se tornaria famoso.

Foi no início dessas greves que Lula, junto com uma geração de jovens trabalhadores qualificados, transformou o sindicalismo brasileiro e fundou a Central Única dos Trabalhadores (CUT), uma central sindical militante. O avanço na frente política levaria mais tempo – como abordado no capítulo 15 – com Lula e o partido que ele inspirou e comandou, o PT, emergindo como um concorrente reconhecido pelo poder político na eleição de 1989. Depois desse início promissor o PT evoluiu, ampliou e estendeu seu apelo para abranger o Brasil em sua diversidade, com Lula aprimorando ainda mais uma prática de liderança inicialmente construída no movimento sindical. De acordo com a astúcia dos fracos, entretanto, Lula mesmo no seu período mais combativo estava sempre buscando alcançar aqueles que não concordavam com as políticas de seu partido, criando assim uma rede de relações dentro de um espaço de convergência que ajudou a transformar (embora sem as abolir) as relações sociais e políticas existentes no Brasil e, conforme abordado no capítulo 16, na América Latina como um todo.

Ao longo deste livro, eu caracterizei a astúcia como central para as estratégias de manobras dos fracos. Essa forma de habitar e enfrentar o mundo está também no cerne da capoeira, a dança e forma de arte marcial afro-brasileira, naquilo que ela se refere a "uma combinação de prudência, sagacidade, experiência prática, imprevisibilidade, graça, malícia, brilho estético e talento para iludir". Como um grande equalizador, a astúcia possibilita – embora isso nunca seja provável – que "um indivíduo frágil, em desvantagem física, pode superar um adversário mais poderoso" (Downey, 2005, p. 123). Dedicado a uma política de astúcia transformadora, Lula dominou os conhecimentos, as habilidades e as relações que permitiram que ele agisse de forma bem-sucedida – tanto publicamente quanto na esfera privada – em todos os níveis da estrutura de poder à medida que ele ascendia à influência nacional decisiva. O carismático Lula mobilizou palavras, interesses e emoções para estabelecer e cultivar relações, enquanto o organizador Lula ampliou sua influência e seu impacto meio de sua dedicação para a construção de instituições, por meio de movimentos, sindicatos, partidos e alianças governamentais.

Ao buscar compreender a ascensão altamente improvável de Lula, tive em mente, conforme mencionado no início, as mentiras características das biografias – isto é, a tendência do gênero de recontar o passado do indivíduo à luz de seu futuro. Esta biografia não só rejeitou as narrativas retrospectivas como também insistiu que nós devemos compreender a infância de um indivíduo se pretendemos "descobrir o homem por inteiro no adulto; ou seja, não apenas suas determinações presentes, mas o peso da sua história" (Sartre, 1968, p. 60). Se Lula tivesse permanecido em Caetés ou Santos, ele nunca teria escapado da rigidez estrutural e dos preconceitos duradouros que há muito tempo tornam a vasta maioria da população brasileira subalterna. Foi a chegada de Lula em São Paulo que lhe deu acesso a um espaço essencialmente cosmopolita, uma cidade com uma população bastante heterogênea em movimento perpétuo. Foi um mundo dinâmico em transformação em um momento singular de oportunidades inéditas que providenciaram um espaço ideal para a autoinvenção de Lula e da classe social emergente da qual ele era parte.

Logo, Lula era desde jovem uma "metamorfose ambulante".[2] Ele pode ter sido rural ao nascer, mas ele se tornou profundamente urbano. Ele pode ter vindo de uma família de sitiantes, mas nunca segurou uma enxada; ele foi Nordestino mas só voltaria à região depois de ter se tornado famoso e de ter crescido cercado por mineiros e paulistas, incluindo alguns descendentes de japonês. Considerando-se tudo isso, é difícil afirmar que Lula pensa e sente como um membro da classe trabalhadora por causa de sua socialização para tal identidade por meio de sua família imediata. Em vez disso, Lula estava sendo perpetuamente construído e reconstruído enquanto participava de múltiplas culturas, identidades e perspectivas. Ademais, ele o fez com a energia e motivação de um recém-chegado ambicioso com um mun-

---

[2]   Esse verso de música por Raul Seixas foi citado por Lula enquanto presidente. (Pariz, 2007).

do a conquistar, oportunidades a serem buscadas e um senso de dignidade a ser alcançado e defendido.

A experiência singular determinante para Lula enquanto indivíduo foi um programa de aprendizagem do Senai, que o tornou parte de uma camada de metalúrgicos qualificados, majoritariamente de primeira geração, diretamente envolvidos com uma revolução industrial do terceiro mundo ligada ao capital internacional.[3] Apesar de trabalharem com as mãos, esses trabalhadores qualificados orgulhosos nunca foram meros fugitivos da marginalidade, embora muitos tenham sido pobres quando crianças. Em vez disso, esses empreendedores foram membros de uma intelectualidade operária em um setor manufatureiro ligado ao ícone quintessencial da modernidade internacional: o automóvel. Utilizando "universal machine tools" (UMTs), estes torneiros mecânicos e ferramenteiros possuíam uma responsabilidade de ofício da modernidade internacional tão válido quanto aquele dos jovens sociólogos falantes da língua francesa na Universidade de São Paulo que buscaram estudar os trabalhadores no fim dos anos 1950 e no início dos anos 1960. Porém, para a classe letrada mesquinha do Estado, tais trabalhadores braçais jamais poderiam ser intelectuais de qualquer tipo, apenas homens incultos e malcriados com pouca educação formal que falavam um português inferior, vestiam macacões de fábrica, sujavam as mãos de graxa, tomavam cachaça demais e falavam palavrões com excesso de liberdade.

Pode parecer que estamos instituindo uma divisão entre aqueles que estudavam e publicavam (intelectuais e acadêmicos) e aqueles que eram estudados (trabalhadores). E alguns dos sociólogos envolvidos de fato aderiam a essa visão tão monológica, principalmente no início, como uma expressão do preconceito de classe ou da autobajulação. Mas nos anos 1970 tais visões se tornavam insustentáveis à medida que relações menos desiguais se desenvolviam entre os jovens ambiciosos de ambos os lados dessa fronteira entre classes. De um lado estavam os intelectuais, imersos no conhecimento internacional dis-

---

[3] "Uma coisa é deixar a zona rural para ser coletor de lixo ou engraxate na zona urbana, mas é bastante diferente se tornar um torneiro mecânico" (Pastore, 1982, p. 121).

ciplinar em uma época na qual a USP estava se estabelecendo como a melhor universidade da América do Sul. Esses eram anos nos quais o movimento estudantil universitário aspirava ousadamente a ser a autodeclarada "vanguarda do progresso nacional". Do outro lado estavam os intelectuais operários majoritariamente invisíveis, tal como Lula, que utilizava a tecnologia industrial mais moderna e ocupava a liderança dos sindicatos de metalúrgicos do ABC, completamente cientes de que sua inteligência, seus conhecimentos e suas habilidades eram essenciais para a lucratividade de corporações multinacionais poderosas como a GM, Chrysler, Ford, VW e Mercedes-Benz.

Unidos por uma rejeição compartilhada do retrocesso e da tutela estatal, as minorias militantes de ambos os grupos – junto com figuras poderosas na Igreja Católica – viriam a abrir um caminho de progresso para o Brasil, apesar dos obstáculos. No decorrer dos acontecimentos, estes grupos viriam a compartilhar um objetivo que por fim assumiu o nome de democracia – compreendida, entretanto, de uma forma radicalmente diferente do que ela havia sido antes de 1964, quando a forma de democracia exclusivamente eleitoral do país servia para proteger os privilégios das "classes conservadoras" do Brasil. Ao lutar pela mudança, FHC e Lula ajudaram a deslocar o curso da história brasileira ao acabar com o regime militar, iniciando para esse país profundamente autoritário sua era mais longa de governança democrática e fazendo progressos, mesmo que modestos, em direção a um governo para todos. Deve ser enfatizado que nem FHC nem Lula, em torno dos quais a competição pela influência nacional e pelo poder na Nova República viria a se plasmar, teriam chegado à presidência do Brasil sem o outro. Isso é verdade, embora FHC não tivesse o toque de ouro de Lula nas urnas, já que seus candidatos presidenciais perderam todas as eleições depois de seus dois primeiros mandatos no cargo entre 1995 e 2002.

Desde que as eleições diretas para a presidência brasileira voltaram a ocorrer em 1989, Lula – ou o candidato por ele escolhido – ganhou ou ficou em segundo durante oito eleições sucessivas. Mesmo a derrota presidencial do PT em 2018 confirma a influência contínua de

Lula com eleitores sob condições extremamente desfavoráveis. Impedido de disputar dois meses antes da eleição, Lula escolheu como seu substituto de última hora Fernando Haddad, que não só chegou ao segundo turno como também conquistou 46% dos votos nacionais, embora Lula estivesse impedido de fazer campanha – encarcerado, controversamente, antes de seus apelos judiciais serem concluídos – e barrado do seu direito legal não só de dar entrevistas para jornais como até mesmo de votar no dia da eleição. Então, independente, do que mais seja dito, Lula sem dúvida demonstrou durante 40 anos uma capacidade marcante de permanecer no topo do jogo político em um país de 210 milhões de pessoas. Lula é um dos políticos mais bem sucedidos do mundo – o Pelé da política eleitoral presidencial global – e a estrela mais brilhante no céu político do Brasil.

DE VARGAS E KUBITSCHEK ATÉ LULA E DILMA

A família de Lula havia chegado em São Paulo em um momento em que uma sociedade profundamente não democrática estava sendo remoldada pelas apostas ousadas do maior estadista do Brasil no século XX, Getúlio Vargas. Um homem confiante disposto a assumir riscos, Vargas dominou a política brasileira de 1930 até 1954 com uma capacidade de manobras políticas a sangue-frio que frustravam amargamente seus adversários dentre as classes mais altas e alfabetizadas. Embora autoritário e anticomunista, Vargas foi o grande modernizador do Brasil, com uma visão reformista de desenvolvimento capitalista autônomo nacional que tomou uma abordagem mais inclusiva para as necessidades das massas. Por meio de suas políticas sociais e da legislação trabalhista, Vargas atribuiu um grau inédito de reconhecimento e cidadania para aqueles empregados no pequeno setor formal da economia e conquistou amplamente o apoio das classes populares como o "pai dos pobres".

Tendo monopolizado o poder executivo de 1930 até 1945, quando foi deposto pelos militares, Vargas voltou à presidência em 1950 "nos braços do povo" por meio de uma eleição democrática cuja legitimidade foi contestada por antigetulistas fervorosos, tanto civis quanto militares. Cada vez mais isolado, Vargas foi cercado durante esse mandato turbulento no cargo por uma oposição virulenta que denunciava obsessivamente as suas conexões com trabalhadores. Retratado como alguém que destruiu o país por meio de corrupção nunca antes vista, Vargas foi incapaz de reanimar seu apoio massivo difuso até que, enfrentando um ultimato dos militares para abrir mão do poder, se suicidou em 24 de agosto de 1954, o que levou o povo nas cidades do Brasil a tomar as ruas, levando seu inimigo mais contundente, Carlos Lacerda, ao exílio enquanto uma coligação getulista vencia as eleições de 1955.

Menos de três meses e meio antes desse desenlace trágico, Vargas proferiu seu tradicional discurso de Primeiro de Maio em um estádio em Petrópolis, no qual ele ofereceu uma profecia marcantemente precisa que poucos então ou desde então consideraram algo a mais do que demagogia populista. Depois de anunciar uma duplicação do salário-mínimo durante um período de alta inflação, ele se dirigiu diretamente aos trabalhadores ao declarar que enquanto sua tarefa estava completa, a deles estava apenas começando. A tarefa colocada para os trabalhadores do Brasil, ele declarou, era a de conquistar "a plenitude dos direitos que vos são devidos e a satisfação das reivindicações impostas pelas necessidades [...] Há um direito", ele enfatizou, "de que ninguém vos pode privar, o direito do voto. E pelo voto", ele exortou a multidão, "podeis não só defender os vossos interesses como influir nos próprios destinos da nação". É verdade, reconheceu, que "não tendes armas, nem tesouros, nem contais com as influências ocultas" de outros grupos. Mas "para vencer os obstáculos e reduzir as resistências", exortou, "é preciso unir-vos e organizar-vos." No momento mais famoso ao final do discurso, ele explicou que trabalhadores, como a maioria, "podeis imprimir ao vosso sufrágio a força decisória do número. Constituís a maioria. Hoje estais com o Governo", declarou, mas "amanhã sereis o Governo." (Vargas, 1969, p. 463-473).

Lula chegou na Vila Carioca pela primeira vez em 1957 durante o interregno político relativamente harmônico que foi a presidência de Juscelino Kubitschek, movida por uma visão reformista ligeiramente iluminista de inclusão que rejeitava os conflitos polarizadores de antigetulismo, antitrabalhismo e anticomunismo. A adolescência de Lula seria, portanto, moldada decisivamente por um senso, observado pelo sociólogo do trabalho Luiz Pereira em 1965, de que um "progressismo-não-negador do capitalismo" *tout court* estava emergindo da industrialização rápida de São Paulo, com a classe trabalhadora da cidade servindo "como o ponto de encontro entre o passado e o futuro" (Pereira, 1965, p. 299, 132). Isso talvez explique por que Lula sempre descrevia o sindicato dos metalúrgicos de São Bernardo do Campo e de Diadema como onde ele "nasceu politicamente".[4] Ele ainda se lembra do número de associado que ele recebeu (25.986) ao entrar oficialmente para o sindicato em 25 de outubro de 1968; assim como ele contou para uma plateia em 1990, "quando me perguntam sobre o que sou e a que vim, digo sempre que sou o resultado da minha classe. Se a minha categoria evolui, eu evoluo" (Silva, 2000, p. 26).[5]

Ao criar um sistema de sindicalismo apoiado pelo Estado, Vargas criou uma estrutura institucional que ajudou a abrigar – além de controlar – trabalhadores que buscavam mobilizar sua força. Porém, eles enfrentaram obstáculos poderosos e, conforme visto na parte I, muitos na família de Lula, incluindo sua mulher, Lourdes, e sua mãe, não aprovavam sua decisão de concorrer a um cargo sindical. Assim como com a maioria dos "filhos do medo", o assunto sindicalismo gerava ansiedade porque, como afirmava a sabedoria popular, ele inevitavelmente levaria à demissão, prisão e estigmatização como um agitador perigoso, condenando assim a família do indivíduo à instabilidade e precariedade. Era esse medo que Lula lembrou em 1993 quando discutiu a reação de sua mãe ao comparecer à posse dele em 1975 como presidente sindical. "Não sei se ela estaria orgulhosa. Acho que no fundo", ele disse pensativo, antes de prosseguir, "no fundo ela tinha medo. Tinha medo dessas coisas todas".[6]

---

[4]   Lula, entrevista por Couto, 3 de abril de 1997 (Couto, 1999, p. 249-250).

[5]   Para a data em que Lula entrou, ver Silva, 1990, p. 212; para seu número de associado, ver "Lula: Somos o mais importante...", 2000.

[6]   Lula, entrevista por Paraná, 6 de outubro de 1993 (Paraná, 2002, p. 119-120).

Esse medo permaneceu até mesmo depois que Lula se tornou uma celebridade internacional e um candidato presidencial bem-sucedido, íntimo de empresários, estadistas, intelectuais e artistas do Brasil e do mundo. Antes da segunda candidatura de Lula à presidência nacional em 1994, sua irmã Maria Baixinha refletiu que "se a minha mãe fosse viva, ela ia pedir para o Lula não se candidatar", porque ela tinha medo "só sabia o que os outros falavam. Acho que se ela estivesse viva ela não ia ficar tão orgulhosa, não", ela enfatizou, antes de compartilhar seus próprios medos sobre a perspectiva de Lula poder ganhar.[7] Assim como o irmão de Lula, Vavá, disse para Paraná, muitas pessoas no Brasil não aprovavam a ideia de que "um peão, um operário, tenha chegado onde chegou".[8]

Quando o regime militar acabou em 1985, a vulnerabilidade econômica de peixes pequenos como os Silvas não diminuiu; eles sofreram intensamente com a hiperinflação vivenciada pela Nova República até 1994, além de crescimento econômico fraco em São Paulo até o século XXI. As classes populares, em outras palavras, ainda viviam em um mundo de tubarões, e a maioria permanecia convencida de que era mais sábio ficar no raso em vez de se aventurar nas águas profundas, onde, como Frei Chico havia dolorosamente aprendido durante a ditadura, os tubarões estavam à espreita. A maioria do povo permanecia convencida de que um preço seria pago inevitavelmente por aqueles que abraçavam uma cidadania insurgente e invadiam ousadamente espaços nos quais eles não pertenciam.

Lula, ao final, enfrentou de fato um castigo brutal infligido por aqueles nas camadas mais altas da sociedade brasileira. Havia um atrevimento indecoroso nas falsas histórias que proliferavam sobre os filhos "bilionários" de Lula, que na verdade perderam seus empregos e seus negócios como consequência de tais ataques. Quando invasões policiais atingiram Lula e sua família imediata em março de 2016 – uma dessas invasões incluiu o arrombamento de uma porta – elas foram acompanhadas por uma campanha de ódio disseminada contra

---

[7] Maria Baixinha, entrevista por Paraná, 6 de abril de 1994 (Paraná, 2002, p. 267-268).
[8] Vavá, entrevista por Paraná, 3 e 7 de setembro de 1973 (Paraná, 2002, p. 231).

um homem e sua família que havia supostamente se tornado rica ao roubar da Petrobras e destruir a economia brasileira.

Como ocorreu com Vargas em 1954, a sucessora presidencial escolhida por Lula, Dilma Rousseff, enfrentou um ataque orquestrado em 2015 pela classe média e alta, principalmente nos estados mais ricos, incentivado pela grande mídia e apoiado por grupos de interesses econômicos organizados. A forte ofensiva ao governo de Dilma e ao seu patrono Lula incluiu mentiras escancaradas e ações inescrupulosas por parte do político poderoso e corrupto Eduardo Cunha, presidente da Câmara dos Deputados, e um pântano de ações ilegais da parte de procuradores e juízes, agora completamente reveladas por uma equipe de repórteres montada pelo vencedor do prêmio Pulitzer Glenn Greenwald. Se o Exército fora o agente central em 1954, a liderança agora era tomada por setores do Judiciário, por promotores públicos e pela Polícia Federal, com o Exército desempenhando um papel de apoio discreto. Tanto na crise de Vargas quanto na enfrentada por Lula e por Dilma, a pretensão de combater a corrupção permitiu o atropelo de normas constitucionais. Assim, foram depostos do governo dois dos reformistas e estadistas mais influentes do Brasil nos últimos 100 anos, suas derrubadas se devendo menos às falhas do governo e mais aos seus sucessos modestos, que perturbaram os confortavelmente privilegiados.

Para Lula, um homem que raramente havia feito inimigos, o salto de ser o avô mais querido do Brasil para ser o inimigo público número um foi menos chocante do que a aceitação generalizada de mentiras como a verdade dos fatos. Nem mesmo o fracasso de uma busca internacional extravagante pela fortuna roubada por Lula estancou a proliferação de boatos, de alegações e de investigações e acusações frívolas incentivadas incessantemente na mídia nacional. Porém, o que se infligiu a Lula e a sua família aconteceu porque ele era um homem deslocado sendo colocado de volta em seu devido lugar, um corpo estranho a ser ritualmente expulso de dentre os altos e poderosos, ao qual, eles agora afirmavam, ele nunca havia de fato pertencido.

Quando esse ataque foi lançado, Lula estava nos seus setenta e poucos anos, e fazia seis anos que ele havia voltado com Marisa para seu modesto apartamento de classe média em São Bernardo. Diferentemente de outros políticos, ele não possuía casas de praia, apartamentos em Paris ou fazendas no interior para viagens de fim de semana. Ele era, entretanto, o favorito inquestionável na disputa presidencial de 2018, portanto a força-tarefa da Lava Jato de promotores e juízes em Curitiba tinham que trabalhar com o que eles tinham: um modesto apartamento no litoral de São Paulo, do qual ele nunca havia sido dono e uma fazenda cujos donos eram velhos amigos que ele, Marisa e seus netos frequentavam depois de sua presidência. Quando as cortes rejeitaram a última tentativa dele de permanecer fora da cadeia até que seus recursos finais fossem analisados por completo, conforme previsto nas cláusulas da constituição de 1988, Lula recebeu um ultimato para se apresentar em Curitiba e começar a cumprir uma sentença de 13 anos na sexta-feira, dia 6 de abril de 2018 (Shalders *et al.* 2018).

Como Lula bem sabia, a política pode ser implacável no Brasil, e promotores e juízes frequentemente garantem justiça para seus amigos e a lei para seus inimigos.[9] Embora indignado, Lula continuou a reiterar sua confiança de que ao fim o sistema judicial corrigiria os erros cometidos; ele recusou o conselho de aliados, incluindo de Frei Chico, de que se exilasse para evitar a prisão. Quando a ordem para começar a cumprir sua sentença foi dada, Lula escolheu voltar para sua casa política: a sede do sindicato dos metalúrgicos do ABC em São Bernardo. Ele chegou dia 5 de abril acompanhado pela presidente do PT, Gleisi Hoffmann, e vestindo uma jaqueta que Evo Morales lhe havia dado. Lula viria a dormir nas próximas duas noites em um colchão no chão enquanto milhares de apoiadores chegavam (Solano, Zaiden e Vannuchi, 2018, p. 20).

---

[9] Embora não fosse de forma alguma novo no Brasil, o ato de tornar acusações anticorrupção armas com fins partidários na investigação da Lava Jato foi um grave retrocesso nas tentativas de melhorar a transparência na gestão pública. É ainda mais desencorajador porque o Brasil desde 2003 havia feito mais progressos significativos em aperfeiçoar os mecanismos legais e institucionais para identificar e combater a corrupção. Ver o bom livro por Power e Taylor, 2011.

Lula chegou ao sindicato sem ter decidido qual seria seu próximo passo, então reuniões ocorreram com seus advogados, com dirigentes do PT e com conselheiros para tomar essa decisão. A certa altura, a secretária de Lula, Claudinha, relembrou que o dia depois do qual ele deveria estar em Curitiba era o aniversário de sua mulher, que tinha morrido no ano anterior, sua morte tendo sido precipitada pelo estresse (ela também era acusada). A ideia de uma missa no sábado em homenagem a ela foi levada para Lula, que concordou imediatamente; a ordem do juiz Moro não seria obedecida, apesar de seus advogados se preocuparem que o gesto pudesse ser enxergado como desacato à autoridade e prejudicar suas batalhas legais em andamento. Em uma reunião tensa de alto nível, Lula também esclareceu que ele não iria resistir vigorosamente à detenção – o que poderia pôr em perigo seus apoiadores e abrir espaço para uma invasão policial. Sua rendição à Polícia Federal foi, assim, negociada para sábado, dia 7 de abril, depois de um ato religioso em memória de Marisa e de um último discurso (Solano, Zaiden e Vannuchi, 2018, p. 20-22).

Ao se refugiar no seu sindicato, Lula foi mais uma vez cercado por colaboradores, amigos, advogados, sindicalistas, artistas e admiradores que vieram para mostrar solidariedade. Em lembranças contemporâneas de Hoffmann e de outros, havia energia no ar mas também amor, tristeza, muito choro e até um toque de depressão, além de muita indignação com as injustiças evidentes sendo cometidas. Ao longo desses dias, Lula circularia pela sala conversando com cada um, em meio a abraços e palavras de encorajamento, ajudando a afastar a tristeza. Uma mulher relembrou dele colocando a cabeça dela no peito dele para indicar que ele ficaria bem, mas que "a gente precisa de gente forte lá fora"; ela havia desejado passar energia e força para ele, mas foi o contrário. Embora ocasionalmente irritado com o número de selfies tiradas, Lula periodicamente acenava da janela para a multidão, o povão, que havia se juntado em uma vigília enquanto rodadas de oradores falavam de um carro de som providenciado pelo Sindicato dos Professores do Ensino Oficial do Estado de São Paulo (Apeoesp). Outro jovem, um advogado do PT, comentou que Lula bem que poderia ter sido seu pai, um trabalhador. "Lula é a trajetória de milhões de brasileiros", refletiu esse advogado. "Só que ele virou o maior presidente que o Brasil já viu". De acordo com esse jovem, Lula tinha derrubado as regras que ditavam quem tinha chance de se dar bem na vida, "e no direito, a inversão da ordem é crime" (Solano, Zaiden e Vannuchi, 2018, p. 58, 60).

Outra testemunha descreveu o Lula que ele admirava como um homem que chegou a "manter-se fiel aos seus princípios, sem fugir da realidade e suas contradições, [e] sem viver uma fantasia onipotente nem cair na amargura" (Solano, Zaiden e Vannuchi, 2018, p. 71). Gilberto Carvalho, um de seus conselheiros presidenciais mais próximos, citou "a teimosia [de Lula] em respeitar a institucionalidade, a mesma que estava sendo violentada para aprisoná-lo", como demonstração de seu espírito lutador e de seu realismo intenso. "Éramos poucos, 5 mil, talvez 8 mil no pico", Carvalho comentou – "longe dos 40 mil, 60 mil, 100 mil" na Vila Euclides no fim dos anos 1970. Ao seu lado, Lula olhava para "a militância generosa e entusiasmada" abaixo e secamente observou, "Gilbertinho, a gente faz a guerra com os soldados que tem" (Solano, Zaiden e Vannuchi, 2018, p. 14).

Foi uma cena comovente na manhã do sábado quando a missa se aproximava do fim fora da sede do sindicato. A multidão inflamada estava determinada a não entregar Lula para a polícia, e Carvalho se perguntava como Lula explicaria a eles sua decisão. Mas quando ele começou, Carvalho observou "aí, o velho Lula" começou a falar: ele mostrou indignação, atacando as mentiras dos promotores, dos juízes e da mídia, além dos ataques sem precedentes aos direitos do povo e ao seu bem-estar sob o substituto da deposta Dilma (Solano, Zaiden e Vannuchi, 2018). Por que, perguntou ele para a plateia, eu estou aqui hoje? Porque ele tinha sonhado, ele disse, com um país no qual a mortalidade infantil cairia porque as crianças teriam leite, arroz e feijão todo dia e no qual estudantes pobres e negros da periferia poderiam frequentar as melhores universidades para que promotores e juízes do futuro não viessem apenas de origens elitistas. E quais foram os meus crimes? Ter ajudado "pobre a comer carne, pobre comprar carro, pobre viajar de avião, pobre fazer sua pequena agricultura, ser microempreendedor, ter sua casa própria" (Silva, 2018; 2020). Saudando a ex-presidente Dilma, Lula fez questão de elogiar os jovens líderes de outros partidos de esquerda ao seu lado antes de explicar, "mansamente", nas palavras de Carvalho, porque ele havia decidido obedecer a ordem de prisão (Solano, Zaiden e Vannuchi, 2018, p. 15).

A manifestação se encerrou com um momento de união coletiva – um momento de fusão – seguido do toque final – decidido apenas alguns minutos antes – de Lula sendo erguido nos ombros da multidão e carregado do palco até a entrada do sindicato. Camilo Vannuchi, o filho de um dos conselheiros próximos de Lula, que havia conhecido Lula e Marisa quando criança, comentou que Lula no fim havia conseguido trazer "o adversário para seu campo de batalha", a política. Seus inimigos imaginavam a história de Lula acabando com uma foto de "um condenado cabisbaixo e solitário, miseravelmente condenado à prisão (Solano, Zaiden e Vannuchi, 2018, p. 67). O que eles queriam, Lula disse para a multidão, era que sua imagem como um prisioneiro fosse colocada em capas de revistas e transmitida na TV Globo, e só essa possibilidade, ele brincou, já era o suficiente para dar a eles "orgasmos múltiplos" (Silva, 2020, p. 180). O que eles conseguiram em vez disso, nas palavras de Vannuchi, foi a "imagem de um ícone, um líder de massa carregado nos ombros" de seus apoiadores, algo a ser exaltado em poesia, em verso e em uma foto memorável de um drone do alto tirada por um fotógrafo amador (Solano, Zaiden e Vannuchi, 2018, p. 67).

"Não adianta", disse Lula para a plateia, "tentar acabar com as minhas ideias, elas já estão pairando no ar e não tem como prendê-las." Nem adianta pensar que iam "parar o meu sonho porque quando eu parar de sonhar, eu sonharei pela cabeça de vocês e pelos sonhos de vocês". E os sonhos não acabariam nem no dia quando "o Lula tiver um infarto; é bobagem porque o meu coração baterá pelos corações de vocês, e são milhões de corações". Eles nunca aprenderam, continuou Lula, que "a morte de um combatente não para a revolução" e que existem muitos Lulas por aí, e muitos mais ainda virão a nascer. Eles estarão nas

Lula carregado nos ombros da multidão no sindicato de São Bernardo, 2018
(Cortesia Ricardo Stuckert)

ruas queimando pneus, organizando marchas e realizando ocupações na cidade e no interior, exigindo o fim da "barbaridade que se faz com meninos negros neste país" (Silva, 2018, p. 181-182). A mensagem final de coragem, audácia e luta foi completada quando Lula – carismático e astuto – caminhou com suas próprias pernas para a custódia, dentre uma multidão agitada que lutava para impedir que a Polícia Federal tirasse Lula do sindicato. Como ele disse para Hoffmann logo antes de ir embora, "vou cumprir o meu destino" (Solano, Zaiden e Vannuchi, 2018, p. 22).[10]

Depois de 580 dias, em 8 de novembro de 2019, Lula sairia da sede da Polícia Federal em Curitiba para aguardar o resultado de seus recursos por liberdade; um dia antes, o Supremo Tribunal Federal tinha voltado por um voto à cláusula constitucional de 1988 para que isso ocorresse. Durante seus 19 meses no isolamento, o viúvo de 74 anos viveu muito luto, incluindo a morte de seu irmão Vavá, quando lhe foi negado o direito de comparecer ao funeral, considerado uma possível ameaça para a ordem pública pela juíza que assumiu o lugar de Moro. Uma semana depois, a mesmo juíza – copiando palavra por palavra a sentença anterior de Moro – condenou Lula em um caso envolvendo uma casa de campo que não pertencia a Lula ou a sua família. A inquietação pública com os maus-tratos evidentes forçaria o juiz a agir

---

[10] Para cenas do sindicato no dia que Lula foi preso, ver Costa, 2019.

de modo diferente no início de março quando morreu o neto de sete anos de idade de Lula, Arthur. Embora tenham deixado ele comparecer, o luto pessoal de sua família foi perturbado por uma implantação massiva de policiais no cemitério e pela presença de seis policiais fortes com armas semiautomáticas durante a missa privada na capela.

Em abril de 2019, uma mudança da maré nos círculos judiciais levou as cortes (não sem enfrentar críticas) a restaurar o direito de Lula de dar entrevistas – uma proibição existente desde a eleição de 2018 – e sua voz inimitável voltou a ser escutada por repórteres brasileiros e estrangeiros. No junho seguinte, uma cascata de revelações das comunicações internas de Moro com os promotores da Lava Jato começou a vazar, oriunda de um time liderado pelo jornalista vencedor do Prêmio Pulitzer Glen Greenwald do *Intercept*; a investigação do Vaza-Jato se mostrou prejudicial tanto para a credibilidade da força-tarefa da Lava Jato quanto para a opinião pública sobre Moro, muito desvalorizada, que estava no cargo de ministro da Justiça no corrupto governo de extrema-direita de Bolsonaro. Até enquanto Lula estava na prisão, mais casos eram apresentados contra ele, muitos deles dessa vez mais rapidamente dispensados.

Quando entrevistado pelo *Der Spiegel* em maio de 2019, os repórteres da revista alemã questionaram Lula sobre se ele sofreu por ser mantido em isolamento dada sua natureza extrovertida. Na sua resposta, Lula compartilhou uma história sobre a época na qual ele tinha acabado de entrar no sindicato – não contada anteriormente – relacionada à timidez extrema que o deixava nervoso até quando as pessoas simplesmente diziam seu nome em uma reunião. Ao enfrentar aquele desafio, ele explicou que ele praticava discursos imaginários em casa na frente de uma foto com muitas pessoas. "Talvez, ele brincou, eu coloque fotos na parede da minha cela e discurse para elas" (Íntegra da transcrição..., 2019).

Demonstrando energia e bom humor, o ex-presidente se estendia em entrevistas subsequentes discutindo assuntos brasileiros e mundiais. Sobre Donald Trump e Bolsonaro, ele repetidamente citou o escritor moçambicano Mia Couto, que observou que "em tempo de

Lula, sozinho e preso
(Cortesia Zé Dassilva)

terror, escolhemos monstros para nos proteger" (Glenn Greenwald entrevista..., 2019). Ele não reclamou nenhuma vez sobre as condições de sua prisão já que os pobres e desempregados, ele insistia, estavam vivendo muito pior do que ele. Já sobre ele mesmo, Lula continuou a afirmar seu amor pela vida – incluindo pela sua nova noiva, a socióloga de 52 anos de idade Rosângela da Silva – enquanto compartilhava de forma entusiasmada suas impressões sobre os muitos livros que ele leu na prisão. Seus favoritos eram biografias e os que contavam a história das lutas do povo brasileiro pela liberdade desde a época da escravidão (Pasqualino e Fideles, 2019. Após mais de 40 anos..., 2019). Ele era, ele insistiu, um homem livre sem ter o rabo preso, ainda mais porque ele não tinha dinheiro no banco nem patrimônio, e nem sequer recebia o pagamento das suas aposentadorias, todos elas congeladas pelo tribunal para pagar restituições; o PT teve que lhe pagar um salário.

"Eu fiquei 580 dias" no isolamento, ele disse para uma multidão depois de ser solto, e me preparei espiritualmente [...] pra não ter ódio [...] [e] sede de vingança [...] [e para não] odiar os meus algozes". Ele o fez, ele prosseguiu, para provar que "mesmo preso por eles, eu dormi com a minha consciência muito mais tranquila" do que aqueles que o atacaram com falsidades e assim desonraram o resto do judiciário, o ofício do procurador público e a Polícia Federal cujos serviços honestos são vitais para uma democracia eficaz (Silva, 2020, p. 226; Pasqualino e Fideles, 2019). Depois de voltar em janeiro de 2020 de uma reunião que durou uma hora com o Papa Francisco, ele foi levado para um interrogatório – sob ordens do Ministério da Justiça de Moro – para determinar se suas críticas sobre Bolsonaro haviam violado a Lei de Segurança Nacional da ditadura sob a qual ele e seus colegas sindicalistas haviam sido presos e condenados depois da greve de 1980 (Após pedido de Moro..., 2020). Enquanto o presidente atual do Brasil zomba de seu antecessor como um bebedor de cachaça de nove dedos, poucos no Brasil compartilham a bravata de um importante ministro de Bolsonaro que, quando questionado, insistiu que "o Lula é caso de polícia e não de política" (Turtelli, 2019).[11]

---

[11] Criticando as condições de Lula na prisão em uma entrevista para o BBC, o vice-presidente de Bolsonaro, Hamilton Mourão, reforçou o preconceito classista que une a extrema-direita. O general insistiu que Lula de fato não deveria estar na sede da Polícia Federal, mas "numa prisão comum" porque ele não tem o diploma universitário que, por lei, garante aos seus portadores acomodações privilegiadas quando presos (Corazza, 2018).

EPÍLOGO:
RUMO A UMA VIRADA BIOGRÁFICA

O romancista russo Leon Tolstoi criticava os escritores da história do século XIX, pois independente se tratavam de monarquias, repúblicas ou impérios, eles tinham a tendência de retratar "a vida de um povo" ao descrever a "atividade de indivíduos que governavam o povo" – uma tendência real não apenas entre os "historiadores antigos", ele escreveu em 1869, mas até para aqueles que não acreditavam mais em governantes divinamente consagrados (Tolstoi, 1966, p. 1313). Nessas narrativas mais recentes, "personagens históricos" exerciam poder "porque eles cumprem a vontade do povo que foi delegado a eles [...] [e] a atividade dos líderes [logo] representa a atividade do povo" (Tolstoi, 1966, p. 1.325-1.326).

Nesse famoso posfácio de *Guerra e Paz*, Tolstoi comentou como muitos agora reconheciam a implausibilidade de enxertar uma camada de soberania popular no método tradicional de escrever história. A resposta deles foi inventar "umas abstrações muito obscuras, impalpáveis e gerais" que eles declararam ser "o objetivo do movimento da humanidade", as abstrações mais típicas, "adotadas por quase todos historiadores", sendo "liberdade, igualdade, progresso, civilização e cultura". Nesses relatos, aqueles que merecem os monumentos deveriam ser julgados em relação a terem "promovido ou impedido aquela abstração" (Tolstoi, 1966, p. 1.326). Ao rejeitar a abordagem teleológica dos "grandes homens", pode-se considerar que a disciplina de História no século XX abraçou a insistência de Tolstoi de que "a vida de nações não está contida nas vidas de poucos [grandes] homens, visto que a conexão entre esses homens e as nações não foi encontrada" (Tolstoi, 1966, p. 1.328-1.329).

Tendo lidado com o desafio narrativo da invasão francesa na Rússia, Tolstoi insistiu que "a única concepção que pode explicar o movimento dos povos é aquela de alguma força compatível com o movimento inteiro dos povos". Perguntar "o que causa eventos históricos" é colocar a pergunta "O que é o poder?" (Tolstoi, 1966, p. 1.328-1.329, 1.321). Em um trecho marcante, Tolstoi fornece uma dissecação aprofundada de um lugar-comum na retórica das narrativas históricas: "Napoleão mandou seus homens à batalha". Além de comentar que o poder de Napoleão em si estava longe de ser absoluto, Tolstoi sugeriu que nem as características de Napoleão o indivíduo, nem a coerção poderiam explicar adequadamente a execução de tal ordem. Logo, concluiu ele, o poder pode ser encontrado "naquelas relações que aquele que o possui estabelece com as massas" (Tolstoi, 1966, p. 1.322-1.323). Tolstoi resumiu sua visão da seguinte forma:

> O movimento de nações não é causado pelo poder, nem pela atividade intelectual, e tampouco por uma combinação dos dois, como pressupõe os historiadores, mas pela atividade de todas as pessoas que participaram nos eventos, e que sempre se combinam de tal forma que aqueles que desempenham a maior participação direta no evento assumem a menor responsabilidade sobre si mesmos e vice-e-versa. (Tolstoi, 1966, p. 1.335)

Em sua contribuição ao debate do século XIX sobre Napoleão, Tolstoi forneceu uma resposta decisiva a uma abordagem da história memoravelmente defendida pelo polímata escocês Thomas Carlyle, que declarou em 1840 que

> A história do mundo era a biografia de grandes homens [...] Eles eram os líderes dos homens, estes grandes; os modeladores, padrões e num sentido amplo criadores, do que quer que a massa geral de homens seja capaz de fazer ou de obter; todas as coisas que nós enxergamos que se mantêm realizadas no mundo são de fato o resultado material externo, a realização prática e a materialidade de pensamentos que habitaram os Grandes Homens que viveram no mundo: a alma da história do mundo inteiro. (Carlyle, 1957, p. 102-103)[1]

O repúdio mais convincente do século XIX de Carlyle foi fornecido pelo materialismo marxista que emergiu como crítica do liberalismo. Às vezes cienticifista e positivista na sua pesquisa por causas gerais e leis históricas, o marxismo tendeu a enfatizar a determinação social enquanto minimizava a atuação individual como parte de uma teorização sistêmica da sociedade, um foco em características estruturais e numa dinâmica social evolutiva, visões que se mostrariam profundamente influentes para muito além das suas fileiras de seguidores.

A formulação marxista clássica sobre "o papel do indivíduo na história" pode ser encontrada no ensaio de 1898 do marxista russo G. V. Plekhanov (Plekhanov, 1961). Em seu engajamento vívido no debate, Plekhanov levantou um contrafactual: a história europeia teria sido diferente se Napoleão não tivesse vivido? Embora reconhecesse a importância de Napoleão nos eventos, ele considerou sua indispensabilidade uma "ilusão óptica". Se o indivíduo chamado Napoleão não tivesse existido, então algum outro homem com talentos iguais teria emergido para cumprir o papel de Napoleão, que surgiu, argumentou ele, dos imperativos sociais e históricos de sua época:

> as qualidades pessoais de pessoas que lideram determinam as características individuais de eventos históricos; e o elemento acidental [...] sempre desempenha algum papel no curso desses eventos, cuja tendência é determinada em última análise pe-

---

[1] A ironia, é claro, é que Carlyle não era um "historiador profissional", e esse ensaio célebre foi um ataque às tendências intelectuais que estavam parindo a história enquanto disciplina acadêmica, processo que ele deplorava.

las chamadas causas gerais, isto é, na verdade pelo desenvolvimento de forças produtivas e de relações mútuas entre homens no processo socioeconômico de produção. (Plekhanov, 1961, seções 7-8)

Sua preocupação, ele disse, era com as "causas gerais profundas", não com "o fenômeno casual e com as qualidades pessoais de pessoas aclamadas" (Sartre, 1968, p. 56).

Escrevendo nos anos 1930, o escritor de Trinidad C. L. R. James comentou a preferência moderna por tratar agentes individuais como "uma personificação das forças sociais [em contraste, com] os grandes homens sendo meramente ou quase os instrumentos" de estruturas sociais, tendências e conflitos maiores. Ao mesmo tempo, James sinalizou sua aderência ao marxismo ao escrever que "grandes homens" são no máximo "instrumentos nas mãos do destino econômico", embora ele tenha rompido com Plekhanov em seu clássico estudo de 1938 sobre a Revolução Haitiana ao dar lugar de destaque para Toussaint Louverture (James, 1963, p. XI.).[2] Ao fazer isso, ele seguiu Leon Trotsky, que havia ponderado, em *História da Revolução Russa* (1932), "Como a revolução teria se desenvolvido se Lenin não tivesse chegado à Rússia em abril de 1917?" Em conflito com sua própria ortodoxia marxista, o revolucionário russo reconheceu que "o papel da personalidade [...] não é uma questão desimportante, embora seja mais fácil perguntar do que responder". Concluindo que Lenin era indispensável, ele admitiu que isso pode sustentar o argumento de "um contraste mecânico da pessoa, o herói, o gênio, com as condições objetivas, a massa, o partido". Tendo uma revolução para narrar, entretanto, Trotsky não elaborou para além de observar que "Lenin não foi um elemento acidental", e sim um produto da história russa inteira: ele acrescentou, em um comentário relevante para Lula, que "líderes não são criados acidentalmente [...] [mas em vez disso são] gradualmente escolhidos e formados ao longo das dé-

---

[2]   David Scott fornece uma discussão útil sobre o projeto de James, sujeita a críticas nos anos recentes, enquanto também desafia o pós-estruturalismo (2004, p. 37-38).

cadas [...] e não podem [portanto] ser caprichosamente substituídos" (Trotsky, 1932, p. 329-331).

Na metade do século XX, o domínio da história como uma prática profissional havia repudiado a abordagem dos "grandes homens" e se deslocado de um foco de cima para baixo nas escritas, discursos e obras de membros individuais das elites, fossem eles generais, presidentes ou diplomatas (o que Fernand Braudel denominou *histoire événementielle*).[3] A busca por explicações causais mais profundas levou a um foco nos processos socioeconômicos e culturais mais amplos. Enquanto a história lidava com estruturas sociais e com a constituição de coletividades, interesses e identidades (nações, classes, gêneros), a história política e diplomática começou a perder sua preeminência dentro da disciplina, e formas mais analíticas de expressão escrita, em vez de formas estritamente narrativas, passaram para o primeiro plano. Ademais, a dicotomia marxista entre aparências superficiais, incluindo eventos e indivíduos, e explicações aprofundadas sob a superfície também viriam a ser compartilhadas por disciplinas da ciência social objetivista ocidental tais como Economia, Ciência Política e Sociologia.

Com a ascensão da história social depois dos anos 1960, o interesse da disciplina pelas dimensões geográficas, socioeconômicas, demográficas, culturais e familiares das sociedades humanas cresceram fortemente, assim como surgiu um foco dramaticamente ampliado nos agentes subalternos tais como trabalhadores, camponeses, grupos racialmente subordinados e, por fim, mulheres. Enquanto rejeitava o elitismo das histórias estabelecidas, a insurgência da história social tinha um preconceito contra as biografias derivado da teoria social marxista, por mais heterodoxa que ela fosse, que informava seus modelos casuais. A isso, pode-se acrescentar que a história de "grandes homens" também foi rejeitada como antidemocrática: a divisão do mundo em, por um lado, gênios e super-homens, sempre masculinos,

---

[3] O fato de que a crítica de Tolstoi do século XIX sobre o culto dos grandes homens e das grandes ideias tenha antecipado tendências da disciplina do século XX não é mencionado no ensaio mais celebrado sobre o segundo posfácio de Tolstoi (Berlin, 1993).

e, do outro, seres humanos normais, "comuns" e inconsequentes. Para os novos historiadores sociais, isso se ligava a um ataque ao vanguardismo marxista-leninista que era frequentemente equiparado com a dominação de um partido por uma liderança centralizada e uma forte distinção entre revolucionários completamente "profissionais" contra os membros de base do partido e as massas.

Embora a escrita de biografias tradicionais jamais tenha desaparecido, o *status* do biográfico enfrentou um novo desafio com a ascensão do estruturalismo nos anos 1960, uma corrente diversa na vida intelectual francesa identificada com Claude Lévi-Strauss e Louis Althusser (Dosse, 1997, vol. 1, p. 1.945-1.966). Sendo posteriormente rebatizado de pós-estruturalismo, esse corpo de pensamento transdisciplinar complexo viria a adquirir influência ampla após os anos 1980 dentre a academia anglófona, na qual ele era frequentemente chamado de "teoria francesa". Sua figura emblemática, Michel Foucault, se mostraria o mais influente para a nova geração de historiadores (Cusset, 2008). Em um livro instigante de 2013, *The Left Hemisphere: Mapping Critical Theory Today* [*O Hemisfério Esquerdo: Mapeando a Teoria Crítica Hoje*] , o sociólogo francês Razmig Keucheyan descreveu adequadamente o estruturalismo francês da década de 1960 como caracterizado por "uma forma de determinismo histórico e objetivismo" que enfatizou o *"longue durée* e as 'invariantes estruturais' constituintes do mundo social". Isso foi combinado com o "anti-humanismo" teórico deles, com sua ênfase em abolir ou depor um sujeito (alegadamente) cartesiano (procedimento frequentemente denominado a "morte do sujeito"), que eles falsamente identificavam com a posição de Jean- Paul Sartre e de Simone de Beauvoir (Keucheyan, 2013, p. 44-45). Como ele escreveu, as limitações do determinismo estruturalista foram dramaticamente expostas em Paris em 1968, quando "o choque de maio abruptamente alterou a percepção de política e da história, o que obrigou estruturalistas" a deslocarem sua autorrepresentação – embora não o seu modelo subjacente de causalidade – em direção ao que viria a ser rotulado pós-estruturalismo (Keucheyan, 2013, p. 48). Um bom exemplo de seu determinismo pode ser visto no ensaio de Bourdieu de 1986 sobre "a ilusão biográfica". Inconscientemente ecoando Plekhanov, ele argumentou que a história de vida, "uma dessas noções de senso comum que foi [agora] enfiada para dentro do universo aprendido" era baseada na falsa "presunção de que a vida é uma história", e não um ponto de inflexão dentro do campo social (Bourdieu, 1987, p. 7).

Em *Apologies to Thucydides: Understanding History as Culture and Vice Versa* [*Apologia a Tucídides: compreendendo história como cultura e vice-versa*] (2004), o antropólogo dos EUA Marshall Sahlins enfrentou o desafio do "sujeito histórico atuante". Ele questionou como nós devemos conceituar "as relações entre tipos de atuações históricas e modos de transformação histórica". Os acadêmicos, sugere ele, evitaram por tempo demais esse debate por medo de que eles ficarão "mergulhados na velha neblina epistêmica da 'teoria dos grandes homens da história' e na areia movediça ainda mais antigas de 'o indivíduo *versus* a sociedade'" (Sahlins, 2004, p. 138). Porém, Sahlins nos lembra que nós não precisamos aderir à visão de que as pessoas são acima de tudo "criaturas de alguma maquinaria social grandiosa", mas sim criadas por ou por meio de "interpelações derivadas de Althusser, hegemonias inspiradas por Gramsci e discursos foucaultianos repletos de poder" ou, pode-se acrescentar, por imperativos derivados da Economia Política (Sahlins, 2004, p. 139, 145). Nós também não precisamos abraçar o extremo oposto, de que pessoas são "autônomas e mobilizadas que se movem por conta própria, a sociedade sendo nada mais do que o resíduo [...] de seus projetos a respeito de si" (Sahlins, 2004, p. 139). Essa postura hiper-individualista, embora inteiramente sem influência entre historiadores, é popular dentre economistas doutrinários do mercado e encontra sua expressão mais evidente na declaração repetida de Margaret Thatcher de que a "sociedade" não existe.

Juntando-se a acadêmicos como Emília Viotti da Costa, Sahlins nos fez analisar o terreno teórico passado do qual o estruturalismo emergiu como uma crítica nos anos 1960 (Costa, 2001, p. 17-31). Em *Em busca do Método* (1957) e *Crítica da razão dialética* (1960), Sartre esteve engajado com um projeto promissor de combinar as visões da fenomenologia (existencialismo) e do marxismo enquanto simultaneamente teorizava raça, anticolonialismo e homossexualidade. O existencialismo deveria ser embasado por meio da sociedade e das estruturas, enquanto o marxismo deveria estar livre do determinismo e do hiperobjetivismo.[4] Como registra um artigo de 2013 na *International Labor and Working-Class History*, Sartre e E. P. Thompson são dois dos defensores mais notáveis desta "tradição submersa dentre o marxismo ocidental, embora ela tenha tentado desenvolver não a subjetividade pura mas, pelo menos, um 'sujeito-objeto dialético' contra a ortodoxia 'objetiva' mais antiga" (Burgmann, 2013, p. 172).[5]

Resumindo as percepções fundamentais de Sartre, Sahlins escreve que não existem de fato sujeitos padrões intercambiáveis, "pessoas que não são ninguém e nem fazem nada para além do que sua classe, seu país ou seu grupo étnico fez delas". Em vez disso, há apenas "o indivíduo concreto, cujas relações com a totalidade são mediadas por uma experiência biográfica em família e em outras instituições", e que, portanto, expressam "os universos culturais de uma forma individual" (Sahlins, 2004, p. 151). Ele sugere, citando Alexander Goldenweiser, que aquilo com que nós lidamos empiricamente é o

> indivíduo biográfico [...] um complexo histórico *sui generis*. Nem fatores biológicos, nem psicológicos e tampouco civilizatórios esvaziam seu conteúdo. Ele participou da cultura de seu ambiente social, mas apenas de alguns aspectos dela, e estes foram [...] recebidos e absorvidos por uma psique única. Esse

---

[4] O projeto de Sartre em *Crítica da Razão Dialética* foi imediatamente sujeito a um ataque poderoso pelo estruturalista pioneiro da França, o antropólogo Claude Lévi-Strauss, que focou na tendência perniciosa de Sartre de privilegiar a história (1962, p. 257-258). Para o historiador da Escola dos Annales Fernand Braudel, por outro lado, Sartre era um aliado cuja "pesquisa se move da superfície para as profundezas, e assim remete às minhas próprias preocupações", que diziam respeito a conectar a "realidade repleta de eventos", uma característica do biográfico, com o "contexto estrutural profundo" (Braudel, 1980, p. 50).

[5] O segundo ataque poderoso nos anos 1960 contra o marxismo "humanista" de Sartre veio de Louis Althusser, o defensor da versão hiper-estruturalista do marxismo enquanto ciência pura que seria por sua vez atacado em 1978 por Thompson em uma polêmica atualmente bastante negligenciada (E. P. Thompson, 1966). Para mais evidências sobre a afinidade entre Sartre e os pioneiros do campo da história do trabalho nos EUA, veja Gutman, 1987.

é o indivíduo concreto da sociedade histórica. (Goldenweiser, citado em Sahlins, 2004, p. 151-152).

Parafraseando Sartre, você não é o que a sociedade fez com você; na verdade, você é o que você faz com o que foi feito com você. A liberdade à qual os humanos estão condenados, como sugeriu Sartre, consiste no "pequeno movimento que faz de um ser social totalmente condicionado alguém que não se entrega completamente ao que sua condição lhe deu" (Sartre, 1969, p. 45; ver também Jopling, 1992).

Enquanto eu passava o início e o meio de minha carreira escrevendo sobre trabalho, política, lei e gênero, tornei-me cada vez mais atraído pelo biográfico como um terreno vital para historiadores, dada a nossa disciplinar "preocupação com a totalidade histórica" e nossa insistência com, nas palavras de Charles Bergquist, "as inter-relações de todos os aspectos da transformação social" (Bergquist, 1990, p. 168; French, 2010, p. 110-142). O biográfico é importante porque os historiadores utilizam rotineiramente um processo de abstração no qual nós isolamos uma ou outra dimensão da realidade e então lidamos com ela separadamente sob uma série de disfarces. Ao fazer isso, produzimos uma porção de representações abstratas da realidade que pode ser chamada de, por exemplo, econômica, social, política, intelectual, sexual ou cultural. Simultaneamente, nós utilizamos outras abstrações para disciplinar ainda mais a rebeldia do fenômeno sob análise. Podemos distinguir níveis tais como o local, o nacional ou o global, além do indivíduo, a família e a comunidade. E podemos usar sistemas classificatórios para distinguir classe, raça e gênero ou para delimitar o sistêmico e o estrutural do conjuntural.

Embora necessárias, essas ferramentas analíticas e atalhos frequentemente interferem em nosso objetivo de formular e transmitir uma visão histórica holística e totalizante.[6] Apesar de inescapável, esse problema pode ser atenuado por meio do uso criterioso de uma

---

[6] Daniel James e eu criticamos a lógica empobrecida da "abstração por meio da subtração" promovida pelo marxista mais 'ortodoxo' dedicado à história da América Latina. Veja French e James, 2007, p. 95-116.

abordagem biográfica, ainda mais no período moderno no qual o acesso a fontes orais suficientes permite o uso das ferramentas mais sofisticadas.[7] Quando executado adequadamente, o estudo de um indivíduo conecta níveis de realidade que são em outros casos artificialmente separados. Afinal, os indivíduos não experimentam suas próprias vidas divididas em elementos constituintes diferenciados e abstratos que podem ser ordenadamente separados e rotulados. Em vez disso, os aspectos, níveis ou dimensões variadas daquela realidade são vivenciados como uma parte integrada de um todo orgânico, como uma experiência vívida fixada em um momento do espaço e do tempo histórico. Nesse sentido, os indivíduos não são alienados de uma ou outra das forças determinantes que moldam suas vidas; na verdade as experienciam como um todo coerente, que é, por sua vez, moldado por suas próprias ações (*praxis*) (Sartre, 1968).

As vantagens da biografia são ainda mais importantes quando o indivíduo em questão é apagado por discursos dominantes, pela elaboração de mitos e pela emblematização, seja por seus contemporâneos ou por acadêmicos posteriores. Em meu artigo sobre Andreotti, por exemplo, eu descrevi como a especificidade humana de tal ativista comunista brasileiro é negada tanto pela retórica de demonização da direita quanto pela linguagem grandiosa e abstrata de ideologias coletivistas oficiais na esquerda. Até nos escritos acadêmicos sobre trabalho e sobre políticas de esquerda, nós lidamos frequentemente demais com rótulos externos, marcadores ideológicos e representações emblemáticas em vez de interpretar essas abstrações à luz dos indivíduos que as tornaram forças reais por meio de suas ações. Quando abordadas dessa forma, conforme comentou o historiador e dirigente do PT Marco Aurélio Garcia (1941-2017), "sujeitos históricos concretos" são "engolfados pelos mecanismos explicatórios mais amplos", e os militantes individuais "aparecem como participantes de um sistema impessoal" (Garcia, 2000, p. 50). Em outras palavras, nós nunca entenderemos por completo a história social e política se não compreen-

---

[7] Para um exemplo complexo das questões teóricas e metodológicas envolvidas na história oral, ver James, 2000. Para mais sobre sua trajetória, ver French, 2006, p. 310-318.

dermos a dimensão biográfica que fundamenta as vidas daqueles que como Andreotti, Frei Chico e Lula existiram em seu centro.

Andreotti era totalmente desconhecido fora da região industrial do ABC, que ele adotou como lar de 1925 até 1984. Ele não é de forma alguma tão historicamente significante quanto o ex-presidente Lula, um homem de estatura nacional e global que, junto de Getúlio Vargas, foi um dos presidentes brasileiros mais importantes do último século. A distinção entre esses dois homens de classe trabalhadora pode ser melhor expressa por meio da ideia de Sahlins sobre estruturas de agência. Para compreender a "atuação histórica individual", ele sugere, deve-se analisar "as estruturas da história que a autorizam" (Sahlins, 2004, p. 155). Fazer isso requer romper com "certas ideias recebidas de uma oposição intransponível entre ordem cultural e atuação individual [...] junto das antíteses correlacionadas do sociológico e do psicológico, do objetivo e do subjetivo, do legal e do acidental, do universal e do particular" (Sahlins, 2004). "É verdade", segue Sahlins, que

> esses aspectos contrastantes da existência humana são irredutíveis uns aos outros, e essa é uma das razões pelas quais historiadores e cientistas sociais são frequentemente motivados a argumentar pelo caráter inconsequente seja das estruturas, seja das pessoas. Mas o que todo esse maniqueísmo ignora é a maneira que pessoas podem ser empoderadas a representar coletividades: a substanciá-las ou a personificá-las, às vezes até a trazê-las à existência, sem, entretanto, perderem sua própria individualidade. Em outras palavras, o que não é suficientemente considerado é como a história faz aqueles que fazem história (Sahlins, 2004).[8]

Assim como Tolstoi, Friedrich Engels enfatizou as "inúmeras forças de intersecção, uma série infinita de paralelogramas de forças que dão origem a uma resultante – o evento histórico". Ademais, ele sempre negou, como fez em 1890, que o econômico é "o único elemento determinante" na história, uma ideia abraçada por algumas "pessoas

---

[8] Estes são precisamente os desafios que Sartre abordou em seu engajamento no meio dos anos 1950 com o marxismo e com a biografia (Jameson, 1971, p. 206-305).

mais jovens" dentro do marxismo de sua época que ele considerava uma baboseira sem sentido. Assim como em Sartre, haveria múltiplas determinações e formas por meio das quais os conflitos se desenrolam, incluindo, ele acrescentou, seus "reflexos [...] nas mentes dos participantes" e como "tradições [...] assombram a mente humana". Já em relação à história, seu desfecho "ocorre de tal forma que o resultado final sempre surge de conflitos entre as vontades de muitos indivíduos, das quais cada uma, por sua vez, tornou-se o que é a partir de um conjunto particular de condições de vida".[9]

Faríamos bem, em outras palavras, ao ter em mente o aviso de Emília Viotti da Costa em *Coroas de glória, lágrimas de sangue*, um estudo de uma rebelião escravista de 1823 em Demerara, Guiana, de que

> a história não é o resultado de uma 'agência humana' misteriosa e transcendental, mas homens e mulheres também não são marionetes de 'forças' históricas. Suas ações constituem o ponto no qual a tensão constante entre liberdade e necessidade se resolve momentaneamente.

Como ela observa a seguir,

> Nós nos tornamos tão habituados a ver a história como um produto de categorias históricas reificadas, a falar sobre 'variáveis' e 'fatores', a lidar com abstrações como capitalismo, abolicionismo, protestantismo, e assim por diante, que com frequência esquecemos que a história é feita por homens e mulheres, mesmo que eles a façam em condições que não escolhem. Em última instância, o que importa é a forma como as pessoas interagem, a forma em que elas pensam sobre o mundo e agem sobre ele e como nesse processo elas transformam o mundo e a si mesmas (Costa, 1994, p. XVIII–XIX).

---

[9] Friedrich Engels (Londres), carta para J. Bloch (Königsberg), 21 de setembro de 1890, https://www.marxists.org/archive/marx/works/1890/letters/90_09_21.htm.

REFERÊNCIAS

ABC DE LUTA. "Memória dos Trabalhadores." São Bernardo: Sindicato dos Metalúrgicos do ABC, 2003. Disponível em: http://www.abcdeluta.org.br/.

ABRAMO, Laís Wendel. *O resgate da dignidade:* Greve metalúrgica e subjetividade operária. Campinas: Editora da Unicamp, 1999.

AGIER, Michel; GUIMARÃES, Antônio Sérgio. "Técnicos e peões: A identidade ambígua." *In:* AGIER, Michel; CASTRO, Nadya Araujo; GUIMARÃES, Antônio Sérgio. *Imagens e identidades do trabalho.* São Paulo: Hucitec, 1995.

OBORÉ (org.). *A greve na voz dos trabalhadores, da Scania a Itu.* São Paulo: Editora Alfa-Omega, 1979. Coleção História Imediata.

ALBERTI, Verena; FARIAS, Ignez Cordeiro de; ROCHA, Dora Rocha (orgs.). *Paulo Egydio conta:* Depoimento ao CPDOC-FGC [Centro de Pesquisa e Documentação de História Contemporânea do Brasil-Fundação Getúlio Vargas]. São Paulo: Imprensa Oficial, 2007.

ALMEIDA, Alberto Carlos. *Por que Lula?* O contexto e as estratégias políticas que explicam a eleição e a crise. Rio de Janeiro: Editora Record, 2006.

ALMEIDA, Antônio de. *Experiências políticas no ABC paulista:* Lutas e práticas culturais dos trabalhadores. Uberlândia: Editora da Universidade Federal de Uberlândia, 2009.

ALMEIDA, Fernando Lopes de. *Política salarial, emprego e sindicalismo 1964/1981.* Petrópolis: Vozes, 1982.

ALMEIDA, José. "A evolução da capacidade de produção da indústria automobilística brasileira no período 1957-1969". *Pesquisa e Planejamento Econômico 2*, n. 1, p. 55-80, 1972.

ALMEIDA, Maria Hermínia Tavares de.; WEIS, Luiz. "Carro-zero e pau de arara: O cotidiano da oposição da classe média ao regime militar". *In:* SCHWARCZ, Lilia M. (org.). *História da vida privada no Brasil.* v. 4, Contrastes da intimidade contemporânea. São Paulo: Companhia das Letras, 1998.

ALMEIDA, Roniwalter Jatobá de. *Filhos do medo:* Um romance suburbano. São Paulo: Global, 1979.

ALMEIDA, Roniwalter Jatobá de. "Trabalhadores". *In:* ALMEIDA, Roniwalter Jatobá de. *Crônicas da vida operária.* São Paulo: Global, 1978.

ALVES, Maria Helena Moreira. "The Formation of the National Security State: The State and Opposition in Military Brazil". PhD diss., Massachusetts Institute of Technology, 1982.

ALVES, Maria Helena Moreira. *State and Opposition in Military Brazil.* Austin: University of Texas Press, 1990.

ALVES, Odair Rodrigues. *Os homens que governaram São Paulo.* São Paulo: Nobel/EDUSP, 1986.

AMANN, Edmund; BAER, Werner. "The Macroeconomic Record of the Lula Administration, the Roots of Brazil's Inequality, and Attempts to Overcome Them". *In: Love and Baer, Brazil under Lula.*

AMES, Barry. "The Reverse Coattails Effect: Local Party Organization in the 1989 Brazilian Presidential Election". *American Political Science Review 88,* n. 1, p. 95-111, 1994.

ANDERSON, Perry. *Brazil Apart 1964-2019.* London: Verso, 2019.

ANDRADE, Regis de Castro; MOISÉS, José Álvaro; WEFFORT, Francisco Corrêa (orgs.). *Visões da Transição.* v. 1 e 2. São Paulo: Centro de Estudos de Cultura Contemporânea, 1989.

ANDREWS, George Reid. "Racial Inequality in Brazil and the United States, 1990-2010." *Journal of Social History 47,* n. 4, p. 1-26, 2014.

ANGELL, Alan. "The Left in Latin America since c. 1920." *In:* Bethell, *The Cambridge History of Latin America,* v. 6, pt. 2, Latin America since 1930: Economy, Society, and Politics. Cambridge: Cambridge University, 1995.

ANTUNES, Ricardo. *A rebeldia do trabalho:* O confronto operário no ABC paulista, as greves de 1978/80. Campinas: Editora Unicamp, 1988.

AQUINO, Maria Aparecida de. *Censura, imprensa, estado autoritário (1968-1978):* O exercício cotidiano da dominação e da resistência, O *O Estado de S.Paulo* e movimento. Bauru, Edusc, 1999.

ARAÚJO BRAZ José de. *Operários em luta:* Metalúrgicos da Baixada Santista (1933-1983). Rio de Janeiro: Paz e Terra, 1985.

ASSIS, Marisa de (org.). *Mercado de trabalho em São Paulo (aspectos gerais).* v. 2. São Paulo: Companhia Editora Nacional, 1972.

AZEVEDO, Aloysio. "Sindicatos tem mesmo que ser reformistas." 1989. *In:* BUENO, Ricardo; FARO, Luiz Cesar (org.). *Capital e trabalho:* os melhores depoimentos do cenário sindical. Rio de Janeiro: Rio Fundo, 1989.

AZEVEDO, Ricardo de. *Por um triz:* Memórias de um militante da AP. São Paulo: Plena, 2010.

BACHA, Edmar L.; KLEIN, Herbert S. "Introduction". *In:* BACHA, Edmar L.; KLEIN, Herbert S. *Social Change in Brazil, 1945-1985:* The Incomplete Transition. Albuquerque: University of New Mexico Press, 1989.

BAEHR, Peter. "The 'Masses' in Weber's Political Sociology." *Economy and Society 19*, n. 2, p. 242-65, 1990.

BAER, Werner. *The brazilian economy:* Growth and development. 5 ed. Westport, CT: Praeger, 2001.

BARBEIRO, Heródoto. *O que pensam os presidenciáveis:* Luiz Inácio Lula da Silva. Partido dos Trabalhadores. São Paulo: Harbra, 1989.

BARBOSA MONTEIRO, José. "Entrevista com José Barbosa Monteiro". *In:* CAVALCANTI, Pedro Celso Uchôa; RAMOS, Jovelino (orgs.). *Memórias do exílio,* Brasil 1964-19?? Obra coletiva. São Paulo: Editora Livraria Livramento, 1978.

BARCELOS, Caco. "Raquel, 'piorra' na indústria de automóveis: São Bernardo do Campo (Grande São Paulo)". *In:* BORGES, Adélia (org.). *Mulher:* Depoimentos sobre um trabalho ignorado. São Paulo: Brasiliense, 1976.

BARREIRA, Irlys Alencar F. "Um operário presidente? Ideologia e condição de classe no universo da representação política". *In:* HEREDIA, Beatriz; Teixeira Carla; BARREIRA, Irlys. *Como se fazem eleições no Brasil.* Rio de Janeiro: Relume Dumará, 2002.

BARRETO, Fábio. "Lula, Filho Do Brasil [Lula, Son of Brazil]". Rio de Janeiro: LC Filmes, 2010.

BARROS, Ricardo Paes de; CORSEUIL, Carlos Henrique. "The Impact of Regulations on Brazilian Labor Market Performance". *In:* HECKMAN, James J.; PAGÉS, Carmen (org.). *Law and Employment:* Lessons from Latin America and the Caribbean. Chicago: University of Chicago Press, 2004.

BARROS SILVA, Pedro Luiz; BRAGA, José Carlos de Souza; COSTA, Vera Lúcia Cabral. "Lula's Administration at a Crossroads: The Difficult Combination of Stability and Development in Brazil". *In:* WEYLAND, Kurt; MADRID, Raúl L.; HUNTER, Wendy. *Leftist Governments in Latin America.* Cambridge: Cambridge University Press, 2012.

BARSTED, Dennis Linhares. *Medição de forças:* O movimento grevista de 1953 e a época dos operários navais. Rio de Janeiro: Zahar, 1981.

BASTOS, Elide Rugai; FERNANDES, Fernandes (orgs.). *Conversas com sociólogos brasileiros.* São Paulo: Editora 34, 2006.

BATISTA, Pedro César. *Gilson Menezes, o operário prefeito:* Experiências e desafios. Brasília: P. C. Batista, 2004.

BEISIEGEL, Celso de Rui. "Os primeiros tempos da pesquisa em sociologia da educação na USP". *Educação e Pesquisa 39*, n. 3, p. 589-607, 2013.

BENEVIDES, Maria Victoria de Mesquita. *O PTB e o trabalhismo:* Partido e sindicato em São Paulo: 1945-1964. São Paulo: Editora Brasiliense, 1989.

BENSMAN, Joseph; GIVANT, Michael. "Charisma and Modernity: The Use and Abuse of a Concept". *In*: GLASSMAN, Ronald M.; SWATOS, William H. (orgs.). *Charisma, history, and social structure*. Westport, CT: Greenwood Press, 1986.

BERGQUIST, Charles. "In the Name of History: A Disciplinary Critique of Orlando Fals Borda's Historia doble de la Costa". *Latin American Research Review 25*, n. 3, p. 156-76, 1990.

BERGSMAN, Joel; CANDAL, Arthur. "Industrialization: Past success and future problems". *In*: ELLIS, Howard S. *The Economy of Brazil*. Berkeley: University of California Press, 1969.

BERLIN, Isaiah. *The Hedgehog and the Fox*. Chicago: Elephant Paperbacks, 1993.

BETHELL, Leslie (org.). *The Cambridge History of Latin America*. v. 6, pt. 2, Latin America since 1930: Economy, Society, and Politics. Cambridge: Cambridge University Press, 1994.

BETHELL, Leslie; NICOLAU, Jairo. "Politics in Brazil, 1985-2002". *In*: BETHEL, Leslie (org.). *The Cambridge History of Latin America*, v. 9, Brazil since 1930. New York: Cambridge University Press, 2008.

BETTO, Frei. *A mosca azul*: Reflexão sobre o poder. Rio de Janeiro: Rocco, 2006.

BETTO, Frei. *Lula*: Biografia política de um operário. São Paulo: Estação Liberdade, 1989.

BITTENCOURT, Ana. "Mulheres na política: Entraves e conquistas". *Democracia Viva*, n. 41, p. 84-89, 2009.

BNM (Brasil: Nunca Mais). Projeto "Brasil: Nunca Mais." v. 3, *Perfil dos Atingidos*. Petrópolis: Vozes, 1988.

BOHN, Simone R. "Feminismo estatal sob a Presidência Lula: O caso da Secretaria de Políticas para as Mulheres". *Revista Debates 4*, n. 2, p. 81-106, 2010.

BOHN, Simone R. "Social Policy and Vote in Brazil: Bolsa Família and the Shifts in Lula's ElectoralBase". *Latin American Research Review 46*, n. 1, p. 54-79, 2011.

BOLOGNA, Italo. *Formação profissional na indústria, o SENAI*. Rio de Janeiro: MEC, Diretoria do Ensino Industrial, 1969.

BOLOGNA, Italo (org.). *Roberto Mange e sua obra*. Campinas: Unigraf, 1980.

BONDUKI, Nabil; ROLNIK, Raquel. "Periferia da grande São Paulo: Reprodução do espaço como expediente de reprodução da força de trabalho". *In*: Maricato, Erminia (org.). *A produção capitalista da casa (e da cidade) no Brasil industrial*. 2. ed. São Paulo: Alfa-Ômega, 1982.

BONELLI, Regis. "Nível de atividade e mudança estrutural". *In*: *Estatísticas do século XX*. Rio de Janeiro: IBGE, 2003.

BORGES, Antonádia Monteiro. "Tanto azul, quanto vermelho: Sentidos e apropriações de um evento político no Distrito Federal". *In*: HEREDIA, Beatriz; Teixeira Carla; BARREIRA, Irlys. *Como se fazem eleições no Brasil*. Rio de Janeiro: Relume Dumará, 2002.

BOURDIEU, Pierre. "The Biographical Illusion". Translated by Y. Winkin and W. Leeds- Hurwitz. *Working Papers and Proceedings of the Center for Psychological Studies*, n. 14, 1987.

BOURDIEU, Pierre. *In other words:* Essays towards a Reflexive Sociology. Translated by Matthew Adamson. Stanford, CA: Stanford University Press, 1990.

BOURDIEU, Pierre. "The Social Space and the Genesis of Groups". *Theory and Society 14*, n. 6, p. 723-44, 1985.

BOURDIEU, Pierre. "What Makes a Social Class? On the Theoretical and Practical Existence of Groups". *Berkeley Journal of Sociology 32*, p. 1-17, 1987.

BOURNE, Richard. *Lula do Brasil:* A história real, do Nordeste ao Planalto. Tradução de Paulo Schmidt e Bernardo Schmidt. São Paulo: Geração Editorial, 2009.

BOURNE, Richard. *Lula of Brazil:* The Story So Far. Berkeley: University of California Press, 2008.

BRANDÃO, Lopes; JUAREZ, Rubens. "O ajustamento do trabalhador à indústria: Mobilidade social e motivação". *In:* HUTCHINSON, Bertram (org.). *Mobilidade e trabalho:* Um estudo na cidade de São Paulo. Rio de Janeiro: Centro Brasileiro de Pesquisas Educacionais, 1960.

BRANDÃO, Lopes; JUAREZ, Rubens. *Sociedade industrial no Brasil*. São Paulo: Difusão Europeia do Livro, 1964.

BRAUDEL, Fernand. "History and the Social Sciences: The Longue Durée". *In:* BRAUDEL, Fernand. *On History*. Chicago: University of Chicago Press, 1980.

BRYMAN, Alan. *Charisma and leadership in organizations*. London: Sage, 1992.

BUENO, Ricardo; FARO, Luiz Cesar (orgs.). *Capital e trabalho:* Os melhores depoimentos do cenário sindical. Rio de Janeiro: Rio Fundo Editora, 1991.

BURGMANN, Verity. "The Multitude and the Many-Headed Hydra: Autonomist Marxist Theory and Labor History". *International Labor and Working-Class History*, n. 83, p. 170-90, 2013.

CAETANO, Maria do Rosário. *Alguma solidão e muitas histórias*. A trajetória de um cineasta brasileiro: João Batista de Andrade, um cineasta em busca da urgência e da reflexão. São Paulo: Imprensa Oficial, 2004.

CAMPISTA, Ary. "Todos melhoraram mas alguns muito mais". *In:* MOTA, Lourenço Dantas. *A história vivida*. São Paulo: O Estado de S. Paulo, 1981.

CANDIDO, Antonio. "Introduction." *In:* PARANÁ, Denise. *A história de Lula, o filho do Brasil*. São Paulo: Objetiva, 2009.

CARDENUTO, Reinaldo. "O cinema político de Leon Hirszman (1976-1981): Engajamento e resistência durante o regime militar brasileiro". PhD diss., Universidade de São Paulo, 2014.

CARDOSO, Adalberto. *A construção da sociedade do trabalho no Brasil:* Uma investigação sobre a persistência secular das desigualdades. Rio de Janeiro: Editora FGV, 2010.

CARDOSO, Adalberto. "De volta a 'O ajustamento do trabalhador à indústria': Uma homenagem a Juarez R. Brandão Lopes". *Revista Latino-americana de Estudos do Trabalho 16*, n. 25, p. 185-219, 2011.

CARDOSO, Fernando Henrique. *A arte da política:* A história que vivi. Organizado por Ricardo A. Setti. Rio de Janeiro: Civilização Brasileira, 2006.

CARDOSO, Fernando Henrique. *The accidental president of Brazil:* A Memoir. With Brian Winter. New York: Public Affairs, 2006.

CARDOSO, Fernando Henrique. "The Challenges of Social Democracy in Latin America". *In:* VELLINGA, Menno. *Social Democracy in Latin America:* Prospects for change. Boulder: Westview Press, 1993.

CARDOSO, Fernando Henrique. *Empresário industrial e desenvolvimento econômico no Brasil.* São Paulo: Difusão Europeia do Livro, 1964.

CARDOSO, Fernando Henrique. "Le proletariat brésilien: Situation et comportement social". *Sociologie du Travail 3*, n. 4, p. 50-65, 1961.

CARDOSO, Tom. *O cofre do Dr. Rui:* Como a VAR-Palmares de Dilma Rousseff realizou o maior assalto da luta armada brasileira. Rio de Janeiro: Civilização Brasileira, 2011.

CARLYLE, Thomas. "On heroes, hero-worship, and the heroic in history". *In:* STERN, Fritz (org.). *The varieties of history:* From Voltaire to the present. New York: Meridian Books, 1957.

CARONE, Edgard. *O PCB.* v. 2, 1943-1964. São Paulo: Difel, 1982.

CARONE, Edgard. *O PCB.* v. 3, 1964-1982. São Paulo: Difel, 1982.

CARVALHO, Lívio de. "Políticas salariais brasileiras no período 1964-81". *Revista Brasileira de Economia 36*, n. 1, p. 51-84, 1982.

CARVALHO, Luiz Maklouf. *Já vi esse filme:* Reportagens (e polêmicas) sobre Lula e o PT (1984-2005). São Paulo: Geração Editorial, 2005.

CARVALHO, Maria do Carmo Reginato Gama de. "A fábrica: Aspectos psicológicos do trabalho na linha de montagem". Tese de doutorado, Universidade de São Paulo, 1981.

CARVALHO, Murilo. *Estórias de trabalhador.* São Paulo: Editora Brasiliense, 1976.

CARVALHO, Ricardo. *O cardeal da resistência:* As muitas vidas de dom Paulo Evaristo Arns. São Paulo: Instituto Vladimir Herzog Editora, 2013.

CASCUDO, Luís da Câmara. *Locuções tradicionais no Brasil.* Recife, Pernambuco: Universidade Federal de Pernambuco, 1970.

CASO, Antonio (org.). *Los subversivos.* Havana: Casa de las Americas, 1973.

CASTAÑEDA, Jorge G. *Utopia unarmed:* The latin american left after the Cold War. New York: Alfred A. Knopf, 1993.

CASTRO, Cláudio de Moura. "Vocational education and the training of industrial labour in Brazil". *International Labour Review 118*, n. 5, p. 617-29, 1979.

CASTRO, Orisson Saraiva de. "Entrevistas com Orisson Saraiva de Castro: gravada pelo Depto. de Jornalismo do Sindicato dos Metalúrgicos de São

Bernardo do Campo II gravada pelo CEDI (20 de maio 1986)". Unpublished interview transcript.

CAVALLI, Luciano. "Charisma and twentieth-century politics". *In:* WHIMSTER, Sam; LASH, Scott (orgs.). *Max Weber, Rationality and Modernity.* London: Routledge, 2013.

CAVAROZZI, Marcelo. "The Left in South America: Politics as the Only Option". *In:* VELLINGA, Menno. *Social Democracy in Latin America:* Prospects for change. Boulder: Westview Press, 1993.

CEDI (Centro Ecumênico de Documentação e Informação). *História dos metalúrgicos de São Caetano.* São Paulo: CEDI, 1987.

CERTEAU, Michel de. *The practice of everyday life.* Translated by Steven F. Rendall. Berkeley: University of California Press, 1984.

CHAGAS, Carlos. *A ditadura militar e a longa noite dos generais:* 1970-1985. Rio de Janeiro: Editora Record, 2015.

CHAIA, Miguel Wady. *Intelectuais e sindicalistas: A* experiência do DIEESE (1955-1990). Ibitinga: Humanidades, 1992.

CHAMBERLAIN, Bobby J.; HARMON, Ronald M. *A dictionary of informal brazilian portuguese:* With English Index. Washington, DC: Georgetown University Press, 1983.

CLAY, Jason W. "The articulation of non-capitalist agricultural production systems with capitalist exchange systems: The case of Garanhuns, Brazil, 1845-1977". PhD diss., Cornell University, 1979.

COELHO, Marco Antônio Tavares. *Herança de um sonho:* As memórias de um comunista. Rio de Janeiro: Record, 2000.

COGGIOLA, Osvaldo. "Introdução". *In:* PARANÁ, Denise. *A história de Lula, o filho do Brasil.* São Paulo: Objetiva, 2009.

COLISTETE, Renato. *Labour relations and industrial performance in Brazil:* Greater São Paulo, 1945-1960. New York: Palgrave, 2001.

COMISSÃO NACIONAL DA VERDADE. *Relatório. v. 2, Textos temáticos.* Brasília: Comissão Nacional da Verdade, 2014.

CONTI, Mario Sergio. *Notícias do Planalto:* A imprensa e Fernando Collor. São Paulo: Companhia das Letras, 1999.

CORONIL, Fernando. "The future in question: History and utopia in Latin America (1989-2010)". *In:* CALHOUM, Craig; DERLUGUIAM, Georgi (orgs.). *Business as usual:* The Roots of the Global Financial Meltdown. New York: New York University Press, 2011.

CORRÊA, Hercules. *Memórias de um stalinista.* Rio de Janeiro: Opera Nostra Editora, 1994.

CORRÊA, Larissa Rosa; FONTES, Paulo. "As falas de Jerônimo: Trabalhadores, sindicatos e a historiografia da ditadura militar brasileira". *Anos 90 23,* n. 46, p. 129-51, 2016.

CORRÊA LEITE, José; GIL, Carolina. *The World Social Forum:* Strategies of resistance.Translated by Traci Romine. Chicago: Haymarket Books, 2005.

COSTA, Emília Viotti da. *The brazilian empire: Myths and histories*. Rev. ed. Chapel Hill: University of North Carolina Press, 2000.

COSTA, Emília Viotti da. *Crowns of glory, tears of blood:* The Demerara Slave Rebellion of 1823. Oxford: Oxford University Press, 1994.

COSTA, Emília Viotti da. "New publics, new politics, new histories: From economic reductionism to cultural reductionism-In Search of Dialectics". *In:* JOSEPH, Gilbert M. (org.). *Reclaiming the Political in Latin American History:* Essays from the North. Durham, NC: Duke University Press, 2001.

COSTA, Petra. *The edge of Democracy*. Netflix, 2019.

COUTO, Ronaldo Costa (org.). *Memória viva do regime militar:* Brasil, 1964-1985. Rio de Janeiro: Editora Record, 1999.

CUSSET, François. *French theory:* How Foucault, Derrida, Deleuze, & Co. transformed the intellectual Life of the United States. Minneapolis: University of Minnesota Press, 2008.

DANTAS, Altino Jr. *Lula sem censura: "...* e aí peãozada partiu pro pau". Petrópolis: Editora Vozes, 1981.

DANTAS, Audálio. *As duas guerras de Vlado Herzog:* Da perseguição nazista na Europa à morte sob tortura no Brasil. Rio de Janeiro: Civilização Brasileira, 2012.

DANTAS, Audálio. *O menino Lula:* A história do pequeno retirante que chegou à Presidência da República. Rio de Janeiro: Ediouro, 2009.

D'ARAUJO, Maria Celina (org.). *Governo Lula:* Contornos sociais e políticos da elite do poder. Rio de Janeiro: Centro de Pesquisa e Documentação de História Contemporânea do Brasil/Fundação Getúlio Vargas, 2007.

D'ARAÚJO, Maria Celina; CASTRO, Celso (orgs.). *Ernesto Geisel*. Rio de Janeiro: Fundação Getúlio Vargas, 1997.

DASSIN, Joan (ed). *Torture in Brazil:* A shocking report on the pervasive use of torture by the brazilian military governments 1964-1979, Secretly Prepared by the Archdiocese of São Paulo. Translated by Jaime Wright. New York: Vintage, 1986.

DINES, Alberto; FERNANDES JR., Florestan; SALOMÃO, Nelma (orgs.). *Histórias do poder:* 100 anos de política no Brasil. v. 3, Visões do executivo. São Paulo: Editora 34, 2000.

DIRCEU, José. *Zé Dirceu:* Memórias. v. 1. São Paulo: Geração, 2018.

DIRCEU, José; PALMEIRA, Vladimir. *Abaixo a ditadura:* O movimento de 68 contado por seus líderes. Rio de Janeiro: Garamond, 1998.

Di TELLA, Torcuato S. *Latin american politics:* A Theoretical Framework. Austin: University of Texas Press, 1990.

DOSSE, François. "History of Structuralism". v. 1, *The Rising Sign*, 1945-1966. Minneapolis: University of Minnesota Press, 1997.

DOWNEY, Greg. *Learning Capoeira:* Lessons in Cunning from an Afro-Brazilian Art. Oxford: Oxford University Press, 2005.

DULLES, John W. F. "Carlos Lacerda, brazilian crusader". v. 2, *The Years 1960-1977*. Austin: University of Texas Press, 1996.

DULLES, John W. F. *Castello Branco:* The Making of a Brazilian President. College Station: Texas A&M University Press, 1978.

DULLES, John W. F. *President Castello Branco, Brazilian Reformer*. College Station: Texas A&M University Press, 1980.

DURAND PONTE, Victor Manuel. *Crisis y movimiento obrero en Brasil:* Las huelgas metalúrgicas de 1978 a 1980. Ciudad de Mexico: Universidad Nacional Autônoma de México, 1987.

DURHAM, Eunice Ribeiro. *A caminho da cidade:* A vida rural e a migração para São Paulo. 3 ed. São Paulo: Editora Perspectiva, 1984.

DURKHEIM, Émile. *The elementary forms of the religious life*. Translated by Joseph Ward Swain. London: George Allen and Unwin, 1915.

DUTILLEUX, Christian. *Lula*. Paris: Flammarion, 2005.

EAKIN, Marshall C. *Brazil:* The once and future country. New York: St. Martin's, 1997.

ESTRELA, Ely Souza. *Os sampauleiros:* Cotidiano e representações. São Paulo: Humanitas FFLCH/USP, 2003.

FARIA, Cido (org.). *O movimento operário no ABC paulista contado por seus autores*. Santo André: Instituto Centro de Memória e Atualidades, 2015.

FARIA, Vilmar. "Changes in the Composition of Employment and the Structure of Occupations". *In:* BACHA, Edmar L.; KLEIN, Herbert S. *Social Change in Brazil, 1945-1985*: The Incomplete Transition. Albuquerque: University of New Mexico Press, 1989.

FARIAS, Rita de Cássia Pereira. "Entre a igualdade e a distinção: A trama social de uma grande empresa corporificada no uniforme de trabalho". Tese de doutorado em Antropologia Social, Unicamp, 2010.

FERNANDES, Florestan. "Empresa industrial em São Paulo (projeto de estudo)". *In:* FERNANDES, Florestan (org.). *A sociologia numa era de revolução social*. São Paulo: Companhia Editora Nacional, 1963.

FERNANDES, Florestan. "Lula e a transformação do Brasil contemporâneo". *In:* FERNANDES, Florestan. *A contestação necessária:* Retratos intelectuais de inconformistas e revolucionários. São Paulo: Editora Ática, 1995. [São Paulo: Expressão Popular, 2015]

FERNANDES, Florestan. *O PT em movimento*. São Paulo: Cortez Editora, 1991.

FERRANTE, Vera Lúcia B. *FGTS:* Ideologia e repressão. São Paulo: Editora Ática, 1978.

FERREIRA, Jorge (org.). *O populismo e sua história:* Debate e crítica. Rio de Janeiro: Civilização Brasileira, 2001.

FERREIRA, Marieta de Moraes; FORTES, Alexandre (orgs.). *Muitos caminhos, uma estrela:* Memórias de militantes do PT. v. 1. São Paulo: Editora Fundação Perseu Abramo, 2008.

FERRETTI, Celso João. *Opção, trabalho:* Trajetórias ocupacionais de trabalhadores das classes subalternas. São Paulo: Cortez Editora, 1988.

FICO, Carlos. *Reinventando o otimismo:* Ditadura, propaganda e imaginário social no Brasil. Rio de Janeiro: Editora Fundação Getúlio Vargas, 1997.

FIGUEIREDO, Lucas. *O operador:* Como (e a mando de quem) Marcos Valério Irrigou os cofres do PSDB e do PT. Rio de Janeiro: Record, 2006.

FILHO, Expedito. *Fernando Henrique Cardoso:* Crônica de uma vitória. Rio de Janeiro: Editora Objetiva, 1994.

FILHO, Paulo Cannabrava. *En el ojo de la tormenta:* América Latina en los años 60/70. São Paulo: Cortez Editora, 2003.

FLEISCHER, David. "Manipulações casuísticas do sistema eleitoral durante o período militar, ou como usualmente o feitiço se voltava contra o feiticeiro". *In:* Soares, Gláucio Ary Dillon; D'ARAÚJO, Maria Celina Soares. *21 anos de regime militar*: Balanços e perspectivas. Rio de Janeiro: Editora FGV, 1994.

FONSECA, Ana. "Transferência de renda: Continuidades e rupturas na experiência do programa Bolsa-Família". Paper presented at "Nurturing Hope, Deepening Democracy, and Combating Inequalities: An Assessment of Lula's Presidency." Duke University, Durham, NC, May 27-28, 2008.

FONTES, Paulo. *Um nordeste em São Paulo:* Trabalhadores migrantes em São Miguel Paulista (1945-66). Rio de Janeiro: Editora Fundação Getúlio Vargas, 2008.

FORTES, Alexandre. "In Search of a Post-neoliberal Paradigm: The Brazilian Left and Lula's Government". *International Labor and Working-Class History,* n. 75, p. 109-25, 2009.

FOSTER, George M. "Peasant Society and the Image of Limited Good". *American Anthropologist 67*, n. 2, p. 293-315, 1965.

FREDERICO, Celso (org.). "A esquerda e o movimento operário, 1964-1984". v. 1, *A resistência à ditadura*. São Paulo: Novos Rumos, 1987.

FREDERICO, Celso. *A vanguarda operária*. São Paulo: Edições Símbolo, 1979.

FREDERICO, Celso. *Consciência operária no Brasil:* Estudo com um grupo de trabalhadores. São Paulo: Editora Ática, 1978.

FREIRE, Américo; SYDOW, Evanize. *Frei Betto:* Biografia. Rio de Janeiro: Civilização Brasileira, 2016.

FRENCH, John D. "A abolição da miséria: Desafios do Século XIX no Século XXI". *E-Legis* [Centro de Formação, Treinamento e Aperfeiçoamento da Câmara dos Deputados] 10, n. 24, p. 86-98, 2017.

FRENCH, John D. *The brazilian workers' ABC:* class conflict and alliances in modern São Paulo. Chapel Hill: University of North Carolina Press, 1992.

FRENCH, John D. *Drowning in Laws:* Labor law and brazilian political culture. Chapel Hill: University of North Carolina Press, 2004.

FRENCH, John D. "From the suites to the streets: The unexpected re-emergence of the 'labor question', 1994-1999". *Labor History 43*, n. 3, p. 285-304, 2002.

FRENCH, John D. "How the not-so-powerless prevail: Industrial labor market demand and the contours of militancy in mid-twentieth-century São Paulo, Brazil." *Hispanic American Historical Review 90*, n. 1, p. 109-42, 2010.

FRENCH, John D. "The laboring and middle-class peoples of Latin America and the Caribbean: Historical trajectories and new research directions". *In:* LUCASSEN, Jan (org.). *Global Labour History:* A State of the Art. Bern: Peter Lang, 2006.

FRENCH, John D. "The Latin American Labor Studies Boom". *International Review of Social History 45*, n. 2, p. 279-308, 2000.

FRENCH, John D. "Lula's Brazil: The management of hope". *Labor:* Studies in Working Class History of the Americas 5, n. 1, p. 134-136, 2008.

FRENCH, John D. "Review of Linhas de Montagem: O industrialismo nacional-desenvolvimentista e a sindicalização dos trabalhadores, de Antonio Luigi Negro". *Tempo Social:* Revista de Sociologia da Universidade de São Paulo 22, n. 1, p. 277-87, 2010.

FRENCH, John D. "Social History and the Study of 'Great Men'? The Hispanic American Historical Review, William Spence Robertson (1872-1956) and the Disciplinary Debate about Biography". *Anuario Colombiano de Historia Social y de la Cultura* 40, n. 1, p. 99-138, 2013.

FRENCH, John D. "Understanding the politics of Latin America's plural lefts (Chávez/Lula): Social Democracy, populism, and convergence on the path to a post-neoliberal world". *Third World Quarterly 30*, n. 2, p. 349-70, 2010.

FRENCH, John D.; CLUFF, Mary Lynn Pedersen. "Women and working-class mobilization in postwar São Paulo, 1945-1948". *In:* French, John D.; James, Daniel. *The Gendered Worlds of Latin American Women Workers:* From household and factory to the union hall and ballot box. Durham: Duke University Press, 1997.

FRENCH, John D. "Workers and the rise of adhemarista populism in São Paulo, Brazil, 1945-47". *Hispanic American Historical Review 68*, n. 1, p. 1-43, 1988.

FRENCH, John D.; FORTES, Alexandre. "Another World Is Possible: The Rise of the Brazilian Workers' Party and the Prospects for Lula's Government". *Labor:* Studies in Working-Class History of the Americas 2, n. 3, p. 13-31, 2005.

FRENCH, John D.; FORTES, Alexandre. "Nurturing hope, deepening democracy, and combating inequalities in Brazil: Lula, the Workers' Party, and Dilma Rousseff's 2010 election as president". *Labor:* Studies in Working-Class History of the Americas 9, n. 1, p. 7-28, 2012.

FRENCH, John D.; FORTES, Alexandre. "When the Plumber(s) Come to Fix a Country: Doing Labor History in Brazil". *International Labor and Working-Class History,* n. 82, p. 85-91, 2012.

FRENCH, John D.; JAMES, Daniel (orgs.). *The gendered worlds of latin american women workers:* From household and factory to the union hall and ballot box. Durham, NC: Duke University Press, 1997.

FRENCH, John D.; JAMES, Daniel (orgs.). "The travails of doing labor history: The restless wanderings of John Womack Jr". *Labor:* Studies in Working-Class History of the Americas 4, n. 2, p. 95-116, 2007.

FRENCH, John D.; LYMBURNER, Matthew. "Neoliberalism". *In:* VINSON, Ben (org.). *Oxford Bibliographies:* Latin American Studies. New York: Oxford University Press, 2012. Disponível em: https://dx.doi.org/10.1093/obo/9780199766581-0078. Acesso em: 25 jul. 2022.

FRENCH, John D.; NEGRO, Antonio Luigi. "Politics, memory, and working-class life in the commercial biopic Lula, Son of Brazil". *A Contracorriente 8,* n. 3, p. 377-94, 2011.

FÜCHTNER, Hans. *Os sindicatos brasileiros de trabalhadores:* Organização e função política. Rio de Janeiro: Edições Graal, 1980.

GALACHE, Luciano Garcia. "Apresentação." *In:* BRITO, José Carlos. *A tomada de Ford:* O nascimento de um sindicato livre. Petrópolis, Brasil: Vozes, 1983.

GARCIA, Marco Aurélio." La Socialdemocracia y el PT". *In:* FRANCO, Augusto de. *La renovación de la izquierda latinoamericana.* Traducido por Nils Castro. México: Editorial Nuestro Tiempo, 1992.

GARCIA, Marco Aurélio. "The gender of militancy: Notes on the possibilities of a different history of political action". *In:* DAVIDOFF, Leonore; McCLELLAND, Keith; VARIKAS, Eleni (orgs.). *Gender and History:* Retrospect and Prospect. Oxford: Blackwell, 2000.

GARLIPPE, Saulo Roberto. "ABC: Um breve histórico do movimento operário e sindical". *In: A CUT nas campanhas salariais de 1985.* São Paulo: CEDI, 1985.

GASPARI, Elio. *A ditadura acabada.* Rio de Janeiro: Intrínseca, 2016.

GASPARI, Elio. *A ditadura derrotada.* São Paulo: Companhia das Letras, 2003.

GASPARI, Elio. *A ditadura encurralada.* São Paulo: Companhia das Letras, 2004.

GASPARIAN, Marcos. *O industrial.* São Paulo: Martins, 1973.

GINGER, Ray. *The Bending Cross:* A biography of Eugene Victor Debs. New Brunswick, NJ: Rutgers University Press, 1949.

GODOY, Marcelo. *A casa do vovó:* Uma biografia do DOI-Codi (1969-1991), o centro de sequestro, tortura e morte da ditadura militar: Histórias, documentos e depoimentos inéditos dos agentes do regime. 2. ed. São Paulo: Alameda, 2015.

GOFFMAN, Erving. *Stigma:* notes on the management of spoiled identity. Englewood Cliffs, NJ: Prentice-Hall, 1963.

GONÇALVES, José Sérgio R. C. *Mão-de-obra e condições de trabalho na indústria automobilística do Brasil.* São Paulo: Hucitec, 1985.

GRAHAM, Douglas H. "Interstate Migration and the Industrial Labor Force in Center- South Brazil". *Journal of Developing Areas 12,* n. 1, p. 31-48, 1977.

GREEN, James N. *We cannot remain silent:* Opposition to the brazilian military dictatorship in the United States. Durham, NC: Duke University Press, 2010.

GROSSI, Yonne de Souza. *Mina de Morro Velho:* A extração do homem. Uma história de experiência operária. Rio de Janeiro: Paz e Terra, 1981.

GUINN, Andrew. "Embedded mobility: Federal technical education reforms and inclusive industrial development in Northeastern Brazil, 2003-2016". PhD diss., University of North Carolina at Chapel Hill, 2019.

GUIZZO, João; SANTOS, José Antônio dos; GONÇALVES, Maria Izabel Simões; MOURA, Wilma Silveira R. de (orgs.). *Lula, entrevistas e discursos.* Guarulhos: O Repórter de Guarulhos, 1978.

GURGEL, Antonio de Pádua; FLEISCHER, David V. *O Brasil vai às urnas:* Retrato da campanha presidencial. Brasília: Thesaurus, 1990.

GUTMAN, Herbert. "Labor History and the 'Sartre Question'". *In:* BERLIN, Ira (org.). *Power and culture:* Essays on the american working class. New York: Pantheon, 1987.

HALL, Anthony. "From Fome Zero to Bolsa Família: Social policies and poverty alleviation under Lula". *Journal of Latin American Studies 38*, n. 4, p. 689-709, 2006.

HARNECKER, Marta. *O sonho era possível:* A história do Partido dos Trabalhadores narrada por seus protagonistas. Havana: MEPLA, 1994.

HAWKINS, Kirk. "Populism in Venezuela: The rise of Chavismo." *Third World Quarterly 24*, n. 6, p. 1137-60, 2003.

HENRIQUES, Affonso. *Ascensão e queda de Getúlio Vargas.* v. 2, Getúlio Vargas e o Estado Novo. Rio de Janeiro: Distribuidora Record, 1966.

HEREDIA, Beatriz Maria Alásia de; TEIXEIRA, Carla Costa; BARREIRA, Irlys Alencar F. (orgs.). *Como se fazem eleições no Brasil.* Rio de Janeiro: Relume Dumará, 2002.

HIGGINBOTHAM, Evelyn Brooks. "African-american women's history and the metalanguage of race". *Signs 17*, n. 2, p. 251-74, 1992.

HOBSBAWM, Eric. *The age of extremes:* A history of the world, 1914-1991. New York: Pantheon, 1994.

HOBSBAWM, Eric. *Interesting times:* A twentieth-century life. London: Allen Lane, 2002.

HOFFMAN, Helga. "Poverty and property in Brazil: What is changing?" *In:* BACHA, Edmar L.; KLEIN, Herbert S. *Social change in Brazil 1945-1985:* The incomplete transition. Albuquerque, New Mexico: University of New Mexico, 1989.

HOLSTON, James. *Insurgent citizenship:* Disjunctions of democracy and modernity in Brazil. Princeton, NJ: Princeton University Press, 2009.

HUMMES, Cláudio; BETTO, Frei. "A Igreja e a greve do ABC: Depoimento à comissão de pastoral operário nacional em Nova Iguaçu, 14 de junho de 1981". *Revista Eclesiástica Brasileira 40*, n. 160, p. 721-28, 1981.

HUMPHREY, John. *Capitalist control and workers' struggle in the Brazilian auto industry.* Princeton, NJ: Princeton University Press, 1982.

HUMPHREY, John. "The development of industry and the bases for Trade Unionism: A case study of car workers in São Paulo, Brazil". PhD diss., University of Sussex, 1978.

HUNTER, Wendy. "The Partido dos Trabalhadores: Still a Party of the Left?" *In:* KINGSTONE, Peter R.; POWER, Timothy J. (orgs.). *Democratic Brazil Revisited.* Pittsburgh: University of Pittsburgh Press, 2008.

KINGSTONE, Peter R.; POWER, Timothy J. *The transformation of the Workers' Party in Brazil, 1989-2009.* New York: Cambridge University Press, 2010.

HUNTER, Wendy; POWER, Timothy J. "Bolsonaro and Brazil's Illiberal Backlash". *Journal of Democracy 30*, n. 1, p. 68-82, 2019.

HUNTER, Wendy; POWER, Timothy J. "Rewarding Lula: Executive power, social policy, and the brazilian elections of 2006". *Latin American Politics and Society 49*, n. 1, p. 1-30, 2007.

IANNI, Octavio. *O ABC da classe operária.* São Paulo: Hucitec, 1980.

IASI, Mauro Luis. *As metamorfoses da consciência de classe:* O PT entre a negação e o consentimento. São Paulo: Expressão Popular, 2006.

"IV Encuentro del Foro de San Pablo: Discursos de Cárdenas, Fidel Castro, Lula". *America Libre*, n. 4, p. 131-136, 1994.

JAMES, C. L. R. *The Black Jacobins:* Toussaint L'Ouverture and the San Domingo Revolution. Rev. ed. New York: Vintage Books, 1963.

JAMES, Daniel. *Doña María's Story:* Life history, memory, and political identity. Durham, NC: Duke University Press, 2000.

JAMESON, Fredric. "Sartre and History". *In:* JAMESON, Fredric. *Marxism and form:* Twentieth-Century dialectical theories of literature. Princeton, NJ: Princeton University Press, 1971.

JENKINS, Rhys. *Transnational corporations and uneven development:* The internationalization of capital and the Third World. London: Methuen, 1987.

JINKINGS, Ivana; MARINGONI, Gilberto; KFOURI, Juca; NASSIF, Maria Inês Nassif (orgs.). *A verdade vencerá.* O povo sabe por que me condenaram. São Paulo: Boitempo, 2020. 2. ed. revista e ampliada.

JOOSSE, Paul. "Becoming a God: Max Weber and the Social Construction of Charisma". *Journal of Classical Sociology 14*, n. 3, p. 266-83, 2014.

JOPLING, David A. "Sartre's moral psychology". *In:* HOWELLS, Christina (org.). *The Cambridge Companion to Sartre.* Cambridge: Cambridge University Press, 1992.

JORDÃO, Fernando Pacheco. *Dossiê Herzog:* Prisão, tortura e morte no Brasil. 6. ed. São Paulo: Global Editora, 2005.

KAHIL, Raouf. *Inflation and economic development in Brazil, 1946-1963.* Oxford: Clarendon Press, 1973.

KAHL, Joseph A. *Three latin american sociologists*: Gino Germani, Pablo Gonzales Casanova, Fernando Henrique Cardoso. 1976. Reprint, New Brunswick, NJ: Transaction Books, 1988.

KAMEL, Ali. *Dicionário Lula:* Um presidente exposto por suas palavras. With Rodrigo Elias. Rio de Janeiro: Editora Nova Fronteira, 2009.

KECK, Margaret E. "Democratization and dissension: The formation of the Workers' Party". *Politics and Society 15*, n. 1, p. 67-95, 1986.

KECK, Margaret E. "The new unionism in the brazilian transition". *In:* STE-PAN, Alfred. *Democratizing Brazil:* Problems of transition and consolidation. Oxford, Oxford University Press, 1989.

KECK, Margaret E. *The Workers' Party and democratization in Brazil.* New Haven, CT: Yale University Press, 1992.

KEUCHEYAN, Razmig. *The left hemisphere:* Mapping critical theory today. London: Verso, 2013.

KINGSTONE, Peter R.; PONCE, Aldo F. "From Cardoso to Lula: The triumph of pragmatism in Brazil". *In:* WEYLAND, Kurt; MADRID, Raúl L.; HUNTER, Wendy (orgs.). *Leftist governments in Latin America.* Cambridge: Cambridge University Press, 2012.

KINZO, Maria D'Alva Gil. "Consolidation of democracy: Governability and political parties in Brazil". *In:* KINZO, Maria D'Alva G. (org.). *Brazil:* The Challenges of the 1990s. London: Institute of Latin American Studies, 1993.

KINZO, Maria D'Alva Gil. "The 1989 presidential election: Electoral behaviour in a brazilian city". *Journal of Latin American Studies 25,* n. 2, p. 313-30, 1993.

KOPPER, Christopher. *A VW do Brasil durante a ditadura militar brasileira 1964-1985:* Uma abordagem histórica. Wolfsburg, Germany: Volkswagen Aktiengesellschaft, 2017.

KOTSCHO, Ricardo (org.). *A greve do ABC:* A greve vista por vários fotojornalistas. São Paulo: Editora Caraguatá, 1980.

KOTSCHO, Ricardo. *Do golpe ao Planalto:* Uma vida de repórter. São Paulo: Companhia das Letras, 2006.

KOTSCHO, Ricardo. *Explode um novo Brasil:* Diário da campanha das diretas. São Paulo: Editora Brasiliense, 1984.

KRUEGER, Robert. "Abertura/Apertura: A political review of recent brazilian writings". *In:* LARSEN, Neil (org.). *The discourse of power:* Culture, hegemony, and the authoritarian State in Latin America. Minneapolis: Institute for the Study of Ideologies and Literature, 1983.

LACERDA, Carlos. "Depoimento". *In:* PAIVA, Cláudio Lacerda (org.). Rio de Janeiro: Editora Nova Fronteira, 1977.

LAMOUNIER, Bolívar. "Authoritarian Brazil Revisited: The impact of elections on the abertura". *In:* STEPAN, Alfred. *Democratizing Brazil:* Problems of transition and consolidation. Oxford, Oxford University Press, 1989.

LAMOUNIER, Bolívar. *Da independência a Lula:* Dois séculos de política brasileira. São Paulo: Augurium, 2005.

LAMOUNIER, Bolívar. "O voto em São Paulo, 1970–1978". *In: Voto de desconfiança:* Eleições e mudança política no Brasil: 1970-1979. Petrópolis: Vozes, 1980.

LAMOUNIER, Bolívar; SOUZA, Maria Teresa Sadek Ribeiro de (orgs.). *Depois da transição:* Democracia e eleições no governo Collor. São Paulo: Edições Loyola, 1991.

LANGENBUCH, Juergen Richard. *A estruturação da Grande São Paulo*. Rio de Janeiro: Instituto Brasileiro de Geografia, Departamento de Documentação e Divulgação Geográfica e Cartográfica, 1971.

LANGLAND, Victoria. *Speaking of flowers:* Student movements and the making and remembering of 1968 in Military Brazil. Durham, NC: Duke University Press, 2013.

LANZANA, Antônio E. T. *Diferenciais de salários na economia brasileira:* Uma análise do período 1960-83. São Paulo: Instituto de Pesquisas Econômicas, USP, 1987.

LARA, Maurício. *Campanha de rua:* A cobertura jornalística de uma eleição presidencial. São Paulo: Geração Editorial, 1994.

LEITE, Rosalina de Santa Cruz. *A operária metalúrgica:* Estudo sobre as condições de vida e trabalho de operárias metalúrgicas na cidade de São Paulo. São Paulo: Semente, 1982.

LEONELLI, Domingos; OLIVEIRTA, Dante de. *Diretas já:* 15 meses que abalaram a ditadura. 2. ed. Rio de Janeiro: Editora Record, 2004.

LEOPOLDI, Maria Antonieta P. "Reforming Social Security under Lula: Continuities with Cardoso's Policies". *In:* LOVE, Joseph L.; BAER, Werner (orgs.). *Brazil under Lula:* Economy, politics, and society under the worker-president. New York: Palgrave Macmillan, 2009.

LEVINE, Robert M. *Brazilian Legacies*. Armonk, NY: M. E. Sharpe, 1997.

LÉVI-STRAUSS, Claude. "History and the Dialectic". *In:* LÉVI-STRAUSS, Claude. *The Savage Mind*. Chicago: University of Chicago Press, 1962.

LIMA, Edileuza Pimenta de. "'Trabalhador: Arme-se e liberte-se': A Ação Libertadora Nacional (ALN) e a resistência operária pela luta guerrilheira". Monografia de graduação do curso de História, Universidade Federal do Estado do Rio de Janeiro, 2007.

LINDERT, Kathy; LINDER, Anja; HOBBS, Jason; BRIÈRE, Bénédicte de la. "The Nuts and Bolts of Brazil's Bolsa Família Program: Implementing conditional cash transfers in a decentralized contexto". SP Discussion Paper n. 0709, World Bank, Washington, DC, May 2007. Disponível em: http://web. worldbank.org/ archive/website01506/WEB/IMAGES/0709.PDF. Acesso em: 25 jul. 2022.

LINGER, Daniel Touro. *Dangerous Encounters:* Meanings of violence in a brazilian city. Stanford, CA: Stanford University Press, 1992.

LOBOS, Julio Alejandro. "Technology and organization structure: A comparative case- study of automotive and processing firms in Brazil". PhD diss., Cornell University, 1976.

LOVE, Joseph L. "The Lula government in historical perspective". *In:* LOVE, Joseph L.; BAER, Werner (orgs.). *Brazil under Lula:* Economy, Politics, and Society under the Worker-President. New York: Palgrave Macmillan, 2009.

LOVE, Joseph L.; BAER, Werner (orgs.). *Brazil under Lula*: Economy, Politics, and Society under the Worker-President. New York: Palgrave Macmillan, 2009.

LÖWY, Michael; CHUCID, Sarah. "Opiniões e atitudes de líderes sindicais metalúrgicos". *Revista Brasileira de Estudos Políticos*, n. 13, p. 132-69, 1962.

LUKÁCS, Georg. "Narrate or Describe?" *In:* KAHN, Arthurd (ed. trad.) *Writer and critic and other essays.* New York: Grosset and Dunlap, 1970.

MACARINI, José Pedro. "A política econômica do Governo Médici: 1970-1973". *Nova Economia* (Belo Horizonte) 15, n. 3, p. 53-92, 2005.

MACDONALD, Laura; RUCKERT, Arne. "Post-neoliberalism in the Americas: An Introduction". *In:* MACDONALD, Laura; RUCKERT, Arne (orgs.). *Post-neoliberalism in the Americas.* New York: Palgrave Macmillan, 2009.

MACEDO, Francisco Barbosa de. "A greve de 1980: Redes sociais e espaço urbano na mobilização coletiva dos metalúrgicos de São Bernardo do Campo". *Revista Mundos do Trabalho 3*, n. 5, p. 136-64, 2011.

MACHADO, João; VANNUCHI, Paulo. "Entrevista: Lula mãos à obra". *Teoria e Debate*, n. 13 (2 Dezembro 2, 1991). Disponível em: https://teoriaedebate.org.br/1991/02/12/lula-maos-a-obra/. Acesso em: 25 jul. 2022.

MACHADO, Josué. "Lula e a língua do povo". *Educação*, n. 263, p. 32-39, 2003.

MACKINNON, María M.; PETRONE, Mario A. (orgs.). *Populismo y neopopulismo en America Latina:* El problema de la cenicienta. Buenos Aires: Eudeba, 1998.

MAEDA, Danilo; STRINI, Antônio; CARLINI, Carlos Eduardo; HASEGAVA, Marcio; ROMERO, Vinícius. *Retratos da resistência:* História da Ação Popular no ABC. São Bernardo do Campo: Faculdade de Jornalismo e Relações Públicas da Universidade Metodista de São Paulo, 2008.

MAGALHÃES, Mário. *Marighella:* O guerrilheiro que incendiou o mundo. São Paulo: Companhia das Letras, 2012.

Magno da Silva, Rosemiro. *A luta dos posseiros de Santana dos Frades.* Aracaju, Sergipe: Editora UFS, 2000.

MARICATO, Erminia (org.). *A produção capitalista da casa (e da cidade) no Brasil industrial.* 2. ed. São Paulo: Editora Alfa-Ômega, 1982.

MARICATO, Erminia. "A proletarização do espaço sob a grande indústria: O caso de São Bernardo do Campo na região da Grande São Paulo". Dissertação de Mestrado em Arquitetura e Urbanismo, Universidade de São Paulo, 1977.

MARICATO, Erminia. "Autoconstrução, a arquitetura possível". *In:* MARICATO, Erminia. *A produção capitalista da casa (e da cidade) no Brasil industrial.* 2. ed. São Paulo: Editora Alfa-Ômega, 1982.

MARIGHELLA, Carlos. *Por que resisti à prisão.* 1. ed. Rio de Janeiro: Edições Contemporâneas, 1965.

MARKUN, Paulo. *O sapo e o príncipe:* Personagens, fatos e fábulas do Brasil contemporâneo. Rio de Janeiro: Objetiva, 2004.

MARKUN, Paulo (org.). *Vlado:* Retrato de um homem e de uma época. 1985. Reimpr. São Paulo: Círculo do Livro, n.d.

MARTINS, Heloisa Helena Teixeira de Souza. *Igreja e movimento operário no ABC*. São Paulo: Editora Hucitec, 1994.

MARTINS, Heloisa Helena Teixeira de Souza. *O Estado e a burocratização do sindicato no Brasil*. São Paulo: Editora Hucitec, 1979.

MARTINS, Heloisa Helena Teixeira de Souza; PEREIRA JÚNIOR, Henrique Pereira; RICARDO, Carlos Alberto. "A Igreja na greve dos metalúrgicos – São Bernardo, 1980". *Religião e Sociedade*, n. 6, p. 7-8, 1980.

MARTINS, José de Souza. "A valorização da escola e do trabalho no meio rural". *Debate e Crítica*, n. 2, p. 112-32, 1974.

MARTINS, José de Souza. "Sociologia e militância: Entrevista com José de Souza Martins". *Estudos Avançados 11*, n. 31, p. 137-87, 1997.

MARTINS, José de Souza. *Uma arqueologia da memória social*: Autobiografia de um moleque de fábrica. Cotia: Ateliê Editorial, 2011.

MASINI, Fernando. "Em nome do real". *In*: BRAGANÇA, Felipe (org.). *Eduardo Coutinho*. Rio de Janeiro: Beco do Azougue, 2009.

MATOS, Carolina. *Jornalismo e política democrática no Brasil*. São Paulo: Publifolha, 2008.

MCFARLAND, Gerald W. *The Mugwumps, 1884-1900*: Moralists or pragmatists? New York: Simon and Schuster, 1975.

MEADE, Teresa A. *A brief history of Brazil*. New York: Checkmark Books, 2004.

MEDEIROS, Alexandre. *Luiz Inácio Lula da Silva*: Crônica de um sonho. Rio de Janeiro: Editora Objetiva, 1994.

MELHEM, Célia Soibelmann. *Política de botinas amarelas:* O MDB-PMDB paulista de 1965 a 1988. São Paulo: Editora Hucitec, 1998.

MELLO E SOUZA, Alberto de. "Rates of return, occupational mobility, and the labor market for industrial workers: A study of two brazilian states". PhD diss., University of Michigan, 1975.

MENEGUELLO, Rachel. *Partidos e governos no Brasil contemporâneo (1985-1997)*. São Paulo: Editora Paz e Terra, 1998.

MERCADANTE OLIVA, Aloízio. "Estado autoritário e desobediência operária: Os trabalhadores metalúrgicos de São Bernardo do Campo e Diadema". Dissertação de Mestrado, Instituto de Economia, Universidade Estadual de Campinas, 1989.

MERCADANTE OLIVA, Aloízio; RAINHO, Luís Flávio (orgs.). *Imagens da luta, 1905-1985*. São Bernardo do Campo: Sindicato dos Trabalhadores nas Indústrias Metalúrgicas, Mecânicas e de Material Elétrico de São Bernardo do Campo e Diadema, 1987.

MERRICK, Thomas J. "Population since 1945". *In*: BACHA, Edmar L.; KLEIN, Herbert S. *Social Change in Brazil, 1945-1985:* The Incomplete Transition. Albuquerque: University of New Mexico Press, 1989.

MIGLIOLI, Jorge. *Como são feitas as greves no Brasil?* Rio de Janeiro: Editora Civilização Brasileira, 1963.

MIGUEL, Luis Felipe. "From equality to opportunity: Transformations in the discourse of the Workers' Party in the 2002 elections". *Latin American Perspectives 33*, n. 4, p. 122-4, 2006.

MIGUEL, Luis Felipe. *Mito e discurso político:* Uma análise a partir da campanha eleitoral brasileira de 1994. São Paulo: Imprensa Oficial, 2000.

MINTZ, Sidney W. "The rural proletariat and the problem of rural proletarian consciousness". *Journal of Peasant Studies 1*, n. 3, p. 291-325, 1974.

MITCHELL, Gladys Lanier. "Racializing blackness and politicizing race: The significance of race in electoral politics in Salvador and São Paulo, Brazil". PhD diss., University of Chicago, 2008.

MOMMSEN, Wolfgang. "Personal conduct and societal change". *In:* WHIMSTER, Sam; LASH, Scott (orgs.). *Max Weber, Rationality and Modernity.* London: Routledge, 2013.

MONCLAIRE, Stéphane. "Lula II: Un vote de reconnaissance". *Lusotopie* 14, n. 1, p. 1-68, 2007.

MONTGOMERY, David. *The fall of the house of labor:* The workplace, the State, and american labor activism, 1865-1925. Cambridge: Cambridge University Press, 1987.

MOORE, Barrington. *Injustice:* The social bases of obedience and revolt. White Plains, NY: M. E. Sharpe, 1978.

MORAES, Dênis de (org.). *Prestes com a palavra:* Uma seleção das principais entrevistas do líder comunista. Campo Grande, Mato Grosso do Sul: Letra Livre, 1997.

MORAES, Dênis de; VIANA, Francisco. *Prestes:* Lutas e autocríticas. Petrópolis, Brasil: Vozes, 1982.

MORAES, Maria Blassioli. "A Ação Social Católica e a luta operária: A experiência dos jovens operários católicos em Santo André (1954-1964)". Dissertação de mestrado, Faculdade de Filosofia, Letras e Ciências Humanas, Universidade de São Paulo, 2003.

MORAIS, Lecio; SAAD-FILHO, Alfredo. "Brazil beyond Lula: Forging ahead or pausing for breath?" *Latin American Perspectives 38*, n. 2, p. 31-44, 2011.

MOREL, Mário. *Lula, o início:* 25 anos depois, o livro-reportagem que mostra como tudo começou. 3. ed. Rio de Janeiro: Editora Nova Fronteira, 2006.

MOREL, Mário (org.). *Lula o metalúrgico:* Anatomia de uma liderança. Rio de Janeiro: Editora Nova Fronteira, 1981.

MOTTA, Rodrigo Patto Sá. *As universidades e o regime militar:* cultura política brasileira e modernização autoritária. Rio: Zahar, 2014.

NEGRO, Antonio Luigi. "Ford Willys anos 60: Sistema auto de dominação e metalúrgicos do ABC". Dissertação de mestrado em História, Universidade Estadual de Campinas, 1994.

NEGRO, Antonio Luigi. *Linhas de montagem:* O industrialismo nacional-desenvolvimentista e a sindicalização dos trabalhadores (1945-1978). São Paulo: Editorial Boitempo, 2004.

NERI, Marcelo. "Income policies, income distribution, and the distribution of opportunities in Brazil". *In:* BRAINARD, Lael; MARTINEZ-DIAZ, Leonardo (orgs.). *Brazil as an Economic Superpower?* Understanding Brazil's Changing Role in the Global Economy. Washington, DC: Brookings Institution, 2009.

NÊUMANNE PINTO, José. *Atrás do palanque:* Bastidores da eleição 1989. São Paulo: Edições Siciliano, 1989.

NÊUMANNE PINTO, José. *Erundina:* A mulher que veio com a chuva. Rio de Janeiro: Espaço e Tempo, 1989.

NÊUMANNE PINTO, José. *O que sei de Lula.* Rio de Janeiro: Topbooks, 2011.

NOGUEIRA, Marco Aurélio (org.). *PCB:* Vinte anos de política, 1958-1979 (documentos). São Paulo: Livraria Editora Ciências Humanas, 1980.

NOSELLA, Paolo. *Por que mataram Santos Dias:* Quando os braços se unem à mente. São Paulo: Cortez, 1980.

NOVA, Cristiane; NÓVOA, Jorge (org.). *Carlos Marighella:* O homem por trás do mito. São Paulo: Editora UNESP, 1999.

NUNES, Antônio Carlos Felix. *Além da greve.* São Paulo: Editora Criart, 1978.

NOVA, Cristiane; NÓVOA, Jorge. *Fora de pauta* (histórias e história do jornalismo no Brasil). São Paulo: Proposta Editorial, 1981.

NOVA, Cristiane; NÓVOA, Jorge. *PC linha leste:* Fragmentos da vida partidária. São Paulo: Editorial Livramento, 1980.

NUNES, Antônio Carlos Felix; CANABRAVA FILHO, Paulo. *Bilhetes de João Ferrador.* São Paulo: Editora Grafite, 1980.

"1ª Conferência Nacional da Promoção da Igualdade Racial, realizada em Brasília por reuniu negros, indios, judeus, e ciganos para debater e festejar". *Revista Raça Brasil,* n. 89 (2004).

"O primeiro *impeachment* do Brasil". Special issue, *Direto da História*: Boletim da História do Ministério Público Federal 2, n. 4 (2009).

OSAKABE, Haquira. "A palavra imperfeita". *Remate de Males* (Campinas), n. 7, p. 167-71, 1987.

The Oxford-Duden Pictorial Portuguese-English Dictionary. Oxford: Clarendon Press, 1995. Paes de Barros, Ricardo, Mirela de Carvalho, Samuel Franco, e Rosane Mendonça.

"A importância da queda recente das desigualdades na redução da pobreza". *IPEA Textos para Discussão 1256.* Instituto de Pesquisa Econômica Aplicada, Brasília, 2007.

PAOLI, Maria Celia; SADER, Eder; TELLES, Vera da Silva. "Pensando a classe operária: Os trabalhadores sujeitos ao imaginário acadêmico (notas de uma pesquisa)". *Revista Brasileira de História 3,* n. 6, p. 129-49, 1983.

PARANÁ, Denise. *A história de Lula, o filho do Brasil.* Rio de Janeiro: Objetiva, 2009.

PARANÁ, Denise. "Da cultura da pobreza à cultura da transformação: A história de Luiz Inácio Lula da Silva e sua família". Tese de Doutorado em História Econômica, Universidade de São Paulo, 1995.

PARANÁ, Denise. *Lula, o filho do Brasil*. Ed. revista. São Paulo: Editora Fundação Perseu Abramo, 2002.

PARANÁ, Denise. *O filho do Brasil*: De Luiz Inácio a Lula. São Paulo: Xamã, 1996.

PARANHOS, Kátia Rodrigues. *Era uma vez em São Bernardo*: O discurso sindical dos metalúrgicos — 1971/1982. Campinas: Editora da Unicamp, 1999.

PARANHOS, Kátia Rodrigues. "Mentes que brilham: Sindicalismo e práticas culturais dos metalúrgicos de São Bernardo". Tese de doutorado, Unicamp, 2002.

PARTIDO DOS TRABALHADORES. *Partido dos Trabalhadores: Trajetórias*: Das origens à vitória de Lula. 2. ed. São Paulo: Fundação Perseu Abramo, 2002.

PASTORE, Humberto Domingos. "João Lins Pereira: O sindicalista dos anos 50, 60, 70, 80". *Raízes (São Caetano do Sul)* 18, n. 36, p. 67-73, 2007.

PASTORE, José. *Inequality and social mobility in Brazil*. Translated by Robert M. Oxley. Madison: University of Wisconsin Press, 1982.

PASTORE, José; LOPES, João do Carmo. *A mão de obra especializada na indústria paulista*. São Paulo: Instituto de Pesquisas Econômicas, 1973.

PAYNE, Charles M. *I've got the light of freedom:* The organizing tradition and the Mississippi Freedom Struggle. Berkeley: University of California Press, 1995.

PAZZIANOTTO, Almir. *100 anos de sindicalismo*. São Paulo: Lex Editora, 2007.

PAZZIANOTTO, Almir. "Sindicatos, corporativismo e política". *In:* SOARES, Gláucio Ary Dillon; D'ARAÚJO, Maria Celina Soares (orgs.). *21 anos de regime militar:* Balanços e perspectivas. Rio de Janeiro: Editora FGV, 1994.

PEREIRA, João Baptista Borges. *A escola secundária numa sociedade em mudança:* Interpretação socioantropológica de uma experiência administrativa. São Paulo: Pioneira, 1969.

PEREIRA, José Carlos. *Estrutura e expansão da indústria em São Paulo*. São Paulo: Editora Nacional, 1967.

PEREIRA, Luiz. *A escola num área metropolitana:* Crise e racionalização de uma empresa pública de serviços. 1960. Reimpr. São Paulo: Pioneira, 1976.

PEREIRA, Luiz. *O magistério primário numa sociedade de classes:* Estudo de uma ocupação em São Paulo. 1963. Reimpr. São Paulo: Livraria Pioneira Editora, 1969.

PEREIRA, Luiz. *Trabalho e desenvolvimento no Brasil*. São Paulo: Difusão Europeia do Livro, 1965.

PEREIRA, Vera Maria Candido. *O coração da fábrica:* Estudo de caso entre operários têxteis. Rio de Janeiro: Editora Campus, 1979.

PERRONE, Fernando L. *Relato de guerras:* Praga, São Paulo, Paris: '68. São Paulo: Busca Vida, 1988.

PERRUSO, Marco Antonio. *Em busca do "novo":* Intelectuais brasileiros e movimentos populares nos anos 1970/80. São Paulo: Annablume, 2009.

PESSEN, Edward. *The log cabin myth:* The social backgrounds of the presidents. New Haven, CT: Yale University Press, 1984.

PITTS, Bryan. "The inadvertent opposition: The São Paulo political class and the demise of Brazil's Military Regime, 1968-1985". PhD diss., Duke University, 2013.

PITTS, Bryan. "'O sangue da mocidade está correndo': A classe política e seus filhos enfrentam os militares em 1968". *Revista Brasileira de História 34,* n. 67, p. 39-65, 2014.

PLEKHANOV, Gueórgui. V. "On the role of the individual in History". *In: Selected Philosophical Works,* v. 2. London: Lawrence and Wishart, 1961. First published in 1898 in *Nauchnoye Obrozhniye,* n. 3-4. Available at Marxists Internet Archive, accessed April 3, 2014, http://www.marxists.org/archive/plekhanov/1898/xx/ individual.html.

POGIBIN, Guilherme Gibran. "Memórias de metalúrgicos grevistas do ABC paulista". Dissertação de Mestrado, Universidade de São Paulo, 2009.

POMAR, Wladimir. *Quase lá:* Lula, o susto das elites. São Paulo: Editora Brasil Urgente, 1990.

PORTUENSE DE CARVALHO, Sandra Aparecida. *A Ação Popular em Mauá:* Resistência e solidariedade em tempos de ditadura. Jundiaí: Paco Editorial, 2017.

POWER, Timothy J.; TAYLOR, Matthew M. (orgs.) *Corruption and democracy in Brazil:* The struggle for accountability. Notre Dame: University of Notre Dame Press, 2011.

POWER, Timothy J.; ZUCCO, Cesar. "Estimating ideology of brazilian legislative parties, 1990-2005: A research communication". *Latin American Research Review 44,* n. 1, p. 218-46, 2009.

PRADO JR., Caio. *A revolução brasileira.* São Paulo: Editora Brasiliense, 1966.

Prefeitura do Município de São Bernardo do Campo. *Pesquisa Sócio-Econômica 79:* Relatório I. São Bernardo do Campo: Secretaria de Planejamento e Economia, Prefeitura do Município de São Bernardo do Campo, 1979.

QUEIROZ, Maria Isaura Pereira de. "Classes sociais no Brasil: 1950-1960". *Ciência e Cultura 27,* n. 7, p. 735-56, 1975.

QUINTANA, Mário. "Destino". *In:* QUINTANA, Mário. *Mário Quintana:* Poesia completa, Tania Franco Carvalhal (org.). Rio de Janeiro: Editora Nova Aguilar, 2005.

RAINHO, Luís Flávio. *Os peões do Grande ABC:* Estudo sobre as condições de vida e consciência de classe do operário metalúrgico (sem especialização e semiespecializado) ligado à indústria automobilística. Petrópolis: Vozes, 1980.

RAINHO, Luís Flávio; BARGAS, Osvaldo Martines. *As lutas operárias e sindicais dos metalúrgicos em São Bernardo (1977-1979).* São Bernardo: Associação Beneficente e Cultural dos Metalúrgicos de São Bernardo do Campo e Diadema, 1983.

RAMALHO, José Ricardo; RODRIGUES, Iram Jácome. "Sociologia do trabalho no Brasil: Entrevista com Leôncio Martins Rodrigues". *Revista Brasileira de Ciências Sociais 25*, n. 72, p. 133-79, 2010.

REBHUN, Linda-Anne. *The heart is unknown country:* Love in the changing economy of Northeast Brazil. Stanford, CA: Stanford University Press, 1999.

REGALADO, Roberto. *Latin America at the crossroads:* Domination, crisis, popular movements, and political alternatives. Melbourne: Ocean Press, 2006.

REID, Michael. *Forgotten Continent:* The battle for Latin America's Soul. New Haven, CT: Yale University Press, 2007.

REIS FILHO, Daniel Aarão; SÁ, Jair Ferreira de (orgs.). *Imagens da revolução:* Documentos políticos das organizações clandestinas de esquerda dos anos 1961 a 1971. Rio de Janeiro: Marco Zero, 1985.

REIST, Stephanie. "'Christ the Redeemer Turns His Back on Us': Urban Black Struggle in Rio's Baixada Fluminense". PhD diss., Duke University, 2018.

REJALI, Darius. *Torture and democracy.* Princeton, NJ: Princeton University Press, 2007.

"Revised World Social Forum Charter of Principles, June 2001 Version." *In:* SEN, Jai; ANAND, Anita; ESCOBAR, Arturo; WATERMAN, Peter (orgs.). *World Social Forum:* Challenging Empires. New Delhi: Viveka Foundation, 2004.

REYGADAS, Luis. "Imagined inequalities: Representations of discrimination and exclusion in Latin America". *Social Identities 11*, n. 5, p. 489-508, 2005.

REYNOLDS, Stephen Marion (org.). *Debs:* His life, writings and speeches, with a Department of Appreciations. Girard, KS: Appeal to Reason, 1908.

REZENDE, Claudinei Cássio de. *Suicídio revolucionário:* A luta armada e a herança da quimérica revolução em etapas. São Paulo: Editora Unesp, 2010.

RIBEIRO, Flávia Maria Franchini. "A subida do monte purgatório: Estudo da experiência de presos políticos na penitenciária regional de Linhares". Trabalho apresentado em Anais do I Colóquio do Laboratório de História Econômica e Social, Juiz de Fora, Jun. 13-16, 2005.

RIDENTI, Marcelo. "Ação Popular: Cristianismo e marxismo". *In:* REIS FILHO, Daniel Aarão; RIDENTI, Marcelo (orgs.). *História do marxismo no Brasil.* v. 5, Partidos e organizações dos anos 20 aos 60. Campinas: Editora da Unicamp, 1991.

RIDENTI, Marcelo. *Em busca do povo brasileiro:* Artistas da revolução, do CPC à era da TV. Rio de Janeiro: Editora Record, 2000.

RIEDER, Jonathan. *The word of the lord is upon me:* The righteous performance of Martin Luther King, Jr. Cambridge, MA: Harvard University Press, 2008.

RISTOFF, Dilvo. "Democratização do Campus: Impactos dos Programas de Inclusão Sobre o Perfil da Graduação". *Cadernos Do GEA* [Grupo Estratégico De

Análise da Educação Superior no Brasil] #9. Rio de Janeiro: FLACSO/GEA/UERJ/LPP, 2016.

RIVAS ROJAS, Raquel. "On Chavismo: Interview with Yolanda Salas (Caracas, 7 September 2004)". *Journal of Latin American Cultural Studies* 14, n. 3, p. 325-33, 2005.

ROBERTS, Madeleine. "From 'a foot in the kitchen' to 'A foot in the door': Domestic service in transition in 21st century Brazil". Honor's thesis, Duke University, 2017.

RODRIGUES, Leôncio Martins. *Industrialização e atitudes operárias* (estudo de um grupo de trabalhadores). São Paulo: Editora Brasiliense, 1970.

RODRIGUES, Leôncio Martins. *Leôncio Martins Rodrigues Netto* (Depoimento, 2008). Rio de Janeiro: Centro de Pesquisa e Documentação de História Contemporânea do Brasil/Fundação Getúlio Vargas, 2010.

RODRIGUES, Leôncio Martins. *Partidos e sindicatos:* Escritos de sociologia política. São Paulo: Ática, 1990.

RODRIGUES, Tony; ZALLA, Rodolpho. *Lula:* Luiz Inácio Brasileiro da Silva. São Paulo: Editora Sarandi, 2010.

ROSA, Maria Inês. "A indústria brasileira na década de 60: As transformações nas relações de trabalho e a estabilidade". Dissertação de Mestrado, Unicamp, 1982.

ROTBERG, Robert I. "Charisma, leadership, and historiography". *Journal of Interdisciplinary History 42*, n. 3, p. 419-28, 2012.

SAAD-FILHO, Alfredo. "New dawn or false start in Brazil? The political economy of Lula's election". *Historical Materialism 11*, n. 1, p. 3-21, 2003.

SADER, Eder. *Quando novos personagens entraram em cena:* Experiências, falas e lutas dos trabalhadores da Grande São Paulo (1970-1980). Rio de Janeiro: Paz e Terra, 1988.

SADER, Emir. "The Workers' Party in Brazil". *New Left Review*, n. 165, p. 93-102, 1987.

SADER, Emir; SILVERSTEIN, Ken. *Without fear of being happy:* Lula, the Workers Party, and Brazil. London: Verso, 1991.

SAHLINS, Marshall. *Apologies to Thucydides:* Understanding history as culture and vice versa. Chicago: University of Chicago Press, 2004.

SAINT-CLAIR, Clóvis. *Bolsonaro:* O homem que peitou o exército e desafia a democracia. Rio de Janeiro: Máquina dos Livros, 2018.

SALES, Telma Bessa. *Trabalho e reestruturação produtiva:* O caso da Volkswagen em São Bernardo do Campo, SP. São Paulo: Annablume, 2002.

SALLES, João Moreira. *Entreatos.* Rio de Janeiro: Videofilme, 2004.

SALVATORE, Nick. Eugene V. Debs: *Citizen and Socialist.* Urbana: University of Illinois Press, 1982.

SAMPAIO, Antônio Possidônio. *A capital do automóvel:* Na voz dos operários. São Paulo: Edições Populares, 1979.

SAMPAIO, Antônio Possidônio. "As lutas sindicais e as greves: Os trabalhadores do ABC como protagonistas da história política do país – o novo sindicalismo". *In: Anais do I Congresso de História da Região do Grande ABC*. Santo André: PMSA, 1990.

SAMPAIO, Antônio Possidônio. *Lula e a greve dos peões:* Romance-reportagem. São Paulo: Escrita, 1982.

SAMPAIO, Antônio Possidônio. *Sim senhor, inhor sim, pois não.* [1. ed.,1976]. Reimpr. Santo André: Alpharrabio Edições, 1997.

SAMUELS, David. "From Socialism to Social Democracy: Party Organization and the Transformation of the Workers' Party in Brazil". *Comparative Political Studies 37*, n. 9, p. 999-1024, 2004.

SAMUELS, David. "Sources of mass partisanship in Brazil". *Latin American Politics and Society 48*, n. 2, p. 1-27, 2006.

SANDOVAL, Salvador A. M. *Social change and labor unrest in Brazil since 1945.* Boulder, CO: Westview Press, 1993.

SANTOS, Sales Augusto dos. "Who is black in Brazil? A timely or a false question in brazilian race relations in the Era of Affirmative Action?" Translated by Obianuju C. Anya. *Latin American Perspectives 33*, n. 4, p. 30-48, 2006.

SARDENBERG, Cecília M. B. "With a Little Help from Our Friends: 'Global' Incentives and 'Local' Challenges to Feminist Politics in Brazil". *IDS Bulletin 35*, n. 4, p. 125-29, 2004.

SARLES, Margaret J. *Maintaining political control through parties:* The brazilian strategy. Comparative Politics 15, n. 1, p. 41-72, 1982.

SARTI, Cynthia Andersen. *A família como espelho:* Um estudo sobre a moral dos pobres. São Paulo: Fapesp, 1996.

SARTRE, Jean-Paul. "Itinerary of a Thought". *New Left Review 58*, p. 43-66, 1969.

SARTRE, Jean-Paul. *Search for a Method.* Translated by Hazel E. Barnes. New York: Vintage, 1968.

SARTRE, Jean-Paul. *Words.* Translated by Irene Clephane. London: H. Hamilton, 1964.

SCHNEIDER, Ronald M. *"Order and progress":* A political history of Brazil. Boulder, CO: Westview Press, 1991.

SCHWARTZ, Stuart B. *Sugar plantations in the formation of Brazilian Society:* Bahia, 1550-1835. Cambridge: Cambridge University Press, 1985.

SCOTT, David. *Conscripts of modernity:* The tragedy of colonial enlightenment. Durham, NC: Duke University Press, 2004.

SCOTT, James C. *Domination and the arts of resistance:* Hidden Transcripts. New Haven, CT: Yale University Press, 1990.

SCOTT, James C. *Weapons of the weak:* Everyday forms of peasant resistance. New Haven, CT: Yale University Press, 1985.

SECCO, Lincoln (org.). *A ideia:* Lula e o sentido do Brasil contemporâneo. São Paulo: Núcleo de Estudos de *O Capital*, 2018.

SENAI (Serviço Nacional de Aprendizagem Industrial. Departamento Regional de São Paulo). *De homens e máquinas.* v. 1. São Paulo: Senai-SP Projeto Memória, 1991.

SEPPIR (Secretária Especial de Política de Promoção da Igualdade Racial). *Subsídios à II CONAPIR* (Conferência Nacional de Promoção da Igualdade Racial). Brasília: SEPPIR, 2009.

SHAPIRO, Helen. *Engines of growth:* The State and transnational auto companies in Brazil. Cambridge: Cambridge University Press.

SILVA, André Luis Corrêia da. "'João Ferrador na República de São Bernardo': O impacto do 'novo' movimento sindical no ABC paulista no processo de transição democrática (1977-1980)". Dissertação de Mestrado, Universidade Federal do Rio Grande do Sul, 2006.

SILVA, Armando Corrêa da. "Estrutura e mobilidade social do proletariado urbano em São Paulo". *Revista Civilização Brasileira* 3, n. 13, p. 81, 1967.

SILVA, Luiz Inácio Lula da. "Conf. palestra proferida por Lula no I Congresso de História da Região do ABC". *In: Anais do I Congresso de História da Região do Grande ABC*, 211-18. Santo André: Prefeitura Municipal de Santo André, 1990.

SILVA, Luiz Inácio Lula da. "Consolidação das leis do trabalho ou liberdade sindical?" Dia 12 de junho de 1978. *In:* VIANNA, Luiz Werneck (org.). *Conjuntura nacional.* Rio de Janeiro: Vozes, 1979.

SILVA, Luiz Inácio Lula da. "Declarações Concedidas a Luís Flávio Rainho", 5 Novembro 1976. *In:* RAINHO, Luís Flávio; BARGAS, Osvaldo Martines. *As lutas operárias e sindicais dos metalúrgicos em São Bernardo (1977-1979).* São Bernardo: Associação Beneficente e Cultural dos Metalúrgicos de São Bernardo do Campo e Diadema, 1983.

SILVA, Luiz Inácio Lula da. "Depoimento de Luiz Inácio Lula da Silva", entrevistado por Karen Worcman, Oswaldo Martines Bargas, e Gilvanir Batista, em São Paulo, 17 e 26 de abril de 2000. Parte do Projeto Preservação da Memória dos Trabalhadores dos ABC. Museu da Pessoa.

SILVA, Luiz Inácio Lula da. "Depoimento Luiz Inácio Lula da Silva". *In: ABC de Luta!*

SILVA, Luiz Inácio Lula da. "Entrevista-Lula." Ruy Mesquita, June 1978. Original typed manuscript of 138 pages provided to the author by Renato Delmanto.

SILVA, Luiz Inácio Lula da. "Speech of the President of the Brazilian Republic at the Opening of the First National Conference of Gays, Lesbians, Bisexuals, Transvestites, and Transsexuals". *In:* CORRALES, Javier; PECHENY, Mario (orgs.). *The politics of sexuality in Latin America.* Pittsburgh: University of Pittsburgh Press, 2010.

SILVA, Maria Carolina Granato da. "O cinema na greve e a greve no cinema: Memórias dos metalúrgicos do ABC (1979-1991)". Tese de doutorado em História, Universidade Federal Fluminense, 2008.

SIMMEL, Georg. *The Sociology of Georg Simmel*. Edited and translated by Kurt H. Wolff. Glencoe, IL: Free Press, 1950.

SIMÕES, Carlos. *A lei do arrocho:* Trabalho, previdência e sindicatos no regime militar 1964-1984. Petrópolis: Vozes, 1986.

SINGER, André. "A segunda alma do Partido dos Trabalhadores". *Novos Estudos*, n. 88, p. 89-111, 2010.

SINGER, André. *Transição*. Edited by Bolívar Lamounier, 135-52. São Paulo: IDESP, 1990.

SINGER, André. *Os sentidos do Lulismo:* Reforma gradual e facto conservador. São Paulo: Companhia das Letras, 2012.

SINGER, André. "Raízes sociais e ideológicas do lulismo". *Novos Estudos*, n. 85, p. 83-102, 2009.

SINGER, André (org.). *Sem medo de ser feliz:* Cenas de campanha. São Paulo: Scritta, 1990.

SINGER, Paul. "As doces ilusões da CUT e da direita". *In:* BUENO, Ricardo; FARO, Luiz Cesar (org.). *Capital e trabalho:* os melhores depoimentos do cenário sindical. Rio de Janeiro: Rio Fundo, 1989.

SINGER, Paul. *Economia política da urbanização*. São Paulo: Brasiliense, 1973a.

SKIDMORE, Thomas E. *Brazil:* Five centuries of change. New York: Oxford University Press, 1999.

SKIDMORE, Thomas E. *The politics of military rule in Brazil, 1964-85*. New York: Oxford University Press, 1988.

SLUYTER-BELTRÃO, Jeffrey. *Rise and decline of Brazil's New Unionism:* The politics of the Central Única dos Trabalhadores. Oxford: Peter Lang, 2010.

SMITH, Anne-Marie. *A forced agreement:* Press acquiescence to censorship in Brazil. Pittsburgh: University of Pittsburgh Press, 1997.

SMITH, Joseph; VINHOSA, Francisco Luiz Teixeira. *History of Brazil, 1500-2000:* Politics, economy, society, diplomacy. New York: Longman, 2002.

SOARES, Gláucio Ary Dillon. *A democracia interrompida*. Rio de Janeiro: FGV Editora, 2001.

SOARES, Gláucio Ary Dillon; D'ARAÚJO, Maria Celina Soares (orgs.). *21 anos de regime militar:* Balanços e perspectivas. Rio de Janeiro: Editora FGV, 1994.

SOARES, Gláucio Ary Dillon; TERRON, Sonia Luiza. "Dois Lulas: A geografia eleitoral da reeleição (explorando conceitos, métodos e técnicas de análise geoespacial)". *Opinião Pública* (Campinas) 14, n. 2, p. 269-301, 2008.

SOLANO, Esther; ZAIDEN, Aldo; VANNUCHI, Camilo (orgs.). *Luiz Inácio Lula da Silva:* Nós vimos uma prisão impossível. São Paulo: Editora Contracorrente, 2018.

SOLNIK, Alex; ESPINOSA, Antônio Roberto. *O cofre do Adhemar:* A iniciação política de Dilma Rousseff e outros segredos da luta armada. São Paulo: Jaboticaba, 2011.

SOMMARIVA, Marco (org.) *Lula:* Storia, idee, speranze. Rome: Malatempora, 2003.

SOUZA, Amaury de. "The Nature of Corporatist Representation: Leaders and Members of Organized Labor in Brazil". PhD diss., Massachusetts Institute of Technology, 1978.

SOUZA, Amaury de. "The Politics of Personality in Brazil". *Journal of Democracy* 22, n. 2, p. 75-88, 2011.

SOUZA, Isabel Ribeiro de Oliveira Gomes de. *Trabalho e política:* As origens do Partido dos Trabalhadores. Petrópolis: Vozes, 1988.

SOUZA, Percival de. *Autópsia do medo:* Vida e morte do delegado Sérgio Paranhos Fleury. São Paulo: Editora Globo, 2000.

SOUZA, Romulo Augustus Pereira de. *Memórias de um pelego.* Rio de Janeiro: Gryphus, 1998.

STACCHINI, José. *Março 64:* Mobilização da audácia. São Paulo: Companhia Editora Nacional, 1965.

STEPAN, Alfred (org.). *Democratizing Brazil:* Problems of transition and consolidation. Oxford: Oxford University Press, 1989.

STEPAN, Alfred. "Introduction". *In:* STEPAN, Alfred (org.). *Democratizing Brazil*: Problems of transition and consolidation. Oxford: Oxford University Press, 1989.

STRINI, Antônio; CARLINI, Carlos Eduardo; MAEDA, Danilo; HASEGAVA, Marcio; ROMERO, Vinícius. *Retratos da resistência*: Histórias da Ação Popular no ABC. São Bernardo do Campo: Universidade Metodista de São Paulo, 2008.

TAUILE, José Ricardo. "Microelectronics, automation, and economic development: The Case of Numerically Controlled Machine Tools in Brazil". PhD diss., New School for Social Research, 1984.

TAVARES DE ALMEIDA, Maria Hermínia. "Desarollo capitalista y acción sindical (a propósito de la experiência de los metalúrgicos de San Bernardo del Campo)". *Revista Mexicana de Sociologia 40*, n. 2, p. 467-92, 1983.

TAVARES DE ALMEIDA, Maria Hermínia. "O sindicato no Brasil: Novos problemas, velhas estruturas". *Debate e Crítica*, n. 6, p. 49-74, 1975.

TELES, Janaina de Almeida; RIDENTI, Marcelo; IOKOI, Zilda Márcia Grícoli (orgs.). *Intolerância e resistência:* Testemunhos da repressão política no Brasil, 1964-1985. São Paulo: FFLCH/USP, 2010.

THOMPSON, Eduard P. *The poverty of theory and other essays.* New York: Monthly Review, 1978.

TOLSTOY, Leo. "Second Epilogue". *In:* TOLSTOY, Leo. *War and Peace*: The Maude Translation. New York: W. W. Norton, 1966.

TOMIZAKI, Kimi. *Ser metalúrgico no ABC*: Transmissão e herança da cultura operária entre duas gerações de trabalhadores. Campinas: Arte Escrita Editora, 2007.

TORRE, Carlos de la. The resurgence of radical populism in Latin America". *Constellations 14*, n. 3, p. 384-97, 2007.

TORRES, P. [Aparecido Benedito de Faria aka Cido Faria]. "Uma experiência junto ao proletariado". *In:* Frederico, Celso. *A esquerda e o movimento operário, 1964/1984,* vol. 1, A resistência à ditadura. São Paulo: Novos Rumos, 1987.

TORRES, P. *Uma experiência junto do proletariado.* Lisbon: Slemes, 1977.

TOURAINE, Alain. Industrialisation et conscience ouvrière à São Paulo". *Sociologie du Travail 3,* n. 4, p. 77-95, 1961.

TOURAINE, Alain. "Latin America: From Populism toward Social Democracy". *In:* VELLINGA, Menno. *Social Democracy in Latin America:* Prospects for change. Boulder: Westview Press, 1993.

TROTSKY, Leon. *The History of the Russian Revolution.* v. 1, The Overthrow of Tzarism. New York: Simon and Schuster, 1932.

União de Negros pela Igualdade. *Balanço eleitoral do voto étnico e presença dos negros no Parlamento.* Belo Horizonte: Unegro, 2011.

VANNUCHI, Paulo; SPINA, Rose. "Paul Singer". *Teoria e Debate,* n. 62, (2005). Disponível em: https://teoriaedebate.org.br/2005/04/10/paul-singer/. Acesso em: 26 jul. 2022.

VANNUCHI, Camilo. *Marisa Leticia Lula da Silva.* São Paulo: Alameda, 2020.

VARGAS, Getúlio. *O governo trabalhista do Brasil.* v. 4, Do projeto do instituto nacional de Babaçu (1953) à carta-testamento. Rio de Janeiro: José Olympio, 1969.

VELASCO E CRUZ, Sebastião C. *Empresariado e Estado na transição brasileira:* Um estudo sobre a economia política do autoritarismo (1974-1977). Campinas, São Paulo: Editora da Unicamp, 1995.

VELLINGA, Menno. "The internationalization of politics and local response: Social Democracy in Latin America". *In:* Vellinga, *Social Democracy,* p. 3-22.

VELLINGA, Menno (org.). *Social Democracy in Latin America:* Prospects for change. Boulder, CO: Westview Press, 1993.

VERAS, Dalila Teles; VERAS, Valdecirio Teles (orgs.). *Retrato de um homem livre:* Antonio Possidonio Sampaio. São Bernardo do Campo: Gráfica e Editora FC, 1991.

VERAS, Flavia. John French: "Um brasilianista diferente". *Mosaico 4,* n. 6, p. 82-108, 2013. Disponível em: http://bibliotecadigital.fgv.br/ojs/index.php/mosaico/ article/view/64381. Acesso em: 26 jul. 2022.

VIANNA, Francisco José de Oliveira. *Direito do trabalho e democracia social* (o problema da incorporação do trabalhador no Estado). Rio de Janeiro: Livraria José Olympio, 1951.

VIANNA, Luiz Werneck (org.). *Conjuntura nacional:* III ciclo de debates do Teatro Casa Grande (17 de abril a 12 de junho de 1978). Petrópolis: Vozes, 1979.

VICTOR, Mário. *Cinco anos que abalaram o Brasil* (de Jânio Quadros ao marechal Castelo Branco). Rio de Janeiro: Editora Civilização Brasileira, 1965.

VIDAL, Dominique. *La politique au quartier:* Rapports sociaux et citoyenneté à Recife. Paris: Éditions de la Maison des Sciences de l'Homme, 1998.

VIEITEZ, Cândido Giraldez. "Os metalúrgicos de São Caetano do Sul: 1957-1984". *Novos Rumos 1*, n. 2, p. 49-68, 1986.

VIEITEZ, Cândido Giraldez. "Reforma nacional-democrática e contrarreforma: A política do PCB no coração do ABC paulista/1956-1964". Tese de doutorado, Pontifícia Universidade Católica de São Paulo, 1986.

VINHAS, Moisés. "Contribuição para o estudo da estrutura e da organização do proletariado paulista". *Revista Brasiliense*, n. 36, p. 100-125, 1961.

VINHAS, Moisés. *Estudos sobre o proletariado brasileiro*. Rio de Janeiro: Civilização Brasileira, 1970.

VINHAS, Moisés. *O partidão:* A luta por um partido de massas 1922-1974. São Paulo: Hucitec, 1982.

VON METTENHEIM, Kurt. *The brazilian voter:* Mass politics in democratic transition, 1974-1986. Pittsburgh: University of Pittsburgh Press, 1995.

WEBER, Max. *Economy and society:* A new translation. v. 1. Edited and translated by Keith Tribe. Cambridge, MA: Harvard University Press, 2019.

WEBER, Max. *Economy and society:* An outline of interpretive sociology. v. 3. Edited by Guenther Roth and Claus Wittich. Translated by Ephraim Fischoff. New York: Bedminster Press, 1968.

WEBER, Max. *The methodology of the Social Sciences*. Translated and edited by Edward A. Shils and Henry A. Finch. New York: Free Press, 1949.

WEFFORT, Francisco. "Nordestinos em São Paulo: Notas para um estudo sobre cultura nacional e cultura popular". *In:* VALLE, Edênio; QUEIRÓZ, José J. (orgs.). *A cultura do povo São Paulo:* Cortez e Moraes, 1979.

WEFFORT, Francisco. "Política de massas". *In:* IANNI, Octavio (org.). *Política e revolução social no Brasil*. Rio de Janeiro: Editora Civilização Brasileira, 1965.

WEFFORT, Francisco. "Raízes sociais do populismo em São Paulo". *Revista Civilização Brasileira*, n. 2, p. 39-60, 1965.

WEINSTEIN, Barbara. *For social peace in Brazil:* Industrialists and the remaking of the working class in São Paulo, 1920-1964. Chapel Hill: University of North Carolina Press, 1996.

WEYLAND, Kurt; MADRID, Raúl L.; HUNTER, Wendy (orgs.). *Leftist governments in Latin America:* Successes and shortcomings. Cambridge: Cambridge University Press, 2010.

WHIMSTER, Sam; LASH, Scott (orgs.). *Max Weber,* rationality and modernity. London: Routledge, 1987.

WOLFE, Joel. *Autos and progress:* The brazilian search for modernity. New York: Oxford University Press, 2010.

WOLFORD, Wendy; FRENCH, John D. "Introduction: Deconstructing the post-neoliberal State Intimate perspectives on contemporary Brazil". *Latin American Perspectives 43*, n. 2, p. 4-21, 2016.

ZAGO, Angela. *La rebelión de Los Ángeles*. Caracas: Fuentes Editores, 1992.

ZERBINATO, Luiz Antonio. "Braços cruzados, máquinas fotográficas: As greves dos metalúrgicos no ABC Paulista pela fotografia (1978–1980)". Dissertação de Mestrado, Pontifícia Universidade Católica de São Paulo, 2016.

ZUCCO, Cesar. "The President's 'New' Constituency: Lula and the pragmatic vote in Brazil's 2006 presidential elections". *Journal of Latin American Studies* *40*, n. 1, p. 29-49, 2008.

REFERÊNCIAS ADICIONAIS

"'Exigir sem medo.' 'Somos maioria'", *ABCD Jornal*, 29 de abril-6 de maio de 1978.

"'Falsos líderes sindicais' O vereador Edson Lazari assim classificou os membros do Conselho Sindical do ABC", *Jornal de Santo André*, 1º de Novembro de 1961.

"1º de maio agitado", *O Metalúrgico* (São Paulo), agosto de 1967-julho de 1968.

"A elite chama de populismo a democratização das decisões", *Carta Maior*, 11 de novembro de 2010, http://www.cartamaior.com.br/?/Editorial/-A-elite-chama-de-populismo-a-democratizacao-das-decisoes/23512

"Aconteceu na indústria de Malhas 'Fio-Text': Resultou em tiroteio a chegada do piquete", *Última Hora*, 18 de outubro de 1957.

"Apelo dos metalúrgicos ignorado por empresas", *Diário do Grande ABC*, 16 de setembro de 1975.

"Apesar da violência, um 'pai nosso' a 60 mil vozes", *Diário Popular*, 21 de março de 1979.

"Apoio e restrição a documento sindical", *Folha de S.Paulo*, 18 de fevereiro de 1978.

"Após mais de 40 anos, Lula planeja sair de São Bernardo", *Repórter Diário*, 10 de novembro de 2019.

"Após pedido de Moro, Lula é investigado na PF com base na Lei de Segurança Nacional: 'Ex-presidente ligou Bolsonaro a milicianos em discurso; PF concluiu que não houve Crime'", *Folha de S.Paulo*, 19 de fevereiro de 2020.

"As eleições vistas dos sindicatos", *Opinião*, 12 de novembro de 1976.

"Baixos salários marginalizam, afirma sindicato", *O O Estado de S.Paulo*, 31 de janeiro de 1978.

"Comício do Conselho Sindical", *O Repórter*, 29 de outubro de 1961.

"Como estão os sindicatos", *Opinião*, 12 de novembro de 1975.

"Compromisso com a mudança: Pronunciamento do Presidente Eleito Luiz Inácio Lula da Silva em 28/10/2002", Fundação Perseu Abramo, acessado em 20 de julho de 2009, http:// www2.fpa.org.br/portal/modules/news/article.php?storyid=2317.

"Convite da oposição foi rejeitada em 1972", *Folha de S.Paulo*, 11 de abril de 2005.

"De 'jararaca' a 'merda de metalúrgico': Ver frases do pronunciamento de Lula", *GaúchaZH*, 4 de março de 2016. Pronunciamento completo de Lula

24ª Fase da Operação Lava Jato (04/03/16) https://www.youtube.com/watch?v=l0TX4TJ9WdE

"Declaración final del X Encuentro del Foro de São Paulo", *Diário Granma*, 17 de dezembro de 2001, http://www.granma.cu/granmad/2001/12/17/nacional/articulo16.html.

"Declarações de Egydio", *Opinião,* 16 de julho de 1976, 2.

"Derly José de Carvalho–parte 1", Centro de Memória Sindical, última modificação em 26 de junho de 2019, https://memoriasindical.com.br/formacao-e-debate/derly-jose-de-carvalho-parte-1/.

"Derly José de Carvalho–parte 2", *Centro de Memória Sindical*, última modificação em 15 de outubro de 2012 https://memoriasindical.com.br/formacao-e-debate/derly-jose-de-carvalho-parte-2/.

"Desnacionalização atinge autopeças, confirma Vidigal", *Folha de S.Paulo*, 21 de março de 1978.

Discurso do Presidente da República, Luiz Inácio Lula Da Silva, na cerimônia de instalação da Secretaria Especial de Políticas de Promoção da Igualdade, 21 de março de 2003.

"Discurso do Presidente da República, Luiz Inácio Lula da Silva, no ato político de celebração aos 15 anos do Foro de São Paulo", 2005a, Biblioteca Presidência da República, acessado 17 de Janeiro de 2019, http://www.biblioteca.presidencia.gov.br/presidencia/ex-presidentes/luiz-inacio-lula-da-silva/discursos/1o--mandato/2005/02-07-2005-discurso-do-presidente-da-republica-luiz-inacio-lula-da-silva-na-reuniao-do-conselho-de-cupula-do-mercosul/view, 2–3.

"Discurso do Presidente da República, Luiz Inácio Lula da Silva, na cerimônia de comemoração dos 30 anos da sua posse como presidente do Sindicato dos Metalúrgicos do ABC" (discurso em São Bernardo do Campo, 18 de abril de 2005b), Biblioteca: Presidência de República, acessado em 22 de setembro de 2019, http://www.biblioteca.presidencia.gov.br/presidencia/ex-presidentes/luiz-inacio-lula-da-silva/discursos/1o-mandato/2005/18-04-2005-discurso--do-presidente-da-republica-luiz-inacio-lula-da-silva-na-cerimonia-de-come-moracao-dos-30-anos-da-sua-posse-como-presidente-do-sindicato-dos-meta-lurgicos-do-abc/

"Discurso do Presidente da República, Luiz Inácio Lula da Silva, na cerimônia de abertura da II Conferência Nacional de Políticas para as Mulheres", Secretaria de Políticas para as Mulheres da Presidência da República Federativa do Brasil, 17 de agosto de 2007, 6-8. https://www.gov.br/mdh/pt-br/navegue-por-temas/ politicas-para-mulheres/arquivo/assuntos/pnpm/discurso--pr-iicnpm.pdf 1968.

"E veio a greve: Uma decisão aprovada por 82 mil metalúrgicos", *Jornal da Tarde*, 31 de março de 1980.

"Editorial: As palavras do senhor governador", *ABCD Jornal,* 9 de outubro de 1976, p. 2.

"Eduardo Suplicy responde ao Balaio do Kotscho", *Balaio do Kotscho* (blog), 23 de novembro de 2011, https://www.balaiodokotscho.com.br/2011/11/23/eduardo-suplicy-responde-ao-balaio-do-kotscho/.

"Em Santo André, debate livre e entusiasmado", *Folha de S.Paulo*, 2 de maio de 1978.

"Em São Paulo, a ditadura foi expulsa da Praça da Sé", *Libertação*, 15 de maio de 1968. *In:* Frederico, C. *A esquerda e o movimento operário*, 1964-1984. v. 1, A resistência à ditadura. São Paulo: Novos Rumos, 1987.

"Entrevista com Frei Chico (16/4/18) — Irmão do ex-presidente Lula", vídeo do YouTube, 1:27, postado por "TV 247", 18 de abril de 2018, https://www.youtube.com/watch?v=dDg97hYI_iQ.

"Exército explica as prisões no estado", *O Estado de S.Paulo*, 10 de outubro de 1975.

"Fernando Henrique Cardoso: Uma conversa franca com o ex-presidente", *Playboy*, 11 de agosto de 2006.

"Gaviões da fiel aposta no carisma de Lula para voltar a empolgar torcedor: Enredo conta a saga do homem que saiu do sertão e chegou ao Planalto. Para carnavalesco, preocupação é manter vínculos com os corintianos". *Globo.com*, 15 de janeiro, 2012, Disponível em: https://g1.globo.com/sao-paulo/carnaval/2012/noticia/2012/01/gavioes-da-fiel-aposta-no-carisma-de-lula-para-voltar-empolgar-torcedor.html. Acesso: jun. 2022.

"General afirma que Lula tem conselheiros comunistas", *Jornal do Brasil*, 22 de abril de 1980.

"Glenn Greenwald entrevista Lula: 'Bolsonaro é a velha política, eu sou a nova'", *Intercept*, 21 de Maio de 2019.

"Governador visita ABC e dialoga com trabalhadores", *O Estado de S.Paulo*, 19 de setembro de 1976.

"Íntegra da transcrição da entrevista de Lula para a Der Spiegel", 26 de maio de 2019. https://lula.com.br/integra-da-transcricao-da-entrevista-de-lula-para-a-der-spiegel/?fbclid=IwAR0NEFRbYFunA1NNH-NX9qAqm4ZCo6i0ZO-vDKFYlPHMQYJJ2ayDmjwaws8M

"João Bosco Arcanjo", *Sítio Polêmico*, última modificação em 17 de novembro de 2007, http://www.sitiopolemico.com/?p=43.

"José Ferreira da Silva (Frei Chico)", 15 de setembro de 2014, Comissão Nacional da Verdade (CNV), acessado 21 de setembro de 2019, http://www.cnv.gov.br/ images/pdf/depoimentos/vitimas_civis/vc_Jose_Ferreira_da_Silva_Frei_ Chico_15.09.2014.pdf, 16–17.

"Leia íntegra da carta de Lula para acalmar o mercado financeiro", *Folha de S.Paulo*, 24 de junho de 2002.

"Lula quer voltar a dizer 'companheiros e companheiras'", *Repórter Diário*, 21 de novembro de 2011.

"Lula refuta infiltração ideológica no movimento", *Folha de S.Paulo*, 18 de março de 1979 (faixas).

"Lula, retrato de corpo inteiro", *Nova Escrita/Ensaio,* janeiro de 1982, p. 49.

"Lula: Somos o mais importante partido de esquerda no mundo", *Caros Amigos,* novembro de 2000.

"Making Trouble on Human Rights", *The New York Times,* 30 de novembro de 1981.

"Manifesto", *O Metalúrgico,* agosto de 1957-julho de 1968.

"Marcos Andreotti: Há 49 anos, o primeiro sindicato do grande ABC", *Diário do Grande ABC,* 19 de setembro de 1982.

"Movimento sindical", *Diário do Grande ABC,* 9 de maio de 1975.

"Na ditadura, Dilma deu aulas de política a trabalhadores", *Folha de S.Paulo,* 28 de novembro de 2010.

"O ABC arrecada mais do que 9 estados", *O Estado de S.Paulo,* 23 de julho de

"O imposto sindical é um roubo nos salários", *Gazeta Sindical,* 1951.

"O povo perguntou a Lula: Aqui estão as respostas", *Jornal da Tarde,* n.d., maio de 1978.

"O protocolo é rasgado: E os metalúrgicos prometem resistir", *O Estado de S.Paulo,* 23 de março de 1979.

"Os metalúrgicos tentam um acordo direto com patrões", *Folha de S.Paulo,* 13 de abril de 1978.

"Pai de Lula morreu como indigente", *PortoGente,* 10 de abril de 2005, https:// portogente.com.br/noticias/noticias-do-dia/5191-pai-de-lula-morreu-como-indigente;

"Pela primeira vez, negros são maioria no ensino superior público", *Carta Capital,* 13 de novembro de 2019.

"Pena de 14 anos para Prestes", *Folha de S.Paulo,* 7 de junho de 1966.

"Quem faz o movimento? Orisson Saraiva de Castro: Inverta entrevistou Orisson Saraiva de Castro, fundador do Sindicato dos Metalúrgicos de São Bernardo", *Inverta,* 18 de fevereiro de 2011.

"Senadores vaiados", *ABCD Jornal,* 29 de abril-6 de maio de 1978.

"Só em março a reunião de metalúrgicos", *Diário do Grande ABC,* 15 de fevereiro de 1977.

"Tarcísio Tadeu Garcia Pereira". *Sítio Polêmico,* última modificação em 17 de novembro de 2007, http://www.sitiopolemico.com/?p=53. (?????? Vide abaixo – mesma coisa só muda o nome...)

"The Working Man's Statesman Gives a Rare Interview to the Economist", *Economist,* 5 de março de 2006, 2-3.

"Tito Costa", *Sítio Polêmico,* última modificação em 17 de novembro de 2007, http://www.sitiopo lemico.com/?p=57.

"Trabalhador que se preza toma logo o seu Partido", *Nossa Vez, Nossa Voz,* agosto de 1980.

"Um novo estilo de sindicalismo", *Opinião,* 16 de setembro de 1974, p. 3.

"Valter Barelli," *Sítio Polêmico,* última modificação em 17 de novembro de 2007, http://www.sitiopolemico.com/?p=61.

"Vamos Rezar: Pai nosso do Lula", *Tribuna Metalúrgica*, abril de 1980.

"Verdade e história," *BlogdoCitadini* (blog), 9 de novembro de 2012, http://blog-docitadini.com.br/?p=2023.

"Vinte prisões em dez dias: Denuncia do MDB", *Jornal da Tarde*, 15 de outubro de 1975.

"Waldemar Rossi. Depoimento dado, em 31/5/1983 no curso ministrado por Ralph Della Cava, no Departamento de Ciências Sociais da USP", (na posse do autor, http://tutameia.jor.br/morre-o-metalurgico-heinrich-plagge-que-foi-entregue-pela-vw-a-ditadura-militar/).

"Walter Barelli: História de vida", *DIEESE Memória*, acessado em 28 de agosto de 2018, http://memoria.dieese.org.br/museu/nossas_historias_menu/walter-barelli Acesso: em 13 de janeiro de 2013.

"Paulo Egydio Martins: Verbete", *FGV CPDOC*, acessado 11 de janeiro de 2019, http://www.fgv.br/cpdoc/acervo/dicionarios/verbete-biografico/paulo-egidio-martins.

ADVOGADO GERAL DA UNIÃO, "Arguição de Descumprimento de Preceito Fundamental". ADPF 186. Supremo Tribunal Federal, 8.

AFFONSO, Almino. "Lula e a Greve". *Folha de S.Paulo*, 4 de abril de 1979.

ALEXANDER, Robert J. "Observations on SENAI in São Paulo", 27 de abril, 1956, Documentos de Robert J. Alexander, Special Collections and University Archives, Rutgers University Libraries, caixa 5, pasta 48.

ALMEIDA, Silvio; Travis KNOLL, John D. FRENCH, Waleska Miguel BATISTA, Thaís ZAPPELINI, e Bryan PITTS. "Ruling Racial Quotas Constitutional in Brazil: How Black Movements Achieved a Resounding Affirmative Action Victory in the Brazilian Supreme Court in 2012" (2013).

"Anais da I Conferência Nacional de Políticas para as Mulheres (Brasília: Secretaria de Políticas para as Mulheres da Presidência da República Federativa do Brasil, 2004)", 9. https://bvsms.saude.gov.br/bvs/publicacoes/anais1cnpm.pdf

ANDERSON, Perry. "Lula's Brazil", *London Review of Books*, 31 de março de 2011.

ANDRADE, Joaquim dos Santos. Entrevista por Robert J. Alexander, 28 de abril de 1968, Robert Alexander Archive, Rutgers University, New Brunswick, NJ, 1968.

ANDREOTTI, M. Entrevista por French, 3 e 18 de novembro e 10 de dezembro de 1982.

ARRUDA, Rubens Teodoro (Rubão); BIOLCATTI, Antenor; ARAÚJO, José Arcanjo (Zé Preto). "1975 / Eleições", *ABC de Luta*, acessado 11 de janeiro de 2019, http://www.abcdeluta.org.br/materia.asp?id_CON=2696.

AZEDO, Luiz Carlos. "Entrevista com Frei Chico", *Correio Braziliense*, 1 de dezembro de 2008.

BARBARA, Vanessa. "Banging Pots and Beating Dogs in a Polarized Brazil", *New York Times*, 25 de março de 2016.

BELLANTANI. *Diário Oficial do O Estado de S.Paulo*, 20 de dezembro de 2012.

BRANDÃO LOPES, Juarez. Entrevista. *In:* Bastos e Fernandes, *Conversas*.

BRASIL, Constituição de 1967. Disponível em: https://www2.camara.leg. br/ legin/fed/consti/1960-1969/constituicao-1967-24-janeiro-1967-365194-publicacaooriginal-1-pl.html. Acesso: jul. 2022.

BRAZ, Philadelpho. Entrevista por John D. French, Santo André, 30 de agosto de 2004.

BRUM, Eliane. "Bodas de Chumbo". *Revista Época*. 7 de novembro de 2009. Disponível em: http://revistaepoca.globo.com/Revista/Epoca/0,,EMI35995-15223,00-BODAS+DE+CHUMBO.html. Acesso em: 04 jul. 2022.

CANDIDO, Antonio. Entrevista. *In:* Ferreira, Marieta de Moraes, e Alexandre Fortes (eds.) *Muitos caminhos, uma estrela:* Memórias de militantes do PT. v. 1. São Paulo: Editora Fundação Perseu Abramo.

CARNEIRO, Michelle. "Pesquisa revela perfil heterogêneo de estudantes da UFRRJ: Maioria tem renda baixa, é preta ou parda, e veio da escola pública", *Rural Semanal* 26, n. 6 (8-14 de julho de 2019).

CARVALHO, "Lula tem filha""

CARVALHO, Luiz Maklouf. "Pai acabou como indigente: 'Seu' Aristides era o retrato do brasileiro pobre", *Jornal do Brasil*, 21 de maio de 1989.

CERRI, Claudio. *Uma brasileira chamada Marisa,* 2006. Disponível em: https:// fpabramo.org.br/2006/05/10/entrevista-uma-brasileira-chamada-marisa/. Acesso: jul, 2022.

CHÁVEZ, Hugo. "Act for the People's Anti-imperialist Struggle: VI World Social Forum, Poliedro, Caracas", 2006a, Hugo Chavez em inglês, acessado 15 de março de 2008, http://www.chavezinenglish.org/2006/WSF2006.html. V

CHÁVEZ, Hugo. "Foro Social Mundial: El sur, norte de nuestros pueblos, desde el Gimnasio Gigantinho. Porto Alegre, Brasil 30 de enero de 2005", Ministerio de Relaciones Exteriores, acessado 15 de março de 2008, http://www. mre.gov.ve/Noticias/Presidente-Chavez/A2005/Discurso-030.htm.

CHÁVEZ, Hugo. "Rise Up against the Empire", *Counterpunch*, 20 de setembro de 2006b, https://www.counterpunch.org/2006/09/20/rise-up-against-the--empire/

COGGIOLA, Osvaldo. "A grande maioria da esquerda foi comprada, aderiu ou fez negócio", *Revista o Vies*, abril 17, 2012, http://www.revistaovies.com/ entrevistas/2012/04/entrevista-com-osvaldo-coggiola/.

CORREIA, Salatiel Soares. "Lula, um homem atrás do mito", *Jornal Opção* (Goiás), 17-23 de março, 2013.

COSTA, Florência. "Denise Paraná: Como Lula chegou lá", *IstoÉ*, 08 de janeiro, 2003.

COSTA, Luciano Martins. "O governo mudou e a imprensa não percebeu", *Observatório da Imprensa*, 3 de fevereiro de 2004.

DA SILVA, Luiz Inácio Lula. "Nossa opinião", *Tribuna Metalúrgica*, agosto de 1976

DELECRODE, "O que 'Lula, o filho do Brasil' não contou". *Opinião e Notícia*, 24 de março de 2010.

DELMANTO, Renato. "O barão da imprensa entrevista Lula, o sindicalista", *Na Mídia* (blog),

DOCUMENTING US-BRAZIL RELATIONS, 1960s-80s, Brown Digital Repository, Brown University Library, 1968. Disponível em: https://repository.library.brown.edu/studio/item/bdr:340928/. Acesso: dez. 2018.

Dops, Apesp, "Prontuário n. 6857: Rolando Fratti", Disponível em: http://www.arquivoestado.sp.gov.br/uploads/acervo/textual/deops/prontuarios/BR_SP_Apesp_DEOPS_SAN_P006857_01.pdf. Acesso: jun., 2022.

FREI CHICO, entrevista, 2015, em "Gravação 2015 11-1 Frei Chico (72 Minutos)-Sudeli", *Centro de Memória Sindical*, São Paulo, 11.

FUNDAÇÃO PERSEU ABRAMO, "'Lula, o filho do Brasil': Filme sobre vida de Lula retratará o homem comum", ADITAL, March 4, 2009, http://www.adital. com.br/site/noticia_imp.

GÓMEZ BRUERA, Hernán F. *Lula, the Workers' Party and the Governability Dilemma in Brazil*. New York: Routledge, 2013.

HERCULANO, Carlos. "Literatura operária: Roniwalter Jatobá, escritor mineiro, é visto como pioneiro em retratar a vida do trabalhador urbano brasileiro", *Estado de Minas*, 2 de agosto de 2009.

HOLANDA, Moisés. "Náutico homenageia Lula", *Jornal do Commercio* (Recife), 16 de março de 2001. http://delmanto.blogspot.com/2009/01/o-barao-da-imprensa-entrevista-lula-o. html.

IBGE, Diretoria de Pesquisas, Coordenação de População e Indicadores Sociais; "Desigualdades sociais por cor ou raça no Brasil", *Estudos e Pesquisas. Informação Demográfica e Socioeconômica 41* (2019): 9.

LACERDA, Laura. "'Lula está acima do bem e do mal', afirma Serra", *O Estado de S.Paulo*, 14 de maio de 2010.

LEAL Luís Eduardo. "Lula muda de endereço à procura de empregos", *Folha de S.Paulo*, 2 de outubro de 1994.

LUCENA, Rodolfo. "Morre o operário Heinrich Plagge, que foi entregue pela VW à ditadura militar", *Tutaméia*, março de 2018,

LUIZ GONZAGA, "pau de arara", *Letras.mus.br*, acessado em 7 de fevereiro de 2014, http://letras.mus.br/luiz-gonzaga/261217.

MACHADO, Josué. "Lula e a língua do Povo", *Educação*, n. 263 (Março de 2003).

MACHADO, Josué. "A realidade íntima do Sindicalista". *Playboy*, julho de 1979.

MARTINS, José de Souza. *Projeto Memória Oral*, Biblioteca Mário de Andrade, Disponível em: http://www.prefeitura.sp.gov.br/cidade/upload/Depoimento_Jose_de_Souza_Martins_1254343852.pdf. Acesso: jun. 2022.

MEDICI, Ademir. "Lula em Santo André: Um retrato que é uma relíquia", *Diário do Grande ABC*, 29 de dezembro de 2002.

MEDICI, Ademir. "Coluna memoria: O irmão do Frei Chico", *Diário do Grande ABC*, 30 de dezembro de 2002.

MEDICI, Ademir. "Coluna Memória", *Diário do Grande ABC*, 19 de abril de 2005.

MEDICI, Ademir. "Primeiro de maio de 1969, Memória". *Diário do Grande ABC*, 2001.

MOREIRA, Marli. "Ganhos salariais acima da inflação tiveram recorde em 2010, segundo o Dieese", *Agência Brasil*, 17 de março de 2011, http://agenciabrasil. ebc.com.br/noticia/2011-03-17/ganhos-salariais-acima-da-inflacao-tiveram-recorde-em-2010-segundo-dieese.

MOURA, Hugo. "A história de Lula, segundo a birita", *Cícero*, 3 de janeiro de 2014.

MUYLAERT. "Vox Populi com Lula foi ameaçado pelos militares", *Ícaro*, novembro de 2003.

NARCISO, Paulo. "Lourdes: O amor mineiro de Lula", *montesclaros.com* acessado em 7 de fevereiro de 2014, http://montesclaros.com/reportagens/lourdes.asp.

O 1º de maio de 1968 [Entrevista de José Barbosa Monteiro com Maria Moraes na Suíça, onde vive atualmente], *Cadernos do Presente,* n. 2, 1978, 34-41.

O Ferramenta (Jornal dos Operários da Volks) 1, n. 3 (Março-Abril), encontrado em Arquivo BNM, Proceso 6110, 2, 4.

ODILLA, Fernanda. "Aos 19, 20 anos, achava que eu estava salvando o mundo", *Folha de S.Paulo*, 5 de abril de 2009.

PASQUALINO Bia; FIDELES, Nina. "O ex-presidente evita fazer planos, mas projeta sua saída da prisão ao lado do povo para resistir ao desmonte do Estado", *Brasil de Fato*, 24 de outubro de 2019.

PEREIRA, Raimundo Rodrigues. "Muitos Lulas: Quem é o herói do sindicato dos metalúrgicos de São Bernardo do Campo e Diadema, que no final da semana passada completou 20 anos?", *Movimento*, 16-20 de maio de 1979, 8–10

PEREIRA, Raimundo Rodrigues. "Muitos Lulas: Quem é o herói do sindicato dos metalúrgicos de São Bernardo de Campo e Diadema, que no final da semana passada completou 20 anos?", *Movimento*, 16-20 de maio de 1979, 8-10.

PINHEIRO, Jorge. "O Brasil ainda será um grande São Bernardo: Uma entrevista com Paulo Vidal, o metalúrgico que 'criou' o líder Lula", *Folhetim*, 11 de maio de 1980.

PINTO, José Nêumanne e CARAVAGGI, Inês Maria. "Perfil do operário hoje: Educação é o caminho do campo para a fábrica", *Jornal do Brasil*, 5 de janeiro de 1976.

Poder Executivo, "Lei 12.711". http://www.planalto.gov.br/ccivil_03/_ato2011-2014/2012/lei/l12711.htm. Acessado em 15 de fevereiro de 2018.

Poder Executivo, "Lei 12.990." http://www.planalto.gov.br/ccivil_03/_ato2011-2014/2014/lei/l12990.htm. Acessado 15 de fevereiro de 2018.

PT – Partido dos Trabalhadores, "UFRRJ espera por Lula", Facebook, https://www.facebook.com/pt.brasil/videos/1575494249203611/. Acessado 15 de fevereiro de 2018.

RELEA, Francesc. "Lula hermano presidente", *El Pais Semanal*, 22 de dezembro de 2002, 55.

RIBEIRO, Pedro Floriano. *Dos sindicatos ao governo:* a organização do PT de 1980 a 2005. São Carlos: Edufscar, 2010.

RODRIGUES, Maria Alzira de Melo. "O sindicato metalúrgico, segundo os diretores". *Gazeta de São Bernardo*, primeira semana de maio de 1975.

SAMBRANA, Carlos. "Torneiros mecânicos: Na era da automação industrial, os antigos colegas de trabalho de Lula fazem parte de uma espécie em extinção", *IstoÉ Dinheiro*, 30 de outubro, 2002.

SCHREIBER, Mariana. "'Não coloco Lula e Bolsonaro no mesmo patamar', diz cientista político da Fundação FHC", *BBC Brasil*, 17 de janeiro de 2018, http:// www.bbc.com/portuguese/brasil-42713238. Fausto é presidente executivo da fundação criada por FHC. http://www.bbc.com/portuguese/brasil-42713238

SEREZA, Haroldo Cevarolo. "'Eu nunca falo no PT', conta compositor da música e da letra do jingle 'Lula-lá'", *UOL Notícias*, 11 de dezembro de 2009, https:// no ticias.uol.com.br/especiais/eleicoes-1989/ultimas-noticias/2009/11/12/eu-nunca-falo-no-pt-conta-compositor-da-musica-e-da-letra-do-jingle-lula-la.jhtm.

SIEKMAN, Philip. "When Executives Turned Revolutionaries. A Story Hitherto Untold: How São Paulo Businessmen Conspired to Overthrow Brazil's Communist-Infected Government", *Fortune*, setembro de 1964, p. 147-221.

SILVA, Luis Inácio da, "IV Encuentro del Foro de San Pablo: Lula [24 July 1993]". *America Libre*, n. 4 (1994).

SILVA, Luiz Inácio Lula da. "Esse destemor, carregado de desinformação política, acabou se transformando numa intuição que foi fundamental para aquela virada de página do fim dos anos 70". Disponível em: https://fpabramo.org.br/2006/04/18/luiz-inacio-lula-da-silva-2/. Acesso: jun, 2022.

SILVA, Luiz Inácio Lula. XIII Foro de São Paulo: Something to Celebrate em El Salvador", *NotiCen*: Central American and Caribbean Affairs, fevereiro de 2007.

SILVA, Luiz Inácio. "Discurso de São Bernardo", *In*: Secco, L. *A ideia*: Lula e o sentido do Brasil contemporâneo. São Paulo: Núcleo de Estudos de *O capital*, 2018a.

SILVA, Lula. "Discurso no Sindicato dos Metalúrgicos em Abril de 2018", *In*: Jinkings, I. *A Verdade Vencerá*. O povo sabe por que me condenaram. São Paulo: Boitempo, 2020.

SINGER, Paul. "O jovem operário e o universo brasileiro", *Visão*, agosto de 1973b, p. 39-40.

SIUDÁ, Thainá; TOSCANO, Fernanda. "Devanir José de Carvalho: Um exemplo de resistência e luta da classe operária", Centro de Documentación sobre los Movimientos Armados (CEDEMA), última modificação em novembro de 2006, http://www.cedema.org/ver.php?id=2203.

SOARES, Mauricio. "Prefácio". *In:* RAINHO, Luiz Flávio; Bargas, ???

SUMÁRIO DO BNM ação penal n. 22/72, *Brasil:* Nunca Mais Digital, acessado em 2 de agosto de 2019, http://bnmdigital.mpf.mp.br/sumarios/700/671.html.

TAVARES, Cynthia. "Tive a sensação que eu ia me matar", *Diário do Grande ABC*, 29 de abril de 2013.

Tribuna Metalúrgica, 1 de outubro de 1973, 1, 4-5.

Tribuna Metalúrgica, julho de 1977, p. 6.

Tribunal Regional de São Paulo, Processo 12n (1962).

TURTELLI, Camila. "Entrevista: Onyz Lorenzoni: 'Não há espaço para o centro em 2022'", *O Estado de S.Paulo*, 20 de dezembro de 2019.

"Um novo estilo de sindicalismo", *Opinião*, 16 de setembro de 1974.

USNARA, "New Round of São Paulo Political Arrests Includes Two Metalworkers Union Leaders", 17 de outubro de 1975a.

USNARA, adido trabalhista estadunidense Chapin, Consulado Americano de São Paulo para Secretário do Estado, "During US Visit, São Paulo Metalworkers' Leader Cautions UAW against Publicly Protesting October São Paulo Labor Arrests", 15 de dezembro de 1975c.

USNARA, American Consulate São Paulo to Secretary of State, "Update on Arrests of São Paulo Labor Leaders", 5 de novembro de 1975b.

USNARA, American Embassy in Rio de Janeiro, "Memorandum of Conversation: Labor Ministry Brazilian Wage Policy", 17 de maio de 1968, 1-3.

UVA, Katie. "Parson Weems", *George Washington's Mount Vernon*, s/d. Disponível em: https://www.mountvernon.org/library/digitalhistory/digital-encyclopedia/article/parson-weems/.

VIANA, José de Segadas. *Entrevista*. Por Valentina da Rocha Lima, Ângela Maria de Castro Gomes e Plínio de Abreu Ramos. Rio de Janeiro: CPDOC-FGV, 1983.

ZIROLDO, Angela. "Lula: 'Tudo o que eu queria era ser um torneiro mecânico'", *Nova*, agosto de 1979, p. 103.